JN051412

Contents

https://get-ken.jp/

GET 研究所　検 索 ➡ 無料動画公開中  ➡ 動画を選択

5日間の集中学習で完全攻略！

本書は最短の学習時間で国家資格を取得できる自己完結型の学習システムです！

本書「スーパーテキストシリーズ　分野別　問題解説集」は、本年度の第二次検定を攻略するために必要な学習項目をまとめた**虎の巻（精選模試）**と**YouTube 動画講習**を融合させた、短期間で合格力を獲得できる自己完結型の学習システムです。

2日間で 問題1 の施工経験記述が攻略できる！
YouTube 動画講習を活用しよう！

YouTube 動画講習を視聴し、施工経験記述の練習を行うことにより、工事概要・施工計画・工程管理・品質管理の書き方をすべて習得できます。

1日間で第二次検定の要点が分かる！
最新問題の一括要約リストを利用しよう！

最新問題の一括要約リストには、過去10年間の試験に出題された項目の要点がまとめられています。

2日間で 問題2 ～ 問題5 が攻略できる！
虎の巻（精選模試）に取り組もう！

本書の虎の巻（精選模試）には、本年度の第二次検定に解答するために必要な学習項目が、すべて包括整理されています。

無料 YouTube 動画講習 受講手順

https://get-ken.jp/

GET研究所 検索

⬅スマホ版無料動画コーナー QRコード

URL　https://get-supertext.com/

（注意）スマートフォンでの長時間聴講は、Wi-Fi 環境が整ったエリアで行いましょう。

①スマートフォンのカメラでこのQRコードを撮影してください。

②画面右上の「動画を選択」をタップしてください。

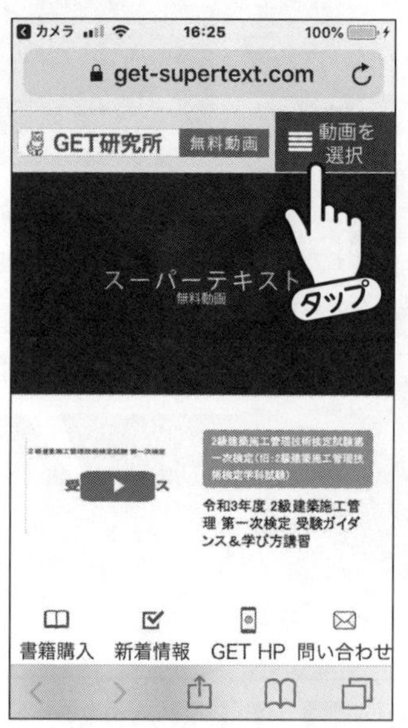

③受講したい受検種別をタップしてください。

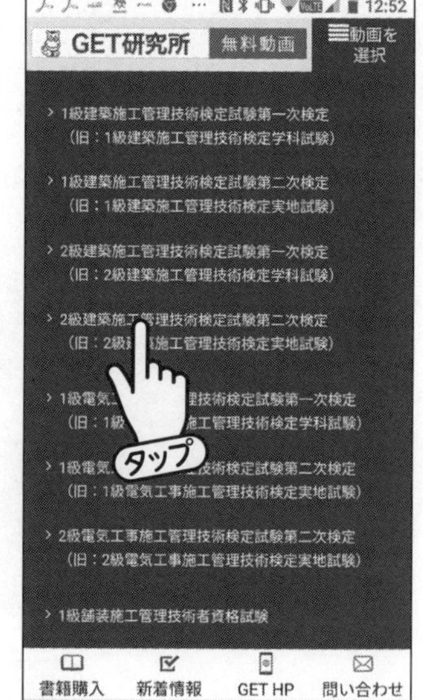

④受検種別に関する動画が抽出されます。

※動画の視聴について疑問がある場合は、弊社ホームページの「よくある質問」を参照し、解決できない場合は「お問い合わせ」をご利用ください。

https://get-ken.jp/
GET研究所 検索

①

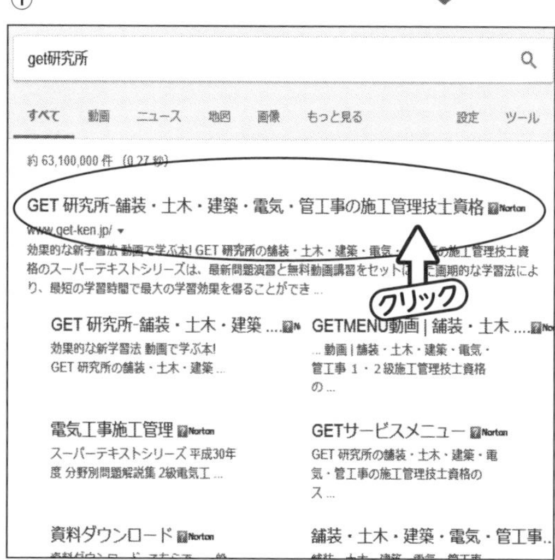

②

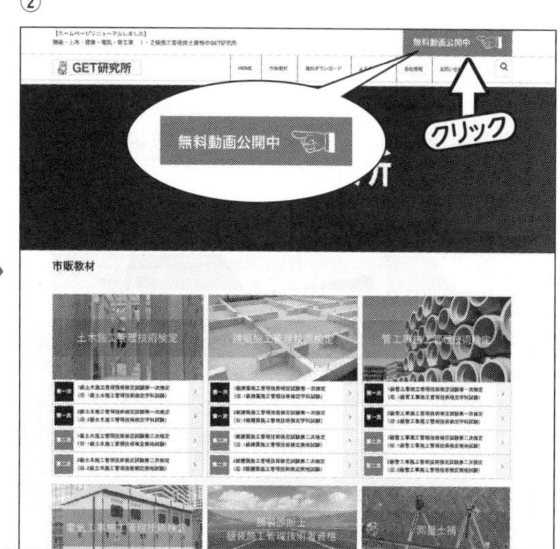

③画面右上の「動画を選択」をクリックしてください。

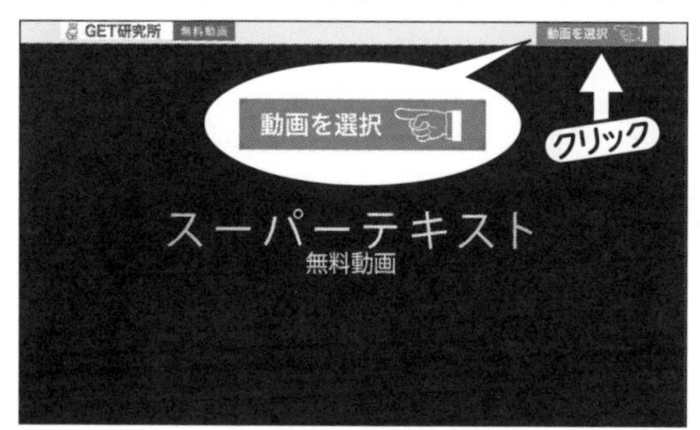

④受講したい受検種別をクリックしてください。

⑤受検種別に関する動画が抽出されます。

画面中央の再生ボタンをクリックすると動画が再生されます。

※動画下の YouTube ボタンをクリックすると、大きな画面で視聴できます。

2 級建築施工管理技術検定試験 受検ガイダンス

1 2級建築施工管理技士の資格取得までの流れ

重要

下記のフローチャートは、令和5年度の受検の手引に基づいて作成したものです。
令和6年度の試験日程については、必ずご自身でご確認ください。

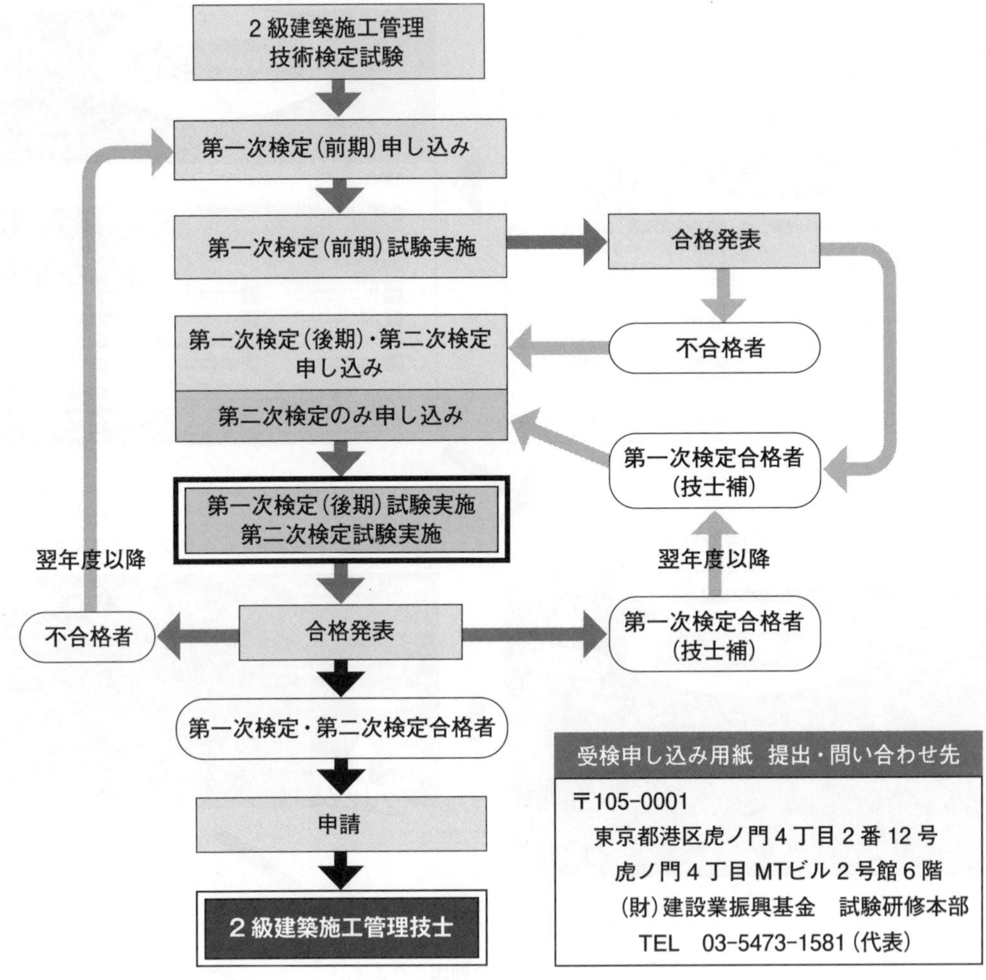

受検申し込み用紙　提出・問い合わせ先

〒105-0001
東京都港区虎ノ門４丁目２番 12 号
虎ノ門４丁目 MTビル２号館６階
（財）建設業振興基金　試験研修本部
TEL　03-5473-1581（代表）

※令和５年 11 月９日の報道発表資料に基づく令和６年度の試験実施日程は、下記の通りです。最新の試験実施日程については、必ずご自身でご確認ください。

７月 10 日（水曜日）	受検申込みの受付けが開始されます。
７月 24 日（水曜日）	受検申込みの受付けの締切り日です。
11 月 24 日（日曜日）	第一次検定・第二次検定が実施されます。
翌年２月７日（金曜日）	第二次検定の合格発表が行われます。

2 2級建築施工管理技術検定試験第二次検定の出題形式

2級建築施工管理技術検定試験第二次検定は、施工経験記述(能力／解答形式は記述式)・建築分野別記述(能力／解答形式は記述式)・建築分野別記述(知識／解答方式は四肢一択のマークシート式)で構成されている。令和3年度以降の第二次検定および令和2年度以前の実地試験(第二次検定の旧称)では、すべての問題が必須問題であった。

問題 1〔設問 1〕「①工種名」に関しては、受検種別が「建築」の者は建築一式工事における「躯体」と「仕上げ」のどちらを記述してもよいが、受検種別が「躯体」の者は「躯体」、受検種別が「仕上げ」の者は「仕上げ」に関する経験を記述する必要がある。

問題 4 と **問題 5** に関しては、令和2年度以前の実地試験(第二次検定の旧称)では「問題文中の誤っている語句を訂正する記述式の問題」が出題されていたが、令和3年度以降の第二次検定では「問題文中の空欄に当てはまる語句を選択する四肢一択式の問題」に変更されている。令和6年度の第二次検定においても、**問題 4** と **問題 5** は四肢一択式で出題されると思われる。また、**問題 5** に関しては、平成30年度以降の試験では、受検種別(建築・躯体・仕上げ)ごとに異なる問題が出題されている。

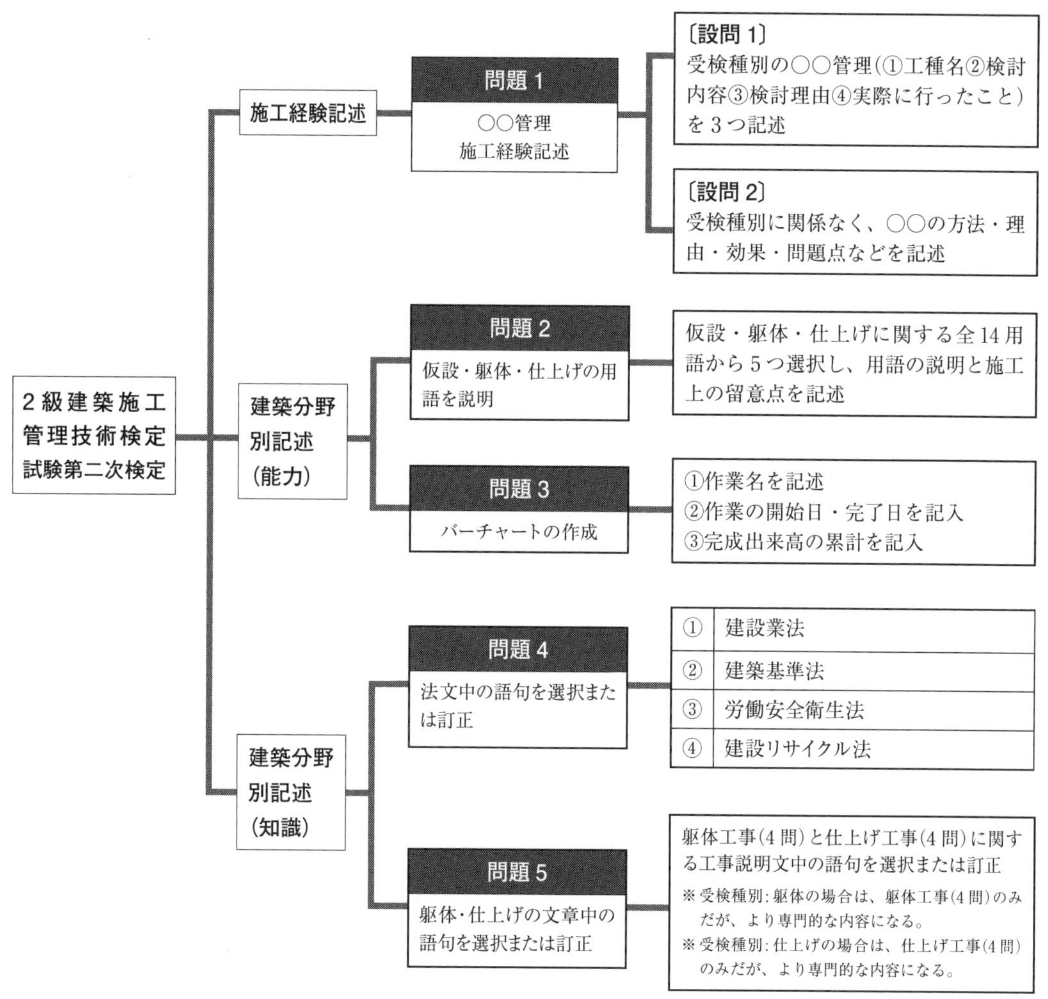

3 過去問題「施工経験記述」の出題形式・分析・概要

1 過去10年間の施工経験記述の出題形式

施工経験記述は、設問①については施工計画・工程管理・品質管理のいずれかから、設問②については施工計画・工程管理・品質管理・安全管理・環境保全のいずれかから出題される。近年の試験では、安全管理・環境保全に関する出題は、比較的少なくなっている。

年度	設問	施工計画・工程管理・品質管理に関する検討事項・検討理由・実施内容	設問	計画・工程・品質・安全・環境に関する検討事項・理由・影響・対応策
R 5	①	**工程**管理に関する状況・理由・行った対策	②	**工程**の周知方法とそれが不十分な場合の影響
R 4	①	**品質**の不具合の理由・行ったこと・留意点	②	**品質**確保のための確認事項・理由
R 3	①	施工**計画**に関する検討事項・理由・実施内容	②	品質・工程に係る**計画**の理由・対策・留意点
R 2	①	**工程**管理に関する着目事項・理由・対策	②	**工程**短縮の方法・手段と工事への良い影響
R元	①	施工**計画**に関する検討事項・行ったこと・理由	②	**産業廃棄物**を減らす方法・手段とその留意点
H30	①	**品質**確保を妨げる不具合の要因と防止対策	②	**品質**管理の方法・手段とその理由
H29	①	**工程**管理に関する留意内容と着目理由	②	**工程**短縮の方法・手段と工事への良い影響
H28	①	施工**計画**に関する検討事項・行ったこと・理由	②	**品質**・**工程**・**安全**に関する検討事項・理由・対応策
H27	①	施工**品質**低下防止の留意点・理由・対策	②	**品質**管理の体制・手順・ツール
H26	①	工事の着手前の**工期**遅延対策	②	**工程**合理化方法と派生効果

2 受検種別と「工種」選択の制限

問題 1 **設問1**：施工経験記述の「工種」は、受検種別に応じたものを選択して記述することが重要である。

工種／受検種別	躯体工事	仕上げ工事
建　築	◎	◎
躯　体	◎	×
仕上げ	×	◎

◎選択できる
×選択できない

問題 1 **設問2**：通常、受検種別に関係なく、躯体工事・仕上げ工事を選択して記述することができる。したがって、受検種別：躯体の者は「仕上げ工事」の記述ができる。また、受検種別：仕上げの者は「躯体工事」の記述ができる。

4 過去問題「建築分野別記述」の出題形式・分析・概要

1 過去10年間の建築分野別記述の出題形式

問題番号	問題2	問題3	問題4	問題5
出題内容／年度	仮設・躯体・仕上げの用語の説明と施工上の留意点の記述	バーチャート(横線式)工程表又はネットワーク計算	建築関連法規の記述文中の語句の選択または訂正	躯体工事・仕上げ工事の説明文中の語句の選択または訂正
R5	説明と留意点を記述	バーチャート工程表	空欄の語句を選択	空欄の語句を選択
R4	〃	〃	〃	〃
R3	〃	〃	〃	〃
R2	〃	〃	誤りの語句を訂正	誤りの語句を訂正
R元	〃	〃	〃	〃
H30	〃	〃	〃	〃
H29	〃	〃	〃	〃
H28	〃	ネットワーク計算	〃	〃
H27	〃	〃	〃	〃
H26	〃	〃	〃	〃

2 建築分野別記述の出題の傾向

建築分野別記述の出題は、**問題3**を除き、過去10年間、一貫して似たような出題形式が踏襲されているため、過去問題に十分習熟する必要がある。

問題2は、建築工事に関する用語について、その用語の説明と施工上留意すべきことを記述するものであるため、記述のキーワードを発見するための訓練が必要となる。

問題3は、平成29年度からはネットワーク計算ではなくバーチャート工程表が出題されており、出題形式が大きく変化したといえる。令和6年度の試験においても、バーチャート工程表からの出題になると思われるので、平成29年度以降の問題を学習し、バーチャートの作り方・読み取り方を理解する必要がある。

問題4と**問題5**は、令和3年度からは解答形式が記述式から四肢一択のマークシート式に変更されているが、その考え方・解き方が大きく変わるものではない。第一次検定と同様の考え方で、その文章中の適当な用語・不適当な用語を見つけ出すことができれば、解答が可能である。過去問題から繰り返して出題されている問題が多いので、出題頻度が高い過去問題に集中して学習する必要がある。

5 初学者向けの標準的な学習手順

※この勉強法は、初めて第二次検定を受ける方に向けたものです。これまでに２級建築施工管理技術検定試験第二次検定や実地試験（第二次検定の旧称）を受けたことがあるなど、既に自らの勉強法が定まっている方は、その方法を踏襲してください。しかし、この勉強法は本当に効率的なので、勉強法が定まっていない方は、活用することをお勧めします。

本書では、第二次検定を５日間の集中学習で完全攻略することを目標にしています。各学習日の学習時間は、５時間を想定しているので、長期休暇を利用して一気に学習することを推奨しますが、毎週末に少しずつ学習することもできます。

この学習手順は、第二次検定を初めて受検する方が、最短の学習時間で合格できるように構築されています。より詳しい学習手順については、「受検ガイダンス＆学び方講習」の YouTube 動画講習を参照してください。

1日目 の学習手順（最新問題の重要ポイントを把握します）

①完全合格のための学習法（YouTube 動画講習）を視聴してください。

②本書の 13 ページに掲載されている「最新問題の一括要約リスト」を熟読してください。

2日目 の学習手順（建築施工用語・施工管理を分野別に集中学習します）

①「虎の巻」解説講習（YouTube 動画講習）の 問題２・問題３ を視聴してください。

②虎の巻（精選模試）第一巻及び第二巻の 問題２・問題３ を学習してください。

③本書の第Ⅱ編の第１章「建築施工用語」・第２章「施工管理」を学習してください。

3日目 の学習手順（建築法規・建築施工を分野別に集中学習します）

①「虎の巻」解説講習（YouTube動画講習）の 問題４・問題５ を視聴してください。

②虎の巻（精選模試）第一巻及び第二巻の 問題４・問題５ を学習してください。

③本書の第Ⅱ編の第３章「建築法規」・第４章「建築施工」を学習してください。

4日目 の学習手順（施工経験記述を書くための準備をします）

①施工経験記述の考え方・書き方講習（YouTube動画講習）を視聴してください。

②本書 643ページの施工経験記述記入用紙をコピーし、工事概要を書き込んでください。

③施工計画・工程管理・品質管理の施工経験について、ストーリーを作成してください。

5日目 の学習手順（施工計画・工程管理・品質管理の施工経験記述を実際に書いてみます）

①本書 643 ページ・645 ページ・647 ページの施工経験記述記入用紙をコピーしてください。

②施工計画・品質管理・工程管理の３つのテーマについて、施工経験を書き込んでください。

※施工経験記述添削講座（有料）の受講をご希望の方は、本書の 637 ページをご覧ください。

6 学習手順の補足

①この学習手順では、5日間のうち、問題1の施工経験記述には2日間を費やしています。毎年度の試験の傾向から見ると、問題1で不合格と判定された場合、問題2以降は採点されないおそれがあるからです。問題1の施工経験記述は、それだけ重要なのです。

②2日目の学習手順では、問題2の「動画講習視聴→虎の巻学習→本編学習」を行ってから、問題3の「動画講習視聴→虎の巻学習→本編学習」を行うと、分野別に学習を進めることができるので、より効果的です。3日目の学習手順についても同様です。

③2日目と3日目の学習手順では、「虎の巻」解説講習（YouTube動画講習）を見てから、虎の巻（精選模試）を学習することになっていますが、この方法では、虎の巻（精選模試）を自らの力だけで解いてみる前に、その答えが分かってしまいます。これを避けたいと思う方は、動画を見る前に、自らの力だけで虎の巻（精選模試）に挑戦してみるという学習方法も考えられます。こちらの方法は、何度か第二次検定や実地試験（第二次検定の旧称）を受けたことがあるなど、既に学習経験のある方にお勧めです。

④3日目の学習手順にある問題5については、**受検種別：建築**の受検者は問題5-A、**受検種別：躯体**の受検者は問題5-B、**受検種別：仕上げ**の受検者は問題5-Cのみを学習してください。

※**受検種別：建築**の受検者は、学習時間を十分にとれる場合、平成30年度以降の問題5-B・問題5-Cの最新問題解説を一読しておくと、躯体工事・仕上げ工事に関するより深い知識を身につけることができます。第二次検定では、過去の問題5-B・問題5-Cに関連する内容が、問題5-Aに出題されることがあります。

⑤問題3のバーチャート作成は、計算問題になっていることが多く、解答に時間がかかる可能性が高いため、実際の試験においては、他の問題をすべて完了させてから、最後に取り組むことが望ましいとされています。

7 最新問題の一括要約リスト（完全合格のための学習法）

本書の13ページ～24ページには、平成26年度以降に出題された問題2・問題3・問題4・問題5の要点が集約されています。これを数回通読すると、学習をより確かなものにすることができます。最新問題の一括要約リスト（完全合格のための学習法）は、YouTube動画講習としても提供しているため、手元にスマートフォンなどがあれば、ちょっとした隙間時間（通勤電車の中や休憩時間など）にも、過去10年間の出題内容をまとめて効率よく学習を進めてゆくことができます。

8 「無料 YouTube 動画講習」の活用

本書の学習と併せて、無料 YouTube 動画講習 を視聴すると、理解力を高めることができます。是非ご活用ください。本書は、書籍と動画講習の２本柱で学習を行えるようになっています。

GET(ゲット)研究所の動画サポートシステム

書籍	無料 YouTube 動画講習
受検ガイダンス	受検ガイダンス＆学び方講習 無料 YouTube 動画講習
最新問題の一括要約リスト	完全合格のための学習法 無料 YouTube 動画講習
施工経験記述	施工経験記述の考え方・書き方講習 無料 YouTube 動画講習
建築施工用語 施工管理 建築法規 建築施工	バーチャートの読み方講習 無料 YouTube 動画講習
虎の巻（精選模試）	「虎の巻」解説講習 無料 YouTube 動画講習

※この表は、「書籍」に記載されている各学習項目（左欄）に対応する「動画講習」のタイトル（右欄）を示すものです。

無料 YouTube 動画講習 は、GET 研究所ホームページから視聴できます。

https://get-ken.jp/

GET 研究所　検 索　➡　無料動画公開中　➡　動画を選択

最新問題の一括要約リスト

2級建築施工管理技術検定試験第二次検定 完全合格のための学習法

この学習法で一発合格を手にしよう！

「最新問題の一括要約リスト」は、令和5年度から平成26年度までの10回の試験に出題された **問題2** ～ **問題5** について、その問題を解くために最低限必要な事項だけを徹底的に集約したものです。2級建築施工管理技術検定試験第二次検定や実地試験（第二次検定の旧称）では、過去問題から繰り返して出題されている問題が多いので、このリストを覚えておくだけでも一定の学習効果が期待できます。また、このリストを本書の最新問題解説と照らし合わせながら学習を進めることで、短時間で効率的に実力を身につけることができるようになっています。

問題1 の施工経験記述については、受検者自身の工事経験を記載するものであるため、「最新問題の一括要約リスト」には記載がありません。しかし、施工経験記述については、施工計画・工程管理・品質管理の3つの出題分野について、あらかじめ自身の工事経験を書いてみることで、事前に準備できるため、合格点を獲得しやすくなっています。

このリストに付随する無料動画「完全合格のための学習法」では、このリストの活用法や着目ポイントについての解説を行っています。

← スマホ版無料動画コーナー QRコード

URL　https://get-supertext.com/

（注意）スマートフォンでの長時間聴講は、Wi-Fi 環境が整ったエリアで行いましょう。

「完全合格のための学習法」の動画講習を、GET 研究所ホームページから視聴できます。

https://get-ken.jp/

GET 研究所　（検 索）　➡　　➡　動画を選択

2級建築施工管理技術検定試験第二次検定　最新問題の一括要約リスト

※ここに書かれている内容は、解答の要点をできる限り短縮してまとめたものなので、一部の表現が必ずしも正確ではない可能性（前提条件や例外規定を省略しているなど）があります。詳細な解説については、本書の当該年度の最新問題解説を参照してください。

問題2　建築施工用語

建築工事に関する用語の説明と、施工上留意すべきことを記述する問題が出題される。

工種		用語	用語の説明	施工上留意すべきこと	出題年度
仮設	測量	陸墨	仕上げ高さの基準を示す墨で描いた水平線。	上階の陸墨は、1階床面の高さを基準とする。	R元, H26
		ベンチマーク	建築物の位置・高さの基準となる点。	破損事故に備えるため、複数個設置する。	R4, R2, H29
	山留め	親杭横矢板壁	H型鋼の間に木板を嵌め込んだ土留め壁である。	地山を削る深さは、「矢板厚＋余掘り厚」とする。	R4
		鋼矢板	山留め支保工の土圧壁や遮水壁となる鋼材。	接合部を密着させ、根入れ深さを大きくする。	R元, H28
		釜場	掘削底面の湧水を集めるための集水桝。	基礎への影響がない位置に設置する。	R3, H29
	足場	手すり先行工法	手すりを乗る前に設けて降りた後に廃する工法。	手すりがない作業床に乗らないことを周知する。	R5, R元, H28
		親綱	墜落制止用器具のフックを掛けるワイヤロープ。	親綱を取り付ける支柱の間隔は、10m以下とする。	R5, H30, H27
		防護棚	足場に付属し、落下物を受け止める設備。	突出し長さは、水平距離で2m以上とする。	H29, H26
		壁つなぎ	足場と躯体を結合させ、足場の倒壊を防ぐ部材。	圧縮材と引張材との間隔を1m以内とする。	R4, H27
		ローリングタワー	水平移動が可能なキャスター付きの移動式足場。	作業開始前に、全脚のストッパーを固定する。	R3, H30, H28
		乗入れ構台	工事車両の通行路や作業場所となる構台。	支柱の間隔は、3m～6m程度とする。	R3
	型枠	セパレーター	せき板相互の間隔を正しく保持する金具。	丸セパレーターは、型枠に直角に取り付ける。	R4, R元, H29
		フォームタイ	せき板の間隔を保持する締付けボルト。	打設時には、ボルトの締付け力を点検する。	H30, H27
		パイプサポート	型枠支保工を支える支柱で、長さの調整ができる。	支柱を継ぐときは、その本数を2本までとする。	R2
		フラットデッキ	床スラブ等の捨型枠となる鋼製デッキプレート。	受け梁の側型枠は、縦桟木で補強する。	R3
		剥離剤	コンクリートから型枠を離れやすくする薬剤。	剥離剤の塗布量は、必要最小限とする。	R5, H28

工種		用語	用語の説明	施工上留意すべきこと	出題年度
仮設	型枠	根巻き	型枠や支柱の移動を防止するための留め具。	部材は、隙間がないよう、密着させて取り付ける。	H26
	機械	機械ごて	床コンクリート直均し仕上げに用いる動力機械。	騒音発生作業の時間帯に配慮し、防音壁を設ける。	R2
		クローラークレーン	足回りに履帯を有する揚重運搬機械。	アウトリガーを最大限に張り出させる。	R2
躯体	基礎	べた基礎	一枚の底盤で、建築物を面的に支える直接基礎。	立上り部分(地上部)の高さは、30cm以上とする。	R5, H30
		布基礎	壁下の複数の底盤で、建築物を支える直接基礎。	立上り部分のかぶり厚さを4cm以上とする。	R2
		床付け	掘削・根切りした底面を平坦に仕上げる作業。	掘削底を乱さないよう、人力で作業する。	R2, H26
		つぼ掘り	独立基礎の施工部分だけを掘削する工法。	型枠の建込みに必要な、掘削余裕幅を確保する。	H27
	鉄筋	スペーサー	鉄筋のかぶりを確保するための部材。	型枠に接する鋼製スペーサーには、防錆を施す。	R元
		あばら筋	梁の主鉄筋を取り囲むように配置される補強筋。	あばら筋の間隔は、梁せいの2分の1以下とする。	H30
		帯筋	柱の主鉄筋を取り囲むように配置される補強筋。	柱梁接合部内の帯筋間隔は、150mm以下とする。	R4, R2, H27
		腹筋	梁せいの中間に、梁主筋と平行に配置する鉄筋。	腹筋に設ける継手の長さは、150mm程度とする。	R3, H29, H26
		先組み工法	地上で組んだ鉄筋を、吊り上げて接合する工法。	継手部には、変形防止用の補強筋を取り付ける。	R5, H28
	コンクリート	スランプ	コンクリートのコンシステンシーの指標。	スランプ試験を行い、許容範囲内のものを使う。	R元
		先送りモルタル	コンクリートを圧送する前に、圧送するモルタル。	水セメント比をコンクリートよりも小さくする。	R4, H30, H28
		ブリーディング	打設後のコンクリート表面に、水が浮上する現象。	AE剤を用いてブリーディング水を減らす。	R2, H29, H26
		レイタンス	微粒子が浮上して表面に形成される脆弱な層。	打継面のレイタンスは、打継ぎの前に取り除く。	R5
		コンクリート壁の誘発目地	コンクリートのひび割れを集中させる目地。	断面欠損率は、20%以上を標準とする。	R3, H28
		回し打ち	打込み高さが均一となるように打ち込むこと。	コールドジョイントが発生しないようにする。	H27
	鉄骨	地組	鉄骨を地上で組み立ててユニット化すること。	架台や治具を用いて、精度を高めて組み立てる。	H30

完全合格のための学習法 - 3

工種		用語	用語の説明	施工上留意すべきこと	出題年度
躯体	鉄骨	仮ボルト	鉄骨の本締めや溶接までの間に、使用するボルト。	一群の3分の1程度の中ボルトを配置する。	H29,H26
		高力ボルト摩擦接合	高力ボルトと、板相互の摩擦力で接合すること。	摩擦接合面のすべり係数を0.45以上とする。	H29
		隅肉溶接	突き合わせた鋼材の交点に溶着金属を注ぐ工法。	「溶接長さ＝有効長さ＋隅肉サイズの2倍」とする。	R5
		スタッド溶接	母材とスタッドを、アーク熱で溶接する作業。	スタッドの傾きが5°以内となるように施工する。	R2
		被覆アーク溶接	心線を被覆した溶接棒を用いた溶接作業。	吸湿している溶接棒は、乾燥させてから使う。	R元
		溶接のアンダーカット	溶接の端部に、溝状の窪みが発生する欠陥。	溶接電流が過剰にならないよう注意する。	R4, H28
		溶接作業の予熱	溶接する前に、母材に熱を加える溶接手法。	予熱温度を50℃～100℃程度とする。	H27
		耐火被覆	鉄骨の耐力低下を防ぐため、耐火材で鉄骨を覆う。	吹付け5m²ごとに、確認ピンで厚さを確認する。	R3
	木造	大引	木造建築物の一階床構造で、根太を支える横架材。	継手は、腰掛け蟻継ぎとし、釘打ちを行う。	R3, R元, H27
		アンカーボルト	基礎と土台を緊結する固定用のボルト。	土台の継手付近では、上木側を締め付ける。	R4, H30
		仕口	線材同士が所要の角度で接合する接合部の名称。	隅通し柱の土台への仕口は、扇ほぞ差しとする。	R5, R2, H26
仕上げ	防水	脱気装置	下地の水分を放出し、防水層の膨れを防ぐ装置。	平場では、25m²～100m²につき1個を設ける。	R4, R元, H26
		ルーフドレン	屋上の雨水を集水し、排水するための金物。	塗膜防水材との取合い部には、補強布を張る。	R元,H26
		バックアップ材	シーリング材の高さを調整する目地充填材料。	目地幅よりも20%～30%大きい径の丸材とする。	R5
		ボンドブレーカー	シーリング材の底面接着を防止するテープ。	シリコーン系なら、ポリエチレンテープを貼る。	R3, H30
		マスキングテープ	シーリング材による汚れを防止するテープ。	工事終了後、直ちにテープを剥がす。	R4, H28
		通気緩衝シート	塗膜防水の下面に敷く、通気性のある不織布。	50m²に1箇所程度の割合で、脱気装置を設ける。	H27
		防水トーチ工法	シートを加熱・溶融させ、下地に密着させる工法。	平場における重ね幅は、100mm以上とする。	R2, H29
	タイル	接着剤張り工法	接着剤を用いて、内壁・外壁にタイルを張る工法。	接着剤は、下地に厚さ3mm程度で塗布する。	R元
		ヴィブラート工法	振動機を用いて、タイルを張る工法。	タイルは、上から下に向かって一段おきに張る。	R2, H30

完全合格のための学習法 - 4

工種		用語	用語の説明	施工上留意すべきこと	出題年度
仕上げ	タイル	モザイクタイル張り	マスク板を用いず、ユニットタイルを張る工法。	張付けモルタルは、2層に分けて塗り付ける。	R4
		ユニットタイル	小タイルをシートに並べて、1枚としたタイル。	タイルが硬化した後に、シートを剥がす。	H27
	石	ジェットバーナー仕上げ	石材を、炎で加熱して水で急冷する粗面仕上げ。	加工前の石厚は、設定値+3mm以上を目安とする。	R5, R3, H29,H26
		超高圧水による下地処理	タイル下地に高圧水を吹き付ける目荒らし処置。	作業中は、斫り材の飛散防止のため、養生をする。	H28
	金属	スペーサー	軽量鉄骨壁下地のスタッドを固定する部材。	スタッド間に、600mm程度の間隔で配置する。	R元,H27
		振れ止め	スタッドの動きを止めるための補強材。	スタッドを貫通させてスペーサーに固定する。	H28
		天井インサート	天井の吊りボルトを固定する雌ねじ。	取付け間隔は、900mm程度とする。	R4, R2, H29,H26
	屋根	タイトフレーム	折板を受け梁に固定するための受け台金具。	隅肉溶接サイズは、タイトフレームの板厚とする。	R4, H30
	左官	セルフレベリング工法	高流動化剤を加えた床仕上げ材を流し込む工法。	養生中は、窓を閉めて通風を避ける。	R3, R元
		コンクリート直均し仕上げ	硬練りの床コンクリートを金ゴテで仕上げる。	コンクリート打設前に、水平の定木を設ける。	H30,H27
	建具	セッティングブロック	ガラス下部と建具との接触を防止する弾性部品。	ガラス幅の4分の1となる位置に設ける。	R4, H29, H26
		フロアヒンジ	戸の開閉を制御するための床に埋め込むヒンジ。	きしみ・変形がないように取り付ける。	H29
		クレセント	引違い窓を施錠するための三日月形の締り金物。	錠が円滑に動き、緩み・軋みがないようにする。	R3, H28
		かぶせ工法	既存建具の内側に、新規建具を取り付ける工法。	既存建具の切断面には、防錆処理を行う。	H28
	塗装	エアレススプレー塗り	塗料に直接圧力をかけて吹き付けること。	希釈せず、圧力で霧化させて厚塗りする。	H30
	内装	気密シート	湿気や隙間風を防止するための壁張り用シート。	シートは、断熱材よりも室内側に張り付ける。	R5, R元, H27
		コーナービード	石膏ボードの入隅・出隅に取り付ける保護金物。	取付け後に、ジョイントコンパウンドを塗る。	R5, R2
		テーパーエッジの継目処理	石膏ボードの継目に充填し、平滑な面にする作業。	ジョイントコンパウンドを塗り重ねる。	H30,H26
		ビニル床シート熱溶接工法	溝切りした床シートと溶接棒を溶融させる工法。	溶接棒は、200℃以下の熱風で加熱・溶融させる。	R3, H29
		タイルカーペット	一辺50cmの方形に加工された置敷カーペット。	床の中央から四隅に向かう順番で張り付ける。	H28

工種		用語	用語の説明	施工上留意すべきこと	出題年度
仕上げ	内装	グリッパー工法	カーペットを伸展し、グリッパーに留める工法。	グリッパーと壁際との隙間は、均等に開けておく。	R5, H27
		壁面のガラスブロック積み	壁用金属枠内に中空ガラスブロックを積む工法。	1.0m〜1.5m間隔で、6㎜以上の水抜孔を設ける。	R5, R3

問題3 施工管理（バーチャート作成）

バーチャート工程表における作業の順序に関する問題と、出来高表における実績(完成)出来高の累計を求める問題が出題される。(平成28年度以前の 問題3 は出題形式が異なるので省略している)

工事	年度	問	解答の要点
鉄骨造建物の新築工事	R5	1	土工事・地業工事「基礎躯体」の後に行う作業は「**埋戻し,砂利地業**」である。 鉄骨工事「押出成形セメント板」の後に行う作業は「**耐火被覆**」である。
		2	○月末までの実績出来高累計の金額は、○月までの**実績の合計**に等しい。 総工事金額に対する比率は、「**実績の合計÷総工事金額×100[%]**」である。
		3	内装工事「**断熱材吹付**」の作業は、「**耐火被覆**」の**完了後**に着手できる。 出来高表の誤りを修正し、**○月末までの実績出来高累計の金額**を求める。
鉄骨造建物の新築工事	R4	1	鉄筋コンクリート工事「2F床躯体」の後に行う作業は「**1F床躯体**」である。 塗装工事「外壁塗装」と「**1F内壁塗装**」の作業がある。(2Fは素地のまま)
		2	○月末までの実績出来高の累計金額は、○月までの**実績の合計**に等しい。 総工事金額に対する比率は、「**実績の合計÷総工事金額**×100[%]」である。
		3	「**耐火被覆**」の作業は、「**1F壁,天井,2F壁軽鉄下地**」の**開始前**に完了させる。 出来高表の誤りを修正し、**○月末までの実績出来高の累計金額**を求める。
鉄骨造ビルの新築工事	R3	1	仮設工事「外部足場解体」の前に行う作業は、「**外部足場組立**」である。 鉄筋コンクリート工事最初に作業を行う部位は、「**基礎・地中梁**」である。 内装工事「2,3F壁・天井仕上げ工事」に続けて「**2,3F床仕上げ工事**」を行う。
		2	鉄骨工事「耐火被覆工事」は、「**2,3F壁・天井軽鉄下地**」**開始前**に完了させる。
		3	○月末までの実績出来高の累計金額は、○月までの**実績の合計**に等しい。 総工事金額に対する比率は、「**実績の合計÷総工事金額**×100[%]」である。
		4	未記載の出来高を記入し、**○月末までの実績出来高の累計金額**を求める。
鉄骨造ビルの建設工事	R2	1	鉄骨工事「本締め」の次に行う作業は、「**デッキプレート敷き**」である。 内装工事「壁ボード張り」の次に行う作業は、「**天井ボード張り**」である。
		2	建具工事「外部サッシ取付け」は、「**サッシシール**」**開始前**に完了させる。
		3	○月末までの実績出来高の累計金額は、○月までの**実績の合計**に等しい。
		4	○月末までの予定と累計の差の比率[%]は、「○月までの**予定の合計と実績の合計との差÷総工事金額**×100[%]」で求める。
		5	○月末までの実績出来高の累計比率[%]は、未記載の出来高を出来高表に記入した後、「○月までの**実績の合計÷総工事金額**×100 [%]」で求める。

工事	年度	問	解答の要点
鉄骨造ビルの建設工事	R元	1	鉄骨工事 の最初に行われる作業は、「**アンカーボルト設置**」である。
		2	「押出成形セメント板取付け」は、「**耐火被覆**」**の施工前**に終了させる。
		3	○月末までの完成出来高の合計[円]は、○月までの**実績の合計**である。
		4	○月末までの完成出来高の累計[%]は、次の手順で求める。 ①記載されていない出来高を、出来高表に記入する。 ②○月までの**実績の合計÷総工事金額**×100[%]が解答となる。
鉄骨造ビルの建設工事	H30	1	土工事 の「自立山留め」の次に行われる作業は、「**根切り**」である。
		2	「耐火被覆」は、「**スタッド溶接**」**の施工後**に開始できる。
		3	○月末までの完成出来高の累計[%]は、次の手順で求める。 ①記載されていない出来高を、出来高表に記入する。 ②○月までの**実績の合計÷総工事金額**×100[%]が解答となる。
木造住宅の建設工事	H29	1	「外部足場解体」が行われる場合、先に「**外部足場組立**」が行われる。
		2	「外部建具取付け」は、「**外壁下地取付け**」**の施工後**に開始できる。
		3	○月末までの完成出来高の累計[%]は、次の手順で求める。 ①記載されていない出来高を、出来高表に記入する。 ②○月までの**実績の合計÷総工事金額**×100[%]が解答となる。

問題4 建築法規

建設業法・建築基準法・労働安全衛生法・建設工事に係る資材の再資源化等に関する法律(建設リサイクル法)について、定められている条文の空欄に当てはまる語句を選択する問題が出題される。

法律	条項	出題の要点	解答の要点	出題年度
建設業法	第2条	建設業の定義	建設業とは、元請・下請を問わず、建設工事の**完成**を請け負う営業をいう。	H29
	第19条の2	現場代理人の選任通知	請負人は、請負契約の履行に関し、現場代理人の権限・行為についての注文者の意見申出方法を、書面で**注文者**に通知する。	R元,H26
	第24条の2	下請負人の意見の聴取	元請負人は、**施工**に必要な**工程**の細目・**作業方法**を定めるときは、**下請負人**の意見を聴く。	R4, H28
	第24条の4	検査及び引渡し	下請負人から**完成**通知を受けた元請負人は、その日から**20日**以内に、建設工事の**完成**を確認するための**検査**を完了させる。その後、工事**完成**から**20日**以前に引渡しを受ける旨の特約がある場合を除き、直ちに目的物の引渡しを受ける。	R5, R3, H30
	第26条の4	主任技術者の職務	主任技術者・監理技術者は、施工計画の作成・**工程**管理・**品質**管理・技術上の管理と、技術上の**指導**監督を行う。	R2, H27
建築基準法	第89条	工事現場の確認の表示	工事の**施工者**は、建築主・設計者・工事施工者・**現場管理者**の氏名と、その工事に係る確認があった旨を表示する。工事の**施工者**は、工事に係る**設計図書**を、工事現場に備えておく。	R3, H28

完全合格のための学習法 - 7

法律	条項	出題の要点	解答の要点	出題年度
建築基準法	第90条	工事現場の危害の防止	建築物の建築・修繕・模様替・除却の工事の**施工者**は、建築物・工事用の**工作物**の倒壊等による危害を防止する。	R4，H30
建築基準法施行令	第136条の3	工事現場の危害の防止	建築物に近接して根切り工事を行う場合は、その**基礎・地盤**を補強して構造**耐力**の低下を防止し、その傾斜・**倒壊**による**危害**の発生を防止する。	R元，H27
			深さ**1.5m以上**の根切り工事における山留めの**根入れ**は、周辺の**地盤**の安定を**保持**できる深さとする。（地盤**崩壊**のおそれがないときは除く）	R2，H26
			根切り工事・山留め工事を行う場合は、地下に埋設された**水道管**・下水道管の**損壊**による危害の発生を防止する。	H29
	第136条の7	工事用材料の集積	工事用材料は、倒壊・崩落等による**危害**の少ない場所に、安全に集積する。山留め周辺や架構の**上**に集積する場合は、予定以上の荷重を与えない。	R5
労働安全衛生法	第3条	事業者等の責務	仕事を他人に請け負わせる者は、施工方法・**工期**等について、安全で衛生的な作業の**遂行**を損なう条件を附さないように配慮する。	R3
	第10条	総括安全衛生管理者	事業者は、政令で定める規模の**事業場**ごとに、総括安全衛生**管理者**を選任し、その者に安全**管理者**・衛生管理者の**指揮**をさせる。	H29
	第14条	作業主任者	労働災害防止のための管理を必要とする作業では、**技能**講習を修了した者のうちから、**作業**主任者を選任し、労働者の**指揮**を行わせる。	H26
	第25条の2	事業者の講ずべき措置	爆発・火災等に伴い、労働者の**救護**に関する措置がとられる場合は、救護に関して必要な事項を行い、**技術**的事項を管理する者を選任する。	R5
	第29条の2	元方事業者の措置	崩壊・転倒のおそれのある場所では、**関係請負人**が講ずべき**危険**を防止するための措置が適正に講じられるよう、**技術**上の指導を講じる。	R2
	第60条	職長教育	新たに職務に就く**職長**や、**労働者**を直接指導・**監督**する者に対しては、作業方法の決定・労働者の**配置**などに関して、安全又は衛生のための**教育**を行う。	R元
	第61条	就業制限	クレーンの運転業務には、**免許**を受けた者・労働局長の**登録**を受けた者が行う**技能**講習を修了した者・**資格**を有する者が就業できる。この業務に従事する就業者は、免許証などの**資格**を証する書面を携帯する。	R4，H30，H27
建設リサイクル法	第5条	建設業を営む者の責務	建設業を営む者は、建設資材廃棄物の**発生**を抑制し、**分別**解体等および再資源化等に要する費用を**低減**する。	H28

問題5 建築施工

躯体工事・仕上げ工事に関する記述について、空欄に当てはまる語句を選択する問題が出題される。

分野		記述の要点(建築と躯体の受検種別に対応)	出題年度
躯体	仮設	柱心や壁心の基準墨から離した位置に打つ補助墨を、**逃げ墨**という。	R5, R3
		上階では、**下げ振り**により、1階から基準墨の逃げ墨を上げてゆく。	R5, R元
		建築物の高さ及び位置の基準となるものを、**ベンチマーク**という。	R3
		縄やビニル紐で、建築物の位置を地面に表すことを、**縄張り**という。	R3, H30
		墨出しに用いる鋼製巻尺は、工事着手前に**テープ合わせ**を行う。	R4, H30
		テープ合わせの際には、鋼製巻尺に**50 N**の張力を与える。	H30
	土	スクリューウエイト貫入試験は、荷重と**回転**による貫入を併用する。	R5
		標準貫入試験では、サンプラーの貫入に必要な打撃回数を求める。	R4
		標準貫入試験で得られた打撃回数を、**N値**という。	R4
		粘土質地盤の根切り底面が膨れ上がる現象を、**ヒービング**という。	R元
		砂質地盤に**上向き**の浸透流が生じると、ボイリングが発生する。	R元
		埋戻し土(良質な掘削土)の締固めは、厚さ**300mm**程度ごとに行う。	R5
		埋戻しの最終層には、埋戻し土の沈み代を見込んで**余盛り**を行う。	R5
		埋戻し工事における水締めは、埋戻し厚さ**30cm**程度ごとに行う。	R3
		透水性の悪い山砂は、厚さ**300mm(30cm)**程度ごとに締め固める。	H30, H28
		地盤アンカー(山留め壁の支保工)は、**斜め下向き**に打設される。	H29
	地業	セメントミルク工法では、杭径よりも**100mm**大きいヘッドを使う。	R5, R2
		セメントミルク工法は、既製杭の**埋込み**工法に分類される。	R2
		木造土台下のべた基礎の立上りは、地上部分で**30cm以上**とする。	R2
	型枠	柱型枠の高さ方向の加工長さは、不陸を考慮して**25mm**短めにする。	R5
		柱や壁の型枠は、足元を正しい位置に固定するため、**根巻き**を行う。	R4, H30
		フラットデッキの長手方向に対する飲み込み代は、**10mm**とする。	R4
		合板型枠の締付け金物を締めすぎると、せき板が**内側**に変形する。	R2, H29
		型枠は、容易に取外しが**できる**ものでなければならない。	H28
		型枠は、**安全側**の設計となるよう、単純支持と仮定して計算する。	H26
	鉄筋	かぶり厚さは、柱・梁では**30mm以上**、床では20mm以上とする。	R3
		スラブ筋の組立時には、**鋼製**のスラブ用スペーサーを使用する。	R3
		重ね継手は、コンクリートとの付着により鉄筋の応力を伝達する。	R元, H27
		圧接部の膨らみの長さは、鉄筋径の**1.1倍以上**とする。	R元
		圧接部の膨らみの直径は、鉄筋径の**1.4倍以上**とする。	H29, H26
		圧接部における中心軸の偏心量は、鉄筋径の**5分の1以下**とする。	R元
		鉄筋相互のあきは、鉄筋の**付着**による応力の伝達に必要である。	R4, H30
		鉄筋相互のあきは、**25mm以上**としなければならない。	R4, H30

完全合格のための学習法 - 9

分野		記述の要点（建築と躯体の受検種別に対応）	出題年度
躯体	鉄筋	鉄筋相互のあきは、隣り合う鉄筋の平均径の**1.5倍以上**とする。	R3
		鉄筋の縮み代を見込んで加工しないと、**定着**寸法の不足を招く。	R4, H28
	コンクリート	受入検査の項目には、スランプ・空気量・**塩化物含有量**などがある。	R5
		塩化物含有量は、**0.30kg/m³以下**とすることが定められている。	R5
		鉛直打継ぎ部は、スパンの中央または端から**4分の1**付近に設ける。	R4, R元
		柱や梁の打継ぎ面は、その主筋に対して**直角**にする。	R元,H26
		練混ぜ**開始**から荷卸し地点到着までの時間は、**90分以内**とする。	R3, H30
		気温が25℃未満の場合、打込み終了までの時間は**120分以内**とする。	R3
		気温が25℃以上の場合、打込み終了までの時間は**90分以内**とする。	H30
		棒形振動機は、挿入間隔を**60cm以下**、加振時間を**5～15秒**とする。	R2
		棒形振動機を引き抜く際には、加振しながら**徐々に**引き抜く。	R2, H28
		圧縮強度試験のための供試体の直径は、**100mm以上**とする。	H27
	鉄骨	アンカーボルト上部のネジ山は、ナット面から**3山以上**とする。	R3, R元
		高力ボルトのナットは、等級の**表示記号**が見えるように取り付ける。	H30
		高力ボルトの座金は、内側面取り部が**表**となるように取り付ける。	H26
		高力ボルトの本締めは、群の**中央から周辺に向かう**順序で行う。	R4
		本締め後のナットの回転量は、平均回転角度**±30度以内**とする。	R4
		ナットの回転と共にボルトや座金も回転することを、**共回り**という。	R2,
		高力ボルト接合部の**1mmを超える**肌すきは、**フィラー**を用いて補う。	R2
		ベースプレートの面積が**大きい**ときは、後詰め中心塗りとする。	R元,H27
		柱脚のベースモルタルの厚さは、**50mm以下**とする。	R元
		予熱の目的は、溶接後の冷却速度を**遅くする**ことである。	H29
	木	柱には、全階を通して用いる通し柱と、各階ごとに用いる**管柱**がある。	R5, R3
		通し柱の断面寸法は**12cm角**、管柱の断面寸法は10.5cm角とする。	R3
		2階以上の床位置で外周の柱を相互に繋ぐ横架材を、**胴差**という。	R5
		胴差のせい（高さ）は、梁間寸法の**10分の1**程度が一般的である。	R5
		建築物に**ねじれ**が生じないよう、筋かい等を入れた軸組を配置する。	R4, R2
		小屋梁を軒桁の上に乗せかける方法を、**京呂組**という。	H30
		束立て小屋組の母屋の断面寸法は、**90mm角**を標準とする。	H30
	解体	飛散防止と騒音防止のため、**防音シート**を足場外面に取り付ける。	R2
		階上解体作業では、各階は**中央**部から先行して解体する。	R2
		木造住宅の解体工事では、**分別**解体の計画書を作成する。	R元
		産業廃棄物管理票の交付から90日以内に、**D票**が返送される。	H28
		カッター工法は、**鉄筋コンクリート**の部材を切断する工法である。	H27

完全合格のための学習法 - 10

分野		記述の要点（建築と仕上げの受検種別に対応）	出題年度
仕上げ	防水	保護層には、**ひび割れ**が発生するのを防ぐため、伸縮目地を設ける。	R5
		伸縮目地は、端部を塔屋などの立上り際から**600㎜**程度とする。	R5
		ウレタンゴム系塗膜防水の通気緩衝シートの継目は、**突付け**とする。	R3
		打継ぎ部には、幅**300㎜以上**の**ストレッチ**ルーフィングを張る。	R4, R2
		平場と立上りのルーフィング類は、重ね幅を**150㎜以上**とする。	R4, R元, H26
		トーチ工法では、シート**裏面**および下地をトーチバーナーであぶる。	R3, H28
		出隅・入隅には、幅**200㎜**程度の増張り用シートを張り付ける。	R3, H30
		シートの接合部では、下側のシートの砂面をあぶって砂を**沈める**。	H30
		シーリング工事のノンワーキングジョイントは、**3面**接着とする。	R2
	タイル	**密着張り**では、下地に塗り付けたモルタルに、タイルを押し付ける。	R5
		密着張りの張付けモルタルは、**20分以内**に張り終える面積とする。	R3
		密着張りとするタイルは、その**上部**から一段おきに張り付ける。	R元
		密着張りの目地詰めは、タイル張付け後、**24時間以上**経過後に行う。	R5, R3
		密着張りとするタイルの目地深さは、タイル厚さの半分**以下**とする。	H26
		改良圧着張りでは、下地とタイル裏の両方に張付けモルタルを塗る。	R4
		改良圧着張りでは、**1段ごとに上から下**に向かってタイルを張る。	R4
		タイル接着力試験では、**コンクリート面**まで切り込みを入れる。	R元
		タイル接着力試験の試験体の数は、全体で**3個以上**とする。	R元
		タイル裏面に対して、接着剤が**60%以上**に付いたことを確認する。	H30
		タイル裏の**全面**に、接着剤が均等に付いたことを確認する。	H30
		くし目の方向は、タイルの裏あしに対して、**直交または斜め**とする。	H29
		くし目ごては、壁面に対して**60度**の角度を保ってくし目を付ける。	R4
	石	大理石を壁に使用する場合は、その仕上げを**本磨き**とする。	R3
	屋根	下葺きの重ね幅は、短辺は200㎜以上・長辺は**100㎜以上**とする。	R2
		アスファルトルーフィング（下葺）の左右の重ねは、**200㎜**とする。	R4
		アスファルトルーフィングの重ね部分は**300㎜**間隔で留め付ける。	R4
		重ね形折板は、**各山**ごとにタイトフレームに固定ボルト締めする。	R5, H29
		折板葺の重ね部は、**600㎜**程度の間隔で緊結ボルト止めを行う。	R2, H30, H27
		折板葺の**水上**の先端部には、雨水を止めるための止水面戸を設ける。	R2
		折板葺の軒先の水切れを良くするためには、**尾垂れ**を付ける。	H30
	天井	軽量鉄骨天井下地の野縁は、野縁受けにクリップで留め付ける。	R3
		軽量鉄骨天井下地の水平補強材は、**1.8m**程度の間隔で配置する。	R4, H30
		天井の中央部を基準レベルよりも吊り上げる方法を、**むくり**という。	R3, H30
		軽量鉄骨天井下地の水平精度は、基準レベル**±10㎜以下**とする。	H30

完全合格のための学習法 - 11

分野		記述の要点（建築と仕上げの受検種別に対応）	出題年度
仕上げ	壁	スタッド間隔は、石膏ボード一重張りの場合、**300mm**程度とする。	R5，R元
		スタッドの建込み間隔の精度は、**±5mm**以下とする。	R元
		軽量鉄骨壁下地のランナーは、**900mm**程度の間隔で固定する。	R2，H28
		軽量鉄骨壁下地のランナーの継手は、**突付け継ぎ**とする。	R2
	床	熱溶接工法では、張付け後**12時間**以上、接着剤の硬化時間を置く。	R元
		熱溶接工法では、床シートと溶接棒を**同時**に溶融させる。	R元
	建具	木工事では、削り代を見込んだ**ひき立て**寸法の製材を使用する。	R元
		木材は、**木表側**に反る傾向があるため、**木表側**に溝じゃくりを行う。	R元
		型板ガラスは、型模様面を**室内側**にして取り付ける。	R元
	左官	複層仕上塗材のゆず肌状仕上げでは、塗付けを**ローラー塗り**とする。	R5
		上塗りモルタルは、下塗りモルタルよりも**貧調合**とする。	H30
		下塗りモルタルは、上塗りモルタルよりも**富調合**とする。	H27
	塗装	エアスプレーガンは、塗面から**30cm**離し、塗面に**直角**に向ける。	R4
		スプレーガンのノズルは、下地面に対し、直角又はやや**上向き**に保つ。	R2
		塗料の**使用量**から、塗装面積あたりの塗付け量を推定できる。	H30
		噴霧された塗料は、**中央部**ほど密になりがちである。	H27
		塗膜にちりめん状又は波形模様の凹凸を生じる現象を、**しわ**という。	R5，R3
		塗膜の欠陥であるしわは、油性塗料を**厚塗り**した場合に生じやすい。	H26
	内装	壁紙の表面に付いた接着剤や手垢は、放置すると**しみ**の原因となる。	R4，R2
		フローリングの下張り用床板は、**150mm**程度の間隔で釘打ちとする。	R5，R2
		フローリングボードは、**雄ざね**の付け根から隠し釘留めとする。	R5，R2
		シージング石膏ボードは、原紙と心材に防水処理が施されている。	R3，R元
		硬質ウレタンフォームの吹付け工法は、平滑な表面を**得にくい**。	H30,H27
		ウレタン樹脂系接着剤は、**湿気**硬化形の一液性である。	H28
		接着材の盛上げ高さは、石膏ボードの仕上り高さの**2倍**とする。	H29
		フェルト状断熱材は、防湿層を**室内**に向けて取り付ける。	H29
		ウィルトンカーペットは、グリッパー工法で敷き込むことができる。	R3
		壁際とグリッパーとの隙間は、カーペット厚さの約**3分の2**とする。	R3
		グリッパー工法では、**パワーストレッチャー**でカーペットを伸ばす。	H26
	外装	縦張り工法では、パネルは**ロッキング**により層間変形に追従させる。	R5
		横張り工法では、パネルは**スライド**により層間変形に追従させる。	R5

本編

第Ⅰ編　施工経験記述

1 施工経験記述 技術検定試験 重要項目集

2 施工経験記述の考え方･書き方講習 無料 YouTube 動画講習

3 最新問題解説

施工経験記述添削講座 有料 通信講座

※ 施工経験記述添削講座の詳細については、637 ページを参照してください。

1 施工経験記述 技術検定試験 重要項目集

1.1 過去10年間の施工経験記述の課題の分析

年度		R5	R4	R3	R2	R元	H30	H29	H28	H27	H26
施工計画	設問(1)			●		●			●		
	設問(2)			○							
工程管理	設問(1)	●			●			●			●
	設問(2)	○			○			○	○		○
品質管理	設問(1)		●				●			●	
	設問(2)		○				○		○	○	
安全管理	設問(1)										
	設問(2)								○		
環境保全	設問(1)										
	設問(2)					○					

●：工事概要であげた工事に関する内容を記述する。
○：工事経験を記述する。（工事概要であげた工事及び受検種別とは異なる内容でもよい）

本年度の試験に向けた施工経験記述の対策

2級建築施工管理技術検定試験における施工経験記述は、**施工計画・工程管理・品質管理**が中心となっていた。この傾向は、今後も変わらないと思われる。近年の試験では前年度と同じ分野から出題されることもあるので、本年度の第二次検定に合格するためには、**施工計画・工程管理・品質管理のすべての分野**について、自らの施工経験記述を準備しておくことが大切である。

1 品質管理の施工経験記述—準備のポイント

① あなたの経験した工種を示す。（工種）
② その工種の何の品質を管理しようとしたかを示す。（管理項目又は品質特性）
③ なぜその品質を確保することが大切なのか、理由を示す。（管理項目選択理由）
④ その品質を確保するため、あなたはどのように施工したかを示す。（措置又は対策）
例えば、鉄筋工事では次のように記述しようとするポイントを整理しておく。

①	工種	鉄筋工事
②	管理項目	鉄筋の継手の品質
③	管理項目の選択理由	鉄筋の継手の品質は、構造耐力を確保するために必要だから。
④	検討し実際に行った措置又は対策	ガス圧接継手に替え、天候の影響が少なく均一な品質を得やすい機械式継手とした。

2 施工計画の施工経験記述—準備のポイント

施工計画の施工経験記述では、計画を示すだけでは不十分である。経験した工事は発注者の検査に合格した工事について記述するもので、単なる計画でなく結果に裏付けられた実際に施工したことを念頭におくことが大切である。したがって、施工計画であっても**「〜した。」**という文末になる。施工計画の範囲は工程、品質、安全、環境について記述できるが**原価（コスト）**のみについての記述は不可とされている場合が多い。施工計画の出題項目と記述の要点は次のようである。①〜⑦のうち、3項目を選択させ、記述させる出題が多い。

No.	施工計画の検討すべき項目	施工経験記述の記入上のポイント			
		工程管理	品質管理	安全管理	環境保全
①	施工方法又は作業方法	●	●	●	●
②	資材の搬入又は荷揚げの方法	●	—	●	—
③	資材の保管又は仮置きの方法	—	●	●	—
④	作業床又は足場の設置	●	—	●	—
⑤	施工中又は施工後の養生の仕方	—	●	●	●
⑥	試験又は検査の方法と時期	—	●	—	—
⑦	他の関連工事との工程調整方法	●	—	—	—

例えば、上表の①の施工計画（施工方法又は作業方法）について記述するときは、まずは記入上のポイント（工程・品質・安全・環境）のどれを記述するのかを明確にした上で、受検種別に応じて、そのポイントについてのみ集中して「計画の通りに実施したこと」または「計画を立案したこと」を記述する。

3 工程管理の施工経験記述—準備のポイント

工程管理の施工経験記述では、記述するパターンは次の3つである。

①工程を予定の工程表の通りに進めた方法を示す作業量管理。

②遅れた工程を回復するために、計画工程から**変更**した実施工程を示す作業量管理。

③建築資源（材料・労働力・機械器具）を予定の期日通りに調達する計画およびその調達の方法を示す調達管理。

1.2 問題1 施工経験記述の出題形式(工程管理の例)

問題1 あなたが経験した**建築工事**のうち，あなたの受検種別に係る工事の中から，**工程の管理**を行った工事を**1つ**選び，工事概要を具体的に記述したうえで，次の1. から2. の設問に答えなさい。

なお，**建築工事**とは，建築基準法に定める建築物に係る工事とし，建築設備工事を除くものとする。

〔工事概要〕

イ．工　事　名

ロ．工　事　場　所

ハ．工 事 の 内 容　（新築等の場合：建物用途，構造，階数，延べ面積又は施工数量，主な外部仕上げ，主要室の内部仕上げ
改修等の場合：建物用途，建物規模，主な改修内容及び施工数量）

ニ．工　期　等　(工期又は工事に従事した期間を年号又は西暦で年月まで記入)

ホ．あなたの立場

ヘ．あなたの業務内容

〔工事概要〕の記述ポイント (イ)の工事名は建築工事を記入しなければならない。(ホ)の立場は発注者側監督員、現場主任、現場監督員、主任技術者、現場代理人など管理的業務の立場を記述する。

設問1 工事概要であげた工事であなたが担当した工種において，項目Aのａからｃの中からテーマを選び，それらを手配や配置，施工の計画を立てる際に，**工事を遅延させないため**にあなたがどのようなことを行ったのか，項目Ｂの①から③について具体的な事例を**3つ**記述しなさい。

なお，選んだ項目Ａは○で囲み，３つの事例は同じ項目を選んでもよいものとする。

また，項目Ｂの①**工種名又は作業名等**はあなたの受検種別に係るものとし，同じものでもよいが，②**状況と理由**及び③**行った対策**はそれぞれ異なる内容を記述するものとし，品質管理，安全管理，コスト管理のみについて記述したものは不可とする。

項目Ａ　ａ．材　料（本工事材料，仮設材料）

　　　　ｂ．工事用機械・器具・設備

　　　　ｃ．作業員（交通誘導警備員は除く）

項目Ｂ　①　**工種名又は作業名等**

　　　　②　遅延させるかも知れないと考えた当時の**状況**とそれが遅延につながる**理由**

　　　　③　②による遅延を防ぐために実際に**行った対策**

〔設問 1〕の記述ポイント　受検種別により「工種名」が異なるので注意が必要である。

「建築」は、躯体工事、仕上げ工事のいずれの「工種名」をあげて記述してもよい。

「躯体」は、躯体工事の「工種名」をあげて記述する。

「仕上げ」は、仕上げ工事の「工種名」をあげて記述する。

設問 2.　工事概要であげた工事に係わらず，あなたの今日までの建築工事の経験を踏まえて，計画どおりに工事を進める上で，関係者に作業工程を周知や共有するための**有効な方法や手段**と，周知や共有が不十分な場合に起こる工程への**影響**について，具体的な事例を**2つ**記述しなさい。

ただし，2つの事例の有効な方法や手段はそれぞれ異なる内容を記述するものとし，1. の③の行った対策と同じ内容の記述は不可とする。

〔設問 2〕の記述ポイント　受検種別にかかわらず、どのような「工種名」をあげてもよい。

1.3　問題 1　施工経験記述解答用紙の形式（工程管理の例）

工事概要

イ	工　事　名	
ロ	工　事　場　所	
ハ	工　事　の　内　容	
ニ	工　期　等	
ホ	あ な た の 立 場	
ヘ	あなたの業務内容	

設問 1　工程管理　解答用紙の形式例

<table>
<tr><td rowspan="4">事例1</td><td>A</td><td colspan="2">選んだ項目（テーマ）</td><td>a.材料　b.工事用機械・器具・設備　c.作業員</td></tr>
<tr><td rowspan="3">B</td><td>①</td><td>工種名又は作業名</td><td></td></tr>
<tr><td>②</td><td>当時の状況と遅延につながる理由</td><td></td></tr>
<tr><td>③</td><td>実際に行った対策</td><td></td></tr>
<tr><td rowspan="4">事例2</td><td>A</td><td colspan="2">選んだ項目（テーマ）</td><td>a.材料　b.工事用機械・器具・設備　c.作業員</td></tr>
<tr><td rowspan="3">B</td><td>①</td><td>工種名又は作業名</td><td></td></tr>
<tr><td>②</td><td>当時の状況と遅延につながる理由</td><td></td></tr>
<tr><td>③</td><td>実際に行った対策</td><td></td></tr>
<tr><td rowspan="4">事例3</td><td>A</td><td colspan="2">選んだ項目（テーマ）</td><td>a.材料　b.工事用機械・器具・設備　c.作業員</td></tr>
<tr><td rowspan="3">B</td><td>①</td><td>工種名又は作業名</td><td></td></tr>
<tr><td>②</td><td>当時の状況と遅延につながる理由</td><td></td></tr>
<tr><td>③</td><td>実際に行った対策</td><td></td></tr>
</table>

設問 2　工程管理　解答用紙の形式例

<table>
<tr><td rowspan="2">手法1</td><td>有効な方法や手段</td><td></td></tr>
<tr><td>不十分な場合の影響</td><td></td></tr>
<tr><td rowspan="2">手法2</td><td>有効な方法や手段</td><td></td></tr>
<tr><td>不十分な場合の影響</td><td></td></tr>
</table>

1.4 問題1 施工経験記述〔工事概要〕の考え方・書き方

施工経験記述で取り上げる建築工事は、鉄筋コンクリート構造、木構造、鉄骨構造、鉄骨鉄筋コンクリート造の建築が該当する。工事概要の書き方を次に示す。

工事概要項目		考え方	書き方（記入例）
（イ）	工事名	建築物の固有名詞を入れて記述し、建築工事であることがわかるように特定する。 ＊土木工事、管工事、電気工事、造園工事などの工事名は建築の経験とみなされないので注意する。	①東京新宿坂ビル新築工事 ②大阪北本町タイガーマンション新築工事 ③中部パルプ工場改修工事 ④山往邸増築工事
（ロ）	工事場所	工事場所は、都道府県名、市町村名、丁目、番地を記述する。できるだけ正確に記述する。	①東京都新宿区西町３丁目211番地 ②大阪府大阪市北区本町３丁目５番地 ③愛知県名古屋市久保町４丁目12番地 ④宮城県仙台市弾生町３丁目254番地
（ハ）	工事の内容	〈1 新築等の場合〉設計図書より転記（下請負人は元請負人に確認）	
	①建物用途	建築物の主な使用目的：学校、事務所等	共同住宅
	②建物構造	建築物の構造：木造、鉄筋コンクリート造、鉄骨造等	鉄骨鉄筋コンクリート造
	③建物の階数	地上、地下階：地上８階地下２階建等	地上９階建
	④延べ面積又は施工数量	延べ面積（主に、発注者、請負者が記す）	延べ面積3,000 m²
		施工数量（主に専門工事者が記す）	アスファルト防水面積350 m²　いずれか一方
	⑤主要な外部仕上げ	タイル張り、金属カーテンウォール等	タイル張り、メタルカーテンウォール
	⑥主要室の内部仕上げ	床ビニルタイル張り、壁クロス張り等	フローリング張り、壁・天井ビニルクロス張り
	工事の内容	〈2 改修等の場合〉	
	①建物用途	建築物の主な使用目的：老人ホーム、住居	公立図書館

工事概要項目		考え方	書き方（記入例）
(ハ)	②主要な改修内容	外壁タイル、防水、耐震、内装改修一式	磁器タイル張り替え面積300 m^2
	③施工数量	タイル等は面積、耐震改修は柱・梁の本数等	アスファルト防水面積600 m^2、タイル張り面積500 m^2
	④建物規模	建築物の構造と階数	鉄筋コンクリート造４階建
(ニ)	工期等	令和(平成)○○年○○月～令和(平成)○○年○○月と記入する。(西暦も可)、施工経験記述なので昭和時代の工事であっても、最近の工事であってもよい。工期又は工事に従事した期間とあるが、すでに竣工検査に合格した建築物でなければならない。現在施工中の例は採点されないおそれがある。 ※2019年に開始または終了した工事について、その工期を和暦で記述するときは年号に注意すること。4月以前については「平成31年」、5月以降については「令和元年」と記載する必要がある。	令和元年６月～令和２年９月
(ホ)	あなたの立場	経験というのは、建築工事の管理的業務の経験をいう。運転手とか作業員として労働したという経験はここでいう経験には含まれない。代表的な立場には、現場主任、現場監督員(元請)、現場監督(下請)、現場代理人、主任技術者、工事主任、施工図作成担当員、総括監督員(他現場兼任)、発注者側監督員等の他、現場事務所長、安全担当員、品質管理担当員等を記述することができる。	①現場主任 ②現場主任補佐
(ヘ)	あなたの業務内容	あなたの立場に適合する業務内容を示す必要がある。現場主任、現場監督員、現場監督、主任技術者、工事主任等の立場は、一般的な工事管理を、現場代理人、現場事務所長、発注者側監督員等では工事総合管理を、施工図作成担当員は施工図作成を、安全担当員は安全管理、品質管理担当員は品質管理と記述することができる。あなたの立場と業務内容が適合していないと減点となるおそれがある。	受検種別:建築 建築工事の施工管理 受検種別:躯体 コンクリート工事の施工管理 受検種別:仕上げ 防水工事の施工管理

1.5 問題1〔設問1〕の施工管理記述の考え方・書き方

1 施工経験記述の出題の根拠となる建設業法第26条

建設業法第26条の4に**主任技術者および監理技術者の職務等**に、次のように定められており、建築施工管理第二次検定はこの法律の条項に基づき出題されている。

> 主任技術者及び監理技術者は、工事現場における建設工事を適正に実施するために、当該建設工事の**施工計画の作成、工程管理、品質管理、その他技術上の管理**及び当該建設工事の施工に**従事する者の技術上の指導監督**の職務を誠実に行わなければならない。

以上から、施工経験記述の出題内容は、これに対応して、過去10年間の出題内容と出題頻度をみると、次のようである。

施工計画の作成	工程管理	品質管理
3回	4回	3回

工程管理、品質管理、施工計画について準備することが望ましい。

2 品質管理と工程管理の考え方・書き方

品質や工程を制御することを施工管理といい、実際に品質や工程を制御する対象は次の5つの資源である、労力(Manpower)、材料(Materials)、工法(Methods)、機械(Machines)、資金(Money)。

施工計画や工種別施工計画では、原価を記述しないので、特に指示のない限り原価に関することを記述させることはない。このため労力、材料、機械、工法(4M)を活用し記述する。

予定の工程の通り作業が進行し、予定の通りの品質の建築ができれば、特別な制御は必要がないと思われるが、予定の工程や品質を確保するには、気象の変化に対応したり、材料の運搬・加工、機械の設置・稼働、仮設、本設、撤去、施工品質や精度、工程の進度の確保など、厳しい日々の葛藤の中で維持されている。

こうした日々の葛藤を冷静に分析してみると、現場管理で協議・確認しながら指示や承認のもと、労力、材料、機械、工法の4要素について、手配や配置の取扱をどのように変更して品質や工程を確保するかということである。

① 労力➡労力の増減、特殊技能者への変更、労働者の配置替え、新人教育の充実など

② 材料➡材料の増減、型枠材料の変更や材料の素材の変更、材料の保管

③ 機械➡機械の増強、機械の変更、機械の配置替え、機械の使用時期の平滑化など

④ 工法➡現場加工から工場加工への変更、湿式から乾式などの工法の変更など

以上のように、工程や品質を確保するために、施工計画(品質計画、工程計画、建設副産物抑制対策)に定められた予定を合理的に**変更**することが施工管理するということである。変更するものは、先にあげた、4要素で、変更するためには、その変更の**理由**が明確でなければならない。

たとえば、型枠工事の工種で、組立型枠を捨型枠(デッキプレート)に変更することで撤去工程を短縮でき、工程が短縮され工程確保に役立つと同時にコンクリートの品質も向上する理由がある。施工経験記述では次に示すように工程・品質の確保を考える。

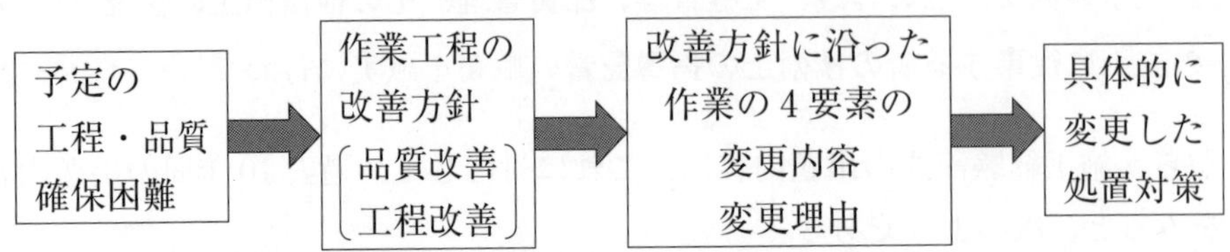

工種の例	管理の種類	変更理由と4要素の活用例	処置の内容
石工事	工程管理	養生期間を短縮するため**工法**を変更	湿式工法を乾式工法とした
鉄筋工事	品質管理	鉄筋精度の確保のため**工法**を変更	現場組立を工場組立・一括吊込とした

(参考) 鉄筋工事の品質判定基準の一例（JASS 5）

項　　目	判定基準	試験・検査方法
数　　量	設計図書または施工図どおりであること	目視およびスケールなどによる測定
鉄筋の位置		
鉄 筋 間 隔		
継手および定着の位置、長さ		

3　安全管理の考え方・書き方

施工管理でいう安全管理とは、労働者の安全確保や第3者(公衆)の安全の確保のことで、クレーンの転倒防止、型枠支保工、足場、構台の倒壊防止することは施工計画の作成で考慮することである。転倒防止や倒壊防止することは施工計画の問題で、転倒防止や倒壊防止により労働者や第3者(公衆)の安全を確保することが安全管理である。したがって、安全管理上の処置・対策では、「転倒防止、倒壊防止することで、労働者及び第3者(公衆)の安全を確保した。」と記述しなければならない。

建築基準法によれば、深さ1.5m以上の根切りには山留めを行い、現場敷地境界には高さ1.8m以上の仮囲いを設けるなどの規定がある。この他足場、構台、仮設通路、型枠支保工、土止め支保工、クレーン設置など労働安全衛生法に定める各規定を理解し、仮設備を**常時点検して労働災害を防止**することが安全管理であり、建設業法に定める主任技術者の職務の１つである。

安全管理では、労働安全衛生法や建築基準法に定める管理に必要な数値、仮設部材名称およびヒービング、ボイリング等の安全管理上の専門用語の理解が求められている。

たとえば、次のように記述する。

①仮設工事：「足場での労働災害を防止するため、敷板上にベースジャッキを設置し、常時高さを調整点検し不同沈下を抑制した。」

②仮設工事：「第３者(公衆)災害を防止するため、現場への出入口を引戸式とし、機材の搬出入時、誘導員により、第３者(公衆)の通行を優先し誘導した。」

4 施工計画の考え方・書き方

(1)〔設問 1〕の施工計画では工事概要であげた工事において、事前に検討した事項の「工種名」で検討した事項とその検討した理由について、次の項目から取り上げて施工経験を記述する。

①「施工方法又は作業方法」
②「資材の搬入又は荷揚げの方法」
③「資材の保管又は仮置き方法」
④「作業床又は足場の設置」
⑤「施工中又は施工後の養生の仕上げ」
⑥「試験又は検査の方法と時期」
⑦「他の関連工事との工程調整方法」

(2) 近年の〔設問 1〕の施工計画に関する施工経験記述では、建築工事の品質や安全を確保しつつ、工程を確保し、かつ、利益を確保することが求められている。このため、工程(日程・時間)を基準として、各工程における建築工事の品質を確保し、かつ、安全に施工することが求められている。この他にも、環境保全への配慮が必要になっている。そのため、次の３つの事項が、施工計画立案の重要事項になる。

①材料(工事材料・仮設材料)の管理
②機械(工事用機械・使用器具・設備)の管理
③労務(下請作業員・現地採用作業員)の管理

(3)〔設問 2〕の施工計画では工事概要や受検種別にかかわらず、あなたの経験から、建設副産物を抑制するための資源の再資源化等について、次の項目を記述する。

①「建設副産物を減らすための有効な方法や手段」
②「実際に行うときに留意すべきこと」

1.6 問題1〔設問2〕の施工管理記述の考え方・書き方

〔設問1〕は、あなたが示した工事概要の建築工事についての施工経験記述が求められたが、〔設問2〕では〔設問1〕に示した建築事例だけでなく、広く、今迄にあなたが経験してきた建築工事についての工程確保、品質確保、安全確保、施工計画について記述することができる。したがって、受検種別が「躯体」の場合でも仕上げ工事について記述してよいし、また受検種別が「仕上げ」の場合でも躯体工事について記述してもよい。〔設問2〕の考え方は〔設問1〕のように記述する例が限定されておらず、建設リサイクル法、現場環境保全など、環境に配慮した施工管理の取組みなどの考え方も今後求められることも考えられる。また、あなた個人の立場を離れて、一建築技術者として建築施工管理の考えを記述する。したがって〔設問2〕は具体的な事項を取り上げて一般論的な考え方で記述する。

2 施工経験記述の考え方・書き方講習 無料 YouTube 動画講習

2級建築施工管理技術検定試験 第二次検定

施工経験記述の考え方・書き方講習

⦿講　　師　GET 研究所　所員
⦿学習サイト　https://get-ken.jp/

施工経験記述は、あなたが経験した工事の「工種」を取り上げ、工程の問題であれば「先行する○○の作業が遅れたので作業班3人を増加させ2班体制で○○日間短縮し、その工程を確保した。」等とする。また、品質の問題であれば「アスファルト防水工事において、漏水を防止するためアスファルトルーフィングの重ね幅を100㎜以上あることを確認し品質を確保した。」等とする。日常の作業を一つの**物語**（**ストーリー**）とすることが大切である。こうした観点に立ってスーパーテキスト無料動画「施工経験記述の考え方・書き方」を学習する。過去の問題を学習することによって、工程管理、品質管理についての書き方も理解できるので、自己の経験を覚えやすく**物語**として表現し、これを解答欄に順次記入すればよい。

自身の施工経験記述が正しく書けているかどうかの確認をしたい方は、読者専用の施工経験記述添削講座（詳細は637ページ参照）をご利用ください。あなたの施工経験記述の添削を実施しています。（1テーマにつき3000円の添削料金が必要になります）

⬅スマホ版無料動画コーナー QRコード
URL　https://get-supertext.com/
（注意）スマートフォンでの長時間聴講は、Wi-Fi 環境が整ったエリアで行いましょう。

「施工経験記述の考え方・書き方講習」の動画講習を、GET 研究所ホームページから視聴できます。
https://get-ken.jp/

GET 研究所　検索  無料動画公開中  動画を選択

※動画講習は無料で視聴できます。

2級建築施工管理 問題1 施工経験記述の学習項目

無料 YouTube 動画講習

<table>
<tr><th>1</th><th colspan="4">工事概要の考え方・書き方</th></tr>
<tr><td>(イ)</td><td>工事名</td><td colspan="3">建築工事名で名称を明示する（土木・設備・造園等不可）</td></tr>
<tr><td>(ロ)</td><td>工事場所</td><td colspan="3">都道府県名～番地まで</td></tr>
<tr><td rowspan="12">(ハ)</td><td rowspan="8">工事の内容
(新築)</td><td>①</td><td>用途</td><td>学校、共同住宅、病院等</td></tr>
<tr><td>②</td><td>構造</td><td>RC 造、S 造、木造、SRC 造</td></tr>
<tr><td>③</td><td>階数</td><td>地上9階／地下1階等</td></tr>
<tr><td rowspan="2">④</td><td>延べ建築面積</td><td>1,500 m² 等</td></tr>
<tr><td>(専門工事業者)
屋上防水面積</td><td>420 m² 等</td></tr>
<tr><td>⑤</td><td>外部仕上げ</td><td>タイル張り、塗材仕上げ等</td></tr>
<tr><td>⑥</td><td>主要室内仕上げ</td><td>天井、壁、せっこうボード、床フローリング等</td></tr>
<tr><td colspan="3"></td></tr>
<tr><td rowspan="4">工事の内容
(改修)</td><td>①</td><td>用途</td><td>老人ホーム、住居、図書館等</td></tr>
<tr><td>②</td><td>主な改修内容</td><td>タイル、防水、耐震、内装等の改修等</td></tr>
<tr><td>③</td><td>施工数量</td><td>タイル張り替え面積 1,800 m² 等</td></tr>
<tr><td>④</td><td>建築物規模</td><td>RC8階建／地下1階等</td></tr>
<tr><td>(ニ)</td><td>工期等</td><td colspan="3">令和○年○月～令和○年○月</td></tr>
<tr><td>(ホ)</td><td>あなたの立場</td><td colspan="3">(管理的な立場)現場主任、現場代理人、現場監督員、安全管理担当員、施工図作成担当員、現場主任補佐、発注者監督員</td></tr>
<tr><td>(ヘ)</td><td>あなたの業務内容</td><td colspan="3">各種建築工事に係る施工管理</td></tr>
</table>

「工事の内容」で明示する施工数量の書き方について

(1) **「受検種別：建築」の受検者は、工事全体の延べ建築面積を明記すればよい。**

新築工事の場合の例：延べ面積○○○○ m²

改修工事の場合の例：改修面積○○○○ m²

(2) **「受検種別：躯体」の受検者は、対象となる躯体工事の施工数量を明記する。**

コンクリート工事の場合の例：打設量○○○ m³

溶接工事の場合の例：溶接長さ○○m

鉄骨・ボルト・継手の場合の例：○○箇所

型枠工事の場合の例：型枠○○箇所、○○○ m²

(3) **「受検種別：仕上げ」の受検者は、対象となる仕上げ工事の施工数量を明記する。**

防水工事の場合の例：施工面積○○○ m²

屋根工事の場合の例：施工面積○○○ m²

タイル工事の場合の例：内装面積○○○ m²

外装吹付け工事の場合の例：外装面積○○○ m²

施工経験記述の考え方・書き方講習 - 3

［設問 1］工事概要に示した工事についての工程管理のストーリーの一例

無料 YouTube 動画講習

2	工程管理の考え方・書き方　工種 → 遅延要因 → 短縮・省力化 → 短縮理由			
工種名		遅延理由	短縮・省力化の具体的方法（変更方法）	短縮・省力化理由
受検種別：建築・躯体	型枠工事	用地取得の遅延	転用型枠を捨て型枠に変更	型枠取外し工程の省力化
	土工事	設計変更による遅延	根切の 1 班体制を 2 班体制に変更	施工能力の増加で工程短縮
	地業工事	地下埋設物の処理による遅延	リバース工法をアースドリル工法に変更	掘削速度が速く工期短縮
	鉄筋工事	悪天候で作業日数が減少	ガス圧接継手を機械式継手に変更	天候の影響が少なく工程進捗
	コンクリート工事	発注者の工期短縮要請	普通セメントコンクリートを早強セメントコンクリートに変更	養生期間の短縮
	鉄骨工事	鉄骨部材製作納期の遅延	現場溶接箇所を工場溶接に変更	現場溶接作業工程の省力化
受検種別：建築・仕上げ	防水工事	コンクリート打設工程の遅延	アスファルト防水密着工法を改質アスファルト防水トーチ工法に変更	作業性が良く工程短縮
	石工事	躯体工事の遅延	湿式石張り工法を乾式石張り工法に変更	モルタル養生期間の省力化
	タイル工事	用地境界問題による遅延	タイル密着張り工法をタイル型枠先付け工法に変更	タイル張り工程の省力化
	屋根工事	躯体工事の遅延	タイトフレーム現場溶接をタイトフレーム工場溶接に変更	現場溶接工程の省力化
	左官工事	躯体工事の遅延	ラス系下地 3 回塗りを許可を受けラス系下地 2 回塗りに変更	工程省力化による工程短縮
	建具工事	設計変更による工程短縮要請	現地組立工法を工場組立工法に変更	工程省力化による工程短縮
	塗装工事	設計変更による工程の開始の遅延	1 班体制を塗装種類別に 2 班体制に変更	施工能力の増加による工程短縮
	内装工事	下地作業の遅延	せっこうボード現場加工を工場加工（プレカット）に変更	加工工程の省力化による短縮

施工経験記述の考え方・書き方講習 - 4

［設問 1］工事概要に示した工事についての品質管理のストーリーの一例

無料 YouTube 動画講習

3	品質管理の考え方・書き方 工種 → 品質確保の理由 → 品質確保の処置		
	工種名	品質確保の理由	品質確保の具体的処置
受検種別：建築・躯体	土工事	根切り床付け面の地盤の乱れを防止するため。	バックホウのアタッチメントを平形仕上げ用に取替えた。
	地業工事	基礎ばりのコンクリートのコールドジョイントを防止するため。	基礎ばりのコンクリートを連続打設し打継目をつくらなかった。
	型枠工事	地中梁の品質を向上するため。	ラス型枠を転用鋼製型枠に変更した。
	鉄筋工事	悪天候時の鉄筋不良継手を排除するため。	ガス圧接継手から機械式継手に変更した。
	コンクリート工事	コールドジョイントを防止するため。	AE 減水剤遅延形のコンクリートを用いた。
受検種別：建築・仕上げ	防水工事	重ね合せ部からの漏水を防止するため。	アスファルトルーフィングの重ね代は 100㎜以上を確保した。
	石工事	台車による石張り下端の破損を防止するため。	乾式石張り工法の下端部をモルタル張りとした。
	タイル工事	タイル剥離を防止するため。	改良圧着張りの張付けモルタルは 60 分以内に使い切った。
	屋根工事	けらば部の耐風強化対策をするため。	けらば先端に折板の 3 山以上の長さの変形防止材を取り付けた。
	左官工事	コンクリート打継部のひび割れを防止するため。	コンクリート打継目にメタルラス張りとしモルタル塗りとした。
	金属工事	軽量鉄骨の天井下地組の野縁の適正な配置で仕上げ精度を高めるため。	下張りのあるとき 360㎜間隔、下張りのないとき 300㎜間隔に野縁を正確に配置した。
	塗装工事	塗装のふくれを防止するため。	下地モルタルの水分率が 10％以下であることを確認をした。
	内装工事	ビニル床シート継目の平滑化をするため。	熱溶接後、十分な冷却期間をとって、継目余盛の切削をした。

施工経験記述の考え方・書き方講習 - 5

［設問 1］工事概要に示した工事についての施工計画のストーリーの一例

無料 YouTube 動画講習

4	施工計画の考え方・書き方		工種→検討項目→検討の理由
施工計画項目	工種名	実際の検討項目	検討の理由
(1) 施工方法又は作業手順	型　枠	基礎地中梁にラス型枠使用	工程短縮し省力化
	型　枠	柱・梁に PCa 型枠使用	工程短縮、作業空間確保
(2) 材料搬入・荷揚げ方法	鉄　筋	鉄筋は工場組立後搬入	工程短縮、品質確保
	タイル	タイル吊込み運搬のため専用移動式クレーンの設置	工程短縮
(3) 材料の保管又は仮置き方法	パネル	ALC パネルは 2 段までの平積み、1 段の高さは 1 m 以内	品質確保
	防　水	アスファルトルーフィングは、1 巻立て置き	品質確保
(4) 作業床や足場の設置	鉄　骨	鉄骨工事用作業床設置	安全確保・工程確保
	塗　装	高い壁の塗替用移動足場の設置	安全確保・品質確保
(5) 養生の方法	内　装	せっこうボード出隅コーナービード	品質確保
	コンクリート	暑中直射日光遮へい幕設置	品質確保
(6) 試験又は検査の実施	防　水	溶融アスファルトの温度測定	品質確保
	鉄　骨	柱の倒れを測定	品質確保
(7) 他の関連工種との調整	内　装	他工種との作業動線の区分化	工程確保
	パネル	他工種資材吊込日程の調整	工程確保

［設問 2］ あなたの経験で留意した点について記述

工程管理、品質管理の考え方・書き方の中から工種名を選んで［設問 1］に準じて記述する。

3 最新問題解説

令和5年度 問題1 施工経験記述の模範解答例（工程管理）

問題1 あなたが経験した**建築工事**のうち，あなたの受検種別に係る工事の中から，**工程の管理**を行った工事を**1つ**選び，工事概要を具体的に記入した上で，次の1. 及び2. の問いに答えなさい。

なお，**建築工事**とは建築基準法に定める建築物に係る工事とし，建築設備工事を除くものとする。

〔工事概要〕

イ．工事名

ロ．工事場所

ハ．工事の内容　（新築等の場合：建物用途，構造，階数，延べ面積又は施工数量，主な外部仕上げ，主要室の内部仕上げ
改修等の場合：建物用途，建物規模，主な改修内容及び施工数量）

ニ．工期等　（工期又は工事に従事した期間を年号又は西暦で年月まで記入）

ホ．あなたの立場

ヘ．あなたの業務内容

1. 工事概要であげた工事であなたが担当した工種において，項目Aのａからｃの中からテーマを選び，それらを手配や配置，施工の計画を立てる際に，**工事を遅延させないため**にあなたがどのようなことを行ったのか，項目Bの①から③について具体的な事例を**3つ**記述しなさい。

なお，選んだ項目Aは○で囲み，3つの事例は同じ項目を選んでもよいものとする。

また，項目Bの①**工種名又は作業名等**はあなたの受検種別に係るものとし，同じものでもよいが，②**状況と理由**及び③**行った対策**はそれぞれ異なる内容を記述するものとし，品質管理，安全管理，コスト管理のみについて記述したものは不可とする。

項目A　ａ．材料（本工事材料，仮設材料）
　　　ｂ．工事用機械・器具・設備
　　　ｃ．作業員（交通誘導警備員は除く）

項目B　① **工種名又は作業名等**
　　　② 遅延させるかも知れないと考えた当時の**状況**とそれが遅延につながる**理由**
　　　③ ②による遅延を防ぐために実際に**行った対策**

2. 工事概要であげた工事に係わらず，あなたの今日までの建築工事の経験を踏まえて，計画どおりに工事を進める上で，関係者に作業工程を周知や共有するための**有効な方法や手段**と，周知や共有が不十分な場合に起こる工程への**影響**について，具体的な事例を**2つ**記述しなさい。

ただし，2つの事例の有効な方法や手段はそれぞれ異なる内容を記述するものとし，1. の③の行った対策と同じ内容の記述は不可とする。

※令和2年度以降の試験問題では，ふりがなが付記されるようになりました。

〔工事概要〕の書き方

受検種別「建築」、「躯体」の解答例

イ	工事名	東光彩都開発ビル新築工事	
ロ	工事場所	埼玉県彩玉市中区東光町３丁目２番地９号	
ハ	工事の内容	事務所、鉄骨鉄筋コンクリート造、地上12階、地下1階、延べ面積4840m²、基礎杭工事、鉄骨工事、鉄筋工事、型枠工事、コンクリート工事、外装：壁タイル張り、内装：軽量鉄骨下地・石膏ボード張り	
ニ	工期等	令和３年４月～令和４年９月	
ホ	あなたの立場	現場主任	
ヘ	あなたの業務内容	建築工事に係る施工管理	※受検種別「建築」の場合
		躯体工事に係る施工管理	※受検種別「躯体」の場合

受検種別「建築」、「仕上げ」の解答例

イ	工事名	城東第二マンション第二次改修工事（増築工事を含む）	
ロ	工事場所	東京都城東区大山町３丁目２番地11号	
ハ	工事の内容	共同住宅、鉄筋コンクリート造、地上14階、延べ面積7680m²、外壁タイル（改修面積3050m²）、ガレージ車庫（増築面積50m²）、床：コンクリート仕上げ、間仕切壁：軽量鉄骨下地・石膏ボード張り	
ニ	工期等	令和２年１月～令和２年11月	
ホ	あなたの立場	現場主任	
ヘ	あなたの業務内容	建築工事に係る施工管理	※受検種別「建築」の場合
		仕上げ工事に係る施工管理	※受検種別「仕上げ」の場合

※上記の工事概要には、建築物の権利等の関係上、現実に行われた工事を記述することができない（工事場所などが実存しない架空の工事が記述されている）ため、実際の試験でそのまま転記してはならない。

※問い1.の①に記述する「工種名又は作業名等」を選択するときは、その「工種」が工事概要の**(ハ)工事の内容**に含まれていることを必ず確認する必要がある。**(ハ)工事の内容**に含まれていない工種を記述すると、不合格となる。例えば、「鉄筋コンクリート造」の建築物が工事概要に書かれているときに、「鉄骨工事」を工種名として選択してはならない。この対応関係は、試験本番においても必ずチェックする必要がある。

令和5年度　工程管理の解答例（基礎的な事項を重視した解答）　受検種別　建築、躯体

問い1. 工程の遅延の防止（事例1）　※工事概要であげた工事の担当した工種について解答する。

選んだ項目（テーマ）		ⓐ.材料　b.工事用機械・器具・設備　c.作業員
①	工種名（作業名）	コンクリート工事（寒中コンクリートの養生）
②	当時の状況	厳冬期となる2月中旬に、コンクリートの打設が行われる状況。
	遅延の理由	日平均気温が10℃未満であるために、必要な湿潤養生期間が長くなるから。
③	行った対策	コンクリート材料のセメントを、普通ポルトランドセメントから早強ポルトランドセメントに変更することで、湿潤養生期間を4日間短縮した。

問い1. 工程の遅延の防止（事例2）　※工事概要であげた工事の担当した工種について解答する。

選んだ項目（テーマ）		a.材料　ⓑ.工事用機械・器具・設備　c.作業員
①	工種名（作業名）	鉄骨工事（鉄骨建方における揚重作業）
②	当時の状況	秋季の天候不順で、トラッククレーンによる鉄骨建方の開始が遅れる状況。
	遅延の理由	鉄骨建方の取付けピース数は、1台1日あたり35ピースが限界であるから。
③	行った対策	鉄骨部材を地組してユニット化（ふたつの鉄骨を結びつける器具を利用）することで、鉄骨建方のピース数を減らし、揚重作業および高所作業を低減した。

問い1. 工程の遅延の防止（事例3）　※工事概要であげた工事の担当した工種について解答する。

選んだ項目（テーマ）		a.材料　b.工事用機械・器具・設備　ⓒ.作業員
①	工種名（作業名）	鉄骨工事（鉄骨建方における玉掛作業）
②	当時の状況	新型コロナウイルス感染症により、玉掛けの有資格者の一部が欠勤する状況。
	遅延の理由	有資格者の新規雇用ができず、使用できる作業員が、年少者のみであったから。
③	行った対策	年少者には、鉄骨の運搬や作業エリアの整備などの玉掛けの補助作業のみを担当させることで、玉掛けの有資格者を、技能を要する作業のみに専念させた。

問い2. 作業工程の周知・共有（事例1）　※工事概要であげた工事や受検種別に関係なく解答する。

有効な方法や手段	工事現場の見やすいところに工程表を掲示し、常に工程の進行状況を全作業員に周知徹底させることで、全作業員の作業能率を高めるように努力させる。
不十分な場合の工程への影響	工程の進行状況について、管理者以外が十分に把握していないと、期日までに作業が終わらないなどの状況に気づくのが遅れ、工程の遅延が生じやすくなる。

問い2. 作業工程の周知・共有（事例2）　※工事概要であげた工事や受検種別に関係なく解答する。

有効な方法や手段	図表などを用いた分かりやすい標準作業手順書を作成し、作業開始前の朝礼で、その内容を全作業員に説明し、全作業員が理解できたことを確認する。
不十分な場合の工程への影響	各作業員の作業方法や施工品質に関する認識が異なっていると、品質不良による施工のやり直しが多くなり、期日までに工事を完了させることが困難になる。

※「基礎的な事項を重視した解答」では、①の工種名と作業名を併記すると共に、②の解答欄を設問中の「と」の前後で分割しています。これは、各文面が設問のどの部分に対応しているかを明確にするためです。実際の試験では、①の解答欄には、工種名と作業名のどちらか一方を記述してください。また、②の解答欄には、「冬季となる1月下旬に、コンクリートの打設が行われる状況では、日平均気温が10℃未満であるために、必要な湿潤養生期間が長くなるから。」などのように、文章を繋げて記述してください。

令和5年度　工程管理の解答例（基礎的な事項を重視した解答）　受検種別　建築、仕上げ

問い1. 工程の遅延の防止（事例1）　※工事概要であげた工事の担当した工種について解答する。

選んだ項目（テーマ）		ⓐ.材料　b.工事用機械・器具・設備　c.作業員
①	工種名（作業名）	内装工事（軽量鉄骨下地への石膏ボード張り）
②	当時の状況	大雪に伴う国道の不通により、石膏ボードの現場への搬入日が遅れる状況。
	遅延の理由	石膏ボードを現場で切り分ける作業は、精度が悪く、やり直しが多くなるから。
③	行った対策	切分けの作業を、現場加工から工場加工に変更し、合格品のみを受け入れて、現場では留付け作業のみを行うことで、予定の期日に作業を完了させた。

問い1. 工程の遅延の防止（事例2）　※工事概要であげた工事の担当した工種について解答する。

選んだ項目（テーマ）		a.材料　ⓑ.工事用機械・器具・設備　c.作業員
①	工種名（作業名）	タイル工事（外壁タイル改修作業）
②	当時の状況	梅雨時の天候不良により、外壁タイル改修作業の日程が確保できない状況。
	遅延の理由	当初予定の打診法は、足場の設置と解体に、多くの現場作業が必要になるから。
③	行った対策	タイル張り外壁面の検査方法を、足場を用いた打診法から、ドローンを用いた赤外線装置法に変更し、足場の設置・解体の作業を不要とした。

問い1. 工程の遅延の防止（事例3）　※工事概要であげた工事の担当した工種について解答する。

選んだ項目（テーマ）		a.材料　b.工事用機械・器具・設備　ⓒ.作業員
①	工種名（作業名）	左官工事（ガレージ車庫の床のコンクリート仕上げ）
②	当時の状況	床コンクリート直均し仕上げが行える技能者を、必要数確保できない状況。
	遅延の理由	技能者の不足により、当初予定していた複数箇所の並行作業が行えないから。
③	行った対策	床コンクリート直均し工法を、作業工数の少ない（自重で平滑になる）セルフレベリング工法に変更することで、人数不足による工程遅延を防止した。

問い2. 作業工程の周知・共有（事例1）　※工事概要であげた工事や受検種別に関係なく解答する。

有効な方法や手段	工事現場の見やすいところに工程表を掲示し、常に工程の進行状況を全作業員に周知徹底させることで、全作業員の作業能率を高めるように努力させる。
不十分な場合の工程への影響	工程の進行状況について、管理者以外が十分に把握していないと、期日までに作業が終わらないなどの状況に気づくのが遅れ、工程の遅延が生じやすくなる。

問い2. 作業工程の周知・共有（事例2）　※工事概要であげた工事や受検種別に関係なく解答する。

有効な方法や手段	図表などを用いた分かりやすい標準作業手順書を作成し、作業開始前の朝礼で、その内容を全作業員に説明し、全作業員が理解できたことを確認する。
不十分な場合の工程への影響	各作業員の作業方法や施工品質に関する認識が異なっていると、品質不良による施工のやり直しが多くなり、期日までに工事を完了させることが困難になる。

※「基礎的な事項を重視した解答」では、①の工種名と作業名を併記すると共に、②の解答欄を設問中の「と」の前後で分割しています。これは、各文面が設問のどの部分に対応しているかを明確にするためです。実際の試験では、①の解答欄には、工種名と作業名のどちらか一方を記述してください。また、②の解答欄には、「梅雨時の雨天日が多く、外壁タイル改修作業の日程が確保できない状況になり、当初予定の打診法では、足場の設置と解体に、多くの現場作業が必要になるから。」などのように、文章を繋げて記述してください。

建築工事における工程管理の例（図解と補足）

前々頁の「鉄骨工事(鉄骨建方における揚重作業と玉掛作業)」の関連図

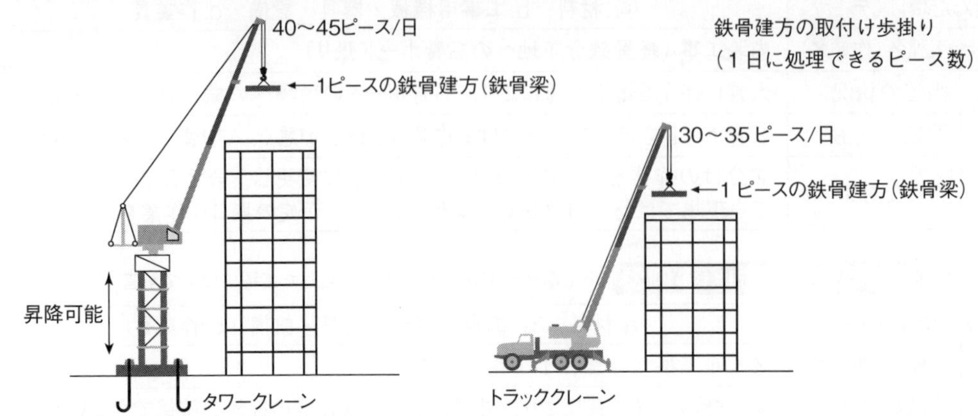

※上図のピース数が、各クレーンの作業能力(揚重能力)の限界であり、この限界を超えてはならない。

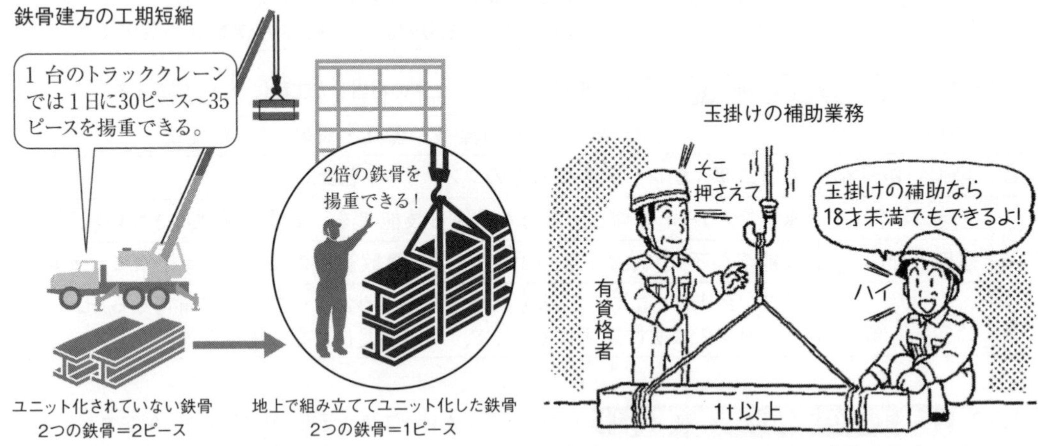

※クリティカルパス上の(遅れが生じると工事の完成が遅れてしまう)鉄骨建方では、部材を地組してユニット化し、建方のピース数を減らすと、工期短縮を図ることができる。

前頁の「タイル工事(外壁タイル改修作業)」の関連事項

工程管理では、「現場作業が多い工程」から「現場作業が少ない工程」への変更が重要である。

①打診法(計画変更前／現場作業が多い工程)は、打診用ハンマーなどを用いてタイル張り壁面を打撃し、その反発音の違いを聞くことにより、タイルの浮きの有無を調査する方法である。この方法は、足場の組立てや解体に、多くの現場作業が必要になる。

②赤外線装置法(計画変更後／現場作業が少ない工程)は、タイル張り壁面の表面温度を測定することにより、タイルの浮きの有無を調査する方法である。この方法は、ドローンの赤外線カメラなどでタイル張り壁面を撮影するだけで済むので、現場作業は打診法の数分の一になる。

考え方 書き方 工事概要

1 出題内容

〔工事概要〕

イ．工　事　名

ロ．工 事 場 所

ハ．工事の内容　（新築等の場合：建物用途，構造，階数，延べ面積又は施工数量，
主な外部仕上げ，主要室の内部仕上げ
改修等の場合：建物用途，建物規模，主な改修内容及び施工数量）

ニ．工　期　等　（工期又は工事に従事した期間を年号又は西暦で年月まで記入）

ホ．あなたの立場

へ．あなたの業務内容

2 評価基準

(1) 工事概要は、合否を決定づける重要な問題であるので、次の評価基準を満足するように記述する必要がある。工事概要にひとつでも重大な誤りがあると、他の部分の得点に関係なく不合格と判定されるからである。また、自らの施工経験記述が、建築施工管理に関する実務経験として認められる工事種別・工事内容であるか否かを、受検の手引で確認することも大切である。工事概要の評価基準は、下記の通りである。

工事概要		①イ・ロ・ハ・ニ・ホ・へにひとつでも空欄があると、不合格となる。 ②いかなる場合においても、指定された行数をはみ出してはならない。
イ	工事名	①工事名が建築工事名であること。 ※実際の工事名が、解答欄に収まらないほど長いときは、文字を小さくして記述するか、建築工事であることが分かることを前提として、一部省略して記述する。
ロ	工事場所	①実際に存在する工事場所であること。
ハ	工事の内容	①**問い1.** で採り上げている工種名を明示すること。 ②各工種の施工数について、単位を付けて記述していること。 ③工種名と工事内容が共に建築工事であること。 ※工種名が多く、すべてを記述できないときは、**問い1.** で記述する工種を中心として（この解答欄で明確に分かるようにして）、記述できる範囲の内容に絞り込む。
ニ	工期等	①工事内容で記述した施工量と工期が著しくかけ離れていないこと。
ホ	あなたの立場	①施工管理に係る立場であること。 ②この項目に一字でも誤字があると、不合格となるおそれがある。
へ	あなたの業務内容	①建築施工管理業務であること。 ②この項目に一字でも誤字があると、不合格となるおそれがある。

(2) 工事概要は、工事の設計図書に基づいて記述することが最も適当である。そのため、関係請負人として施工した工事については、元請業者に相談し、設計図書を一時的に借用して、関係業務の内容を整理して準備することが望ましい。工事関係資料の収集と整理をすることは、実際の試験に臨むにあたって、最低限度の準備と考えなければならない。

「工事概要の考え方・書き方」は、すべての年度において基本的に同一です。そのため、令和4年度～平成26年度の施工経験記述の解答については、本項目を省略しています。ただし、本項目は非常に重要なので、令和4年度～平成26年度の施工経験記述を学習する際には、必要に応じて、本項目を確認するようにしてください。

問い1. 考え方 書き方 工程管理(工事を遅延させないための対策)

1 出題内容

1. 工事概要であげた工事であなたが担当した工種において，項目Aのａからｃの中からテーマを選び，それらを手配や配置，施工の計画を立てる際に，**工事を遅延させないため**にあなたがどのようなことを行ったのか，項目Bの①から③について**具体的な事例を３つ**記述しなさい。

なお，選んだ項目Ａは○で囲み，３つの事例は同じ項目を選んでもよいものとする。

また，項目Ｂの①**工種名又は作業名等**はあなたの受検種別に係るものとし，同じものでもよいが，②**状況と理由**及び③**行った対策**はそれぞれ異なる内容を記述するものとし，品質管理，安全管理，コスト管理のみについて記述したものは不可とする。

項目A　ａ．材　料（本工事材料，仮設材料）
　　　　ｂ．工事用機械・器具・設備
　　　　ｃ．作業員（交通誘導警備員は除く）

項目B　①　**工種名又は作業名等**
　　　　②　遅延させるかも知れないと考えた当時の**状況**とそれが遅延につながる**理由**
　　　　③　②による遅延を防ぐために実際に**行った対策**

2 記述項目

令和５年度の施工経験記述では、材料・機械・作業員などの手配・配置をする際や、施工の計画を立てる際に、工事を遅延させないための対策を記述する必要がある。このうち、比較的記述しやすいものは、施工計画の段階で行う対策であると思われる。

施工計画は、工程管理・品質管理・安全管理・原価管理(コスト管理)から構成されているが、この問題では、このうちの「工程管理」について記述することが指定されている。ここでは、施工計画を立案する際(工事を行う前の段階)で、工程(作業)を遅延させる原因(悪天候など)を予想して、工程(作業)の遅延を防止するための対策として、３つの項目Ａ(a,b,c)からひとつを選び、３つの項目Ｂ(①,②,③)についての解答を記述することを考える。

(a)材料(本工事材料・仮設材料)の変更

材料の変更を実施した例として、躯体工事のうち、コンクリート工事の遅延を防止するために、コンクリートの養生日数を短縮することを考える。この場合、「材料」として使用する予定であった普通ポルトランドセメントを、早強ポルトランドセメントに変更することで、一般的な気象条件であれば、下表のように、必要な養生日数が5日から3日に変更される。この変更により、コンクリートの養生日数を2日間短縮できる。

湿潤養生の期間

計画供用期間の級 ＼ 結合材の種類	短期および標準	長期および超長期
早強ポルトランドセメント	3日以上	5日以上
普通ポルトランドセメント、フライアッシュセメントA種、フライアッシュセメントA種相当、高炉セメントA種、高炉セメントA種相当、エコセメント	5日以上	7日以上
中庸熱ポルトランドセメント、低熱ポルトランドセメント、フライアッシュセメントB種、フライアッシュセメントB種相当、高炉セメントB種、高炉セメントB種相当	7日以上	10日以上
フライアッシュセメントC種、フライアッシュセメントC種相当、高炉セメントC種、高炉セメントC種相当	9日以上	14日以上

出典：建築工事標準仕様書・同解説5 JASS5 鉄筋コンクリート工事 2022（日本建築学会）

(b)工事用機械・器具・設備の変更

工事用器具の変更を実施した例として、仕上げ工事のうち、タイル検査作業の遅延を防止することを考える。この場合、打診用ハンマーという「器具」による従来の人力作業を、ドローンなどの最先端の「器具」を使用する作業に変更することで、一度に広い範囲を検査できる。この変更により、タイルの検査にかかる時間を大幅に短縮することができる。

また、このようなタイル工事について、やむを得ず工事用設備の変更を実施した例についても考えてみる。これは、タイルの検査の開始の遅れにより、検査に使うはずの「設備」である外部足場が解体されたしまったなどの事例である。こうした場合は、高所作業車などの別の「設備」を導入することにより、工程の遅延を防ぐ必要がある。

(c)作業員(交通誘導警備員は除く)の変更

作業員の変更を実施した例として、仕上げ工事のうち、床コンクリート下地の作業の遅延を防止することを考える。この場合、「作業員」の配置を考える際に、不足する技能作業員を、普通作業員で充当することができる作業方法(工法)に変更することで、床コンクリート下地の工程を短縮することができる。一例として、セルフレベリング工法は、特別な技能を有さない普通作業員が行っても、所要の品質と所要の工程を確保することができる。

3 留意事項

施工計画において、工程表を作成するときは、材料の変更・機械等の変更・普通作業員への変更など、あらゆる状況を予想する。その際には、作業員の病欠などを考慮し、1名～2名の増員を計画的に組み込むことで、工程に弾力性を持たせることが望ましい。使用する機械についても、工程が遅れたときに備えて、大型機械の導入に伴う原価の上昇に耐えられるかなどの検討も必要である。更に、建築工事に使用する材料については、工程遅延を回復するために、プレカット工法や鉄筋先組みなど、現場加工の工場加工への変更などを考慮しておく必要がある。すなわち、建築工事における工程管理とは、材料・機械等・作業員(労働力)を管理することであると捉えることができる。

4 解答方法

3つの項目B(①,②,③)に解答するときは、「①工種名または作業名等」を記述した後、「③遅延を防ぐために実際に行った対策(その工種における工程短縮の方法)」を記述し、最後に「②遅延させるかもしれないと考えた当時の状況とそれが遅延につながる理由」を記述するとよい。この問題は、「①工種名」と「③工程短縮方法」が主要な事項である。「②遅延の状況と理由」は、記述能力を試すものであるため、工程短縮方法に直接的な関係がなくても、工程短縮方法と関連すると考えられるものを後付けで記述してよい。

躯体工事における①・②・③のポイント

①工種名	③工程短縮方法	②遅延の状況と理由
仮設工事	揚重設備を移動式クレーンに変更	発注者による工事用地提供の遅延
土工事	大型機械の導入、土捨て場の確保	天候不良による根切り工事の遅延
基礎工事	型枠を捨型枠として脱型工程を短縮	降雨・浸水による山留め工事の遅延
鉄筋工事	ガス圧接継手を機械式継手に変更	天候不良によるスラブ作業の遅延
型枠工事	型枠を捨型枠として脱型工程を短縮	天候不良による型枠墨出し作業の遅延
コンクリート工事	早強セメントで養生日数を短縮	設計変更による型枠変更作業の遅延
コンクリート工事	機械置場の確保、作業機器の追加	運搬路の緊急補修に伴う搬入制約
鉄骨工事	工場でブロック加工、吊込み接合	掘削中の浸水に伴う柱脚部の工事遅延
鉄骨工事	現場溶接の削減、ボルト接合の採用	強風によるアーク溶接作業の遅延

仕上げ工事における①・②・③のポイント

①工種名	③工程短縮方法	②遅延の状況と理由
防水工事	防水トーチ工法への変更	渋滞に伴うコンクリート工事の遅延
石工事	乾式石張り工法への変更	天候不良による下地作業の遅延
タイル工事	接着剤張り工法への変更	設計変更に伴う外壁工事の遅延
軽量鉄骨工事	2班体制による同時並行作業	設計変更に伴う軽量鉄骨工事の遅延
左官工事	セルフレベリング工法への変更	コンクリートポンプ性能不足による遅延
建具工事	アルミニウムかぶせ工法への変更	鋼製建具改修工事の制約による遅延
塗装工事	エアレスガンによる吹付けへの変更	エアスプレーガンの使用による遅延
内装工事	ボードのプレカット工法への変更	作業員不足による軽量鉄骨工事の遅延

令和５年度　工程管理の解答例（専門的な事項を重視した解答）　受検種別　建築、躯体

ここでは、工事概要で記載した「工事の内容」に関連した工種を採り上げなければならない。「建築・躯体」の解答例としては、工事の内容（本書43ページの工事概要の解答例）に「鉄骨鉄筋コンクリート造の事務所」の新築工事について書かれているので、基礎工事・鉄筋工事・コンクリート工事・型枠工事・鉄骨工事などの躯体工事について採り上げたものを示す。

問い1. 工程の遅延の防止（事例1）

選んだ項目		ⓐ.材料　b.工事用機械・器具・設備　c.作業員	
①	工種名又は作業名等	コンクリート工事	※工種名を記述する場合
		コンクリート養生作業	※作業名を記述する場合
②	状況と遅延の理由	施工時期が2月中旬のコンクリート打設作業となるため、寒中コンクリートの適用期間の増加に伴い、コンクリート養生工程を確保するため、セメントの使用材料を変更する必要があったから。	
③	実際に行った対策	寒中コンクリートに使用するセメントを、普通ポルトランドセメントから早強ポルトランドセメントに変更し、養生日数を5日から3日に変更することで、一作業工程あたり2日間の養生期間を短縮した。	

問い1. 工程の遅延の防止（事例2）

選んだ項目		a.材料　ⓑ.工事用機械・器具・設備　c.作業員	
①	工種名又は作業名等	土工事	※工種名を記述する場合
		基礎杭打設のための根切作業	※作業名を記述する場合
②	状況と遅延の理由	地下1階の600 m^2を掘削する土工事が、降雨が多い時期と重なることから、現場の地盤の軟化などの原因により、根切り作業の遅延が予想されたため、掘削作業の遅延対策が必要になったから。	
③	実際に行った対策	掘削・搬出作業を効率化するため、バックホウの作業能力とダンプカーの容量について、1ランク上位に当たる機種に変更し、単位時間あたりの作業量を増大させることで、予定の工程を確保した。	

問い1. 工程の遅延の防止（事例3）

選んだ項目		a.材料　b.工事用機械・器具・設備　ⓒ.作業員	
①	工種名又は作業名等	鉄筋工事	※工種名を記述する場合
		鉄筋組立て作業	※作業名を記述する場合
②	状況と遅延の理由	鉄筋工事の鉄筋組立て作業を現場作業としていたが、降雨の影響により、現場での鉄筋組立て作業を行うと、鉄筋工事の開始時期や工程が遅延することが判明し、鉄筋工事の工程短縮が必要になったから。	
③	実際に行った対策	鉄筋工事の工程を短縮するため、現場組立て作業を、テント内で先組み鉄筋を組み立てた後、スラブに使用する先組み鉄筋の一括吊込み工法とする作業に変更し、鉄筋工事の工程を短縮した。	

令和5年度　工程管理の解答例（専門的な事項を重視した解答）　受検種別　建築、仕上げ

ここでは、工事概要で記載した「工事の内容」に関連した工種を採り上げなければならない。「建築・仕上げ」の解答例としては、工事の内容（本書43ページの工事概要の解答例）に「鉄筋コンクリート造の共同住宅」の改修工事（増築工事を含む）について書かれているので、タイル工事・左官工事・塗装工事・内装工事などの仕上げ工事について採り上げたものを示す。

問い1. 工程の遅延の防止（事例1）

選んだ項目		ⓐ.材料　b.工事用機械・器具・設備　c.作業員	
①	工種名又は作業名等	内装工事	※工種名を記述する場合
		石膏ボード直張り作業	※作業名を記述する場合
②	状況と遅延の理由	石膏ボードの直張り作業のためには、現場で石膏ボードを切り分けるという高い技能を要する作業が存在し、この作業における手戻りが多く、作業工程の遅延に繋がることが予想されたから。	
③	実際に行った対策	石膏ボードの切分け作業は、現場ではなく工場で行うことにより、プレカット工法を先行させて、現場では搬入後に石膏ボードの留付けだけをすることで、工程の確保ができた。	

問い1. 工程の遅延の防止（事例2）

選んだ項目		a.材料　ⓑ.工事用機械・器具・設備　c.作業員	
①	工種名又は作業名等	タイル工事	※工種名を記述する場合
		タイル検査作業	※作業名を記述する場合
②	状況と遅延の理由	降雨の影響で、タイルの張替え工事の完成が遅延したため、タイル張付け作業後にタイル検査を行うための外部足場が解体され、タイル工事の工程が遅延することになったから。	
③	実際に行った対策	タイル検査は外部足場で行う予定であったが、これに代わって高所作業車をリースし、高所でタイル検査作業を効率よく行うことで、タイル工事の工程を確保した。	

問い1. 工程の遅延の防止（事例3）

選んだ項目		a.材料　b.工事用機械・器具・設備　ⓒ.作業員	
①	工種名又は作業名等	左官工事	※工種名を記述する場合
		床コンクリート下地作業	※作業名を記述する場合
②	状況と遅延の理由	床コンクリート下地作業について、床コンクリート直均し仕上げの金ごて仕上げを行える技能作業員の必要数の採用ができなかったため、普通作業員による作業で所定の工程を確保する必要があったから。	
③	実際に行った対策	金ごてを使用する必要がなく、流し込みで自重によるレベリングが確保できるセルフレベリング工法に変更し、普通作業員による作業で、所要の品質と所定の工程を確保することができた。	

問い2. 考え方 書き方 工程管理（作業工程の周知と共有）

1 出題内容

2. 工事概要であげた工事に係わらず，あなたの今日までの建築工事の経験を踏まえて，計画どおりに工事を進める上で，関係者に作業工程を周知や共有するための**有効な方法や手段**と，周知や共有が不十分な場合に起こる工程への**影響**について，具体的な事例を**2つ**記述しなさい。
ただし，2つの事例の有効な方法や手段はそれぞれ異なる内容を記述するものとし，1. の③の行った対策と同じ内容の記述は不可とする。

2 記述項目

令和5年度の施工経験記述では、計画通りに工事を進めるために、工事の関係者に作業工程を周知・共有するための方法・手段と、それが不十分な場合に起こる工程への影響を、具体的な事例を2つ挙げて記述する必要がある。

作業工程の周知・共有については、建築工事を実際に行う下請業者の職長に作業工程を周知することで、下請業者の関係作業員への周知は、比較的円滑に行うことができていた。しかし、近年では、そうした元請・下請の関係を有さず、現地採用の作業員を使用することが日常的になってきている。そのため、新規入場者に対する事前指導が行えるシステムの構築や、その指導者の育成などが必要になってきている。しかし、建設業の労働者の高齢化に伴い、技能の伝承が困難となってきている現実がある。こうした問題を解決するためには、建築材料のプレハブ化による合理化や、職人の技能を動画に収録することなどにより、事前教育の場で実習して体得させることが効果的である。

作業工程の内容の周知が不十分になると、作業工程における品質の精度が得られなくなり、その手戻り（作業をやり直すこと）が多く発生するため、工程が遅延しやすい。場合によっては、作業員に危害が及ぶこともある。これでは、社会的な責任が果たせなくなる。

令和５年度　工程管理の解答例（専門的な事項を重視した解答）　受検種別　すべて

ここでは、躯体工事・仕上げ工事のそれぞれについて、２つずつ（合計４つの）事例を記しているが、実際の試験では２つの事例を組み合わせて記せばよい。ここでは、「問い1.」とは異なり、実務経験があれば、受検種別が「躯体」の場合に仕上げ工事を解答したり、受検種別が「仕上げ」の場合に躯体工事を解答したりすることもできる。

問い2. 作業工程の周知・共有（事例1）

周知・共有するための有効な方法や手段	鉄骨工事の作業内容を周知するため、実施工程表を作成する場合には、下請負人と共同して各作業工程の内容を作成することで、関係者に周知できるようにする。
周知・共有が不十分な場合の工程への影響	作業工程の内容が十分に伝達されていない場合は、品質の精度の確保や工程の確保が困難となり、目的建築物の完成が期日通りにできず、社会的な責任が果たせなくなる。

問い2. 作業工程の周知・共有（事例2）

周知・共有するための有効な方法や手段	鉄筋工事の実施工程表を作成するときは、工事を実際に施工する下請負人と共に、協同して作成するようにし、その実施工程の周知を確実に行う。
周知・共有が不十分な場合の工程への影響	工事の工程の情報が下請負人と十分に共有されていない状態で工事を進めてゆくと、鉄筋組立ての工程への準備が立ち遅れ、工程の確保ができなくなるおそれが生じる。

問い2. 作業工程の周知・共有（事例3）

周知・共有するための有効な方法や手段	防水工事の作業内容を、新規入場者に周知するため、技能レベルの高い技能者による作業工程を動画に収録し、防水工事の納まりなどを理解させる。
周知・共有が不十分な場合の工程への影響	防水工事などの高い技能を必要とする作業に従事するときは、各現場において必要な納まりなどの周知が不十分であると、最終品質の精度を確保できずに、工期の遅延に繋がる。

問い2. 作業工程の周知・共有（事例4）

周知・共有するための有効な方法や手段	内装工事の実施工程表の作成にあたり、その情報を関係者が共有するため、実施工程表の内容について、工程表作成段階から関係請負人の参加を求め、情報を共有する。
周知・共有が不十分な場合の工程への影響	情報の共有が十分にできていないと、各作業員の工程に対する理解が異なり、工程の遅延が生じるため、予定の工期を満たせなくなるおそれがある。

令和4年度 問題1 施工経験記述の模範解答例（品質管理）

問題1 あなたが経験した**建築工事**のうち，あなたの受検種別に係る工事の中から，**品質管理**を行った工事を**1つ**選び，工事概要を具体的に記入したうえで，次の1.及び2.の問いに答えなさい。

なお，**建築工事**とは，建築基準法に定める建築物に係る工事とし，建築設備工事を除くものとする。

〔工事概要〕

イ．工事名

ロ．工事場所

ハ．工事の内容　（新築等の場合：建物用途，構造，階数，延べ面積又は施工数量，主な外部仕上げ，主要室の内部仕上げ／改修等の場合：建物用途，建物規模，主な改修内容及び施工数量）

ニ．工期等　（工期又は工事に従事した期間を年号又は西暦で年月まで記入）

ホ．あなたの立場

ヘ．あなたの業務内容

1. 工事概要であげた工事であなたが担当した工種において，**施工の品質低下を防止するため**に取り組んだ事例を**3つ**選び，次の①から③について具体的に記述しなさい。

ただし，①は同一でもよいが，あなたの受検種別に係る内容とし，②及び③はそれぞれ異なる内容とする。また，③の行ったことは「設計図書どおりに施工した。」等行ったことが具体的に記述されていないものや品質管理以外について記述したものは不可とする。

① **工種名又は作業名等**

② 品質低下につながる**不具合**とそう**考えた理由**

③ ②の不具合を発生させないために**行ったこと**とその際特に**留意したこと**

2. 工事概要であげた工事及び受検種別にかかわらず，あなたの今日までの建築工事の経験を踏まえて，**施工の品質を確保するため**に確認すべきこととして，次の①から③をそれぞれ**2つ**具体的に記述しなさい。

ただし，①は同一でもよいが，②及び③はそれぞれ異なる内容とする。また，②及び③は「設計図書どおりであることを確認した。」等確認した内容が具体的に記述されていないものや1.の②及び③と同じ内容を記述したものは不可とする。

① **工種名又は作業名等**

② ①の**着手時の確認事項とその理由**

③ ①の**施工中又は完了時の確認事項とその理由**

※令和2年度以降の試験問題では、ふりがなが付記されるようになりました。

〔工事概要〕の書き方

受検種別「建築」、「躯体」の解答例

イ	工事名	坂上駅前ビル新築工事	
ロ	工事場所	宮城県仙台市坂上区３丁目40番地	
ハ	工事の内容	事務所、鉄筋コンクリート造、地上８階、地下駐車場、延べ面積5960 m²、場所打ち杭基礎、外装：タイル後張り、内装：軽量鉄骨下地・石膏ボード張り・ビニルシート張り	
ニ	工期等	令和３年２月～令和４年６月	
ホ	あなたの立場	現場主任	
ヘ	あなたの業務内容	建築工事に係る施工管理	※受検種別「建築」の場合
		躯体工事に係る施工管理	※受検種別「躯体」の場合

受検種別「建築」、「仕上げ」の解答例

イ	工事名	笠間町田中ビル新築工事	
ロ	工事場所	長崎県長崎市笠間町１丁目22番地	
ハ	工事の内容	共同住宅、鉄筋コンクリート造、地上11階、地下１階、延べ面積7020 m²、屋根：長尺金属折板葺き、外壁：タイル張り、天井及び壁：軽量鉄骨下地、壁：石膏ボード塗装仕上げ、天井：化粧ボード張り	
ニ	工期等	令和２年８月～令和３年10月	
ホ	あなたの立場	工事主任	
ヘ	あなたの業務内容	建築工事に係る施工管理	※受検種別「建築」の場合
		仕上げ工事に係る施工管理	※受検種別「仕上げ」の場合

※上記の工事概要には、建築物の権利等の関係上、現実に行われた工事を記述することができない（工事場所などが実存しない架空の工事が記述されている）ため、実際の試験でそのまま転記してはならない。

※問い1. の①に記述する「工種名又は作業名等」を選択するときは、その「工種」が工事概要の**(ハ)工事の内容**に含まれていることを必ず確認する必要がある。**(ハ)工事の内容**に含まれていない工種を記述すると、不合格となる。例えば、「鉄筋コンクリート造」の建築物が工事概要に書かれているときに、「鉄骨工事」を工種名として選択してはならない。この対応関係は、試験本番においても必ずチェックする必要がある。

令和4年度　品質管理の解答例（基礎的な事項を重視した解答）　受検種別　建築、躯体

問い1. 施工の品質低下の防止（事例1）　※工事概要であげた工事の担当した工種について解答する。

①	工種名（作業名）	鉄筋工事（鉄筋の手動ガス圧接）
②	品質の不具合	鉄筋の手動ガス圧接において、圧接端面付近に強度低下が生じる不具合。
	考えた理由	酸化炎の使用や、加熱範囲の広げすぎがあると、酸化や焼割れが生じるから。
③	行ったこと	隙間が閉じた後、鉄筋軸方向に適切な圧力を加えながら、中性炎で加熱した。
	留意したこと	中性炎による加熱の範囲は、圧接面を中心に、鉄筋径の2倍程度とした。

問い1. 施工の品質低下の防止（事例2）　※工事概要であげた工事の担当した工種について解答する。

①	工種名（作業名）	型枠工事（柱や壁の型枠の組立て）
②	品質の不具合	型枠の足元が正しい位置からずれて、そこからモルタルが漏出する不具合。
	考えた理由	型枠の脚部からモルタルが漏出すると、コンクリートの強度が低下するから。
③	行ったこと	敷桟による根巻きを行い、正しい位置で水平に型枠が固定されるようにした。
	留意したこと	プラスチックアングルを使用し、敷桟とスラブとの隙間を埋めるようにした。

問い1. 施工の品質低下の防止（事例3）　※工事概要であげた工事の担当した工種について解答する。

①	工種名（作業名）	コンクリート工事（コンクリートの締固め）
②	品質の不具合	鉄筋コンクリート梁において、密実なコンクリートが得られない不具合。
	考えた理由	締固めの方法が不適切であると、締固めの段階で材料分離が発生するから。
③	行ったこと	棒形振動機の挿入は、先打ちした層に、先端が10cm程度入るようにした。
	留意したこと	棒形振動機の引抜きは、穴を残さないよう、加振しながら徐々に行った。

問い2. 品質確保のための確認事項(1)　※工事概要であげた工事や受検種別に関係なく解答する。

①	工種名（作業名）	土工事（地下水処理における排水工法）
②	着手時の確認	ディープウェル工法を採用する際に、周辺地域への影響の程度を確認する。
	確認する理由	揚水範囲が広いために、近隣の井戸枯れや地盤沈下などの原因となるから。
③	施工中の確認	リチャージ工法を併用する際に、フィルターの目詰まりの有無を確認する。
	確認する理由	フィルターが目詰まりすると、リチャージ工法の注水能力が低下するから。

問い2. 品質確保のための確認事項(2)　※工事概要であげた工事や受検種別に関係なく解答する。

①	工種名（作業名）	断熱工事（硬質ウレタンフォームの吹付け）
②	着手時の確認	ウレタンフォームを吹き付ける面の温度が5℃以上であることを確認する。
	確認する理由	コンクリート面の温度が低いと、接着力が不十分になり、剥離が生じるから。
③	施工中の確認	必要な厚さが40mmであったので、厚さが40mm～50mmであることを確認した。
	確認する理由	薄すぎると断熱性能を確保できず、厚すぎると表面仕上げが困難になるから。

※「基礎的な事項を重視した解答」では、①の工種名と作業名を併記すると共に、②および③の解答欄を設問中の「と」の前後で分割しています。これは、各文面が設問のどの部分に対応しているかを明確にするためです。実際の試験では、①の解答欄には、工種名と作業名のどちらか一方を記述してください。また、②および③の解答欄には、「鉄筋の手動ガス圧接において、圧接端面付近に強度低下が生じる不具合が品質低下に繋がると考えた。そう考えた理由は、酸化炎の使用や、加熱範囲の広げすぎがあると、酸化や焼割れが生じるからである。」などのように、文章を繋げて記述してください。

躯体工事に関する品質管理の例(図解)

前頁の「鉄筋工事(鉄筋の手動ガス圧接)」の関連図

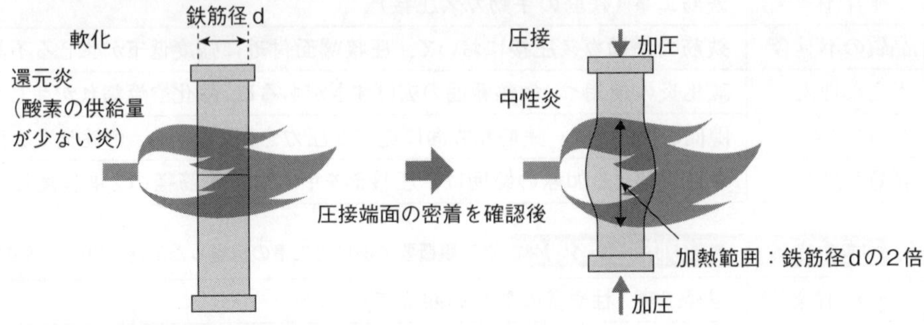

鉄筋のガス圧接作業 / 圧接端面間の加熱

圧接端面同士が密着した(圧接端面間の隙間が完全に閉じた)ことを確認した後は、鉄筋の軸方向に適切な圧力を加えながら、中性炎(アセチレンと酸素が混合された高火力の炎)により、圧接面を中心とした鉄筋径の 2 倍程度の範囲を加熱する。

※酸化炎(酸素が多くアセチレンが少ない炎)を使うと、鉄筋が酸化されて、強度が低下する。

※加熱範囲が狭すぎる(鉄筋径の 1 倍程度である)と、そこだけが溶けて、圧接が困難になる。

※加熱範囲が広すぎる(鉄筋径の 3 倍程度である)と、焼割れなどの欠陥が生じやすくなる。

前頁の「コンクリート工事(コンクリートの締固め)」の関連図

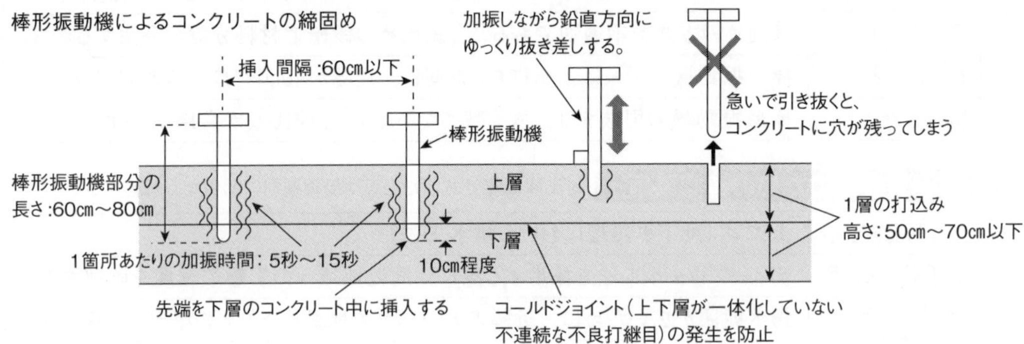

前頁の「土工事(地下水処理における排水工法)」の関連図

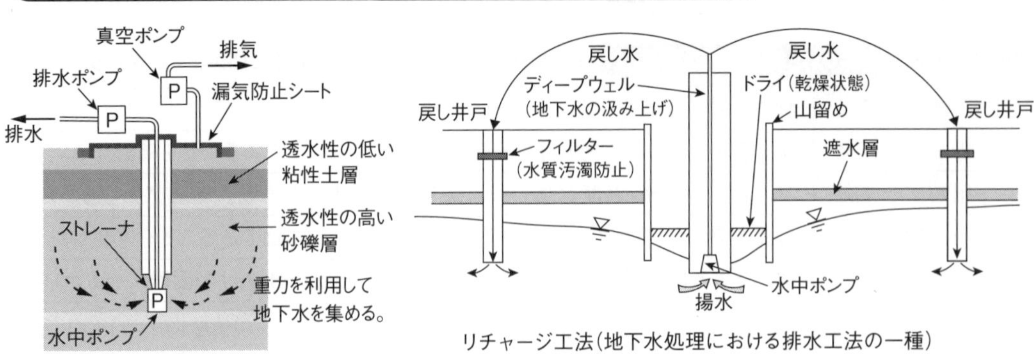

ディープウェル工法(重力排水工法)

リチャージ工法(地下水処理における排水工法の一種)

リチャージ工法は、ディープウェル工法と同じ構造であるが、地下水位を低下させる範囲を遮水により限定し、その範囲以外の地下に汲み上げた水を戻す工法である。

令和4年度　品質管理の解答例（基礎的な事項を重視した解答）	受検種別	建築、仕上げ

問い1. **施工の品質低下の防止（事例1）** ※工事概要であげた工事の担当した工種について解答する。

①	工種名（作業名）	屋根工事（長尺金属折板葺き）
②	品質の不具合	長尺金属折板の下葺（ルーフィング）の敷込みや加工が不適切となる不具合。
	考えた理由	金属折板屋根は、隙間やはぜの部分から、雨水が浸入するおそれがあるから。
③	行ったこと	流れ方向（上下）は100mm以上、長手方向（左右）は200mm以上重ね合わせた。
	留意したこと	毛細管現象による雨水浸入を防ぐため、小はぜ内の隙間は3mm～6mmとした。

問い1. **施工の品質低下の防止（事例2）** ※工事概要であげた工事の担当した工種について解答する。

①	工種名（作業名）	内装工事（軽量鉄骨壁下地の施工）
②	品質の不具合	軽量鉄骨壁下地の下部ランナーが、十分な強度で固定されない不具合。
	考えた理由	ランナーの固定が不適切だと、スタッドががたつき、耐震性が低下するから。
③	行ったこと	両端部から50mm内側を固定し、中間部は900mmの間隔で固定した。
	留意したこと	継手は突付け継ぎとし、その端部から50mm内側を打込みピンで固定した。

問い1. **施工の品質低下の防止（事例3）** ※工事概要であげた工事の担当した工種について解答する。

①	工種名（作業名）	内装工事（軽量鉄骨天井下地の施工）
②	品質の不具合	天井を完全に平らにすることにより、室の利用者に不安感を与える不具合。
	考えた理由	天井が完全に平らであると、目の錯覚により中央部が下がって見えるから。
③	行ったこと	天井下地の中央部を基準レベルよりも吊り上げる「むくり」を採用した。
	留意したこと	むくりの量は、室内張りのスパンに対して1/500以上1/1000以下とした。

問い2. **品質確保のための確認事項(1)** ※工事概要であげた工事や受検種別に関係なく解答する。

①	工種名（作業名）	土工事（地下水処理における排水工法）
②	着手時の確認	ディープウェル工法を採用する際に、周辺地域への影響の程度を確認する。
	確認する理由	揚水範囲が広いために、近隣の井戸枯れや地盤沈下などの原因となるから。
③	施工中の確認	リチャージ工法を併用する際に、フィルターの目詰まりの有無を確認する。
	確認する理由	フィルターが目詰まりすると、リチャージ工法の注水能力が低下するから。

問い2. **品質確保のための確認事項(2)** ※工事概要であげた工事や受検種別に関係なく解答する。

①	工種名（作業名）	断熱工事（硬質ウレタンフォームの吹付け）
②	着手時の確認	ウレタンフォームを吹き付ける面の温度が5℃以上であることを確認する。
	確認する理由	コンクリート面の温度が低いと、接着力が不十分になり、剥離が生じるから。
③	施工中の確認	必要な厚さが40mmであったので、厚さが40mm～50mmであることを確認した。
	確認する理由	薄すぎると断熱性能を確保できず、厚すぎると表面仕上げが困難になるから。

※「基礎的な事項を重視した解答」では、①の工種名と作業名を併記すると共に、②および③の解答欄を設問中の「と」の前後で分割しています。これは、各文面が設問のどの部分に対応しているかを明確にするためです。実際の試験では、①の解答欄には、工種名と作業名のどちらか一方を記述してください。また、②および③の解答欄には、「不具合を発生させないため、流れ方向（上下）は100mm以上、長手方向（左右）は200mm以上重ね合わせた。その際に、毛細管現象による雨水浸入を防ぐため、小はぜ内の隙間は3mm～6mmとすることに特に留意した。」などのように、文章を繋げて記述してください。

仕上げ工事に関する品質管理の例（図解）

前頁の「屋根工事（長尺金属折板葺き）」の関連図

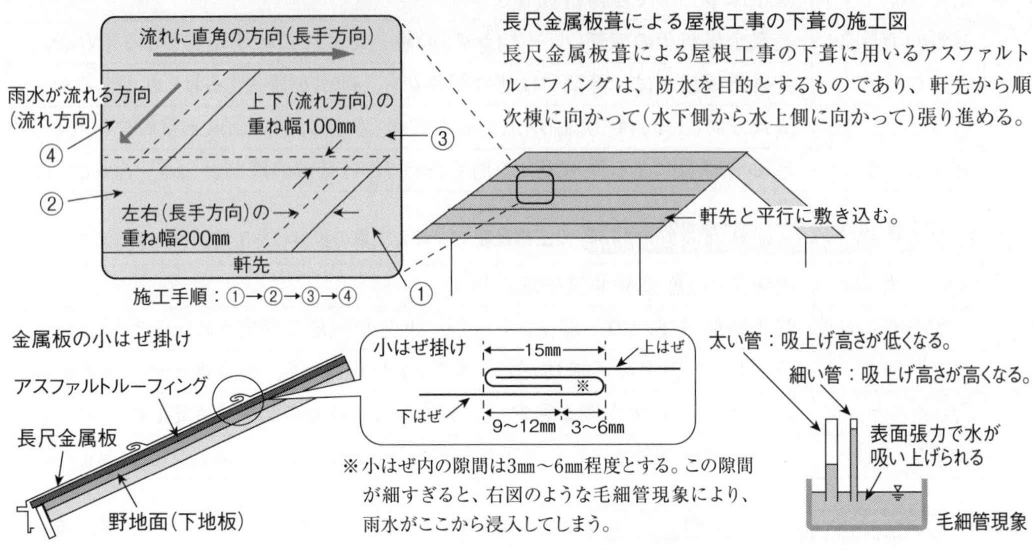

長尺金属板葺による屋根工事の下葺の施工図

長尺金属板葺による屋根工事の下葺に用いるアスファルトルーフィングは、防水を目的とするものであり、軒先から順次棟に向かって（水下側から水上側に向かって）張り進める。

※小はぜ内の隙間は3㎜～6㎜程度とする。この隙間が細すぎると、右図のような毛細管現象により、雨水がここから浸入してしまう。

前頁の「内装工事（軽量鉄骨天井下地の施工）」の関連図

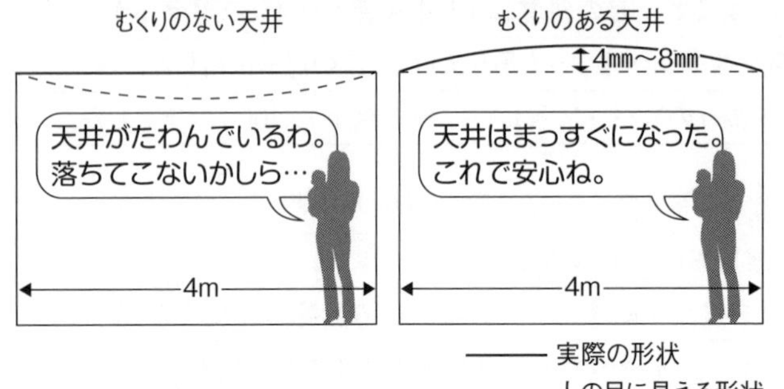

むくりの量は、室内天井張りのスパンに対して、1000分の1から500分の1程度とすることが望ましい。一例として、室内天井張りのスパン（天井を支える柱の相互距離）が4ｍであった場合は、天井の中央部を基準レベル（天井が完全に平らであると仮定した線）から4㎜～8㎜程度持ち上げると、天井がたわんで（垂れ下がって）見えることがなくなる。

前頁の「断熱工事（硬質ウレタンフォームの吹付け）」の関連図

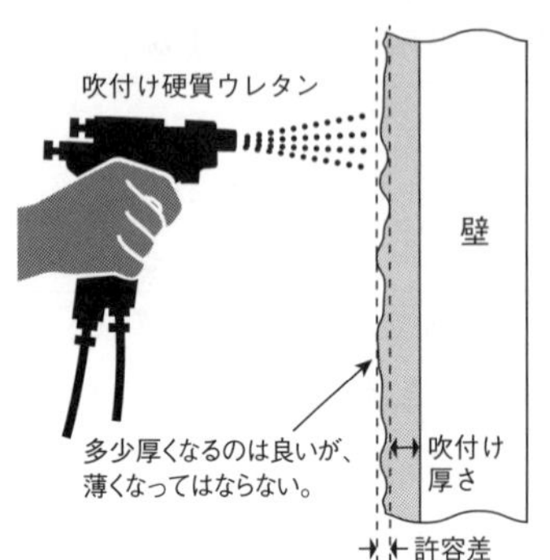

吹付け硬質ウレタンフォームの吹付け

吹付け硬質ウレタンフォーム断熱材の吹付け厚さの許容差

所要の吹付け厚さ	許容差
15㎜以上 50㎜未満	－0㎜～＋10㎜
50㎜以上 100㎜未満	－0㎜～＋15㎜
100㎜以上	－0㎜～＋20㎜

※この許容差は「建築工事標準仕様書・同解説 JASS 24 断熱工事」に基づくものである。

※一例として、所要の吹付け厚さが60㎜である吹付け硬質ウレタンフォーム断熱材は、その厚さが60㎜～75㎜である場合に限り、建築施工の品質を確保することができる。

ウレタンフォームが厚く付き過ぎたところは、カッターナイフなどで表層を除去する。
ウレタンフォームが所定の厚さに達していないところは、補修吹きを行う。

問い1. 考え方 書き方 品質管理（施工の品質低下の防止対策）

1 出題内容

1. 工事概要であげた工事であなたが担当した工種において，**施工の品質低下を防止するために取り組んだ事例**を**3つ**選び，次の①から③について具体的に記述しなさい。

ただし，①は同一でもよいが，あなたの受検種別に係る内容とし，②及び③はそれぞれ異なる内容とする。また，③の行ったことは「設計図書どおりに施工した。」等行ったことが具体的に記述されていないものや品質管理以外について記述したものは不可とする。

① **工種名又は作業名等**
② 品質低下につながる**不具合**とそう**考えた理由**
③ ②の不具合を発生させないために**行ったこと**とその際特に**留意したこと**

2 記述項目

建築工事の各工種において、施工の品質低下を防止するための取組みとしては、次のようなものが挙げられる。これらの内容(数値など)をキーワードとして記述に含めるようにすると、解答が確実なものになりやすい。

躯体工事における施工の品質低下の防止に関するキーワード例

工種	品質管理項目	取組みの内容	確認・試験
土工事	根切底面の平坦性	底面の凹凸は±30㎜以内で仕上げる。	レベルによる測定
山留め工事	鋼矢板の根入れ深さ	設計根入れ長さを3m以上確保する。	設計根入れ長さの確認
既製杭工事	杭の打込み精度	鉛直(1/100)・水平(杭径/4)を確認する。	スケールによる測定
鉄筋工事	鉄筋圧接の縮み代	縮み代を考慮して配筋の乱れを防ぐ。	縮み代(径×1～1.5)確認
コンクリート工事	梁の鉛直打継ぎ位置	支間中央か支間の4分の1に設ける。	打継ぎ位置の目視確認
型枠工事	型枠の水密性	型枠の足元に根巻きを設ける。	型枠足元の空隙の確認
鉄骨工事	スタッド溶接接合	高さ±2㎜以内、傾き5度以内とする。	高さと傾斜の測定と確認

仕上げ工事における施工の品質低下の防止に関するキーワード例

工種	品質管理項目	取組みの内容	確認・試験
防水工事	耐漏水性能	平場100㎜、立上り150㎜以上を重ねる。	スケールで確認
タイル工事	耐剥離性能	タイルを叩いてモルタルをはみ出させる。	目視で確認
屋根工事	耐漏水性能	上下100㎜、左右200㎜以上を重ねる。	目視かスケールで確認
軽量鉄骨工事	軽量鉄骨壁の剛性	スペーサ間隔600㎜、振止め間隔1200㎜。	スケールで確認
木工事	床の平坦性	床と壁との隙間は10㎜～15㎜とする。	スケールで確認
左官工事	下地の平坦性	下地の誤差は4mにつき±4㎜以内とする。	スケールで確認
塗装工事	塗膜厚さの均一性	風の影響が小さいエアレススプレーを使う。	塗料使用量の確認
内装工事	継目部の平滑性	ビニル床シート溶接部は冷却後に切削する。	目視で確認

令和4年度　品質管理の解答例（専門的な事項を重視した解答）　受検種別　建築、躯体

ここでは、工事概要で記載した「工事の内容」に関連した工種を採り上げなければならない。「建築・躯体」の解答例としては、工事の内容（本書56ページの工事概要の解答例）に「鉄筋コンクリート造の事務所」の新築工事について書かれているので、鉄筋工事・コンクリート工事・型枠工事などの躯体工事について採り上げたものを示す。

工種名については、受検種別によって最適な記述が異なる場合がある。一般には、建物全体の施工を担当する「建築」の場合は広い意味での工種を、自身が専門とする工種だけを担当する「躯体」の場合は狭い意味での工種を記述することが望ましい。しかし、この点に関しては、どちらの意味での工種を記述しても減点にはならないと考えられるので、この解答例ではひとつの工種のみを示すことにする。

問い1. 品質管理（事例1）

①	工種名又は作業名等	鉄筋工事
②	品質低下に繋がる不具合と理由	大梁鉄筋をガス圧接する際、鉄筋径程度の縮み代を確保して施工しないと、鉄筋の配筋が乱れることが予想できるから。
③	不具合防止対策と施工留意事項	大梁鉄筋と同じ材質・同じ径の鉄筋を試験圧接し、鉄筋の縮み代を確保し、配筋・圧接した後、配筋の乱れのないことを確認するよう留意した。

問い1. 品質管理（事例2）

①	工種名又は作業名等	コンクリート工事
②	品質低下に繋がる不具合と理由	鉄筋コンクリート梁の鉛直打継ぎを行う場合、打継ぎ位置が適正でないと、打継ぎ部に大きな応力が集中し、梁が損傷するおそれがあるから。
③	不具合防止対策と施工留意事項	鉛直打継ぎをするときは、梁中央または梁両端から支間の4分の1の位置に、打継ぎ部を設けたことを確認するよう留意した。

問い1. 品質管理（事例3）

①	工種名又は作業名等	型枠工事
②	品質低下に繋がる不具合と理由	型枠用合板を用いて壁型枠を組み立てる際、足元が安定せずにモルタルが流出すると、コンクリートが劣化するから。
③	不具合防止対策と施工留意事項	合板壁型枠の足元を正しい位置に固定し、モルタルの漏出を防止するため、足元に根巻きを行うように留意した。

令和4年度　品質管理の解答例（専門的な事項を重視した解答）　受検種別　建築、仕上げ

ここでは、工事概要で記載した「工事の内容」に関連した工種を採り上げなければならない。「建築・仕上げ」の解答例としては、工事の内容（本書56ページの工事概要の解答例）に「屋根・外壁・天井・壁」などの各部位の工事について書かれているので、塗装工事・屋根工事・タイル工事などの仕上げ工事について採り上げたものを示す。

工種名については、受検種別によって最適な記述が異なる場合がある。一般には、建物全体の施工を担当する「建築」の場合は広い意味での工種を、自身が専門とする工種だけを担当する「躯体」の場合は狭い意味での工種を記述することが望ましい。しかし、この点に関しては、どちらの意味での工種を記述しても減点にはならないと考えられるので、この解答例ではひとつの工種のみを示すことにする。

問い1. 品質管理（事例1）

①	工種名又は作業名等	塗装工事
②	品質低下に繋がる不具合と理由	外壁塗装工事において、エアスプレーによる吹付けを行うときに、風の影響により、均一な塗膜を得ることが困難であると考えたから。
③	不具合防止対策と施工留意事項	吹付け工法を、風の影響を受けにくいエアレススプレーによる吹付けに変更し、塗料の精度に適合するノズルチップを選定するよう留意した。

問い1. 品質管理（事例2）

①	工種名又は作業名等	屋根工事
②	品質低下に繋がる不具合と理由	金属板葺きの下葺きにアスファルトルーフィングを用いた場合、敷込みが適正でないと、雨漏りの原因になると考えたから。
③	不具合防止対策と施工留意事項	隣接するアスファルトルーフィングは、左右方向は200㎜、流れの上下方向は100㎜重ね、重ね部は300㎜間隔で留め付けるよう留意した。

問い1. 品質管理（事例3）

①	工種名又は作業名等	タイル工事
②	品質低下に繋がる不具合と理由	外壁改良圧着後張り工法の施工において、施工法が適正でないと、タイルの剥離が生じることが予想されるから。
③	不具合防止対策と施工留意事項	タイル裏面と外壁下地面の両方に張付けモルタルを塗布し、タイル周辺からモルタルがはみ出るまで、ハンマで叩き締めるよう留意した。

問い2. 考え方 書き方 品質確認(施工の品質確保のための確認事項)

1 出題内容

2. 工事概要であげた工事及び受検種別にかかわらず，あなたの今日までの建築工事の経験を踏まえて，**施工の品質を確保するために**確認すべきこととして，次の①から③をそれぞれ**2つ**具体的に記述しなさい。

ただし，①は同一でもよいが，②及び③はそれぞれ異なる内容とする。また，②及び③は「設計図書どおりであることを確認した。」等確認した内容が具体的に記述されていないものや1.の②及び③と同じ内容を記述したものは不可とする。

① **工種名又は作業名等**

② ①の**着手時の確認事項とその理由**

③ ①の**施工中又は完了時の確認事項とその理由**

2 記述項目

工事の施工にあたり、施工品質を確保するためには、工事の各段階(着手時・施工中・完了時)において、その工種で重要となる品質管理項目を確認する必要がある。

①着手時は、材料・施工性・機械などを確認し、施工体制を確認して備えておく。

②施工中は、品質を確認しながら各工事を進捗させてゆく。

③完了時は、品質性能が基準となる管理値を満足していることを目視または試験で確認する。

施工の品質を確保するために確認すべきこととしては、次のようなものが挙げられる。これらの内容(専門用語など)をキーワードとして記述に含めるようにすると、解答が確実なものになりやすい。

建築工事における施工の品質確保の確認に関するキーワード

工種	着手時の確認	その理由	施工中・完了時の確認	その理由
地業工事	杭打機の性能の確認	掘削精度の確保	杭の打込み精度の確認	杭の品質の確保
鉄筋工事	配筋施工図の確認	搬入材料の確認	鉄筋の配筋間隔の確認	鉄筋の品質の確保
コンクリート工事	打込み体制の確認	適正品質の確保	品質の許容差の確認	コンクリート品質の確保
型枠工事	型枠施工図の確認	搬入材料の確認	型枠の適正組立の確認	躯体精度の確認
鉄骨工事	トルク係数の確認	締付け力の確保	施工後に導入力を確認	ボルト品質の確保
防水工事	下地乾燥の状態確認	接着力の確保	重ね長さの確認	耐漏水性能の確保
タイル工事	外気温度の確認	5℃以下で作業中止	1回の塗り面積の確認	耐剥離性能の確保
軽量鉄骨工事	施工図の確認	搬入材料の確認	補強材の施工の確認	耐震性能の確保

令和４年度　品質確認の解答例（専門的な事項を重視した解答）	受検種別	すべて

ここでは、躯体工事・仕上げ工事のそれぞれについて、２つずつ（合計４つの）事例を記しているが、実際の試験では２つの事例を組み合わせて記せばよい。ここでは、「問い 1.」とは異なり、実務経験があれば、受検種別が「躯体」の場合に仕上げ工事を解答したり、受検種別が「仕上げ」の場合に躯体工事を解答したりすることもできる。

問い2. **品質確認（事例1）**

①	工種名又は作業名等	鉄骨工事
②	着手時の確認事項と理由	鉄骨工事において、高力ボルトのトルク係数に変動が疑われる物は、事前にトルク係数試験で確認し、不良品を事前に除外しておくため。
③	施工中又は完了時の確認事項と理由	高力ボルトの締付け完了後、トルク係数が変化しないうちに、できるだけ早く、ナットの回転量で確認する必要があるから。

問い2. **品質確認（事例2）**

①	工種名又は作業名等	地業工事
②	着手時の確認事項と理由	セメントミルク工法によるPC杭の掘削にあたり、施工地盤の土質を確認し、適合するオーガヘッドを選定する必要があるから。
③	施工中又は完了時の確認事項と理由	施工中は、土質に応じて掘削速度を調整し、電流計の指示値から負荷電流値を常時把握することで、円滑に掘削できるから。

問い2. **品質確認（事例3）**

①	工種名又は作業名等	防水工事
②	着手時の確認事項と理由	アスファルト密着工法において、コンクリート打継ぎ部の施工手順を確認しないで施工すると、目地から漏水することが予想されるから。
③	施工中又は完了時の確認事項と理由	目地の施工では、プライマー・絶縁用テープ・ストレッチルーフィングの増張りの手順を確認すると、耐漏水性を確保できるから。

問い2. **品質確認（事例4）**

①	工種名又は作業名等	軽量鉄骨下地工事
②	着手時の確認事項と理由	軽量鉄骨下地工事において、天井のふところが基準以上となる場合、必要な補強をしなければ、天井が震動により落下する危険があるから。
③	施工中又は完了時の確認事項と理由	軽量鉄骨天井下地のふところが2.2mだったので、縦横方向に1.8mの間隔で、棒鋼による補強を行い、接合部の強度を確認できるから。

令和3年度 問題1 施工経験記述の模範解答例(施工計画)

問題1 あなたが経験した**建築工事**のうち，あなたの受検種別に係る工事の中から，**施工の計画**を行った工事を**1つ**選び，工事概要を具体的に記述したうえで，次の1. から2. の問いに答えなさい。

なお，**建築工事**とは，建築基準法に定める建築物に係る工事とし，建築設備工事を除くものとする。

〔工事概要〕

イ．工事名

ロ．工事場所

ハ．工事の内容　新築等の場合：建物用途，構造，階数，延べ面積又は施工数量，主な外部仕上げ，主要室の内部仕上げ
改修等の場合：建物用途，建物規模，主な改修内容及び施工数量

ニ．工期等（工期又は工事に従事した期間を年号又は西暦で年月まで記入）

ホ．あなたの立場

へ．あなたの業務内容

1. 工事概要であげた工事であなたが担当した工種において，施工の計画時に着目した**項目**を①の中から異なる**3つ**を選び，②から④について具体的に記述しなさい。

ただし，②の工種名は同一の工種名でもよいが，③及び④はそれぞれ異なる内容を記述するものとする。また，コストについてのみ記述したものは不可とする。

① **着目した項目**

a 施工方法又は作業方法

b 資材の搬入又は荷揚げの方法

c 資材の保管又は仮置きの方法

d 施工中又は施工後の養生の方法（ただし，労働者の安全に関する養生は除く）

e 試験又は検査の方法

② **工種名**

③ **現場の状況**と施工の計画時に**検討したこと**

④ 施工の計画時に**検討した理由**と**実施したこと**

2. 工事概要であげた工事及び受検種別にかかわらず，あなたの今日までの工事経験を踏まえて，「**品質低下**の防止」及び「**工程遅延**の防止」について，それぞれ①及び②を具体的に記述しなさい。

ただし，1. ③及び④と同じ内容の記述は不可とする。

① 施工の計画時に**検討すること**と**その理由**

② **防止対策**とそれに対する**留意事項**

※令和2年度以降の試験問題では、ふりがなが付記されるようになりました。

〔工事概要〕の書き方

受検種別「建築」、「躯体」の解答例

イ	工事名	昭島東光マンション新築工事	
ロ	工事場所	東京都昭島市幸栄町2丁目19－14	
ハ	工事の内容	共同住宅、鉄骨鉄筋コンクリート造、地上18階、延べ面積14060m²、基礎及び床：コンクリート、外壁：PCカーテンウォール、室内床：フローリング、室内壁及び室内天井：ビニルクロス仕上げ	
ニ	工期等	平成30年8月～令和2年2月	
ホ	あなたの立場	現場主任	
ヘ	あなたの業務内容	建築工事の施工管理	※受検種別「建築」の場合
		躯体工事の施工管理	※受検種別「躯体」の場合

受検種別「建築」、「仕上げ」の解答例

イ	工事名	北豊島区立中央図書館新築工事	
ロ	工事場所	東京都北豊島区上板橋4丁目22－1	
ハ	工事の内容	図書館、鉄筋コンクリート造、地上3階、地下1階、延べ面積5200m²、外壁：石張り、屋上：アスファルト防水、駐車場：鋼製折板葺、室内床：セルフレベリングタイル張り、室内壁：陶磁器質タイル張り	
ニ	工期等	平成30年5月～令和元年10月	
ホ	あなたの立場	現場主任	
ヘ	あなたの業務内容	建築工事の施工管理	※受検種別「建築」の場合
		仕上げ工事の施工管理	※受検種別「仕上げ」の場合

※上記の**工事概要**には、建築物の権利等の関係上、現実に行われた工事を記述することができない(工事場所などが実存しない架空の工事が記述されている)ため、実際の試験でそのまま転記してはならない。

※**問い** 1.の②に記述する「工種名」を選択するときは、その「工種」が工事概要の**(ハ)工事の内容**に含まれていることを必ず確認する必要がある。**(ハ)工事の内容**に含まれていない工種を記述すると、不合格となる。例えば、「鉄筋コンクリート造」の建築物が工事概要に書かれているときに、「鉄骨工事」を工種として選択してはならない。この対応関係は、試験本番においても必ずチェックする必要がある。

令和3年度　施工計画の解答例（基礎的な事項を重視した解答）　受検種別　建築、躯体

問い1. 施工計画（事例1）　※工事概要であげた工事の担当した工種について解答する。

①	項目	a施工・作業　b搬入・荷揚げ　ⓒ保管・仮置き　d養生　e試験・検査
②	工種名	鉄骨工事
③	現場状況と検討事項	高力ボルトの現場搬入が早期に行われるため、搬入時に包装を開封せず、ねじの径別・長さ別に整理して保管する計画を検討した。
④	検討理由と実施内容	高力ボルトは、品質劣化や荷崩れを避けて保管する必要があるため、乾燥した場所に、箱の積上げ高さを5段以下として保管した。

問い1. 施工計画（事例2）　※工事概要であげた工事の担当した工種について解答する。

①	項目	a施工・作業　ⓑ搬入・荷揚げ　c保管・仮置き　d養生　e試験・検査
②	工種名	コンクリート工事
③	現場状況と検討事項	コンクリート打込みの際、生コン車を現場に配置する必要があったので、工事ゲートの有効高さは、空荷時の生コン車の高さとする計画とした。
④	検討理由と実施内容	空荷時の生コン車は、最大積載時よりも車高が高くなるため、工事ゲートの有効高さは、空荷のトラックアジテータが通行できる3.8mとした。

問い1. 施工計画（事例3）　※工事概要であげた工事の担当した工種について解答する。

①	項目	ⓐ施工・作業　b搬入・荷揚げ　c保管・仮置き　d養生　e試験・検査
②	工種名	鉄骨工事
③	現場状況と検討事項	耐火被覆を要する鉄骨柱の場所が、隣接する建物の近くであったため、鉄骨柱の耐火被覆について、成形板張り工法とする計画を検討した。
④	検討理由と実施内容	成形板張り工法は、施工中の粉塵の飛散がなく、被覆厚さの管理が容易なので、繊維混入珪酸カルシウム板による耐火被覆を行った。

問い2. 施工計画（品質低下防止）　※工事概要であげた工事や受検種別に関係なく解答する。

①	検討事項と検討理由	タイル工事（改良圧着張り）の計画時に、モルタルの塗付け面積を検討する。この面積が広すぎると、タイル張付け前に接着力が低下するからである。
②	防止対策と留意事項	張付けモルタルの1回の塗付け面積は、タイルエ1人あたり2m^{2}以内とする。その際、下地面における塗厚さは、4mm～6mmを標準とする。

問い2. 施工計画（工程遅延防止）　※工事概要であげた工事や受検種別に関係なく解答する。

①	検討事項と検討理由	コンクリート工事の計画時に、プレキャスト工法の採用を検討する。プレキャスト工法は工数が少ないので、工程遅延を防止できるからである。
②	防止対策と留意事項	プレキャストコンクリート部材の現場接合を採用する。その施工で、配筋間隔が狭く、締固め作業が困難なときは、高流動コンクリートを使用する。

※この解答例は、建築工事の施工計画に関する基礎的な事項を重視し、各項目の要点をできる限り簡潔かつ明確にして解答したものである。より専門的な事項を重視した解答例およびその考え方・書き方については、本書の70ページ以降を参照すること。

令和3年度　施工計画の解答例（基礎的な事項を重視した解答）	受検種別	建築、仕上げ

問い1. 施工計画（事例1） ※工事概要であげた工事の担当した工種について解答する。

①	項目	a施工・作業　b搬入・荷揚げ　ⓒ保管・仮置き　d養生　e試験・検査
②	工種名	防水工事
③	現場状況と検討事項	防水性が特に重要となる図書館の工事であったため、アスファルト防水に用いる砂付ストレッチルーフィングを、適切に保管する計画を検討した。
④	検討理由と実施内容	砂付ストレッチルーフィングのラップ部（張付け時の重ね部分）は、地面などに触れると傷つきやすいので、その部分を上に向けて縦置きにした。

問い1. 施工計画（事例2） ※工事概要であげた工事の担当した工種について解答する。

①	項目	a施工・作業　b搬入・荷揚げ　c保管・仮置き　ⓓ養生　e試験・検査
②	工種名	左官工事
③	現場状況と検討事項	セルフレベリング材塗りが行われる時期が、北風の強い冬季であったため、セルフレベリング材の養生時に、ひび割れが生じない計画を検討した。
④	検討理由と実施内容	セルフレベリング材は、表面が乾燥するとひび割れるので、養生中は通風を避けるために窓や開口部を塞ぎ、冬季の乾燥養生期間を14日とした。

問い1. 施工計画（事例3） ※工事概要であげた工事の担当した工種について解答する。

①	項目	a施工・作業　b搬入・荷揚げ　c保管・仮置き　d養生　ⓔ試験・検査
②	工種名	タイル工事
③	現場状況と検討事項	蔵書の汚れを防ぐため、屋内壁面の陶磁器質タイル張り工事を行うので、施工後に、タイルの浮きの有無を確認するための検査を行う計画とした。
④	検討理由と実施内容	屋内の吹抜け部分のタイルは、浮きによる剥落が特に危険になるので、モルタル及び接着剤の硬化後、全面にわたり打診検査を行った。

問い2. 施工計画（品質低下防止） ※工事概要であげた工事や受検種別に関係なく解答する。

①	検討事項と検討理由	タイル工事(改良圧着張り)の計画時に、モルタルの塗付け面積を検討する。この面積が広すぎると、タイル張付け前に接着力が低下するからである。
②	防止対策と留意事項	張付けモルタルの1回の塗付け面積は、タイル工1人あたり2m^{2}以内とする。その際、下地面における塗厚さは、4mm～6mmを標準とする。

問い2. 施工計画（工程遅延防止） ※工事概要であげた工事や受検種別に関係なく解答する。

①	検討事項と検討理由	コンクリート工事の計画時に、プレキャスト工法の採用を検討する。プレキャスト工法は工数が少ないので、工程遅延を防止できるからである。
②	防止対策と留意事項	プレキャストコンクリート部材の現場接合を採用する。その施工で、配筋間隔が狭く、締固め作業が困難なときは、高流動コンクリートを使用する。

※この解答例は、建築工事の施工計画に関する基礎的な事項を重視し、各項目の要点をできる限り簡潔かつ明確にして解答したものである。より専門的な事項を重視した解答例およびその考え方・書き方については、本書の70ページ以降を参照すること。

問い1. 考え方 書き方 施工計画

1 出題内容

1. 工事概要であげた工事であなたが担当した工種において，施工の計画時に着目した項目を①の中から異なる**3つ**を選び，②から④について具体的に記述しなさい。

ただし，②の工種名は同一の工種名でもよいが，③及び④はそれぞれ異なる内容を記述するものとする。また，コストについてのみ記述したものは不可とする。

① **着目した項目**

a 施工方法又は作業方法

b 資材の搬入又は荷揚げの方法

c 資材の保管又は仮置きの方法

d 施工中又は施工後の養生の方法（ただし，労働者の安全に関する養生は除く）

e 試験又は検査の方法

② **工種名**

③ **現場の状況**と施工の計画時に**検討したこと**

④ 施工の計画時に**検討した理由**と**実施したこと**

2 記述項目

(1) この施工経験記述では、あなたが経験した建築工事のうち、施工の計画を行った躯体工事(建築物の主要構造部を造る工事)または仕上げ工事(建築物の外装や内装を造る工事)から、施工計画時に「①着目した項目」をひとつ選択し、その「②工種名」と「③その工事の現場状況に応じて検討したこと」と「④品質・工程・安全・環境のいずれかを確保することを考えて(管理のポイントとなる検討した理由を明記して)工事を実施したこと」を、具体的に記述する必要がある。

(2) 躯体工事・仕上げ工事における代表的な工事について、①項目・②工種名・③$_1$現場状況・③$_2$検討事項・④$_1$検討理由・④$_2$実施内容をまとめると、下表のようになる。

躯体工事の記述項目

①項目	②工種名	③$_1$現場状況	③$_2$検討事項	④$_1$検討理由	④$_2$実施内容
a 施工方法	コンクリート工事	道路幅が狭い	運搬車の大きさ	工程確保	小型車の選定
b 資材搬入	鉄骨工事	軟弱地盤	地盤の補強	揚重機転倒防止	鉄板の敷設
c 資材保管	鉄筋工事	保管庫がない	鉄筋の保管	鉄筋の品質確保	受け台・シート
d 養生方法	型枠工事	日影がない	合板の養生方法	合板の品質確保	テント・シート
e 試験検査	コンクリート工事	気温が高い	90分以内の打設	打継目品質確保	品質確認試験

仕上げ工事の記述項目

①項目	②工種名	③$_1$現場状況	③$_2$検討事項	④$_1$検討理由	④$_2$実施内容
a 施工方法	タイル工事	工程の短縮要請	施工方法の選択	工程確保	密着張り工法
b 資材搬入	屋根工事	長尺物搬入困難	クレーンで搬入	品質確保	道路から吊込み
c 資材保管	防水工事	倉庫内で保管	材料の保管方法	品質確保	一巻ごと立置き
d 養生方法	左官工事	通風の良い環境	通風の抑制方法	品質確保	窓閉め・シート
e 試験検査	建具工事	大型の鋼製扉	変形の防止	精度確保	取付後精度確認

令和３年度　施工計画の解答例（専門的な事項を重視した解答）	受検種別	建築、躯体

ここでは、工事概要で記載した「工事の内容」に関連した工種を採り上げなければならない。「建築・躯体」の解答例としては、工事の内容（本書67ページの工事概要の解答例）に「鉄骨鉄筋コンクリート造の共同住宅」の新築工事について書かれているので、基礎工事・鉄筋工事・コンクリート工事・鉄骨工事などの躯体工事について採り上げたものを示す。

工種名については、受検種別によって最適な記述が異なる場合があることに注意する。一般には、建物全体の施工を担当する「建築」の場合は広い意味での工種を、自身が専門とする工種だけを担当する「躯体」の場合は狭い意味での工種を記述することが望ましい。

問い1. **施工計画（事例1）**

①	項目	ⓐ施工・作業　b搬入・荷揚げ　c保管・仮置き　d養生　e試験・検査	
②	工種名	基礎工事	※受検種別「建築」の場合
		基礎型枠工事	※受検種別「躯体」の場合
③	現場状況と検討事項	鉄骨造の基礎工事において、新築する共同住宅の用地に古い空き家が存在し、用地提供の遅れにより、基礎工事の短縮を要請された。基礎工事の型枠工程に着目し、使用する型枠の変更による工程短縮を検討した。	
④	検討理由と実施内容	鋼製型枠をラス型枠（捨型枠）に変更することで、型枠の取外し工程を省力化でき、基礎工事の工程を短縮できるからである。実際の工事では、基礎梁の型枠をラス型枠に変更し、やや硬めのコンクリートを打設した。	

問い1. **施工計画（事例2）**

①	項目	a施工・作業　ⓑ搬入・荷揚げ　c保管・仮置き　d養生　e試験・検査	
②	工種名	鉄骨工事	※受検種別「建築」の場合
		仮設工事	※受検種別「躯体」の場合
③	現場状況と検討事項	工事用ゲートを通過する資材の中に、ブロック化された鉄骨部材があった。工事用ゲートの有効高さを決定するため、搬入する鉄骨部材を運搬するトラックの積荷高さを製作工場に確認し、その余裕高さを検討した。	
④	検討理由と実施内容	工事用ゲートの高さは、部材が円滑に通過できる程度の高さとし、最適な値とする必要がある。実際の工事用ゲートの高さは、高さが最大となる部材の高さよりも30cmの余裕を有するものとして施設した。	

問い1. **施工計画（事例3）**

①	項目	a施工・作業　b搬入・荷揚げ　ⓒ保管・仮置き　d養生　e試験・検査	
②	工種名	外装工事	※受検種別「建築」の場合
		PCカーテンウォール取付け工事	※受検種別「躯体」の場合
③	現場状況と検討事項	外壁にPCカーテンウォールを用いるので、プレキャストコンクリート部材の保管場所を確保する必要があった。部材を平置きして保管するための空間を確保し、PCカーテンウォールの品質確保方法を検討した。	
④	検討理由と実施内容	PCカーテンウォールは、地面にただ平置きするだけでは、自重によりクリープし、そのひずみが増大する。レベルで水平を確認して配置した枕木の上に、PCカーテンウォールの表面を下にしてシート掛けした。	

問い1. **施工計画（事例4）**

①	項目	a施工・作業　b搬入・荷揚げ　c保管・仮置き　ⓓ養生　e試験・検査	
②	工種名	コンクリート工事	※受検種別「建築」の場合
		床コンクリート工事	※受検種別「躯体」の場合
③	現場状況と検討事項	広大な床フロアのフラットデッキ上に、暑中コンクリートを施工する現場であった。広い床コンクリートの全面において、均等に湿潤養生することは困難であるため、ひび割れが生じない養生方法を検討した。	
④	検討理由と実施内容	湿潤養生方法として、膜養生を採用すると、床コンクリートのひび割れを抑制できるからである。床コンクリートの打設後、直ちに膜養生材を均等に散布して水分蒸発を抑制することで、ひび割れを防止した。	

問い1. **施工計画（事例5）**

①	項目	a施工・作業　b搬入・荷揚げ　c保管・仮置き　d養生　ⓔ試験・検査	
②	工種名	鉄骨組立て工事	※受検種別「建築」の場合
		高力ボルト接合工事	※受検種別「躯体」の場合
③	現場状況と検討事項	鉄骨部材相互を接合するトルシア形高力ボルトについて、施工後の締付け状態を確認する必要があった。トルシア形高力ボルトの締付け力の確認方法と、不合格のボルトを新しいボルトに取り換える計画を検討した。	
④	検討理由と実施内容	ボルトの締付け力の良否は、鉄骨の耐力に直接影響するからである。施工後、すべてのボルトのピンテール破断を確認し、マーキングによる平均回転角度の確認を行い、共回り・軸回りが生じた高力ボルトは取り換えた。	

以上のうち、3つの事例（①着目した項目）を選択して自らの施工経験を記述する。

令和３年度　施工計画の解答例（専門的な事項を重視した解答）　受検種別　建築、仕上げ

ここでは、工事概要で記載した「工事の内容」に関連した工種を採り上げなければならない。「建築・仕上げ」の解答例としては、工事の内容（本書 67 ページの工事概要の解答例）に「鉄筋コンクリート造の図書館」の新築工事について書かれているので、防水工事・金属工事・左官工事・建具工事などの仕上げ工事について採り上げたものを示す。

工種名については、受検種別によって最適な記述が異なる場合があることに注意する。一般には、建物全体の施工を担当する「建築」の場合は広い意味での工種を、自身が専門とする工種だけを担当する「仕上げ」の場合は狭い意味での工種を記述することが望ましい。

問い1. 施工計画（事例1）

①	項目	ⓐ施工・作業　b搬入・荷揚げ　c保管・仮置き　d養生　e試験・検査	
②	工種名	外壁工事	※受検種別「建築」の場合
		外壁石張り工事	※受検種別「仕上げ」の場合
③	現場状況と検討事項	先行する躯体工事における建方の手直しの都合により、外壁工事が遅延したため、外壁の石張りの工程短縮が必要になった。石張りの工法を、湿式工法から乾式工法に変更することで、工程を短縮することを検討した。	
④	検討理由と実施内容	モルタルを用いないために養生期間が不要である乾式工法を採用すると、工程短縮ができるからである。モルタルの代わりにファスナーを用いて石材を結合する乾式工法とすることで、石張りの工程を短縮した。	

問い1. 施工計画（事例2）

①	項目	a施工・作業　ⓑ搬入・荷揚げ　c保管・仮置き　d養生　e試験・検査	
②	工種名	金属工事	※受検種別「建築」の場合
		折板葺工事	※受検種別「仕上げ」の場合
③	現場状況と検討事項	屋根に長尺折板を施工する現場は、搬入路の道路幅が狭く、運搬車が右折できないため、搬入が困難であった。この長尺折板を現場に搬入するため、搬入路の反対側にある大通りからの吊込み工法とすることを検討した。	
④	検討理由と実施内容	大通りに移動式クレーンを据え付けて、屋根を越えて長尺折板を一括搬入することにより、仕様書通りの性能を確保できるからである。建築家屋に隣接する大通りの道路使用許可を受けてから、長尺折板を一括搬入した。	

問い1. 施工計画（事例3）

①	項目	ａ施工・作業　ｂ搬入・荷揚げ　ⓒ保管・仮置き　ｄ養生　ｅ試験・検査	
②	工種名	防水工事	※受検種別「建築」の場合
		アスファルト密着張り工事	※受検種別「仕上げ」の場合
③	現場状況と検討事項	密着張り工法で使用するアスファルトルーフィングを、現場の倉庫で保管しておく必要があった。この倉庫には、多量のアスファルトルーフィングを保管するので、所要の品質を確保するための保管方法を検討した。	
④	検討理由と実施内容	アスファルトルーフィングは、しわや型崩れなどの癖が生じないように保管することが重要である。アスファルトルーフィングは、一巻きずつ巻いて、耳を上にして立置きにし、倉庫に雨水や埃が侵入しないようにした。	

問い1. 施工計画（事例4）

①	項目	ａ施工・作業　ｂ搬入・荷揚げ　ｃ保管・仮置き　ⓓ養生　ｅ試験・検査	
②	工種名	左官工事	※受検種別「建築」の場合
		セルフレベリング工事	※受検種別「仕上げ」の場合
③	現場状況と検討事項	風通しの良い施工現場で、セルフレベリング工法を採用するので、表層のひび割れを防止する必要があった。この工法では、養生時に風を受けると、表層がひび割れるため、タイル床下地の品質確保の方法を検討した。	
④	検討理由と実施内容	セルフレベリング材は、流動性が高いので、養生中の表層部に風を受けると、乾燥してひび割れるからである。セルフレベリング材の養生中は、窓を閉め、開口部を通風防止用シートで覆うことで、通風を極力抑制した。	

問い1. 施工計画（事例5）

①	項目	ａ施工・作業　ｂ搬入・荷揚げ　ｃ保管・仮置き　ｄ養生　ⓔ試験・検査	
②	工種名	建具工事	※受検種別「建築」の場合
		鋼製建具工事	※受検種別「仕上げ」の場合
③	現場状況と検討事項	書庫の鋼製扉を取り付ける現場において、書籍の搬出入用の鋼製扉は、常に円滑に開閉できるようにする必要があった。大型の鋼製扉を精度よく取り付けるため、専用金具を用いて取付け精度を確保する方法を検討した。	
④	検討理由と実施内容	施工時に外力をできるだけ受けないように、専用治具を用いて仮止めすることで、取付け精度を確保できるからである。鋼製扉の高低差やねじれを調整し、品質検査を行い、所要の性能を確保できたことを確認した。	

以上のうち、3つの事例（①着目した項目）を選択して自らの施工経験を記述する。

問い2. 考え方 書き方 品質低下と工程遅延の防止のための施工計画

1 出題内容

2. 工事概要であげた工事及び受検種別にかかわらず，あなたの今日までの工事経験を踏まえて，「品質低下の防止」及び「工程遅延の防止」について，それぞれ①及び②を具体的に記述しなさい。

ただし，1. ③及び④と同じ内容の記述は不可とする。

① 施工の計画時に検討することとその理由

② 防止対策とそれに対する留意事項

2 記述項目

(1) この施工経験記述では、あなたが過去に経験したすべての建築工事の中から、受検種別に関係なく(例:受検種別が「躯体」の受検者が「仕上げ工事」に関する施工計画を記載してもよい)、品質低下の防止(品質管理)・工程遅延の防止(工程管理)のための施工計画について、「①施工計画時の検討事項をその理由と共に」具体的に記述し、「②品質低下・工程遅延を防止するための方法とその際の留意事項」を具体的に記述する必要がある。

(2) 品質低下の防止(品質管理)のための施工計画に関する記述ポイントには、次のようなものがある。

1 施工前の品質管理計画として、材料の搬入時・保管時・養生時において、品質低下を防止する方法を記述する。

2 施工中の品質管理計画として、コンクリートのコールドジョイント発生防止、溶接時の適切な温度、溶接環境を確保するための通風の抑制、モルタルの可使時間、防水アスファルトの温度管理、仕上げ面の精度など、施工品質を確保するための各工種における技術的事項を記述する。

3 施工後の品質管理計画として、完成した構造物や部位を発注者に引渡すまでの間、品質を保全するための養生方法・清掃などについて記述する。

(3) 工程遅延の防止(工程管理)のための施工計画に関する記述ポイントには、次のようなものがある。

1 施工前の工程管理計画として、予定通りに作業を実施できるよう準備することに着目し、材料の確保、労働力の確保、機械器具の搬入日の確認、工事実施場所の時間的・空間的条件の確認、業者間における工程表の調整、先行作業の進捗状況の確認などについて記述する。

2 施工中の工程管理計画として、複数の作業を同時並行で行う、労働力を追加する、プレキャスト製品を利用する、プレカットや鉄筋先組などの工法を採用するなど、工程の進捗速度を向上させるための各工種における技術的事項を記述する。

令和３年度　品質・工程に関する施工計画（専門的な事項を重視した解答）	受検種別	すべて

問い２. **施工計画（品質低下防止）**

①	現場状況と検討事項	仕様書に定められたコンクリートの品質を確保するため、フレッシュコンクリートのワーカビリティーを低下させないための計画を作成し、コンクリートの受入れ品質を確保するように検討する。
②	検討理由と実施内容	コンクリートのワーカビリティーを確保するため、受入検査でスランプの許容差とプラスティシティーを確認し、打込み後は十分な締固めを行って養生することに留意する。

問い２. **施工計画（工程遅延防止）**

①	現場状況と検討事項	寒冷期にセルフレベリング材を施工する場合は、工期を確保するため、セルフレベリング材の養生期間の日数を短縮するための計画を作成し、その施工方法を検討する。
②	検討理由と実施内容	セルフレベリング材は、通風があると乾燥してひび割れるため、寒冷期には開口部をシートで密閉し、ヒーターで現場を採暖することで、養生期間を短縮することに留意する。

令和2年度 問題1 施工経験記述の模範解答例(工程管理)

問題1 あなたが経験した**建築工事**のうち，あなたの受検種別に係る工事の中から，**工程の管理**を行った工事を**1つ**選び，工事概要を具体的に記述したうえで，次の1. から2. の問いに答えなさい。
なお，**建築工事**とは，建築基準法に定める建築物に係る工事とし，建築設備工事を除くものとする。

〔工事概要〕
イ．工事名
ロ．工事場所
ハ．工事の内容（新築等の場合：建物用途，構造，階数，延べ面積又は施工数量，主な外部仕上げ，主要室の内部仕上げ
改修等の場合：建物用途，建物規模，主な改修内容及び施工数量）
ニ．工期（年号又は西暦で年月まで記入）
ホ．あなたの立場
ヘ．業務内容

1. 工事概要であげた工事であなたが担当した工種において，**事例を3つ**答えなさい。
その事例ごとに項目Aのａ．からｃ．の中から項目を選び，それらを手配や配置，施工をする際，あなたが**工事を遅延させない**ためにどのようなことに努めたのか，項目Bの①から③について具体的に記述しなさい。
なお，選んだ項目Aは○で囲み，３つの事例は同じ項目を選んでもよいものとする。
また，項目Bの①**工種名**は同じでもよいが，②**着目したこと**と**その理由**と③**行った対策**は異なる内容の記述とし，品質管理のみ，安全管理のみ，コストのみについて記述したものは不可とする。

項目A　ａ．材料（本工事材料，仮設材料）
ｂ．工事用機械・器具・設備
ｃ．作業員（交通誘導警備員は除く）

項目B　①　**工種名**
②　工事を遅延させるかも知れないと**着目したこと**と**その理由**
③　②の遅延を防ぐために実際に**行った対策**

2. 工事概要であげた工事及び受検種別にかかわらず，あなたの今日までの建築工事の経験に照らし，工程を短縮するために**有効な方法や手段を２つ**具体的に記述しなさい。また，それらがもたらす工程の短縮以外の工事への**良い影響**を，それぞれ具体的に記述しなさい。
ただし，**有効な方法や手段**が同一のもの及び１．の③**行った対策**と同一のものは不可とする。

※令和２年度以降の試験問題では、ふりがなが付記されるようになりました。

〔工事概要〕の書き方

受検種別「建築」、「躯体」の解答例

イ	工事名	目白ブランマンション新築工事
ロ	工事場所	東京都豊島区目白町3丁目1－9
ハ	工事の内容	共同住宅、鉄骨鉄筋コンクリート造、11階建て、地下1階、延べ面積4800 m²、鉄筋工事、鉄骨工事、コンクリート工事、型枠工事（基礎・梁・柱等）、外壁：磁器質タイル張り、内装：石膏ボード張り
ニ	工期	平成30年5月～令和2年1月
ホ	あなたの立場	現場代理人
ヘ	業務内容	建築工事の施工管理　※受検種別「建築」の場合
		躯体工事の施工管理　※受検種別「躯体」の場合

受検種別「建築」、「仕上げ」の解答例

イ	工事名	川越大川ビル改修工事
ロ	工事場所	埼玉県川越市大川町2丁目11－12
ハ	工事の内容	共同住宅、鉄筋コンクリート造、5階建、外部仕上げポリウレタン樹脂吹付け3800 m²、屋上アスファルト防水400 m²、外部建具86箇所、外壁タイル改修1200 m²、内装の改修2960 m²
ニ	工期	平成30年2月～令和元年12月
ホ	あなたの立場	現場主任
ヘ	業務内容	建築工事の管理業務　※受検種別「建築」の場合
		仕上げ工事の管理業務　※受検種別「仕上げ」の場合

※1.の項目Bに記述する「工種名」を選択するときは、その「工種」が工事概要の(ハ)**工事の内容**に含まれていることを必ず確認する必要がある。(ハ)**工事の内容**に含まれていない工種を記述すると、不合格となる。例えば、「鉄筋コンクリート造」の建築物が工事概要に書かれているときに、「鉄骨工事」を工種として選択してはならない。この対応関係は、試験本番においても必ずチェックする必要がある。

令和２年度 工程管理の解答例(基礎的な事項を重視した解答) 受検種別 建築、躯体

1. **事例1**

項目A		選んだ項目	a.材料　ⓑ. 工事用機械・器具・設備　c.作業員
項目B	①	工種名	型枠工事
	②	着目したこととその理由	基礎梁を組み立てるときの型枠工事の工程に着目した。その理由は、隣地境界線に不備があり、工事開始が遅れたからである。
	③	実際に行った対策	合板型枠を使用する計画を、捨て型枠を使用する計画に変更し、型枠の撤去作業を省略できるようにした。

1. **事例2**

項目A		選んだ項目	ⓐ. 材料　b.工事用機械・器具・設備　c.作業員
項目B	①	工種名	コンクリート工事
	②	着目したこととその理由	コンクリートの養生の工程に着目した。その理由は、寒波の影響により、養生日数が長引くおそれがあったからである。
	③	実際に行った対策	コンクリートの材料を、普通ポルトランドセメントから早強ポルトランドセメントに変更し、養生日数を短縮した。

1. **事例3**

項目A		選んだ項目	a.材料　b.工事用機械・器具・設備　ⓒ. 作業員
項目B	①	工種名	型枠工事
	②	着目したこととその理由	梁型枠の組立ての工程に着目した。その理由は、発注者側の設計変更により、その工程にかかる時間が倍増したからである。
	③	実際に行った対策	壁の配筋後に梁型枠の組立てを行う予定であったが、作業員の手配を変更し、梁型枠の組立て作業を、壁の配筋の前に行った。

2. **工程短縮手法1**

有効な方法や手段	鉄筋の継手を、悪天候時にも作業が可能で、品質確認のための超音波探傷試験を省略できる機械式継手とする方法。
工事への良い影響	アーク溶接機や超音波探傷器を調達する必要がないので、工事にかかる費用を低減することができる。

2. **工程短縮手法2**

有効な方法や手段	工場で生産された完成品を現場に搬入するプレキャスト工法を積極的に採用し、現場での組立て作業を省力化する方法。
工事への良い影響	工場で生産されたプレキャスト製品は、現場施工の製品に比べて、高品質である場合が多いため、品質確保が容易になる。

※この解答例は、建築工事の工程管理に関する基礎的な事項を重視し、各項目の要点をできる限り明確にして解答したものである。より専門的な事項を重視した解答例およびその考え方・書き方については、本書の81ページ以降を参照すること。

令和2年度 工程管理の解答例(基礎的な事項を重視した解答) 受検種別 建築、仕上げ

1. **事例1**

項目A		選んだ項目	ⓐ. 材料　b.工事用機械・器具・設備　c.作業員
項目B	①	工種名	防水工事
	②	着目したことと その理由	屋上アスファルト防水の工程に着目した。その理由は、他業者が行ったコンクリート工事の工程に遅れが生じたからである。
	③	実際に行った 対策	本工事材料として露出防水用改質アスファルトシートを使用し、大型機械が不要で作業工数が少ない防水トーチ工法を採用した。

1. **事例2**

項目A		選んだ項目	a.材料　ⓑ. 工事用機械・器具・設備　c.作業員
項目B	①	工種名	タイル工事
	②	着目したことと その理由	外壁タイルの改修箇所の発見方法に着目した。その理由は、当初予定の全面打診法では、所定の工期を守れないからである。
	③	実際に行った 対策	工事用設備として赤外線装置を導入し、遠隔測定を行えるようにすることで、打診用の足場の仮設工事を省力化した。

1. **事例3**

項目A		選んだ項目	a.材料　b.工事用機械・器具・設備　ⓒ. 作業員
項目B	①	工種名	内装工事
	②	着目したことと その理由	各作業班の活用方法に着目した。その理由は、内装工事の手順が複雑化した代わりに、建具作業班に手待ちが生じたからである。
	③	実際に行った 対策	建具作業班を内装作業班に変更し、2班体制で低層階と高層階の内装工事を並行して行い、内装工事の所要時間を半減させた。

2. **工程短縮手法1**

有効な方法や手段	鉄筋の継手を、悪天候時にも作業が可能で、品質確認のための超音波探傷試験を省略できる機械式継手とする方法。
工事への良い影響	アーク溶接機や超音波探傷器を調達する必要がないので、工事にかかる費用を低減することができる。

2. **工程短縮手法2**

有効な方法や手段	工場で生産された完成品を現場に搬入するプレキャスト工法を積極的に採用し、現場での組立て作業を省力化する方法。
工事への良い影響	工場で生産されたプレキャスト製品は、現場施工の製品に比べて、高品質である場合が多いので、品質確保が容易になる。

※この解答例は、建築工事の工程管理に関する基礎的な事項を重視し、各項目の要点をできる限り明確にして解答したものである。より専門的な事項を重視した解答例およびその考え方・書き方については、本書の81ページ以降を参照すること。

1. 考え方 書き方　工程管理

1 出題内容

1. 工事概要であげた工事であなたが担当した工種において，事例を**3つ**答えなさい。

その事例ごとに項目Aのａ．からｃ．の中から項目を選び，それらを手配や配置，施工をする際，あなたが**工事を遅延させない**ためにどのようなことに努めたのか，項目Bの①から③について具体的に記述しなさい。

なお，選んだ項目Aは○で囲み，３つの事例は同じ項目を選んでもよいものとする。

また，項目Bの①**工種名**は同じでもよいが，②**着目したこと**と**その理由**と③**行った対策**は異なる内容の記述とし，品質管理のみ，安全管理のみ，コストのみについて記述したものは不可とする。

項目A　ａ．材　料（本工事材料，仮設材料）
　　　　ｂ．工事用機械・器具・設備
　　　　ｃ．作業員（交通誘導警備員は除く）

項目B　①　**工種名**
　　　　②　工事を遅延させるかも知れないと**着目したこと**と**その理由**
　　　　③　②の遅延を防ぐために実際に**行った対策**

2 記述項目

(1)この施工経験記述では、あなたが経験した建築工事のうち、あなたの立場から（現場代理人や現場主任などとして）工程の管理（工事を遅延させないための対策）を行った躯体工事（建築物の主要構造部を造る工事）または仕上げ工事（建築物の外装や内装を造る工事）を選択し、次の項目Aの「a.」「b.」「c.」のいずれかを○で囲む。

a. 予定していた「材料」を変更して工程を確保した事例
b. 予定していた「工事用機械・器具・設備」を変更して工程を確保した事例
c. 予定していた「作業員」の人数等を変更して工程を確保した事例

(2)項目Bの①・②・③について、次のようなことを記述する。

①記述しようとする「工種名」：受検種別に適合した工種名を記述する。

②工事を遅延させるかもしれないと「着目したこと」と「その理由」：遅れの原因となったことと、遅れの理由を記述する。

③上記の遅延を防ぐために「実際に行った対策」：遅延を防止するための作業方法を記述する。

3 項目Bの記述の考え方

(1)先行作業の遅延・天候の変化による遅延・発注者の設計変更による遅延・施工地域からの公害防止要請による遅延などのように、工事現場は工程を遅延させる理由に満ちている。項目Bの②では、こうした中から、採り上げた「工種」を行うよりも前の時点における遅延の理由をひとつ採り上げて記述する。

(2)項目Bの③では、工程短縮するための対策として、元々の計画を新しい計画に変更する必要があることを記述する。具体的には、次のような事例を記述し、工程を短縮する方法を明らかにする必要がある。

①捨て型枠を採用して脱型工程を短縮する。

②エアスプレーをエアレススプレーに変更して単位作業量を増大させる。

③新たに移動式クレーンを設置して材料の搬入工程を短縮する。

④石膏ボードをプレカットして搬入したり、鉄筋を先組したりする。

⑤作業員数を2倍にして2班体制で作業する。

4 項目Bの記述の書き方

(1)この項目に解答するときは、「①工種名」を記述した後、「③その工種における工程短縮の方法」を示し、最後に「②遅延を予測した事項」について記述するとよい。この出題は、「①工種名」と「③工程短縮方法」が主要事項である。「②着目点と理由」は、記述能力を試すものであるため、工程短縮方法に直接的な関係がなくても、工程短縮方法と関連すると考えられるものを後付けで記述してもよい。

(2)躯体工事における①・②・③のポイントは、下表の通りである。

①工種名	③工程短縮方法	②先行作業および先行作業の遅延理由
仮設工事	揚重設備を移動式クレーンに変更	発注者による工事用地提供の遅延
土工事	大型機械の導入、土捨て場の確保	天候不良による根切り工事の遅延
基礎工事	型枠を捨型枠として脱型工程を短縮	降雨・浸水による山留め工事の遅延
鉄筋工事	ガス圧接継手を機械式継手に変更	天候不良によるスラブ作業の遅延
型枠工事	型枠を捨型枠として脱型工程を短縮	天候不良による型枠墨出し作業の遅延
コンクリート工事	早強セメントで養生日数を短縮	設計変更による型枠変更作業の遅延
コンクリート工事	機械置場の確保、作業機器の追加	運搬路の緊急補修に伴う搬入制約
鉄骨工事	工場でブロック加工、吊込み接合	掘削中の浸水に伴う柱脚部の工事遅延
鉄骨工事	現場溶接の削減、ボルト溶接の採用	強風によるアーク溶接作業の遅延

⑶ 仕上げ工事における①・②・③のポイントは、下表の通りである。

①工種名	③工程短縮方法	②先行作業および先行作業の遅延理由
防水工事	防水トーチ工法への変更	渋滞に伴うコンクリート工事の遅延
石工事	乾式石張り工法への変更	天候不良による下地作業の遅延
タイル工事	接着剤張り工法への変更	設計変更に伴う外壁工事の遅延
軽量鉄骨工事	2班体制による同時並行作業	設計変更に伴う軽量鉄骨工事の遅延
左官工事	セルフレベリング工法への変更	コンクリートポンプ性能不足による遅延
建具工事	アルミニウムかぶせ工法への変更	鋼製建具改修工事の制約による遅延
塗装工事	エアレスガンによる吹付けへの変更	エアスプレーガンの使用による遅延
内装工事	ボードのプレカット工法への変更	作業員不足による軽量鉄骨工事の遅延

令和2年度 工程管理の解答例（専門的な事項を重視した解答） 受検種別 建築、躯体

ここでは、工事概要で記載した「工事の内容」に関連した工種を採り上げなければならない。「建築・躯体」の解答例としては、工事の内容に「鉄骨鉄筋コンクリート造の共同住宅」の新築工事について書かれているので、基礎工事・鉄筋工事・コンクリート工事・鉄骨工事などの躯体工事について採り上げたものを示す。

工種名については、受検種別によって最適な記述が異なる場合があることに注意する。一般には、建物全体の施工を担当する「建築」の場合は広い意味での工種を、自身が専門とする工種だけを担当する「躯体」の場合は狭い意味での工種を記述することが望ましい。

1. 事例1

項目A		選んだ項目	a.材料　ⓑ. 工事用機械・器具・設備　c.作業員	
項目B	①	工種名	基礎工事	※受検種別「建築」の場合
			基礎型枠工事	※受検種別「躯体」の場合
	②	着目したこととその理由	隣地境界線の杭位置が確定されておらず、工事用地の提供が遅れた場合に、予定通りの工程を確保することが困難であると考えられたから。	
	③	実際に行った対策	合板型枠は、コンクリートの硬化後に撤去するだけでなく、型枠清掃にも相当な時間がかかるので、転用の必要がないラス型枠への変更を行い、型枠の撤去および清掃の工程を省力化した。	

1. **事例2**

項目A		選んだ項目	ⓐ. 材料　b.工事用機械・器具・設備　c.作業員	
項目B	①	工種名	鉄骨鉄筋コンクリート工事	※受検種別「建築」の場合
			コンクリート工事	※受検種別「躯体」の場合
	②	着目したこととその理由	型枠工事完了後の夜間に吹いた強風の影響で、型枠の一部が変形し、支柱の移動を修正すると同時に型枠の補修が必要になり、コンクリート工事を予定の工程で施工できないと考えられたから。	
	③	実際に行った対策	10月から開始するコンクリート工事は、外気温が平均15℃前後であることから、練り始めから1時間以内に打ち終わるよう、打込みを2箇所とし、養生日数を5サイクルで7日間短縮した。	

1. **事例3**

項目A		選んだ項目	a.材料　b.工事用機械・器具・設備　ⓒ. 作業員	
項目B	①	工種名	鉄骨鉄筋コンクリート工事	※受検種別「建築」の場合
			鉄骨工事	※受検種別「躯体」の場合
	②	着目したこととその理由	地盤の根切り中に不明な配管が発見され、その配管を撤去するために、アンカーボルト設置工程が遅延する可能性があり、鉄骨の建方作業が遅延すると考えられたから。	
	③	実際に行った対策	工場での鉄骨業者と協議し、現場溶接の一部を工場溶接に変更し、現場溶接作業を省力化すると共に、鉄骨建方工程をボルト接合のみとして工程を大幅に短縮した。	

令和２年度 工程管理の解答例（専門的な事項を重視した解答）　受検種別　建築、仕上げ

ここでは、工事概要で記載した「工事の内容」に関連した工種を採り上げなければならない。「建築・仕上げ」の解答例としては、工事の内容に「鉄筋コンクリート造の共同住宅」の改修工事について書かれているので、防水工事・建具工事・内装工事・タイル工事などの仕上げ工事について採り上げたものを示す。

工種名については、受検種別によって最適な記述が異なる場合があることに注意する。一般には、建物全体の施工を担当する「建築」の場合は広い意味での工種を、自身が専門とする工種だけを担当する「仕上げ」の場合は狭い意味での工種を記述することが望ましい。

1. **事例1**

項目A		選んだ項目	a.材料　ⓑ. 工事用機械・器具・設備　c.作業員	
項目B	①	工種名	防水工事	※受検種別「建築」の場合
			屋上防水工事	※受検種別「仕上げ」の場合
	②	着目したこととその理由	天候不良が続き、コンクリート工事の遅延が防水工事の開始日の遅延に繋がるおそれがあるため、防水工事の工程を確保することが困難であると考えられたから。	
	③	実際に行った対策	防水層を複層として構築する計画を変更し、厚さ4.0mmの露出単層防水用の改質アスファルトシートをトーチバーナーで下地に全面密着させることで、工程を確保した。	

1. **事例2**

項目A		選んだ項目	ⓐ. 材料　b.工事用機械・器具・設備　c.作業員	
項目B	①	工種名	建具工事	※受検種別「建築」の場合
			外部建具工事	※受検種別「仕上げ」の場合
	②	着目したこととその理由	鋼製外部建具改修工事において、その解体を伴う改修を計画していたが、オーナーから工期短縮要請があり、鋼製サッシの解体による改修工事では工程に遅延が生じることが考えられたから。	
	③	実際に行った対策	既存建具の腐食部を除去し、健全部に塗装した後、下枠補強材を設置して気密シートを張り、その既製枠よりも小さいアルミサッシをかぶせる工法とすることで、共用部分の工程を短縮した。	

1. **事例3**

項目A		選んだ項目	a.材料　b.工事用機械・器具・設備　ⓒ. 作業員	
項目B	①	工種名	内装工事	※受検種別「建築」の場合
			内装壁面工事	※受検種別「仕上げ」の場合
	②	着目したこととその理由	共同住宅の改修について、請負金額が折り合わず、工事開始日が遅れたため、内装作業を2班体制の並行作業とすることを考えたが、職人不足により並行作業ができないことが考えられたから。	
	③	実際に行った対策	職人不足を解消するため、室タイプごとに壁面のプレカット図を作成し、工場に発注して墨出しを行った後、壁面ごとにプレカットした壁材を搬入して、接着剤で直張りして工程を短縮した。	

施工経験記述

2. 考え方 書き方 工程管理と派生効果

1 出題内容

2. 工事概要であげた工事及び受検種別にかかわらず，あなたの今日までの建築工事の経験に照らし，工程を短縮するために**有効な方法や手段**を**2つ**具体的に記述しなさい。また，それらがもたらす工程の短縮以外の工事への**良い影響**を，それぞれ具体的に記述しなさい。

ただし，**有効な方法や手段**が同一のもの及び1．の③**行った対策**と同一のものは不可とする。

2 記述項目

(1)「工期を短縮するために有効な方法や手段」の考え方は、前問「1.」の「遅延を防ぐために実際に行った対策」と同じである。「工期の短縮以外の工事への良い影響」には、人員削減・品質向上・安全性向上・人材育成・原価低減・社会的貢献・産業廃棄物適正処理・公害防止など、工期短縮の派生効果を記述する。

(2)躯体工事・仕上げ工事の各工種における「工期を短縮するために有効な方法や手段」と、その方法・手段による「工期の短縮以外の工事への良い影響」は、下表の通りである。

工種	工期を短縮するために有効な方法や手段	工期の短縮以外の工事への良い影響
基礎工事	作業空間が広い地盤アンカー工法の採用	視界の改善による安全性の向上
鉄筋工事	一括施工ができる先組鉄筋吊込み作業の採用	点検の容易化による品質の向上
型枠工事	型枠撤去作業を省力化できる捨型枠の使用	型枠取外しによる躯体の損傷の防止
コンクリート工事	ポンプ車の追加による打込み箇所の複数化	騒音発生時間の短縮
鉄骨工事	積上げ方式の採用と、後続工程との並行作業	高所作業の減少による安全性の向上
防水工事	施工が容易なルーフィングシートの使用	溶融アスファルトによる汚染の防止
石工事	モルタル養生を短縮できる乾式工法の採用	耐震性の向上
タイル工事	タイル先付け工法による張付け作業の省力化	タイルの接着性の向上
ガラス工事	工場取付けによる現場取付け作業の省力化	取付け品質の向上

令和２年度 工程管理と派生効果の解答例（専門的な事項を重視した解答）	受検種別	すべて

ここでは、躯体工事・仕上げ工事のそれぞれについて、２つずつ（合計４つの）事例を記しているが、実際の試験では２つの事例を組み合わせて記せばよい。ここでは、前問「1.」とは異なり、受検種別が「躯体」の場合に仕上げ工事を解答したり、受検種別が「仕上げ」の場合に躯体工事を解答したりすることもできる。また、「有効な方法や手段」が、前問「1.」で既に記述した「実際に行った対策」と重複しないように注意する必要がある。

2. **工程短縮手法**（躯体工事の例）

有効な方法や手段	鉄筋工事について、鉄筋継手の工程を短縮するために、監督員と協議したうえで、ガス圧接継手を機械式継手に変更すること。
工事への良い影響	鉄筋継手を機械式とすることで、火気の使用がなくなり、風や雨による影響を軽減できるので、品質の向上を図ることができる。

2. **工程短縮手法**（躯体工事の例）

有効な方法や手段	鉄骨造のコンクリートスラブの型枠の選定について、合成床版の吊込み施工を採用すること。
工事への良い影響	点検が容易になる（不良箇所の発見や修正がしやすい）ため、鉄骨造建築物の耐震性を高めることができる。

2. **工程短縮手法**（仕上げ工事の例）

有効な方法や手段	木造建具の現場加工の計画について、熟練大工の不足を解消するために、木造建具を工場加工として現場では取付けだけを行うこと。
工事への良い影響	工場加工は、現場加工に比べて精度が向上するので、施工品質に優れた建具を提供することができる。

2. **工程短縮手法**（仕上げ工事の例）

有効な方法や手段	外壁石張り工法について、湿式石張り工法から、モルタルの養生期間を短縮できる乾式石張り工法に変更すること。
工事への良い影響	乾式石張り工法は、ファスナーのロッキング効果を利用できる（地震時の躯体の挙動に追従できる）ので、耐震性が向上する。

令和元年度 問題1 施工経験記述の模範解答例（施工計画）

【問題 1】 あなたが経験した**建築工事**のうち、あなたの受検種別に係る工事の中から、**施工の計画**を行った工事を **1 つ**選び、工事概要を具体的に記入したうえで、次の［設問 1］から［設問 2］に答えなさい。

なお、**建築工事**とは、建築基準法に定める建築物に係る工事とし、建築設備工事を除くものとする。

〔工事概要〕
イ．工　事　名
ロ．工 事 場 所
ハ．工 事 の 内 容　（新築等の場合：建物用途、構造、階数、延べ面積又は施工数量、主な外部仕上げ、主要室の内部仕上げ
改修等の場合：建物用途、建物規模、主な改修内容及び施工数量）
ニ．工　　　期　（年号又は西暦で年月まで記入）
ホ．あなたの立場
ヘ．業 務 内 容

〔設問 1〕 工事概要であげた工事であなたが担当した工種において、次の項目 a．から e．のうちから**異なる項目**を **3 つ**選び、施工の計画に当たり、①**事前に検討したこと**とその検討をもとに実際に**行ったこと**、②何故検討する必要があったのか**その理由**を、**工種名**をあげて具体的に記述しなさい。

ただし、①事前に検討したことと実際に行ったことは、選んだ各項目ごとにそれぞれ異なる内容とし、コストについてのみの記述は不可とする。

なお、工種名については、同一の工種名でなくてもよい。

項目 a．施工方法又は作業方法
b．資材の搬入又は荷揚げの方法
c．資材の保管又は仮置きの方法
d．施工中又は施工後の養生の方法（ただし、労働者の安全に関する養生は除く）
e．試験又は検査の方法と時期

〔設問 2〕 工事概要であげた工事及び受検種別にかかわらず、あなたの今日までの建築工事の経験に照らし、建設現場で発生する産業廃棄物を減らすため、①**有効な方法や手段**と、②その方法や手段を実際に行う場合に**留意すべきこと**を、**2 つ**の事例について具体的に記述しなさい。

ただし、方法や手段が同一の記述及び［設問 1］の実際に行ったことと同一の記述は不可とする

〔工事概要〕の書き方

受検種別「建築」、「躯体」の解答例

イ	工事名	三田ヒルズ新築工事	
ロ	工事場所	兵庫県三田市下町2丁目1-1	
ハ	工事の内容	事務所、鉄筋コンクリート造、5階建て、地下1階、延べ面積4850m²、外壁：タイル二丁掛け(ALCパネルを併用)、内装：軽量鉄骨下地と石膏ボード張り、床：ビニル床シート	
ニ	工期	平成28年8月～平成30年11月	
ホ	あなたの立場	工事主任	
ヘ	業務内容	建築工事の施工管理	※受検種別「建築」の場合
		躯体工事の施工管理	※受検種別「躯体」の場合

受検種別「建築」、「仕上げ」の解答例

イ	工事名	岡田スカイマンション新築工事	
ロ	工事場所	大阪市天王寺区本町3丁目1-2	
ハ	工事の内容	共同住宅、鉄筋コンクリート造、5階建て、地下1階、延べ面積5050m²、外壁：タイル張り、屋上：アスファルト防水、天井：ロックウール化粧板、壁：石膏ボード(セルフレベリング工法)、窓：板ガラス	
ニ	工期	平成29年8月～平成31年2月	
ホ	あなたの立場	現場主任	
ヘ	業務内容	建築工事の管理業務	※受検種別「建築」の場合
		仕上げ工事の管理業務	※受検種別「仕上げ」の場合

※〔設問1〕に記述する「工種名」を選択するときは、その「工種」が工事概要の(ハ)工事の内容に含まれていることを必ず確認する必要がある。(ハ)工事の内容に含まれていない工種を記述すると、不合格となる。例えば、「鉄筋コンクリート造」の建築物が工事概要に書かれているときに、「鉄骨工事」を工種として選択してはならない。この対応関係は、試験本番においても必ずチェックする必要がある。

〔設問1〕考え方 書き方　**施工計画**

1 出題内容

〔設問1〕　工事概要であげた工事であなたが担当した工種において、次の項目 a.から e.のうちから**異なる項目を3つ**選び、施工の計画に当たり、①**事前に検討したこと**とその検討をもとに実際に**行ったこと**、②何故検討する必要があったのか**その理由**を、**工種名**をあげて具体的に記述しなさい。

ただし、①事前に検討したことと実際に行ったことは、選んだ各項目ごとにそれぞれ異なる内容とし、コストについてのみの記述は不可とする。

なお、工種名については、同一の工種名でなくてもよい。

項目　a.施工方法又は作業方法

b.資材の搬入又は荷揚げの方法

c.資材の保管又は仮置きの方法

d.施工中又は施工後の養生の方法(ただし、労働者の安全に関する養生は除く)

e.試験又は検査の方法と時期

2 解答内容

この設問では、3つの項目ごとに、次のような内容について解答する必要がある。なお、③の「事前に検討したこと」と④の「実際に行ったこと」は、解答欄が分かれていない場合があるので、一続きの文章として記述することも考える。

①選んだ項目

②工種名

③事前に検討したこと

④実際に行ったこと

⑤検討する必要があった理由

3 記述項目

施工計画に関する5つの項目のうちから3つの項目を選び、あなたが担当した「工種」について、「事前に検討したこと」と、「その検討を基にして実際に行ったこと」と、「その項目を検討した理由」を具体的に記述する。その解き方の手順は、次の通りである。

①施工計画に関する5つの項目のうちからひとつの項目を選択する。

②工事概要の「工事の内容」で示した工種名をひとつ記述する。

③選択した項目に関して、あなたが担当した工種において、事前に検討したことを記述する。

④事前に検討したことに対して、実際に行ったことを具体的に(専門用語や数値を使用して)記述する。施工の計画を記述する設問であるが、工事は既に終了しているので、「施工計画の通りに終了した」例を示すことが望ましい。

⑤その項目を検討したことが、施工計画の通りに工事を進めるために、なぜ必要であったのか(検討理由)を示す。

4 施工計画の検討内容の一例

施工計画に関する５つの項目についての具体的な検討内容は、工程短縮・品質確保・安全対策・環境保全などにおいて、最も効果的となるものを示すべきである。

施工計画の項目		躯体工事に関する検討内容の例	仕上げ工事に関する検討内容の例
a.	施工方法又は作業方法	鋼製型枠をラス型枠に変更すること	石張り湿式工法を石張り乾式工法に変更すること
b.	資材の搬入又は荷揚げの方法	資材搬入時の動線を確保すること	タイルの揚重に、専用の移動式クレーンを使用すること
c.	資材の保管又は仮置きの方法	ALCパネル保管時に、品質が低下しないようにすること	塗料保管庫の安全性を確保すること
d.	施工中又は施工後の養生の方法	打設したコンクリートを湿潤養生すること	セルフレベリング工法において、通風を抑制すること
e.	試験又は検査の方法と時期	コンクリート受入時に、スランプ試験を行って品質を確認すること	施工後に、タイル接着力試験を行って品質を確認すること

5 施工計画に関するストーリーの例

上記の「検討内容の例」について、工種と検討理由を明記し、下表のように、一連の流れをストーリー化すると、施工経験を記述しやすくなる。

施工計画の項目		工種	検討したこと（実際に行ったこと）	検討理由
a.	施工方法又は作業方法	型枠	基礎地中梁に使用する型枠を、ラス型枠に変更した。	工程短縮 省力化
		石	石張り湿式工法の予定であったが、石張り乾式工法に変更した。	工程短縮 省力化
b.	資材の搬入又は荷揚げの方法	鉄筋	工事現場の動線を確認し、工場で組み立てた鉄筋を搬入した。	工程短縮 品質確保
		タイル	専用の移動式クレーンを用いて、タイルを吊り込んだ。	工程短縮
c.	資材の保管又は仮置きの方法	外装	ALCパネルの保管時に、平積みの高さを1m以内かつ2段までとした。	品質確保
		塗装	塗料の保管は、高温・多湿・日光などを避けられる場所(不燃材料で造られた独立した平屋)で行った。	品質確保 安全確保
d.	施工中又は施工後の養生の方法	コンクリート	コンクリートの打設後は、その表面をシートで覆い、湿潤養生を行った。	品質確保
		左官	セルフレベリング材塗りの作業は、通風を避けたて行った。	品質確保
e.	試験又は検査の方法と時期	コンクリート	工事現場に受け入れるコンクリートに対してスランプ試験を行い、そのスランプ値を確認した。	品質確保
		タイル	タイル後張りの施工後、2週間が経過してから引張接着力試験を行った。	品質確保

1 令和元年度〔設問1〕施工計画の解答例　受検種別　建築、躯体

ここでは、工事概要で記載した「工事の内容」に関連した工種を採り上げなければならない。「建築・躯体」の解答例としては、工事の内容に「鉄筋コンクリート造の事務所」の新築工事について書かれているので、鉄筋工事・コンクリート工事・外装工事などの躯体工事について採り上げたものを示す。

工種名については、受検種別によって最適な記述が異なる場合があることに注意する必要がある。一般には、建物全体の施工を担当する「建築」の場合は広い意味での工種を、自身が専門とする工種だけを担当する「躯体」の場合は狭い意味での工種を記述することが望ましい。

この解答例では、5つの項目すべてについての解答例を記しているが、実際の試験では3つの項目を選択して記すことになる。

選んだ項目	施工方法又は作業方法	
工種名	鉄筋コンクリート工事	※受検種別「建築」の場合
	コンクリート工事	※受検種別「躯体」の場合
事前に検討したこと 実際に行ったこと	プレキャストコンクリート部材の現場接合について検討した。この部材には、高流動コンクリートを使用した。	
検討する必要が あった理由	狭い空間に鉄筋が置かれており、流動性の低いコンクリートを用いると、締固め作業が困難になるため。	

選んだ項目	資材の搬入又は荷揚げの方法	
工種名	鉄筋コンクリート工事	※受検種別「建築」の場合
	コンクリート工事	※受検種別「躯体」の場合
事前に検討したこと 実際に行ったこと	工事現場のゲートの有効高さを検討した。その高さは、空荷時の生コン車が通過できる高さとした。	
検討する必要が あった理由	空荷時の生コン車は、コンクリートの荷重がなくなった結果として、満載時に比べて車高が高くなるため。	

選んだ項目	資材の保管又は仮置きの方法	
工種名	外壁躯体工事	※受検種別「建築」の場合
	外壁ALC版工事	※受検種別「躯体」の場合
事前に検討したこと 実際に行ったこと	ALCパネルの保管方法を検討した。ALCパネルは、2段までの平積みとし、1段の積上げ高さを1m以下とした。	
検討する必要が あった理由	ALCパネルを積み上げすぎると、ねじれ・ひび割れなどの損傷が生じやすくなり、外壁の施工品質が損なわれるため。	

選んだ項目	施工中又は施工後の養生の方法	
工種名	鉄筋コンクリート工事	※受検種別「建築」の場合
	コンクリート工事	※受検種別「躯体」の場合
事前に検討したこと 実際に行ったこと	施工中の養生シートの高さについて検討した。コンクリート打込み階よりも高い位置まで、養生シート等で覆うことにした。	
検討する必要があった理由	コンクリートの飛散を防止し、周辺の生活環境を保全する必要があったため。	

選んだ項目	試験又は検査の方法と時期	
工種名	鉄筋コンクリート工事	※受検種別「建築」の場合
	鉄筋工事	※受検種別「躯体」の場合
事前に検討したこと 実際に行ったこと	現場に搬入する異形鉄筋の規格の検査について検討した。ミルシートと荷札の照合を行い、圧延マークを確認し、写真で記録した。	
検討する必要があった理由	所定の規格の異形鉄筋であることを証明し、その記録を後々まで残しておく必要があったため。	

2　令和元年度〔設問１〕施工計画の解答例　受検種別　建築、仕上げ

ここでは、工事概要で記載した「工事の内容」に関連した工種を採り上げなければならない。「建築・仕上げ」の解答例としては、工事の内容に「鉄筋コンクリート造の共同住宅」の新築工事について書かれているので、防水工事・内装工事・外装工事などの仕上げ工事について採り上げたものを示す。

工種名については、受検種別によって最適な記述が異なる場合があることに注意する必要がある。一般には、建物全体の施工を担当する「建築」の場合は広い意味での工種を、自身が専門とする工種だけを担当する「仕上げ」の場合は狭い意味での工種を記述することが望ましい。

この解答例では、5つの項目すべてについての解答例を記しているが、実際の試験では3つの項目を選択して記すことになる。

選んだ項目	施工方法又は作業方法	
工種名	屋根工事	※受検種別「建築」の場合
	防水工事	※受検種別「仕上げ」の場合
事前に検討したこと 実際に行ったこと	アスファルトルーフィングの張り方を検討した。平場部の重ね幅は100㎜以上とし、水下側の上から水上側を張りかけた。	
検討する必要があった理由	水は高い所から低い所に流れるので、水下側を先に張る必要があった。また、重ね幅の確保により、漏水を防止できるから。	

選んだ項目	資材の搬入又は荷揚げの方法	
工種名	内装工事	※受検種別「建築」の場合
	天井工事	※受検種別「仕上げ」の場合
事前に検討したこと 実際に行ったこと	長尺のロックウール化粧板の荷揚げ方法について検討した。ロングスパンエレベーターによる荷揚げを行うことにした。	
検討する必要があった理由	長尺の部材を、分割せずに荷揚げできるようになり、工程を短縮できるから。	

選んだ項目	資材の保管又は仮置きの方法	
工種名	内装工事	※受検種別「建築」の場合
	ガラス工事	※受検種別「仕上げ」の場合
事前に検討したこと 実際に行ったこと	木箱入りのガラスの保管方法について検討した。ガラスは、85度程度の角度で立置きとし、大箱の上に小箱を重ねた。	
検討する必要があった理由	ガラスの立置きの角度や、箱の重ね順が不適切であると、資材の転倒や転落などにより、ガラスが割れることがあるから。	

選んだ項目	施工中又は施工後の養生の方法	
工種名	内装仕上げ工事	※受検種別「建築」の場合
	左官工事	※受検種別「仕上げ」の場合
事前に検討したこと 実際に行ったこと	セルフレベリング材を塗るときの通風防止対策を検討した。流込み作業中や作業後は、通風を避けるため、窓や開口部を塞いだ。	
検討する必要があった理由	セルフレベリング材に風が当たると、表面だけが乾燥し、シワやひび割れが発生しやすくなるから。	

選んだ項目	試験又は検査の方法と時期	
工種名	外壁仕上げ工事	※受検種別「建築」の場合
	タイル工事	※受検種別「仕上げ」の場合
事前に検討したこと 実際に行ったこと	タイル引張接着力試験について検討した。試験体の個数は3個以上とし、試験の時期は施工後2週間以降とした。	
検討する必要があった理由	施工後における外壁タイルの剥落を防止することは、第三者災害を防止するために重要なことであるから。	

コラム 第一次検定との関連について

令和元年度の施工経験記述で問われている「施工の計画」は、第一次検定においても問われることの多い分野である。そのため、自身の経験と工種名が一致していれば、第一次検定に出題されている項目からひとつを選択して記述すると、確実な解答となる。その一例は、次の通りである。第一次検定に関するテキストをお持ちの方は、ご一考いただきたい。

学科試験（第一次検定の旧称）平成28年度 問題48（施工計画に関する記述）選択肢(3)
鉄筋工事において、工期短縮のため柱と梁の鉄筋を地組みとするので、継手は機械式継手とする計画とした。

この選択肢を基にした解答例は、次のようなものになる。文章がやや短くなるので、空いているスペースには自身の経験に照らし合わせて書き足すと良い。

選んだ項目	施工方法又は作業方法	
工種名	鉄筋コンクリート工事	※受検種別「建築」の場合
	鉄筋工事	※受検種別「躯体」の場合
事前に検討したこと 実際に行ったこと	鉄筋の継手を機械式継手とする計画とした。	
検討する必要があった理由	工期短縮のため、柱と梁の鉄筋を地組みとするので。	

上記の他に、施工計画に関して、施工経験記述として書きやすい項目（主として理由が明記されている選択肢）には、次のようなものがある。

①型枠工事において、工期短縮のため基礎型枠は、せき板の解体が不要なラス型枠工法とする計画とした。

②大規模、大深度の工事のため、地下躯体工事と並行して上部躯体を施工することにより、全体工期の短縮が見込める逆打ち工法とする計画とした。

③地業工事において、捨てコンクリートの打設を行うときの外気温が25℃を超えるため、練混ぜから打込み終了までの時間を90分とすることとした。

④工事用エレベーターは、安全性が高く簡便なラックピニオン駆動方式を用いる計画とした。

⑤発泡プラスチック系保温板は、長時間紫外線を受けると表面から劣化するので、日射を避け屋内に保管した。

⑥断熱用の硬質ウレタンフォーム保温板は、反りぐせ防止のため、平坦な敷台の上に積み重ねて保管した。

〔設問2〕考え方 書き方　産業廃棄物の削減

1 出題内容

〔設問2〕 工事概要であげた工事及び受検種別にかかわらず、あなたの今日までの建築工事の経験に照らし、建設現場で発生する産業廃棄物を減らすため、①**有効な方法や手段**と、②その方法や手段を実際に行う場合に**留意すべきこと**を、**2つ**の事例について具体的に記述しなさい。

ただし、方法や手段が同一の記述及び［設問1］の実際に行ったことと同一の記述は不可とする。

2 解答内容

この設問では、自身の工事経験から2つの事例を採り上げ、次のような内容について解答する必要がある。

①産業廃棄物を減らすための方法・手段

②産業廃棄物を減らすときに留意すること

3 記述項目

建設現場で発生する産業廃棄物を減らすための有効な方法・手段については、次のような視点から考えるとよい。また、産業廃棄物を減らすための方法・手段を採用するためには、特別な配慮が必要になる場合が多い。実際に行う場合に留意すべきことを記すときには、この配慮が何であるかを考える必要がある。

①使用材料の変更

②端材を出さない工法

③産業廃棄物の再利用

4 産業廃棄物の削減に関するストーリーの例

上記の各視点について、下表のように、一連の流れをストーリー化すると、施工経験を記述しやすくなる。

視点	工種	方法・手段	留意すべきこと
使用材料の変更	コンクリート	基礎梁の合板型枠を、ラス型枠（捨型枠）に変更し、型枠を廃棄物としない。	ラス型枠は、内部のコンクリートが逸水しやすいので、注意が必要になる。
端材を出さない工法	内装	石膏ボードを、工場でプレカットしてから搬入することで、端材を出さないようにする。	下地の仕上げを施工図通りとし、変更があるときは速やかに工場に連絡する。
産業廃棄物の再利用	鉄筋	鉄筋コンクリート造の建築物を解体する際、鉄筋とコンクリートを分別し、鉄筋を再利用する。	解体用機械とは別に、コンクリート破砕機を用意しておく。

3　令和元年度〔設問2〕産業廃棄物の削減の解答例　受検種別　建築、躯体、仕上げ

産業廃棄物を減らすための方法・手段に関しては、「新築工事の際に、発生する産業廃棄物を減らすため、あらかじめ対策を講じておくこと」と「解体工事の際に、発生した産業廃棄物を再利用すること」に大別される。

この解答例では、この2つの項目について、2つずつ事例を記しているが、実際の試験では2つの事例を組み合わせて記せばよい。

新築工事の事例①（視点：使用材料の変更）

産業廃棄物を減らすための有効な方法や手段	型枠を産業廃棄物として排出しないため、基礎梁のコンクリート型枠を、合板型枠からラス型枠に変更すること。
その方法や手段を実際に行う場合に留意すべきこと	ラス型枠では、低スランプのコンクリートを使用する必要があるため、かぶりの確保や防錆処理に留意する。

新築工事の事例②（視点：端材を出さない工法）

産業廃棄物を減らすための有効な方法や手段	石膏ボードを現場に搬入する前に、工場でプレカットしておくことで、現場での端材の発生を少なくすること。
その方法や手段を実際に行う場合に留意すべきこと	あらかじめ施工図を作成しておき、プレカットの形状を早期に通達しておくことに留意する。

解体工事の事例①（視点：産業廃棄物の再利用）

産業廃棄物を減らすための有効な方法や手段	木造校舎の建替工事において、発生した木屑をチップ化し、新築校舎に敷き詰めること。
その方法や手段を実際に行う場合に留意すべきこと	発生した多量の木屑を堆積させておくときは、中心部が高温になり発火することを防ぐため、小分けにしておく。

解体工事の事例②（視点：産業廃棄物の再利用）

産業廃棄物を減らすための有効な方法や手段	壁や天井に使われていた廃石膏ボードは、金具や釘などを取り除き、分別を徹底して再資源化すること。
その方法や手段を実際に行う場合に留意すべきこと	石膏ボードの解体時に、水に濡らさないよう、手作業で解体し、乾燥状態を維持することに留意する。

コラム　建設副産物対策について

令和元年度の2級建築施工管理技術検定実地試験(第二次検定の旧称)では、「産業廃棄物を減らす方法」という新しい視点からの出題があった。これは、地球環境問題への関心の高まりにより、建設副産物を適正処理し、産業廃棄物を減らすことが、建築工事の重要な課題となっているからであると思われる。このコラムでは、産業廃棄物の削減と関係の深い「建設副産物の適正処理」について紹介する。

(1)建設副産物対策

建築工事を行うと、工事現場から建設副産物が発生する。近年では、高度成長期(1955年～1973年)に多数建設された建築物が寿命を迎え、その更新・解体の工事が増えたため、建設副産物の発生量が増加傾向にある。建築工事によって発生する建設副産物は、発生量が多いのにも関わらず、その発生場所が一定ではなく、様々な廃棄物が混合した状態で排出される場合が多い。そのため、建設副産物を適正に処理するためには、専門知識が必要になる。

(2)建設副産物対策の優先順位

建築工事における建設副産物対策には、発生抑制(リデュース)・再使用(リユース)・再生利用(マテリアルリサイクル)・熱回収(サーマルリサイクル)・適正処分(埋立処分)などがある。建設副産物対策の効果としては、前者のものほど有効であるため、その優先順位は次のように定められている。

順位	対策方法	各種の建設副産物	具体的な措置内容
1位	発生抑制(リデュース)	型枠	捨型枠を使用することで、型枠を建設副産物にしない。
		建設発生土	軟弱土をセメントで安定処理することで、建設発生土の量を少なくする。
2位	再使用(リユース)	仮設物の部材	以前の現場事務所の部材から釘などを除去し、新たな現場事務所の部材とする。
		掘削残土	捨土となるはずだった掘削残土を、花壇の土として利用する。
3位	再生利用(マテリアルリサイクル)	杭頭がら	コンクリートがらを破砕し、仮設路盤材料として利用する。
		伐開木材	整地作業時に生じた伐開木材を、チップとして利用する。
		アスファルト・コンクリートがら	アスファルト・コンクリートがらをプラントに運搬し、再生アスファルト混合物にする。
4位	熱回収(サーマルリサイクル)	木くず	多量の異物が含まれているためにチップ化できない木くずを、ボイラーの燃料にする。
		廃プラスチックくず	断熱材の端材である廃プラスチックを、ペレット化してボイラーの燃料にする。
		紙くず	包装材などの再生紙にできない紙くずを、ボイラーの燃料にする。
5位	適正処分(埋立処分)	汚泥	場所打杭の施工で生じた劣化汚泥を、管理型処分場に埋立処分する。
		吹付石綿(アスベスト)	吹付石綿を溶融し、その残渣を管理型処分場に埋立処分する。

※再使用(リユース)とは、建設副産物をそのまま(処理せずに)利用することをいう。

※再生利用(マテリアルリサイクル)とは、建設副産物を処理してから利用することをいう。

※熱回収(サーマルリサイクル)とは、処理しても利用できない建設副産物を燃料にすることをいう。

(3)建設副産物対策の留意事項

建設副産物対策を行うにあたっては、建設副産物の種類ごとに、次のようなことに留意する必要がある。

建設副産物	建設副産物対策にあたっての留意事項
建設発生土 （土砂など）	建設発生土は、第1種～第4種に分別する。礫や砂から成る第1種・第2種の建設発生土は、そのまま再生材料として使用できる。シルトや粘土から成る第3種・第4種の建設発生土は、セメント・石灰などの固化材を混合して安定処理する。
有価物 （鉄筋など）	鉄筋を有価物として売却するときは、鉄筋とコンクリートを分離させる必要がある。
コンクリート塊	敷砂利として再生利用するときは、破砕機を用いて自社で処理できる。再生砕石・再生砂として再生利用するときは、中間処理施設に委託する。
アスファルト・ コンクリート塊	敷砂利として再生利用するときは、破砕機を用いて自社で処理できる。再生砕石・再生砂・再生アスファルト混合物として再生利用するときは、再生資源施設に委託する。
建設発生木材 （木くずなど）	建設物から排出された木材は、釘などが打ち付けられているため、その再使用にあたっては、事前に釘などの金属物を取り除き、木材だけにしておく必要がある。
建設汚泥 （安定液など）	アースドリル工法などで使用した安定液は、他の現場に転用することができる。しかし、そのためには炭酸系ガスによる濃度調整を行わなければならない。
建設混合廃棄物 （ガラスくずや廃プラスチックくずなど）	建設工事で発生する廃棄物は、木材・金属・ガラス・プラスチックなどが入り混じっているため、分別・選別を徹底する。このような分別の徹底は、建設副産物を再生利用する際には常に重要となる。

また、金網で造られたラス型枠は、捨型枠として用いることができるが、他工事に転用する木製型枠と比べると、セメントペーストの漏れが多くなるため、打ち込むコンクリートのスランプを小さめ（一般的には15cm以下）にする必要がある。

平成30年度 問題1 施工経験記述の模範解答例(品質管理)

【問題1】 あなたが経験した**建築工事**のうち、あなたの受検種別に係る工事の中から、**品質管理**を行った工事を**1つ**選び、工事概要を具体的に記入した上で、次の〔設問1〕から〔設問2〕に答えなさい。

なお、**建築工事**とは、建築基準法に定める建築物に係る工事とし、建築設備工事を除くものとする。

〔工事概要〕

イ.工　事　名

ロ.工事場所

ハ.工事の内容　（新築等の場合：建物用途、構造、階数、延べ面積又は施工数量、主な外部仕上げ、主要室の内部仕上げ
改修等の場合：建物用途、建物規模、主な改修内容及び施工数量）

ニ.工　　期　（年号又は西暦で年月まで記入）

ホ.あなたの立場

ヘ.業務内容

〔設問1〕 工事概要であげた工事であなたが担当した工種において、品質を確保するためにあなたが防ごうとした**不具合**とその不具合を発生させる**要因**、その不具合の発生を防ぐためにあなたが実際に**行ったこと**を、**工種名**をあげて**3つ**具体的に記述しなさい。

ただし、**3つ**の実際に**行ったこと**はそれぞれ異なる内容とし、「設計図書どおりに施工した。」など行ったことが具体的に記述されていないもの、品質管理以外の工程管理、安全管理などについて記述したものも不可とする。

なお、工種名については、同一の工種名でなくてもよい。

〔設問2〕 工事概要であげた工事及び受検種別にかかわらず、あなたの今日までの建築工事の経験に照らし、品質管理の担当者として、品質の良い建物を造るための品質管理の**方法や手段**と、その方法や手段が有効だと考える**理由**を、**2つ**具体的に記述しなさい。

ただし、品質管理の**方法や手段**が同一のもの及び〔設問1〕の実際に**行ったこと**と同一のものは不可とする。

〔工事概要〕の書き方

受検種別「建築」、「躯体」の解答例

イ	工事名	秋田県公営住宅新築工事	
ロ	工事場所	秋田県秋田市幸町３丁目９－２	
ハ	工事の内容	共同住宅、鉄筋コンクリート造、４階建て、延べ面積4800m²、外壁：リシン吹付け、天井・壁：クロス張り、床：フローリング ※「受検種別:躯体」の受検者は、「延べ面積4800m²」の部分を「コンクリート打設量8600m³」にする。	
ニ	工期	平成28年１月～平成29年９月	
ホ	あなたの立場	現場主任	
ヘ	業務内容	鉄筋コンクリート造建築工事の施工管理	※受検種別「建築」の場合
		コンクリート工事の施工管理	※受検種別「躯体」の場合

受検種別「建築」、「仕上げ」の解答例

イ	工事名	秋田県公営住宅新築工事	
ロ	工事場所	秋田県秋田市幸町３丁目９－２	
ハ	工事の内容	共同住宅、鉄筋コンクリート造、４階建て、延べ面積4800m²、外壁：リシン吹付け、左官工事、建具工事、内装石膏ボード壁工事、屋外屋根工事 ※「受検種別:仕上げ」の受検者は、「延べ面積4800m²」の部分を「内装面積5200m²」にする。	
ニ	工期	平成28年１月～平成29年９月	
ホ	あなたの立場	現場主任	
ヘ	業務内容	鉄筋コンクリート造建築工事の施工管理	※受検種別「建築」の場合
		内装仕上げ工事の施工管理	※受検種別「仕上げ」の場合

※〔設問1〕に記述する「工種名」を選択するときは、その「工種」が工事概要の(ハ)工事の内容に含まれていることを必ず確認する必要がある。(ハ)工事の内容に含まれていない工種を記述すると、不合格となる。例えば、「鉄筋コンクリート造」の建築物が工事概要に書かれているときに、「鉄骨工事」を工種として選択してはならない。この対応関係は、試験本番においても必ずチェックする必要がある。

〔設問1〕 工事概要であげた工事であなたが担当した工種において、品質を確保するためにあなたが防ごうとした**不具合**とその不具合を発生させる**要因**、その不具合の発生を防ぐためにあなたが実際に**行ったこと**を、**工種名**をあげて**3つ**具体的に記述しなさい。

ただし、**3つ**の実際に**行ったこと**はそれぞれ異なる内容とし、「設計図書どおりに施工した。」など行ったことが具体的に記述されていないもの、品質管理以外の工程管理、安全管理などについて記述したものも不可とする。

なお、工種名については、同一の工種名でなくてもよい。

〔設問 1〕考え方 書き方　品質管理

この設問では、あなたが担当した工種について、「工種名」・「その工種で予想される不具合とその要因」・「不具合の発生を防ぐために行ったこと」を記述する必要がある。躯体工事・仕上げ工事における各工種の解答ポイントは、下表の通りである。

躯体工事における各工種の解答ポイント

工種名	不具合	要因	行ったこと
基礎工事	基礎の不同沈下	地盤の乱れ、砂基礎の締固め不足	床付け面を人力で平坦に仕上げ、砂基礎はタンパで十分に締め固めた。
地業工事	杭のコールドジョイント	コンクリートの打込みの中断	ホッパーのコンクリート量を一定として、杭のコンクリートを連続打設した。
コンクリート工事	豆板（じゃんか）	材料分離、流動性の低下、締固め不足	打込み前にスランプが許容差以内であることを確認し、内部振動機を60cm以下の間隔で挿入して締め固めた。
鉄筋工事	ガス圧接継手の不良	鉄筋圧接の仕上げ面の不良	鉄筋の圧接面は、圧接する日にグラインダーで面取りし、突合せ面の隙間を2mm以下とした。
鉄骨工事	高力ボルトの接合不良	高力ボルトの締付け不足	抜取検査でボルトの締付け不足が確認されたので、全数検査し、追締めを行った。

仕上げ工事における各工種の解答ポイント

工種名	不具合	要因	行ったこと
防水工事	アスファルト防水からの漏水	ルーフィング重ね部の施工不良	ルーフィングは下手側から上手側に張り上げ、重ね代を100mm以上とした。
タイル工事	タイルの剥離	接着モルタルの品質不良	改良圧着張りにおける1回のモルタル調合量は、60分以内で使い切れる量とした。
左官工事	セルフレベリング材のひび割れ	通風による乾燥収縮	施工中・養生中は、窓を閉めてセルフレベリング材に風が当たらないようにした。
塗装工事	塗装の膨れ	下地の乾燥不足	下地モルタルの水分量が10%以下であることを、高周波水分計で確認後に塗装した。
内装工事	ビニル床シートの継手部の段差	段差処理の施工時期の誤り	ビニル床シートの溶接後、十分な冷却時間を確保してから、余盛部を水平に切削した。

1 平成30年度〔設問1〕品質管理の解答例 受検種別 建築、躯体

ここでは、解答した工事の内容に関連した工種を採り上げげなければならない。「建築・躯体」の解答例としては、工事の内容に「鉄筋コンクリート造の共同住宅」の建築工事について書かれているので、鉄筋工事・コンクリート工事・基礎工事・型枠工事などの躯体工事について採り上げげたものを示す。

工種名については、受検種別によって最適な記述が異なる場合があることに注意する必要がある。一般には、建物全体の施工を担当する「建築」の場合は広い意味での工種を、自身が専門とする工種だけを担当する「躯体」の場合は狭い意味での工種を記述することが望ましい。

工種名	鉄筋コンクリート工事	※受検種別「建築」の場合
	コンクリート工事	※受検種別「躯体」の場合
防ごうとした不具合とその要因	コンクリートに生じる豆板やジャンカを防ぐ必要があった。豆板やジャンカの主な要因は、コンクリートの流動性低下や締固め不足である。	
不具合を防ぐために行ったこと	スランプ試験を行って12cm以上のスランプを確保した。その後、内部振動機を60cm以下の間隔で挿入して10秒～15秒締め固めた。	

工種名	基礎工事	※受検種別「建築」の場合
	ベタ基礎工事	※受検種別「躯体」の場合
防ごうとした不具合とその要因	砂地盤にあるベタ基礎の不同沈下を防ぐ必要があった。不同沈下の主な要因は、床付け地盤の過掘りや、砂基礎・砂利基礎の締固め不足である。	
不具合を防ぐために行ったこと	床付け面から50cmの深さまでは人力掘削とし、床付け面を乱さず平坦に仕上げた後、厚さ30cmのクラッシャランをタンパで十分に締め固めた。	

工種名	鉄筋コンクリート工事	※受検種別「建築」の場合
	型枠工事	※受検種別「躯体」の場合
防ごうとした不具合とその要因	鉄筋コンクリートの外形寸法の不良を防ぐ必要があった。外形寸法の不良の主な要因は、型枠の組立精度が悪いことである。	
不具合を防ぐために行ったこと	柱の据付け精度を確保するため、型枠の締付けにおける隅角部の位置は、セオドライトを用いて2方向から確認した。その型枠は、堅固に固定した。	

※参考として、工事の内容に「鉄骨造の建物」の建築工事を書いた場合の解答例を示す。繰返しになるが、鉄筋コンクリート造の建築工事に対して、下記のような解答をしてはならない。

工種名	鉄骨工事	※受検種別「建築」の場合
	鉄骨組立工事	※受検種別「躯体」の場合
防ごうとした不具合とその要因	現場アーク溶接における溶接不良を防ぐ必要があった。溶接不良の主な要因は、現場に吹く風によるシールドガスの飛散である。	
不具合を防ぐために行ったこと	突風が生じやすい高い場所での溶接作業では、溶接部を常時シート張りとし、溶接箇所における風速が1m/秒以下となるようにした。	

2 平成30年度〔設問１〕品質管理の解答例　受検種別　建築、仕上げ

ここでは、解答した工事の内容に関連した工種を採り上げなければならない。「建築・仕上げ」の解答例としては、工事の内容に「鉄筋コンクリート造の共同住宅」の建築工事について書かれているので、防水工事・タイル工事・屋根工事・左官工事・建具工事・塗装工事・内装工事などの仕上げ工事について採り上げたものを示す。

工種名については、受検種別によって最適な記述が異なる場合があることに注意する必要がある。一般には、建物全体の施工を担当する「建築」の場合は広い意味での工種を、自身が専門とする工種だけを担当する「仕上げ」の場合は狭い意味での工種を記述することが望ましい。

工種名	駐車場屋根工事	※受検種別「建築」の場合
	屋根工事	※受検種別「仕上げ」の場合
防ごうとした不具合とその要因	金属折板葺きのタイトフレーム溶接部に生じる錆を防ぐ必要があった。錆の主な要因は、防錆処理の不備である。	
不具合を防ぐために行ったこと	隅肉溶接部のスラグを完全に取り除いてから、溶接部の全面に防錆塗料を塗布した。	

工種名	鉄筋コンクリート床工事	※受検種別「建築」の場合
	左官工事	※受検種別「仕上げ」の場合
防ごうとした不具合とその要因	セルフレベリング材塗りの床に生じる表面ひび割れを防ぐ必要があった。表面ひび割れの主な要因は、通風による材料面の乾燥である。	
不具合を防ぐために行ったこと	セルフレベリング材の施工中および養生期間中は、通風が生じないよう、扉を閉めてシート張りをした。	

工種名	内装工事	※受検種別「建築」の場合
	建具工事	※受検種別「仕上げ」の場合
防ごうとした不具合とその要因	アルミニウム製建具の施錠後のガタツキを防ぐ必要があった。ガタツキの主な要因は、施工時におけるクレセントの取付け不良である。	
不具合を防ぐために行ったこと	2枚の引違い戸の中央で施錠するためのクレセントは、鍵がスムーズに施錠され、一定の締付け圧力が得られる箇所に設置した。	

工種名	内装工事	※受検種別「建築」の場合
	ボード張り工事	※受検種別「仕上げ」の場合
防ごうとした不具合とその要因	石膏ボード張りをした壁表面の不陸を防ぐ必要があった。不陸の主な要因は、接着材の使用量の誤りや仕上げ叩きの不備である。	
不具合を防ぐために行ったこと	壁張付け用接着材の盛上げ高さが、壁からの仕上げ面高さの2倍となるようにした。その高さが均一になるよう、調整定規で叩きながら平坦にした。	

〔設問 2〕　工事概要であげた工事及び受検種別にかかわらず、あなたの今日までの建築工事の経験に照らし、品質管理の担当者として、品質の良い建物を造るための品質管理の**方法や手段**と、その方法や手段が有効だと考える**理由**を、**2つ**具体的に記述しなさい。

ただし、品質管理の**方法や手段**が同一のもの及び〔設問 1〕の実際に**行ったこと**と同一のものは不可とする。

〔設問 2〕 考え方 書き方　品質管理

この設問にある「品質の良い建物を造るための品質管理」は、発注者や元請負業者の立場における考え方である。下請負業者や専門工事業者は、「各作業で不良品を出さないように活動を行うこと」を「品質の良い建物を造るための品質管理」と把握すればよい。

一例として、コンクリート工事の作業工程についての記述を考える。その場合、コンクリートの運搬・打込み・締固め・養生などのうち、どれかひとつの作業工程を取り上げて、出来形寸法・圧縮強度などを視点として、「不良品を出さないための活動」を記述すればよい。

なお、「コンクリートの運搬」は、「品質管理」とはあまり関係がないと一般には思われがちであるが、コンクリートの品質は、練り始めから荷卸し完了までにかかった時間でほぼ決まってしまう。練始めから荷卸し完了までの時間が長すぎると、いくら現場で高級な品質管理を行っても、品質の向上はほとんど期待できない。コンクリートの運搬は、ある意味で、スランプ試験や空気量試験による品質確認よりも大切である。コンクリートの品質管理では、いかにして荷卸しまでの時間を短縮し、品質の高いフレッシュコンクリートを搬入できるかということが重要である。

この設問では、日々あなたが行っている多数の建築の作業工程の中から、どれかひとつの作業工程を取り出し、「不良品を作らないように、どのような方法・手段で品質管理を行ったのか」を記述し、「その方法・手段が品質管理に有効である理由」を記述する必要がある。

3　平成 30 年度〔設問 2〕品質管理の解答例　受検種別　建築、躯体、仕上げ

あなたが「発注者または元請負人」である場合は、下記のように、品質を確保するための直接的な視点から、品質管理の方法や手段を解答として記述することが望ましい。

視点：品質管理体制の確立

品質管理の方法や手段	建物の品質確保のためには、専門工事業者による施工が重要となるので、すべての専門工事業者を工種別施工計画書の作成に参画させる。
その方法や手段が有効な理由	専門工事業者との間で、一体的な品質管理体制を構築すると、専門工事業者に対して、要求されている設計品質を理解させることができるから。

視点：品質管理基準の確認

品質管理の方法や手段	建築工事の各工種における所要の品質管理基準を、書面で確認することができるような施工体制を整えておく。
その方法や手段が有効な理由	品質管理基準の確認のための手順を整えておくことで、施工後の品質と管理基準値との照合が容易に行えるようになるから。

視点：コンクリート工事の品質管理

品質管理の方法や手段	レディーミクストコンクリートの受入基準・品質基準・試験方法を確認し、受入検査で合格となったものだけを工事現場に搬入した。
その方法や手段が有効な理由	受入検査で合格となったレディーミクストコンクリートは、供試体の材齢28日の圧縮強度を、品質管理基準として利用できるから。

視点：石膏ボード壁の品質管理

品質管理の方法や手段	軽量鉄骨壁下地について、打込みピン・床ランナー・天井ランナーなどの位置を施工図で確認し、ランナーの継手を突付け継ぎとした。
その方法や手段が有効な理由	石膏ボード壁の施工精度に最も影響するのは、軽量鉄骨壁下地の施工精度であるから。

あなたが「下請負人または専門工事業者」である場合は、下記のように、各工種における品質管理基準確保の視点から、品質管理の方法や手段を解答として記述することが望ましい。

視点：品質管理体制への参画

品質管理の方法や手段	建物の品質確保のためには、専門工事業者による施工が重要となるので、元請負人が行う工種別施工計画書の作成に参画し、設計品質を理解する。
その方法や手段が有効な理由	要求されている設計品質の建物を造るためには、元請負人との間で、品質管理体制の一体化を図る必要があるから。

視点：品質管理基準の共有

品質管理の方法や手段	所要の品質を確保するために必要な施工条件と、実現しなければならない品質管理基準を、元請負人との間で共有する。
その方法や手段が有効な理由	施工条件を確認して過不足なく工事を実施することで、品質管理基準を確保できるようになるから。

視点：コンクリート工事の品質管理

品質管理の方法や手段	フレッシュコンクリートの品質を確認するため、受入れ品質管理基準を把握し、現場での施工を適切に行う。
その方法や手段が有効な理由	受入検査で合格となったフレッシュコンクリートだけを、適切な方法で打ち込むことで、不良コンクリートの発生を防止できるから。

視点：石膏ボード壁の品質管理

品質管理の方法や手段	軽量鉄骨壁下地において、打込みピン・床ランナー・天井ランナーなどの留付け位置を、施工図で確認してから施工した。
その方法や手段が有効な理由	石膏ボード壁の施工精度に最も影響するのは、軽量鉄骨壁下地の施工精度であるから。

平成29年度 問題1 施工経験記述の模範解答例(工程管理)

【問題 1】 あなたが経験した**建築工事**のうち、あなたの受検種別に係る工事の中から、**工程管理**を行った工事を**1つ**選び、工事概要を具体的に記入した上で、次の〔設問1〕から〔設問2〕に答えなさい。

なお、**建築工事**とは、建築基準法に定める建築物に係る工事とし、建築設備工事を除くものとする。

〔工事概要〕

イ.工　事　名

ロ.工 事 場 所

ハ.工 事 の 内 容　（新築等の場合：建物用途、構造、階数、延べ面積（又は施工数量）、主な外部仕上げ、主要室の内部仕上げ
改修等の場合：建物用途、主な改修内容、施工数量（又は建物規模））

ニ.工　　期　（年号又は西暦で年月まで記入）

ホ.あなたの立場

ヘ.業 務 内 容

〔設問 1〕 工事概要であげた工事であなたが担当した工種において、工期に遅れることのないよう工程を管理するうえで、次の①から③の各項目の手配や配置をする際、あなたがどのようなことに留意したのか、**留意した内容**と**着目した理由**を、**工種名**をあげてそれぞれ具体的に記述しなさい。

ただし、**留意した内容**が同一のものは不可とする。また、工程管理以外の品質管理、安全管理、コストのみについて記述したものも不可とする。

なお、工種名については、同一の工種名でなくてもよい。

［項目］①材料(本工事材料、仮設材料)

②工事用機械・器具・設備

③作業員(交通誘導警備員は除く)

〔設問 2〕 工事概要であげた工事及び受検種別にかかわらず、あなたの今日までの建築工事の経験に照らし、工期を短縮するための**有効な方法や手段**を**2つ**具体的に記述しなさい。また、それらがもたらす工期短縮以外の工事への**良い影響**を、それぞれ具体的に記述しなさい。

ただし、**有効な方法や手段**が同一のもの及び〔設問1〕の**留意した内容**と同一のものは不可とする。

〔工事概要〕の書き方

受検種別「建築」、「躯体」の解答例

イ	工事名	品川マンション新築工事
ロ	工事場所	東京都品川区本町3丁目1－9
ハ	工事の内容	共同住宅、鉄筋コンクリート造、地上11階／地下1階建、延べ面積4800m²、外壁:磁器質タイル張り、内装:せっこうボード張り
ニ	工期	平成27年5月～平成29年8月
ホ	あなたの立場	現場主任
ヘ	業務内容	「建築」建築工事の施工管理　「躯体」鉄筋コンクリート工事の施工管理

受検種別「建築」、「仕上げ」の解答例

イ	工事名	大北小学校増改築工事
ロ	工事場所	静岡県富士市小川町2丁目11－12
ハ	工事の内容	学校、鉄筋コンクリート造3階建、増築延べ面積2050m²、屋上アスファルト防水面積702m²、内装:硬質ビニル、外装:タイル仕上面積4040m²
ニ	工期	平成27年5月～平成28年12月
ホ	あなたの立場	現場主任
ヘ	業務内容	「建築」建築工事の施工管理　「仕上げ」防水工事の施工管理

※〔設問1〕に記述する「工種名」を選択するときは、その「工種」が工事概要の(ハ)工事の内容に含まれていることを必ず確認する必要がある。(ハ)工事の内容に含まれていない工種を記述すると、不合格となる。例えば、「鉄筋コンクリート造」の建築物が工事概要に書かれているときに、「鉄骨工事」を工種として選択してはならない。この対応関係は、試験本番においても必ずチェックしてほしい。

〔設問1〕 工事概要であげた工事であなたが担当した工種において、工期に遅れることのないよう工程を管理するうえで、次の①から③の各項目の手配や配置をする際、あなたがどのようなことに留意したのか、**留意した内容**と**着目した理由**を、**工種名**をあげてそれぞれ具体的に記述しなさい。

ただし、**留意した内容**が同一のものは不可とする。また、工程管理以外の品質管理、安全管理、コストのみについて記述したものも不可とする。

なお、工種名については、同一の工種名でなくてもよい。

［項目］①材料(本工事材料、仮設材料)

②工事用機械・器具・設備

③作業員(交通誘導警備員は除く)

〔設問1〕 考え方 書き方 工程管理

1 記述項目

この施工経験記述では、あなたが施工した建築工事のうち、躯体工事(建築物の主要構造部を造る工事)または仕上げ工事(建築物の外装や内装を造る工事)において、工程短縮を行った工種(コンクリート工事・型枠工事・防水工事・タイル工事など)を選択し、次の①～③について記述する。

①選択した工種のうち、予定していた材料を変更することで工程を短縮した工事について、その作業内容(留意した内容)と、工程短縮となる理由(着目した理由)を示す。

②選択した工種のうち、予定していた機械・器具・設備を変更することで工程を短縮した工事について、その作業内容(留意した内容)と、工程短縮となる理由(着目した理由)を示す。

③選択した工種のうち、作業員の数や体制を変更することで工程を短縮した工事について、その作業内容(留意した内容)と、工程短縮となる理由(着目した理由)を示す。

※問題文には「留意した内容が同一のものは不可」と書かれているが、「工種名が同一のものは不可」とは書かれていないので、①・②・③の工種は、同じものであっても別のものであってもよい。基本的には、同じ工種について①・②・③を示した方が書きやすいと思われる。

2 記述のポイント

各工種における具体的な作業内容(留意した内容)と、工程短縮となる理由(着目した理由)には、次のようなものがある。「留意した内容」には、予定していた工程をどのような工程に変更することで、工程短縮を図ったかを記述する。「着目した理由」には、「なぜ変更したか」を記述し、「工程短縮できた」ことを記述する。

種別	工種名	項目	留意した内容(変更前→変更後)	着目した理由
躯体工事の事例	コンクリート工事	①材料(本設・仮設)	AEコンクリート→流動化コンクリート	流動性が高いため、打込み時間を短縮できる。
		②機械・器具・設備	[コンクリートポンプ打込み量] $20m^3/h$→$30m^3/h$	単位時間あたりの打込み量を増大させて工程短縮できる。
		③作業員(誘導員等は除く)	2名での1班体制→2名増員して4名での2班体制	1日あたりの進捗量を2倍にして工程短縮できる。
	型枠工事	①材料(本設・仮設)	[基礎地中梁]転用型枠→ラス型枠(捨て型枠)	撤去工程の省力化により工程短縮できる。
		②機械・器具・設備	現場組立て→工場加工後の一括吊込み組立て	養生時間を短縮できる。
		③作業員(誘導員等は除く)	スラブ転用型枠→デッキプレート型枠	型枠作業の作業員を他作業に転用して工程短縮できる。

種別	工種名	項目	留意した内容（変更前→変更後）	着目した理由
仕上げ工事の事例	防水工事	①材料 （本設・仮設）	保護コンクリート現場打ち→プレキャスト板の使用	養生時間を短縮できる。
		②機械・器具・設備	［ルーフィング］アスファルト溶融器具→ガスバーナー	改質アスファルトルーフィング工法で工程短縮を図れる。
		③作業員 （誘導員等は除く）	1班体制→増員して2班体制	アスファルト防水とプレキャスト板を同時施工できる。
	タイル工事	①材料 （本設・仮設）	湿式工法（タイル密着張り）→乾式工法（接着剤張り）	養生時間を短縮できる。
		②機械・器具・設備	カッターによる切物タイル→加工しない規格タイル	目地幅調整の切分け時間を短縮できる。
		③作業員 （誘導員等は除く）	1班体制→2班体制	外壁を中央と両側面から同時施工して工程短縮できる。

※どのような工種を採り上げるにしても、上記のような記述ポイントは、よく考えれば思いつくものである。しかし、しっかりと練習しておかなければ、自分が思ったほどの質・量で記述するのは難しくなる。試験本番の前に、自分が経験した各工種について、実際に記述してみることが良い練習になる。

1　平成29年度〔設問１〕工程管理の解答例　受検種別　建築、躯体

解答した工事概要に関連した工種を採り上げなければならない。「建築・躯体」の解答例としては、工事概要に「鉄筋コンクリート造」の建築物が書かれているので、「コンクリート工事」について採り上げたものと、「型枠工事」について採り上げたものを示す。

材料	工種名	コンクリート工事
	留意した内容	寒中コンクリートに使用するセメントを、普通ポルトランドセメントから早強ポルトランドセメントに変更した。
	着目した理由	1サイクルあたりの養生日数を2日間短縮できるので、工程を短縮できるから。
機械・器具・設備	工種名	コンクリート工事
	留意した内容	使用するコンクリートポンプの打込み容量を、20m³/hのものから30m³/hのものに変更した。
	着目した理由	ポンプの打込み性能を高めることで、1時間あたりのコンクリート打込み量を1.5倍にできるので、工程を短縮できるから。
作業員	工種名	コンクリート工事
	留意した内容	2名の作業員から成る1班体制であったが、2名増員し、4名の作業員から成る2班体制とした。
	着目した理由	コンクリートの打込み・締固めを同時に2箇所で行うことで、1日あたりの進捗量が2倍になるので、工程を短縮できるから。

材料	工種名	型枠工事
	留意した内容	基礎地中梁の組立てに使用する転用型枠を、ラス型枠(捨て型枠)に変更した。
	着目した理由	ラス型枠は、撤去を行わなくてよいので、工程を短縮できるから。
機械・器具・設備	工種名	型枠工事
	留意した内容	型枠を現場組立てする予定であったが、工場で予め加工された型枠を移動式クレーンで一括吊込み組立てすることにした。
	着目した理由	型枠の組立てや養生にかかる時間が不要になるので、工程を短縮できるから。
作業員	工種名	型枠工事
	留意した内容	スラブ型枠を、転用型枠からデッキプレートに変更した。
	着目した理由	スラブ型枠の組立てや撤去に必要な作業員を、他の作業に転用することで、工程を短縮できるから。

2 平成29年度〔設問1〕工程管理の解答例　受検種別　建築、仕上げ

解答した工事概要に関連した工種を採り上げげなければならない。「建築・仕上げ」の解答例としては、工事概要に「屋上アスファルト防水」と「タイル仕上げ」が書かれているので、「防水工事」について採り上げたものと、「タイル工事」について採り上げたものを示す。

材料	工種名	防水工事
	留意した内容	保護コンクリート現場打ちの予定を、プレキャストコンクリートスラブの施工に変更した。
	着目した理由	プレキャストコンクリートスラブは、養生期間が短くて済むので、工程を短縮できるから。
機械・器具・設備	工種名	防水工事
	留意した内容	アスファルト溶融器具を使用するアスファルトルーフィング工法を、ガスバーナーを使用する改質アスファルトルーフィング工法に変更した。
	着目した理由	改質アスファルトルーフィング工法は、作業が比較的容易であるため、工程を短縮できるから。
作業員	工種名	防水工事
	留意した内容	当初の予定よりも２名の作業員を増員し、１班体制を２班体制に変更して複数の工程を同時に進行させた。
	着目した理由	１班目が行うアスファルト防水と、２班目が行うプレキャスト板の施工を同時施工とすることで、工程を短縮できるから。

材料	工種名	タイル工事
	留意した内容	モルタルを使用するタイル密着張り工法（湿式工法）を、接着剤を使用する接着剤張り工法（乾式工法）に変更した。
	着目した理由	接着剤の養生期間は、モルタルの養生期間よりも短いので、工程を短縮できるから。
機械・器具・設備	工種名	タイル工事
	留意した内容	切物タイルを使用する予定であったが、規格タイルのみを使用する計画に変更した。
	着目した理由	切物タイルでは、目地幅を調整して切断する必要があるが、規格タイルではその作業工程を省略できるので、工程を短縮できるから。
作業員	工種名	タイル工事
	留意した内容	当初の予定よりも２名の作業員を増員し、１班体制を２班体制に変更してタイルの張付けを２方向同時に行った。
	着目した理由	外壁中央から左右の方向に向かって、同時に作業を進めてゆくことで、その作業時間を半減させ、工程を短縮できるから。

〔設問 2〕 工事概要であげた工事及び受検種別にかかわらず、あなたの今日までの建築工事の経験に照らし、工期を短縮するための**有効な方法や手段**を 2 つ具体的に記述しなさい。また、それらがもたらす工期短縮以外の工事への**良い影響**を、それぞれ具体的に記述しなさい。

ただし、**有効な方法や手段**が同一のもの及び〔設問 1〕の**留意した内容**と同一のものは不可とする。

〔設問 2〕考え方 書き方　工程管理と派生効果

「工期を短縮するための有効な方法や手段」の考え方は、〔設問 1〕と同じである。「工期短縮以外の工事への良い影響」には、人員削減・品質向上・安全性向上・原価低減・社会的貢献・産業廃棄物適正処理・公害防止など、工期短縮の派生効果を記述する。施工における「工期短縮の方法・手段」と「工事への良い影響」には、次のようなものがある。

(工種)	工期短縮の方法・手段		(工期短縮となる理由)	工事への良い影響
	(変更前)	(変更後)		
基礎工事	水平切梁工法	地盤アンカー工法	作業空間が広く工期短縮	視界が良くなったので、安全性が向上した。
鉄筋工事	現場組立作業	先組鉄筋吊込み作業	一括吊込み組立で工程短縮	点検が容易になったので、品質が向上した。
型枠工事	金属製型枠使用	捨型枠使用	型枠撤去作業の省力化	型枠取外しによる損傷のおそれがなくなった。
コンクリート工事	コンクリートポンプ車１台	コンクリートポンプ車２台	打込み箇所の複数化で工程短縮	騒音発生時間を短縮することができた。
鉄骨工事	建逃げ方式	積上げ方式	後続工程と併行作業し工程短縮	高所作業が減少したので、安全性が向上した。
防水工事	アスファルト防水工法	ルーフィングシート防水工法	施工が簡単で工程短縮	溶融釜による環境汚染を防ぐことができた。
石工事	湿式工法	乾式工法	モルタル養生期間の省力化	耐震性が向上した。
タイル工事	タイル後張り工法	タイル先付けプレキャストコンクリート工法	タイル張付け作業の省力化	タイルの接着性が向上した。
ガラス工事	ガラス現場取付け	ガラス工場取付け	ガラス取付け作業の省力化	取付け品質が向上した。

3 平成29年度〔設問2〕工程管理と派生効果の解答例　受検種別　建築、躯体、仕上げ

ここでは、工事概要であげた工事や受検種別に関係なく解答を作成できるので、躯体工事と仕上げ工事についての事例を2つずつ採り上げる。

(躯体工事の事例)

有効な方法や手段	鉄筋工事における継手の工程において、天候の影響を受けることなく作業を継続するため、圧接継手を機械式継手に変更する方法。
工事への良い影響	機械式継手は、作業員の技能に関係なく一定の品質を確保できるため、建築物の品質向上につながる。

(躯体工事の事例)

有効な方法や手段	土工事における山留めの工程において、掘削にかかる時間を短縮するため、水平切梁工法を地盤アンカー工法に変更する方法。
工事への良い影響	地盤アンカー工法では切梁を使用せず、広い視界と作業空間を確保できるため、重機と作業員との接触災害などの危険を減らすことができる。

(仕上げ工事の事例)

有効な方法や手段	建具のガラスはめ込み作業において、作業時間を短縮するため、現場でガラスをはめ込むのではなく、工場でガラスをはめ込んだ建具を搬入する手段。
工事への良い影響	工場では現場よりも精密な作業ができるため、建具の水密性などの品質向上に繋がる。

(仕上げ工事の事例)

有効な方法や手段	アスファルト防水の工程において、加熱の手間を省力化するため、合成高分子系ルーフィングシートを使用する手段。
工事への良い影響	合成高分子系ルーフィングシートは、火気を使用せずに施工できるため、悪臭の発生がなく、環境保全に貢献できる。

平成28年度 問題1 施工経験記述の模範解答例(施工計画)

【問題1】 あなたが経験した**建築工事**のうち、あなたの受検種別に係る工事の中から、事前に施工の計画を行った工事を**1つ**選び、工事概要を具体的に記入したうえで、次の〔設問1〕から〔設問2〕に答えなさい。
なお、**建築工事**とは、建築基準法に定める建築物に係る工事とし、建築設備工事を除くものとする。

〔工事概要〕
イ.工　事　名
ロ.工事場所
ハ.工事の内容　（新築等の場合：建物用途、構造、階数、延べ面積（又は施工数量）、主な外部仕上げ、主要室の内部仕上げ
改修等の場合：建物用途、主な改修内容、施工数量（又は建物規模））
ニ.工　　　期　（年号又は西暦で年月まで記入）
ホ.あなたの立場
ヘ.業務内容

〔設問1〕 工事概要であげた工事で、あなたが担当した工種において、次の項目の中から異なる項目を**3つ**選び、施工に当たり**事前に検討したこと**と**その結果行ったこと**、何故そうしたのか**その理由**を、**工種名**をあげて具体的に記述しなさい。
ただし、「事前に検討したこととその結果行ったこと」については、同じ内容を記述したもの又はコストについてのみ記述したものは不可とする。
なお、工種名については、同一の工種名でなくてもよい。

[項目]「施工方法又は作業方法」
「資材の搬入又は荷揚げの方法」
「資材の保管又は仮置きの方法」
「作業床又は足場の設置」
「施工中又は施工後の養生の方法」(安全に関する養生は除く)

〔設問2〕 工事概要であげた工事及び受検種別にかかわらず、次の項目の中から**2つ**選び、あなたの今日までの工事経験に照らして、**検討すべき事項**と**その理由**及び**対応策**を、**工種名**をあげて具体的に記述しなさい。
ただし、解答はそれぞれ異なる内容の記述とし、〔設問1〕の解答とも重複しないものとする。

[項目]「品質低下の防止」
「工程遅延の防止」
「公衆災害の防止」

〔工事概要〕の書き方

受検種別「建築」、「躯体」の例

イ	工事名	東京マンション新築工事
ロ	工事場所	東京都豊島区目白3丁目1－9
ハ	工事の内容	共同住宅、鉄筋コンクリート造、地上11階／地下1階建、延べ面積4,800 m^2、外壁：磁器質タイル張り、内装：せっこうボード張り
ニ	工期	平成26年5月～平成27年8月
ホ	あなたの立場	現場代理人
ヘ	業務内容	鉄筋コンクリートの建築工事管理

受検種別「建築」、「仕上げ」の例

イ	工事名	川越小川小学校増改築工事
ロ	工事場所	埼玉県川越市小川町2丁目11－12
ハ	工事の内容	学校、鉄筋コンクリート造3階建、増築延べ面積2,050 m^2、外部仕上ポリウタン樹脂吹付面積3,800 m^2、内装：硬質ビニル、外装：タイル仕上面積4,040 m^2
ニ	工期	平成26年2月～平成27年12月
ホ	あなたの立場	現場主任
ヘ	業務内容	金属工事、タイル工事の施工管理

〔設問 1〕 工事概要であげた工事で、あなたが担当した工種において、次の項目の中から異なる項目を**3つ**選び、施工に当たり**事前に検討したこと**と**その結果行ったこと**、何故そうしたのか**その理由**を、**工種名**をあげて具体的に記述しなさい。

ただし、「事前に検討したこととその結果行ったこと」については、同じ内容を記述したもの又はコストについてのみ記述したものは不可とする。

なお、工種名については、同一の工種名でなくてもよい。

［項目］「施工方法又は作業方法」
「資材の搬入又は荷揚げの方法」
「資材の保管又は仮置きの方法」
「作業床又は足場の設置」
「施工中又は施工後の養生の方法」（安全に関する養生は除く）

〔設問1〕考え方 書き方　施工計画

1 記述項目

施工計画に関する5項目のうちから3項目を選び、あなたが担当した「工種」について、「事前に検討したこと」と、「検討の結果として実際に行ったこと」と、「何故そうしたのかその理由」を具体的に記述する。同種の問題が過去にも何回か出題されている。その解き方は、次の通りである。

①工種をひとつ示す。

②施工計画に関する5項目からひとつの項目を示し、あなたが担当した工種について、事前に検討したことを記述する。

③検討したことに対して、実際に行ったことを具体的に(専門用語や数値を使用して)示す。施工計画に関する施工経験記述であり、工事は既に終了しているので、「計画の通りに終了した」例を示すことが望ましい。

④検討内容および行ったことについて、施工計画に関する合理性があると考えた根拠や理由を示す。

2 施工計画の検討内容の一例

施工計画の各項目と具体的な検討内容は、工程短縮・品質確保・安全対策・環境保全などにとって、最も効果的なものを示すべきである。

施工計画の項目	「躯体」に関する検討内容の例	「仕上げ」に関する検討内容の例
施工方法又は作業方法	鋼製型枠をラス型枠に変更	石張り湿式工法を石張り乾式工法に変更
資材の搬入又は荷揚げの方法	資材搬入時の動線の確保	タイル揚重に専用移動式クレーンを使用
資材の保管又は仮置きの方法	ALCパネル保管時の品質の確保	塗料保管庫の安全の確保
作業床又は足場の設置	単管足場の安全の確保	移動式足場による作業の効率化
施工中又は施工後の養生の方法	養生マットによるコンクリートの養生	セルフレベリング工法における通風抑制

3 設問1のストーリーの例

施工計画に関する各項目について、工程短縮・品質確保・安全確保のいずれかを理由として示し、検討内容を考える。その参考例として、次のようなストーリーが考えられる。

施工計画の項目	工種	検討内容	検討した理由
施工方法又は作業方法	型枠工事	基礎地中梁にラス型枠を使用	工程短縮
	型枠工事	柱・梁に PCa 型枠を使用	工程短縮、安全確保
資材の搬入又は荷揚げの方法	鉄筋工事	鉄筋は工場で組み立ててから搬入	工程短縮、品質確保
	タイル工事	専用移動式クレーンによるタイルの吊込み運搬	工程短縮
資材の保管又は仮置きの方法	左官工事	材料は屋根の下でブルーシートを掛けて保管	品質確保
	防水工事	アスファルトルーフィングは一巻で立て置き	品質確保
作業床又は足場の設置	金属工事	軽量鉄骨工事用作業床を二段設置	安全確保、工程短縮
	塗装工事	高い壁の塗り替えにおいて移動足場を設置	安全確保、品質確保
施工中又は施工後の養生の方法	内装工事	石膏ボード出隅にコーナービードを設置	品質確保
	コンクリート工事	暑中における直射日光遮蔽幕の設置	品質確保

1 平成28年度〔設問1〕施工計画の解答例　受検種別　建築、躯体

型枠工事とコンクリート工事を例としてあげるが、どの躯体工事にも同じような工種があるので、同様の考え方で解答を記述する。ここでは、5項目すべてについての解答例を記しているが、実際の試験では3項目を選択して記すことになる。

項目	施工方法又は作業方法
工種名	型枠工事
事前に検討したこと	基礎地中梁の型枠について検討した。
その結果行ったこと	合板型枠を使用する計画であったが、金属製型枠に変更した。
その理由	金属製型枠は転用性が高く、工程と品質の確保が容易になるから。

項目	資材の搬入又は荷揚げの方法
工種名	型枠工事
事前に検討したこと	組立型枠の搬入に使用する機械について検討した。
その結果行ったこと	揚重クレーンではなく、専用の移動式クレーンを用いて搬入した。
その理由	揚重クレーンの揚重工程を短縮する必要があったから。

項目	資材の保管又は仮置きの方法
工種名	型枠工事
事前に検討したこと	組立型枠を吊り込むときの安定を確保する方法について検討した。
その結果行ったこと	組立型枠は、事前に仮止めをした状態で保管した。
その理由	移動時に、型枠の各部に大きな圧力がかかるおそれがあったから。

項目	作業床又は足場の設置
工種名	コンクリート工事
事前に検討したこと	壁の中間部を締め固めるときの作業方法について検討した。
その結果行ったこと	壁の中間部において、新たに作業用の足場を設けることにした。
その理由	壁コンクリートの高さが5mと高く、中間部に手が届かなかったから。

項目	施工中又は施工後の養生の方法
工種名	コンクリート工事
事前に検討したこと	柱・壁・梁・スラブのコンクリートの養生方法について検討した。
その結果行ったこと	脱型後、散水養生を行った。
その理由	効果的な養生方法であり、品質確保が容易になるから。

2 平成28年度〔設問1〕施工計画の解答例　受検種別　建築、仕上げ

金属工事とタイル工事を例としてあげるが、どの仕上げ工事にも同じような工種があるので、同様の考え方で解答を記述する。ここでは、5項目すべてについての解答例を記しているが、実際の試験では3項目を選択して記すことになる。

項目	施工方法又は作業方法
工種名	金属工事
事前に検討したこと	ダクトの支障により切断した野縁受けの補強について検討した。
その結果行ったこと	野縁受けを吊りボルトに溶接止めし、補強した。
その理由	鋼製天井下地の剛性を保ち、天井の下がりや変形を防止するため。

項目	資材の搬入又は荷揚げの方法
工種名	金属工事
事前に検討したこと	長尺材料の荷揚げ方法について検討した。
その結果行ったこと	ロングスパンエレベーターを設置した。
その理由	ランナーやスタッドなどの長物の搬入が容易になるから。

項目	資材の保管又は仮置きの方法
工種名	金属工事
事前に検討したこと	軽量鉄骨材料の保管方法について検討した。
その結果行ったこと	軽量鉄骨材料は、乾燥した室内のパレット上に平置きした。
その理由	床からの湿気による軽量鉄骨材料の錆を防止するため。

項目	作業床又は足場の設置
工種名	タイル工事
事前に検討したこと	タイルの室内接着剤張りの施工方法について検討した。
その結果行ったこと	ローリングタワーを用いてタイルを張り付けた。
その理由	施工時に足場の移動が容易となり、作業効率が向上するから。

項目	施工中又は施工後の養生の方法
工種名	タイル工事
事前に検討したこと	役物タイルの保管のための養生方法について検討した。
その結果行ったこと	役物タイルは、通常のタイルとは別の場所で養生した。
その理由	役物タイルは、角が立ったり曲がったりしており、損傷しやすいから。

〔設問 2〕 工事概要であげた工事及び受検種別にかかわらず、次の項目の中から**2つ**選び、あなたの今日までの工事経験に照らして、**検討すべき事項**と**その理由**及び**対応策**を、**工種名**をあげて具体的に記述しなさい。

ただし、解答はそれぞれ異なる内容の記述とし、〔設問 1〕の解答とも重複しないものとする。

[項目]「品質低下の防止」
「工程遅延の防止」
「公衆災害の防止」

〔設問 2〕考え方 書き方　品質管理・工程管理・安全管理

この設問では、あなたが過去に行ったすべての工事経験の中から、受検種別にかかわらずに工種を選択し、その工種について、品質低下の防止（品質管理）・工程遅延の防止（工程管理）・公衆災害の防止（安全管理）に関する検討事項・検討理由・実施した対応策を記述する。選択する工種は、躯体工事または仕上げ工事のいずれでもよい。

1 品質低下の防止（品質管理）の記述ポイント

①施工前：材料の搬入時・保管時・養生時において、品質低下を防止する方法を記述する。

②施工中：コンクリートのコールドジョイント発生防止、溶接時の適切な温度、溶接環境を確保するための通風の抑制、モルタルの可使時間、防水アスファルトの温度管理など、施工品質を確保するための各工種における技術的事項を記述する。

③施工後：完成した構造物や部位を発注者に引渡すまでの間、品質を保全するための養生方法・清掃などについて記述する。

2 工程遅延の防止（工程管理）の記述ポイント

①施工前：工程遅延を防止するためには、施工を開始する前に、予定通りに作業を実施できるよう準備することが最も重要である。具体的には、材料の確保、労働者の確保、機械器具の確認、工事実施場所の時間的・空間的条件の確認、業者間における工程表の調整、先行作業の進捗状況の確認などについて記述する。

②施工中：複数の作業を同時並行で行う、労働者を追加する、プレキャスト製品を利用する、プレカットや鉄筋先組などの工法を採用するなど、工程を遅延させないための各工種における技術的事項を記述する。

3 公衆災害の防止（安全管理）の記述ポイント

①交通障害対策：現場に出入りする工事車両と第三者との接触を防止し、交通渋滞の発生を抑制するため、柵・仮囲い・誘導員などの設置について記述する。

②飛来落下対策：建築物の端材や工具などの落下を防止するための防護棚の設置や、外壁モルタル・タイル・屋上防水アスファルトなどの風による飛散を防止するためのシートの設置などについて記述する。

③公害防止対策：建築工事現場から出るダンプカーのタイヤの泥による道路汚損の防止、セメント・石灰・アスファルトなどの現場からの飛散の防止、工事中の騒音・振動の抑制、場所打ち杭の汚泥処理、山留め工事における地盤沈下防止対策などの実施について記述する。

3 平成28年度〔設問 2〕工事経験の解答例　受検種別　建築、躯体、仕上げ

品質低下の防止・工程遅延の防止・公衆災害の防止に関する事項を記述する。ここでは、3項目すべてについての解答例を記しているが、実際の試験では2項目を選択して記すことになる。

項目	品質低下の防止
工種名	コンクリート工事
検討すべき事項	コンクリートに有害な振動や衝撃が加わらないようにする方法。
その理由	コンクリートの硬化中に振動や衝撃が加わると、ひび割れが生じるから。
対応策	コンクリート打込み終了後、ロープを張って労働者の立入を禁止した。

項目	工程遅延の防止
工種名	石膏ボード壁張り工事
検討すべき事項	石膏ボード壁張り作業を速く終わらせる方法。
その理由	先行作業の遅延により、石膏ボード壁張り作業の短縮を要請されたから。
対応策	工場でプレカットした石膏ボードを搬入し、現場での加工時間を短縮した。

項目	公衆災害の防止
工種名	土工事
検討すべき事項	工事現場の泥を道路上に飛散させない方法。
その理由	道路上に飛散した泥は、乾燥すると埃になって大気汚染を発生させるから。
対応策	現場内のダンプカー出入口に、タイヤ洗浄槽を設けて泥を落とした。

平成27年度 問題1 施工経験記述の模範解答例（品質管理）

【問題 1】 あなたが経験した**建築工事**のうち、あなたの受検種別に係る工事の中から、品質管理を行った工事を１つ選び、工事概要を具体的に記入したうえで、次の〔設問 1〕から〔設問 2〕の問いに答えなさい。
なお、**建築工事**とは、建築基準法に定める建築物にかかる工事とし、建築設備工事を除くものとする。

〔工事概要〕
イ．工　事　名
ロ．工 事 場 所
ハ．工 事 の 内 容　（新築等の場合：建物用途、構造、階数、延べ面積（又は施工数量）、主な外部仕上げ、主要室の内部仕上げ
改修等の場合：建物用途、主な改修内容、施工数量（又は建物規模））
ニ．工　　　期　（年号又は西暦で年月まで記入）
ホ．あなたの立場
ヘ．業 務 内 容

〔設問 1〕 工事概要であげた工事で、あなたが実際に担当した工種において、その工事を施工するにあたり、施工の品質低下を防止するため、特に**留意したこと**と何故それに留意したのか**その理由**及びあなたが**実際に行った対策**を、**工種名**をあげて**3つ**具体的に記述しなさい。
ただし、「設計図どおり施工した。」など施工にあたり行ったことが具体的に記述されていないものや、品質以外の工程管理、安全管理などについての記述は不可とする。
なお、工種名については、同一の工種名でなくてもよい。

〔設問 2〕 工事概要であげた工事及び受検種別にかかわらず、あなたの今日までの工事経験に照らして、品質の良い建物を造るために品質管理の担当者として、工事現場においてどのような品質管理を行ったらよいと考えるか、品質管理体制、手順又はツールなど**品質管理の方法とそう考える理由**を、**2つ**具体的に記述しなさい。
ただし、2つの解答はそれぞれ異なる内容の記述とし、また、上記〔設問 1〕の「実際に行った対策」と同じ内容の記述は不可とする。

〔工事概要〕の書き方

受検種別「建築」、「躯体」の例

イ	工事名	新宿三角四角マンション新築工事
ロ	工事場所	東京都新宿区西新宿7丁目1-12
ハ	工事の内容	共同住宅SRC造、14階建、延べ面積1800m²、 外壁磁器タイル張り、内装クロス張り、床フローリング
ニ	工期	平成25年2月～平成26年11月
ホ	あなたの立場	現場監督
ヘ	業務内容	鉄骨鉄筋コンクリート工事の工事管理

受検種別「建築」、「仕上げ」の例

イ	工事名	新宿三角四角マンション新築工事
ロ	工事場所	東京都新宿区西新宿7丁目1-12
ハ	工事の内容	共同住宅SRC造、14階建、防水施工面積2040m²、 外壁磁器タイル張り、内装クロス張り、床フローリング張り
ニ	工期	平成25年2月～平成26年11月
ホ	あなたの立場	現場主任
ヘ	業務内容	防水、タイルの工事管理

〔設問1〕 工事概要であげた工事で、あなたが実際に担当した工種において、その工事を施工するにあたり、施工の品質低下を防止するため、特に**留意したこと**と何故それに留意したのか**その理由**及びあなたが**実際に行った対策**を、**工種名**をあげて**3つ**具体的に記述しなさい。
ただし、「設計図どおり施工した。」など施工にあたり行ったことが具体的に記述されていないものや、品質以外の工程管理、安全管理などについての記述は不可とする。
なお、工種名については、同一の工種名でなくてもよい。

〔設問1〕考え方 書き方　品質管理

〔設問1〕では、あなたが担当した工種の①**工種名**をあげ、②その工種の施工品質低下を防止するために**どのようなことに留意したのか**、また、③**そのことに留意した理由は何か**、そして、④具体的に**どのような作業を行って施工の品質低下を防止したのか**を記述する。

品質管理は、特別なことではない。あなたが担当した工種について、不良品を出さないためにどうしたのかをキーワードとして、次のような日々の活動を記述すれば、それが品質管理の施工経験記述になる。

この問題では、特に留意したことを一言で記述し、留意した理由や実際に行った対策を文章で記述することが望ましい。

施工の「品質低下を防止」する記述のストーリーの一例

工種の例	品質低下を防止する理由	実際に行った作業内容
コンクリート工事	**じゃんか**を作らないようにするため	振動棒の挿入間隔を60cm以下として締め固めた。
鉄筋工事	ガス圧接**継手不良**をなくすため	高い技能を持つ有資格者に作業させた。
鉄骨工事	**接合不良**を防止するため	二度締め後、抜取検査を行い、接合状態を確認した。
地業工事	コンクリートの**打継ぎ**を行わないようにするため	1区画内のコンクリートは連続打設した。
防水工事	アスファルト防水した部分からの**漏水**を防止するため	アスファルトルーフィングの重ね代を100mm以上とした。
タイル工事	タイルの**剥離**を防止するため	改良圧着張りの1回のモルタルは、60分以内に使い切るようにした。
塗装工事	塗装の**膨れ**を防止するため	下地モルタルの水分率を10%以下にした。
内装工事	ビニル床シートの**継手の段差**をなくすため	熱溶接後、十分に冷却してから、ビニル床シートを平滑にした。

1 平成27年度〔設問１〕品質管理の解答例　受検種別　建築、躯体

(1) コンクリート工事

工 種 名	コンクリート工事
特に留意したこと	密実なコンクリートの確保
留意した理由	コンクリートにジャンカや豆板などのような空洞部が残ると、耐久性能が低下するから。
実際に行った対策	内部振動棒の挿入間隔を60cm以下として締め固め、内部振動棒を引き抜くときは鉛直方向にゆっくりと行った。

(2) 鉄筋工事

工 種 名	鉄筋工事
特に留意したこと	ガス圧接の品質確保
留意した理由	鉄筋の継手部の品質が低下していると、構造部材の構造耐力が低下するから。
実際に行った対策	不良継手を防止するため、優秀な技能を有する有資格者を選任して作業を行わせ、所定の抜取り検査により品質を確認した。

(3) 地業工事

工 種 名	地業工事
特に留意したこと	場所打ち杭のせん断耐力の確保
留意した理由	場所打ち杭コンクリートの打継部は、せん断耐力が低下しやすいため、打継部があると地震時に杭が破損するおそれがあるから。
実際に行った対策	トレミー管を用いて、コンクリートを杭孔底部から余盛まで連続打設するよう手配し、打継ぎを行わないようにした。

(4) 鉄骨工事

工 種 名	鉄骨工事
特に留意したこと	高力ボルト締付け品質の確保
留意した理由	高力ボルト締付け品質は、構造強度に直接関係するため、施工後の締付けトルク値を、設定トルク値に近くする必要があったから。
実際に行った対策	高力ボルト一群ごとに、共回りしていないことを全数検査により確認してから二度締めを行い、直ちにトルク係数値を確認した。

2 平成27年度〔設問１〕品質管理の解答例　受検種別　建築、仕上げ

(1) 防水工事

工 種 名	防水工事
特に留意したこと	アスファルトルーフィングの継目幅の品質確保
留意した理由	継手から漏水しないよう、アスファルト防水の継手部の継目幅を適正に確保する必要があるから。
実際に行った対策	一般部のルーフィングの張付けは千鳥張り工法とし、水下側から水上側に向かって張り進め、継目幅を100㎜以上とした。

(2) タイル工事

工 種 名	タイル工事
特に留意したこと	タイル壁張り工法のモルタル可使用時間の確認
留意した理由	モルタルは、練り上げ後に時間がたつと、流動性が低下し、タイルと下地との接着性が低下するから。
実際に行った対策	密着張りであったので、モルタルは機械練りとし、1回の練り上げ量は、30分以内で張り終えられる量とした。

(3) 塗装工事

工 種 名	塗装工事
特に留意したこと	塗膜のふくれ防止による塗膜品質の確保
留意した理由	塗膜は、下地の乾燥が不十分な場合、塗装後にふくれを生じる原因となるので、下地を乾燥させる必要があったから。
実際に行った対策	コンクリート下地面の含水率を高周波表面水分計で測定し、水分率が10％以下であることを確認してから素地ごしらえを行った。

(4) 内装工事

工 種 名	内装工事
特に留意したこと	ビニル床シート継手部の平坦性の確保
留意した理由	ビニル床シートの継手部をビードが冷却する前に削り取ると、完成後に凹部が生じるから。
実際に行った対策	ビニル床シート熱溶接は、ビードを継目上で盛り上げ、ビニル床シート溶接部の仕上げは、溶着ビードが完全に冷却した後、平滑に削り取った。

〔設問 2〕 工事概要であげた工事及び受検種別にかかわらず、あなたの今日までの工事経験に照らして、品質の良い建物を造るために品質管理の担当者として、工事現場においてどのような品質管理を行ったらよいと考えるか、品質管理体制、手順又はツールなど**品質管理の方法**と**そう考える理由**を、**2つ**具体的に記述しなさい。
ただし、2つの解答はそれぞれ異なる内容の記述とし、また、上記〔設問1〕の「実際に行った対策」と同じ内容の記述は不可とする。

〔設問 2〕 考え方 書き方　品質管理

〔設問 2〕に示された「品質の良い建物を造るための品質管理」は、**発注者**や元請負業者の立場からの考え方である。下請負業者や専門工事業者は、「各作業で不良品を出さないように活動を行うこと」を「品質の良い建物を造るための品質管理」として把握すればよい。

一例として、コンクリート工事の作業工程についての記述を考える。その場合、コンクリートの運搬・打込み・締固め・養生・出来形寸法・圧縮強度などのうち、どれか1つの作業工程を取り上げて、「**不良品を出さない活動**」を示せばよい。

なお、「コンクリートの運搬」は、「品質管理」とはあまり関係がないと一般には思われがちであるが、コンクリートの品質は、練り始めから荷卸し完了までにかかった時間でほぼ決まってしまう。練り始めから荷卸し完了までの時間が長すぎた場合、いくら現場で高級な品質管理を行っても、品質の向上はほとんど期待できない。コンクリートの運搬は、ある意味で、スランプ試験や空気量試験をして品質を確認することよりも大切である。コンクリートの品質管理では、いかにして荷卸しまでの時間を短縮し、品質の高いフレッシュコンクリートを搬入できるかということが重要である。

以上からわかるように、日々あなたが行っている多数の建築の作業工程の中から、どれか1つの作業工程を取り出し、「不良品を作らないように、どのような品質管理体制を構築し、どのような方法で管理基準を守ったのか」を記述すれば、それが〔設問 2〕の解答になる。

〔設問 2〕の**品質管理の方法**には、あなたが発注者・元請負人であれば、「品質を確保する方法」を記述すべきである。あなたが下請負人・専門工事業者であれば、「各工種の管理基準確保の方法」を記述すべきである。

1 平成27年度〔設問 2〕品質管理の解答例　発注者・元請負人の場合

施工計画

品質管理の方法	設計図書に示された設計品質を確保するため、品質管理体制を確立し、品質管理体制に基づいて各工種の施工を行い、施工品質を確保する。
そう考える理由	品質管理体制に基づく管理手順を工種ごとに確認することで、施工品質を確保し、発注者が求める設計品質を確保できるから。

品質計画

品質管理の方法	施工者が定めた品質計画の品質管理体制を、工種ごと・作業工程ごとに明示し、施工後の品質を目視や試験で確認する。
そう考える理由	工種ごとの品質管理体制を各作業員に徹底し、施工後に品質確認をすることで、施工品質が確保できるから。

鉄筋の施工計画

品質管理の方法	鉄筋の組立検査では、鉄筋の加工精度と鉄筋の組立精度の確認表を作成した上で、鉄筋をスケール等で実測して記録し、組立精度を管理する。
そう考える理由	かぶり厚さ・鉄筋間隔・継手位置などを測定し、精度確認表に記入することで、管理値と対比した組立精度を漏れなく確認できるから。

2 平成27年度〔設問2〕品質管理の解答例　下請負人・専門工事業者の場合

コンクリート工事の品質管理

品質管理の方法	フレッシュコンクリートの受入検査手順に従い、コンクリート荷卸時に、スランプ・空気量・塩化物含有量試験を行い、その結果と管理値とを比較する。
そう考える理由	設計図書に定められたフレッシュコンクリートの受入検査手順を遵守することで、材料品質を確保したコンクリートを造ることができるから。

防水工事の品質管理

品質管理の方法	アスファルト防水工事では、降雨・降雪・強風が予想されたとき、下地乾燥が不十分なときなどについて、作業中止条件を明確にする。
そう考える理由	防水工事では、品質計画に定められた品質管理基準の確保が困難な条件のときは、作業を中止し、欠陥を未然に除去する必要があるから。

品質管理基準の確認

品質管理の方法	各工種の品質基準を作業工程ごとに分けて書類化し、作業開始前にミーティングを行い、当日の工種に関わる品質管理基準を確認させる。
そう考える理由	当日の工種の品質管理基準を目標とした作業が確実にできるようになり、品質の確保に役立つから。

平成26年度 問題1 施工経験記述の模範解答例(工程管理)

【問題1】 あなたが経験した**建築工事**のうち、あなたの受検種別に係る工事の中から、工程管理を行った工事を1つ選び、下記の工事概要を具体的に記入した上で、次の[設問1]から[設問2]の問いに答えなさい。
なお、**建築工事**とは、建築基準法に定める建築物に係る工事とする。ただし、建築設備工事を除く。

〔工事概要〕
(イ) 工事名
(ロ) 工事場所
(ハ) 工事の内容 (新築等の場合:建物用途、構造、階数、延べ面積又は施工数量、主な外部仕上げ、主要室の内部仕上げ
改修等の場合:建物用途、主な改修内容、施工数量又は建物規模)
(ニ) 工期(年号又は西暦で年月まで記入)
(ホ) あなたの立場
(ヘ) 業務内容

〔設問1〕 工事概要であげた工事のうち、あなたが担当した工種において、与えられた工期内にその工事を完成させるため、工事の着手前に着目した工期を遅延させる**要因**とその**理由**、及び遅延させないために**実施した内容**を**工種名**(鉄骨工事、タイル工事など)とともに**3つ**、それぞれ具体的に記述しなさい。
ただし、実施した内容の記述が同一のもの及び工程管理以外の品質管理、安全管理、コストのみについての記述は不可とする。なお、工種名については同一の工種名でなくてもよい。

〔設問2〕 工事概要にあげた工事及び受検種別にかかわらず、あなたの今日までの建築工事の経験を踏まえて、工期を短縮するための**合理化の方法**とそれが工期短縮となる**理由**について**工種名**とともに**2つ**具体的に記述しなさい。また、その合理化の方法を行うことにより**派生する効果**について、それぞれ具体的に記述しなさい。
ただし、工期を短縮するための合理化の方法については、上記[設問1]の実施した内容と同一の記述は不可とする。なお、派生する効果については、工期短縮以外の品質面、安全面、コスト面、環境面などの観点からの記述とする。また、工種名については、同一の工種名でなくてもよい。

〔工事概要〕の書き方

受検種別「建築」、「躯体」の例

イ	工事名	目白ホワイトマンション新築工事
ロ	工事場所	東京都豊島区目白3丁目1－9
ハ	工事の内容	共同住宅、鉄筋コンクリート造、地上11階／地下1階建、延べ面積4,800m²、外壁：磁器質タイル張り、内装：せっこうボード張り
ニ	工期	平成24年5月～平成25年8月
ホ	あなたの立場	現場代理人
ヘ	業務内容	鉄筋コンクリート造の工事管理

受検種別「建築」，「仕上げ」の例

イ	工事名	川越小川小学校増改築工事
ロ	工事場所	埼玉県川越市小川町2丁目11－12
ハ	工事の内容	学校、鉄筋コンクリート造3階建、増築延べ面積2,050m²、外部仕上ポリウレタン樹脂吹付面積3,800m²、内装：硬質ビニル、外装：タイル仕上面積4,040m²
ニ	工期	平成24年2月～平成25年12月
ホ	あなたの立場	現場主任
ヘ	業務内容	塗装、内装、タイル工事の施工管理

〔設問1〕 工事概要であげた工事のうち、あなたが担当した工種において、与えられた工期内にその工事を完成させるため、工事の着手前に着目した工期を遅延させる**要因**とその**理由**、及び遅延させないために**実施した内容**を**工種名**(鉄骨工事、タイル工事など）とともに**3つ**、それぞれ具体的に記述しなさい。
ただし、実施した内容の記述が同一のもの及び工程管理以外の品質管理、安全管理、コストのみについての記述は不可とする。なお、工種名については同一の工種名でなくてもよい。

〔設問１〕考え方 書き方　工程管理

1 工程管理の進め方

工程管理は手配管理、作業量管理、フォローアップの三段階をまとめたものである。手配管理では、工程を進める前に、工程計画に合わせて、材料(本設、仮設)、工事用機械、器具や設備および一般作業員や有資格の作業員を労働力として調達する手配をしなければならない。

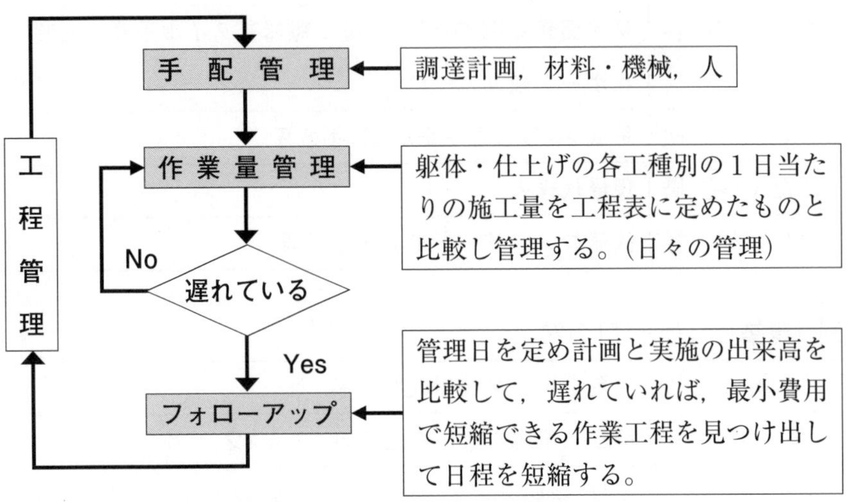

2 工程を遅延させる要因

先行作業の遅延の他、遅延させる要因には、次のようなものがある。

1．気候

寒中、暑中、風、雪、気温、湿度、地震などの外的条件

2．隣地

敷地境界権利確認、地盤の変形、環境(騒音・振動等)、電波障害、地下水断絶

3．手配管理

調達日の誤り、調達材料機械の不備、関係官庁の連絡不備、資材部との連絡不足

4．作業量管理

クリティカルパス上の作業の１日の出来高の不足、機械用具の点検不足、機械性能の不適合、労働者の教育不足、技術指導の不備による品質の不適合

5．労務管理

健康不調の発見の遅れ、未熟労働者の教育の不足、会社との連絡不足による作業員の不足

工事が遅れる原因は毎日、日常的にあふれかえっており、何を取りあげてもよい。取り上げる事項(テーマ)は多数考えられる。[設問 1]では、受検種別に応じた工種名を示し、工期を遅延させる要因とその理由、および、遅延させないために実施した工程変更の内容(工程短縮の方法など)を記述する。

1 平成26年度〔設問1〕工程管理の解答例 受検種別 建築，躯体，仕上げ

型枠工事

工　種　名		型枠工事
要因と理由	要因	隣地境界線の不確定による作業開始日の遅れによる影響
	理由	型枠工事の工程短縮の要請があったから。
実施した内容		木製型枠の仕様であったが、各階のスラブ型枠はデッキプレートとし、型枠取外し作業を省略して工程短縮した。

コンクリート工事

工　種　名		コンクリート工事
要因と理由	要因	震度4以上の地震による、型枠の変形による影響
	理由	コンクリート工事の工程短縮の要請があったから。
実施した内容		コンクリートは養生日数に応じて型枠を転用するので、早強ポルトランドセメントを用いて養生日数を短縮した。

内装工事

工　種　名		内装工事
要因と理由	要因	注文者の設計変更による仕上げの変更
	理由	せっこうボート張り工程の短縮要請があったから。
実施した内容		設計変更後、直ちに材料メーカにプレカット図を製作して渡し早期に納入させ、現場切断時間を短縮した。

防水工事

工　種　名		防水工事
要因と理由	要因	降雨、多湿によりコンクリート床面に結露が生じるおそれがあるから。
	理由	室内防水下地が結露しプライマーが塗布できないから。
実施した内容		降雨時、開口部の窓を閉め送風機で換気し結露を防ぎ、床面の乾燥を確認し、プライマーを塗布し工程を確保した。

〔設問2〕　工事概要にあげた工事及び受検種別にかかわらず、あなたの今日までの建築工事の経験を踏まえて、工期を短縮するための**合理化の方法**とそれが工期短縮となる**理由**について**工種名**とともに**2つ**具体的に記述しなさい。また、その合理化の方法を行うことにより**派生する効果**について、それぞれ具体的に記述しなさい。

ただし、工期を短縮するための合理化の方法については、上記[設問1]の実施した内容と同一の記述は不可とする。なお、派生する効果については、工期短縮以外の品質面、安全面、コスト面、環境面などの観点からの記述とする。また、工種名については、同一の工種名でなくてもよい。

〔設問2〕考え方 書き方　工程管理

1 記述項目

記述項目は、あなたが工期を予定通りに確保できた工種名(コンクリート工事、鉄筋工事、防水工事、タイル工事…)を明示して、次に工期を短縮するために実際に行った具体的な合理化の方法を示し、そして工期短縮となるその理由及び派生する効果を示す。このため次の4項目を示す。

① 工種名
② 実施した具体的な合理化の方法
③ 工期短縮となる理由
④ 派生する効果

2 工期短縮の記述の核となる考え方の整理

工期短縮についての例として、工種、実施した具体的な内容及び工期短縮となる理由、派生する効果の例を示す。派生する効果は、①品質・②安全・③コスト・④環境などの観点から示す。

3 記述の字数

本テキストでは、記述の骨格となるポイント部分のみを簡潔に示している。このため、本試験で2行与えられたときは、骨格となる1行で簡潔に示されたポイント部分に、現場状況の説明文を加えて補うことで2行の文章となるようにすることもできる。

施工の「工期短縮となる理由と派生効果」の記述の骨格となるストーリーの一例

工　種	変更前	実施した具体的内容	工期確保の理由	派生する効果
基礎工事	水平切梁工法	地盤アンカー工法	作業空間が広く工期短縮	視界が良くなったので、安全性が向上した。
鉄筋工事	現場組立作業	先組鉄筋吊込み作業	一括吊込み組立で工程短縮	点検が容易になったので、品質が向上した。
型枠工事	金属製型枠使用	捨型枠使用	型枠撤去作業の省力化	型枠取外しによる損傷のおそれがなくなった。
コンクリート工事	コンクリートポンプ車１台	コンクリートポンプ車２台	打込み箇所の複数化で工程短縮	騒音発生時間を短縮することができた。
鉄骨工事	建逃げ方式	積上げ方式	後続工程と併行作業し工程短縮	高所作業が減少したので、安全性が向上した。
防水工事	アスファルト防水工法	ルーフィングシート防水工法	施工が簡単で工程短縮	溶融釜による環境汚染を防ぐことができた。
石工事	湿式工法	乾式工法	モルタル養生期間の省力化	耐震性が向上した。
タイル工事	タイル後張り工法	タイル先付けプレキャストコンクリート工法	タイル張付け作業の省力化	タイルの接着性が向上した。
ガラス工事	ガラス現場取付け	ガラス工場取付け	ガラス取付け作業の省力化	取付け品質が向上した。

2 平成26年度〔設問 2〕工程管理の解答例 受検種別 建築, 躯体, 仕上げ

[解答例 1] 躯体工事の事例

事例1	①	工種名	山留め工事
	②	合理化の具体的方法	水平切梁工法を地盤アンカー工法に変更した。
	③	工期短縮ができる理由	切梁がないため、広い空間が確保され、掘削工事及び埋戻し工事が連続できるから。
	④	派生する効果	視界の広がりにより、安全性が高まった。
事例2	①	工種名	鉄筋工事
	②	合理化の具体的方法	鉄筋コンクリート梁筋の現場加工組立を、ヤード加工組立とし一括吊込み方式とした。
	③	工期短縮ができる理由	ヤードで各梁を事前に加工し組み立てることで、梁筋の現場組立工程を省力化できるから。
	④	派生する効果	ヤード加工することで、鉄筋の継手・間隔などを、高い精度で組み立てられた。

[解答例 2] 仕上げ工事の事例

事例1	①	工種名	屋上防水工事
	②	合理化の具体的方法	アスファルト防水工法を合成高分子系ルーフィングシート防水工法に変更した。
	③	工期短縮ができる理由	施工時、加熱する手間が省力化され、施工が単純で能率が向上するから。
	④	派生する効果	火気を使用しないため、悪臭が発生せず環境が保全された。
事例2	①	工種名	外壁タイル工事
	②	合理化の具体的方法	切物タイルの仕様を、目地幅を調整することで規格タイルを使用した。
	③	工期短縮ができる理由	タイルの切断する手間を省力化することができたから。
	④	派生する効果	規格タイルを使用したことで、品質が向上し、目地の施工が容易となった。

第Ⅱ編　建築分野別記述

第Ⅱ編の内容

- **建築施工用語**は、仮設工事・躯体工事・仕上げ工事に関する合計14用語が出題され、そのうち5つの用語の説明と施工上の留意点を示すものである。過去問題からの繰返しが14用語中8用語～9用語程度あるので、過去に出題された用語をしっかり整理する。
- **施工管理**は、平成29年度から出題傾向が変更されたので、バーチャート工程表の作成方法を理解する必要がある。**バーチャートの読み方講習**（無料 YouTube 動画講習）を視聴し、その読み取り方を理解しよう。
- **建築法規**は、法文中の空欄に当てはまる正しい語句または数値を選択するものである。基本的には、過去の出題から繰り返して出題されることが多いので、過去問題を繰り返し読み、その用語をしっかりまとめる。
- **建築施工**は、躯体工事・仕上げ工事に関する記述中の空欄に当てはまる正しい語句または数値を選択するものである。過去の出題との重なりが比較的少なく、得点を取ることは難しいが、過去問題と似た問題だけは確実に解けるよう、過去問題の学習は重要となる。

※受検種別：建築の場合は、躯体工事（4問）と仕上げ工事（4問）の両分野から出題される。
※受検種別：躯体の場合は、躯体工事（4問）のみ出題されるが、より専門的な内容となる。
※受検種別：仕上げの場合は、仕上げ工事（4問）のみ出題されるが、より専門的な内容となる。

※建築法規と建築施工の分野に関しては、令和2年度以前の実地試験（第二次検定の旧称）では「問題文中の誤っている語句を訂正する記述式の問題」が出題されていたが、令和3年度以降の第二次検定では「問題文中の空欄に当てはまる語句を選択する四肢一択式の問題」に変更されている。令和6年度の第二次検定においても、建築法規と建築施工の分野は四肢一択式で出題されると思われる。

第1章 建築施工用語

1-1　建築施工用語 技術検定試験 重要項目集

1-2　最新問題解説

1.1 建築施工用語 技術検定試験 重要項目集

1.1.1 過去10年間の建築工事用語説明と施工上の留意点の出題内容

1 仮設工事(仮設別用語)

太字は２回以上出題された用語

年度	山留め	揚重・機器・構台	外部足場	型枠・支保工	準備
R 5			**手すり先行工法** **親綱**	**型枠の剥離剤**	
R 4	親杭横矢板壁		**足場の壁つなぎ**	**型枠のセパレーター**	**ベンチマーク**
R 3	**釜場**	乗入れ構台	**ローリングタワー**	フラットデッキ	
R 2		機械ごて クローラークレーン		パイプサポート	**ベンチマーク**
R 元	**鋼矢板**		**手すり先行工法**	**型枠のセパレータ**	**陸墨**
H30			**ローリングタワー** **親綱**	**型枠のフォームタイ**	
H29	**釜場**		**防護棚(養生朝顔)**	**型枠のセパレーター**	**ベンチマーク**
H28	**鋼矢板**		**手すり先行工法** **ローリングタワー**	**型枠はく離剤**	
H27			**足場の壁つなぎ** **親綱**	**フォームタイ**	
H26			**防護棚(朝顔)**	型枠の根巻き	**陸墨**

2 躯体工事(工種別用語)

年度	基礎工事	鉄筋工事	コンクリート工事	鉄骨工事	木工事等
R5	**べた基礎**	**先組み工法**	レイタンス	隅肉溶接	**木工事の仕口**
R4		**帯筋**	**先送りモルタル**	**溶接のアンダーカット**	**アンカーボルト**
R3		**腹筋**	**壁の誘発目地**	鉄骨の耐火被覆	**木工事の大引**
R2	**床付け** 床基礎	**帯筋**	**ブリーディング**	スタッド溶接	**木工事の仕口**
R元		スペーサー	スランプ	被覆アーク溶接	**木工事の大引き**
H30	**べた基礎**	あばら筋	**先送りモルタル**	鉄骨の地組	**アンカーボルト**
H29		**腹筋**	**ブリーディング**	高力ボルト摩擦接合 **鉄骨工事の仮ボルト**	
H28		**先組み工法**	**壁の誘発目地** **先送りモルタル**	**溶接のアンダーカット**	
H27	つぼ掘り	**帯筋**	回し打ち	溶接の予熱	**木工事の大引**
H26	**床付け**	**腹筋**	**ブリーディング**	**鉄骨仮ボルト**	**木工事の仕口**

3 仕上げ工事（工種別用語）

年度	防水工事	石工事 タイル工事	屋根工事 金属工事	左官工事	建具工事 塗装工事	内装工事
R５	バックアップ材	ジェットバーナー仕上げ				グリッパー工法 コーナービード 壁面のガラスブロック積み 気密シート
R４	脱気装置 マスキングテープ	モザイクタイル張り	タイトフレーム 天井インサート		セッティングブロック	
R３	ボンドブレーカー	ジェットバーナー仕上げ		セルフレベリング工法	クレセント	ビニル床シート熱溶接工法 壁面のガラスブロック積み
R２	防水トーチ工法	ヴィブラート工法	天井インサート			コーナービード
R元	脱気装置 ルーフドレン	内壁タイルの接着剤張り	壁下地のスペーサー	セルフレベリング材工法		気密シート
H30	ボンドブレーカー	ヴィブラート工法	タイトフレーム		エアレススプレー塗り	テーパーエッジせっこうボード継目処理
H29	防水トーチ工法	ジェットバーナー仕上げ	天井インサート		セッティングブロック フロアヒンジ	ビニル床シート熱溶接
H28	マスキングテープ	超高圧水によるコンクリート面下地処理	軽量鉄骨壁下地の振れ止め		かぶせ工法 クレセント	タイルカーペット
H27	通気緩衝シート	ユニットタイル	壁下地のスペーサー	床コンクリート直均し仕上げ		グリッパー工法 気密シート
H26	脱気装置 ルーフドレン	ジェットバーナー仕上げ	天井インサート		セッティングブロック	テーパーエッジせっこうボード継目

4 建築用語の分析と用語の捉え方・考え方

(1) 建築用語の出題に対する対策

建築施工用語は、合計14用語が出題され、5用語を選択して解答するものである。上記の分析表から明らかなように、どの年度においても繰り返し出題されている用語が5用語以上あるため、5用語の解答を埋めることだけを考えるなら、出題頻度が少ない用語は、無視しても差し支えがない。また、工事別にみると、建築用語の出題の中心が次のようであり、本書もこの分析に基づいてまとめている。

仮設工事➡山留め、外部足場、型枠支保工

躯体工事➡鉄筋工事、コンクリート工事、鉄骨工事

仕上げ工事➡防水工事、石・タイル工事、内装工事

(2) 建築用語の捉え方・考え方・書き方

① まず用語を、仮設、躯体、仕上げに分類し、分類された用語が属する「工種」、「工事名」等を確認する。

② 次にその用語が①(材料、設備)、②(作業、構造、指標)、③(工法)、④(欠陥、現象)このうちどれかを明確にする。**用語を説明する立場を明確にしないと高得点は望めない**。記述を簡潔にするには、次の方法が最もよい。

立場	説明の文末の基本
工法	～する工法である。
作業	～する作業である。
設備	～する設備である。
欠陥	～の欠陥である。
構造	～の構造である。
現象	～する現象である。
材料	～するものである。
指標	～する指標である。

③ 代表的な用語の立場の例を示すと次のようである。

足場の手すり先行工法……▶工法　脱気装置……▶設備
研磨紙ずり……………………▶作業　ヒービング…▶現象
鉄骨建方時の安全ブロック‥▶設備　リーマー掛け‥▶作業
溶接のアンダーカット……▶欠陥　クレセント…▶材料
帯筋……………………………▶構造　スランプ……▶指標
ジェットバーナー仕上げ…▶作業　タンピング…▶作業

分類 ＼ 記述の方法	①材料・設備	②作業・構造・指標	③工法	④欠陥・現象
用語説明	その材料を用いる一般的な工事を想定し、**使用目的**を記述する	**利用目的**を明確にして記述する	**工法の目的、工法の特徴**を記述する	発生する工種を示し、**欠陥・現象の状況**を記述する
施工管理（品質・工程・安全）上留意すべき内容	材料の使用目的を達成するために施工時に行う ・品質の確保又は ・安全の確保又は ・工程の確保のための**具体的な使い方**を記述する	工作物・作業の目的を達成するために、施工時に行う・品質の確保・安全の確保・工程の確保のための**具体的な作業方法や目的**を記述する	工法の施工時の品質の確保、安全の確保、又は工程確保のための**具体的な施工方法**を記述する	欠陥や現象が発生しないための施工上の**具体的な防止対策**を記述する

用語説明の切口は多数あるが、あなたの考えた切口の１つだけを記述すればよい。あれもこれも考えなくてよい。簡潔であることが大切である。

用語説明では、あなたが、その用語を施工と関連づけてどのような分類の語として記述するか、態度を決定することが大切である。

たとえば「腹筋」という用語は、躯体の鉄筋工事に属し、組立鉄筋のあばら筋の変形を防止するために配置される「構造」上の必要から用いられる、というように考えて、用語の説明と施工上の留意点を示せばよい。

1.2 最新問題解説

令和5年度 問題2 建築施工用語と施工上の留意点の解答例

問題2 次の建築工事に関する用語の一覧表の中から5つ用語を選び，解答用紙の用語の記号欄の記号にマークした上で，選んだ用語欄に用語（太字で示す部分のみでも可）を記入し，その用語の説明と施工上留意すべきことを具体的に記述しなさい。

ただし，a及びb以外の用語については，作業上の安全に関する記述は不可とする。

また，使用資機材に不良品はないものとする。

用語の一覧表

用語の記号	用語
a	足場の**手すり先行工法**
b	**親綱**
c	型枠の**剥離剤**
d	グリッパー工法
e	コンクリートの**レイタンス**
f	シーリング工事の**バックアップ材**
g	ジェットバーナー仕上げ
h	隅肉溶接
i	せっこうボード張りにおける**コーナービード**
j	鉄筋の**先組み工法**
k	壁面の**ガラスブロック積み**
ℓ	べた基礎
m	木工事の**仕口**
n	木造住宅の**気密シート**

ポイント解説 建築工事に関する用語の説明と、施工上留意すべきことを解答する上でのポイントは、下表の通りである。（仮設・躯体・仕上げの分野別に示す）

分野		建築工事の用語	用語の説明の解答ポイント	施工上留意すべきことの解答ポイント
仮設	a	足場の**手すり先行工法**	作業床の手すりを、乗る前に設置し、降りた後に撤去する工法。	手すりがない作業床に乗ってはならないことを、周知徹底する。
	b	**親綱**	要求性能墜落制止用器具のフックを掛けるためのワイヤロープ。	親綱を取り付ける支柱の間隔は、10m以下とする。
	c	型枠の**剥離剤**	型枠がコンクリートから離れやすくなるよう、型枠内面に塗る薬剤。	コンクリートの劣化を防ぐため、塗布量は必要最小限とする。
躯体	e	コンクリートの**レイタンス**	内部の微細な粒子が浮上し、表面に形成される脆弱な物質の層。	打継面のレイタンスは、打継ぎの前に完全に取り除く。
	h	**隅肉溶接**	鋼材を突き合わせて、その交点に溶着金属を流し込む溶接方法。	溶接長さは、有効長さに隅肉サイズの2倍を加えたものとする。
	j	鉄筋の**先組み工法**	地上で組み立てた鉄筋を吊り込んで、機械式継手で接合する工法。	鉄筋の継手部には、変形防止のための補強筋を取り付けておく。
	l	**べた基礎**	建築物下面の一枚の底盤により、建築物を面的に支える直接基礎。	立上り部分の高さは、地上部分で30cm以上となるようにする。
	m	木工事の**仕口**	線材同士が所要の角度をもって接合する場合の接合部の名称。	隅通し柱の土台への仕口は、土台へ扇ほぞ差しとする。
仕上げ	d	**グリッパー工法**	伸展したカーペットを、グリッパーに引っ掛けて固定する工法。	グリッパーは、壁際からの隙間を均等に開けて打ち付ける。
	f	シーリング工事の**バックアップ材**	シーリング材の高さを調整するため、目地に充填する成型材料。	丸形の部材は、目地幅よりも20%～30%大きい直径のものとする。
	g	**ジェットバーナー仕上げ**	石材の粗面仕上げの一種で、炎で加熱しながら水で急冷する。	加工前の石厚は、設定値＋3mm以上を目安とする。
	i	石膏ボード張りの**コーナービード**	石膏ボードの入隅部・出隅部に用いられる保護金物。	取付け後、ジョイントコンパウンドを2回～3回に分けて塗る。
	k	壁面の**ガラスブロック積み**	中空のガラス製ブロックを、壁用金属枠内に積み上げる工法。	径が6mm以上の水抜き孔を、1.0m～1.5mの間隔で設ける。
	n	木造住宅の**気密シート**	室外からの湿気や隙間風を防止するための壁張り用シート。	気密シートは、断熱材よりも室内側に張り付ける。

※令和5年度の試験問題では、長すぎる用語については、用語欄に必ず記入する部分が指定されるようになった。ただし、これまでのように用語全体を記入してもよい。上表の「建築工事の用語」の列では、用語欄に必ず記入する部分を太字で表示している。

解答例　　以下の用語から5つの用語を選んで解答する。

a 用語	足場の手すり先行工法　　ポイント：仮設・足場工事（工法）
用語の説明	労働者が足場の作業床に乗る前に、作業床の端に手すりを設置し、最上層の作業床を取り外すときは、作業床の端の手すりを残置して行う工法である。
施工上留意すべきこと	足場の施工中に、手すりが設置されていない作業床や、手すりが取り外された作業床には、乗ってはならないことを、関係労働者に周知徹底する。

建築施工用語

参考

(1) 足場の手すり先行工法とは、建設工事において、足場の組立て等の作業を行うにあたり、労働者が足場の作業床に乗る前に、その作業床の端となる箇所に適切な手すりを先行して設置し、かつ、最上層の作業床を取り外すときは、その作業床の端の手すりを残置して行う工法である。この用語の定義は、「手すり先行工法に関するガイドライン」に定められている。

(2) 足場の手すり先行工法は、「手すり先行工法による足場の組立て等に関する基準」において、手すり先送り方式・手すり据置き方式・手すり先行専用足場方式に分類されている。

①手すり先送り方式は、建枠に沿って、上下にスライド可能な手すりを設ける方式である。

②手すり据置き方式は、下側にある作業床から、据置型の手すりを設ける方式である。

③手すり先行専用足場方式は、手すりの機能を有する専用の部材を用いる方式である。

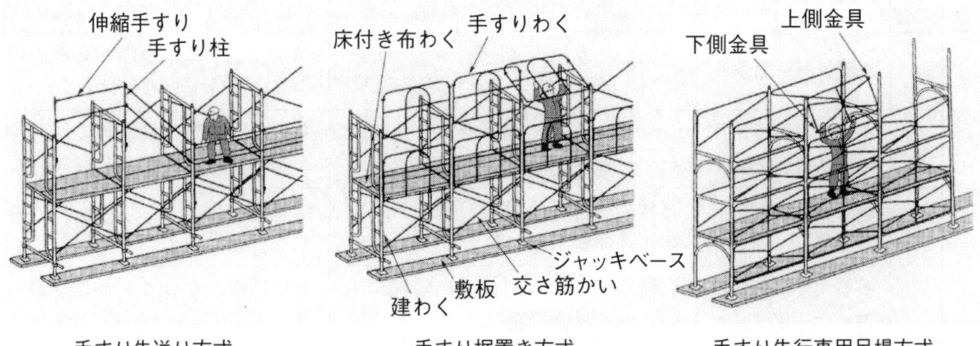

手すり先送り方式　　手すり据置き方式　　手すり先行専用足場方式

(3) 手すり先行工法による足場の組立て等の作業をするときに留意すべき事項については、「手すり先行工法に関するガイドライン」において、主として次のような事項が定められている。

①足場の組立て等に係る時期・範囲・順序を、関係労働者に周知する。

②足場の組立て等の作業を行う区域内には、関係労働者以外の立入りを禁止する。

③手すりが先行して設置されていない作業床や、手すりが取り外された作業床には、乗ってはならないことを、関係労働者に周知徹底する。

④手すりを先行して設置できない箇所においては、労働者に墜落制止用器具を使用させる。

⑤墜落制止用器具は、確実に接続された建枠や、作業前に設置した親綱に取り付けさせる。

解答例

b	用語	親綱	ポイント：仮設・足場工事（部材）
用語の説明		高所作業場において、要求性能墜落制止用器具のフックを掛けるために、支柱の相互間に水平に張られたワイヤロープである。	
施工上留意すべきこと		親綱を取り付ける支柱の間隔は、10m以下とする。1本の親綱には、複数の労働者が同時に要求性能墜落制止用器具のフックを掛けないようにする。	

参考

(1) 高所作業場において、足場や鉄骨などの組立て・解体の作業をするときは、墜落を防止するための要求性能墜落制止用器具が安全に使用できるよう、親綱を設けなければならない。

(2) 親綱とは、高所作業場において、要求性能墜落制止用器具を装着した作業員が水平方向に移動するときに備えて、要求性能墜落制止用器具のフックを掛けるために、支柱などの相互間に、水平に張られた鋼製のワイヤロープである。

(3) 親綱を設置するときは、親綱を取り付ける支柱の間隔を10m以下としなければならない。親綱1本あたりの長さが10mを超えていると、高所作業場から墜落した労働者が大きく揺さぶられて、周囲の支柱などに衝突するおそれが大きくなるからである。

(4) 1本の親綱には、1人の労働者のみが要求性能墜落制止用器具のフックを掛けるようにする。1本の親綱に2人以上の労働者が同時にフックを掛けると、1人の労働者が墜落したときに、他の労働者が引っ張られて一緒に墜落してしまうからである。

要求性能墜落制止用器具の親綱への取付け

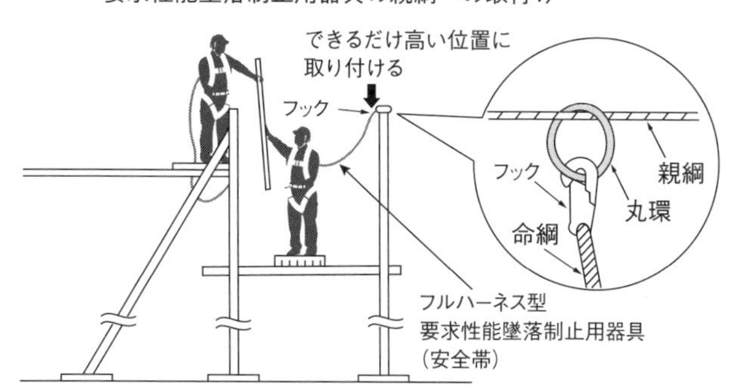

親綱を設置するときに留意すべき事項（やってはいけないこと）

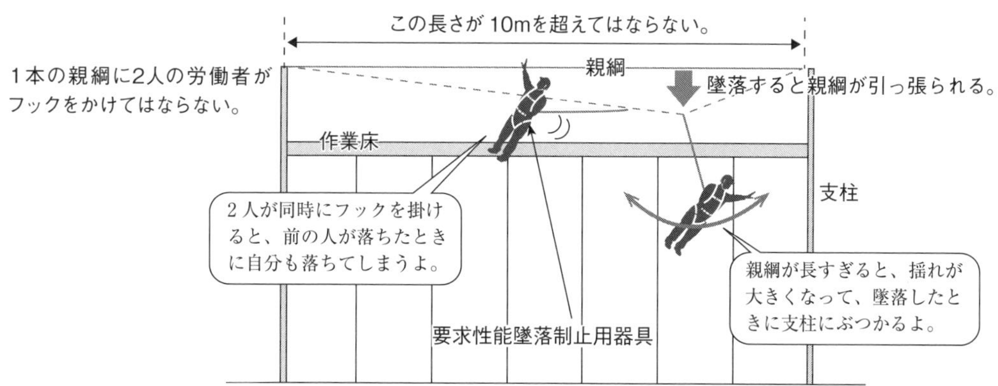

解答例

C　用語	型枠の剥離剤　　**ポイント：仮設・型枠工事（材料）**
用語の説明	硬化したコンクリートから型枠を取り外す際に、型枠がコンクリートから離れやすくなるよう、型枠の内面に塗布する薬剤である。
施工上留意すべきこと	剥離剤の塗布量が多すぎて、型枠取外し後のコンクリートの表面に残留すると、コンクリートの変色などが生じるので、塗布量は必要最小限とする。

参考

(1) コンクリートを打ち込むための型枠の内面には、予め剥離剤を塗布しなければならない。

①この剥離剤が塗られていないと、硬化したコンクリートが、型枠の内面に付着してしまう。

②コンクリートが型枠に付着すると、型枠を取り外すときに、躯体に大きな力が加わる。

③躯体に大きな力が加わると、コンクリートの仕上げ面が荒れるなどの品質低下が生じる。

(2) 型枠の内面への剥離剤の塗布量は、必要最小限とすることが望ましい。

①多量の剥離剤を塗布すると、型枠取外し後のコンクリートの表面に剥離剤が残留する。

②剥離剤が残留すると、施工後のコンクリートに変色・気泡・軟化などが生じやすくなる。

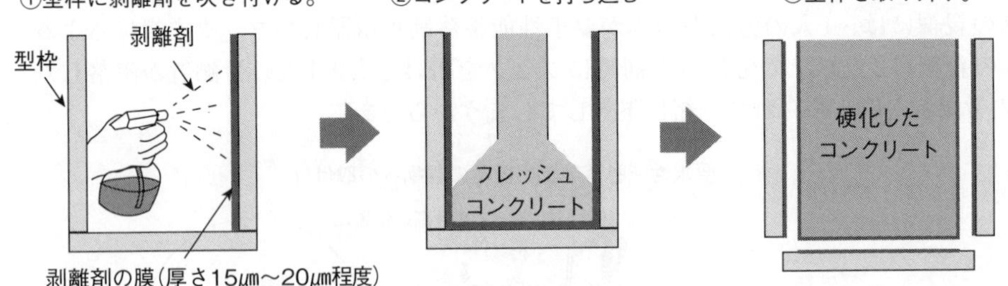

(3) 打放しコンクリート仕上げでは、剥離剤の塗布が不十分であると、型枠を取り外すときに、コンクリートの一部が型枠と共に剥がれてしまい、見栄えが悪くなるので、注意が必要である。塗布量は「必要最小限」とすべきだが、塗布量を減らし過ぎるのも良くないのである。

解答例

d	用語	グリッパー工法　　ポイント：仕上げ・内装工事（工法）
用語の説明		室の壁際や柱回りに、グリッパー(釘針の出ている固定金具)を打ち付け、これに伸展したカーペットを引っ掛けて固定する工法である。
施工上留意すべきこと		グリッパーは、壁際からの隙間を均等に開けて(密着させずに)打ち付ける。下敷き用フェルトは、グリッパーの厚さと同等か、やや厚いものを選定する。

参考

(1) グリッパー工法は、室の壁際や柱回りに、グリッパー(釘針の出ている固定金具)を打ち付け、これに伸展したカーペットを引っ掛けて固定する工法である。カーペットが接着剤で固定されていないので、後々のカーペットの張替えが比較的容易であるという特長がある。

(2) グリッパー工法による床カーペット敷きの施工手順は、次の通りである。

①釘または接着剤を用いて、床の周囲にグリッパーを留め付ける。

②留め付けたグリッパーの内側に、衝撃を緩和するための下敷き用フェルトを敷き込む。

③カーペットの仮敷きを行い、カーペットを室の広さに合わせて裁断する。

④ニーキッカーまたはパワーストレッチャーを用いて、カーペットを伸展する。

⑤カーペットの張り仕舞いを、グリッパーに引っ掛ける。

⑥ステアツールを用いて、カーペットの端をグリッパーの溝に巻き込む。

(3) グリッパー工法による床カーペット敷きをするときは、次のような点に留意する。

①グリッパーは、壁際からの隙間をカーペットの厚さの約3分の2とし、壁周辺に沿って均等に(壁際からの隙間を均等に開けて密着させずに)、釘または接着剤で取り付ける。

②下敷き用フェルトは、グリッパーの厚さと同等のものか、グリッパーの厚さよりもやや厚いものとする。

③下敷き用フェルトの端部は、グリッパーに重ならないよう、グリッパーを取り付けた部材に突き付けて、ボンドなどの接着剤などで固定する。

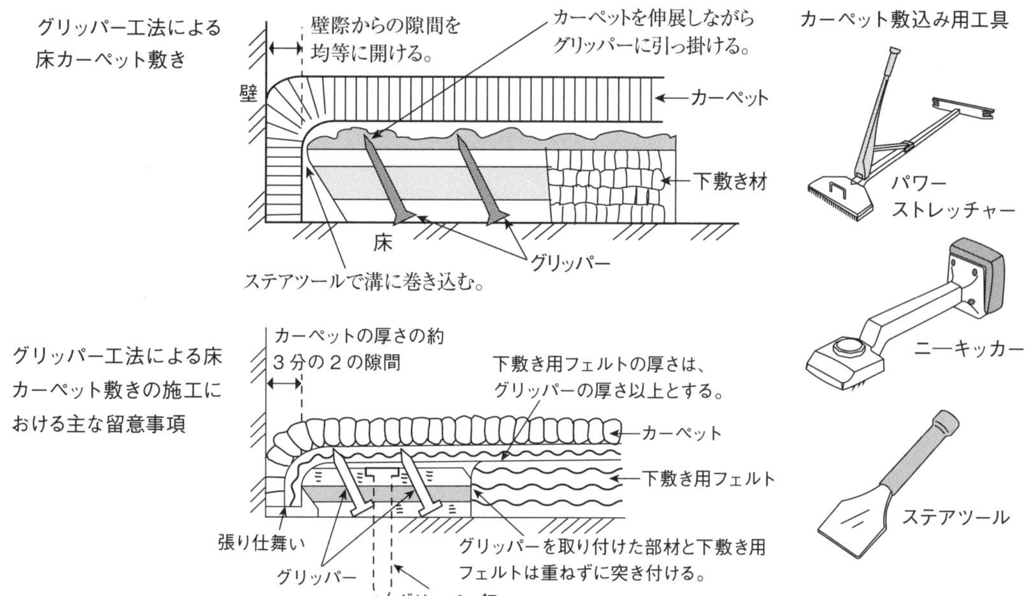

グリッパー工法による
床カーペット敷き
壁際からの隙間を
均等に開ける。
カーペットを伸展しながら
グリッパーに引っ掛ける。
壁
カーペット
下敷き材
床
グリッパー
ステアツールで溝に巻き込む。
カーペット敷込み用工具
パワー
ストレッチャー
ニーキッカー
ステアツール
グリッパー工法による床
カーペット敷きの施工に
おける主な留意事項
カーペットの厚さの約
3分の2の隙間
下敷き用フェルトの厚さは、
グリッパーの厚さ以上とする。
カーペット
下敷き用フェルト
張り仕舞い
グリッパー
グリッパー釘
グリッパーを取り付けた部材と下敷き用
フェルトは重ねずに突き付ける。

解答例

e	用語	コンクリートのレイタンス	ポイント：躯体・コンクリート工事（欠陥）
用語の説明		コンクリートの打込み後のブリーディングに伴い、内部の微細な粒子が浮上することで、コンクリート表面に形成される脆弱な物質の層である。	
施工上留意すべきこと		先打ちのコンクリートに後打ちのコンクリートを打ち継ぐ場合には、あらかじめ、打継面のレイタンスを、柄杓やスポンジなどで完全に取り除く。	

参考

(1) コンクリートのレイタンスとは、コンクリートの打込み後、ブリーディング（固体材料の沈降または分離によって練混ぜ水の一部が遊離して上昇する現象）に伴い、コンクリート内部にある微細な粒子が浮上することで、コンクリート表面に形成される脆弱な物質の層である。

(2) 軽い水やセメントの灰汁（あく）などから形成されたレイタンスの層は、強度がほとんどないため、施工後まで残しておくと、コンクリートの弱点となる。そのため、次のような対策を講じる。

① 先打ちのコンクリート（先行フレッシュコンクリート）に後打ちのコンクリート（後続フレッシュコンクリート）を打ち継ぐ場合には、先打ちのコンクリートの表面に存在するレイタンスなどを、スポンジや柄杓などで完全に取り除いておかなければならない。

② 旧コンクリート（既設コンクリート）に新コンクリート（新設フレッシュコンクリート）を打ち継ぐ場合には、その打継面に存在するレイタンス・緩んだ骨材粒・品質の悪いコンクリートなどを完全に取り除き、打継面を粗にして十分に吸水させなければならない。

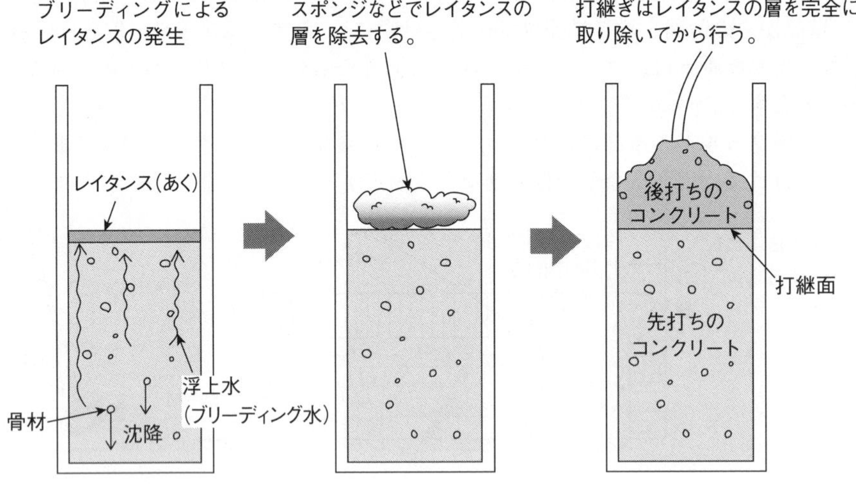

解答例

f	用語	シーリング工事のバックアップ材	ポイント：仕上げ・防水工事（材料）
用語の説明		比較的深い目地にシーリング材を充填するときに、シーリング材の高さを調整するために、シーリング材の下部に装填する成型材料である。	
施工上留意すべきこと		ワーキングジョイントに装填する丸形のバックアップ材は、その目地幅よりも20%～30%大きい直径のものを使用する。	

参考

(1) シーリング工事とは、建物を構成する部材の隙間に、シーリング材（ペースト状の材料）を充填する工事である。建物を構成する部材に隙間があると、建物の水密性や気密性が損われる（雨水や外気が建物内部に侵入しやすくなる）ので、シーリング工事が必要となる。

(2) バックアップ材とは、比較的深い目地にシーリング材を充填するときに、シーリング材の充填深さを調整するために、シーリング材の下部に装填する成型材料である。

(3) シーリング工事の目地は、ワーキングジョイントとノンワーキングジョイントに大別される。
　①ワーキングジョイント（大きな伸縮を受ける目地）は、2面接着で施工する。
　②ノンワーキングジョイント（伸縮をほとんど受けない目地）は、3面接着で施工する。

(4) ワーキングジョイントに施工するバックアップ材は、シーリング材が目地の下方で密着する（2面接着ではなく3面接着になる）ことを防止するための役割も有している。この場合は、シーリング材とバックアップ材の間に、ボンドブレーカーと呼ばれるテープを張り付ける。

(5) バックアップ材の幅は、その裏面における粘着剤（接着剤）の有無に応じて定められている。
　①裏面に粘着剤が付いているバックアップ材は、目地幅よりも1㎜程度小さい幅とする。
　②裏面に粘着剤が付いていないバックアップ材は、目地幅よりも2㎜程度大きい幅とする。

(6) ワーキングジョイントに装填する丸形のバックアップ材は、シーリング材がバックアップ材の下に漏れ出さないよう、その目地幅よりも20%～30%大きい直径のものを使用する。
　※この規定は、ポリエチレン発泡体から成るバックアップ材を使用する際に適用される。

シーリング工事のバックアップ材

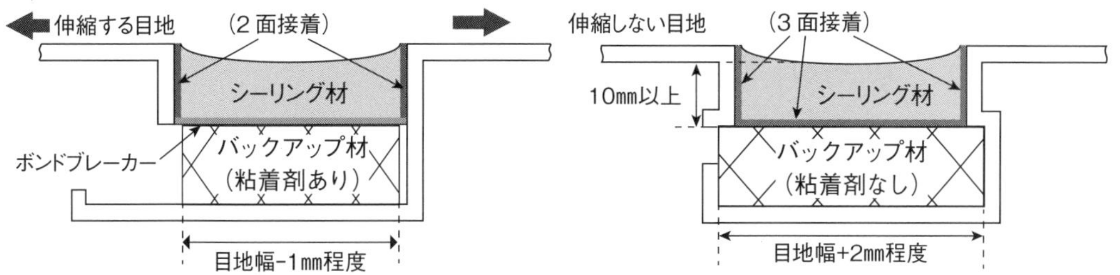

解答例

g	用語	ジェットバーナー仕上げ　ポイント：仕上げ・石工事（工法）
用語の説明		石材の粗面仕上げの一種である。石表面を炎で加熱しながら水で急冷することで、石表面の鉱物を剥離させる。美観性や滑り防止効果に優れている。
施工上留意すべきこと		石表面の鉱物が剥離する際に、石厚が薄くなるので、加工前の石厚は、所定の石厚＋3㎜以上を目安とする。

参考

(1) ジェットバーナー仕上げは、主として花崗岩に用いられる石材の粗面仕上げの一種である。石表面を、加熱用バーナーの炎で1800℃～2000℃に加熱し、それを水で急冷することにより、石表面の結晶を剥離させて弾き飛ばす。

(2) ジェットバーナー仕上げによる処理をした石材には、次のような特徴が付与される。
①石表面が毛羽立ち、歩行時の滑り防止効果が大きくなる。
②自然の岩肌に近い外見になるので、美観性に優れる。

(3) ジェットバーナー仕上げの施工をするときは、次のような点に留意しなければならない。
①石表面の鉱物が剥離する際に、石厚が薄くなるので、加工前の石厚に余裕を持たせる。
②加工前の石厚は、所定の石厚（設定値）＋3㎜以上を目安とする。
③加熱による強度低下を考慮する場合は、所定の石厚（設定値）＋5㎜以上を目安とする。
④石表面の鉱物のはじけ具合が、大きなむらのない状態になるようにする。
⑤耐火性の小さい石材は、熱割れのおそれがあるので、炎の制御や水の掛け方に注意する。

ジェットバーナー仕上げの施工図

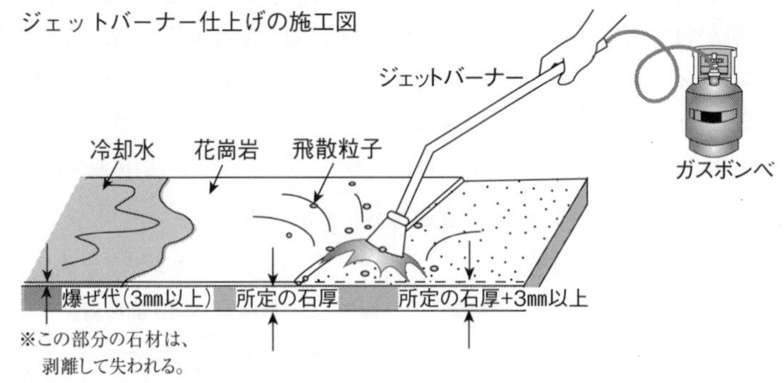

解答例

h	用語	隅肉溶接　ポイント：躯体・鉄骨工事（工法）
用語の説明		ふたつの鋼材を突き合わせて密着させ、その交点に溶着金属を流し込む溶接方法である。直交する鉄骨構造の接合や、重ね継手などに用いられる。
施工上留意すべきこと		施工する溶接長さは、有効長さ（隅肉溶接の始端から終端までの長さ）に隅肉溶接のサイズの2倍を加えたものとする。

（参考）

⑴隅肉溶接は、ふたつの鋼材を突き合わせて密着させ、その交点に溶着金属を流し込む溶接方法である。鉄骨構造の接合(直交する鉄骨の接合や重ね継手などの部分)に用いられる。

⑵隅肉溶接の有効長さは、隅肉溶接の始端から終端までの長さから、隅肉サイズの2倍を差し引いた長さとする。したがって、隅肉溶接において施工する溶接長さは、その強度を確保できるよう、有効長さに隅肉溶接のサイズの2倍を加えたものとしなければならない。

⑶隅肉溶接のサイズは、所定の管理許容差や限界許容差を満たしていなければならない。隅肉溶接のサイズは、下図のような溶接ゲージを用いて確認する。

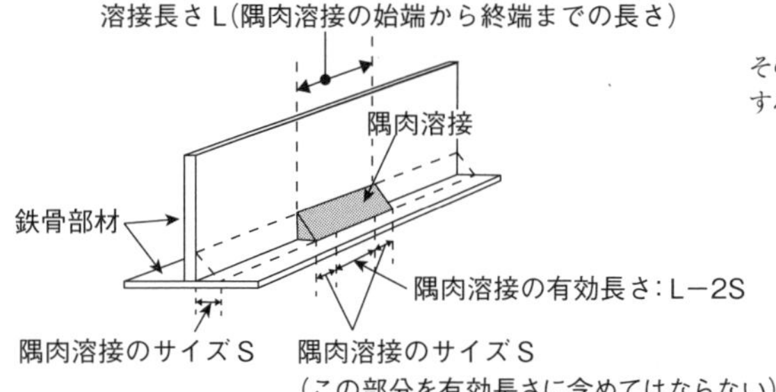

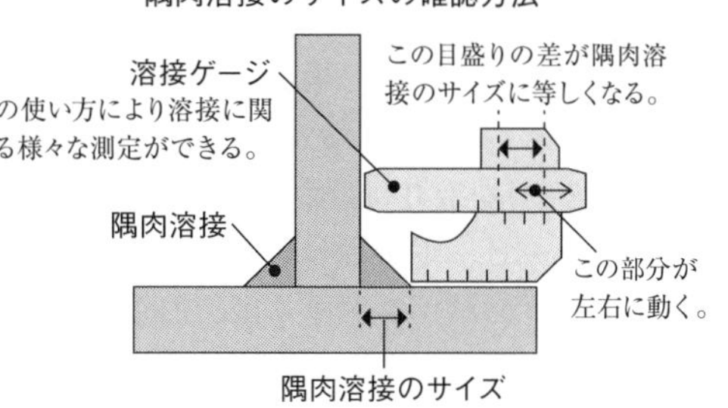

隅肉溶接の留意点に関するより専門的な内容

隅肉溶接の施工上留意すべきことには、次のようなものがある。

①アーク溶接を行う際には、強い光や飛散物から皮膚や目を保護するため、防塵マスク・手袋・エプロン・腕カバー・脚カバーなどを身に着ける。

②隅肉溶接をする前に、溶接部の錆や汚れを取り除き、十分に緊結させる。また、風を受けると溶接ガスシールドが流されて溶接ができなくなるので、現場の状況に応じた防風対策を講じる。

③気温の低い時期には、必要に応じた予熱を与えてから隅肉溶接を開始する。

④隅肉溶接のサイズや余盛りは、下図のように設定する。(管理許容差や限界許容差に留意する)

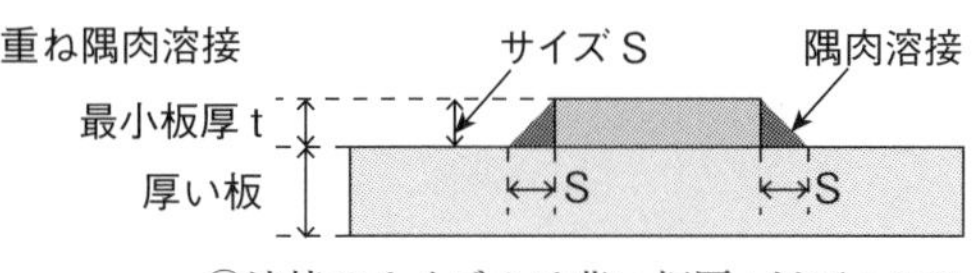

①溶接のサイズSは薄い板厚t以下：S≦t

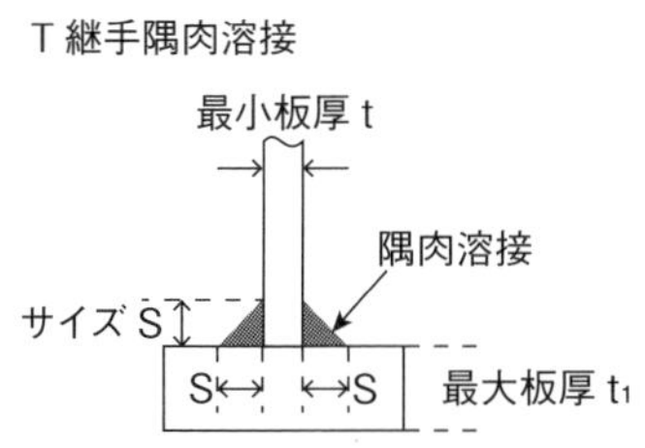

①t≦6㎜のときのサイズSは
S=1.5×t以下かつ6㎜以下

②t>6㎜のときのサイズSは
$S \geq 4$㎜かつ$1.3\times\sqrt{t_1}$

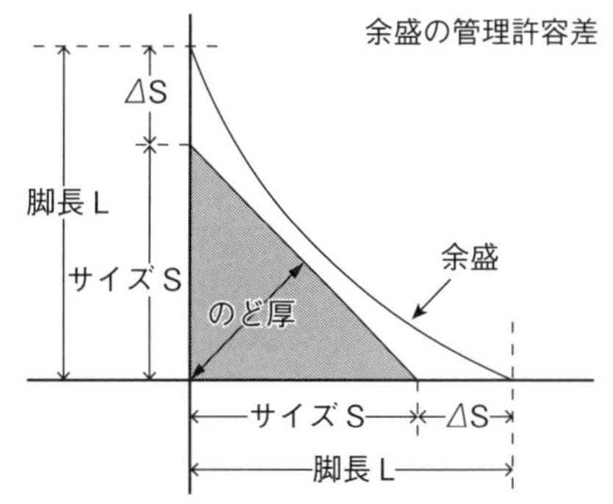

余盛の管理許容差：$0 \leq \Delta S \leq 0.5S$かつ$\Delta S \leq 5$㎜

解答例

i	用語	石膏ボード張りのコーナービード	ポイント：仕上げ・内装工事（材料）
用語の説明		壁に張られた石膏ボードの入隅部・出隅部において、物の衝突などによる損傷を防止するために取り付けられる保護金物である。	
施工上留意すべきこと		コーナービードの取付け後に行うジョイントコンパウンド塗りは、2回～3回に分けて行い、厚付けしすぎないようにする。	

参考

(1) 内装工事において、壁の石膏ボード張りをするときは、その入隅部・出隅部に、物の衝突などによる石膏ボードの損傷を防止するためのコーナービード（金属製またはプラスチック製の保護金物）を取り付けなければならない。

(2) コーナービードの取付け後には、ジョイントコンパウンド塗りによる処理を行う。このジョイントコンパウンド塗りは、2回（下塗り・上塗り）または3回（下塗り・中塗り・上塗り）に分けて行うものとする。各回の塗りについては、厚付けしすぎないように留意する

石膏ボードの入隅・出隅の処理（コーナービードとジョイントコンパウンド）

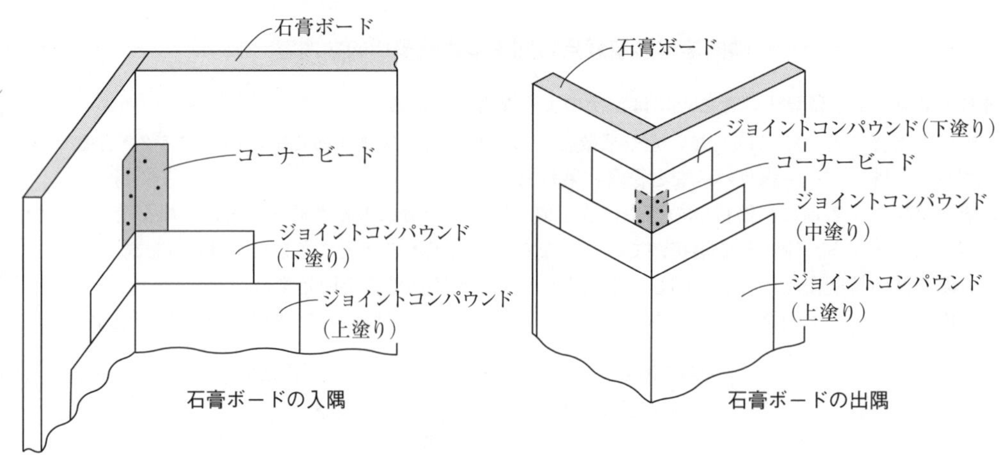

解答例

j	用語	鉄筋の先組み工法	ポイント：躯体・鉄筋工事(工法)
用語の説明		柱や梁の鉄筋を、工場または現場(地上)で組み立ててユニット化し、所定の位置にクレーンで吊り込んだ後、機械式継手で接合する工法である。	
施工上留意すべきこと		ユニット化された鉄筋を吊り込むときに、自重による鉄筋の変形(組立て精度の低下)が生じないよう、鉄筋の継手部には、補強筋を取り付けておく。	

参考

(1) 従来の鉄筋工事では、鉄筋コンクリート柱や鉄筋コンクリート梁の鉄筋を、型枠内で組み立てていた。しかし、この組立て方法は、高度の技術が必要であり、工期も長くなりやすい。

(2) 近年の鉄筋工事では、鉄筋コンクリート柱や鉄筋コンクリート梁の鉄筋を、工場または現場(地上)で組み立ててユニット化し、所定の位置までクレーンで吊り込み、機械式継手で接合する「鉄筋の先組み工法」を採用することが多くなっている。

(3) 鉄筋の先組み工法の特長(長所)には、次のようなものがある。
　①型枠の完成を待たずに、鉄筋の組立て作業が開始できるので、工期を短縮できる。
　②工場や地上などの安定した場所で施工できるので、精度が向上する。
　③高所などの危険な場所での作業が少なくなるので、労働者の安全を確保できる。
　※高層建築物の工事では、このような特長(長所)が顕著になる。

(4) 鉄筋の先組み工法の課題(短所)には、次のようなものがある。
　①鉄筋の先組みを行うための工場やヤード(現場の作業場)を、用意しておく必要がある。
　②吊上げに使用する移動式クレーンの設置場所が確保できない場合は、採用が困難になる。
　③ユニット化された鉄筋を吊り込むときに、自重による鉄筋の変形(組立て精度の低下)が生じないよう、鉄筋の継手部には、補強筋を取り付けておく必要がある。

鉄筋の先組み工法

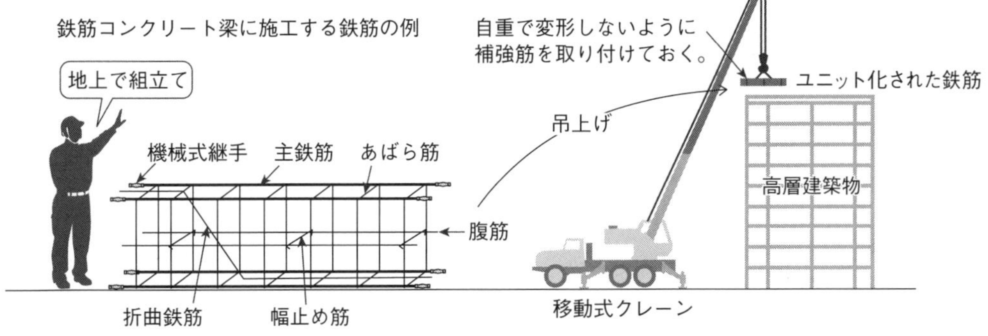

解答例

k	用語	壁面のガラスブロック積み	ポイント：仕上げ・内装工事（工法）
用語の説明		箱形ガラスを溶着して作られた中空のガラス製ブロックを、壁部分に壁用金属枠を用いて、現場でひとつひとつ積み上げてゆく工法である。	
施工上留意すべきこと		外部に面する下枠の溝には、径が6㎜以上の水抜き孔を、1.0m～1.5mの間隔で設けて、浸入した水を屋外に排水できるようにする。	

建築施工用語

参考

⑴ 壁面のガラスブロック積みとは、ふたつの箱形ガラスを溶着して作られた中空のガラス製ブロックを、壁部分に壁用金属枠を用いて、現場でひとつひとつ積み上げてゆく工法である。各ガラス製ブロックは、縦方向・横方向に配置された力骨で補強する。

⑵ 壁面のガラスブロック積みでは、開口部の幅が6ｍを超えると、熱伸縮や地震による変形に追従できなくなるので、開口部の幅にして6ｍ以内ごとに、幅10㎜～25㎜の伸縮調整目地を設けることが一般的である。

⑶ 壁面のガラスブロック積みに使用する部材と、その施工における留意点は、次の通りである。

①壁用金属枠は、ガラスブロック壁を躯体に固定する部材である。

②力骨は、個々のガラスブロックを一体化させて壁面として機能させる部材である。

③緩衝材・滑り材は、ガラスブロックの変形を躯体に伝達する部材である。

※緩衝材は、弾力性を有する耐久性のある材料とする。

※滑り材は、片面接着のできる弾力性のある帯状のものとする。

④水抜きプレートは、壁から浸透してきた雨水を集める部材である。

※水抜きプレートは、耐久性のある合成樹脂製のものとする。

⑤水抜き孔は、壁用金属枠から外壁面に向けて、雨水を排水する部材である。

※外部に面する下枠の溝には、径6㎜以上の水抜き孔を、1.0ｍ～1.5ｍの間隔で設ける。

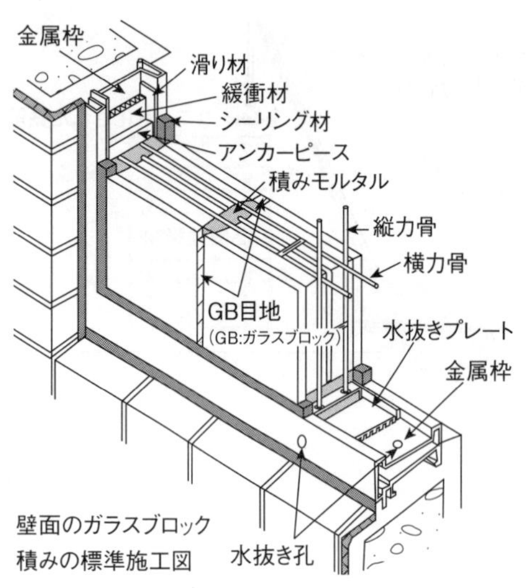

壁面のガラスブロック積みの標準施工図

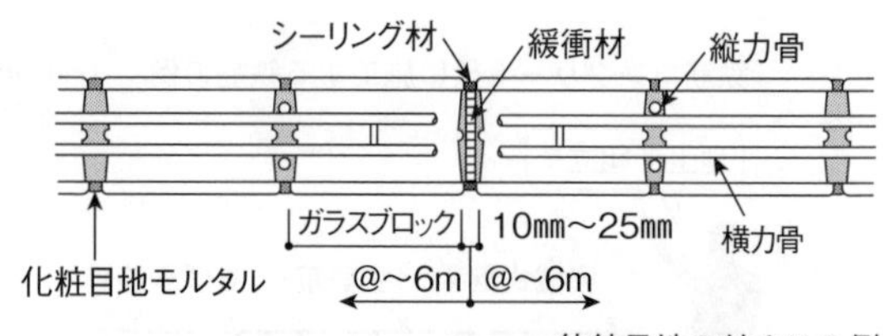

伸縮目地の納まりの例

壁面のガラスブロック積みの例

解答例

1	用語	べた基礎	ポイント：躯体・基礎工事（構造）
用語の説明		建築物の下面全体に設けられた一枚の底盤により、建築物を「面」で支える直接基礎である。	
施工上留意すべきこと		立上り部分の高さは地上部分で30cm以上、立上り部分の厚さは12cm以上、基礎の底盤の厚さは12cm以上とする。	

参考

(1) 建築物の直接基礎は、べた基礎と布基礎に分類されている。

① べた基礎は、建築物の下面全体に設けられた一枚の底盤により、建築物を「面」で支える直接基礎である。耐震性に優れるが、鉄筋の使用量が多く、高価である。

② 布基礎は、建築物の壁下に設けられた立上り部と底盤により、建築物を「点」で支える直接基礎である。鉄筋の使用量が少なく、安価に造れるが、耐震性はやや劣る。

(2) 建築物の基礎をべた基礎とする場合の施工方法（構造基準）については、「建築物の基礎の構造方法及び構造計算の基準を定める件」において、次のように定められている。

① 原則として、一体の鉄筋コンクリート造とすること。

② 木造の建築物の土台の下等にあっては、連続した立上り部分を設けるものとすること。

③ 立上り部分の高さは地上部分で30cm以上、立上り部分の厚さは12cm以上とすること。

④ 基礎の底盤の厚さは12cm以上とすること。

⑤ 根入れの深さは、原則として、12cm以上かつ凍結深度よりも深いものとすること。

べた基礎の基本的な構造

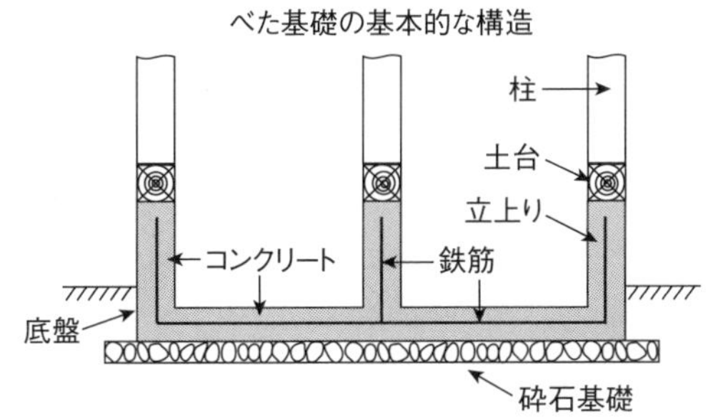

木造建築物の土台の下にあるべた基礎の寸法

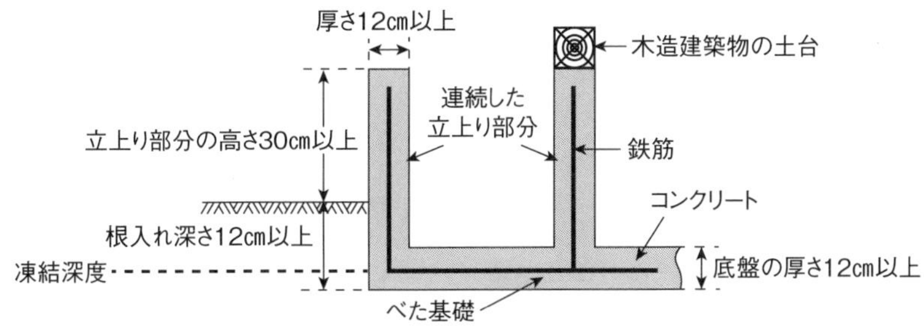

建築施工用語

解答例

ⅲ 用語	木工事の仕口　　ポイント：躯体・木工事（構造）
用語の説明	線材同士が所要の角度をもって接合する場合における接合部の名称である。面材の長辺同士・長辺と短辺を剥ぐ接合を示すこともある。
施工上留意すべきこと	隅通し柱の土台への仕口は、土台へ扇ほぞ差しとし、ホールダウン金物当てボルト締めとする。

参考

(1) 木工事の仕口は、木材を相互に接合するときに、直角または斜め方向の接合部において、ほぞ(凸部)とそれを収納する受口となる溝(凹部)となる部分である。

(2) 公共建築木造工事標準仕様書(令和4年版)では、「仕口」という用語の意義は、「線材同士が角度をもって接合する場合の接合部の名称。面材の長辺同士・長辺と短辺を剥ぐ接合にも使うことがある。」と定められている。

(3) 木造在来軸組構法の建築物において、木材の仕口およびその周辺の木材を施工するときは、構造耐力上の問題が発生しないよう、次のような点に留意しなければならない。

① 構造耐力上主要な部分である仕口は、かすがい打ち・込み栓打ちなどの方法により、その部分の存在応力を伝えるように緊結する。

② 隅通し柱の土台への仕口は、土台へ扇ほぞ差しとし、ホールダウン金物当てボルト締めとする。

③ 和小屋の束立て小屋組において、京呂組とする(小屋梁を軒桁の上に乗せかける)場合の仕口は、かぶとあり掛けで納め、羽子板ボルト締めとする。

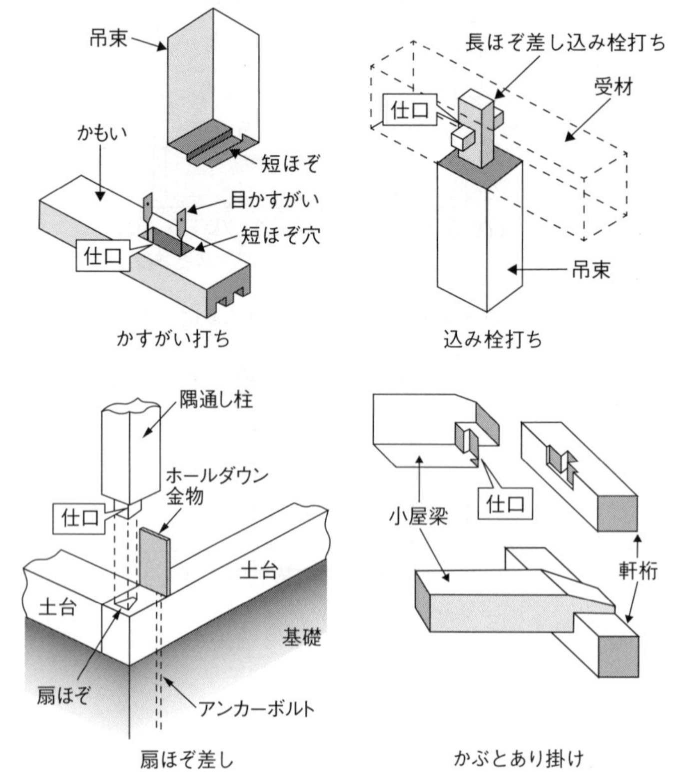

解答例

n	用語	木造住宅の気密シート	ポイント：仕上げ・内装工事（部材）
用語の説明		室外からの湿気や、壁からの隙間風を防止するために、木造住宅の壁に張られたポリエチレンフィルムなどの部材である。	
施工上留意すべきこと		壁に断熱材が用いられているときは、壁内の湿気が室内に侵入しないよう、断熱材よりも室内側に気密シートを張り付ける。	

参考

(1) 木造住宅では、室外からの湿気が壁面を通して室内に侵入したり、窓枠などの隙間から風が侵入したりすることにより、室内環境が悪化することがある。気密シートは、木造住宅において、こうした湿気や隙間風を防止するためのフィルムである。

(2) 気密シートは、厚さが0.1mm～0.2mmのポリエチレンフィルムとすることが一般的である。

(3) 気密シートの施工における留意点には、次のようなものがある。

① 気密シートは、気密テープで下地に留め付けるか、木製の釘で下地に釘留めする。気密シートの重ね部では、気密層の連続性を確保できるよう、重ね幅を100mm以上とする。

② 気密シートは、気密層の連続性を確保できるよう、気密補助材である気密パッキン材・現場発泡断熱材などと組み合わせて使用する。

③ 壁に断熱材が用いられている（断熱層が存在する）ときは、壁内にある冷気などが室内に侵入しないよう、断熱材よりも室内側に気密シートを張り付ける。

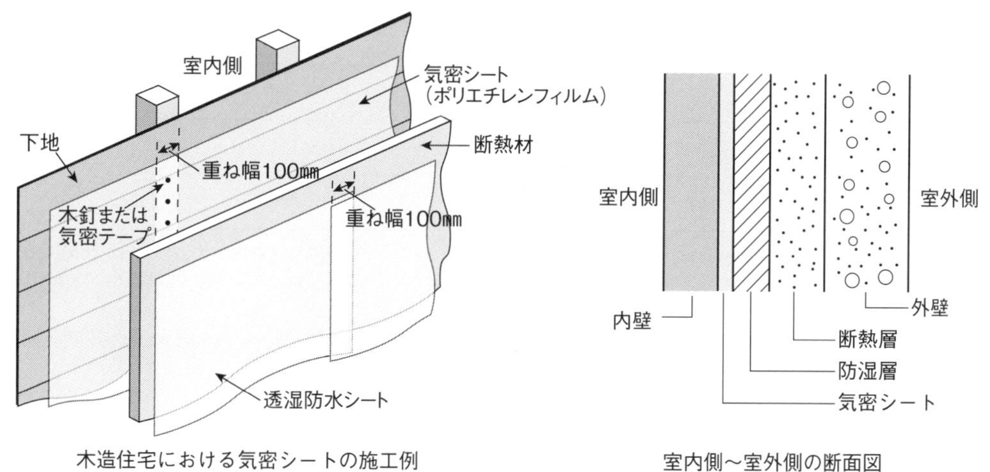

木造住宅における気密シートの施工例

室内側～室外側の断面図

令和4年度 問題2 建築施工用語と施工上の留意点の解答例

問題2 次の建築工事に関する用語の一覧表の中から**5つ**用語を選び，解答用紙の**用語の記号欄**の記号にマークしたうえで，**選んだ用語欄**に用語を記入し，その**用語の説明**と**施工上留意すべきこと**を具体的に記述しなさい。

ただし，a及びj以外の用語については，作業上の安全に関する記述は不可とする。

また，使用資機材に不良品はないものとする。

用語の一覧表

用語の記号	用　　語
a	足場の壁つなぎ
b	帯筋
c	親杭横矢板壁
d	型枠のセパレーター
e	壁のモザイクタイル張り
f	先送りモルタル
g	セッティングブロック
h	タイトフレーム
i	天井インサート
j	ベンチマーク
k	防水工事の脱気装置
ℓ	マスキングテープ
m	木構造のアンカーボルト
n	溶接のアンダーカット

ポイント解説 建築工事に関する用語の説明と、施工上留意すべきことを解答する上でのポイントは、下表の通りである。（仮設・躯体・仕上げの分野別に示す）

分野		建築工事の用語	用語の説明の解答ポイント	施工上留意すべきことの解答ポイント
仮設	a	足場の壁つなぎ	足場の倒壊・変形を防止するために、躯体と足場を繋ぐ部材である。	単管足場の壁つなぎの間隔は、垂直5m以下・水平5.5m以下とする。
	c	親杭横矢板壁	H型鋼の間に木板を嵌め込んだ、止水性がない土留め壁である。	地山を削る深さは、矢板の厚さに余掘り厚を加えた程度とする。
	d	型枠のセパレーター	型枠のせき板相互の間隔を正しく保持するための鋼製部品である。	丸セパレーターは、型枠に対して直角に取り付ける。
	j	ベンチマーク	建築物の平面位置や高さの基準となる木杭などの設備である。	破損に備えて複数個設ける。移動や破損を防ぐため、柵などで囲う。
躯体	b	帯筋	鉄筋コンクリート柱の主筋を取り囲むせん断補強用の鉄筋である。	柱梁接合部内の帯筋間隔は、原則として150mm以下とする。
	f	先送りモルタル	コンクリートの圧送前に、輸送管内に圧送するモルタルである。	水セメント比が小さい富調合とするが、型枠内には打ち込まない。
	m	木構造のアンカーボルト	在来軸組構法の土台を基礎に固定するために設ける金具である。	土台の継手付近では、上木をアンカーボルトで締め付ける。
	n	溶接のアンダーカット	溶接した鉄骨に溝掘りが生じる欠陥であり、強度低下の原因となる。	溶接電流が大きくなりすぎないように留意する。
仕上げ	e	壁のモザイクタイル張り	下地の張付けモルタルに、ユニットタイルを叩き込む工法である。	張付けモルタルは、2層に分けて塗る。1層目は、こて圧をかける。
	g	セッティングブロック	ガラスの自重を支え、エッジクリアランスを確保する部材である。	両角部からガラス幅の4分の1だけ内側となる2箇所に設置する。
	h	タイトフレーム	金属製折板屋根で、受梁と折板との固定に使用する部材である。	隅肉溶接のサイズは、タイトフレームの板厚と同じにする。
	i	天井インサート	天井の吊りボルトを固定するために打ち込む雌ねじである。	既存の埋込みインサートを再使用するときは、強度確認を行う。
	k	防水工事の脱気装置	下地の水蒸気を大気中に放出し、防水層の膨れを防ぐ装置である。	平面部では、25m^2～100m^2につき1個の脱気装置を設ける。
	l	マスキングテープ	シーリング材による仕上げ面の汚れを防止するテープである。	シーリング材のヘラ仕上げの終了後、直ちに取り除く。

解答例

以下の用語から5つの用語を選んで解答する。

a	用語	足場の壁つなぎ	ポイント：仮設・足場工事（部材）
用語の説明		風などによる足場の倒壊や変形を防止するため、建築物の躯体に組立後の足場を繋ぎ止める部材である。	
施工上留意すべきこと		単管足場の壁つなぎの間隔は、垂直方向では5m以下、水平方向では5.5m以下とする。	

参考

(1) 足場の壁つなぎは、風などによる足場の倒壊や変形を防止するため、建築物の躯体に組立後の足場を繋ぎ止めることを目的とした部材である。一例として、右図の足場支柱は、壁つなぎを介して、躯体の下地鉄骨に繋ぎ止められている。

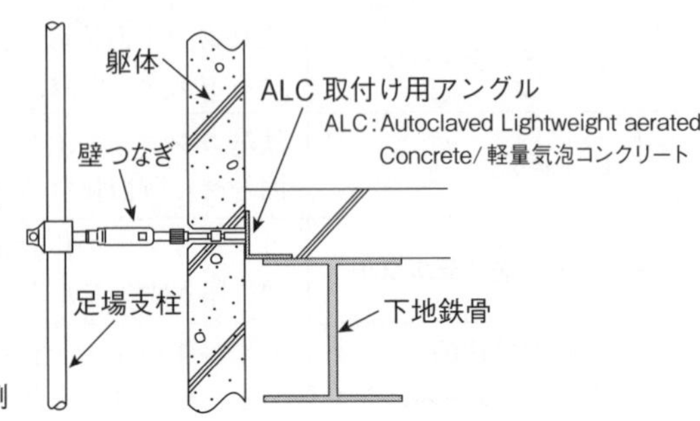

下地鉄骨を利用した壁つなぎの例

(2) 足場の壁つなぎは、鋼管・丸太などの材料を用いて、堅固なものとする。壁つなぎが引張材と圧縮材とで構成されているときは、引張材と圧縮材との間隔を1m以内とする。

(3) 単管足場の壁つなぎの間隔は、その高さに関係なく、垂直方向では5m以下、水平方向では5.5m以下とする。単管足場は、鉄パイプを主な材料として造られた足場である。

(4) 枠組足場（高さが5m未満のものを除く）の壁つなぎの間隔は、垂直方向では9m以下、水平方向では8m以下とする。枠組足場は、門型の鋼材を主な材料として造られた足場である。

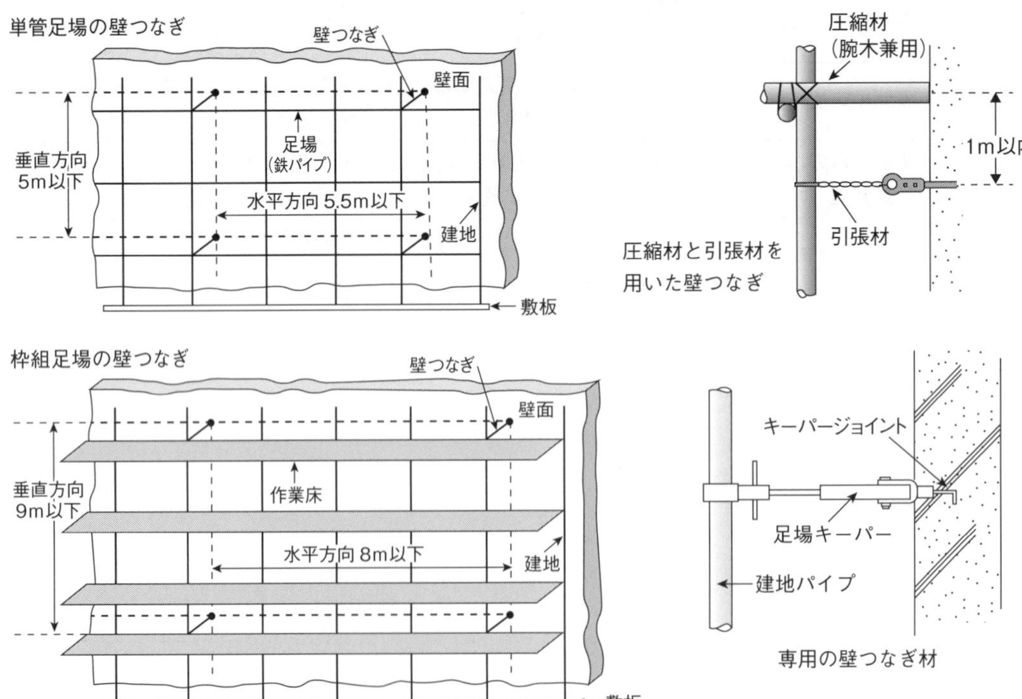

b	用語	帯筋	ポイント：躯体・鉄筋工事（構造）
用語の説明		鉄筋コンクリート構造物の柱において、そのせん断補強と座屈防止のために、主鉄筋を取り囲むようにして配置される鉄筋である。	
施工上留意すべきこと		柱梁接合部内の帯筋間隔は、原則として150㎜以下とし、かつ、隣接する柱の帯筋間隔の1.5倍以下とする。	

（参考）

⑴ 鉄筋コンクリート構造物では、下図のように、柱にはせん断補強と座屈防止のための帯筋が、梁にはせん断補強のためのあばら筋が配置されている。

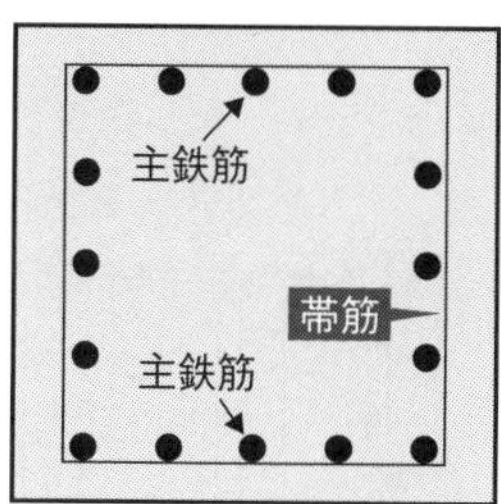

鉄筋コンクリート柱の断面図

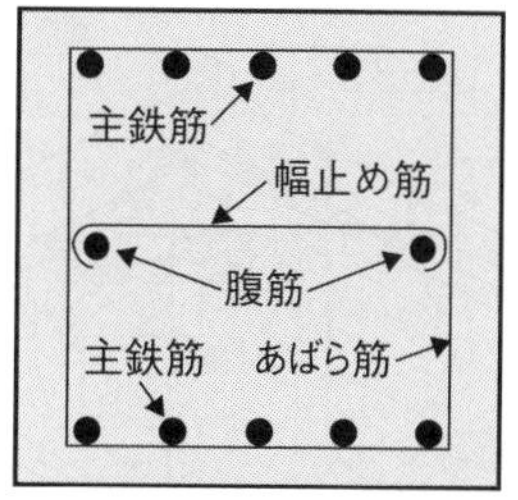

鉄筋コンクリート梁の断面図

⑵ 鉄筋コンクリート柱の帯筋（せん断補強筋）は、柱の上下端部では、柱の中央部よりも密に配置しなければならない。

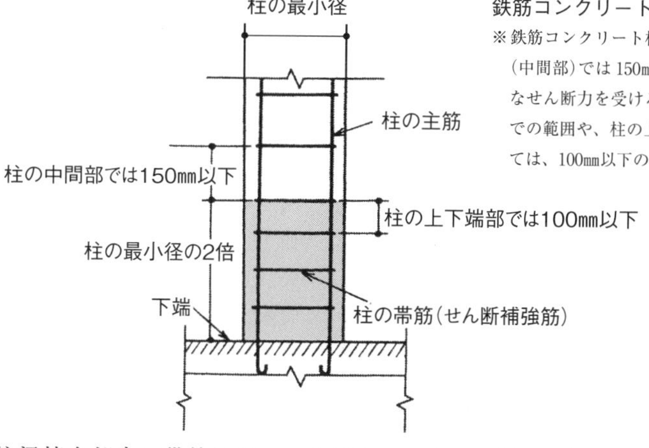

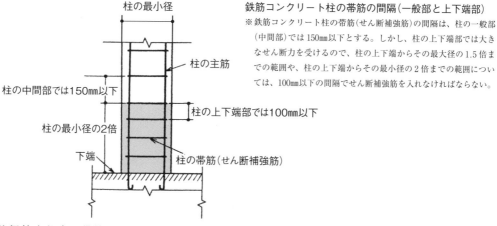

鉄筋コンクリート柱の帯筋の間隔（一般部と上下端部）

※鉄筋コンクリート柱の帯筋（せん断補強筋）の間隔は、柱の一般部（中間部）では150㎜以下とする。しかし、柱の上下端部では大きなせん断力を受けるので、柱の上下端からその最大径の1.5倍までの範囲や、柱の上下端からその最小径の2倍までの範囲については、100㎜以下の間隔でせん断補強筋を入れなければならない。

⑶ 柱梁接合部内の帯筋間隔は、原則として150㎜以下とし、かつ、隣接する柱の帯筋間隔の1.5倍以下とする。

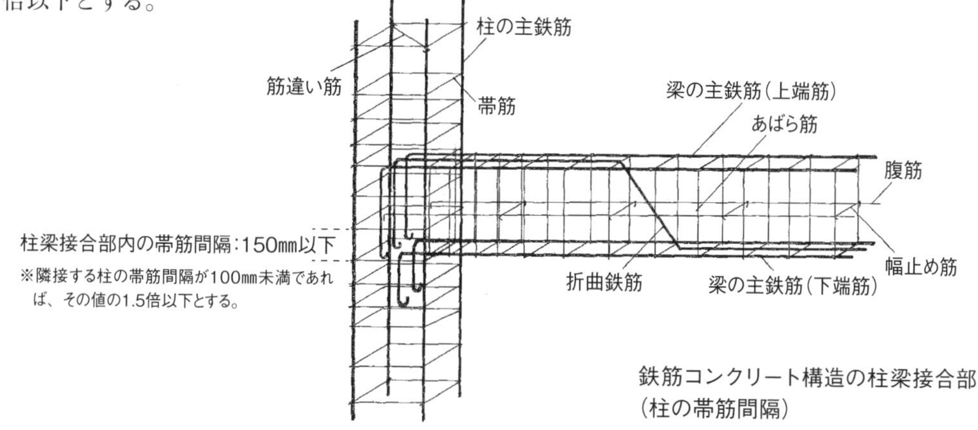

鉄筋コンクリート構造の柱梁接合部（柱の帯筋間隔）

建築施工用語

C	用語	親杭横矢板壁	ポイント：仮設・土工事（構造）
用語の説明		H 型鋼で造られた親杭の間に、木製の横矢板を嵌め込んだ土留め壁である。止水性がないため、地下水のない地盤にのみ適用できる。	
施工上留意すべきこと		横矢板背面の地山を削り取る深さは、矢板の厚さに、埋戻しができる余掘り厚を加えた程度までとする。	

(参考)

(1) 親杭横矢板壁は、掘削した地盤の崩壊を防ぐための仮設物（土留め壁）の一種である。

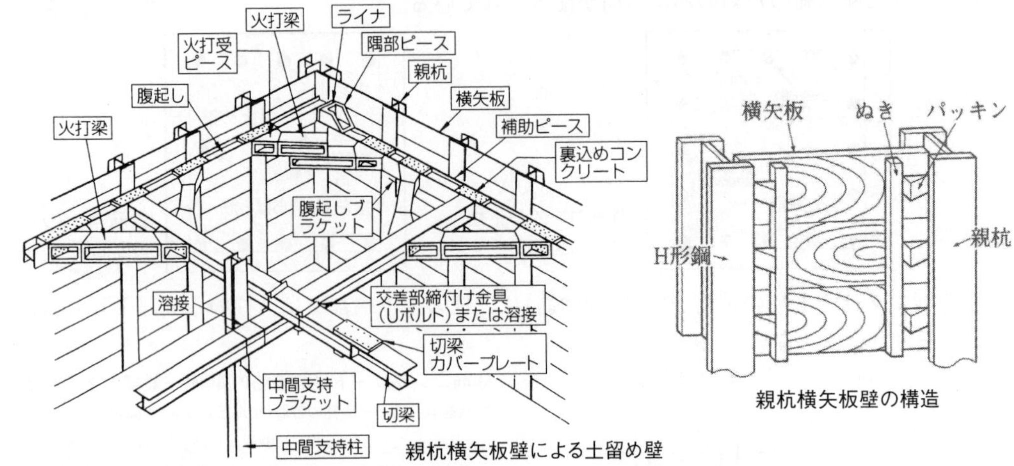

親杭横矢板壁による土留め壁

親杭横矢板壁の構造

(2) 親杭横矢板壁（親杭と横矢板による土留め壁）は、H型鋼で造られた親杭の間に、木製の横矢板を嵌め込んだものである。その特徴には、次のようなものがある。

① 施工は比較的容易であり、施工費用も比較的安価である。（利点）
② 比較的硬い地盤や玉石層においても、施工が可能である。（利点）
③ 止水性がなく、横矢板相互の隙間から地下水が浸入する。（欠点）
④ 地下水や湧水のある地盤や、軟弱地盤では施工できない。（欠点）

各種の土留め壁の種類とその特徴

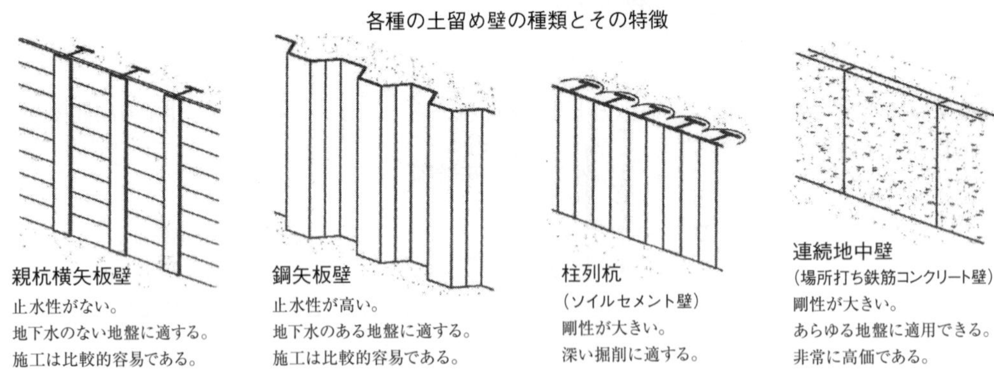

親杭横矢板壁
止水性がない。
地下水のない地盤に適する。
施工は比較的容易である。
鋼矢板壁
止水性が高い。
地下水のある地盤に適する。
施工は比較的容易である。
柱列杭
（ソイルセメント壁）
剛性が大きい。
深い掘削に適する。
連続地中壁
（場所打ち鉄筋コンクリート壁）
剛性が大きい。
あらゆる地盤に適用できる。
非常に高価である。

(3) 親杭横矢板壁による土留め壁を施工するときは、次のような事項に留意する。

① 横矢板背面の地山を削り取る深さは、矢板の厚さに、埋戻しができる余掘り厚を加えた程度までとする。地山を深く削り取りすぎると、地山にゆるみなどの不都合が生じる。
② 横矢板は、取付けが可能な深さまでの掘削を完了した箇所から、速やかに設置する。横矢板の設置が遅れると、親杭（H形鋼）間の地山が、掘削面と共に崩壊するおそれが生じる。

d 用語	型枠のセパレーター	ポイント：仮設・型枠工事（部材）
用語の説明	型枠のせき板相互の間隔を正しく保持し、仕上がり寸法の精度を高くするために使用される鋼製部品である。	
施工上留意すべきこと	丸セパレーターは、せき板(型枠)に対する傾きが大きくなると、破断耐力が大幅に低下するため、型枠に対して直角に取り付ける。	

参考

(1) 型枠のセパレーターは、型枠のせき板相互の間隔を正しく保持し、仕上がり寸法の精度を高くするために使用される鋼製部品である。

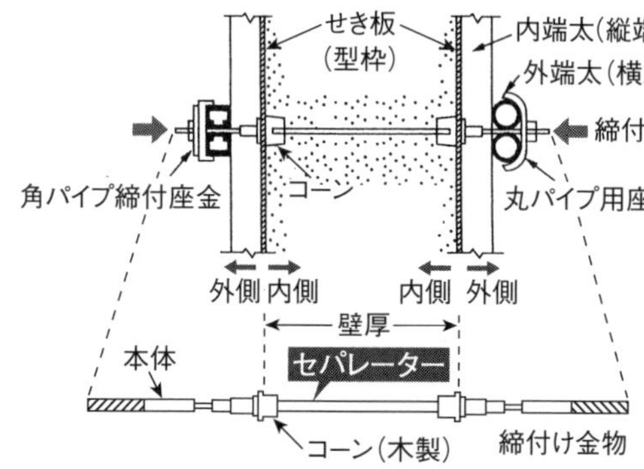

締付け金物を使用する合板型枠

※締付け金物を使用する合板型枠は、合板で造られたせき板(型枠)に内端太(縦端太)を添えて、その内端太(縦端太)を外端太(横端太)で押さえ、締付け金物で締め付けることで、型枠の位置を定めている。

(2) 型枠の組立てには、丸型のセパレーターを用いることが多い。上図のような丸セパレーターでは、丸セパレーターのせき板(型枠)に対する傾きが大きくなると、曲げモーメントの作用を受けるので、丸セパレーターの破断耐力が大幅に低下する。そのため、丸セパレーターは、型枠に対して直角に取り付けることが望ましい。

(3) 打放し仕上げとなる外壁コンクリートの型枠に(コンクリート面に直接塗装仕上げを行う場合に)使用するセパレーターは、仕上げ面の歪みを小さくして平坦性を高めるため、コーンを取り付けたものとする。

(4) 型枠脱型後に、セパレーターのネジ部分がコンクリート表面に残っている場合は、そのネジをハンマーで叩き折って除去しなければならない。

e	用語	壁のモザイクタイル張り　ポイント：仕上げ・タイル工事（工法）
用語の説明		下地モルタル面に張付けモルタルを塗り付けた後、ユニットタイルを張り付けた表張り台紙を叩き込んでタイルを張り付ける工法である。
施工上留意すべきこと		張付けモルタルは、2層に分けて塗り付けるものとし、その1層目はこて圧をかけて塗り付ける。

（参考）

(1) 壁のモザイクタイル張りは、下地モルタル面に張付けモルタルを塗り付けた後、ユニットタイルを張り付けた表張り台紙を叩き込んでタイルを張り付ける工法である。

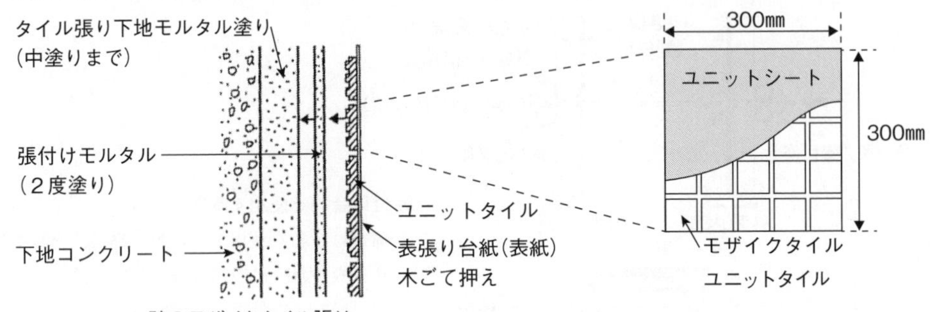

壁のモザイクタイル張り

※ユニットタイルは、300㎜角のユニットシート（表張り台紙）に、小さなモザイクタイルを張り付けて、300㎜×300㎜の大きさにしたタイルである。

(2) 壁のモザイクタイル張りにおいて、施工上留意すべきことについては、公共建築工事標準仕様書（建築工事編）の中で、次のような事項が定められている。

①張付けモルタルは、2層に分けて塗り付ける。その1層目は、こて圧をかけて塗り付ける。

②張付けモルタルは、塗厚（総厚）を3㎜～5㎜とし、ユニットごとに張り付ける。

③張付けモルタルの1回の塗付け面積の限度は、張付けモルタルに触れると手に付く状態のままタイル張りが完了できることとし、タイル工1人につき3m^2以内とする。

(3) 張付けモルタルを塗り付けた後は、ユニットタイルを張り付け、縦横および目地幅の通りを揃える。その後、適切な方法で目地部分に張付けモルタルが盛り上がるまで叩き締める。

①タイル張継ぎ部分の張付けモルタルは、除去する必要がある。

②張付け後、時期を見計らって水湿しをして、表張り台紙を剥がす。

f	用語	先送りモルタル　**ポイント：躯体・コンクリート工事（作業）**
用語の説明		輸送管内面の潤滑性を確保し、コンクリートの品質変化を防止するため、コンクリートを圧送する前に、輸送管内に圧送するモルタルである。
施工上留意すべきこと		先送りモルタルは、水セメント比が小さい富調合のものとするが、劣化するおそれがあるので、型枠内に打ち込んではならない。

(参考)

(1) コンクリートポンプ工法で使用される先送りモルタルは、構造物の材料となるコンクリートをコンクリートポンプ車から圧送する前に、輸送管（ホース）の内面をモルタルで被覆するために流されるモルタルである。

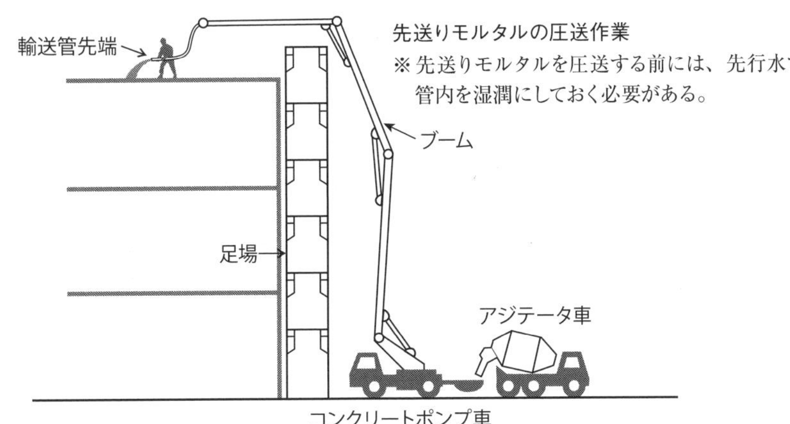

(2) 先送りモルタルの役割は、輸送管内面の潤滑性を確保し、コンクリートの品質変化を防止することである。先送りモルタルを適切に使用しないでいると、圧送中のコンクリートが、輸送管内を閉塞させたり、輸送管に直接触れて品質変化したりするおそれが生じる。

(3) 先送りモルタルは、上記の役割を果たすことができるよう、富調合とする。富調合とは、セメントが多く含まれる（単位セメント量を大きくする）ように調合することをいう。

(4) 先送りモルタルは、劣化するおそれがあるうえに、構造物に使用するコンクリートとは性質が異なっている。そのため、コンクリート構造物の局所的な均一性が損なわれないよう、型枠内には打ち込まず、圧送後に廃棄しなければならない。この廃棄作業では、先送りモルタルを容器に受けておき、産業廃棄物を取り扱う業者に廃棄を依頼することが多い。

g	用語	セッティングブロック	ポイント：仕上げ・ガラス工事（部材）
用語の説明		ガラスの自重を支え、適当なエッジクリアランスとかかり代を確保するために、建具下辺のガラス構内に置かれる部材である。	
施工上留意すべきこと		セッティングブロックは、ガラス下辺の両角部から、ガラス幅の４分の１だけ内側となる２箇所に設置する。ガラス下辺の両角部には設置しない。	

（参考）

⑴ セッティングブロックは、ガラス工事において、建具(サッシ)下辺のガラス構内に置かれる部材である。その役割は、ガラスの自重を支え、建具とガラス小口(端面)との接触を防止し、適切なエッジクリアランスとかかり代を確保することである。

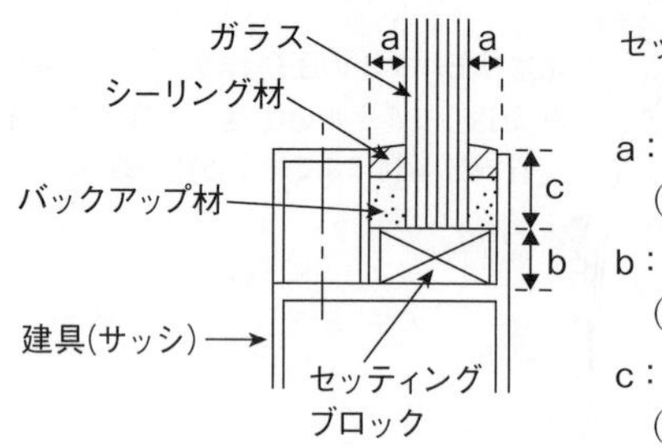
ガラス
a
a
シーリング材
バックアップ材
c
b
建具(サッシ)
セッティング
ブロック

セッティングブロックの施工の例

a：面クリアランス
（この長さはシーリング材とバックアップ材で確保する）
b：エッジクリアランス
（この長さはセッティングブロックで確保する）
c：かかり代
（この長さはセッティングブロックで確保する）

※エッジクリアランスとは、ガラス縁から建具枠までの距離をいう。建具に嵌め込まれたガラスには、建具枠への衝撃によるガラスの破損を避けるため、ガラスと建具枠との間に、ある程度の隙間(エッジクリアランス)を確保しなければならない。

⑵ 使用するセッティングブロックは、ガラスの大きさに適したものとする。セッティングブロックの厚さを表すエッジクリアランス(上図b)が大きくなりすぎると、かかり代(上図c)が小さくなる。かかり代が小さくなりすぎると、風圧を受けたときにガラスが揺れて、シーリング材がずれて止水性が低下したり、ガラスが外れたりするおそれが生じる。

⑶ 建具(サッシ)下辺のガラス溝内には、ガラス1枚につき2箇所(ガラス下辺の両角部からガラス幅の4分の1だけ内側となる2箇所)に、セッティングブロックを設置する。

セッティングブロックの配置

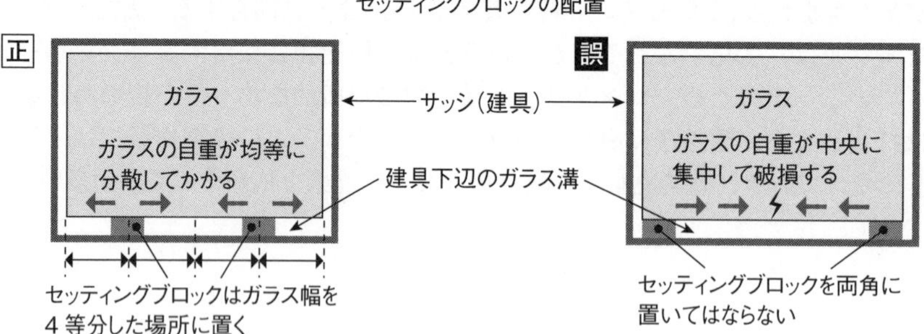
正
ガラス
ガラスの自重が均等に
分散してかかる
サッシ(建具)
建具下辺のガラス溝
セッティングブロックはガラス幅を
4 等分した場所に置く
誤
ガラス
ガラスの自重が中央に
集中して破損する
セッティングブロックを両角に
置いてはならない

h 用語	タイトフレーム	ポイント:仕上げ・屋根工事(部材)
用語の説明	金属製折板屋根の施工において、受梁と折板との固定に使用する山型の部材である。	
施工上留意すべきこと	タイトフレームと受梁との接合は、その下底の両側から10㎜残して隅肉溶接とする。隅肉溶接のサイズは、タイトフレームの板厚と同じにする。	

(参考)

(1) 金属製折板屋根は、折板を用いて構成された屋根である。下図のような重ね形折板屋根が、最も一般的に見られるものである。タイトフレームとは、この金属製折板屋根の施工において、受梁と折板との固定に使用する山型の部材である。

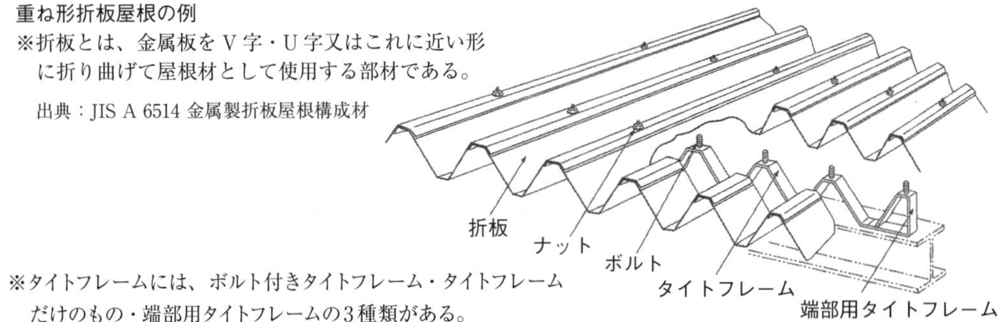
重ね形折板屋根の例
※折板とは、金属板をV字・U字又はこれに近い形に折り曲げて屋根材として使用する部材である。
出典:JIS A 6514 金属製折板屋根構成材
折板
ナット
ボルト
タイトフレーム
端部用タイトフレーム
※タイトフレームには、ボルト付きタイトフレーム・タイトフレームだけのもの・端部用タイトフレームの3種類がある。

(2) タイトフレームの割付けは、次のような点に留意して行う。

①タイトフレームの割付けは、建築物の桁行方向の中心から開始する。

②タイトフレームの幅または長さを、すべての梁の上にマーキング(墨出し)する。

③タイトフレームの両端部の納まりが、同一となるようにする。

(3) タイトフレームを受梁に接合するときは、下図のように、その下底の両側から10㎜の範囲を残して隅肉溶接とする。隅肉溶接のサイズは、タイトフレームの板厚と同じにする。溶接後は、スラグを除去して錆止め塗料を塗り付ける。

タイトフレームの溶接接合

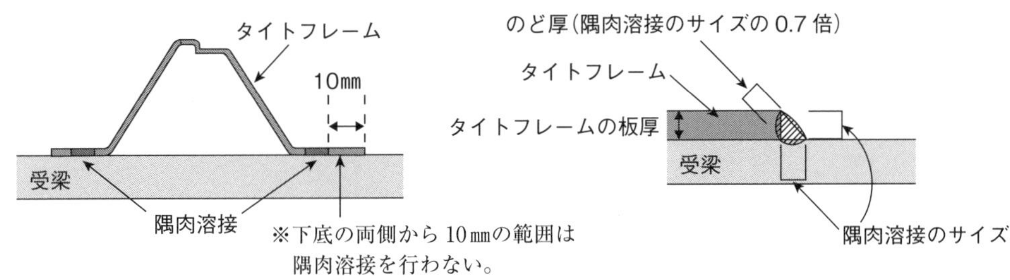
タイトフレーム
10㎜
受梁
隅肉溶接
※下底の両側から10㎜の範囲は隅肉溶接を行わない。
のど厚(隅肉溶接のサイズの0.7倍)
タイトフレーム
タイトフレームの板厚
受梁
隅肉溶接のサイズ

(4) タイトフレームの受梁が、大梁の接合部で切れている場合は、その大梁の上に、タイトフレームの板厚と同じ厚さの添え材を取り付けることで、タイトフレームと受梁との溶接ができるようにする。

i	用語	天井インサート	ポイント：仕上げ・金属工事（部材）
用語の説明		野縁や野縁受けを天井スラブから吊り下げるための天井吊りボルトを施工するときに、コンクリートスラブに打ち込む雌ねじである。	
施工上留意すべきこと		天井改修工事において、既存の埋込みインサートを再使用するときは、吊りボルトの引抜き試験による強度確認を行う。	

(参考)

⑴ 天井インサートは、野縁や野縁受けを天井スラブから吊り下げるための天井吊りボルトを施工するときに、コンクリートスラブに打ち込む雌ねじである。

⑵ 天井インサートを打ち込むときは、次のような点に留意しなければならない。

①天井インサートの相互間隔は、900㎜程度とする。

②周辺の端から150㎜以内の位置に、天井インサートを打ち込む。

③天井インサートは、型枠組立時に配置する。

④鉄骨造の建築物には、天井インサートを溶接などにより取り付ける。

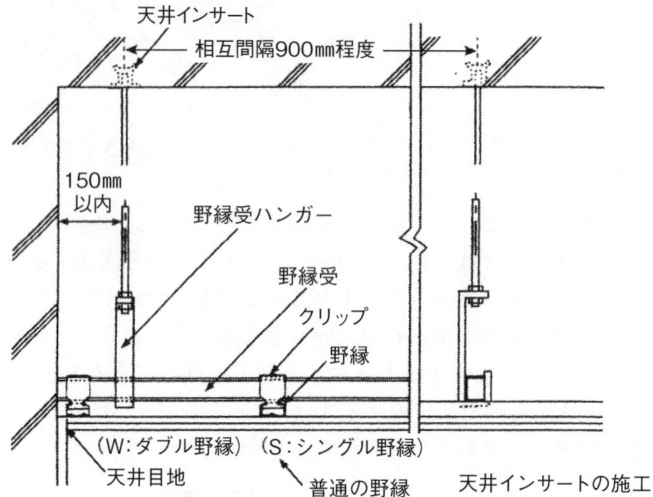

天井インサートの施工

⑶ 内装改修工事の天井改修において、既存の埋込みインサートを再使用するときは、吊りボルトの引抜き試験による強度確認を行う必要がある。

j	用語	ベンチマーク	ポイント：仮設・準備工事（設備）
用語の説明		建築物の位置や高さの基準となる不動点に設置された木杭などの設備であり、その地点の正確な座標位置と標高を示している。	
施工上留意すべきこと		破損に備えて複数設ける。また、その周囲に養生柵を設けて、その移動を防止する。	

（参考）

(1) ベンチマークは、建築物の位置や高さの基準となる不動点に設置された、その座標位置と標高を示す基準杭である。ベンチマークは、破損や撤去（工事に支障がある場合）に備えて、複数設けなければならない。ベンチマークが1個しかない場合、万が一そのベンチマークに破損や撤去が生じると、建築物の平面位置や高さの基準が分からなくなる。

(2) ベンチマークの周囲には、養生柵を設けなければならない。これは、ベンチマークの破損や移動を防ぐための措置である。ベンチマークは、建築物の平面位置や高さの基準となるため、破損や移動が生じないように対策を講じなければならない。

(3) 正確な高さの値が必要な建築工事では、国道や県道などに沿って2km程度の間隔で配置された水準点から、建築現場までレベルと標尺等による水準測量を行い、工事現場の基準高さ（標高）をベンチマークとして定める。

(4) 正確な平面位置の値が必要な建築工事では、測量法により定められた基準点を出発点として、建築現場までトータルステーションなどによる多角測量を行い、工事現場の座標位置をベンチマークとして定める。

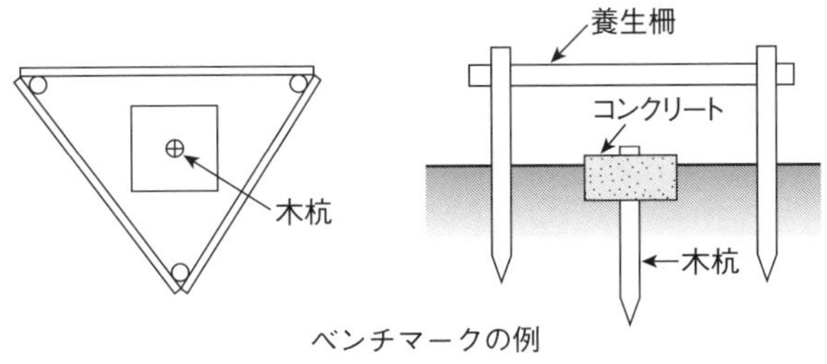

ベンチマークの例

k 用語	防水工事の脱気装置	ポイント：仕上げ・防水工事(設備)
用語の説明	屋上防水工事(通気緩衝工法)において、防水層の下地に含まれている水蒸気を大気中に放出し、防水層の膨れを低減する装置である。	
施工上留意すべきこと	脱気装置の設置数は、ウレタンゴム系塗膜防水では$50m^2$～$100m^2$につき1箇所、アスファルト防水では$25m^2$～$100m^2$につき1箇所とする。	

参考

(1) 壁屋上防水工事では、防水層の内部に浸透した水蒸気により、防水層の膨れが生じることがある。このような防水層の膨れを低減するためには、通気緩衝シートと脱気装置を設けて、下地に含まれている水蒸気を、大気中に放出する必要がある。

(2) 平面部における脱気装置の設置数は、ウレタンゴム系塗膜防水(絶縁工法)では$50m^2$～$100m^2$につき1箇所、アスファルト防水(絶縁工法)では$25m^2$～$100m^2$につき1箇所とする。脱気装置の設置数がこれよりも少なくなると、水蒸気の放出が不十分になり、防水層の膨れ(漏水の原因となる不具合)が生じやすくなる。

(3) 立上り部における脱気装置の設置数は、その長さ10mにつき1箇所程度とする。立上り部の脱気装置は、防水層の端部が膨らんで捲れ上がることを防止するために設けられる。

(4) 防水工事の対象がごく狭い範囲である場合は、下地に含まれている水蒸気の量が少なく、防水層の膨れが生じにくいので、通気緩衝シートや脱気装置を設けなくてもよい。

密着工法(通気緩衝シートと脱気装置を使用しない工法)で施工された防水層の場合

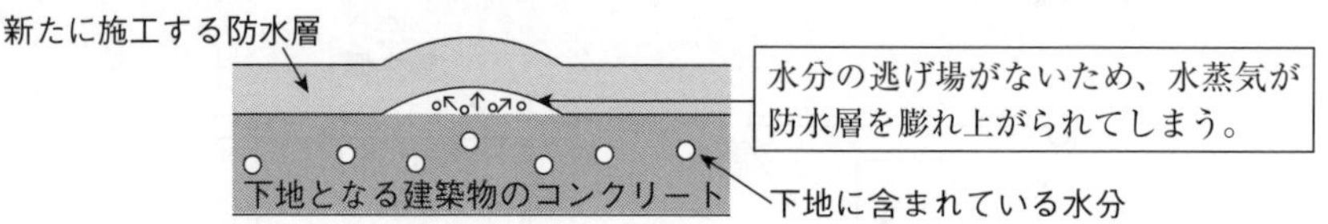

通気緩衝工法(通気緩衝シートと脱気装置を使用する工法)で施工された防水層の場合

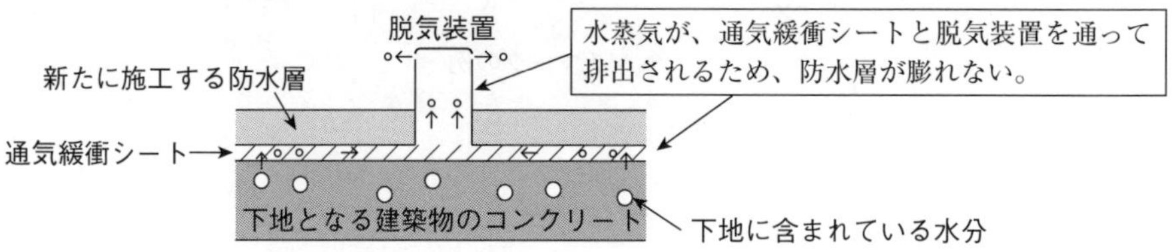

実際の屋上防水工事(通気緩衝工法)で設けられた脱気装置の例

I	用語	マスキングテープ	ポイント：仕上げ・防水工事（材料）
用語の説明		シーリング工事において、シーリング材による仕上げ面の汚れを防止し、目地縁の通りを良くするための仮置き用テープである。	
施工上留意すべきこと		マスキングテープは、シーリング材のヘラ仕上げの終了後、直ちに（剥がれにくくなる前に）取り除く。	

参考

(1) マスキングテープは、シーリング工事において、シーリング材による仕上げ面の汚れを防止し、目地縁の通りを良くするために、仕上げ面の目地縁（目地となる外壁面と内壁面の2箇所）に貼り付けられるテープである。

①マスキングテープを貼ると、シーリング材が仕上げ面に直接触れることがなくなるため、シーリング材による仕上げ面の汚れを防止することができる。

②マスキングテープを貼ると、目地周辺が汚れにくくなるため、目地縁の通りが良くなる（目地の線をきれいに仕上げることができる）。

(2) マスキングテープは、次のような特長を有しているため、シーリング工事に適している。

①柔軟であるために施工しやすく、濡れた面にも貼りやすい。

②付着強度が比較的弱く、剥がしても付着面に跡が付きにくい。

(3) マスキングテープは、シーリング材のヘラ仕上げの終了後、時間が経つにつれて付着強度が増して剥がれにくくなるため、直ちに取り除かなければならない。

シーリング材のマスキングテープ

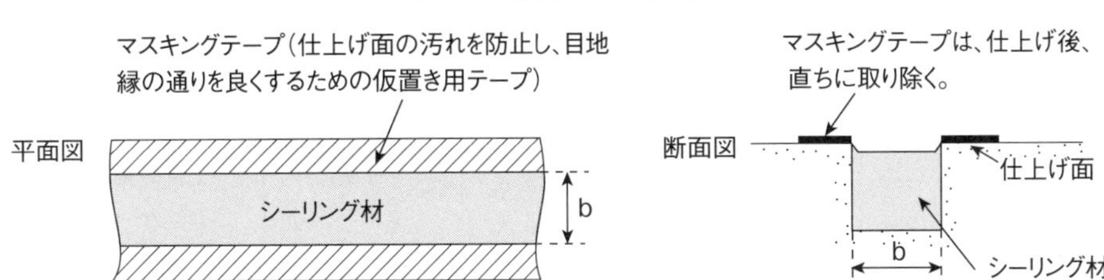

ⅲ	用語	木構造のアンカーボルト　ポイント：躯体・木工事（部材）
用語の説明		在来軸組構法の木工事において、土台を基礎に固定するために、土台の両端部・継手の位置・耐力壁の両端の柱に近接して設ける金具である。
施工上留意すべきこと		土台の継手付近では、その継手が効果的に作用するよう、上木となる方をアンカーボルトで締め付ける。

参考

⑴ 木造在来軸組構法では、土台（台木）とコンクリート基礎（布基礎）を緊結・固定するために、アンカーボルトと呼ばれる締付け金具が用いられている。

⑵ 土台を固定するアンカーボルトは、次の箇所に近接するように設ける。

①土台の両端部
②土台の継手
③耐力壁の両端の柱

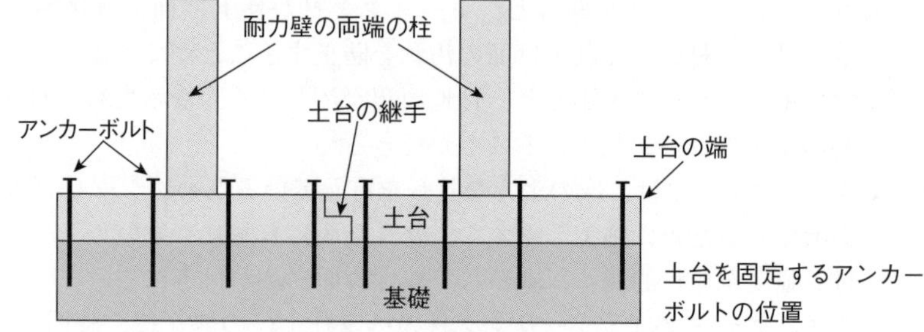

土台を固定するアンカーボルトの位置

⑶ 土台の継手付近では、上木となる方をアンカーボルトで締め付けなければならない。下木となる方をアンカーボルトで締め付けると、その継手が効果的に作用しなくなる。

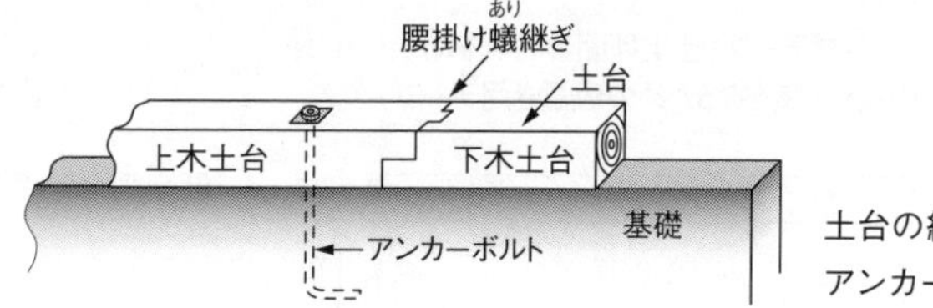

土台の継手付近に設けるアンカーボルト

⑷ 木構造のアンカーボルトの施工に関しては、埋込み位置についても留意する。

①アンカーボルトの埋込み間隔は、2.7m以内とする。
②柱上部に30㎜×90㎜以上の筋かいが取り付く場合は、筋かいが取り付く柱心から200㎜内外の位置に、アンカーボルトを埋め込む。
③筋かいによって引張力が生じる柱の脚部近くにある土台には、その柱心から150㎜離れた位置に、アンカーボルトを埋め込む。

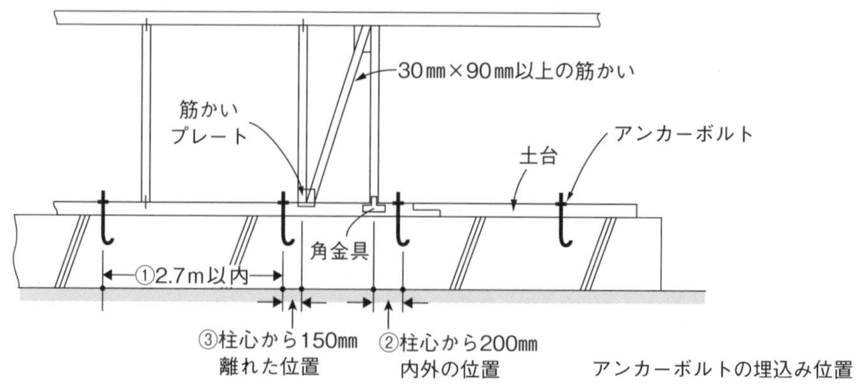

アンカーボルトの埋込み位置

n	用語	溶接のアンダーカット	ポイント：躯体・鉄骨工事（欠陥）
用語の説明		溶接した鉄骨に溝掘り（溶着金属が満たされない部分）が生じる欠陥であり、部材断面が減少するため、溝が生じた部分の強度が低下する。	
施工上留意すべきこと		溶接電流が大きすぎると、溶融金属や鉄骨鋼材が過剰に溶けてしまうため、溶接電流が大きくなりすぎないようにする。	

（参考）

(1) アンダーカットは、鉄骨の現場溶接作業における欠陥のひとつである。アンダーカットの現象・原因・欠陥をまとめると、次のようになる。

アンダーカット

現象：溶接した鉄骨に溝掘りが生じる。（目視で分かる）
原因：溶接電流が大きすぎて、溶融金属や鉄骨鋼材が過剰に溶けてしまうこと。
欠陥：溝が生じた部分の強度が低下する。（規定の範囲内であれば許容される）

(2) 隅肉溶接の脚長を等脚とすると、隅肉溶接の脚長を不等脚とした場合に比べて、母材に対する溶接角度が片寄りにくくなるので、アンダーカットなどの欠陥が生じにくくなる。

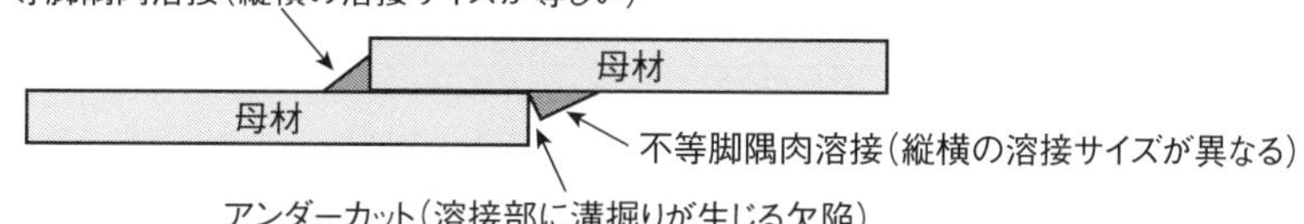

(3) 鉄骨の現場溶接作業における欠陥には、アンダーカットの他に、オーバーラップやブローホールといったものがある。その現象・原因・欠陥についても、併せて認識しておこう。

オーバーラップ

現象：溶接した鉄骨に盛り上がりが生じる。（目視で分かる）
原因：溶接電流が小さすぎて、鉄骨母材が十分に溶けないこと。
欠陥：溶けていない鉄骨母材の上に、溶接金属が重なる。（いかなる場合もあってはならない）

ブローホール

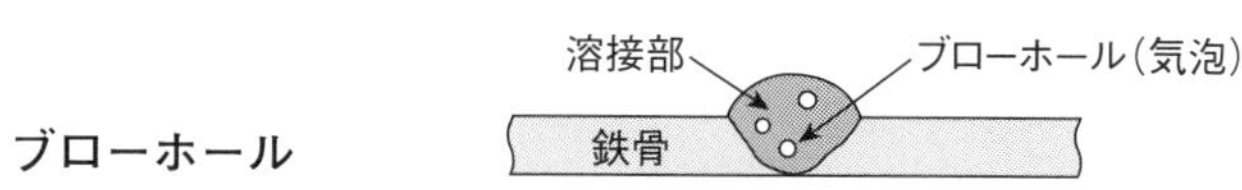

現象：溶接した鉄骨の内部に気泡（空洞）が生じる。（目視では分からない）
原因：溶融金属中に空気・水・汚れなどの不純物が混入すること。
欠陥：凝固後の溶融金属内に気泡（空洞）となって残存し、鉄骨の構造的な弱点となる。

令和3年度 問題2 建築施工用語と施工上の留意点の解答例

問題2 次の建築工事に関する用語の一覧表の中から**5つ**用語を選び，解答用紙の**用語の記号欄**の記号にマークしたうえで，**選んだ用語欄**に用語を記入し，その**用語の説明**と**施工上留意すべきこと**を具体的に記述しなさい。

ただし，g及びn以外の用語については，作業上の安全に関する記述は不可とする。また，使用資機材に不良品はないものとする。

用語の一覧表

用語の記号	用　　語
a	クレセント
b	コンクリート壁の誘発目地
c	ジェットバーナー仕上げ
d	セルフレベリング工法
e	鉄骨の耐火被覆
f	土工事における釜場
g	乗入れ構台
h	腹筋
i	ビニル床シート熱溶接工法
j	フラットデッキ
k	壁面のガラスブロック積み
ℓ	ボンドブレーカー
m	木工事の大引
n	ローリングタワー

ポイント解説 建築工事に関する用語の説明と、施工上留意すべきことを解答する上でのポイントは、下表の通りである。（仮設・躯体・仕上げの分野別に示す）

分野		建築工事の用語	用語の説明の解答ポイント	施工上留意すべきことの解答ポイント
仮設	f	土工事における釜場	根切り底部への浸透水や雨水を集めて排水するための集水桝。	釜場は、建築物の基礎から十分に離して設置する。
	g	乗入れ構台	建設機械の通り道や作業場所として設けられる頑丈な作業台。	支柱は、基礎・梁・柱などを避け、3m～6mの間隔で設ける。
	j	フラットデッキ	床スラブや屋根スラブの捨型枠となる鋼製デッキプレート。	フラットデッキを受ける梁の側型枠は、縦桟木で補強する。
	n	ローリングタワー	水平方向に移動させられるキャスター付きの移動式足場。	脚輪のブレーキは、移動中を除き、常に作動させておく。
躯体	b	コンクリート壁の誘発目地	ひび割れの分散を防ぐために、ひび割れを集中させる目地。	断面欠損率は、20%以上を標準とする。
	e	鉄骨の耐火被覆	耐火性能を有する被覆材で鉄骨を覆い、鉄骨の耐力低下を防ぐ。	吹付け面積5m^{2}ごとに、確認ピンで吹付け厚さの確認を行う。
	h	腹筋	梁せいの中間に、梁主筋と平行に配置される鉄筋。	腹筋に継手を設ける場合の継手長さは、150㎜程度とする。
	m	木工事の大引	木造建築物の一階床構造において、根太を支持する横架材。	大引の継手は、腰掛け蟻継ぎとし、釘打ちを行う。
仕上げ	a	クレセント	引違い窓を施錠するために用いられる三日月形の締り金物。	錠が円滑に操作でき、緩み・軋みなどが生じないようにする。
	c	ジェットバーナー仕上げ	石材の粗面仕上げの一種で、炎で加熱しながら水で急冷する。	加工前の石厚は、設定値＋3㎜以上を目安とする。
	d	セルフレベリング工法	高流動化剤を添加した塗材を流し込む床下地の仕上げ工法。	流し込み作業中及び養生中は、できる限り通風を避ける。
	i	ビニル床シート熱溶接工法	溝切りした床シートと溶接棒を同時に溶融して溶接する工法。	溝部分と溶接棒は、200℃以下の熱風で加熱して溶融させる。
	k	壁面のガラスブロック積み	中空のガラス製ブロックを、壁用金属枠内に積み上げる工法。	径が6㎜以上の水抜き孔を、1.0m～1.5mの間隔で設ける。
	l	ボンドブレーカー	目地底にシーリング材を接着させないために用いるテープ。	シリコーン系シーリング材にはポリエチレンテープを貼る。

解答例

以下の用語から5つの用語を選んで解答する。

a	用語	クレセント	ポイント：仕上げ・建具工事（部材）
用語の説明		引違いまたは片引きの扉や窓を施錠するために用いられる三日月型の締り金物である。	
施工上留意すべきこと		ビスピッチ（上下のねじの間隔）や引寄せ幅（留め具との間隔）を確認したうえで、錠が円滑に操作でき、緩み・軋みなどが生じないように調整する。	

参考

(1) クレセント（クレセント錠）は、一般住宅の引違い窓などにおいて、よく見られる施錠金具である。錠前が三日月（Crescent）のような形をしているので、この名前が付いている。

(2) クレセントを施工するときは、そのビスピッチ（上下のネジの間隔）や引寄せ幅（留め具との間隔）が適正であることを確認したうえで、錠が円滑に操作でき、緩み・軋(きし)みなどが生じず、適度な締付け力が得られるようにしなければならない。

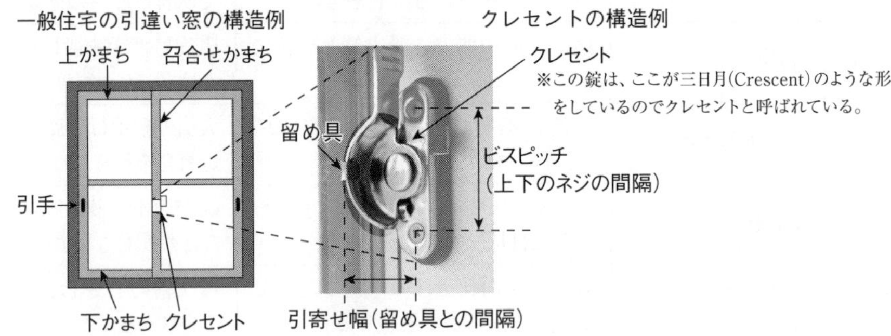

(3) クレセントは、比較的単純な構造の錠前であり、防犯上重要な扉や窓に施工することは不適切である。そのような場所に施工するクレセントは、ボタン（押しながらでないとクレセントが動かない）・ダイヤル（正しい位置に回さないとクレセントが動かない）・キー（別の鍵を差し込まないとクレセントが動かない）などが付属したものとすべきである。

b	用語	コンクリート壁の誘発目地	ポイント：躯体・コンクリート工事（構造）
用語の説明		コンクリート壁の断面を欠損させて、人為的にひび割れを集中させる目地である。この誘発目地以外のひび割れを防止する役割を有している。	
施工上留意すべきこと		断面欠損率を小さく設定しすぎると、誘発目地としての効果を果たせなくなるため、誘発目地の断面欠損率は20%以上とする。	

参考

(1) コンクリートは、打込み後の硬化に伴い、水分が蒸発して収縮する性質を有している。この収縮に伴って発生するひび割れは、どこに発生するかを予測することが困難である。コンクリート壁の誘発目地（ひび割れ誘発目地）は、その断面を欠損させることにより、人為的にひび割れを集中させる目地である。ひび割れ誘発目地は、ひび割れの発生位置を人為的に制御することで、コンクリート壁のひび割れ誘発目地以外の部分がひび割れる（ひび割れが分散する）ことを防止する役割を有している。

(2) 建築物のコンクリート壁には、3m以下の間隔で、ひび割れ誘発目地が設けられる。また、柱の中心から1.5m以内の位置や、窓などの開口部の両脇にも、ひび割れ誘発目地が設けられる。設計上の壁厚は、構造耐力上必要である(欠損が許されない)ため、ひび割れ誘発目地を設ける場合は、壁厚の25%程度の増打ちをする(施工壁幅を1.25倍程度にする)必要がある。

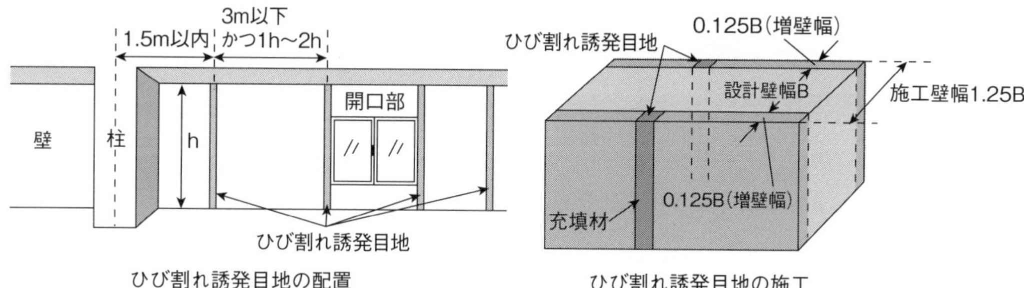

ひび割れ誘発目地の配置　　ひび割れ誘発目地の施工

(3) コンクリート壁の誘発目地の断面欠損率(コンクリートの付着が切れている部分の幅÷壁の幅方向の厚さ)は、日本建築学会の基準に従い、建築工事では20%以上とする。目地部のひび割れ幅が過大とならないように、この断面欠損率を小さく設定しすぎると、誘発目地としての効果を果たせなくなり、誘発目地以外の部分にひび割れが生じるようになってしまう。

※コンクリート標準示方書では、コンクリート壁の誘発目地の断面欠損率は50%程度を標準とすることが定められているが、これは建築工事ではなく土木工事の規定である。

C	用語	ジェットバーナー仕上げ　**ポイント：仕上げ・石工事（工法）**
用語の説明		石材の粗面仕上げの一種である。石表面を炎で加熱しながら水で急冷することで、石表面の鉱物を剥離させる。美観性や滑り防止効果に優れている。
施工上留意すべきこと		石表面の鉱物が剥離する際に、石厚が薄くなるので、加工前の石厚は、所定の石厚＋3㎜以上を目安とする。

参考

(1) ジェットバーナー仕上げは、主として花崗岩に用いられる石材の粗面仕上げの一種である。石表面を、加熱用バーナーの炎で1800℃～2000℃に加熱し、それを水で急冷することにより、石表面の結晶を剥離させて弾き飛ばす。

(2) ジェットバーナー仕上げによる処理をした石材には、次のような特徴が付与される。

①石表面が毛羽立ち、歩行時の滑り防止効果が大きくなる。

②自然の岩肌に近い外見になるので、美観性に優れる。

(3) ジェットバーナー仕上げの施工をするときは、次のような点に留意しなければならない。

①石表面の鉱物が剥離する際に、石厚が薄くなるので、加工前の石厚に余裕を持たせる。

②加工前の石厚は、所定の石厚(設定値)＋3㎜以上を目安とする。

③加熱による強度低下を考慮する場合は、所定の石厚(設定値)＋5㎜以上を目安とする。

④石表面の鉱物のはじけ具合が、大きなむらのない状態になるようにする。

⑤耐火性の小さい石材は、熱割れのおそれがあるので、炎の制御や水の掛け方に注意する。

ジェットバーナー仕上げの施工図

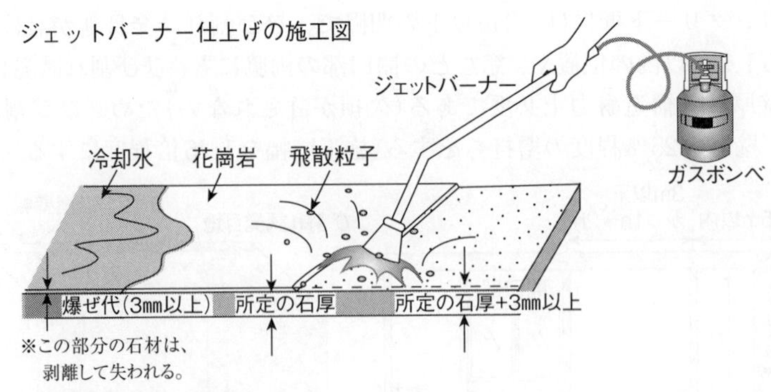

(4) 石材の仕上げの種類と特徴には、次のようなものがある。

仕上げの種類		特徴
粗面仕上げ	のみ切り	元来、のみを用いて石の面を粗く、平坦に加工する方法であるが、板石面を粗く仕上げる場合に用いる。加工は手加工によらなければならないが、熟練工の減少に伴い採用されることが少なくなった。
	びしゃん	びしゃんという多数の格子状突起をもつハンマーでたたいた仕上げ。最近は職人不足等から一般に機械による機械びしゃんが行われている。
	小たたき	びしゃんでたたいたあと、更に先端がくさび状のハンマーで、約2mmの平行線状に平坦な粗面をつくるもの。
	ジェットバーナー	石表面をバーナーで加熱し、それを水で急冷することにより、石材を構成する鉱物の熱膨張率の違いを利用して、表面の一部をはく離させて均一な仕上げにしたもの。このような熱処理のあとに表面を研磨して滑らかにしたものは、「ジェットポリッシュ(J&P)」という。
	割肌	矢(くさび)又はシャーリングを用い、石目に沿って厚石を割裂し、大きな凹凸面を自然のままにつくるもの。
	ブラスト	細かい砂や鋼鉄の粉粒を圧縮空気でたたきつけ、表面をはぐようにして粗面にしたもの。この場合も、石材本来の色よりも白みを帯びた、ややざらついた感じになる。加工後の清掃が十分でなく、表面に鉄粉が残っていると、錆色が出る場合もある。
	ウォータージェット	複数のノズルより高圧水を石表面に噴射して、石表面の微細な石片を除去して、滑らかな粗面仕上げを行う方法。粗磨きに近似した色調となる。
磨き仕上げ	粗磨き	ざらついた感じで、光沢はまったくない。濃色の石材では白っぽい色合になり、柄が分かりにくい。
	水磨き	表面の光沢は少なく、つやがない。床に使用した場合では、仕上げがやや粗いので滑りにくい。
	本磨き	平滑でつやがあり、石材本来の色や柄がでる。壁、飾り棚やカウンタートップ等の化粧用に向く。美しいので床に用いられることもあるが、滑りやすい。

出典：建築工事監理指針(下巻)

d	用語	セルフレベリング工法	ポイント：仕上げ・左官工事（工法）
用語の説明		石膏組成物またはセメント組成物に高流動化剤を添加した塗材を、床仕上げ面の高さに合わせて流し込む工法である。	
施工上留意すべきこと		セルフレベリング材の流し込み作業中および養生中は、その表面乾燥によるひび割れを避けるため、窓や開口部をふさぎ、できる限り通風を避ける。	

（参考）

(1) セルフレベリング工法は、石膏組成物またはセメント組成物に高流動化剤を添加した塗材（セルフレベリング材）を、床仕上げ面の高さ（レベル）に合わせて流し込む工法である。セルフレベリング材は、流し込むだけで自重により平滑に仕上がるので、内装の張物床下地には、セルフレベリング工法を採用することが多い。

(2) セルフレベリング工法による施工をするときは、次のような点に留意しなければならない。

①セルフレベリング材塗りは、下地となるコンクリートが十分に乾燥してから行う。この乾燥には、下地となるコンクリートを打ち込んだ後、1ヶ月程度の期間が必要である。

②セルフレベリング材の流し込みは、吸水調整材を塗布した後、吸水調整材の乾燥（硬化）を待ってから行う。吸水調整材が乾燥（硬化）する前にセルフレベリング材を流し込むと、吸水調整材に含まれている水分の影響を受けて、十分な接着力が得られなくなる。

③セルフレベリング材の流し込み作業中および養生中は、セルフレベリング材の表面が乾燥することによるひび割れや皺の発生を避けるため、窓や開口部をふさぎ、できる限り通風を避けなければならない。

④セルフレベリング材の流し込み後の乾燥養生期間は、外気温が低い冬季では14日間以上、それ以外の季節では7日間以上としなければならない。

セルフレベリング材塗りの施工手順

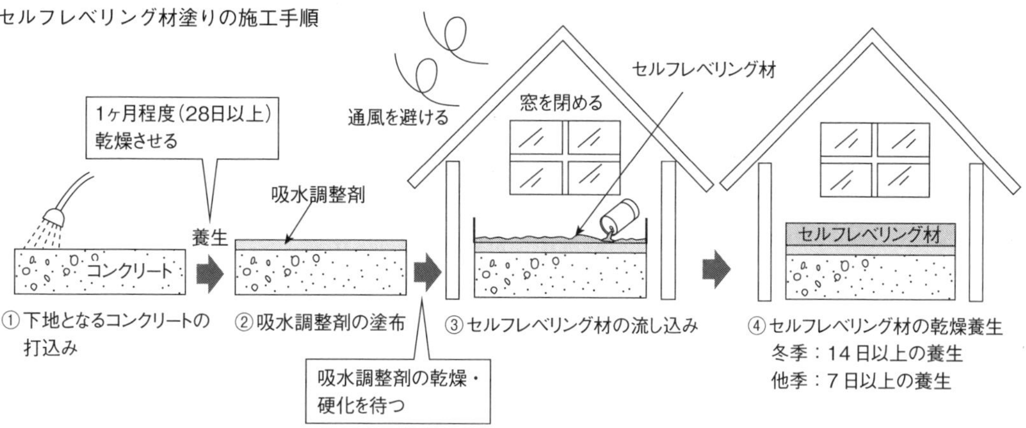

e	用語	鉄骨の耐火被覆	ポイント：躯体・鉄骨工事（作業）
用語の説明		耐火性能を有する被覆材で鉄骨を覆うことで、鉄骨が火災による熱を受けても、その耐力低下を抑制できるようにする作業である。	
施工上留意すべきこと		鉄骨の耐火被覆を、吹付けロックウール（乾式）工法とする場合は、吹付け面積 5m^2 ごとに1箇所以上、確認ピンを用いて吹付け厚さの確認を行う。	

（参考）

(1) 鉄骨は不燃材料であるが、火災による熱を受けると耐力が失われてしまう。したがって、鉄骨造建築物を耐火建築物とするためには、コンクリートやロックウールなどの耐火性能を有する被覆材で鉄骨を覆うことで、耐熱性を高める必要がある。

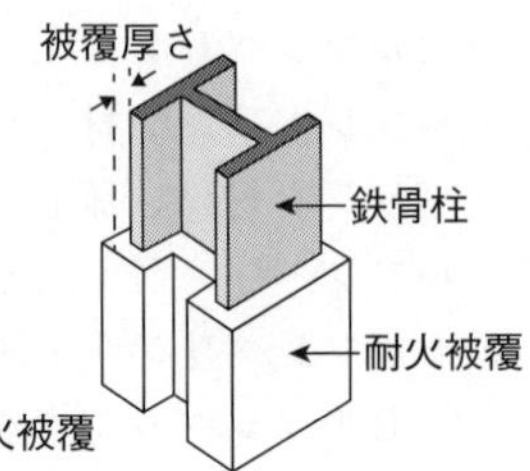

鉄骨の耐火被覆

(2) 鉄骨の耐火被覆を行うことにより、鉄骨の各部位が火災による熱を受けても、それが所定の時間以内であれば、構造耐力上支障のある変形・溶融・破壊などの損傷が生じないようになる。鉄骨の耐火被覆は、鉄骨造の建築物において火災が発生したときに、その内部にいる人が逃げるまでの間、建築物が倒壊しないようにすることを目的としている。

(3) 鉄骨の耐火被覆は、施工中の粉塵の飛散がなく、被覆厚さの管理が容易な成形板張り工法とすることが望ましいとされている。しかし、成形板張り工法は、施工に高額の費用がかかるので、一般的な鉄骨工事では、吹付けロックウール工法が採用される。

(4) 吹付けロックウール工法による鉄骨の耐火被覆をするときは、次のような点に留意しなければならない。

①鉄骨表面の浮き錆は、ワイヤーブラシなどの手道具で除去する。
②吹付け機械の設置場所は、資材搬入動線を考慮して定める。
③鉄骨の構造材貫通部や取付け金物などには、主要な鉄骨と同様の耐火被覆を行う。
④吹付けロックウールによる耐火被覆材の厚さの確認は、確認ピンを用いて行う。
⑤乾式工法では、吹付けロックウールの厚さの確認は、吹付け面積 5m^2 ごとに行う。
⑥乾式工法では、吹付けロックウールの飛散を防ぐための措置を講じる。

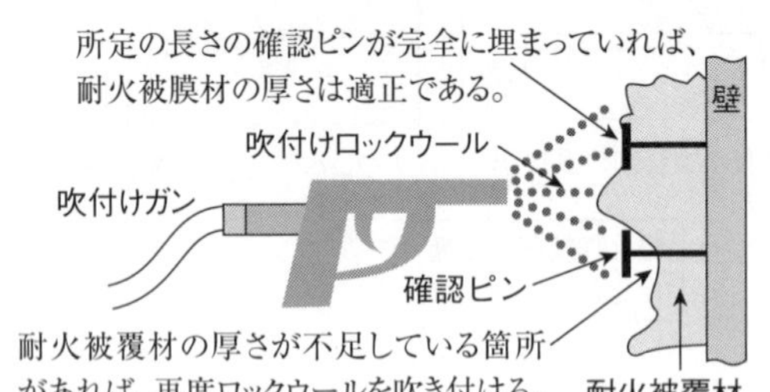

吹付けロックウールによる耐火被覆材の厚さの確認

(5) 吹付けロックウール工法は、工場配合されたロックウールを用いる乾式工法と、現場配合のセメントスラリーを用いる半乾式工法に分類されている。

①乾式工法は、工場配合されたロックウールおよびセメントと、水を別々に圧送し、ノズルの先端で混合して吹き付ける工法である。施工中の粉塵飛散が多いという欠点がある。
②半乾式工法は、現場配合されたセメントスラリー（水およびセメント）と、ロックウールを別々に圧送し、ノズルの先端で混合して吹き付ける工法である。施工中にセメント粉塵は生じないが、ロックウール飛散が生じる。

f	用語	土工事における釜場	ポイント：仮設・土留め工事(設備)
用語の説明		根切り部への浸透水や雨水を集めてポンプで排水するために、根切り底面に設けられた集水桝である。	
施工上留意すべきこと		釜場は、建築物の基礎から十分に離して(建築物の基礎の強度に影響を与えない位置に)設置する。	

(参考)

(1) 土工事における釜場工法は、根切り部(掘削部)への浸透水や雨水を、根切り底面(掘削底面)に設けた釜場に集め、水中ポンプで排水する重力排水工法(地下水処理工法)の一種である。すなわち、土工事における釜場とは、この釜場工法で使用される集水桝のことを指す。

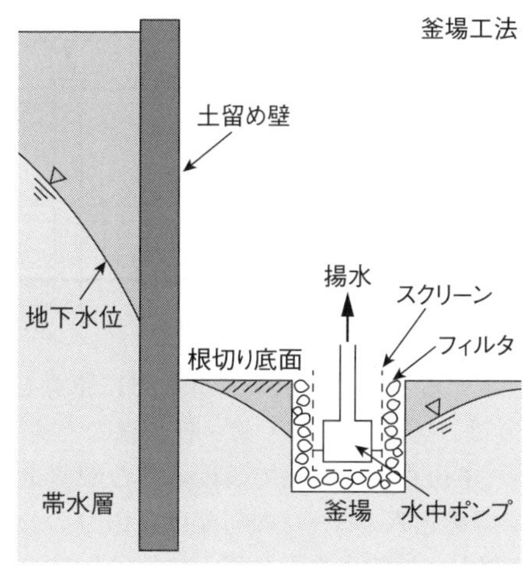

(2) 土工事における釜場は、建築物の基礎から十分に離して(基礎の強度に影響を与えない位置に)設置しなければならない。この釜場は、集水桝から地上に送水して排水する設備であるため、建築物の基礎の近くに釜場を造ると、建築物の基礎の地盤が、湧水によって洗い出されるおそれが生じる。

(3) 土工事における釜場工法は、地下水位が高く、透水性のある砂質土地盤を掘削するときに有効な地下水処理工法である。しかし、その施工の際には、ボイリングが発生しやすいので、その防止対策を講じることが望ましい。

①ボイリングとは、掘削底面付近の砂地盤に上向きの水流が生じ、砂が持ち上げられて、掘削底面が破壊される現象をいう。

②ボイリングの防止対策としては、掘削部の土留めに使用する鋼矢板について、その接合部を相互に密着させて、十分な深さまで根入れを行うなどの方法がある。

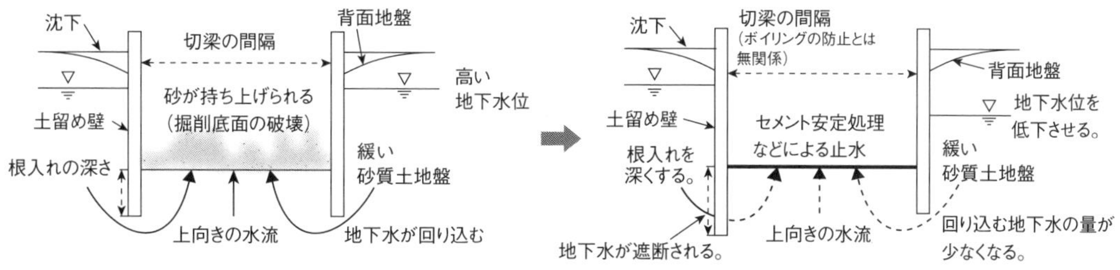

釜場におけるボイリングの発生　　　釜場におけるボイリングの防止対策

g	用語	乗入れ構台 ポイント：仮設・仮設工事（設備）
用語の説明		建築工事において、建設機械などの通り道やクレーンなどの作業場所として設けられる頑丈な作業台である。
施工上留意すべきこと		乗入れ構台の支柱の位置は、躯体の基礎・梁・柱・壁などを避けるようにして決める。また、乗入れ構台の支柱は、3m～6m程度の間隔で設ける。

（参考）

(1) 乗入れ構台は、建築工事において、建設機械などの通り道や、クレーンなどの作業場所として設けられる頑丈な作業台（仮設の構台）である。

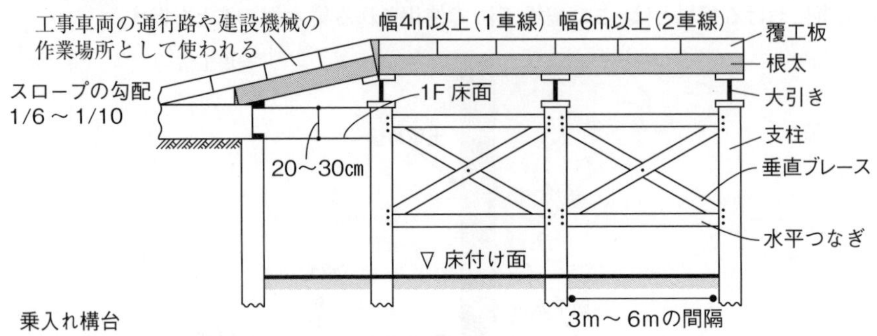

乗入れ構台

(2) 乗入れ構台の仮設計画を立案するときは、次のような点に留意しなければならない。

① 乗入れ構台の支柱の位置は、躯体の基礎・梁・柱・壁などを避けるようにして決める。乗入れ構台の支柱は、3m～6m程度の間隔で設けることが望ましい。

② 道路から乗入れ構台までの乗込みスロープの勾配は、10分の1～6分の1程度とする。この勾配は、建設機械などの底部が、地盤や乗入れ構台に接触しないように設定する。

③ 乗入れ構台の幅は、車の通行を1車線とするなら4m以上、車の通行を2車線とするなら6m以上、ダンプトラック通過時にクラムシェルが旋回するなら8m以上とする。

④ 幅が6m以上の乗入れ構台の交差部には、施工機械や車両が曲がる際に支障を及ぼさないよう、通行する施工機械や車両に応じた隅切りを設置する。

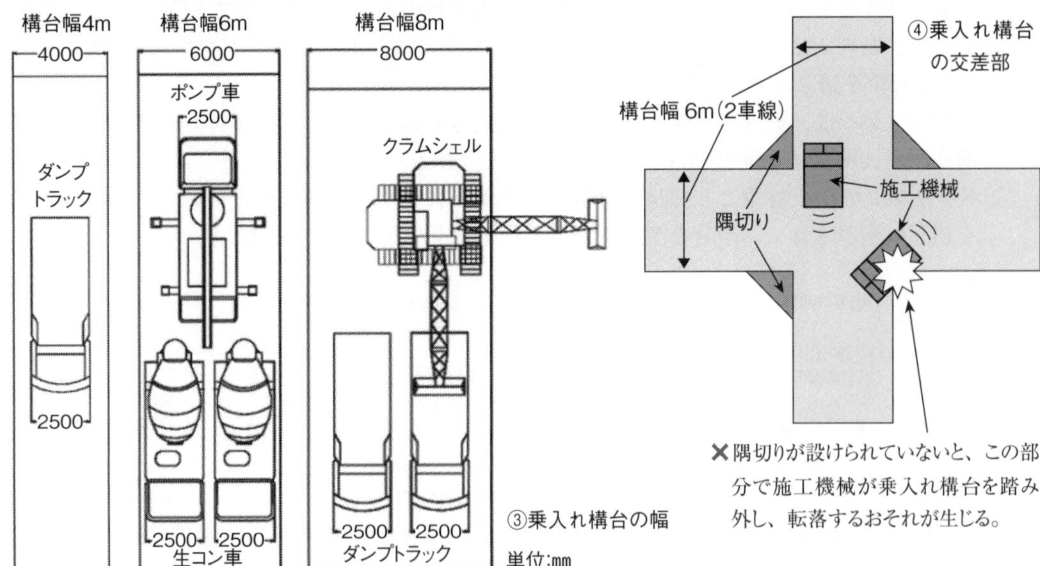

h	用語	腹筋　　ポイント：躯体・鉄筋工事（構造）
用語の説明		梁のあばら筋の間隔を保ち、配筋の乱れを防止するために、梁せいの中間において、梁主筋と平行に配置される鉄筋である。
施工上留意すべきこと		梁の腹筋は、末端部が柱際に配置する第１あばら筋と結束できる長さとする。また、腹筋に継手を設ける場合の継手長さは、150㎜程度とする。

（参考）

(1) 鉄筋コンクリート造の建築物の梁において、主筋を取り囲んでいる鉄筋は、あばら筋と呼ばれている。このあばら筋の両側に、主筋と平行に（あばら筋の中間部に）挿入された鉄筋は、腹筋と呼ばれている。腹筋は、鉄筋の組立位置を保持するための組立鉄筋であり、構造上の荷重を負担するものではないことに注意が必要である。

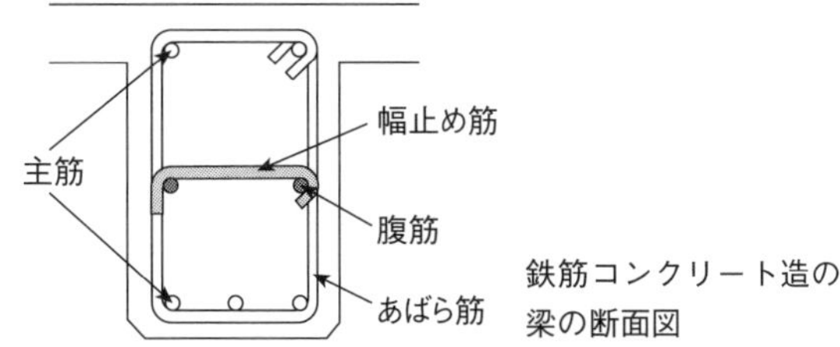

鉄筋コンクリート造の梁の断面図

(2) 梁の腹筋を施工するときは、次のような点に留意しなければならない。

①梁の腹筋は、末端部が柱際に配置する第1あばら筋と結束できる長さとする。

②腹筋の重ね継手の長さは、150㎜程度とする。

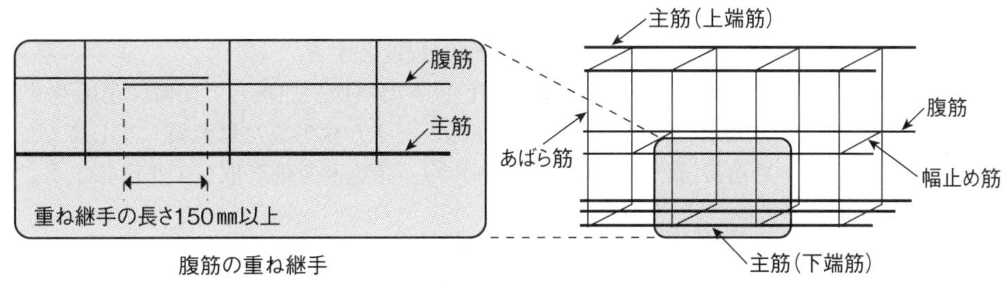

腹筋の重ね継手

鉄筋コンクリート造の梁の構造図

建築施工用語

i 用語	ビニル床シート熱溶接工法	ポイント：仕上げ・内装工事（工法）
用語の説明	ビニル床シートの接着剤が硬化・乾燥した後、床シートの継目部に溝を切り、熱溶接機で床シートと溶接棒を同時に溶融させて溶接する工法である。	
施工上留意すべきこと	溶接部のシートの溝部分と溶接棒は、200℃以下の熱風で加熱して、同時に溶融させる。（熱風による溶融温度が200℃を超えてはならない）	

（参考）

(1) ビニル床シートの熱溶接工法は、ビニル床シートを張り付けて接着剤が硬化した後、その床シートの継目部に溝を切り、熱溶接機で床シートと溶接棒を同時に溶融させて溶接する工法である。この溶接作業は、ビニル床シートを張り付けてから12時間以上が経過し、ビニル床シートが乾燥した後に行わなければならない。

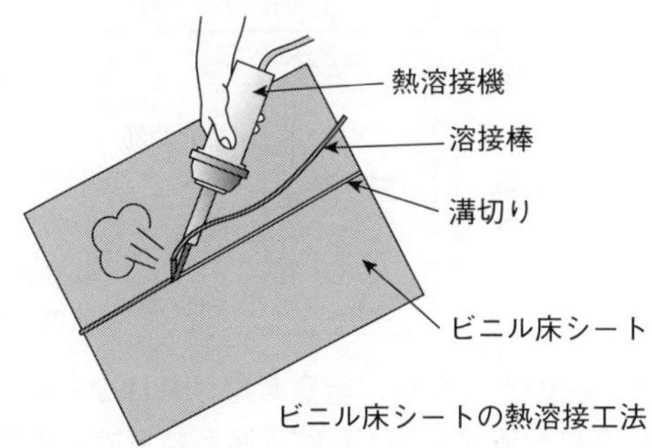
熱溶接機
溶接棒
溝切り
ビニル床シート
ビニル床シートの熱溶接工法

(2) 熱溶接工法によるビニル床シートの施工では、次のような点に留意しなければならない。

① ビニル床シートに設ける継目の溝は、V字形となるようにすることが望ましい。その溝切りの深さは、ビニル床シートの厚さの3分の2程度とする。

② ビニル床シートの溝部分と溶接棒は、200℃以下の熱風で加熱して同時に溶融させる。この溶融温度が高すぎると、高熱に弱いビニル床シートが変形または変質してしまう。

③ ビニル床シートの溶接部が完全に冷却されたら、余盛りを削り取って平滑にする。

ビニル床シートの熱溶接工法（施工上の留意点）

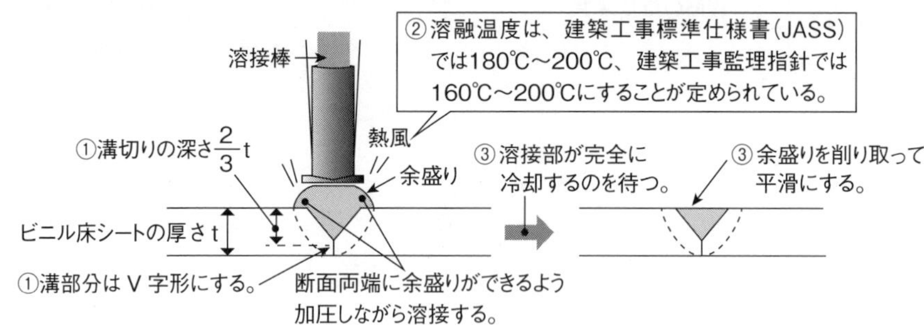
②溶融温度は、建築工事標準仕様書（JASS）では180℃～200℃、建築工事監理指針では160℃～200℃にすることが定められている。
溶接棒
①溝切りの深さ$\frac{2}{3}$t
熱風
余盛り
③溶接部が完全に冷却するのを待つ。
③余盛りを削り取って平滑にする。
ビニル床シートの厚さt
①溝部分はV字形にする。
断面両端に余盛りができるよう加圧しながら溶接する。

j	用語	フラットデッキ	ポイント：仮設・型枠工事（材料）
用語の説明		床スラブや屋根スラブなどの捨型枠となる鋼製デッキプレートである。その表面は平滑になっており、裏面にリブ(突起)が付いている。	
施工上留意すべきこと		フラットデッキを敷き込む前に、梁上面にある油や浮き錆などを除去する。また、フラットデッキを受ける梁の側型枠は、縦桟木で補強する。	

(参考)

(1) フラットデッキ(床型枠用鋼製デッキプレート)は、鉄筋コンクリート造の構造物において、床スラブや屋根スラブなどの捨型枠となる材料である。その表面(上面)は平滑に加工されており、その裏面(下面)にはリブ(補強のための突起)が付けられている。

(2) フラットデッキ(床型枠用鋼製デッキプレート)を施工するときは、次のような点に留意しなければならない。

①フラットデッキを敷き込む前に、梁上面にある油や浮き錆などを除去する。

②フラットデッキを受ける梁の側型枠は、座屈を防止するため、縦桟木で補強する。

③柱周辺や梁継手では、必要に応じて切欠きを入れ、受け材に馴染ませる。

④梁の掛り代では、マーキングに基づいて敷き込み、スポット溶接で仮付けする。

フラットデッキ(床型枠用鋼製デッキプレート)の構造図

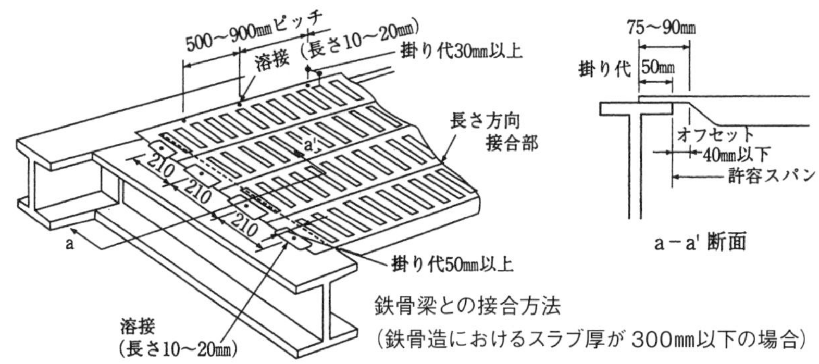

鉄骨梁との接合方法
(鉄骨造におけるスラブ厚が 300mm以下の場合)

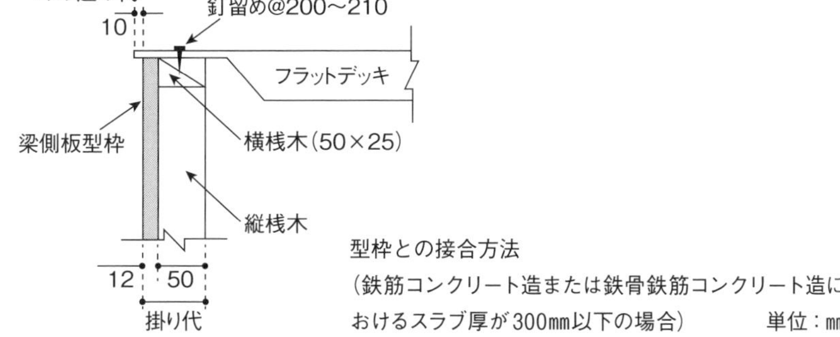

型枠との接合方法
(鉄筋コンクリート造または鉄骨鉄筋コンクリート造におけるスラブ厚が300mm以下の場合)　単位：mm

k	用語	壁面のガラスブロック積み	ポイント:仕上げ・内装工事(工法)
用語の説明		箱形ガラスを溶着して作られた中空のガラス製ブロックを、壁部分に壁用金属枠を用いて、現場でひとつひとつ積み上げてゆく工法である。	
施工上留意すべきこと		外部に面する下枠の溝には、径が6㎜以上の水抜き孔を、1.0 m～1.5 mの間隔で設けて、浸入した水を屋外に排水できるようにする。	

(参考)

(1) 壁面のガラスブロック積みとは、ふたつの箱形ガラスを溶着して作られた中空のガラス製ブロックを、壁部分に壁用金属枠を用いて、現場でひとつひとつ積み上げてゆく工法である。各ガラス製ブロックは、縦方向・横方向に配置された力骨で補強する。

(2) 壁面のガラスブロック積みでは、開口部の幅が6mを超えると、熱伸縮や地震による変形に追従できなくなるので、6m以内ごとに、幅10㎜～25㎜の伸縮調整目地を設けることが一般的である。

(3) 壁面のガラスブロック積みにおける各種の部材と、その施工における留意点には、次のようなものがある。

①壁用金属枠は、ガラスブロック壁を躯体に固定する部材である。

②力骨は、個々のガラスブロックを一体化させて壁面として機能させる部材である。

③緩衝材・滑り材は、ガラスブロックの変形を躯体に伝達する部材である。

※緩衝材は、弾力性を有する耐久性のある材料とする。

※滑り材は、片面接着のできる弾力性のある帯状のものとする。

④水抜きプレートは、壁から浸透してきた雨水を集める部材である。

※水抜きプレートは、耐久性のある合成樹脂製とする。

⑤水抜き孔は、壁用金属枠から外壁面に向けて、雨水を排水する部材である。

※外部に面する下枠の溝には、径6㎜以上の水抜き孔を、1.0m～1.5m間隔で設ける。

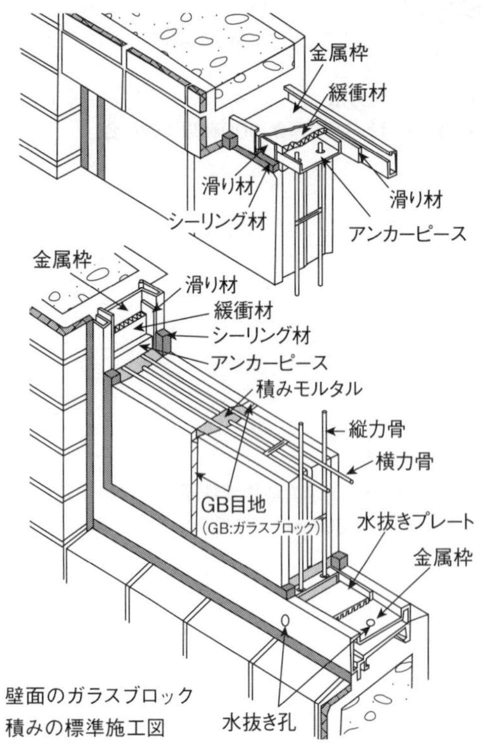

壁面のガラスブロック積みの標準施工図

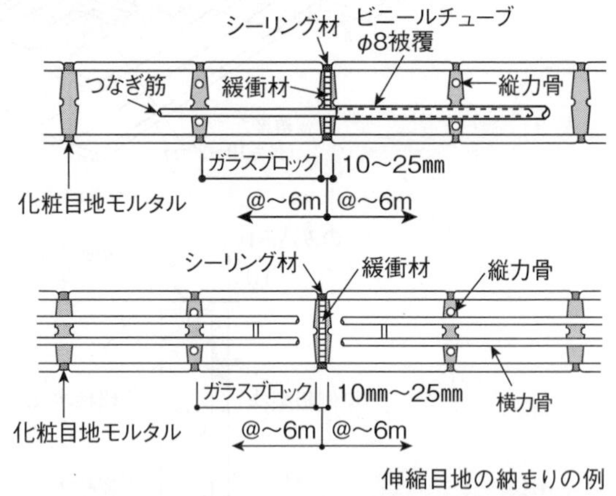

伸縮目地の納まりの例

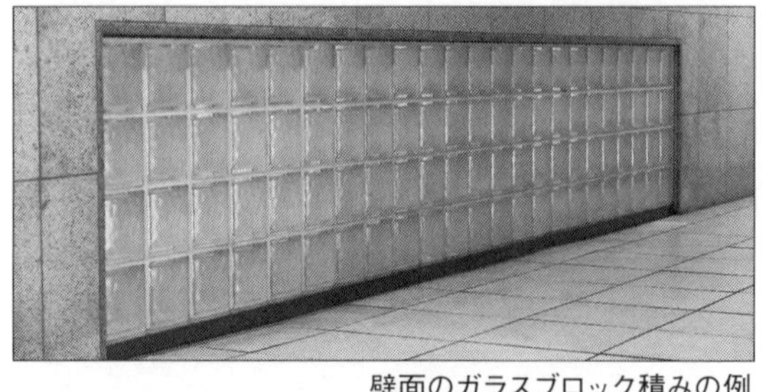
壁面のガラスブロック積みの例

l	用語	ボンドブレーカー	ポイント：仕上げ・シーリング工事（材料）
用語の説明		ワーキングジョイント(二面接着)のシーリング工事において、バックアップ材とシーリング材を接着させないために用いられるテープである。	
施工上留意すべきこと		シリコーン系シーリング材を充填する場合のボンドブレーカーは、ポリエチレンテープとする。	

(参考)

(1) シーリング工事における目地のうち、ワーキングジョイント(大きな伸縮を受ける目地)では、その目地の伸縮に対応できるよう、その左面・右面だけを接着し、その下面を接着させないようにする(二面接着とする)必要がある。

(2) ボンドブレーカーは、二面接着とするワーキングジョイントのシーリング工事において、バックアップ材とシーリング材との接着を防止し、目地底にシーリング材を接着させないために使用されるシリコーンテープまたはポリエチレンテープである。

(3) シーリング工事において、シリコーン系シーリング材を充填する場合のボンドブレーカーには、ポリエチレンテープを使用する。ボンドブレーカーとしてシリコーンコーティングされたテープを使用すると、そのテープがシリコーン系シーリング材に接着し、ワーキングジョイントにおける伸縮ができなくなってしまう。

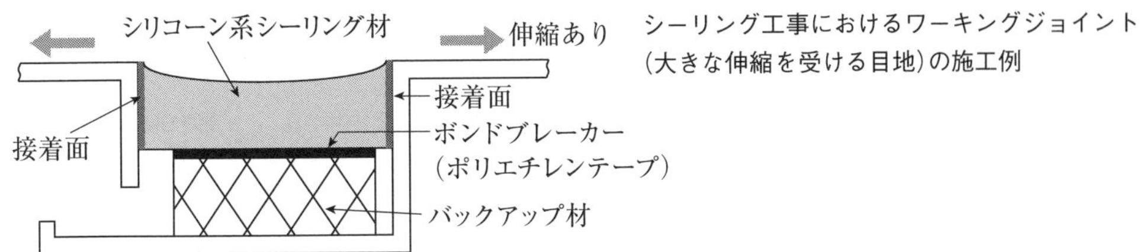

シーリング工事におけるワーキングジョイント(大きな伸縮を受ける目地)の施工例

m	用語	木工事の大引	ポイント：躯体・木工事（部材）
用語の説明		在来軸組構法の木造建築物において、一階床構造を構成する横架材である。その役割は、最下階床の根太を支持することである。	
施工上留意すべきこと		大引の継手は、床束心から150㎜程度持ち出した位置で、腰掛け蟻継ぎとし、釘打ちを行う。	

(参考)

(1) 木工事の大引とは、在来軸組構法の木造建築物において、一階の床を構成する横架材である。その役割は、最下階の床を支える根太を支持することである。

根太
大引
束
束石
根がらみ貫

在来軸組構法の木造建築物の一階床構造

建築施工用語

⑵ 大引の継手は、床束心から150㎜程度持ち出した位置で、腰掛け蟻継ぎとし、釘打ちを行うことが定められている。また、大引が支持する根太の継手は、大引の心で突付け継ぎとし、釘打ちとすることが定められている。

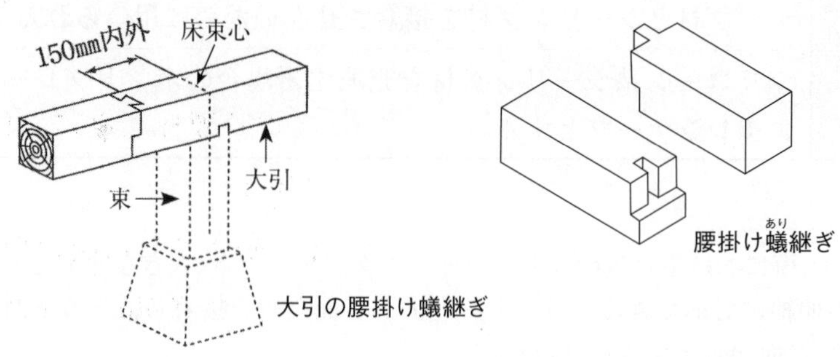

n	用語	ローリングタワー　ポイント：仮設・外部足場工事（構造）
用語の説明		枠組足場を積み重ね、その脚部に固定用のストッパー付き車輪を取り付けた高所作業用の移動式足場である。
施工上留意すべきこと		脚輪のブレーキは、移動中を除き、常に作動させておく。このブレーキを作動させるときは、その効き具合を確認する。

参考

⑴ ローリングタワーは、枠組足場を積み重ね、その脚部に固定用のストッパー付き車輪を取り付けた高所作業用の移動式足場である。高所作業を行う必要がある箇所があちこちに分散しているときは、各箇所で固定足場を組み立てるよりも、ローリングタワーなどの移動式足場を使用した方が、作業効率が向上する。

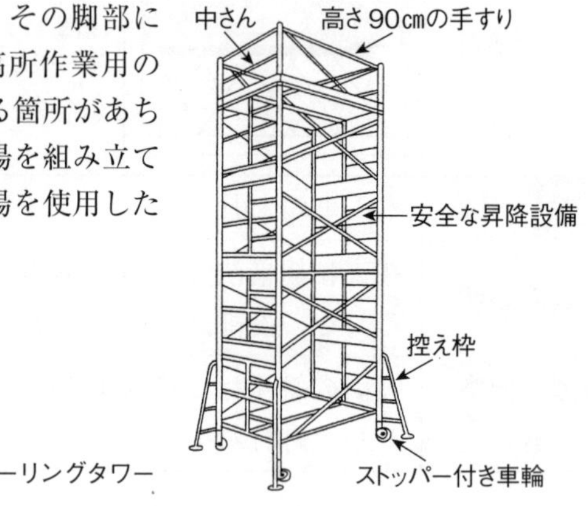

ローリングタワー

⑵ ローリングタワーなどの移動式足場を使用するときは、作業上の安全のため、次のような措置を講じなければならない。これらの事項は、労働安全衛生法に基づく「移動式足場の安全基準に関する技術上の指針」において定められている。

①移動式足場を移動させるときは、あらかじめ、路面の状態を確認すること。
②移動式足場の移動は、すべての脚輪のブレーキを解除した後に行うこと。
③移動式足場に労働者を乗せて移動してはならないこと。
④脚輪のブレーキは、移動中を除き、常に作動させておくこと。
⑤凹凸・傾斜が著しい場所では、ジャッキ等の使用により作業床の水平を保持すること。
⑥移動式足場には、最大積載荷重を超えた荷重をかけてはならないこと。
⑦移動式足場の上では、移動はしご・脚立等を使用しないこと。

令和2年度 問題2 建築施工用語と施工上の留意点の解答例

問題2 次の建築工事に関する用語の一覧表の中から**5つ**用語を選び，解答用紙の**用語の記号欄**の記号にマークしたうえで，**選んだ用語欄**に用語（b及びgについては（　）内の略語）を記入し，その**用語の説明**と**施工上留意すべきこと**を具体的に記述しなさい。

ただし，d及びl以外の用語については，作業上の安全に関する記述は不可とする。また，使用資機材に不良品はないものとする。

用語の一覧表

用語の記号	用　　語
a	帯筋
b	改質アスファルトシート防水トーチ工法・密着露出仕様（防水トーチ工法）
c	機械ごて
d	クローラークレーン
e	コンクリートのブリーディング
f	スタッド溶接
g	せっこうボード張りにおけるコーナービード（コーナービード）
h	タイル張りのヴィブラート工法
i	天井インサート
j	床付け
k	布基礎
l	パイプサポート
m	ベンチマーク
n	木工事の仕口

ポイント解説 建築工事に関する用語の説明と、施工上留意すべきことを解答する上でのポイントは、下表の通りである。（仮設・躯体・仕上げの分野別に示す）

分野		建築工事の用語	用語の説明の解答ポイント	施工上留意すべきことの解答ポイント
仮設	c	機械ごて	広大な空間の床コンクリート直均し仕上げに用いる動力機械。	騒音が生じるので、作業時間帯に配慮し、防音シートを設ける。
	d	クローラークレーン	足回りに履帯を有する揚重運搬機械で、軟弱地盤を走行できる。	アウトリガーを最大限に張り出させる。
	l	パイプサポート	型枠支保工の支柱の一種で、長さ調整可能な中空構造である。	高さ2m以内ごとに、2方向に水平つなぎを設ける。
	m	ベンチマーク	建築物の位置や高さの基準として設ける木杭などの設備。	破損に備えて複数個設け、移動を防ぐために柵などで囲う。
躯体	a	帯筋	鉄筋コンクリート柱の主筋を取り囲むせん断補強用の鉄筋。	柱梁接合部内の帯筋間隔は、原則として150㎜以下とする。
	e	コンクリートのブリーディング	コンクリートの練混ぜ水の一部が遊離して上昇する現象。	コンクリートの打設面に生じた滞水は、直ちに除去する。
	f	スタッド溶接	アーク熱で母材とスタッドを溶融させて圧入する溶接方法。	高さが指定値±2㎜以内、傾きが5度以内となるよう施工する。
	j	床付け	掘削底面を、正確な基準高さに平坦仕上げする作業。	掘削機械による床付けは、ショベルの刃を平状にして行う。
	k	布基礎	壁下において、長さ方向に連続して設けられた直接基礎。	布基礎の立上り部分では、かぶり厚さを4㎝以上とする。
	n	木工事の仕口	異なる方向に配置された木材の直角または斜め方向の接合部。	隅通し柱の土台への仕口は、土台へ扇ほぞ差しとする。
仕上げ	b	防水トーチ工法	シートの裏面と下地面をトーチで溶融させて密着させる工法。	シートの3枚重ね部は、中間のシート端部を斜めに切断する。
	g	コーナービード	石膏ボードの入隅部・出隅部に用いられる保護金物。	取付け後、ジョイントコンパウンドを2回～3回に分けて塗る。
	h	タイル張りのヴィブラート工法	下地の張付けモルタルに、振動機でタイルを押張りする工法。	上部から下部へ向かって、一段おきにタイルを張り付ける。
	i	天井インサート	天井の吊りボルトを固定するために打ち込む雌ねじ。	既存の埋込みインサートを再使用するときは、強度確認を行う。

解答例

以下の用語から5つの用語を選んで解答する。

a 用語	帯筋 ポイント：躯体・鉄筋工事（構造）
用語の説明	鉄筋コンクリート構造物の柱において、そのせん断補強と座屈防止のために、主鉄筋を取り囲むようにして配置される鉄筋である。
施工上留意すべきこと	柱梁接合部内の帯筋間隔は、原則として150㎜以下とし、かつ、隣接する柱の帯筋間隔の1.5倍以下とする。

(参考) (1)鉄筋コンクリート構造物では、柱にはせん断補強と座屈防止のための帯筋が、梁にはせん断補強のためのあばら筋が配置される。その施工にあたっては、帯筋間隔と帯筋比に留意しなければならない。また、柱の靭性を確保するためには、帯筋の間隔を密にすることや、副帯筋を用いることが有効である。

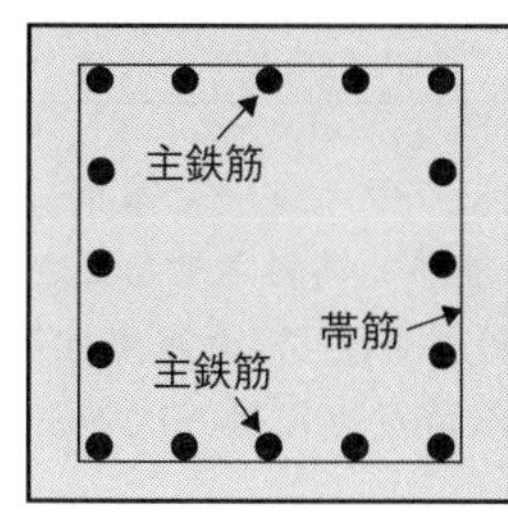

鉄筋コンクリート柱の断面図

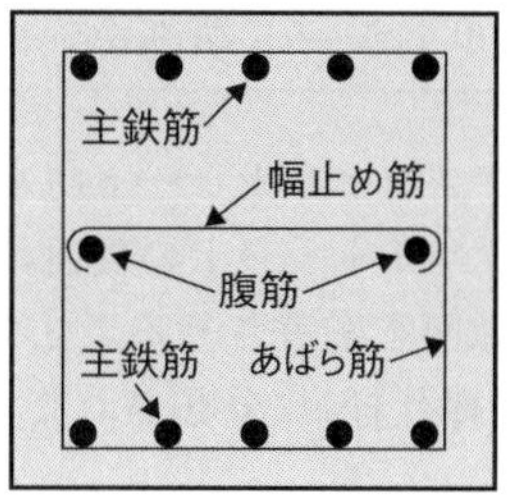

鉄筋コンクリート梁の断面図

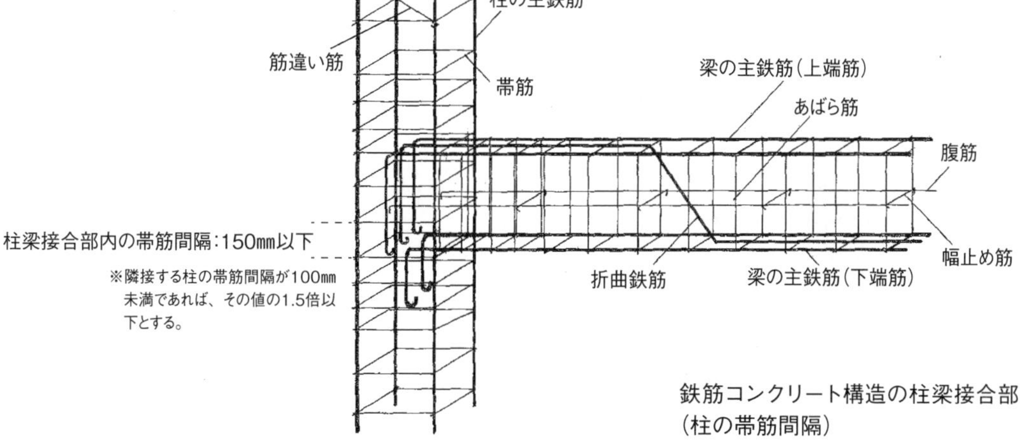

鉄筋コンクリート構造の柱梁接合部(柱の帯筋間隔)

柱の鉄筋比と帯筋比(鉄筋コンクリート構造)

主鉄筋の断面積≧コンクリートの断面積× 0.008
帯筋の断面積≧コンクリートの断面積× 0.002
例：1 辺が 18㎝の正方形柱(断面積が 324㎝^{2} の柱)では、主鉄筋の断面積の合計を 324 × 0.008 = 2.6㎝^{2} 以上、帯筋の断面積の合計を 324 × 0.002 = 0.7㎝^{2} 以上としなければならない。

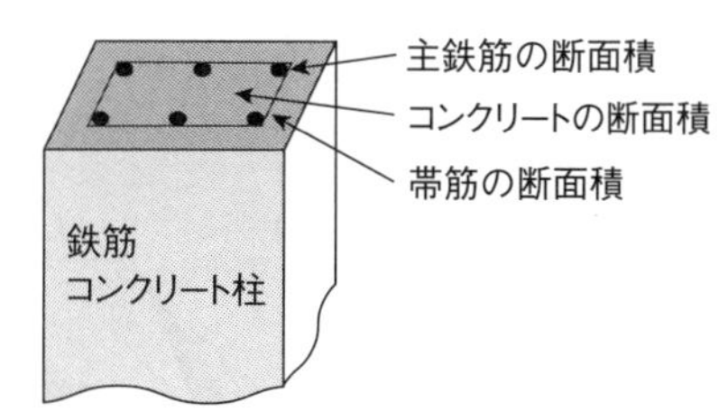

梁の鉄筋比(鉄筋コンクリート構造)

引張鉄筋の断面積≧コンクリートの断面積× 0.004
例：1 辺が 18㎝の正方形梁(断面積が 324㎝^{2} の梁)では、主鉄筋の断面積の合計を 324×0.004=1.3㎝^{2} 以上としなければならない。

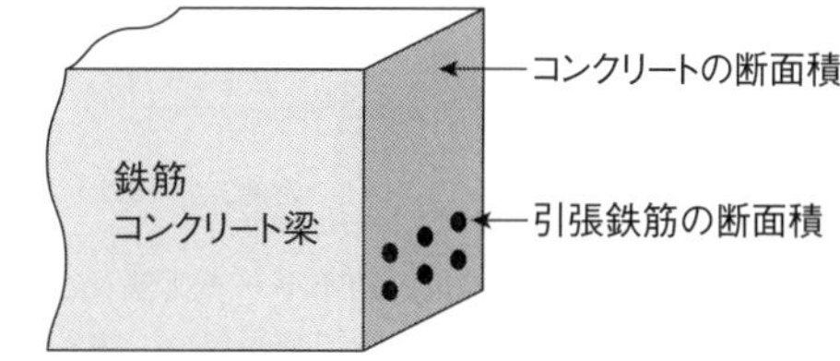

※柱の帯筋と梁のあばら筋については、一緒に学習した方が覚えやすいので、この参考では、柱の帯筋に関することに加えて、梁のあばら筋に関することも付記している。

b 用語	防水トーチ工法	ポイント：仕上げ・防水工事（工法）
用語の説明	下地にプライマーを塗布した後、改質アスファルトシートの裏面と下地面をトーチで加熱・溶融させることで、シートと下地を密着させる工法である。	
施工上留意すべきこと	平場部の張付けでは、シートの３枚重ね部について、中間の改質アスファルトシート端部を斜めに切断する。	

参考 (1)改質アスファルトシート防水トーチ工法とは、下地にプライマーを塗布した後、改質アスファルトシートの裏面および下地面をトーチで加熱・溶融させることで、シートと下地面を密着させる工法である。この工法は、密着工法(密着露出仕様)と絶縁工法(絶縁仕様)に分類されている。その施工における留意点には、次のようなものがある。

①密着工法による平場部の張付けにおいて、シートを3枚重ねる部分では、中間の改質アスファルトシートの端部を斜めにカットする。

改質アスファルトシート防水トーチ工法の施工例(密着工法の場合)

コンクリート下地の入隅に幅200㎜程度の増張シートを張り付けること

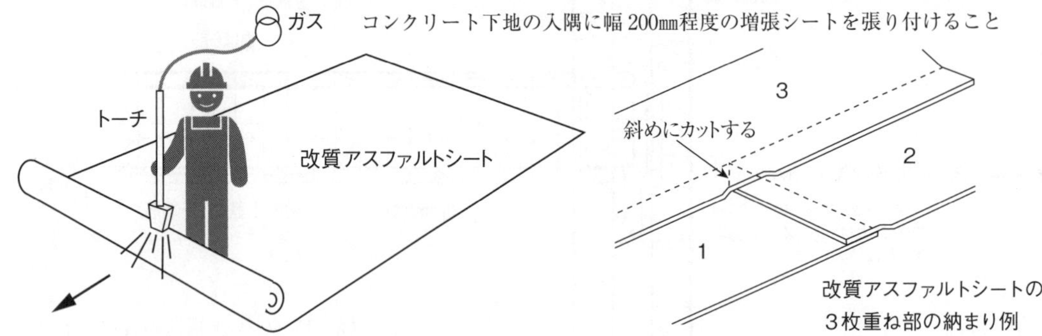

②ALCパネルの短辺接合部などの動きが大きい箇所は、密着工法の場合は幅300㎜程度の増張り用シートを両側に100㎜ずつ張り掛けて絶縁張りとし、絶縁工法の場合は幅50㎜程度の絶縁用テープを張り付けて絶縁処理を行う。

ALC パネル下地の短辺接合部の処理

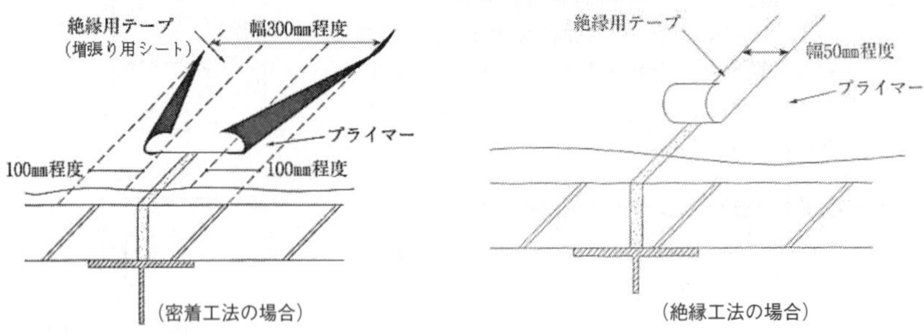

※この問題では、防水トーチ工法(改質アスファルトシート防水トーチ工法)の「密着露出仕様」を問われているので、誤って絶縁仕様に関することを解答しないように注意する。

c	用語	機械ごて　ポイント：仮設・コンクリート工事（器具）
用語の説明		駐車場などの広大な空間の床コンクリートを、均一の品質で仕上げる(不陸調整を行う)円盤型の動力機械である。
施工上留意すべきこと		騒音の発生量が比較的大きいので、市街地における施工では、作業時間に留意すると共に、防音シートを設置するなどの対策を講じる。

参考　(1) 機械ごては、床コンクリートの直均し仕上げをするための円盤型の動力機械である。人力による金ごて押えと比較して、次のような特長を有している。

①駐車場などの広大な空間の施工に適している。
②施工品質としての平坦性の精度に優れている。
③仕上げの見栄えが良好である。
④作業員数の節減と工期の短縮に資することができる。

機械ごて

(2) 機械ごては、比較的大型の動力機械なので、障害物の近くや空間の隅などは仕上げることができない。そのため、床コンクリートの直均し仕上げを機械ごてで行ったときは、その後に必ず、人力の金ごて押えによる最終仕上げを行わなければならない。

d	用語	クローラークレーン　ポイント：仮設・揚重工事（機械）
用語の説明		足回りにタイヤではなく履帯を有する揚重運搬機械であり、軟弱地盤上での走行や、狭い場所での方向転換が容易である。
施工上留意すべきこと		軟弱地盤上の作業では、転倒防止のための鉄板を敷設した上にクローラークレーンを設置し、アウトリガーを最大限に張り出させる。

参考　(1) クローラークレーンは、その足回りにタイヤではなく履帯を有する揚重運搬機械(移動式クレーンの一種)である。タイヤ式の移動式クレーンと比較して、次のような特長がある。

①接地圧が低いため、不整地上および軟弱地盤上での走行に適している。
②狭い場所での車体の方向転換が容易である。

(2) クローラークレーンは、タワー式と直ブーム式に分類されているが、ブーム下のふところが大きく、より建築物に接近して作業が可能なのは、タワー式である。

タワー式
クローラークレーン
建築物に近接できる

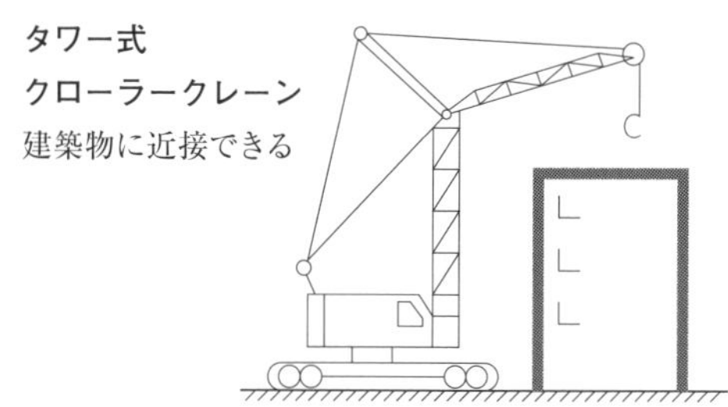

直ブーム式
クローラークレーン
建築物に近接できない

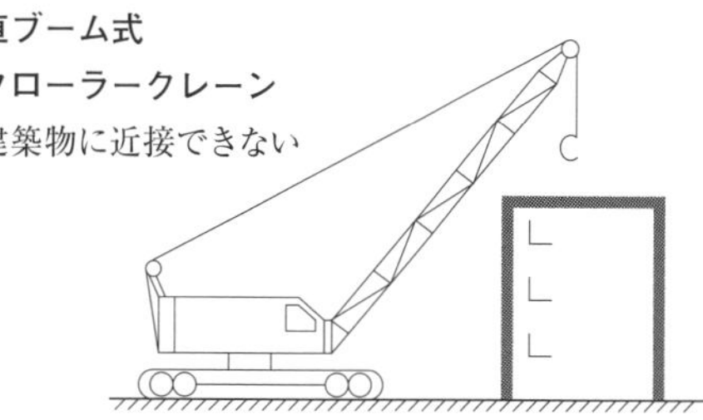

(3)クローラークレーンは、移動式クレーンの一種であり、作業上の安全に関することを記述してもよいことになっているので、次のような「クレーン等安全規則」に示されている条文を抜粋し、「施工上留意すべきこと」の解答にしてもよい。

①その日の作業を開始する前に、巻過防止装置・過負荷警報装置・ブレーキ・クラッチ・コントローラー等の機能について点検を行う。

②移動式クレーンが転倒するおそれのある場所においては、移動式クレーンの転倒を防止するために必要な広さ及び強度を有する鉄板等が敷設され、その上に移動式クレーンを設置しているときを除き、移動式クレーンを用いて作業を行ってはならない。

③アウトリガーや拡幅式クローラーを有する移動式クレーンを用いて作業を行うときは、そのアウトリガーや拡幅式クローラーを最大限に張り出す。

④クローラークレーンの運転者および玉掛けをする者が、当該クローラークレーンの定格荷重を常時知ることができるよう、表示・その他の措置を講じる。

e 用語	コンクリートのブリーディング　ポイント：躯体・コンクリート工事（現象）
用語の説明	フレッシュコンクリートにおいて、固体材料の沈降または分離によって、練混ぜ水の一部が遊離して上昇する現象である。
施工上留意すべきこと	ブリーディング現象によってコンクリートの打設面に滞水が生じたときは、スポンジやひしゃくなどで、その滞水を直ちに除去する。

参考　(1)ブリーディングという言葉の定義は、コンクリート標準示方書において、「フレッシュコンクリートにおいて、固体材料（骨材）の沈降または分離によって、練混ぜ水の一部が遊離して上昇する現象」であると定められている。

(2)ブリーディングにより、型枠内で材料分離が発生し、重い骨材が沈降して軽い水が浮上すると、コンクリート打設面に滞水が生じ、型枠面に沿って生じる砂筋や打設面の付近に、脆弱なレイタンス層が形成される。このような滞水は、レイタンス層の形成を防ぐため、スポンジやひしゃくなどで直ちに除去しなければならない。

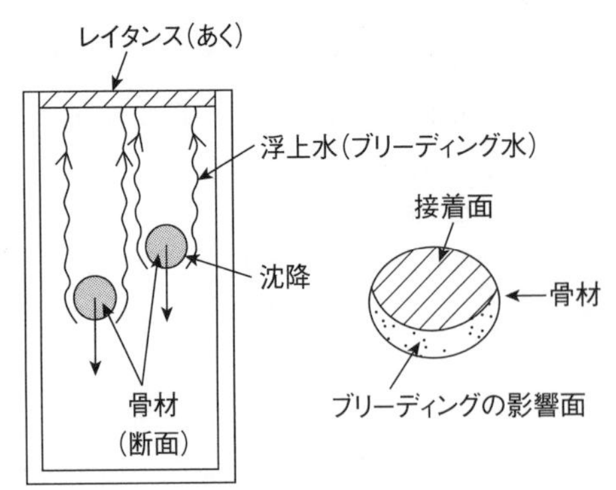

ブリーディングとレイタンス

ブリーディング：コンクリートを型枠に打ち込んだ後、重い骨材が沈降し、軽い水や遊離石灰が浮上する現象

レイタンス層は、このようなブリーディングによって形成されることもある。

⑶混和材を用いたコンクリートでは、細骨材の一部を石灰石微粉末で置換すると、余剰水が吸着されて、材料分離の低減やブリーディングの抑制が期待できる。また、下記のように、コンクリートの空気量を適切に調整すると、ブリーディングの抑制が期待できる。

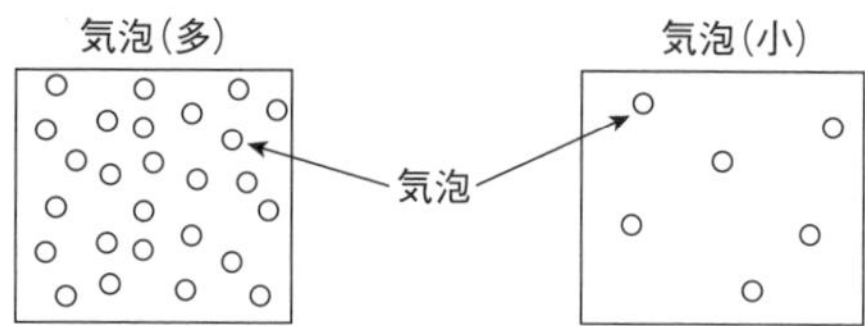

良・否	大・小	項目	大・小	良・否
○	大	ワーカビリティー	小	×
○	大	耐凍害性	小	×
○	小	ブリーディング	大	×
×	小	強度	大	○

コンクリートの空気量

AE(Air Entraining)剤などを用いてコンクリート中に空気(気泡)を導入すると、ワーカビリティー(施工しやすさ)が改善され、ブリーディングが生じにくくなり、コンクリートが凍害による悪影響を受けにくくなる。しかし、空気(気泡)の導入量が多くなりすぎると、コンクリートの強度が低下するので、コンクリートの空気量は必要最小限とすることが望ましい。

f 用語	スタッド溶接　　**ポイント:躯体・鉄骨工事(施工)**
用語の説明	母材とスタッドとの間で発生したアーク熱で、母材とスタッドを溶融させ、一定時間後にスタッドを母材の溶融池に圧入する溶接方法である。
施工上留意すべきこと	スタッド溶接後の仕上がり高さが指定寸法±2㎜以内、かつ、スタッド溶接後の傾きが5度以内となるように施工する。

(参考) ⑴鉄骨工事におけるスタッド溶接は、セラミック保護筒内にある母材とスタッドとの間で発生したアーク熱によって母材とスタッドを溶融させ、一定時間後にスタッドを母材の溶融池に圧入する溶接方法である。

鉄骨工事におけるスタッド溶接の概略図

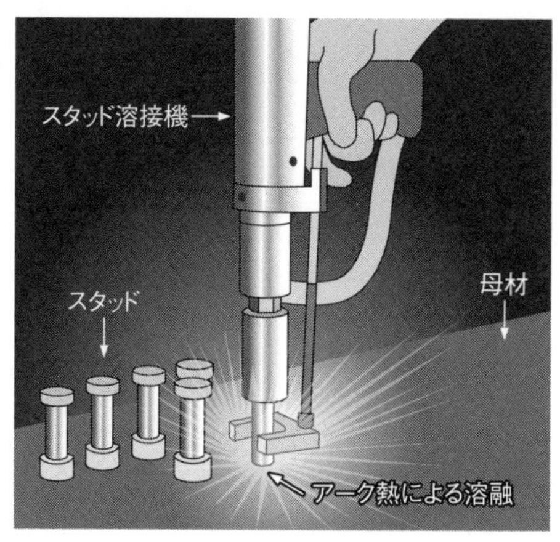

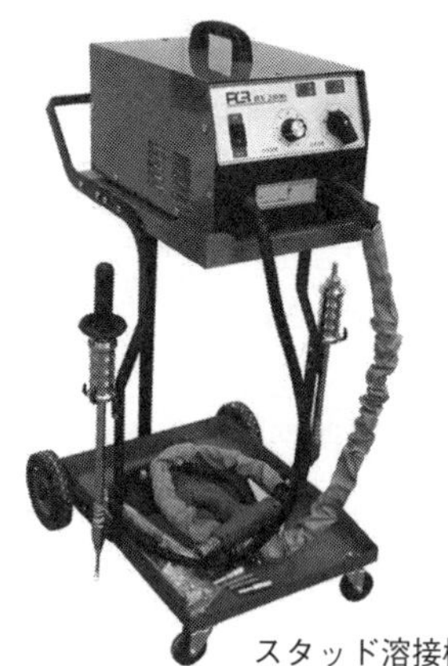
スタッド溶接機

⑵鉄骨工事におけるスタッド溶接後の仕上がり高さおよび傾きの検査は、「スタッド100本」または「主要部材1本または1台に溶接した本数」のうち、いずれか少ない方を1ロットとし、1ロットにつき1本行わなければならない。

⑶スタッド溶接後の仕上がり高さは、指定された寸法±2㎜以内でなければならない。また、スタッド溶接後の傾きは、5度以内でなければならない。

g	用語	コーナービード	ポイント:仕上げ・内装工事(材料)
用語の説明		壁に張られた石膏ボードの入隅部・出隅部において、物の衝突等による損傷を防止するために用いられる保護金物である。	
施工上留意すべきこと		コーナービードの取付け後に行うジョイントコンパウンド塗りは、2回～3回に分けて行い、厚付けしすぎないようにする。	

(参考) (1) 内装工事において、壁の石膏ボード張りをするときは、その入隅部・出隅部に、物の衝突などによる石膏ボードの損傷を防止するためのコーナービード(金属製またはプラスチック製の保護金物)を取り付けなければならない。

(2) コーナービードの取付け後には、ジョイントコンパウンド塗りによる処理を行う。このジョイントコンパウンド塗りは、2回(下塗り・上塗り)または3回(下塗り・中塗り・上塗り)に分けて行うものとする。各回の塗りについては、厚付けしすぎないように留意する

建築施工用語

石膏ボードの入隅・出隅の処理(コーナービードとジョイントコンパウンド)

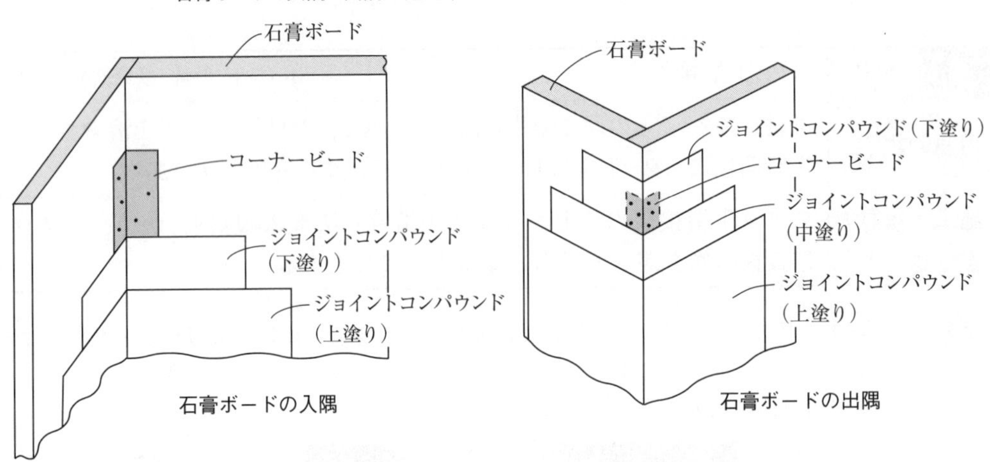

h	用語	タイル張りのヴィブラート工法	ポイント:仕上げ・タイル工事(工法)
用語の説明		下地に塗り付けた張付けモルタルに、タイル用振動機(ヴィブラート)を用いて、タイルを押し付けて張る工法である。	
施工上留意すべきこと		目地割に基づいて水糸を引き通した後、上部から下部へ向かって、一段おきに、水糸に合わせてタイルを張り付ける。	

(参考) (1) タイル張りのヴィブラート工法は、下地に塗り付けた張付けモルタルに、タイル用振動機(ヴィブラート)を用いてタイルを押し付けることで、タイルを張り付ける工法である。密着張り工法とも呼ばれている。

(2) ヴィブラート工法(密着張り工法)によるタイル張りは、次のような点に留意して行う。

①張付けモルタルは、2層に分けて塗り、その塗厚を5mm～8mmとする。

②1回の塗付け面積は、2m²以下かつ20分以内に張り終えられる面積とする。

③タイルは、壁の上部から下部へ向かって、一段おきに張り付ける。

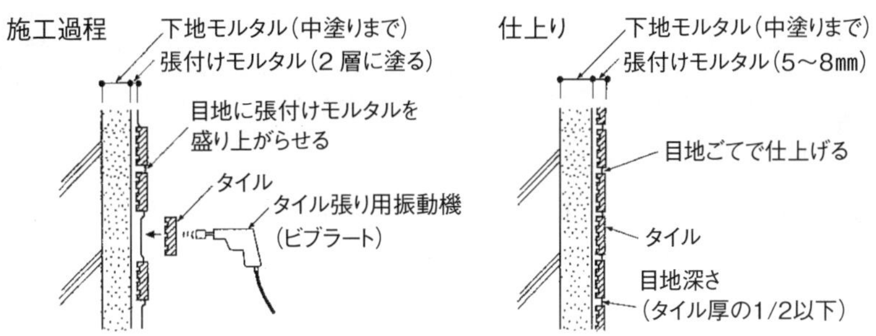

ヴィブラート工法(密着張り工法)によるタイル張り作業

i	用語	天井インサート	ポイント：仕上げ・金属工事（材料）
用語の説明		野縁や野縁受けを天井スラブから吊り下げるための天井吊りボルトを施工するときに、コンクリートスラブに打ち込む雌ねじである。	
施工上留意すべきこと		天井改修工事において、既存の埋込みインサートを再使用するときは、吊りボルトの引抜き試験による強度確認を行う。	

参考 (1)天井インサートは、野縁や野縁受けを天井スラブから吊り下げるための天井吊りボルトを施工するときに、コンクリートスラブに打ち込む雌ねじである。

(2)天井インサートを打ち込むときは、次のような点に留意しなければならない。

①天井インサートの相互間隔は900㎜程度とする。

②周辺の端から150㎜以内の位置に、天井インサートを打ち込む。

③天井インサートは、型枠組立時に配置する。

④鉄骨造の建築物には、天井インサートを溶接等で取り付ける。

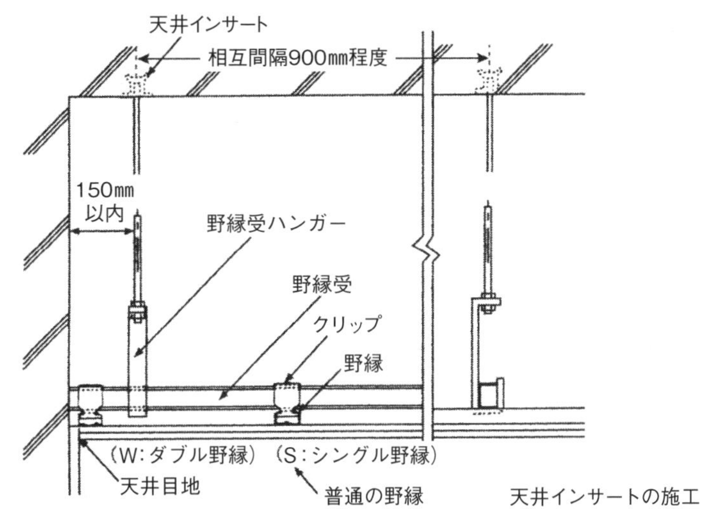

天井インサートの施工

(3)内装改修工事の天井改修において、既存の埋込みインサートを再使用するときは、吊りボルトの引抜き試験による強度確認を行う必要がある。

建築施工用語

j	用語	床付け	ポイント：躯体・土工事（作業）
用語の説明		計画深さまで根切りまたは掘削した底面を、正確な基準高さに、平坦仕上げする作業である。	
施工上留意すべきこと		掘削機械による床付けは、床付け面の近くで、ショベルの刃を平状のものに替えて行う。	

（参考）(1)床付けとは、計画深さまで根切りまたは掘削した底面を、正確な基準高さに、平坦仕上げする作業である。床付けは、建築物が地盤に応力を伝達する基点となるので、その高さに誤りがあると、建築物全体の高さが正確にならなくなる。床付けの作業では、次のような点に留意しなければならない。

①掘削機械による床付けは、床付け面の近くでショベルの刃を平状のものに替えて行う。
②床付け面付近の掘削は、地盤を乱さないよう、掘削機械を後進させながら施工する。
③根切り時に粘性土の床付け地盤を乱したときは、砂質土と置換して締め固める。
④掘削終了時に、床付け地盤が設計図書の地層・地盤と一致することを確認する。

(2)床付け面が乱されてしまうと、その部分の強度が不揃いになり、建築物の一部が不同沈下するなどして、建築物の応力が一部に集中し、建築物の倒壊に繋がることがある。そのため、次のような床付け面の検査は、建築工事では特に重要となる。

①建築物の高さの基準となる床付け面の標高を、レベルを用いて確認する。
②仕上げ面が平滑で、その強度が均一かつ優れていることを確認する。
③過掘りされた部分が、十分に転圧されていることを確認する。

k	用語	布基礎	ポイント：躯体・基礎工事（構造）
用語の説明		壁下において、長さ方向に連続して設けられた直接基礎である。べた基礎に比べると、安価に造ることができるが、耐震性はやや劣る。	
施工上留意すべきこと		布基礎の立上り部分では、鉄筋に対するコンクリートのかぶり厚さを4cm以上とし、地盤からの立上り高さを30cm以上とする。	

（参考）(1)建築物の直接基礎は、べた基礎と布基礎に分類されている。

①べた基礎は、建築物の下面全体に設けられた一枚の底盤により、建築物を「面」で支える直接基礎である。耐震性に優れるが、鉄筋の使用量が多く、高価である。
②布基礎は、建築物の壁下に設けられた立上り部と底盤により、建築物を「点」で支える直接基礎である。鉄筋の使用量が少なく、安価に造れるが、耐震性はやや劣る。

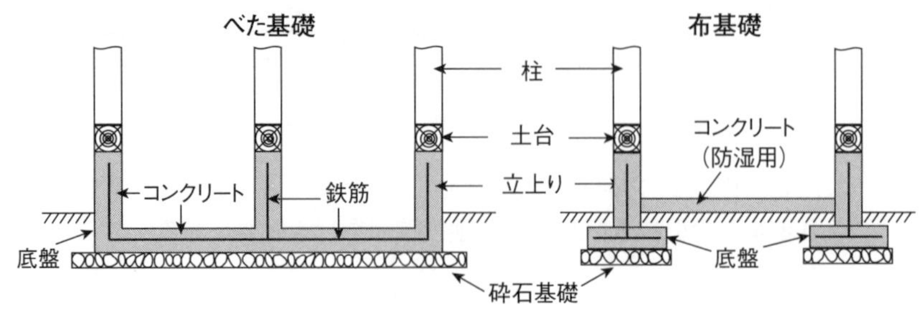

(2) 布基礎の施工上の留意点としては、建築基準法施行令において、次のような内容が定められている。

① 構造耐力上主要な部分である柱の脚部は、一体の鉄筋コンクリート造の布基礎に緊結している土台に緊結しているか、鉄筋コンクリート造の基礎に緊結していること。

② 各階の耐力壁は、その頂部および脚部を当該耐力壁の厚さ以上の幅の壁梁(最下階の耐力壁の脚部は布基礎または基礎梁)に緊結し、耐力壁の存在応力を相互に伝えることができるようにすること。

③ 鉄筋に対するコンクリートのかぶり厚さは、布基礎の立上り部分にあっては4cm以上とすること。

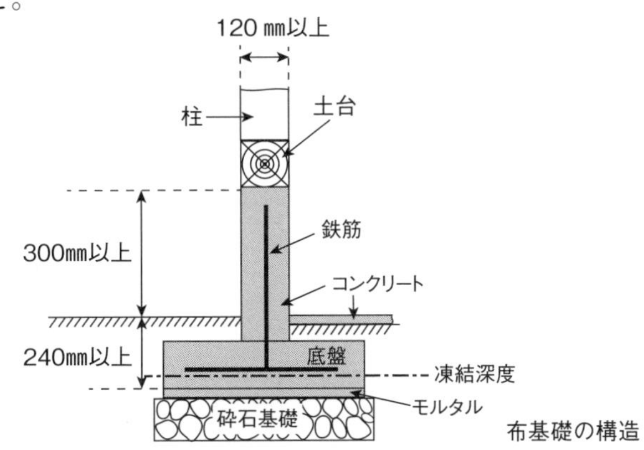

布基礎の構造

I 用語	パイプサポート	ポイント：仮設・型枠工事（材料）
用語の説明	型枠支保工の支柱の一種である。外管と内管から成る中空構造であるため、長さの調整が容易である。	
施工上留意すべきこと	高さが3.5mを超えるパイプサポートには、高さ2m以内ごとに、2方向に水平つなぎを設ける。	

参考 (1) パイプサポートは、型枠支保工の支柱として使用される管である。外管と内管から成る中空構造であるため、長さの調整が容易である。その継手は、差込み継手または突合せ継手となっている。

(2) パイプサポートを支柱として用いる型枠支保工を組み立てるときは、次のような点に留意しなければならない。

① パイプサポートを3本以上継いで用いてはならない。(2本までなら継いでもよい)

② パイプサポートを継いで用いるときは、4本以上のボルトまたは専用の金具を用いる。

③ 高さが3.5mを超えるときは、高さ2m以内ごとに水平つなぎを2方向に設け、かつ、水平つなぎの変位を防止する。

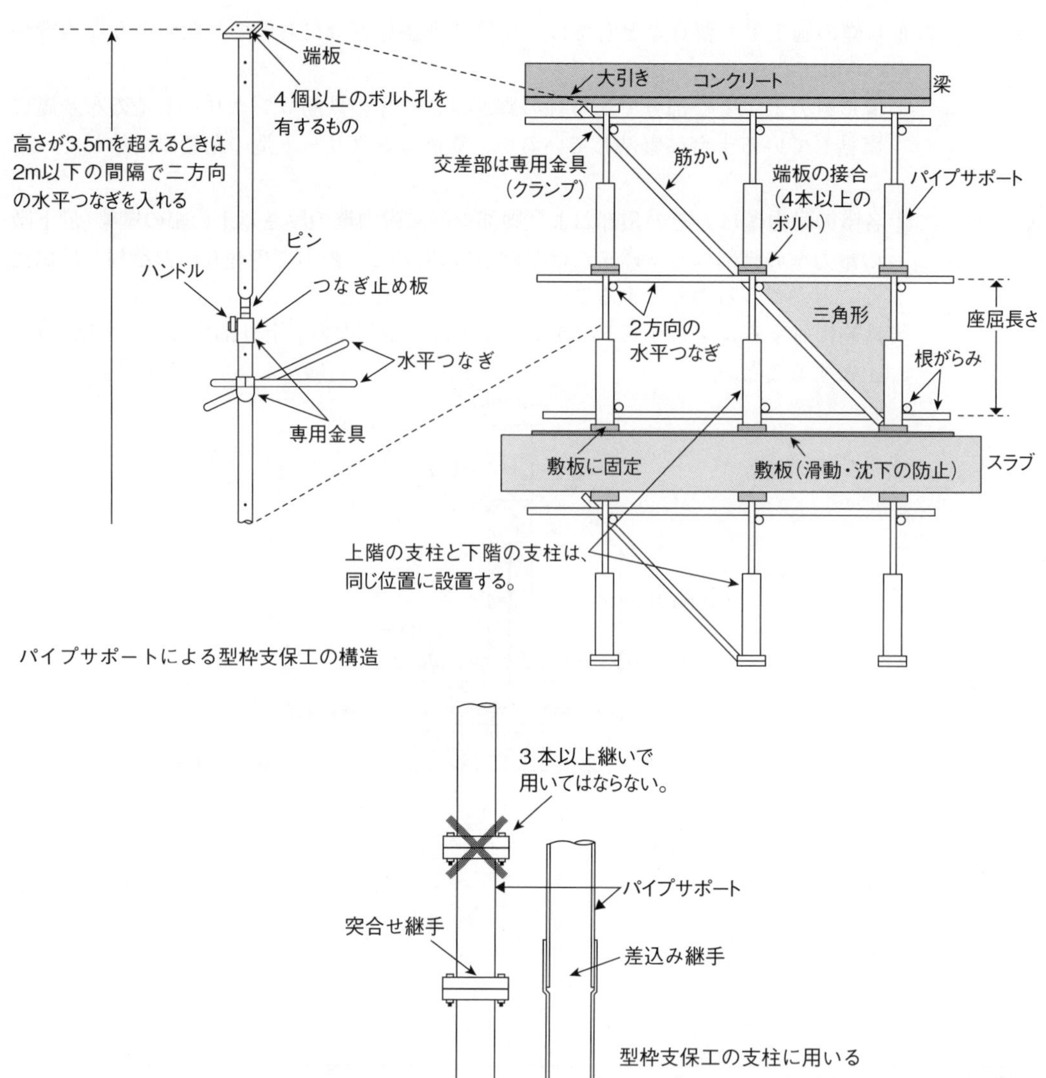

パイプサポートによる型枠支保工の構造

型枠支保工の支柱に用いる
パイプサポートの継ぎ方

m	用語	ベンチマーク	ポイント：仮設・準備工事（設備）
用語の説明		建築物の位置や高さの基準となる不動点に設置された木杭などの設備で、その地点の正確な座標位置と標高を示している。	
施工上留意すべきこと		破損に備えて複数設ける。また、その周囲に養生柵を設けて、その移動を防止する。	

参考 (1) ベンチマークは、建築物の位置や高さの基準となる不動点に設置された、その座標位置と標高を示す基準杭である。木杭などのベンチマークは、破損に備えて複数設けなければならない。

(2) ベンチマークの周囲には、養生柵を設けなければならない。ベンチマークは、建築物の平面位置・高さの基準となるため、相互チェックできるように複数個設置し、決して移動しないように対策を講じなければならない。

(3) 正確な高さの値が必要な建築工事では、国道や県道などに沿って2km程度の間隔で配置された水準点から、建築現場までレベルと標尺等による水準測量を行い、工事現場の基準高さ(標高)をベンチマークとして定める。

(4) 正確な平面位置の値が必要な建築工事では、測量法により定められた基準点を出発点として、建築現場までトータルステーション等による多角測量を行い、工事現場の座標位置をベンチマークとして定める。

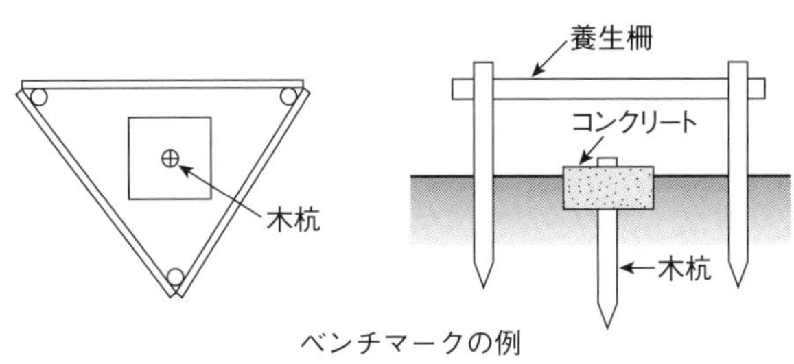

ベンチマークの例

n	用語	木工事の仕口 ポイント：躯体・木工事（構造）
用語の説明		それぞれ異なる方向に配置された木材を、直角または斜め方向に接合することをいう。また、その接合部のことをいう。
施工上留意すべきこと		隅通し柱の土台への仕口は、土台へ扇ほぞ差しとし、ホールダウン金物当てボルト締めとする。

参考 (1) 木工事の仕口は、木材を相互に接合するときに、直角または斜め方向の接合部において、ほぞ(凸部)とそれを収納する受口となる溝(凹部)である。

(2) 木造在来軸組構法の建築物において、使用する木材の仕口およびその周辺の木材を施工するときは、次のような点に留意しなければならない。

① 構造耐力上主要な部分である仕口は、かすがい打ち・込み栓打ちなどの方法により、その部分の存在応力を伝えるように緊結する。

② 隅通し柱の土台への仕口は、土台へ扇ほぞ差しとし、ホールダウン金物当てボルト締めとする。

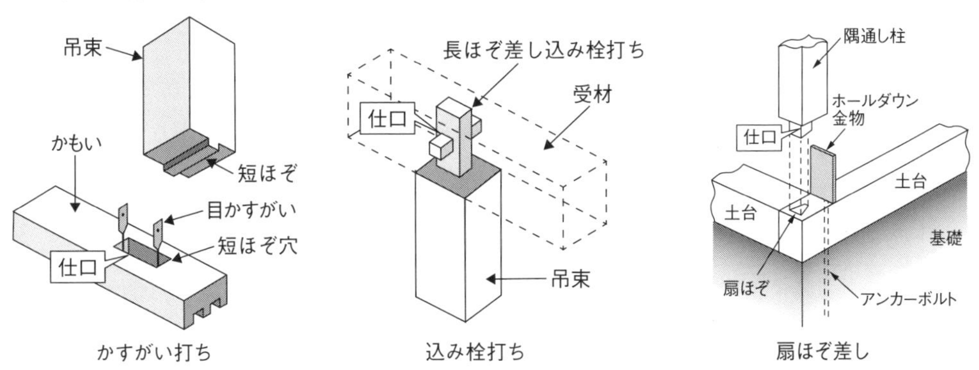

令和元年度 問題2 建築施工用語と施工上の留意点の解答例

【問題2】 次の建築工事に関する用語a.からn.のうちから**5つ選び**、その**用語の説明**と**施工上留意すべきこと**を具体的に記述しなさい。
ただし、a.及びn.以外の用語については、作業上の安全に関する記述は不可とする。また、使用資機材に不良品はないものとする。

用語

a.足場の手すり先行工法
b.型枠のセパレータ
c.軽量鉄骨壁下地のスペーサー
d.鋼矢板
e.コンクリートのスランプ
f.セルフレベリング材工法
g.鉄筋工事のスペーサー
h.内壁タイルの接着剤張り工法
i.被覆アーク溶接
j.防水工事の脱気装置
k.木工事の大引き
l.木造住宅の気密シート
m.ルーフドレン
n.陸墨

ポイント解説　建築工事に関する用語の説明と、施工上の留意点を解答する上でのポイントは、下記の通りである。(仮設・躯体・仕上げの分野別に示す)

分野		建築工事の用語	用語の説明の解答ポイント	施工上留意すべきことの解答ポイント
仮設	a	足場の手すり先行工法	足場作業における墜落防止のために有効な工法。	足場の手すりは、最初に設置し、最後に撤去する。
	b	型枠のセパレータ	型枠のせき板相互の間隔を正しく保持するための金具。	型枠の止水性・平滑性を確保するため、コーンを使用する。
	d	鋼矢板	山留め支保工の遮水壁となる鋼材。	鋼矢板の接合部を相互に密着させ、根入れ深さを大きくする。
	n	陸墨	仕上げ高さの基準を示すため、墨で描いた水平な線。	2階よりも上階の陸墨は、1階床面の高さを基準として打つ。
躯体	e	コンクリートのスランプ	フレッシュコンクリートのコンシステンシーの指標。	スランプ試験を行い、許容差の範囲内のコンクリートを使う。
	g	鉄筋工事のスペーサー	鉄筋のかぶりを確保するため、型枠と鉄筋の間に入れる支物。	型枠に接するスペーサーを鋼製にするときは、防錆を施す。
	i	被覆アーク溶接	電極となる心線を被覆した溶接棒を用いた溶接作業。	溶接棒が吸湿している場合は、乾燥させてから使用する。
	k	木工事の大引き	木造建築物の一階床構造となる約10cm四方の太さの角材。	大引きの継手は、腰掛け蟻継ぎとし、釘打ちを行う。
仕上げ	c	軽量鉄骨壁下地のスペーサー	軽量鉄骨下地のスタッドを所定の位置に固定する部材。	スタッド間に、600mm程度の間隔で配置する。
	f	セルフレベリング材工法	高流動化剤を加えた床仕上げ材を流し込む工法。	皺の発生を防止するため、養生中は窓を閉めて通風を避ける。
	h	内壁タイルの接着剤張り工法	陶磁器質タイル用接着剤を用いて、内壁にタイルを張る工法。	接着剤は、下地に厚さ3mm程度になるように塗布する。

分野		建築工事の用語	用語の説明の解答ポイント	施工上留意すべきことの解答ポイント
仕上げ	j	**防水工事の脱気装置**	下地の水分を大気中に放出し、防水層の膨れを防止する装置。	平面部では、25m^2～100m^{2}につき1個を設ける。
	l	**木造住宅の気密シート**	室外からの湿気や隙間風を防止するための壁張り用シート。	気密シートは、断熱材よりも室内側に張り付ける。
	m	**ルーフドレン**	屋上の雨水を集水し、排水するための金物。	塗膜防水材との取合い部には、幅100mm以上の補強布を張る。

解答例

以下の用語のうちから5つを選び、解答する。

a. 用語	足場の手すり先行工法　**ポイント：仮設・外部足場工事（工法）**
用語の説明	作業員の安全を確保するため、足場の組立解体時に、手すりを最初に取り付け、最後まで残しておいてから取り外す工法。
施工上留意すべきこと	組立作業員が作業床に乗る前に、手すりを先行して設置する。また、作業床を撤去するときは、手すりを最後に撤去する。

参考

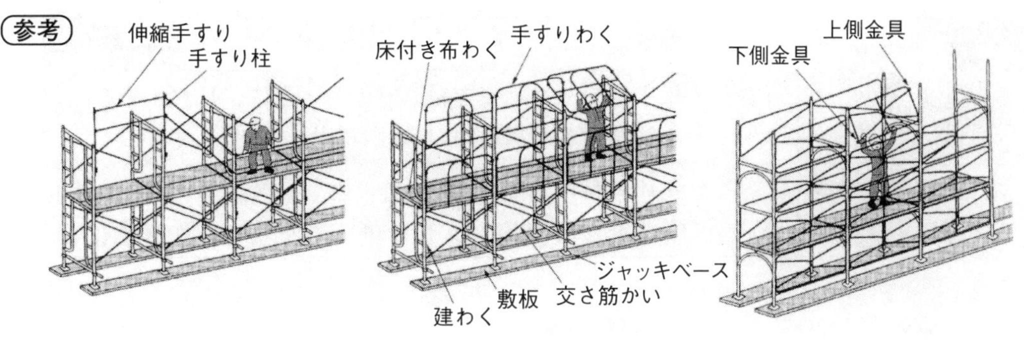

手すり先行工法の種類

手すり先行工法に関するガイドラインによる足場の組立て・解体作業では、次のようなことに留意する必要がある。作業員の安全が確保されているとはいえ、通常の足場上での作業と同様に、守らなければならない項目は多い。

①手すり先行工法を用いる事業者は、各部材の配置・寸法・材質・取付け時期・取付け順序などを示した組立図を作成する必要がある。

②手すり先行工法を採用した場合でも、悪天候時および悪天候が予想されるときは、作業を中止する。

③手すり先行工法を採用した場合でも、作業床は幅40cm以上かつ隙間3cm以下でなければならない。

④手すり先行工法を採用した場合でも、高さが5m以上の足場の組立・解体の作業では、作業主任者を選任しなければならない。

建築施工用語

b.	用 語	型枠のセパレータ　ポイント：仮設・型枠工事（材料）
用語の説明		型枠のせき板相互の間隔を正しく保持するために使用される鋼製部品。
施工上留意すべきこと		型枠の止水性・平滑性を確保するため、モルタルがセパレータの取付け部から漏れないよう、必要に応じてコーンを使用する。

（参考）

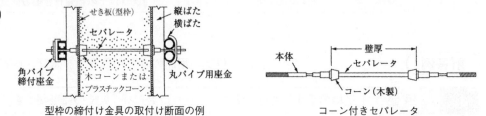

せき板(型枠)
縦ばた
横ばた
セパレータ
角パイプ締付座金
木コーンまたはプラスチックコーン
丸パイプ用座金

型枠の締付け金具の取付け断面の例

本体
壁厚
セパレータ
コーン（木製）

コーン付きセパレータ

型枠のセパレータを用いる際の注意点として、上図のような丸セパレータでは、丸セパレータのせき板（型枠）に対する傾きが大きくなると、丸セパレータの破断強度が大幅に低下する。そのため、丸セパレータは、型枠に対して直角に取り付けることが望ましい。

c.	用 語	軽量鉄骨壁下地のスペーサー　ポイント：仕上げ・軽量鉄骨工事（構造）
用語の説明		軽量鉄骨壁下地のスタッドを組み立てるときに、振れ止めを固定し、スタッドを緊結するために用いられる部材。
施工上留意すべきこと		スペーサーの取付け間隔は600㎜程度とし、スタッド部材を相互に緊結する。また、振れ止めをスペーサーに固定する。

（参考）

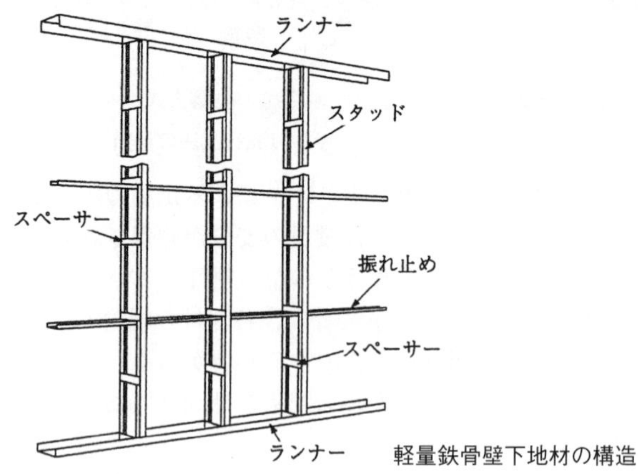

軽量鉄骨壁下地材の構造

スペーサーは、スタッドの建込みの前に仮止めしなければならない。この仮止めでは、スタッドをランナーに取り付けやすくするため、上下端のスペーサーは、くさびで少し内側に取り付けておく。スタッドの取付けが終了したら、上下端のスペーサーを正しい位置に移動させる。その後、スペーサーの間に振れ止めを通し、振れ止めを固定する。

d. 用語	鋼矢板 ポイント：仮設・山留め工事（材料）
用語の説明	山留め支保工の遮水壁となる鋼材。止水性があるため、軟弱地盤（地下水位の高い地盤）に対して適用される。
施工上留意すべきこと	ヒービングやボイリングを防止するために、鋼矢板の接合部を相互に密着させ、十分な深さまで根入れを行う。

（参考）鋼矢板による山留め壁は、鋼製の板を連続して打ち込んだ山留め壁である。遮水性が良く、強度や耐久性にも優れている。止水性があるため、地下水位の高い軟弱地盤において、ヒービングやボイリングによる隣接地盤の沈下を防止するために施工される。

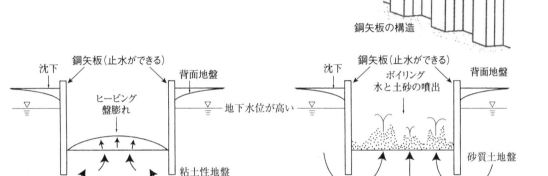

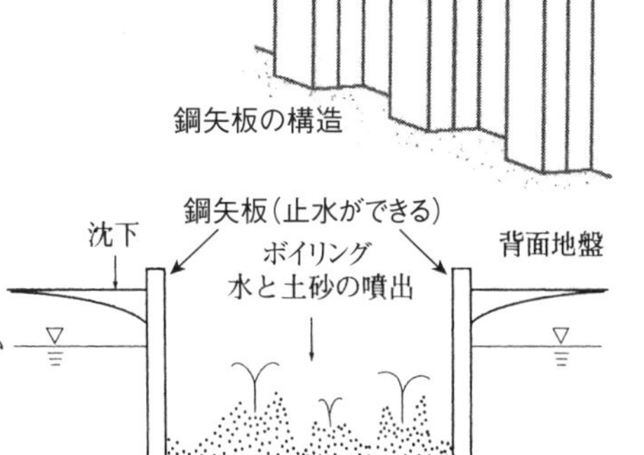

鋼矢板の構造

沈下
鋼矢板（止水ができる）
背面地盤
ヒービング
盤膨れ
地下水位が高い
粘土性地盤
ヒービングの防止が必要である
ボイリング
水と土砂の噴出
砂質土地盤
ボイリングの防止が必要である

鋼矢板を用いた山留め支保工（ヒービングとボイリングの防止）

鋼矢板を用いた山留め支保工の施工における留意点には、次のようなものがある。

①鋼矢板の接合部を相互に密着させ、十分な深さまで根入れを行う。

②上下方向の鋼矢板の継手は、切梁間の中央付近や切梁上などの応力の大きい位置を避け、できるだけ応力の小さい位置に設ける。

③山留め壁に用いる鋼矢板の許容応力度は、長期許容応力度と短期許容応力度を平均した値とする。

e. 用語	コンクリートのスランプ ポイント：躯体・コンクリート工事（指標）
用語の説明	フレッシュコンクリートのコンシステンシーの指標。スランプが大きいコンクリートは、流動性が高く、軟らかい。
施工上留意すべきこと	スランプ試験を行ってスランプ値を求め、スランプが許容差の範囲内にあるコンクリートを使用する。

（参考）コンクリートのスランプとは、フレッシュコンクリートのコンシステンシー（硬軟の程度）の指標である。スランプが大きいコンクリートは、流動性が高く、軟らかい。
スランプ試験では、高さ30cmのスランプコーンにフレッシュコンクリートを詰めた後、スランプコーンを引き上げる。スランプコーン中心軸上における天端からのコンクリートの沈下量をスランプゲージで測定した値[cm]が、そのコンクリートのスランプである。

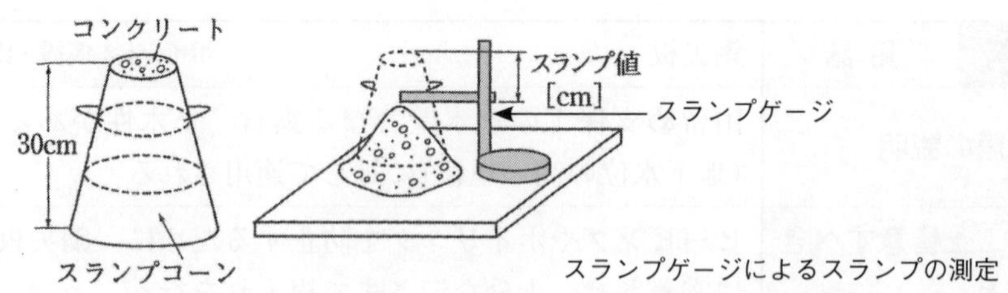

スランプの許容差については、下記のように定められている。一例として、スランプの指定値が12cmであれば、許容差は±2.5cmなので、スランプが9.5cm〜14.5cmのコンクリートを使用する必要がある。

①指定値が2.5cmであれば、許容差は±1cmとする。
②指定値が5cmまたは6.5cmであれば、許容差は±1.5cmとする。
③指定値が8cm以上18cm以下であれば、許容差は±2.5cmとする。
④指定値が21cmであれば、許容差は±1.5cmとする。

f. 用語	セルフレベリング材工法　ポイント：仕上げ・左官工事（工法）
用語の説明	セメント系または石膏系の材料に、高流動化剤を加えた床仕上げ材を、レベルに合わせて流し込む工法。
施工上留意すべきこと	セルフレベリング材は、硬化前に風があたると皺が生じるため、養生終了までの間は、窓を閉めて通風は避ける。

（参考）セルフレベリング材は、石膏組成物またはセメント組成物に、骨材や流動化剤を添加した左官材料である。流し込むだけで自重により平滑に仕上がるので、内装の張物下地には、セルフレベリング材工法が採用されることが多い。その施工における留意点には、次のようなものがある。

①セルフレベリング材は、高い流動性が必要になるため、強度が低いドロマイトプラスターを添加してはならない。
②石膏系のセルフレベリング材は、耐水性がないので、屋外や浴室などの耐水性を必要とする箇所に使用してはならない。
③セルフレベリング材の流込み作業中や作業後(養生中)は、表面乾燥によるひび割れを避けるため、窓や開口部を塞ぎ、できる限り通風を避けなければならない。

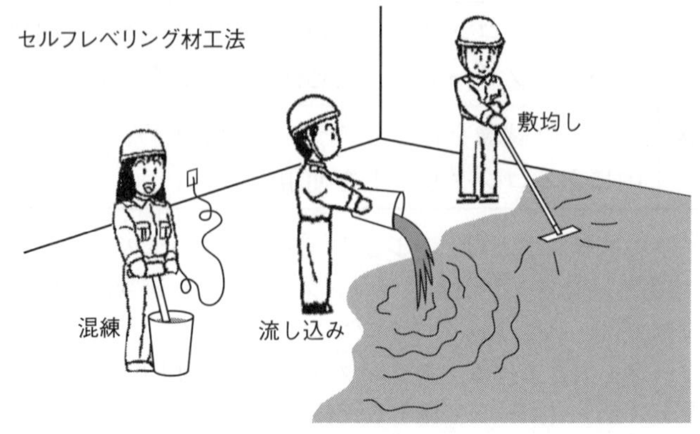

g. 用 語	鉄筋工事のスペーサー　**ポイント：躯体・コンクリート工事（材料）**
用語の説明	鉄筋を支持し、鉄筋のかぶりを確保するために、型枠と鉄筋との間に挿入される支物。
施工上留意すべきこと	型枠に接するスペーサーは、鋼製またはコンクリート製とする。鋼製スペーサーには、錆の発生を防ぐため、防錆処理を行う。

（参考）鉄筋工事のスペーサーは、鉄筋を支持し、所要のかぶり（コンクリート表面から鉄筋表面までの最小距離）を確保するための支物(かいもの)である。その施工においては、使用箇所に適した材質のものを、適切に配置することが重要なので、次のような点に留意しなければならない。

①スペーサーは、部材の設計基準強度と同等以上の強度を有する材料で製作する。

②型枠に接するスペーサーは、鋼製またはコンクリート製とする。鋼製スペーサーには、錆の発生を防ぐため、防錆処理を行う。

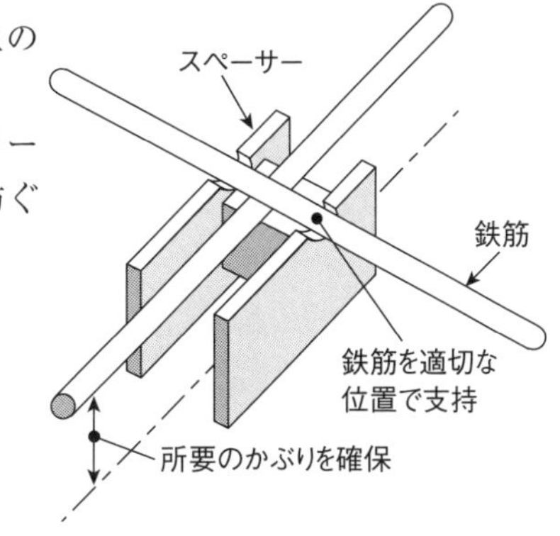

h. 用 語	内壁タイルの接着剤張り工法　**ポイント：仕上げ・タイル工事（工法）**
用語の説明	建築物の内壁面に、有機系接着剤を用いて、セラミックタイルを張り付ける工法。
施工上留意すべきこと	接着剤張りの接着剤は、下地に厚さ3㎜程度になるように塗布し、くし目ごてでくし目を立てる。

（参考）内壁タイルの接着剤張り工法は、建築物の内壁面に、セラミックタイル張り内装用有機系接着剤を用いて、セラミックタイルを張り付ける工法である。使用する接着剤の規格は、JIS A 5548:2015「セラミックタイル張り内装用有機系接着剤」において定められている。その施工における留意点には、次のようなものがある。

①1回の塗布面積は3m^{2}以内とし、30分以内に張り終えるようにする。

②接着剤の使用量は、1m^{2}あたり1.5kg～2kg程度とする。

③接着剤は、金ごてで平坦にした後、くし目ごてを用いて3㎜程度の厚さで塗り付ける。

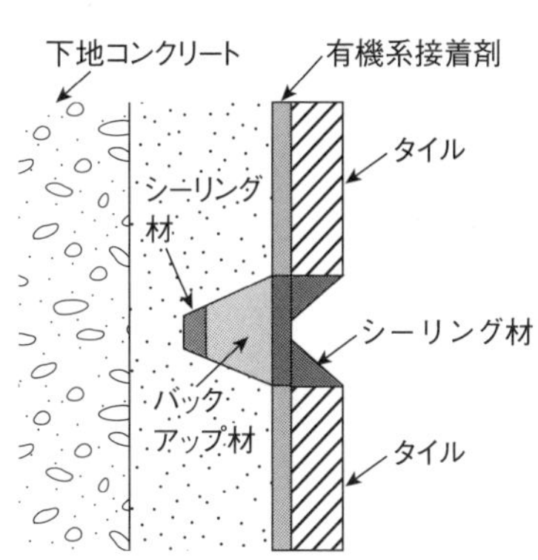

内壁タイルの接着剤張り工法

i.	用 語	被覆アーク溶接	ポイント：躯体・溶接工事（工法）
用語の説明		アーク溶接の一種で、電極となる心線の周囲に、大気を遮断するための被覆材を塗布した溶接棒を使用する。	
施工上留意すべきこと		被覆アーク溶接棒は、吸湿しているおそれがある場合、乾燥器で乾燥させてから使用する。	

参考　アーク溶接とは、電極となる溶接棒の心線から放電させることで、金属同士を溶融させて接合する作業をいう。被覆アーク溶接とは、溶接棒の心線の周囲を被覆することで、風などの影響がある屋外でも溶接ができるようにしたアーク溶接である。その作業における留意点には、次のようなものがある。

①被覆アーク溶接棒は、吸湿しているおそれがある場合、乾燥器で乾燥させてから使用する。

②高張力鋼の組立て溶接を、被覆アーク溶接で行うときは、低水素系溶接棒を使用しなければならない。（軟鋼用溶接棒は使用できない）

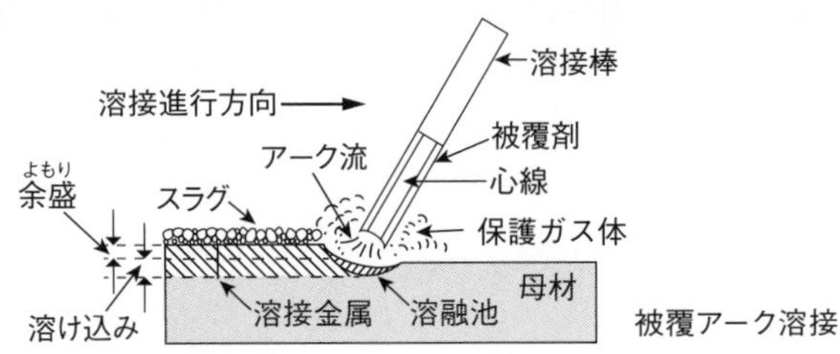

被覆アーク溶接

被覆アーク溶接における溶接棒の乾燥

溶接棒の種類	溶接棒の状態（乾燥が必要となる条件）	乾燥温度	乾燥時間
軟鋼用被覆アーク溶接棒	乾燥後（開封後）12時間以上が経過した場合または溶接棒が吸湿した恐れがある場合	100℃～150℃	1時間以上
低水素系被覆アーク溶接棒	乾燥後（開封後）4時間以上が経過した場合または溶接棒が吸湿した恐れがある場合	300℃～400℃	1時間以上

j.	用 語	防水工事の脱気装置	ポイント：仕上げ・防水工事（装置）
用語の説明		露出防水絶縁工法において、下地の水分の蒸気を大気中に放出し、防水層の膨れを低減する装置。	
施工上留意すべきこと		脱気装置の設置数は、平面部では25 m^2 ～ 100 m^2 に1個程度、立上り部では10 mにつき1個程度とする。	

参考　屋上のアスファルト防水工事では、防水層の内部に浸透した水が蒸発し、防水層の膨れが生じることがある。防水層の膨れを低減するためには、脱気装置を設けるのが有効である。特に、露出防水絶縁工法では、防水層をそのまま仕上げ面とするので、防水層の膨れが生じやすい。脱気装置の設置は、平場部・立上り部の区別に応じて、下表のような条件で行う。

防水工事における脱気装置の設置条件

形　状	型	材　質	取付け間隔	備　考
	平面部 脱気型	・ポリエチレン ・樹脂 ・ABS 樹脂 ・ステンレス ・鋳鉄	防水層平面 25 m²〜100 m² に 1 個程度	防水面積の大きい場合等、必要に応じて立上り部脱気型装置を併用することもできる。
	立上り部 脱 気 型	・合成ゴム ・塩化ビニル樹脂 ・ステンレス ・銅	防水層立上り部長さ 10 m 間隔に 1 個程度	防水面積の大きい場合等、必要に応じて平面部脱気型装置を併用することもできる。

k. 用 語	木工事の大引き　ポイント：躯体・木工事（材料）
用語の説明	木造建築物の一階床構造を構成する部材。約 10㎝四方の太さの角材であり、根太を支持する役割を有している。
施工上留意すべきこと	大引きの継手は、床束心から 150㎜程度持ち出した位置で、腰掛け蟻継ぎとし、釘打ちを行う。

(参考) 大引きとは、在来軸組構法の木造建築物において、1階の床を構成する横架材である。大引きの継手は、床束心から150㎜程度持ち出した位置で、腰掛け蟻継ぎとし、釘打ちを行うことが定められている。

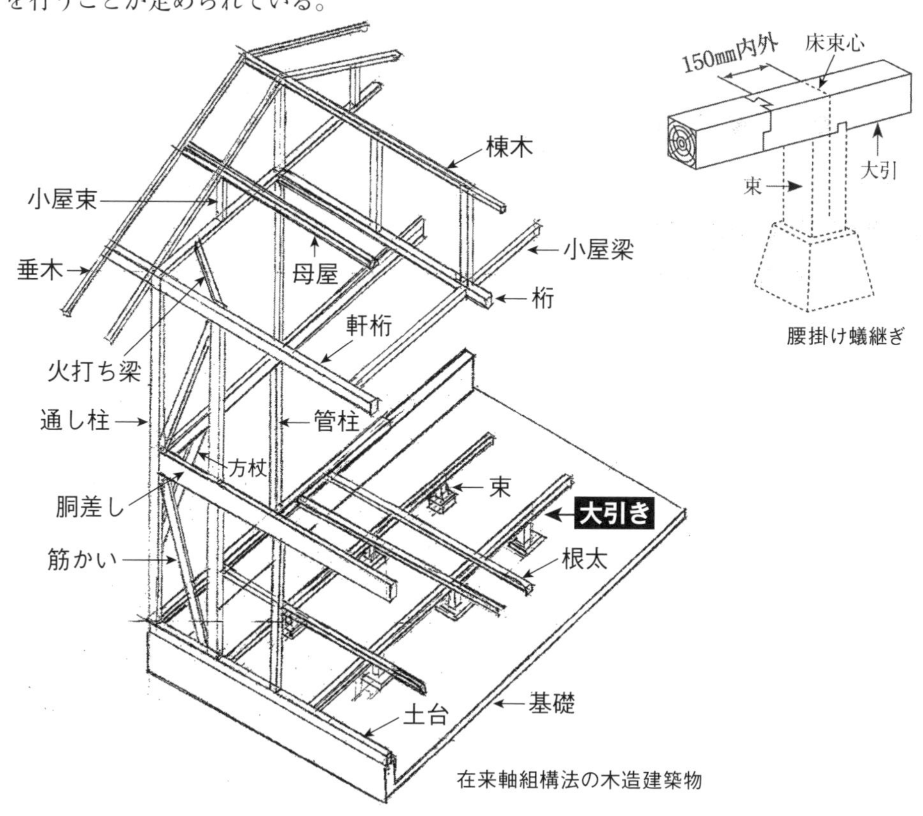

在来軸組構法の木造建築物

l. 用語	木造住宅の気密シート　ポイント：仕上げ・内装工事（材料）
用語の説明	室外からの湿気や、壁からの隙間風を防止するために、木造住宅の壁に張られたポリエチレンフィルム。
施工上留意すべきこと	壁に断熱材が用いられているときは、断熱材よりも室内側に気密シートを張り付ける。

（参考）木造住宅では、室外からの湿気が壁面を通して室内に侵入したり、窓枠などの隙間から風が入ってきたりして、室内環境が悪化することがある。これを防ぐために、壁の内面に0.1㎜～0.2㎜の厚さのポリエチレンフィルムを張ったものが、気密シートである。その施工における留意点には、次のようなものがある。

①気密シート相互の重ね部では、幅100㎜以上とする。
②気密シートは、気密テープで留め付けるか、木材で釘留めする。
③気密シートは、気密層の連続性を確保するため、気密補助材である気密パッキン材・現場発泡断熱材などと組み合わせて用いる。

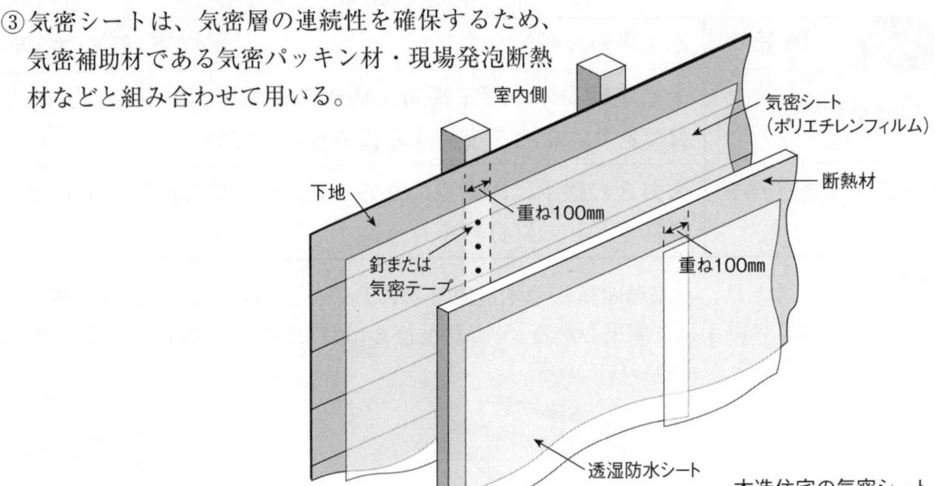

木造住宅の気密シート

m. 用語	ルーフドレン　ポイント：仕上げ・防水工事（材料）
用語の説明	屋上防水において、屋上の雨水を集めて下階へと排水するために設けられる溝状の金物。
施工上留意すべきこと	ウレタンゴム系塗膜防水材とルーフドレンとの取合い部には、幅100㎜以上の補強布を張り掛け、補強塗りを行う。

（参考）ルーフドレンは、屋上の雨水を集めて下階へと排水するために設けられる一連のシステムである。その施工においては、屋上防水の工法や目的に応じて、次のような点に留意しなければならない。

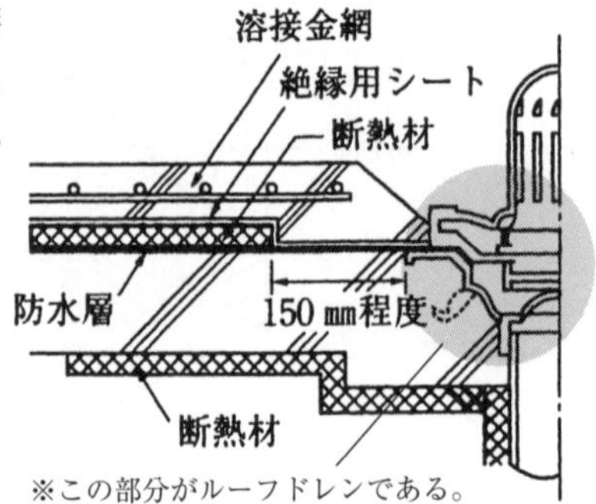

ルーフドレン（屋上部分の施工例）

①ウレタンゴム系塗膜防水材とルーフドレンとの取合い部には、幅100㎜以上の補強布を張り掛け、補強塗りを行う。

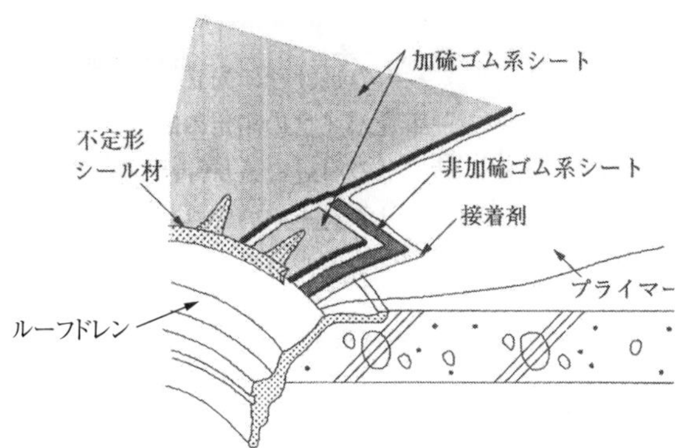

ルーフドレンとの取合い部にある加硫ゴム系シートに切込みを入れる場合は、補強のため、増張りを行う。この増張りは、ルーフドレンと平場に非加硫ゴム系シートを張り付けた後、加硫ゴム系シートを張り付ける方法で行う。

加硫ゴム系シート防水接着工法(S-RF)による防水層の施工例(ルーフドレンとの取合い部の処理)

②加硫ゴム系ルーフィングシート防水の接着工法では、ルーフドレン・配管とスラブとの取合い部は、平場のシートを張り付ける前に、増張りを行う。

③屋上緑化システムで敷設される排水のためのルーフドレンは、1排水面積当たり2箇所以上設置する。その口径は、目詰まりの発生を考慮して、余裕があるものとする。

n.	用 語	陸墨 ポイント:躯体・仮設工事(構造)
用語の説明		開口部や天井などの水平面の高さ(仕上げ高さの基準)を示すために、壁面に付けた墨。
施工上留意すべきこと		2階よりも上階における陸墨は、1階床面の高さを基準とし、鉄骨や主筋に沿わせた鋼巻尺で測定して設置する。

(参考) 陸墨は、建築物の高さの基準(出入口や窓の位置)を示すために、壁面につける基準墨である。墨の表示方法は、下図および下表の通りである。

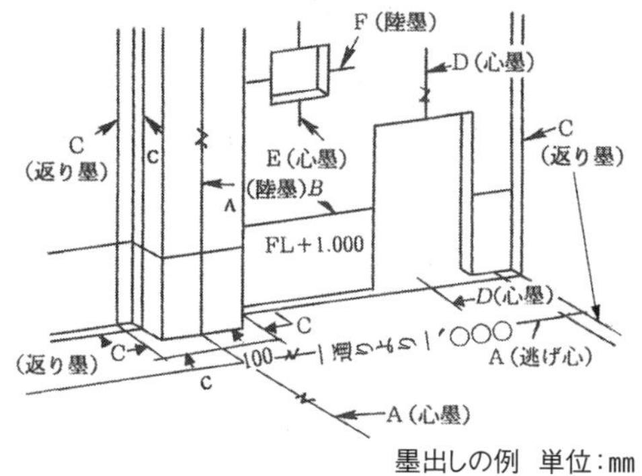

墨出しの例 単位:㎜

墨出しグループ	墨の種類	墨の表示方法
親墨	A:通り心(心墨)	―N―
	A':逃げ心(返り心)	N 1間返り1,000
子墨	B:陸墨	FL + 1,000
	C:仕上げ返り墨	↑50
	D:出入口墨	――
補助墨	E:心墨	―N―
	F:陸墨	――

2階よりも上階における各階の陸墨は、1階床面の高さを基準とし、鉄骨や主筋に沿わせた鋼巻尺で測定して設置しなければならない。誤差が出るおそれがあるので、墨の引通しにより、順次下階の墨を上げるようなことをしてはならない。

平成30年度 問題2 建築施工用語と施工上の留意点の解答例

【問題2】 次の建築工事に関する用語のうちから**5つ**選び、その**用語の説明**と**施工上留意すべき内容**を具体的に記述しなさい。
ただし、仮設工事以外の用語については、作業上の安全に関する記述は不可とする。また、使用資機材に不良品はないものとする。

①あばら筋
②型枠のフォームタイ
③コンクリートポンプ工法の先送りモルタル
④テーパーエッジせっこうボードの継目処理
⑤吹付け塗装のエアレススプレー塗り
⑥ボンドブレーカー
⑦床コンクリートの直均し仕上げ
⑧親綱
⑨金属製折板葺きのタイトフレーム
⑩タイル張りのヴィブラート工法
⑪鉄骨の地組
⑫べた基礎
⑬木造在来軸組構法のアンカーボルト
⑭ローリングタワー

ポイント解説 建築工事に関する用語の説明と、施工上の留意点を解答する上でのポイントは、下記の通りである。(仮設・躯体・仕上げの分野別に示す)

分野		建築工事の用語(着目点のみを抜粋)	用語の説明の解答ポイント	施工上留意すべき内容の解答ポイント
仮設	②	フォームタイ	せき板の間隔を保持するための締付けボルト。	打設時には、ボルトの締付け力を点検する。
	⑧	親綱	安全帯のフックを掛けるための鋼製ワイヤロープ。	親綱を取り付ける支柱の間隔は、10m以下とする。
	⑭	ローリングタワー	水平方向に移動できるキャスター付きの移動式足場。	作業開始前に、すべての脚のストッパーを固定する。
躯体	①	あばら筋	梁の主筋を取り囲むように設けるせん断補強用の鉄筋。	相互間隔は、梁せいの1/2以下かつ250㎜以下とする。
	③	先送りモルタル	コンクリートの圧送前に、ホース内に圧送するモルタル。	水セメント比は、コンクリートよりも小さくする。
	⑪	鉄骨の地組	鉄骨を地上で組み立ててユニット化すること。	精度を確保するため、架台や治具を用いて組み立てる。
	⑫	べた基礎	構造物の荷重を単一のスラブで支持する基礎。	不同沈下を防止するため、砂基礎・砂利基礎を締め固める。
	⑬	軸組アンカーボルト	基礎と土台を緊結する固定用のボルト。	アンカーボルトの埋込み間隔は、2.7m以内とする。

分野		建築工事の用語 (着目点のみを抜粋)	用語の説明の解答ポイント	施工上留意すべき内容の 解答ポイント
仕上げ	④	石膏ボード継目処理	石膏ボードのエッジ部を、充填処理して平坦にすること。	下塗り・中塗り・上塗りは、ジョイントコンパウンドで行う。
	⑤	エアレススプレー塗り	塗料に直接圧力をかけて塗り付けること。	希釈せず、圧力で霧化させて厚塗りする。
	⑥	ボンドブレーカー	シーリング材の底面接着を防止するためのテープ。	シリコーン系シーリング材にはポリエチレンテープを貼る。
	⑦	直均し仕上げ	硬練りの床コンクリートを金ゴテで仕上げる作業。	コンクリート打設前に水平の定木を設ける。
	⑨	折板タイトフレーム	折板を受け梁に固定するための受け台金具。	隅肉溶接により、受け梁のフランジに接合する。
	⑩	ヴィブラート工法	タイル用振動機を用いて、タイルを押し付けて張る工法。	モルタルを目地に盛り上がらせ、目地を同時施工する。

建築施工用語

解答例

以下の用語のうち5つを選択し、解答する。

① 用語	あばら筋　**ポイント：躯体・鉄筋工事（構造）**
用語の説明	鉄筋コンクリート造の梁において、梁のせん断耐力を補強するため、梁の主鉄筋を取り囲むように配置される補強筋。
施工上留意すべき内容	あばら筋に異形鉄筋を用いる場合は、異形鉄筋の相互間隔を、梁せいの1/2以下かつ250mm以下とする。

参考 鉄筋コンクリート造の梁において、主筋を取り囲んでいる鉄筋は、あばら筋（スターラップ）と呼ばれている。あばら筋は、梁のせん断力を負担している。また、あばら筋の両側に、主筋と平行に（あばら筋の中間部に）挿入された鉄筋は、腹筋と呼ばれている。腹筋は、鉄筋の組立位置を保持するための組立鉄筋であり、構造上の荷重を負担するものではない。

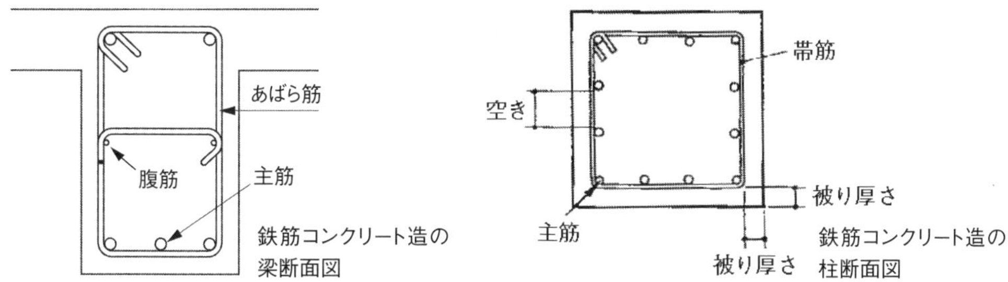

主筋：鉄筋コンクリート造（RC造）の柱や梁に設けられる太い鉄筋。梁では、曲げ応力を負担する。柱では、軸圧縮力を負担する。

あばら筋：鉄筋コンクリート造（RC造）の梁において、梁の主鉄筋と直角方向に配置される補強筋。梁のせん断耐力を補強するために設けられる。

腹筋（はらきん）：あばら筋相互の中間部（上端筋と下端筋の間）に配置される組立用の鉄筋。梁端の第一あばら筋と結束させる。

帯筋（おびきん）：鉄筋コンクリート造（RC造）の柱において、柱の主鉄筋を直角方向に取り巻く補強筋。柱のせん断耐力を補強するために設けられる。

②	用 語	型枠のフォームタイ	ポイント：仮設・型枠支保工事（材料）
用語の説明		型枠において、せき板内面の相互間隔を保持するために用いられる型枠締付け用ボルト。	
施工上留意すべき内容		コンクリートを打設する前に、型枠締付け用ボルトに締め忘れ・締め過ぎ・緩みなどがないことを確認する。	

（参考）合板型枠は、せき板(合板)に縦端太を添え、縦端太を横端太で押さえ、締付け金具であるフォームタイで締め付け、型枠の位置を定める構造になっている。

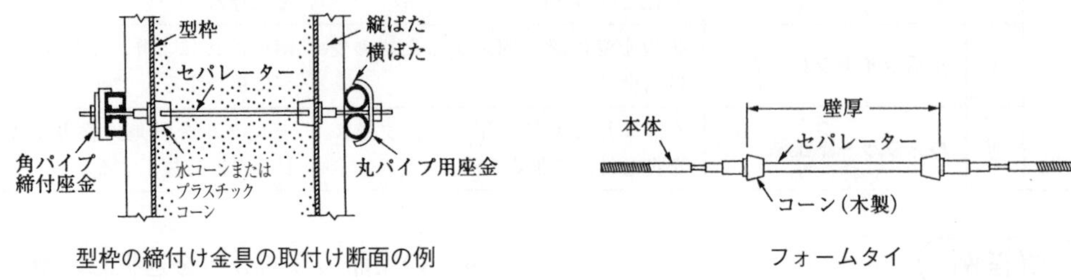

型枠の締付け金具の取付け断面の例

フォームタイ

③	用 語	コンクリートポンプ工法の先送りモルタル	ポイント：躯体・コンクリート工事（作業）
用語の説明		コンクリートポンプのホース内面にモルタルを塗布するため、コンクリートを圧送する前に、ホース内に圧送するモルタル。	
施工上留意すべき内容		先送りモルタルの水セメント比は、コンクリートの水セメント比よりも小さくする。また、先送りモルタルは、使用せずに廃棄する。	

（参考）コンクリートポンプ工法の先送りモルタルは、構造物となるコンクリートをポンプで圧送する前に、ホース内をモルタルで被覆するために流される富調合のモルタルである。先送りモルタルの水セメント比は、構造物となるコンクリートの水セメント比よりも小さくする。先送りモルタルは、劣化するおそれがあるので、圧送後に廃棄しなければならず、コンクリート構造物の一部として使用してはならない。

④	用 語	テーパーエッジせっこうボードの継目処理	ポイント：仕上げ・内装工事（作業）
用語の説明		端を斜めに面取りした石膏ボードの継目部分に、ジョイントコンパウンドなどを充填して一体化し、平滑な面にする作業。	
施工上留意すべき内容		突付けジョイント部の目地処理における上塗りでは、ジョイントコンパウンドを200㎜～250㎜幅に塗り広げて平滑にする。	

(参考) テーパーエッジ石膏ボードは、下図のように、石膏ボードの端を斜めに面取りしたボードである。テーパーを有する石膏ボードは、継目がないように突き付けて一体化しなければならない。継目部分に生じる窪みは、充填して平滑にする必要がある。下塗り・中塗り・上塗りは、ジョイントコンパウンドで行う。下塗りと中塗りの間にはジョイントテープを張る。

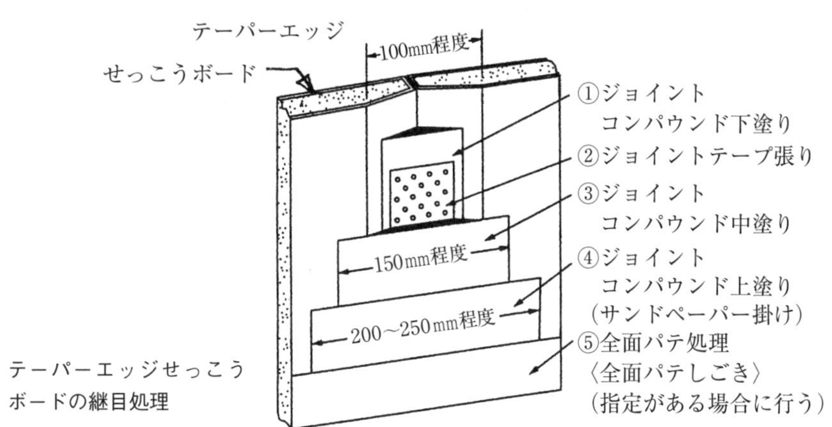

テーパーエッジせっこうボードの継目処理

⑤ 用語	吹付け塗装のエアレススプレー塗り　**ポイント：仕上げ・塗装工事(作業)**
用語の説明	塗装材料に高圧をかけて、スプレーガン先端のノズルから塗料を噴射し、霧化した塗料を吹き付ける作業。
施工上留意すべき内容	塗料は水などで希釈せず、圧力で霧化させて厚塗りする。またノズル先端部の形状は、塗装のパターンに応じた適切なものとする。

(参考) 高粘度・高濃度の塗料による厚膜塗装をするときは、強力なエアレススプレーを用いて塗料を吹き付ける必要がある。一例として、美粧性・耐久性に優れた2液形ポリウレタンエナメル塗料は、主剤と硬化剤を混合した後、エアレススプレーで施工される場合が多い。

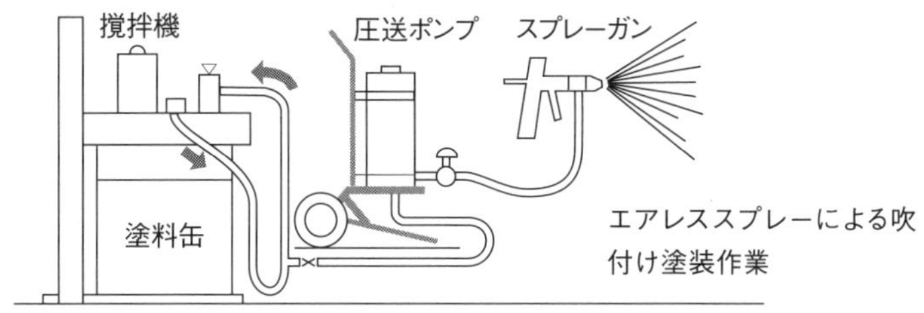

エアレススプレーによる吹付け塗装作業

⑥ 用語	ボンドブレーカー　**ポイント：仕上げ・防水工事(材料)**
用語の説明	バックアップ材とシーリング材との接着を防ぐために使用されるシリコーンテープまたはポリエチレンテープ。
施工上留意すべき内容	シリコーン系シーリング材を充填する場合のボンドブレーカーは、ポリエチレンテープとする。

（参考）防水工事におけるシーリング作業で使用されるボンドブレーカーは、バックアップ材とシーリング材との接着を防ぐために使用されるシリコーンテープまたはポリエチレンテープである。ただし、シリコーン系シーリング材が用いられている場合は、シーリング材に密着してしまうシリコーンテープを使用することはできないので、ポリエチレンテープとしなければならない。

大きな伸縮を受ける目地であるワーキングジョイントは、伸縮に追従できるよう、3面接着を避けて2面接着とする必要がある。目地に挿入したシーリング材の下面には、バックアップ材を詰める。このバックアップ材の上面には、ボンドブレーカーを取り付ける。

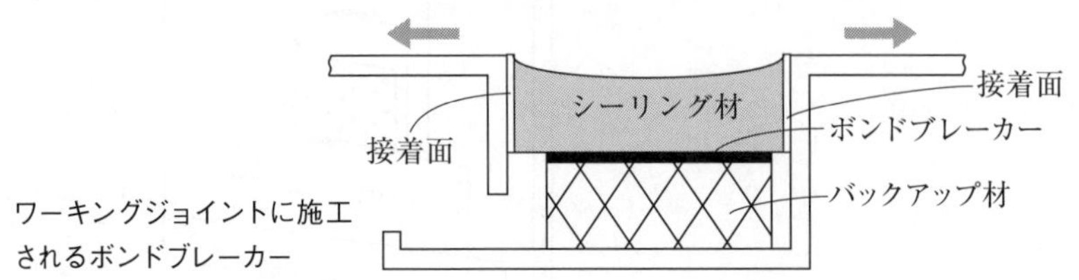

⑦ 用語	床コンクリートの直均し仕上げ　ポイント：仕上げ・左官工事（作業）
用語の説明	硬練りの床用コンクリートを使用し、定木ずりや木ごてずりを行い、金ごて仕上げにより床コンクリート面を仕上げる作業。
施工上留意すべき内容	コンクリートを打設する前に定木を設け、その定木を水平に保つ。金ごて仕上げ後は、ビニルシートで覆って養生する。

（参考）床コンクリートの直均し仕上げは、床コンクリートを打ち込んだ後、金ごて仕上げまたは粗面仕上げとする作業である。主として塗物・敷物・張物などの下地として用いられている。床コンクリートの直均し仕上げにおける留意点には、次のようなものがある。

①仕上げの精度は、壁の幅木廻り3mにつき±3mm以内とする。
②使用するコンクリートは、硬練りとする。
③10cm四方の角材で表面を叩き、同時に定規ずりを行った後、締め固める。
④コンクリート打設後の中むら取りは、木ごてで1工程および金ごてで3工程の仕上げとする。

⑧ 用語	親綱　ポイント：仮設・外部足場工事（材料）
用語の説明	高所作業場で作業員が水平移動するとき、安全帯のフックを掛けるために、水平に張った鋼製のワイヤロープ。
施工上留意すべき内容	親綱の支柱スパンは、10m以下とする。ひとつの支柱スパンに、複数の労働者が同時に安全帯のフックを掛けないようにする。

（参考）高所作業を行うときは、労働者の墜落による災害を防止するため、労働者に安全帯を使用させ、その安全帯のフックを親綱に掛けなければならない。安全帯のフックを掛ける親綱は、支柱スパン（支柱の取付け間隔）を10m以下とする。ひとつの支柱スパンに、複数の労働者が同時に安全帯のフックを掛けてはならない。安全を確保するため、ひとつの支柱スパンには、一人の労働者のみが安全帯のフックを掛けるようにする。

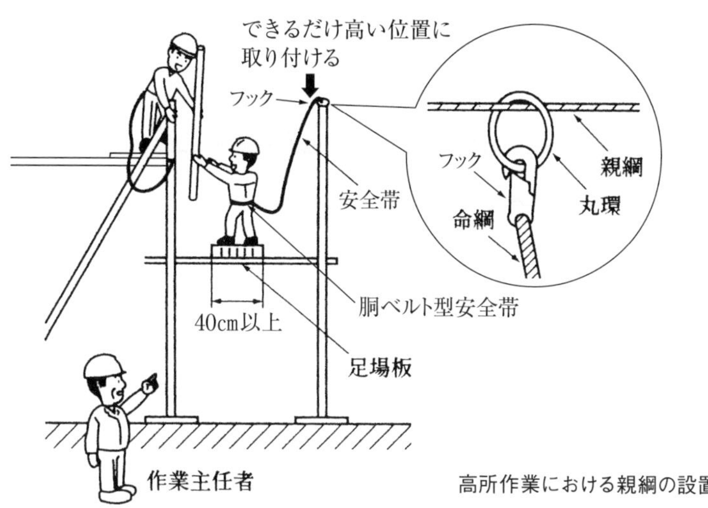

高所作業における親綱の設置

法改正情報	平成30年の法改正により、現在では、労働安全衛生規則上の「安全帯」の名称は「要求性能墜落制止用器具」に置き換えられている。ただし、工事現場で「安全帯」の名称を使い続けることに問題はないとされている。古い時代の過去問題では、その時代の法令に基づいた解答とするため、「安全帯」を解答としているものもあるが、同じ問題が再度出題された場合には「要求性能墜落制止用器具」と解答する必要がある。

⑨ 用語	金属製折板葺きのタイトフレーム　**ポイント：仕上げ・屋根工事（材料）**
用語の説明	金属製折板葺き屋根の施工において、折板を受け梁に固定するための部品。折板の形状に合わせて山型になっている。
施工上留意すべき内容	タイトフレーム下底の両側は、立ち上がり部分の端から10㎜残して、梁のフランジに隅肉溶接した後、スラグを除去して防錆処理する。

（参考）タイトフレームは、金属製折板屋根の施工において、梁と折板との固定に使用する部品であり、受け梁にアーク溶接されている。その下底の両側は、立ち上がり部分の端から10㎜残して、受け梁のフランジに隅肉溶接した後、スラグを除去して防錆処理する。隅肉の厚さは、タイトフレームの板厚と同じにする。

金属製折板葺き屋根の構造

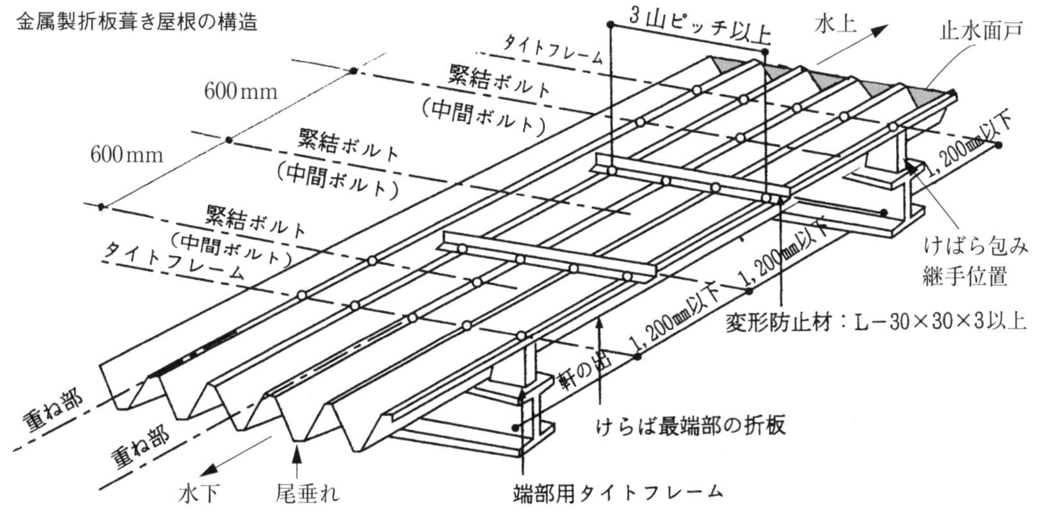

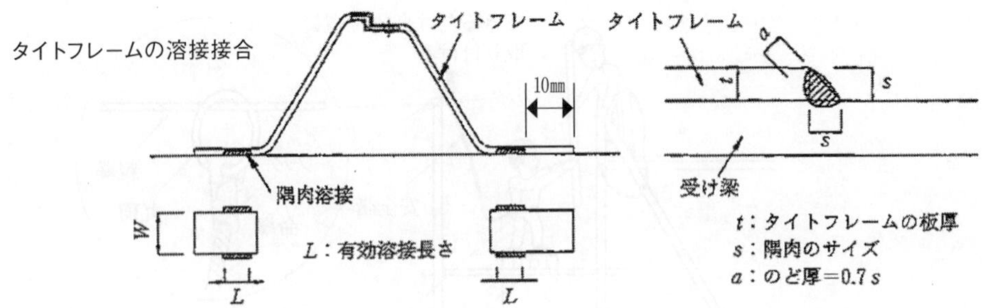

⑩ 用 語	タイル張りのヴィブラート工法　ポイント：仕上げ・タイル工事（工法）
用語の説明	下地に塗り付けた張付けモルタルに、タイル用振動機（ヴィブラート）を用いて、タイルを押し付けて張る工法。
施工上留意すべき内容	張付けモルタルを目地部に盛り上がらせた後、張付けモルタルを目地ごてで押さえることで、タイルと目地を同時に仕上げるようにする。

(参考) ヴィブラート工法は、タイル用振動機（ヴィブラート）を用いてタイルを押し付けることで、タイルを張り付ける工法である。密着張り工法とも呼ばれている。ヴィブラート工法（密着張り工法）によるタイル張りでは、次のような点に留意する必要がある。

①張付けモルタルは、2層に分けて塗り、その塗厚を5mm～8mmとする。

②1回の塗付け面積は、2m²以下かつ20分以内に張り終えられる面積とする。

③タイルは、壁の上部から下部へ向かって、一段おきに張り付ける。

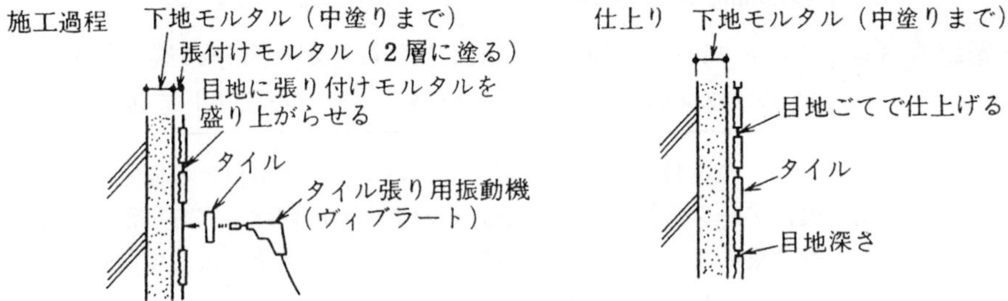

ヴィブラート工法（密着張り工法）によるタイル張り作業

⑪ 用 語	鉄骨の地組　ポイント：躯体・鉄骨工事（作業）
用語の説明	組立てが複雑になる部分の鉄骨を、あらかじめ地上で組み立ててユニット化する作業。
施工上留意すべき内容	各部材の寸法精度を確認し、架台や治具を用いて、設計図通りに組み立てる。

(参考) 鉄骨造の構造物では、高所においても鉄骨の組み方が複雑になる箇所がある。高所で鉄骨を組むのは難しいので、そのような部分の鉄骨は、地上で組み立ててユニット化してから吊り上げることが多い。この地上での組立作業を、地組という。鉄骨の地組をするときは、吊り上げた後の修正が困難であるため、各部材を寸法通りに組み立てることが特に重要となる。

⑫	用 語	べた基礎	ポイント：躯体・基礎工事（構造）
用語の説明		柱などの上部構造物にかかる力を、単一の基礎スラブで地盤に伝える直接基礎。格子梁を併用する場合もある。	
施工上留意すべき内容		基礎スラブや上部構造物の不同沈下を防止するため、基礎の下にある砂地盤・砂利地盤の締固めを十分に行う。	

（参考）杭を施工せず、基礎スラブで地盤反力・水圧などを受け止める直接基礎は、基礎スラブの形式により、力を集中して地盤に伝えるべた基礎と、力を分散して地盤に伝えるフーチング基礎に分類されている。

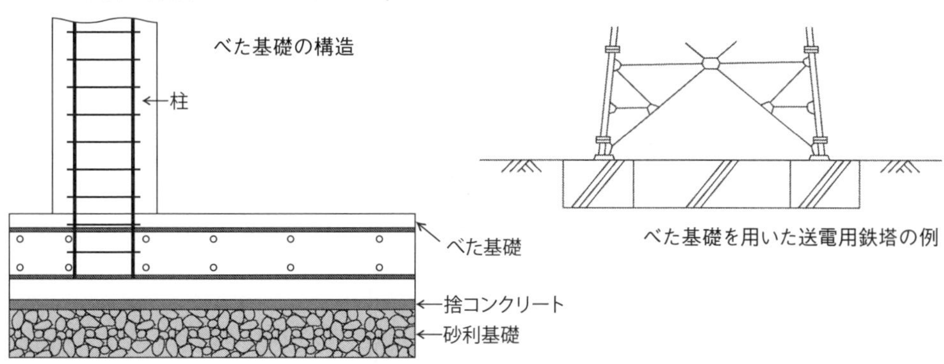

⑬	用 語	木造在来軸組構法のアンカーボルト	ポイント：躯体・木工事（材料）
用語の説明		基礎と土台を緊結するために用いられるボルト。コンクリートに埋め込んで固定する。	
施工上留意すべき内容		アンカーボルトの埋込み間隔は2.7ｍ以内とし、筋交いから200㎜程度の位置に埋め込む。	

（参考）木造在来軸組構法では、基礎（布基礎）と土台（台木）を緊結・固定するため、アンカーボルトが用いられている。土台を締め付けるためのアンカーボルトは、隅・土台切れ・土台継手際を押さえ、柱・間柱・土台継手の位置を避けて設ける。継手付近の場合は、押さえ勝手に上木を締め付ける。アンカーボルトの施工における留意点には、次のようなものがある。

①アンカーボルトの埋込み間隔は、2.7ｍ以内とする。

②柱上部に30㎜×90㎜以上の筋交いが取り付く場合は、筋交いが取り付く柱心から200㎜内外の位置に、アンカーボルトを埋め込む。

③筋交いによって引張力が生じる柱の脚部近くにある土台には、その柱心から150㎜離れた位置に、アンカーボルトを埋め込む。

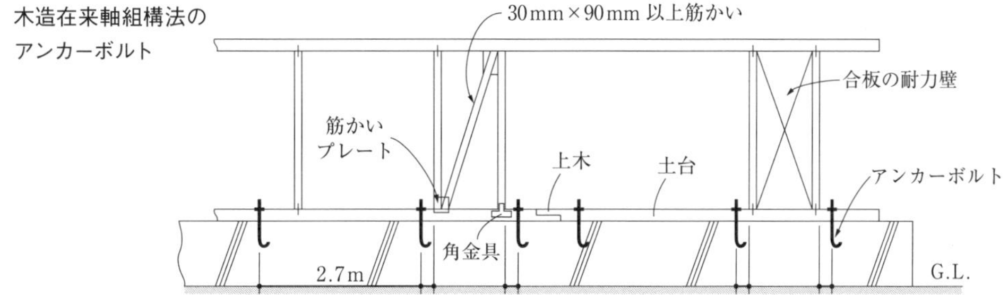

⑭	用 語	ローリングタワー	ポイント：仮設・外部足場工事（構造）
用語の説明		枠組足場を積み重ね、その脚部に固定用のストッパー付き車輪を取り付けた移動式足場。	
施工上留意すべき内容		ローリングタワー上における作業の開始前に、すべてのストッパーが固定されていることを確認する。作業者には、安全帯を使用させる。	

参考　高所作業を行う必要がある箇所が多いときは、ローリングタワーなどの移動式足場を使用すると、効率よく作業を行うことができる。ただし、ローリングタワーを移動させるときは、すべての作業員を作業床から降ろさなければならない。いかなる場合においても、作業員を乗せたまま移動式足場を移動させてはならない。

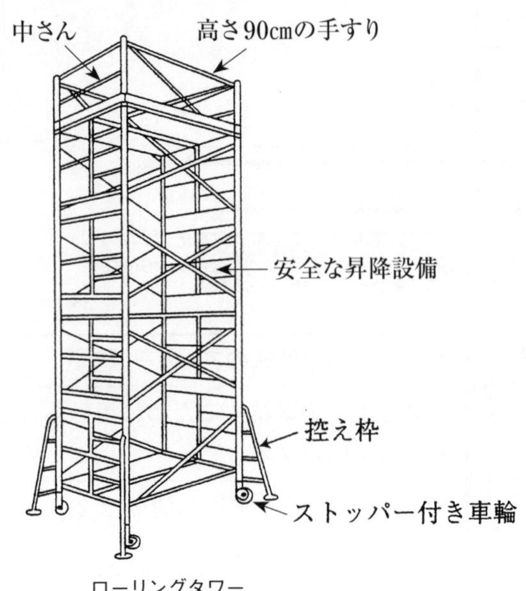

ローリングタワー

平成29年度 問題2 建築施工用語と施工上の留意点の解答例

【問題２】 次の建築工事に関する用語のうちから**５つ**選び、その**用語の説明**と**施工上留意すべき内容**を具体的に記述しなさい。
ただし、仮設工事以外の用語については、作業上の安全に関する記述は不可とする。また、使用資機材に不良品はないものとする。

①改質アスファルトシート防水トーチ工法・密着露出仕様
②ガラス工事のセッティングブロック
③コンクリートのブリーディング
④鉄骨工事の仮ボルト
⑤土工事における釜場
⑥ビニル床シートの熱溶接工法
⑦ベンチマーク
⑧型枠のセパレーター
⑨高力ボルト摩擦接合
⑩ジェットバーナー仕上げ
⑪天井インサート
⑫腹筋
⑬フロアヒンジ
⑭防護棚（養生朝顔）

ポイント解説

建築工事に関する用語の説明と、施工上の留意点を解答する上でのポイントは、下記の通りである。（仮設・躯体・仕上げの分野別に示す）

分野		建築工事の用語（着目点のみを抜粋）	用語の説明の解答ポイント	施工上留意すべき内容の解答ポイント
仮設	⑤	釜場	掘削底面の湧水を集めるための集水桝。	基礎への影響がない位置に設置する。
	⑦	ベンチマーク	建築物の位置・高さの基準となる点。	複数個設置し、控えとする。
	⑧	セパレーター	型枠のせき板の間隔を保持する金具。	止水性・平滑性を確保するため、コーンを使用する。
	⑭	防護棚	足場に付属し、落下物を受け止める設備。	突出し長さは水平距離で2m以上、角度は20°以上とする。
躯体	③	ブリーディング	型枠内のコンクリートにおいて、水が表面に浮上する現象。	AEコンクリートを用いて単位水量を減らす。
	④	仮ボルト	鉄骨の本締めや溶接までの間の仮止めに使用するボルト。	2本以上の仮ボルトを用いる。
	⑨	高力ボルト摩擦接合	摩擦面で力を伝達し、軸方向力に抵抗するボルト。	摩擦面のすべり係数を0.45以上とする。
	⑫	腹筋	あばら筋の位置を保持するための補強筋。	梁の主筋と平行に入れ、幅止め筋を用いる。

分野		建築工事の用語（着目点のみを抜粋）	用語の説明の解答ポイント	施工上留意すべき内容の解答ポイント
仕上げ	①	密着露出仕様	アスファルトシートの裏を下地全面に接着する工法。	平場での相互の重ね幅は、どの方向でも100㎜以上とする。
	②	セッティングブロック	ガラス端と建具との接触を防止する部材。	ガラス幅の1/4の2箇所に配置する。
	⑥	熱溶接工法	ビニル床シートの継手の接合方法。	溶接が完了した後、冷却を確認してから余盛を切削する。
	⑩	ジェットバーナー仕上げ	花崗岩の表面に火炎を当てる表面仕上げ方法。	加工前に、剥離する石厚を想定しておく。
	⑪	天井インサート	天井の吊りボルトを固定するための打込み雌ねじ。	取付け間隔は、900㎜程度とする。
	⑬	フロアヒンジ	戸の開閉を制御するための床に埋め込むヒンジ。	きしみ・変形がないように取り付ける。

解答例　　以下の用語のうち5つを選択し、解答する。

① 用語	改質アスファルトシート防水トーチ工法・密着露出仕様	ポイント：仕上げ・防水工事（工法）
用語の説明	改質アスファルトシートの裏面を、トーチバーナーで加熱し、下地全面に接着する工法。下地がRC・PCa・ALCである屋根に適用される。	
施工上留意すべき内容	平場の改質アスファルトシートの重ね幅は、長手方向・幅方向共に100㎜以上とする。また、水上側または水下側には、重ねて張り付ける。	

※RC=Reinforced Concrete（鉄筋コンクリート）
※PCa = Pre Cast concrete（プレキャスト鉄筋コンクリート）
※ALC = Autoclaved Lightweight aerated Concrete（軽量気泡コンクリート）

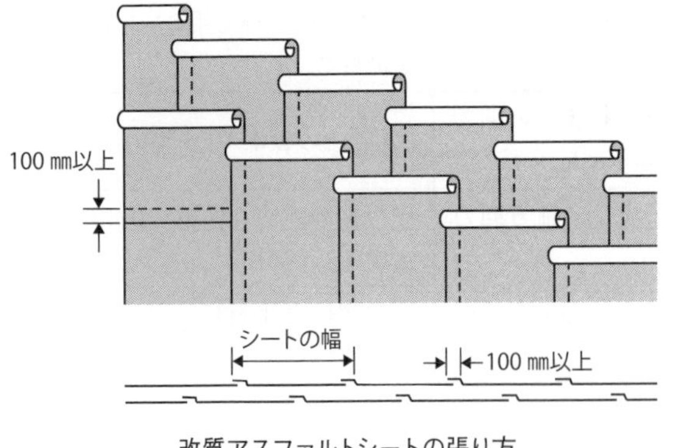

改質アスファルトシートの張り方

斜めにカットする
3
2
1

改質アスファルトシートの3枚重ね部の納まり例

（参考）改質アスファルトシート防水トーチ工法

- 改質アスファルトシート防水トーチ工法とは、下地へのプライマーの塗布後、改質アスファルトシートの裏面および下地面を、トーチで加熱・溶融させることで、シートと下地を密着させる工法である。
- 改質アスファルトシート防水トーチ工法は、シートを下地全面に接着する密着露出仕様と、シートを下地に密着させない絶縁露出仕様に分類されるが、その施工の留意点は、どちらの仕様でもほぼ共通している。

改質アスファルトシート防水トーチ工法の施工における留意点

- 平場の改質アスファルトシートの重ね幅は、100mm以上とする。
- 3枚のシートが重なる部分では、接着性を高めて漏水を防止するため、その中間にある改質アスファルトシートの端部を斜めに切断する。
- 防水層の下地は、入隅部は直角とし、出隅部はR面とする。
- 立ち上がり部の出入隅角部には、200mm角の増張り用シートを張り付ける。

②	用語	ガラス工事のセッティングブロック	ポイント：仕上げ・ガラス工事（材料）
用語の説明		エッジクリアランスを確保するため、ガラスの下に設置される支持ブロック。板ガラスの端部と建具との接触を防ぐための弾性部品である。	
施工上留意すべき内容		セッティングブロックは、ガラス下辺の両角から、下辺の長さの4分の1だけ内側となる位置に設置する。ガラス下辺の両角には設置しない。	

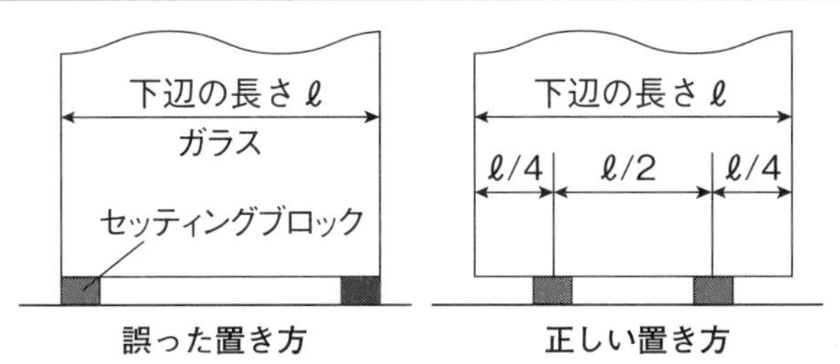

セッティングブロックの設置

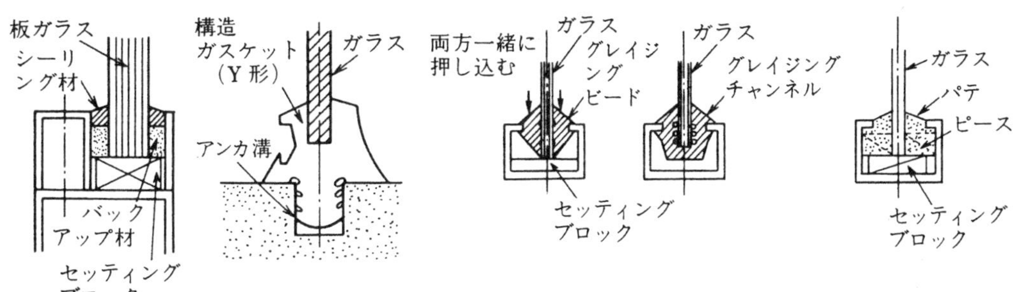

シーリング材の場合　構造ガスケットの場合　建築用ガスケットの場合　パテの場合

ガラスのはめ込み工法

エッジクリアランスとは、ガラス縁から建具枠までの距離をいう。建具に嵌め込まれたガラスには、建具枠への衝撃によるガラスの破損を避けるため、ガラスと建具枠との間に、ある程度の隙間（エッジクリアランス）を確保しなければならない。

③ 用語	コンクリートのブリーディング　**ポイント：躯体・コンクリート工事（現象）**
用語の説明	フレッシュコンクリートを型枠に打ち込んだ後、型枠内で材料分離が発生することで、重い骨材が沈降し、軽い水が浮上する現象。
施工上留意すべき内容	コンクリートの劣化を速めるブリーディングを抑制するため、使用するコンクリートの単位水量を少なくするか、AE コンクリートを使用する。

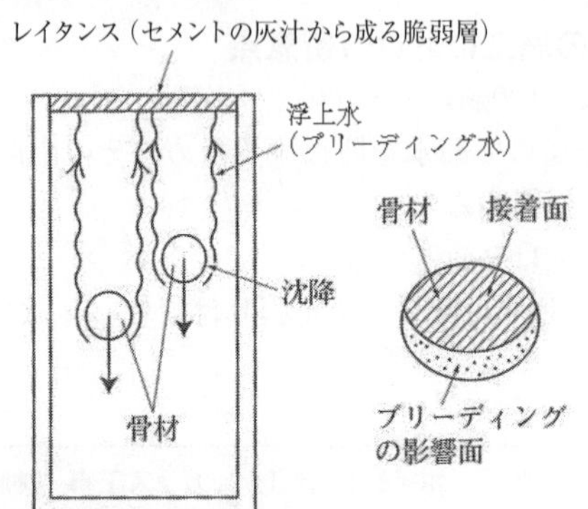

ブリーディングとレイタンス

ブリーディング：コンクリートを型枠に打ち込んだ後、重い骨材が沈降し、軽い水や遊離石灰が浮上する現象

レイタンス層は、このようなブリーディングによって形成される。

④ 用語	鉄骨工事の仮ボルト　**ポイント：躯体・鉄骨工事（材料）**
用語の説明	鉄骨などを本締めまたは溶接するまでの間、鉄骨を仮止めしておくために使用されるボルト。
施工上留意すべき内容	柱の溶接継手のエレクションピースに使用する仮ボルトは、高力ボルトを使用して全数締め付ける。

溶接継手におけるエレクションピース（柱を相互に溶接する部分において、その溶接間隔を保つために用いられる仮設鋼板）に使用する仮ボルトは、全数高力ボルトとし、全数締付け後に柱の溶接をする。

柱

全数高力ボルトを使用して締め付ける

仮ボルト

エレクションピース

溶接部

エレクションピースの仮ボルト

⑤ 用語	土工事における釜場　**ポイント：仮設・山留め工事（設備）**
用語の説明	掘削底面の湧水を集水し、水中ポンプによって排水するために、掘削底面の低部に設けられた集水溝。
施工上留意すべき内容	釜場は、基礎の強度などへの影響がない位置に設ける。釜場の深さ・幅・奥行は、すべて1m程度とする。

釜場の構造例

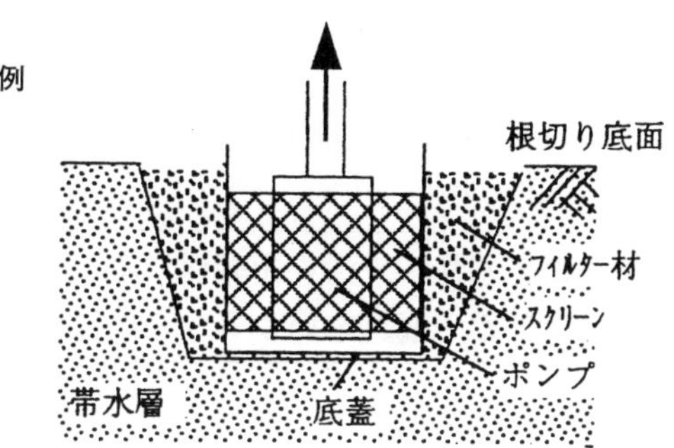

⑥ 用 語	ビニル床シートの熱溶接工法　ポイント：仕上げ・内装工事（工法）
用語の説明	ビニル床シートの接着剤が硬化・乾燥した後、その継目や端部にある溶接部の溝を、V形またはU形に切断し、熱溶接する工法。
施工上留意すべき内容	180℃～200℃の熱風で加熱溶接した後、冷却を待ってから溶接の余盛を切断して平滑化する。溝の深さは、シート厚さの3分の2程度とする。

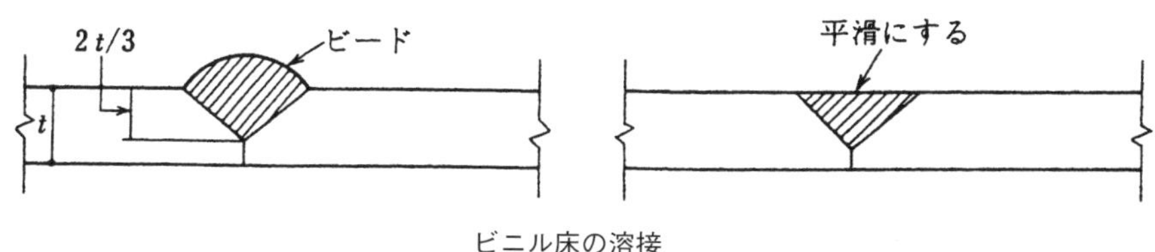

ビニル床の溶接

⑦ 用 語	ベンチマーク　ポイント：仮設・準備工事（作業）
用語の説明	建築物の位置や高さの基準となる不動点に設置された、その座標位置と標高を示す基準杭。
施工上留意すべき内容	ベンチマークは、破損事故などに備えるため、控えを含めて複数個設置し、養生しておく。

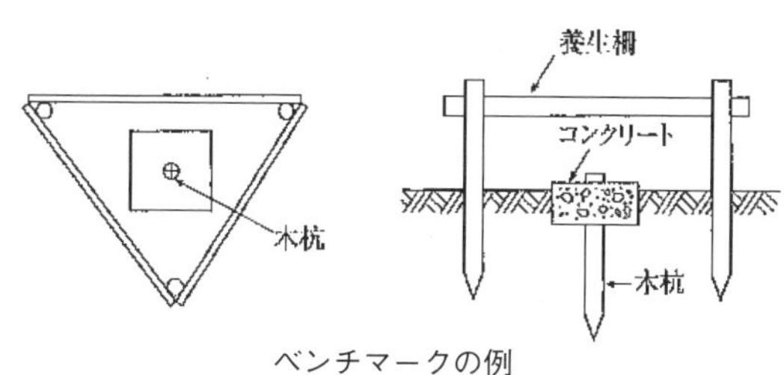

ベンチマークの例

参考　ベンチマークと水準点

- 公共測量における水準点は、東京湾の平均海面を0mとして、その標高で表されている。正確な高さの値が必要な建築工事では、国道や県道などに沿って2km程度の間隔で配置された水準点から、建築現場まで水準測量を行い、工事現場の基準高さ(GL)をベンチマーク(BM)として定める。

⑧	用 語	型枠のセパレーター　ポイント：仮設・型枠工事（材料）
用語の説明		型枠のせき板相互の間隔を正しく保持するために使用される鋼製部品。
施工上留意すべき内容		型枠の止水性・平滑性を確保するため、モルタルがセパレーターの取付け部から漏れないよう、必要に応じてコーンを使用する。

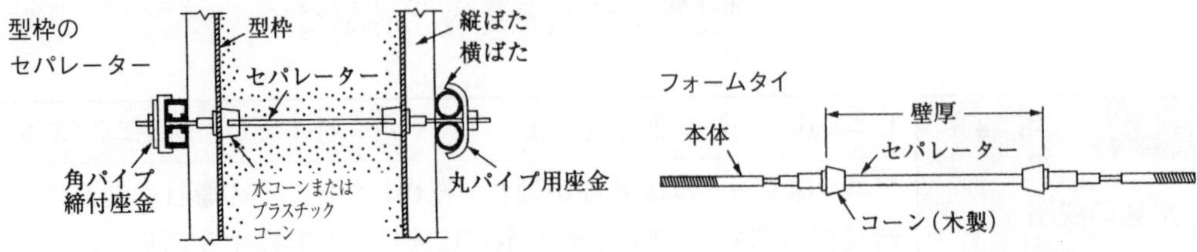

⑨	用 語	高力ボルト摩擦接合　ポイント：躯体・鉄骨工事（工法）
用語の説明		高力ボルトで板と板を締め付け、その板の相互の摩擦力を利用して軸方向力を伝達し、鋼材の継手などを接合すること。
施工上留意すべき内容		高力ボルトの摩擦接合面は、グラインダー・ショットブラスト・グリットブラストなどで処理し、そのすべり係数を0.45以上とする。

（参考）高力ボルト

- 高力ボルトとは、ボルトで板と板を締め付け、その板の相互の摩擦力で、軸方向力を伝達するボルトである。
- 高力ボルトは、摩擦接合であるため、せん断力を受けないので、繰返し応力によるボルトの疲労を考慮する必要がない。
- 高力ボルト摩擦接合では、普通ボルト接合とは異なり、ボルト孔に応力が集中しにくい。

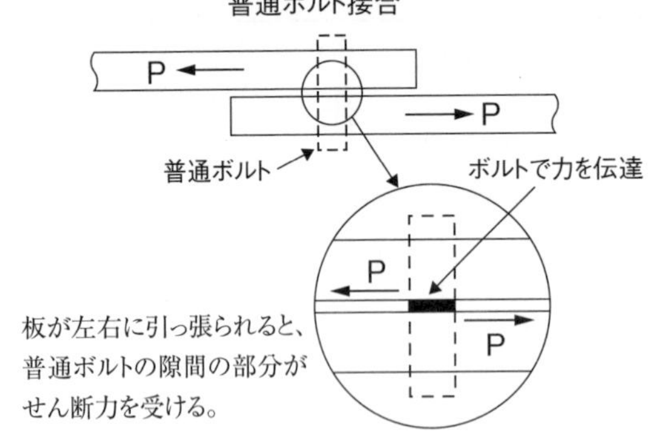

板が左右に引っ張られると、普通ボルトの隙間の部分がせん断力を受ける。

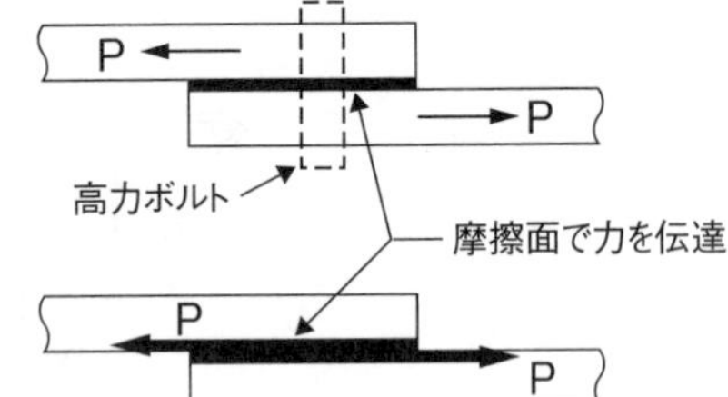

板が左右に引っ張られても、隙間がないので、高力ボルトはせん断力を受けない。

高力ボルトの摩擦接合面の処理

- グラインダー：円盤型の回転砥石から成る切断機械であり、素地調整の他、研磨機械としても使用されている。
- ショットブラスト：研磨剤として、小さな鋼球を吹き付ける素地調整方法である。
- グリットブラスト：研磨剤として、ショットブラストよりも大きく角張った鋼片を吹き付ける素地調整方法である。

⑩	用語	ジェットバーナー仕上げ	ポイント：仕上げ・石工事（工法）
用語の説明		花崗岩の表面仕上げ工法の一種である。石の表面を冷却水で急冷しながら加熱し、表面の鉱物を剥離させるため、美粧性や滑り止め性能に優れている。	
施工上留意すべき内容		加工前に、剥離する石厚（一般的には3mm以上）を想定し、手加工または機械加工で仕上げる。	

⑪	用語	天井インサート	ポイント：仕上げ・金属工事（材料）
用語の説明		野縁や野縁受けを天井スラブから吊り下げるための天井吊りボルトを施工するとき、コンクリートスラブに打ち込む雌ねじのこと。	
施工上留意すべき内容		天井インサートは、周辺部では端部から150mm内側に取り付け、中間部においても900mm間隔で取り付ける。	

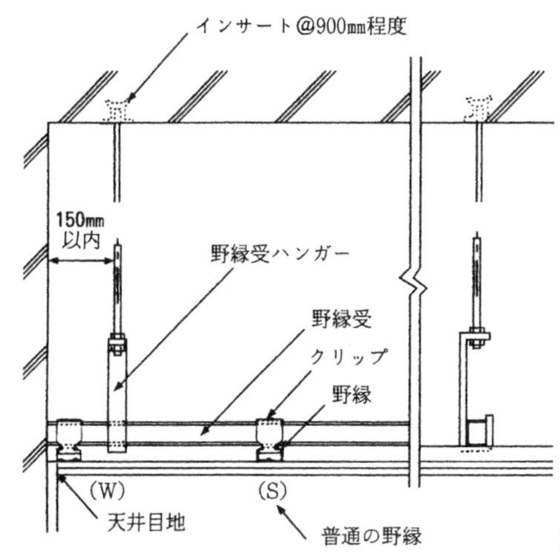

天井吊りボルトの施工

（参考）

天井インサートの施工

- 天井インサートの間隔は900mm程度とし、周辺の端から150mm以内とする。
- 天井インサートは、型枠組立時に配置する。
- 鉄骨造の場合には、天井インサートを溶接等で取り付ける。
- 取付け方向を正確にするための取付け用の釘等は、スラブから切断する。
- 取付け用の釘等には、錆の発生を防ぐため、錆止め塗装をしておく。

⑫	用語	腹筋	ポイント：躯体・鉄筋工事（構造）
用語の説明		あばら筋の間隔を保ち、配筋の乱れを防止するために、梁せいの中間において、主筋と平行に配置される鉄筋。	
施工上留意すべき内容		腹筋はあばら筋の内側に配置し、腹筋相互を幅止め筋で結び、鉄筋の組立てを安定させる。	

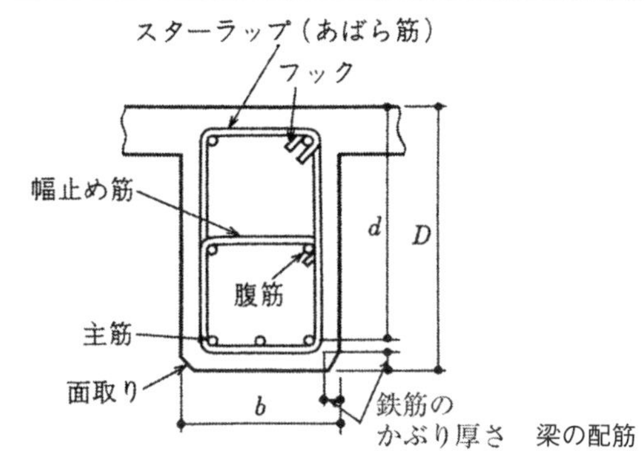

梁の配筋

（参考） **梁や柱の配筋に用いられる主な鉄筋**

- **主筋**：鉄筋コンクリート造(RC造)の柱や梁に設けられる太い鉄筋。梁では、曲げ応力を負担する。柱では、軸圧縮力を負担する。
- **あばら筋**：鉄筋コンクリート造(RC造)の梁において、梁の主鉄筋と直角方向に配置される補強筋。梁のせん断耐力を補強するために設けられる。
- **腹筋**(はらきん)：あばら筋相互の中間部(上端筋と下端筋の間)に配置される組立用の鉄筋。梁端の第一あばら筋と結束させる。
- **帯筋**(おびきん)：鉄筋コンクリート造(RC造)の柱において、柱の主鉄筋を直角方向に取り巻く補強筋。柱のせん断耐力を補強するために設けられる。

⑬ 用語	フロアヒンジ　　ポイント：仕上げ・建具工事(部材)
用語の説明	扉の重量を受けると共に、扉の自閉速度を調整するために、扉の軸下の床に埋め込まれる回転金具。
施工上留意すべき内容	扉の急な開閉を防ぐため、開閉速度・開き力・閉じ力が所定の値となるように調整し、がたつき・きしみ・変形などがないように施工する。

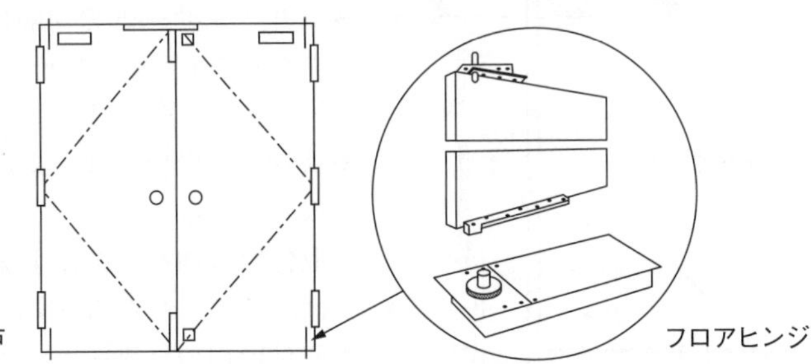

⑭ 用語	防護棚(養生朝顔)　　ポイント：仮設・外部足場工事(材料)
用語の説明	外部足場からの落下物を受け止めるために、足場から突き出して取り付けられる設備。
施工上留意すべき内容	防護棚は、外部足場の外側から水平距離で2m以上突き出し、水平面となす角度を20°以上とする。1段目の防護棚は、地上から10m以内に配置する。

（参考）

防護棚の設置における留意点

- 建築工事を行う部分の高さが、地盤面から20m以上の時は、防護棚を2段以上設置する。
- 1段目の防護棚は、地上から10m以内の高さに配置する。
- 外部足場の外側から水平距離で2m以上突き出し、水平面となす角度を20度以上とする。
- 防護柵の敷板は、厚さ15mm以上の木板または厚さ1.6mm以上の鋼板とする。
- 外部足場の外側から水平距離で2m以上の出がある歩道防護構台を設けた時は、最下段の防護棚は省略してよい。

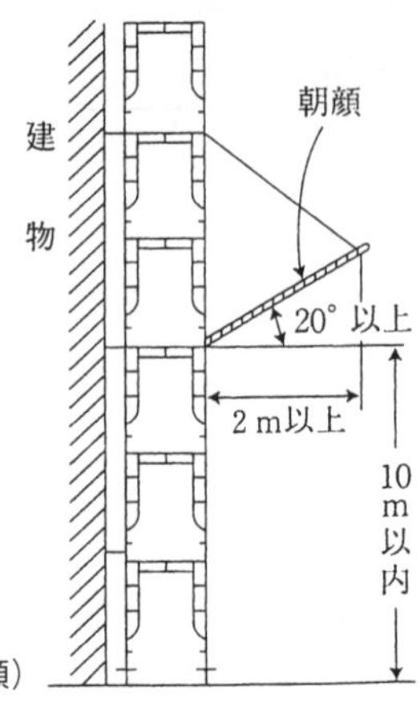

防護棚(養生朝顔)

平成28年度 問題2 建築施工用語と施工上の留意点の解答例

【問題2】 次の建築工事に関する用語のうちから**5つ**選び、その**用語の説明**と**施工上留意すべき内容**を具体的に記述しなさい。
ただし、仮設以外の用語については、作業上の安全に関する記述は不可とする。また、使用資機材に不良品はないものとする。

①足場の手すり先行工法
②金属製建具のかぶせ工法
③軽量鉄骨壁下地の振れ止め
④コンクリート壁の誘発目地
⑤タイルカーペット
⑥鉄筋の先組み工法
⑦溶接のアンダーカット
⑧型枠はく離剤
⑨クレセント
⑩鋼矢板
⑪先送りモルタル
⑫超高圧水によるコンクリート面下地処理
⑬マスキングテープ
⑭ローリングタワー

ポイント解説

建築工事に関する用語の説明と、施工上の留意点を解答する上でのポイントは、下記の通りである。(仮設・躯体・仕上げの分野別に示す)

分野		建築工事に関する用語	用語の説明の解答ポイント	施工上留意すべき内容の解答ポイント
仮設	①	足場の手すり先行工法	足場作業における墜落防止のために有効な工法。	足場の手すりは、最初に設置し、最後に撤去する。
	⑧	型枠はく離剤	コンクリート仕上げ面の品質確保のための液剤。	はく離剤の塗布量は、必要最小限とする。
	⑩	鋼矢板	湧水を防止するための山留め壁。	根入れ深さを十分に大きくする。
	⑭	ローリングタワー	水平移動が可能な足場。	作業者が乗る前に、車輪を固定する。
躯体	④	コンクリート壁の誘発目地	ひび割れの分散を防止するため、ひび割れを集約する目地。	ひび割れ誘発目地には、シール材を注入して防水する。
	⑥	鉄筋の先組み工法	工場またはヤードで、予め鉄筋を組み立てておく工法。	鉄筋の運搬中、変形しないように養生する。
	⑦	溶接のアンダーカット	溶接の端部にえぐれが生じる欠陥。	溶接電流が過剰にならないよう注意する。
	⑪	先送りモルタル	コンクリートの圧送前に送られるモルタル。	先送りモルタルは、圧送後に廃棄する。
仕上げ	②	金属製建具のかぶせ工法	既製建具の枠の上から新規建具の枠をかぶせる工法。	既存建具の切断面には、防錆処理を行う。
	③	軽量鉄骨壁下地の振れ止め	スタッド相互を貫通し、スタッドの動きを止める補強材。	振れ止めは、スタッドのスペーサーに溶接して固定する。
	⑤	タイルカーペット	方形に裁断された置敷カーペット。	剥離形接着剤を塗布して敷き込む。

分野		建築工事に関する用語	用語の説明の解答ポイント	施工上留意すべき内容の解答ポイント
仕上げ	⑨	**クレセント**	引違い戸を施錠するための金具。	錠がスムーズに閉まり、一定の圧力を保つようにする。
	⑫	**超高圧水によるコンクリート面下地処理**	150MPa程度の超高圧水による目荒らし処理。	斫り屑の飛散を防止するための囲いを設ける。
	⑬	**マスキングテープ**	シーリングによる汚れを防止するためのテープ。	シーリング終了後、直ちに撤去する。

解答例　　　（以下の用語のうち5つを選択し、解答する。）

① 用語	足場の手すり先行工法　**ポイント：仮設・外部足場工事（工法）**
用語の説明	作業員の安全を確保するため、足場の組立解体時に、手すりを最初に取り付け、最後まで残してから取り外す工法。
施工上留意すべき内容	組立作業員が作業床に乗る前に、手すりを先行して設置する。また、作業床を撤去するときは、手すりを最後に撤去する。

② 用語	金属製建具のかぶせ工法　**ポイント：仕上げ・建具工事（工法）**
用語の説明	建具の改修作業のうち、既存建具の枠を残し、新規建具をその枠の内部に取り付ける工法の総称。
施工上留意すべき内容	既存建具の枠の損傷を、補修・錆止め・補強などの方法で修復した後、新規建具を取り付ける。

③ 用語	軽量鉄骨壁下地の振れ止め　**ポイント：仕上げ・金属工事（材料）**
用語の説明	軽量鉄骨壁下地のスタッドを水平方向に貫通させ、スペーサーで固定し、スタッドの振れを止めるための補強材。
施工上留意すべき内容	床面のランナー下端から1.2m程度の間隔で引き通し、各段の振れ止めをスペーサーに固定する。

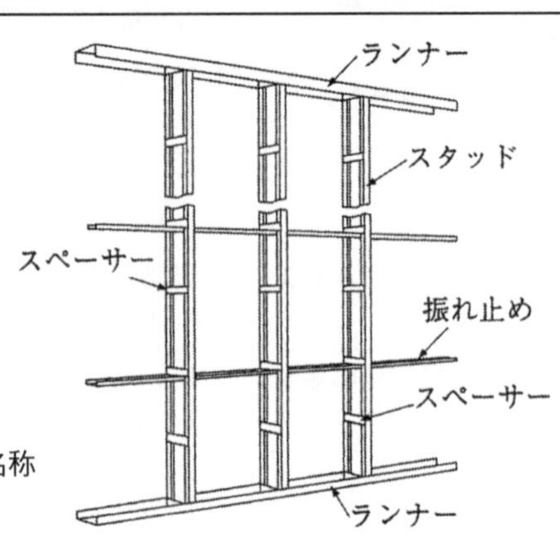

壁下地材の構成部材及び附属金物の名称

④ 用語	コンクリート壁の誘発目地　**ポイント：躯体・コンクリート工事（構造）**
用語の説明	マスコンクリートのような最小寸法が80cm以上となる部材において、温度ひび割れを集約させるために設ける目地。
施工上留意すべき内容	ひび割れが生じても、構造耐力に影響のない場所に設ける。また、止水目地材を用いて目地からの漏水を防止する。

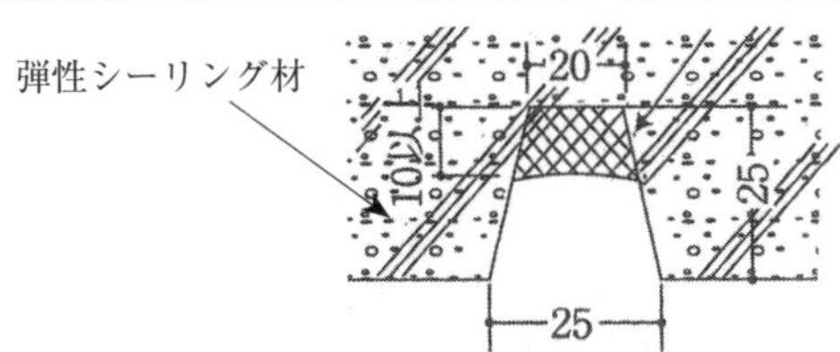

コンクリート壁の誘発目地　単位〔mm〕

⑤ 用語	タイルカーペット　**ポイント：仕上げ・内装工事（工法）**
用語の説明	45cm～50cmの方形に加工された置敷カーペット。粘着剥離型接着剤が用いられているので、張替が容易である。
施工上留意すべき内容	粘着剥離型接着剤をタイルカーペットの裏面に塗布し、床の中央から四隅に向かう順番で張り付ける。

⑥ 用語	鉄筋の先組み工法　**ポイント：躯体・鉄筋工事（工法）**
用語の説明	鉄筋の組立を型枠内では行わず、工場または現場で地組してユニット化したものを吊り込んで鉄筋を組み立てる工法。
施工上留意すべき内容	鉄筋ユニットを吊り込む際、鉄筋の精度を確保し、変形を防止するため、継手部に補強筋を取り付けておく。

⑦ 用語	溶接のアンダーカット　**ポイント：躯体・鉄骨工事（欠陥）**
用語の説明	溶接の端部に沿って、溶着金属が満たされない溝状の窪みが発生する欠陥。
施工上留意すべき内容	溶接電流が高すぎるとアンダーカットが発生するため、溶接電流値を適正にする。また、溶接棒の太さを適正なものとする。

隅肉溶接の欠陥の例

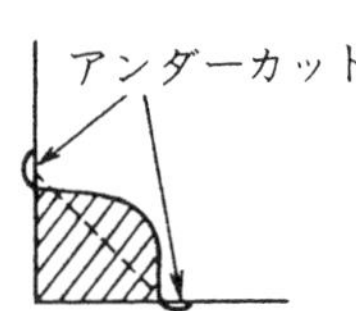

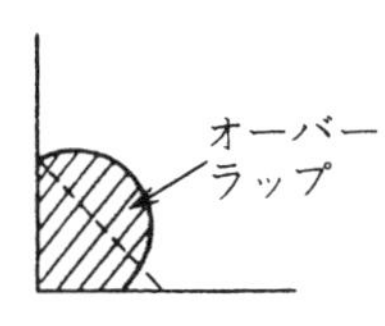

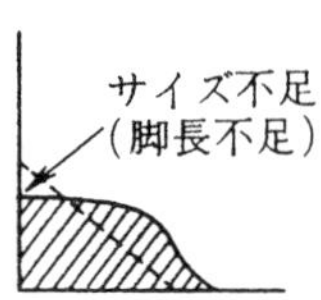

グループ溶接の外観検査による欠陥例

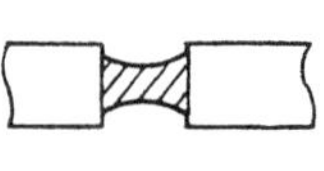
のど厚不足

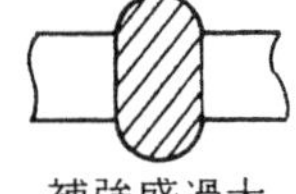
補強盛過大

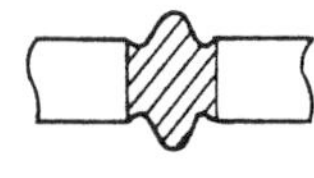
アンダーカット

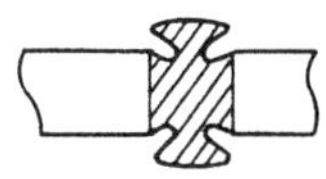
オーバーラップ

⑧	用 語	型枠はく離剤　ポイント：仮設・型枠支保工工事（材料）
用語の説明		型枠を取り外すとき、型枠とコンクリートとの剥離性を高めるため、型枠内面に塗布する薬品。
施工上留意すべき内容		型枠剥離剤は、型枠取外し後のコンクリート表面に残留しないよう、薄く塗布する。

⑨	用 語	クレセント　ポイント：仕上げ・建具工事（材料）
用語の説明		引違い戸や片引きサッシを施錠するための取付け金具。
施工上留意すべき内容		操作がスムーズで、適度の締付け力が得られるように設置する。

戸の施錠に用いる取付け金具

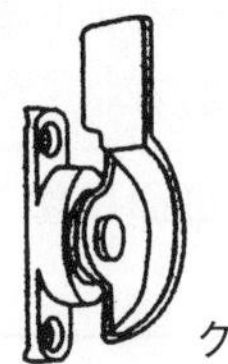
クレセント

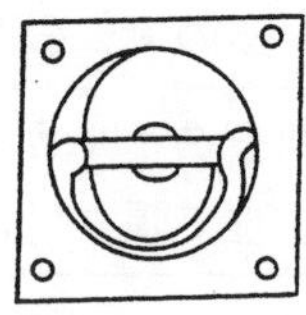
ケースハンドル

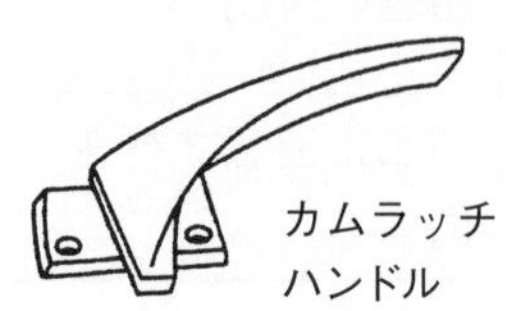
カムラッチハンドル

⑩	用 語	鋼矢板　ポイント：仮設・鋼矢板工法（材料）
用語の説明		山留め支保工の遮水壁となる鋼材。深さが5m以下の軟弱地盤を山留めするときに用いられる。
施工上留意すべき内容		ヒービングやボイリングが発生する地盤に適用されるため、鋼矢板の接合部を相互に密着させ、根入れ深さを大きくする。

鋼矢板工法（施工図）

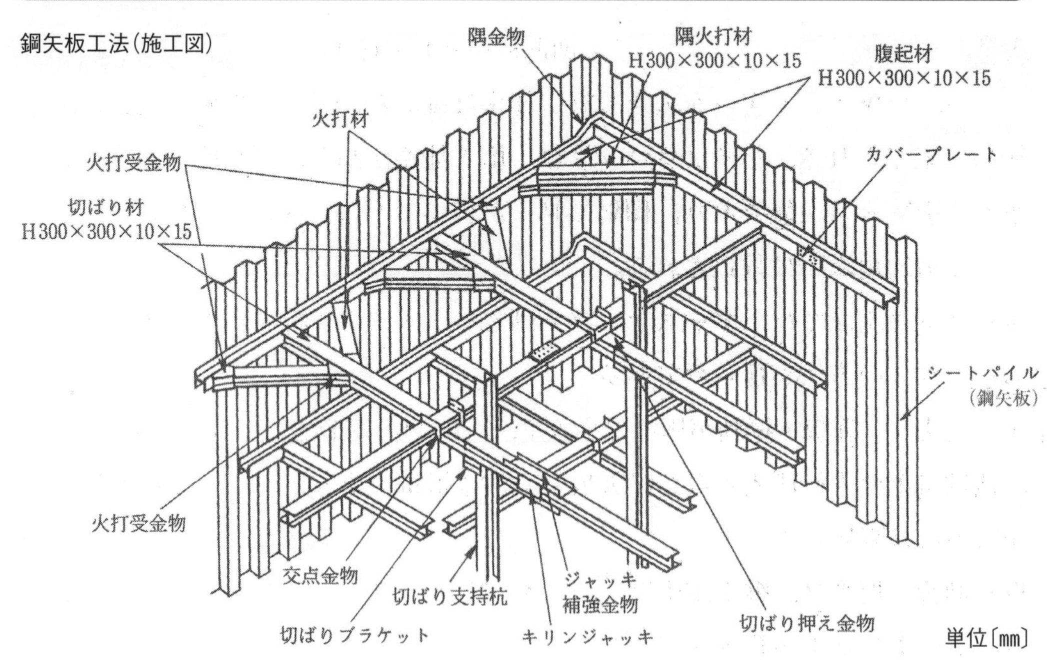

⑪ 用語	先送りモルタル　ポイント：躯体・コンクリート工事（作業）
用語の説明	コンクリートポンプのホース内面にモルタルを塗布するため、コンクリートを圧送する前に、ホース内に圧送するモルタル。
施工上留意すべき内容	先送りモルタルの水セメント比は、コンクリートの水セメント比よりも小さくする。また、先送りモルタルは、使用せずに廃棄する。

⑫ 用語	超高圧水によるコンクリート面下地処理　ポイント：仕上げ・タイル工事（作業）
用語の説明	150 MPa 程度の超高圧水を、コンクリート外壁に吹き付け、タイルとの接着力を高めてタイルの剥離を防止する目荒らし処理。
施工上留意すべき内容	濁水を回収する土堤を設け、斫り材の飛散防止のため、隙間なく養生する。また、作業者の視界確保のため、送風機で換気を行う。

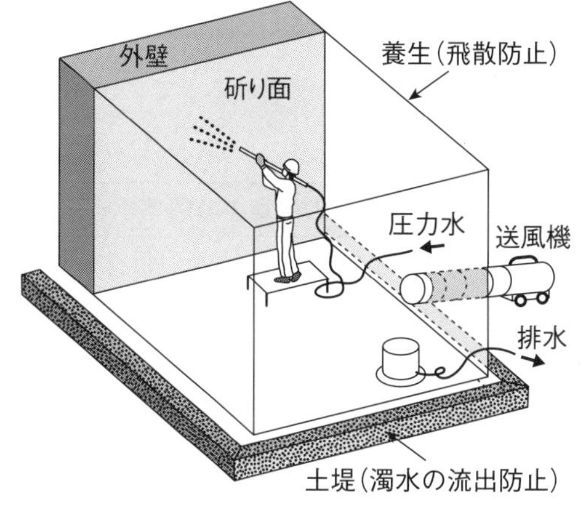

超高圧水によるコンクリート面の下地処理における留意点

- 土堤により濁水の流出を防止し、濁水の回収・処理を行えるようにする。
- 水中ポンプまたは強力吸引車を使用し、処理設備に濁水を送る。
- 斫り材の飛散を防止するため、壁・天井をすべて囲い、隙間なく養生する。
- 作業者は、養生した囲いの中で作業を行う。
- 作業者の安全確保のため、送風機を用いて空気を循環させ、作業者の視界を確保する。

⑬ 用語	マスキングテープ　ポイント：仕上げ・防水工事（材料）
用語の説明	シーリング材による仕上げ面の汚れを防止し、目地縁の通りを良くするための仮置き用テープ。シーリング工事などで用いられる。
施工上留意すべき内容	シーリング工事の終了後、できるだけ早期にマスキングテープを剥がす。

⑭ 用語	ローリングタワー　ポイント：仮設・外部足場工事（構造）
用語の説明	枠組足場を積み重ね、その脚部に固定用のストッパー付き車輪を取り付けた移動式足場。
施工上留意すべき内容	ローリングタワー上での作業開始前に、すべてのストッパーが固定されていることを確認する。また、作業者に安全帯を使用させる。

平成27年度 問題2 建築施工用語と施工上の留意点の解答例

【問題2】 次の建築工事に関する用語のうちから**5つ**選び、その**用語の説明**と**施工上留意すべき内容**を具体的に記述しなさい。
ただし、仮設以外の用語については、作業上の安全に関する記述は不可とする。また、使用資機材に不良品はないものとする。

①足場の壁つなぎ
②親綱
③グリッパー工法
④コンクリートの回し打ち
⑤塗膜防水絶縁工法の通気緩衝シート
⑥木造住宅の気密シート
⑦ユニットタイル
⑧帯筋
⑨型枠のフォームタイ
⑩軽量鉄骨壁下地のスペーサー
⑪土工事のつぼ掘り
⑫木工事の大引
⑬床コンクリートの直均し仕上げ
⑭溶接作業の予熱

ポイント解説 建築工事に関する用語の説明と、施工上の留意点を解答する上でのポイントを下記に示す。

	建築施工用語	用語の説明の解答ポイント	施工上の留意点の解答ポイント
①	足場の壁つなぎ	足場と躯体を結合させ、足場の倒壊を防止する部材。	壁つなぎは、圧縮材と引張材をセットにして使用する。
②	親綱	安全ブロックに命綱を掛けるときに使用するワイヤー。	作業開始前に、鉄骨梁に緩みなく親綱を張り渡しておく。
③	グリッパー工法	カーペット端部をグリッパーに留め付ける工法。	ニーキッカーで伸展し、グリッパーに引っ掛け、下敷材を突き付ける。
④	コンクリートの回し打ち	打込み高さを調整するため、打込み場所を変えること。	施工手順の通りに行い、コールドジョイントや材料分離を防止する。
⑤	塗膜防水絶縁工法の通気緩衝シート	塗膜緩衝シートを下地に張り、下地と塗膜を絶縁する。	50 m²に1個の割合で、脱気装置を設ける。
⑥	木造住宅の気密シート	湿気や隙間風を防ぐための壁張用シート。	気密シートは、断熱材の室内側に張り付ける。
⑦	ユニットタイル	小タイルを30㎝角に並べ、表紙貼りしたタイル。	表紙は、タイルが硬化した後に剥がす。
⑧	帯筋	柱のせん断補強のため、柱の主筋を取り巻く部材。	帯筋は、主筋を囲む閉鎖形とし、端部に135°のフックを取り付ける。
⑨	型枠のフォームタイ	せき板の間隔を保持するための締付けボルト。	コンクリートを打設する前に、ボルトの締付け力を点検する。
⑩	軽量鉄骨壁下地のスペーサー	壁下地のスタッドを所定の位置に固定する部材。	スペーサーは、スタッド間に600㎜程度の間隔で配置する。
⑪	土工事のつぼ掘り	独立基礎を施工するために根切りする工法。	型枠の建込みに必要となる掘削余裕幅を確保する。

	建築施工用語	用語の説明の解答ポイント	施工上の留意点の解答ポイント
⑫	木工事の大引	木造建築の一階床構造となる9cm角〜10cm角の角材。	根太の下に、根太と直角に配置する
⑬	床コンクリートの直均し仕上げ	定木に沿って床コンクリートを仕上げる工法。	定木の水平を保ち、仕上げ後はビニルシートで覆って養生する。
⑭	溶接作業の予熱	溶接作業の前に、母材溶接部に熱を加えること。	ひび割れを防止するため、予熱温度は50℃〜100℃程度とする。

解答例

（以下の用語のうち５つを選択して解答する）

① 用語	足場の壁つなぎ　　ポイント：躯体・仮設工事(材料)
用語の説明	風などの影響による足場の倒壊を防止するため、建築物の躯体に組立後の足場を繋ぎ止める部材。
施工上留意すべき内容	壁つなぎは、専用の壁つなぎ材を使用するか、圧縮材と引張材との距離を１m以内にして使用する。

② 用語	親綱　　ポイント：仮設・外部足場工事(材料)
用語の説明	高所作業場で作業員が水平移動するとき、安全帯のフックを掛けるために、水平に張ったワイヤロープ。
施工上留意すべき内容	強度を確認し、遊びがないように緊張させて張り渡す。

③ 用語	グリッパー工法　　ポイント：仕上げ・内装工事(工法)
用語の説明	カーペットの固定方法の一種で、部屋の周囲等にグリッパーを固定し、カーペットをグリッパーに引っ掛けて固定する工法。
施工上留意すべき内容	下敷き材はグリッパーに突き付けとし、グリッパーは接着剤または釘で留め付ける。

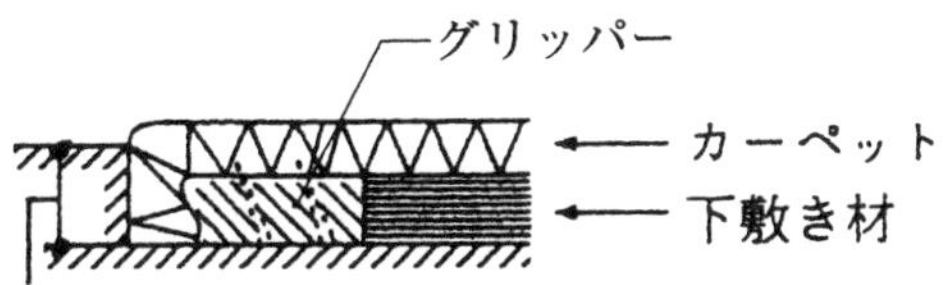

落子のある場合のグリッパー工法

建築施工用語

④ 用語	コンクリートの回し打ち	ポイント：躯体・コンクリート工事(作業)
用語の説明	コンクリートの打込み高さを均一にするため、また、材料分離を防止するため、打込み場所を順序よく移動して打設する打込み作業。	
施工上留意すべき内容	コンクリートの回し打ちの位置や順序は、施工手順の通りとし、コールドジョイントや材料分離を防止する。	

⑤ 用語	塗膜防水絶縁工法の通気緩衝シート	ポイント：仕上げ・防水工事(材料)
用語の説明	下地のひび割れや防水塗膜の膨れを防止するため、塗膜防水の下地の上に敷く不織布。このシートは溝や孔を有しているので、通気性がある。	
施工上留意すべき内容	通気緩衝シートは、下地に馴染ませ、しわや耳立ちが生じないように接着剤で張り付ける。また、50 m²に1箇所程度の割合で、脱気装置を設ける。	

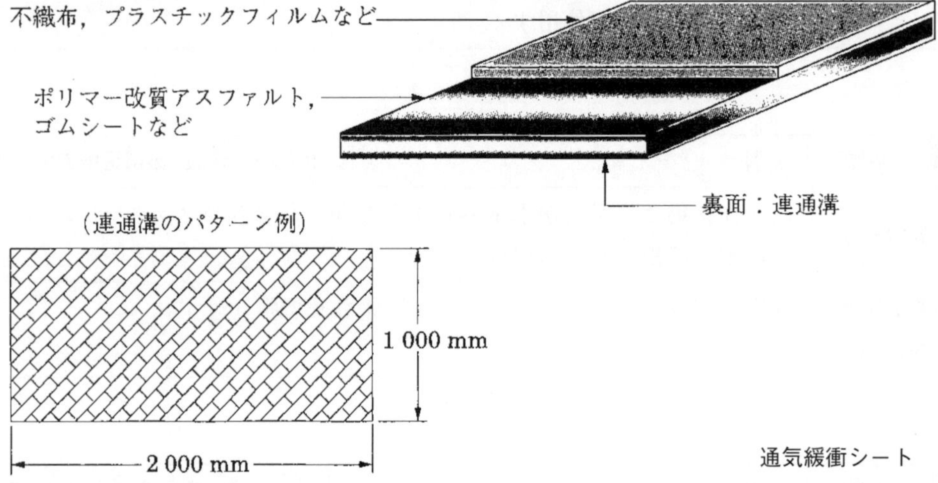

通気緩衝シート

⑥ 用語	木造住宅の気密シート	ポイント：仕上げ・内装工事(材料)
用語の説明	室外からの湿気および壁からの隙間風を防止するために壁に張るポリエチレンフィルム。	
施工上留意すべき内容	壁に断熱材が用いられているときは、断熱材よりも室内側に気密シートを張り付ける。	

(1) 気密シートは、厚さ0.1㎜～0.2㎜のシートである。シート相互の重ね部では、幅100㎜以上を重ねるものとし、気密テープで留め付けるか、木材で釘留めする。気密シートは、省エネ対策のひとつとして用いられる。

(2) 気密シートは、気密層の連続性を確保するため、気密補助材である気密パッキン材・現場発泡断熱材などと組み合わせて用いる。

⑦	用語	ユニットタイル	ポイント：仕上げ・タイル工事(材料)
用語の説明		30㎜角～50㎜角程度の小タイルを、300㎜角程度のシートに並べて張ることで、1枚のタイルとして使用できるようにしたタイルである。	
施工上留意すべき内容		張付けに使用するモルタルは、1回の練り混ぜから施工完了までの時間を60分以内とする。	

(1) ユニットタイルは、25㎜角を超えるが小口タイル(108㎜×60㎜)未満のタイルを、通常300㎜角のシートに張り、ユニットとしたタイルである。

(2) ユニットタイルは、マスク張り用のタイルと、小口タイル未満のタイルをユニットにしたモザイクタイル張り用のタイルの総称である

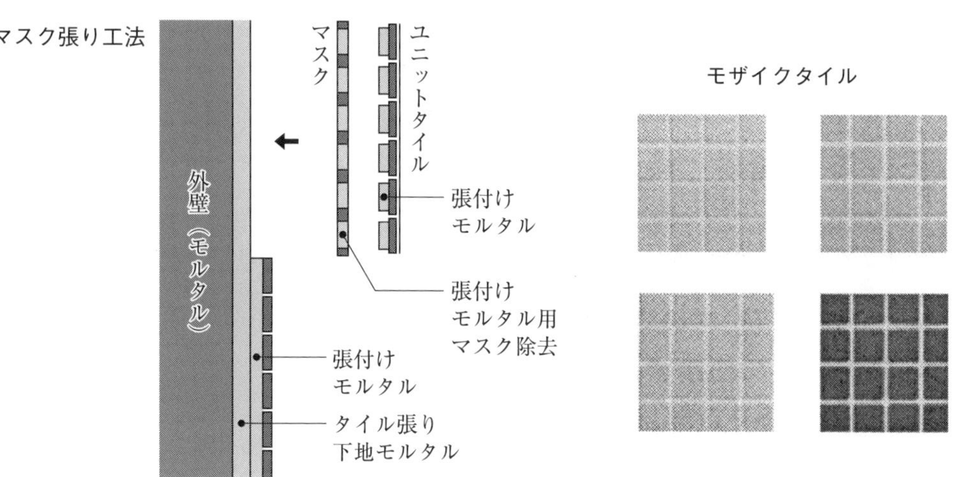

⑧	用語	帯筋	ポイント：躯体・鉄筋工事(構造)
用語の説明		鉄筋コンクリート柱の主筋を取り囲むようにして、一定間隔で配置する鉄筋であり、柱の座屈防止・水平せん断補強のために用いられる部材である。	
施工上留意すべき内容		帯筋は、主筋を囲む閉鎖形とする。異形鉄筋のフックは、折曲げ角度を135°とした上で、余長を6d以上(異形鉄筋の呼び名の6倍以上)とするか、溶接する。	

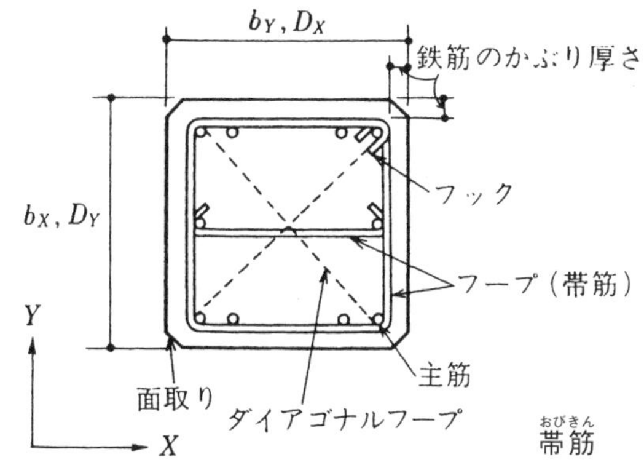

帯筋（おびきん）

⑨ 用語	型枠のフォームタイ	ポイント：仮設・型枠支保工事(材料)
用語の説明	型枠のせき板内面間の間隔を保持するために用いられる型枠締付け用ボルト。	
施工上留意すべき内容	型枠締付け用ボルトに締め忘れ・締め過ぎ・緩みなどがないことを、コンクリートを打設する前に点検する。	

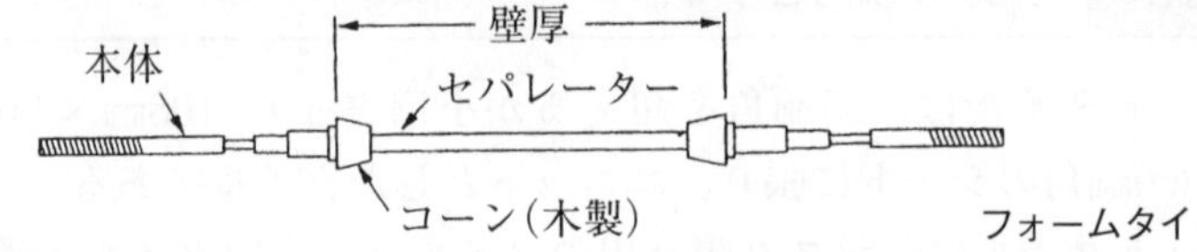

フォームタイ

⑩ 用語	軽量鉄骨壁下地のスペーサー	ポイント：仕上げ・軽量鉄骨下地(構造)
用語の説明	軽量鉄骨下地のスタッドを組み立てるときに、振れ止めを固定し、スタッドを緊結するために用いられる部材である。	
施工上留意すべき内容	スペーサーの取付け間隔は600㎜程度とし、スタッド部材を相互に緊結する。また、壁の振れを防止するため、振れ止めをスペーサーに固定する。	

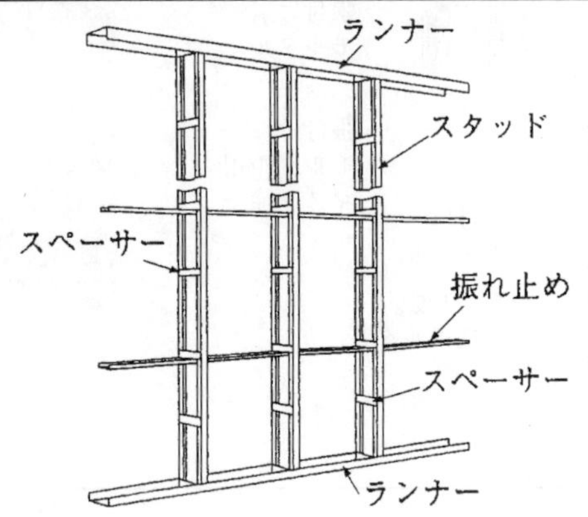

壁下地材の構成部材
及び附属金物の名称

⑪ 用語	土工事のつぼ掘り	ポイント：仮設・地業工事(工法)
用語の説明	柱などの独立基礎を施工するために、その部分だけを四角形または円形に根切りする工法。	
施工上留意すべき内容	型枠などの建込みに必要となる余裕幅を確保できるよう、独立基礎の周囲に合計60㎝以上の余裕をもって根切りする。	

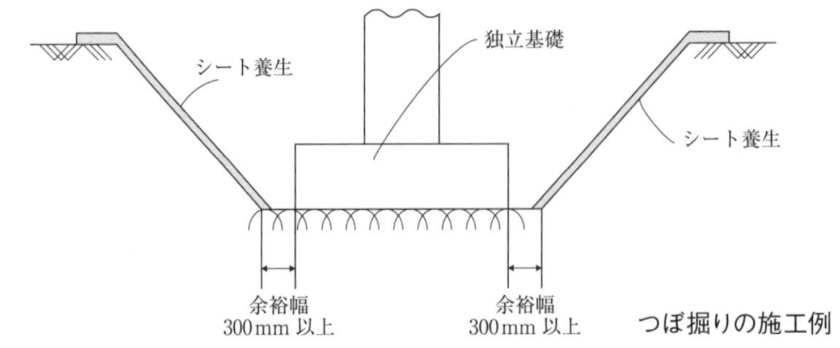

つぼ掘りの施工例

道路に上水道管を敷設する場合などにおいて、掘削作業をするときは、えぐり掘り(掘削の下部だけを掘り広げること)を行ってはならない。えぐり掘りは、地盤の支持力を確保するための埋戻しが困難になるので、禁止されている。道路の掘削方法は、布掘り・つぼ掘り・推進工法・これに準ずる工法(溝掘りなど)とする。

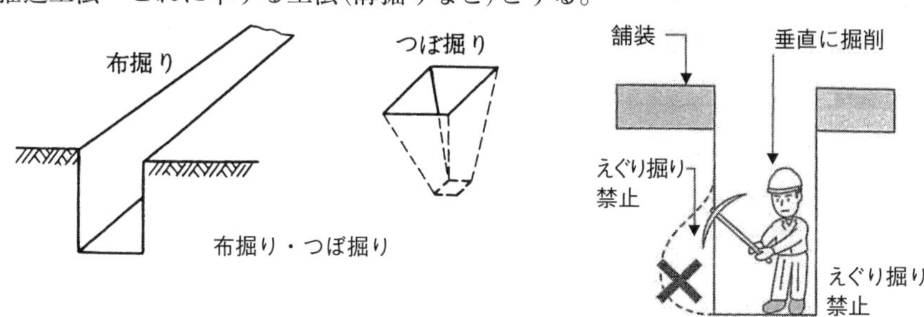

⑫ 用語	木工事の大引	ポイント：躯体・木床工事(材料)
用語の説明	木造建築物の一階床構造を構成する部材である。約10cm四方の太さの角材であり、根太を支持する役割を持つ。	
施工上留意すべき内容	大引は、床束で支持し、根太と直交するように施工する。また、大引が移動しないよう、根がらみを設ける。	

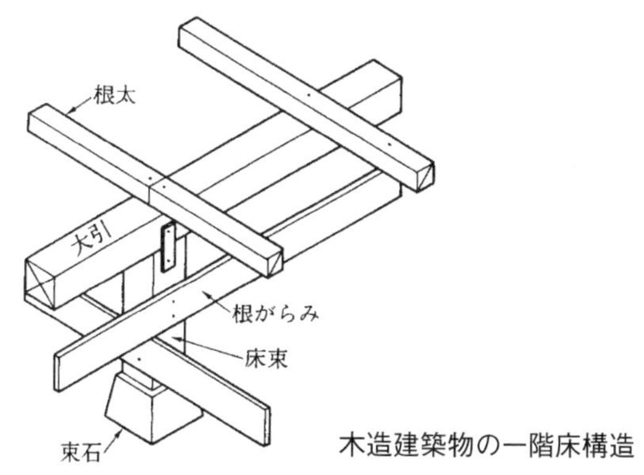

木造建築物の一階床構造

⑬ 用語	床コンクリートの直均し仕上げ	ポイント：仕上げ・左官工事(作業)
用語の説明	硬練りのコンクリートを使用し、定木ずりや木ごてずりを行い、金ごて仕上げにより床コンクリート面を仕上げる作業。	
施工上留意すべき内容	コンクリートを打設する前に定木を設け、その定木を水平に保つ。金ごて仕上げ後は、ビニルシートで覆って養生する。	

⑭ 用語	溶接作業の予熱	ポイント：躯体・鉄骨工事(加工)
用語の説明	溶接部のひび割れを抑制するため、溶接する前に、母材に熱を加える溶接手法。	
施工上留意すべき内容	作業場所の気温が5℃以下の場合や、溶接部の板厚が25㎜を超える場合は、溶接前に、溶接部周辺の母材を50℃～100℃程度に加熱しておく。	

建築施工用語

平成26年度 問題2 建築施工用語と施工上の留意点の解答例

【問題2】 次の建築工事に関する用語のうちから**5つ**選び、その**用語の説明**と**施工上留意すべき内容**を具体的に記述しなさい。
ただし、仮設以外の用語については、作業上の安全に関する記述は不可とする。
また、使用資機材に不良品はないものとする。

① 型枠の根巻き
② ジェットバーナー仕上げ
③ テーパーエッジせっこうボードの継ぎ目処理
④ 天井インサート
⑤ 腹筋
⑥ 防護棚(養生朝顔)
⑦ ルーフドレン
⑧ ガラス工事のセッティングブロック
⑨ 脱気装置
⑩ 鉄骨工事の仮ボルト
⑪ 床付け
⑫ ブリーディング(ブリージング)
⑬ 木工事の仕口
⑭ 陸墨

ポイント解説

建築施工用語の説明と施工上の留意点を解答する上でのポイントを下記に示す。

	建築施工用語	用語の説明の解答ポイント	施工上の留意点の解答ポイント
①	型枠の根巻き	柱や壁の墨位置に部材を取り付ける作業。	せき板の組立ては、根巻きに合わせて行う。
②	ジェットバーナー仕上げ	花崗岩の表面に火炎を当てて仕上げること。	熱処理後は、表面を磨いて仕上げとする。
③	テーパーエッジせっこうボードの継ぎ目処理	充填剤でテーパーエッジ部を充填する処理。	下塗り・中塗り・上塗りを、ジョイントコンパウンドで行う。
④	天井インサート	天井の吊りボルトを固定する打込み雌ねじ。	取付け間隔は、900㎜程度とする。
⑤	腹筋(はらきん)	あばら筋を補強するための鉄筋。	梁の主筋と平行になるように入れ、幅止め筋で結ぶ。
⑥	防護棚(養生朝顔)	落下物を受け止めるための仮設の棚。	足場から2.0m以上突き出させる。角度は上に向けて20度以上とする。
⑦	ルーフドレン	屋上の雨水を集め、排水するための金具。	スラブの天端よりも30㎜～50㎜低い位置に取り付ける。
⑧	ガラス工事のセッティングブロック	ガラスの高さを調節するために設けるブロック。	ガラスのエッジが建具と接触しないようにする。
⑨	脱気装置	防水絶縁被膜下において湿気を排出するための金物。	平面部では25m^2～100m^2につき1個設ける。
⑩	鉄骨工事の仮ボルト	鉄骨を本締め・溶接するまでの間、鉄骨を仮止めするボルト。	2本以上の中ボルトを用いる。
⑪	床付け(とこづけ)	根切りした底面を平坦に仕上げること。	床付け面を掘りすぎないようにする。

	建築施工用語	用語の説明の解答ポイント	施工上の留意点の解答ポイント
⑫	ブリーディング(ブリージング)	型枠内で水が浮上して骨材が沈む現象。	コンクリートの単位水量をできるだけ少なくする。
⑬	木工事の仕口	木材を切削加工したときの枘(ほぞ)と受口。	仕口の軸線は、高精度で組み立てる。
⑭	陸墨(ろくずみ)	水平であることを示す墨付けの線。	陸墨は、床面から1000㎜の高さに書く。

解答例

(以下の用語のうち5つを選択し、解答する。)

① 選んだ用語	型枠の根巻き　**ポイント：仮設・型枠支保工事(作業)**
用語説明	柱や壁の型枠の組立に際し、基準となる下端の位置を定めるガイドとなる墨の位置に部材を取り付ける作業。
施工上留意すべき内容	根巻きに沿って型枠を密着させ組み立て、型枠からモルタルが漏れないように留意する。

根巻きの例

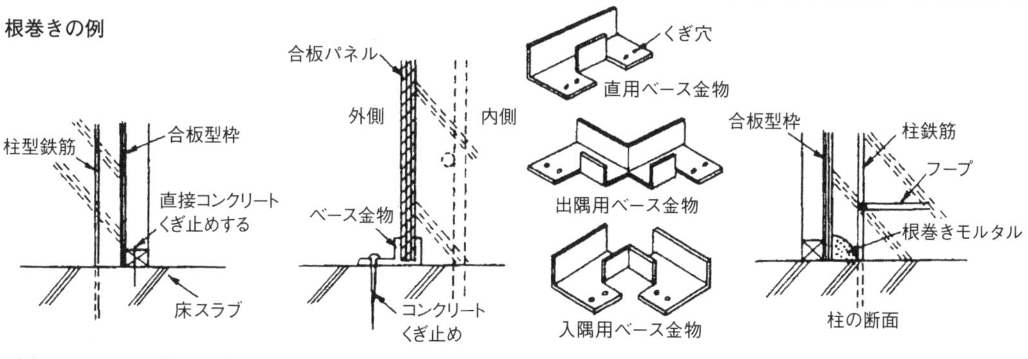

(a)コンクリート床に、直接くぎ止めする場合

(b)ベース金物を使用した脚部の固定(くぎ止め)

(c)根巻きモルタルによる脚部の固定

② 選んだ用語	ジェットバーナー仕上げ　**ポイント：仕上げ・石工事(工法)**
用語説明	花崗岩の表面仕上げの一種で石の表面を火炎で火熱し、水で急冷して、表面の鉱物をはく離させて表面を仕上げる。
施工上留意すべき内容	加工前に、はく離する石厚を想定(3㎜以上)して、手加工又は機械加工で仕上げる。

③ 選んだ用語	テーパーエッジせっこうボードの継ぎ目処理　**ポイント：仕上げ・内装工事(工法)**
用語説明	テーパーを持つせっこうボードを突きつけて継目がないように一体化すること。
施工上留意すべき内容	テーパー部のくぼみをジョイントコンパウンドと、ジョイントテープで埋めジョイントセメントで上塗りし全面パテ処理する。

建築施工用語

④ 選んだ用語	天井インサート　　ポイント：仕上げ・金属工事(材料)
用語説明	天井の吊ボルトを取り付けるため、コンクリートスラブに打ち込む雌ねじのこと。
施工上留意すべき内容	取付け方向を正確にするための取付け用の釘等はスラブから切断し、錆を防ぐため、さび止め塗装をしておく。

⑤ 選んだ用語	腹筋　　ポイント：躯体・鉄筋工事(構造)
用語説明	あばら筋の間隔を保ち、配筋の乱れを防止するため、梁せいの中間に主筋と平行に配置する鉄筋。
施工上留意すべき内容	腹筋はあばら筋の内側に配置、腹筋相互を幅止め筋で結び鉄筋の組立を安定させる。

⑥ 選んだ用語	防護棚(養生朝顔)　　ポイント：仮設・外部足場工事(材料)
用語説明	外部足場からの落下物を受け止めるため、足場からはね出し取り付ける防護棚のこと。
施工上留意すべき内容	はね出し長さは、足場から2m以上と水平面と20度以上の角度で設置し、1段目は10m以内に配置する。

⑦ 選んだ用語	ルーフドレン　　ポイント：仕上げ・防水工事(材料)
用語説明	屋上の雨水を集水し、外部に排水する屋根に設ける排水用金物。
施工上留意すべき内容	漏水を防止するためドレン回りに増張し、流れをよくするためドレンの天端高さは、スラブ面より30～50㎜下げて設置する。

⑧ 選んだ用語	ガラス工事のセッティングブロック　　ポイント：仕上げ・ガラス工事(材料)
用語説明	板ガラスの端部と建具との接触を防ぐための弾性部品。
施工上留意すべき内容	ブロックは、板ガラスの両端から横幅寸法の1/4離れた2箇所に、高さを調整して設置する。

⑨ 選んだ用語	脱気装置　　ポイント：仕上げ・防水工事(装置)
用語説明	絶縁工法で、下地の水分の蒸気を大気中に放出し、防水層のふくれを防止する装置。
施工上留意すべき内容	脱気装置の取付けは平面部で25～100m^2につき1個、立上り部には10m間隔に1個程度設置する。

⑩ 選んだ用語	鉄骨工事の仮ボルト　**ポイント：躯体・鉄骨工事(材料)**
用語説明	鉄骨部材相互を現場で接合する前に、仮接合し、位置を確認して溶接又は本締めする。このとき仮接合に用いるボルトのこと。
施工上留意すべき内容	高力ボルト接合とするときは、1群のボルトに対して、1/3本以上かつ2本以上の仮ボルトを用いる。

⑪ 選んだ用語	床付け　**ポイント：躯体・仮設(作業)**
用語説明	掘削・根切りした底面を平坦に仕上げる作業。
施工上留意すべき内容	床付け面の支持力を確保するため、過掘にならないよう、人力で作業する。

⑫ 選んだ用語	ブリーディング　**ポイント：躯体・コンクリート工事(現象)**
用語説明	型枠にフレッシュコンクリートを打ち込んだとき、コンクリート中の水が浮き上がり、骨材が沈み込む現象。
施工上留意すべき内容	ブリーディングを抑制するため、コンクリートの単位水量を少なくするか、AEコンクリートとする。

⑬ 選んだ用語	木工事の仕口　**ポイント：躯体・木工事(構造)**
用語説明	木材と木材とを直角に接合したりある角度で接合するとき、材料接合部のほぞと、それを収納する受口となる溝。
施工上留意すべき内容	ほぞと受口の形式は力の伝達を考え、適正なものを選択し、必要により、補強金物を用いて力の伝達を確実にする。

仕口(ほぞ・受口)

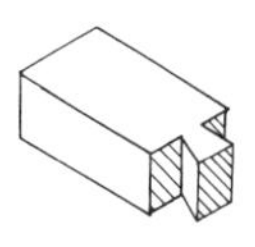

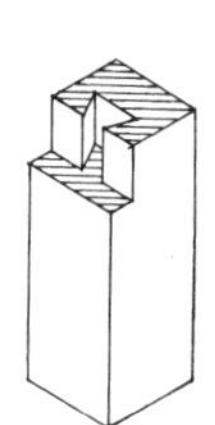

⑭ 選んだ用語	陸墨　**ポイント：躯体・仮設(構造)**
用語説明	仕上げ高さの基準を示すため、壁などに基準墨として書いた水平な線。
施工上留意すべき内容	床からの高さが1000㎜の位置に、水平な墨を打つ。

第2章　施工管理

← スマホ版無料動画コーナー QRコード

URL　https://get-supertext.com/

（注意）スマートフォンでの長時間聴講は、Wi-Fi 環境が整ったエリアで行いましょう。

「バーチャートの読み方講習」の動画講習を、GET 研究所ホームページから視聴できます。

https://get-ken.jp/

GET 研究所　検索  無料動画公開中  動画を選択

2.1 施工管理 技術検定試験 重要項目集

2.1.1 過去10年間の施工管理の出題内容

年度	工程管理（バーチャート工程表・ネットワーク計算）
令和５年度	バーチャート作成 ①作業名を記入する。 ②工事金額の合計に対する実績出来高累計の金額の比率を記入する。 ③着手日が不適当な作業名を指摘し、適当な着手日を定める。 ④出来高表の誤りを修正し、実績出来高の累計の金額を記入する。
令和４年度	バーチャート作成 ①作業名を記入する。 ②総工事金額に対する実績出来高の累計金額の比率を記入する。 ③完了日が不適当な作業名を指摘し、適当な完了日を定める。 ④出来高表の誤りを修正し、実績出来高の累計金額を記入する。
令和３年度	バーチャート作成 ①作業名を記入する。　②耐火被覆工事の完了日を定める。 ③総工事金額に対する実績出来高の累計金額の比率を記入する。 ④実績出来高の累計金額を記入する。
令和２年度	バーチャート作成 ①作業名を記入する。　②外部サッシ取付けの完了日を定める。 ③実績出来高の累計金額を記入する。④予定と累計の差の比率を記入する。 ⑤実績出来高の累計比率を記入する。
令和元年度	バーチャート作成 ①作業名を記述する。②外壁工事の終了日を定める。 ③完成出来高の累計[円]を記入する。④完成出来高の累計[%]を記入する。
平成30年度	バーチャート作成 ①作業名を記述する。　②耐火被覆作業の開始日を定める。 ③完成出来高の累計[%]を記入する。
平成29年度	バーチャート作成 ①作業名を記述する。②建具工事の作業開始日を定める。 ③完成出来高の累計を求める。
平成28年度	ネットワーク計算（最早開始時刻・最遅完了時刻） ①総所要日数（工期）　②クリティカルパス　③作業の日程短縮（日数）
平成27年度	ネットワーク計算（最早開始時刻） ①クリティカルパス　②作業の追加があるときの工期　③フリーフロート
平成26年度	ネットワーク計算（最早開始時刻） ①工期の計算　②クリティカルパス　③作業の短縮日数

2.1.2 バーチャートの読み方

1 バーチャート工程表と出来高・出来高累計・出来高累計曲線

(1) バーチャート工程表の特徴

バーチャート工程表は、縦軸に工種(作業内容)、横軸に工期(所要日数)をとり、各作業の開始日と終了日を横線で示す工程表である。バーチャート工程表は、「計画と実績との比較が容易である」・「工程表の作成が容易である」・「各作業の予定日数が明確である」などの長所と、「各作業の関連性は漠然としている」・「各作業の余裕時間は漠然としている」・「重点的工程管理を行うべき作業が不明である」などの短所を併せ持つ。このような特徴から、比較的工種の少ない単純な工事で用いられることが多い。

(2) 予定出来高累計曲線

バーチャート工程表の例を下図に示す。この図は、作業の順序に従って、縦軸に各工種(仮設工事・躯体工事・仕上げ工事・清掃と検査)を記述し、横軸に月別の工期と予定出来高を記述した総合工程表である。本試験では、この総合工程表の理解が問われることになる。

バーチャート工程表

工種	工事費	出来高	1月	2月	3月	4月	5月	6月	累計出来高
仮設工事	200万	10%	━━			75%	90%	100%	100% 90% 80%
躯体工事	1000万	50%		━━	━━	60%			70% 60% 50%
仕上げ工事	600万	30%			35%	━━	━━		40% 30% 20%
清掃・検査	200万	10%	0%	10%				━━	10% 0%
月別出来高			10%	25%	25%	15%	15%	10%	
累計出来高			10%	35%	60%	75%	90%	100%	

①この工事の総工事費は、200万+1000万+600万+200万=2000万円である。

②「各工種の出来高[%]=各工事費÷総工事費」である。一例として、仮設工事の出来高は、200万÷2000万=0.1=10%と計算できる。

③このバーチャートでは、1月に仮設工事(月別出来高10%)、2月に躯体工事(月別出来高25%)、3月に躯体工事(月別出来高25%)、4月に仕上げ工事(月別出来高15%)、5月に仕上げ工事(月別出来高15%)、6月に清掃・検査(月別出来高10%)が行われることになっている。これらの工種は、ここでは重ならないように記入する。

④累計出来高は、それまでの月別出来高を単純に合計して求める。1月の累計出来高は10%、2月の累計出来高は10%+25%=35%、3月の累計出来高は35%+25%=60%、4月の累計出来高は60%+15%=75%、5月の累計出来高は75%+15%=90%、6月の累計出来高は90%+10%=100%である。

⑤この累計出来高は、バーチャート上に、出来高累計曲線として記入する。工事開始時点を0%、1月末を10%、2月末を35%、3月末を60%、4月末を75%、5月末を90%、6月末を100%として各点をプロットし、各点を点線で結んで予定出来高累計曲線とする。

⑥工事の出来高は、工程の初期や終期においては上昇しにくく、工程の中期には上昇しやすいので、出来高累計曲線はS字状になる。このことから、出来高累計曲線は、Sカーブとも呼ばれている。

⑦こうして作成されるのが、予定バーチャートまたは計画バーチャートである。これは総合工程表なので、実際の工程管理では、ここから月別工程表・週別工程表などの各工程表に細分化される。

(3) 実績出来高累計曲線

実際の工事では、往々にして作業の遅れが発生する。予定バーチャートに基づいて作業を開始し、最後までその予定通りに作業が進むことは、むしろ少ないといえる。作業の遅れが発生した場合は、バーチャート工程表の出来高・累計出来高・出来高累計曲線などを、作業の実績に基づいて修正していく必要がある。

一例として、2月初めに災害が発生し、2月中の工事が中止になったことを考える。そこで、中止となった2月分の躯体工事を、3月に振り分けることにした。2ヶ月の予定であった躯体工事を1ヶ月で終わらせる（1ヶ月の日程短縮を行う）ため、3月中は作業員を2倍に増員し、2班体制として躯体工事を進めることにした。4月から開始する予定の仕上げ工事は、躯体工事が終了しなければ開始できない作業（躯体工事の後続作業）である。工事全体の工期を遅れさせないためには、躯体工事の遅れを後続作業に影響させず、このようなフォローアップ日程を確保することが一般的である。

この結果として、作業の実績を加味したバーチャート工程表である実績バーチャートは実線で示され、「予定」と「実績」の2本の出来高累計曲線が描かれることになる。

バーチャート工程表（実績）

工種	工事費	出来高	1月	2月	3月	4月	5月	6月	累計出来高
仮設工事	200万	10%		（災害）		75%	90%	100%	100% 90% 80%
躯体工事	1000万	50%		作業 中止		60%			70% 60% 50%
仕上げ工事	600万	30%		予定					40% 30%
清掃・検査	200万	10%	0%	10%	10%	実積			20% 10% 0%
月別出来高			10%	0%	50%	15%	15%	10%	
累計出来高			10%	10%	60%	75%	90%	100%	

※2月は作業中止となるため、月別出来高は0%であり、累計出来高は10%のままである。

2 バーチャート工程表の読解の実践

例題 1 市街地で鉄筋コンクリート造（RC 造）の事務所ビルを施工するときの下図のバーチャート工程表において、**「A」の作業名**と**「B」の作業名**を記述してください。また、このバーチャート工程表には、終了日が著しく不適当になっている作業がひとつ存在します。その**作業名**と**適当な終了日**を月旬で記述し、その終了日が適当である**理由**を示してください。

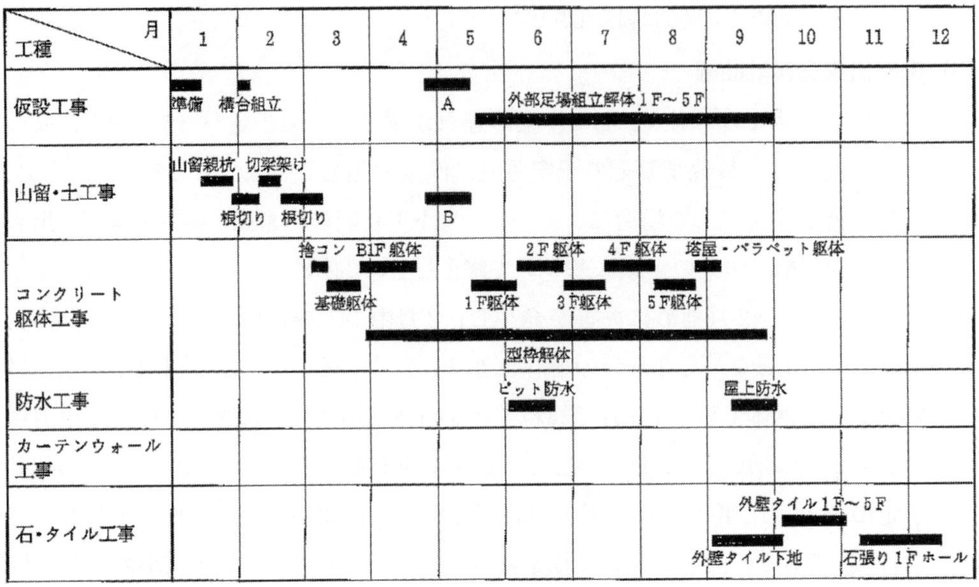

工種＼月	1	2	3	4	5	6	7	8	9	10	11	12
仮設工事	準備	構台組立			A	外部足場組立解体 1F～5F						
山留・土工事	山留親杭 根切り	切梁架け 根切り			B							
コンクリート躯体工事			捨コン 基礎躯体	B1F 躯体 型枠解体	1F躯体	2F 躯体	3F躯体 4F 躯体	5F躯体 塔屋・パラペット躯体				
防水工事						ピット防水			屋上防水			
カーテンウォール工事												
石・タイル工事									外壁タイル下地	外壁タイル 1F～5F	石張り 1F ホール	

解 答

「A」の作業名	構台解体
「B」の作業名	埋戻し
終了日が不適当な作業名	外部足場組立解体 1F ～ 5F
適当な終了日	11 月上旬
適当である理由	「外壁タイル 1F ～ 5F」の作業がすべて終了する 11 月上旬までは、外部足場を残しておく必要があるため、外部足場の解体を終了できるのは 11 月上旬以降になる。

※外部足場の解体は、11 月中旬以降でも良いかもしれないが、必要以上に長く外部足場を残しておく必要はないので、適当な終了日は 11 月上旬とすべきである。

※「外壁タイル 1F ～ 5F」の終了日は、10 月末に見えるかもしれないが、僅かに 11 月の欄までバーが伸びているので、11 月上旬である。同様に、「屋上防水」の終了日は 10 月上旬である。こうしたバーの伸びは、誤差ではないので注意して見る必要がある。

バーチャートの読み方講習 - 4

例題 2 市街地で鉄筋コンクリート造(RC 造)の事務所ビルを施工するときの下図のバーチャート工程表(構台を設けて掘削・基礎工事を行う場合の工程表)において、**「A」の作業名**と**「B」の作業名**を記述してください。また、このバーチャート工程表には、終了日が著しく不適当になっている作業がひとつ存在します。その**作業名**と**適当な終了日**を月旬で記述し、その終了日が適当である**理由**を示してください。

工種 ＼ 月	1	2	3	4	5	6	7	8	9	10	11	12
	着工 ▽	根切開始 ▽	床付け ▽		地下躯体終了 ▽			上棟 ▽	屋上防水終了 ▽	受電 ▽	行政検査 ▽ 竣工 ▽	
仮設工事	準備、親杭H鋼打ち	A、1段切梁	2段切梁	仮切梁1、2段切梁解体	B、仮切梁2、1段切梁解体	外部足場(1F～6F)						
土工事		1次根切	2次根切、3次根切		2次埋戻し							
鉄筋・型枠コンクリート工事		耐圧スラブ	基礎梁床	B1F立上り	1F	2F、3F	4F、5F	6F立上り、PH				
防水工事						地下ピット防水		屋上アスファルト防水	外壁シーリング			
タイル工事									外壁タイル張り	内部タイル張り		

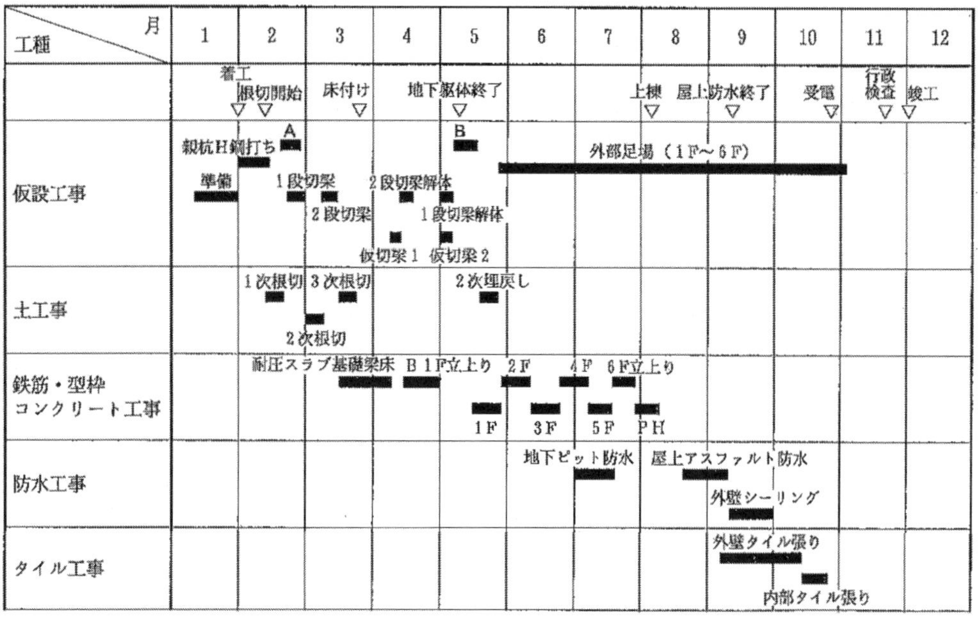

「A」の作業名	構台組立
「B」の作業名	構台解体
終了日が不適当な作業名	外壁シーリング
適当な終了日	11月上旬
適当である理由	外壁シーリングは、外壁タイルの目地の硬化を待ってから施工するので、その終了日は外壁タイル張りの終了日以降である。

※外壁シーリングは、外部足場が11月上旬までは残っているので、11月上旬までに終了させればよいと考えられる。また、外壁タイル張り終了後であれば、早めに終わらせることに問題はないので、適当な終了日は「10月下旬」であってもよい。なお、このバーチャートを遠目に見ると、10月末に外部足場が解体されるように見えるが、僅かに11月の欄まで外部足場のバーが伸びているので、外部足場の解体は11月上旬である。

例題 3 市街地で鉄筋コンクリート造(RC 造)の事務所ビルを施工するときの下図のバーチャート工程表において、**「A」の作業名**と**「B」の作業名**を記述してください。また、このバーチャート工程表には、開始日が著しく不適当になっている作業がひとつ存在します。その**作業名**と**適当な開始日**を月旬で記述し、その開始日が適当である**理由**を示してください。

バーチャートの読み方講習 - 5

工種＼月	1	2	3	4	5	6	7	8	9	10	11	12
	着工▽											竣工▽
仮設工事	準備	山留め設置		山留め撤去	外部足場（1F～5F）							片付け・清掃
杭工事	アースドリル杭	杭頭処理										
土工事		釜場設置・運転・撤去 根切・床付け		A								
鉄筋・型枠・コンクリート工事		基礎耐圧盤		免震層立上り	1F立上り 2F	3F 4F	5F立上り	PH				
免震工事			免震部材（アイソレータ，ダンパー）設置									
防水工事						免震層防水			B	外壁シーリング		
金属製建具工事							外部建具・ガラス取付け			内部建具取付け		
金属工事									天井・壁軽量鉄骨下地組			
内装工事								天井ボード張り		壁ボード張り	床ビニルタイル張り	
塗装工事										内部塗装仕上げ		

「A」の作業名	埋戻し
「B」の作業名	屋上防水
開始日が不適当な作業名	天井ボード張り
適当な開始日	9月上旬
適当である理由	天井ボード張りは、天井・壁軽量鉄骨下地組が開始された後（部屋や廊下などの各部位が完成した後）でなければ、開始できない。

※天井ボード張りは、天井軽量鉄骨下地組が終了した部位から、順次開始してゆくことができるので、天井・壁軽量鉄骨下地組がすべて終了するのを待ってから開始する必要はない。

※この例題では問われていないが、天井ボード張りがすべて終了できるのは、天井軽量鉄骨下地組がすべて終了した後なので、天井ボード張りの適当な終了日は10月上旬または10月中旬（天井ボード張りの作業日数そのものは変更されないと考える）である。

※バーチャート工程表において、適切な開始日や適切な終了日を問われている場合、解答が複数ある場合が多い。実際の試験では、適切な工程となっている限り、複数ある解答のいずれを選んでも（天井ボード張りの適当な開始日を9月中旬にするなどしても）正解になると思われる。一般には、平均的な工程で終了できると考えた開始日・終了日を解答することが望ましい。

2.1.3 ネットワーク計算

1 ネットワーク工程表の製作とクリティカルパス

ネットワークの製作課題

①基礎工事の施工後、②鉄筋工事と③型枠工事を並行して施工し、②、③の両工事の終了後に④コンクリート工事する場合を例に考えるとき各作業日数は、次のようである。

作業A：基礎工事　5日

作業B：鉄筋工事　4日

作業C：型枠工事　6日

作業D：コンクリート工事　2日

ネットワーク製作手順

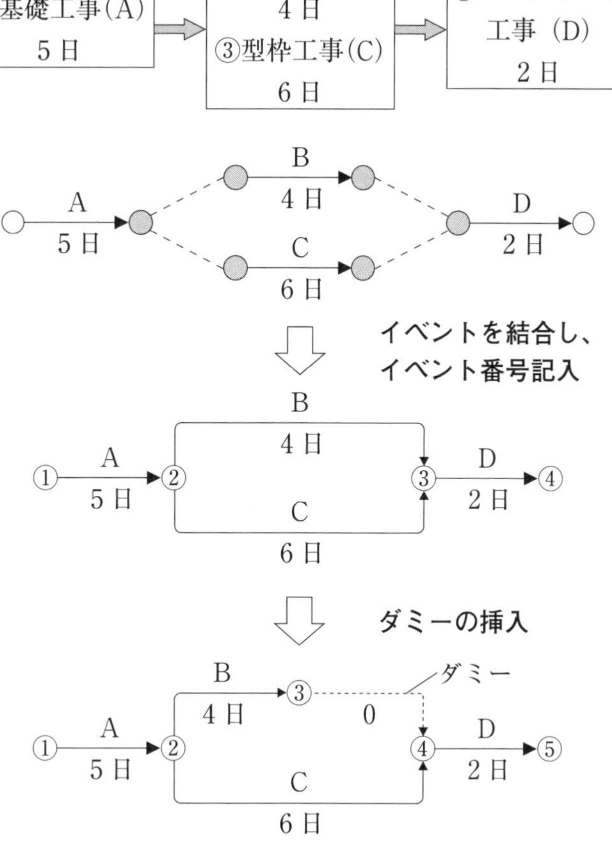

(1) 施工順序

作業Bと作業Cとは同時並行作業である。

(2) ネットワーク表現

○；イベント、作業の開始と終了につける。

→；アロー、作業の方向

(3) ネットワークの修正

作業Aは①→②

作業Bは②→③

作業Cは②→③

作業Dは③→④

となり、作業Bと作業Cは共に②→③で表示され、コンピュータ上では区別できない。このため、作業B又は作業Cのいずれかに仮想の作業(作業時間0)ダミーを挿入する。

ダミー挿入後、

作業Aは①→②、作業Bは②→③、作業Cは②→④、作業Dは④→⑤のようにすべての作業は重ならなくなっている。

したがって、このネットワークは正しいネットワークである。

クリティカルパスの余裕の計算

ネットワークの始点のイベント①から終点⑤のイベントまでの矢印に沿う流れを経路またはパス(道)という。このネットワークは次の2本のパスからなりたっていて、パスに必要な日数の合計を求めると、パス1は11日、パス2は13日となる。パス2は最長経路である。

すべてのパスの日数の合計が最大となる経路を最長経路又はクリティカルパスといい、その日数の13日を工期という。クリティカルパス上の作業A、C、Dを重点管理作業と

パス1　①—A 5日→②—B 4日→③‥‥0日‥‥→④—D 2日→⑤　合計11日（余裕　13－11＝2日）

パス2　①—A 5日→②—C 6日→④—D 2日→⑤　合計　13日（クリティカルパス）

いい、この作業が1日遅れてしまうと工期が14日になり工期が1日遅れてしまう。

このため、クリティカルパス上の作業に、主任技術者が配置され、作業が1日も遅れないよう、出来高を管理する。これが工程管理である。作業Aと作業Dのパスは作業CやBのよう**並行する作業がないため、必ずクリティカルパス**となる。

パス2はクリティカルパスで、余裕が全くないが、パス1は、13日－11日＝2日となり2日間の余裕がある。

2　ネットワーク最早開始時刻の計算

最早開始時刻の計算

次のようなネットワークについて、各作業が最も早く作業できる時刻である最早開始時刻(EST)を求め、最終イベントの最早開始時刻から工期を求める。

最早開始時刻の計算のルール：キーワード☞　流入矢線の最大値

(1)　イベント番号の右上に□を記入する。

(2)　最初のイベント①の最早開始時刻に0(ゼロ日)を記入する。

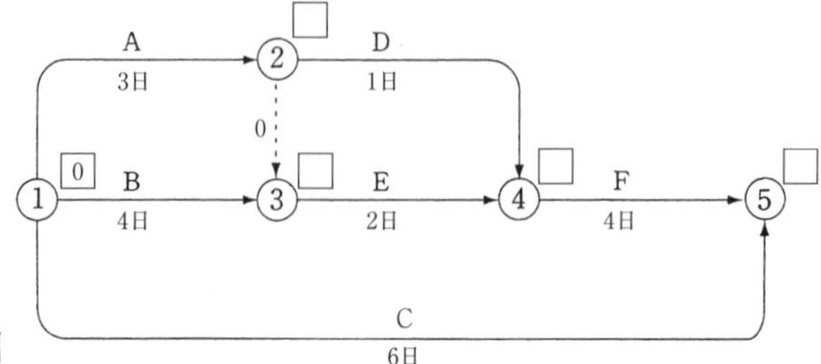

手順

(1)(2)までの表示図

(3) イベント番号の若い順②、③、④、⑤の最早開始時刻を求める。

(4) イベント番号②の流入矢線は①→②の1本で[0]+3日=[3]を記入。

(5) イベント番号③の流入矢線は②⇢③と①→③の2本なので、

②⇢③　[3]+0=3日
①→③　[0]+4=4日（最大）

流入矢線の、最大値の矢線①→③に●印をつけて①—●▶③とし最大値4日で[4]を記入。

手順
(3)(4)(5)
までの表示図

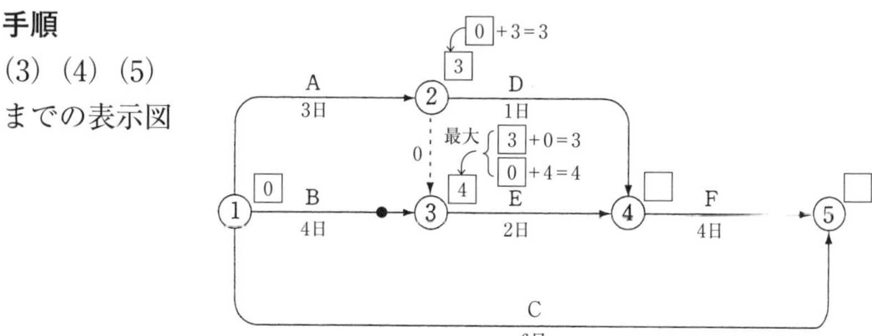

(6) イベント番号④の流入矢線は②→④と③→④の2本なので、

②→④　[3]+1日=4日
③→④　[4]+2日=6日（最大）

流入矢線の最大値の矢線③→④に●印をつけて③—●▶④とし最大値6日で[6]を記入。

(7) イベント番号⑤の流入矢線は④→⑤と①→⑤の2本なので、

④→⑤　[6]+4日=10日（最大）
①→⑤　[0]+6日=6日

流入矢線の、最大値の矢線④→⑤に●印をつけて④—●▶⑤とし最大値10日で[10]を記入する。

以上の結果、

(8) 最終イベント⑤の最早開始時刻の10日がこのネットワークの工期である。

(9) クリティカルパスは—●▶の経路を連ねたパス、終点⑤から順に—●▶をたどり始点①を結ぶと①→③→④→⑤で作業B、E、Fが重点管理作業である。クリティカルパスは通常、赤線や太線で明示することが多い。

手順
(6)(7)(8)(9)
までの表示図

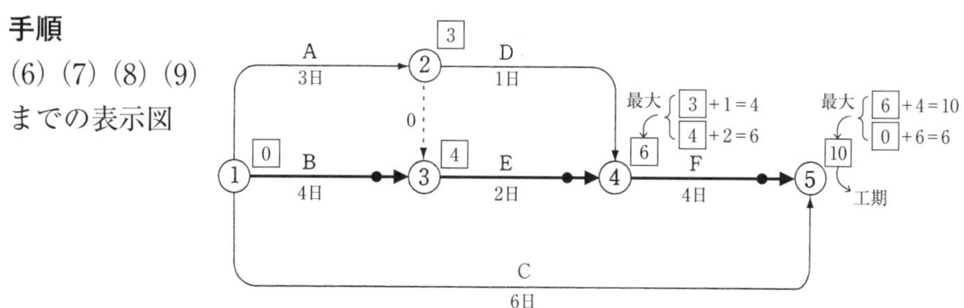

最早開始時刻の利用

最早開始時刻は、**調達計画**として、用いるものである。たとえば作業Dの最早開始時刻は③で３日である。このため作業Dを開始する３日までに、材料の搬入、機械・工具の準備、労働者の確保をしなければならない。

たとえば、クリティカルパス上の作業Fの場合、６日迄にはすべての調達を終了し１日たりとも遅れることはできない。

3 ネットワーク最遅終了時刻の計算

最遅終了時刻の計算

最遅終了時刻(LFT)は、遅くても終了しなければならない日程を表すもので、工程管理に用いる。

最遅終了時刻の計算のルール：キーワード☞流出矢線の最小値

(1) 最早開始時刻の計算を終了させ工期を求め、次に、最遅終了時刻は最終イベントから逆算して⑤、④、③、②、①の順に計算する。

(2) イベントの右上の□の上にさらに◯印を記入する。

(3) クリティカルパスを通るクリティカルイベントの⑤、④、③、①の最早開始時刻は余裕がないので最遅終了時刻と等しい値を代入する。イベント⑤には⑩日、イベント④には⑥日、イベント③には④日、イベント①には⓪日を記入する。

手順

(1) (2) (3)

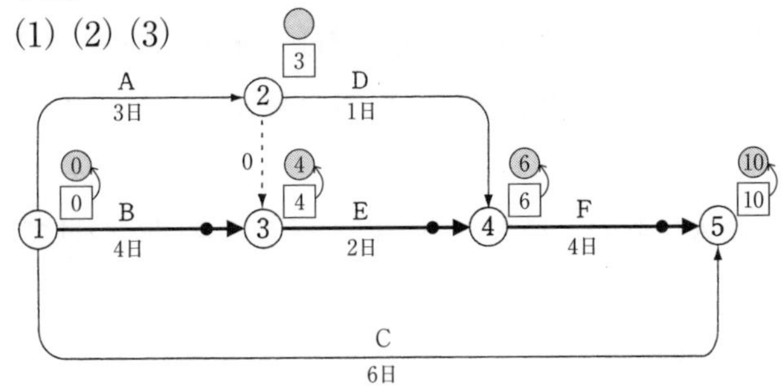

(4) クリティカルイベントでないイベント②の最遅終了時刻は④と③のイベントの最遅終了時刻から、各作業の作業日数を差し引いた日数の最小値とする。流出矢線②→④と②⇢③の２本の最遅終了時刻の最小値から④日を記入する。

{ ②→④　⑥－1＝5
{ ②⇢③　④－0＝4（最小値）

全イベントの最遅終了時刻をまとめると右図のようになる。

手順

(4)

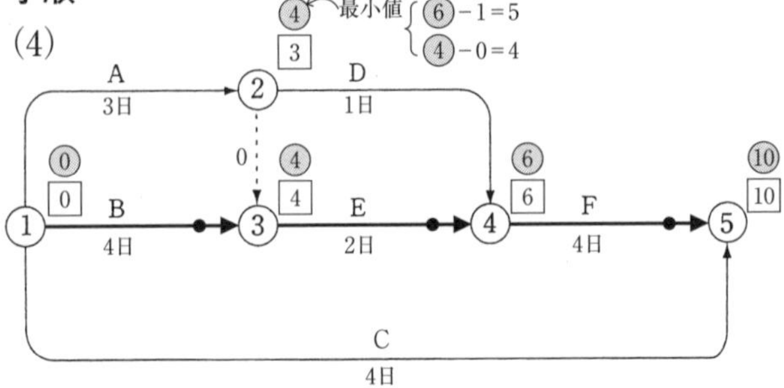

最遅終了時刻の利用

最遅終了時刻は、工程管理として、工期の管理に用いられる。たとえば、作業Ａは④日迄に終了し、作業Ｅは⑥日迄に終了しなければならないことを表す。

また、作業Ｅは遅くても⑥－2＝4日に開始しなければ工期に遅れる。作業Ｅの**最遅開始時刻**は4日で、最遅終了時刻が⑥日である。

4 各作業の時刻（最早開始、最遅開始、最早終了、最遅終了）

ネットワークの計算後、必要により各時刻を次のように求める。

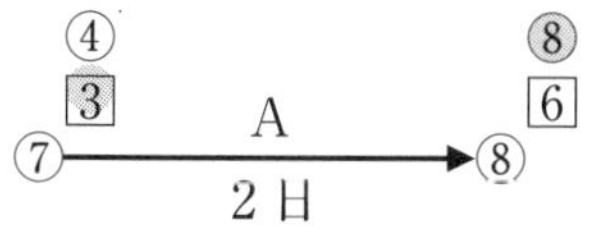

作業Ａの最早開始時刻（EST）＝3＝3日
作業Ａの最遅開始時刻（LST）＝⑧－2＝6日

作業Ａの最遅終了時刻（LFT）＝⑧＝8日
作業Ａの最早終了時刻（EFT）＝3＋2＝5日

5 ネットワークの余裕（フロート）の計算例

余裕の計算

クリティカルパスの各作業には余裕（フロート）が全くない。しかし、クリティカルパス以外の作業は、余裕がある。ネットワークの余裕には、次の作業に持ち越せない自由余裕（フリーフロート〔FF〕）と、使用しなければ、次の作業に持ち越せる従属余裕（ディペンデントフロート〔DF〕）とがあり、全余裕（トータルフロート〔TF〕）はFFとDFとの合計である。クリティカルパスはTF＝0の経路のことである。

TF＝FF＋DF

TF、FF、DFの計算は各作業別に次のようにして求める。

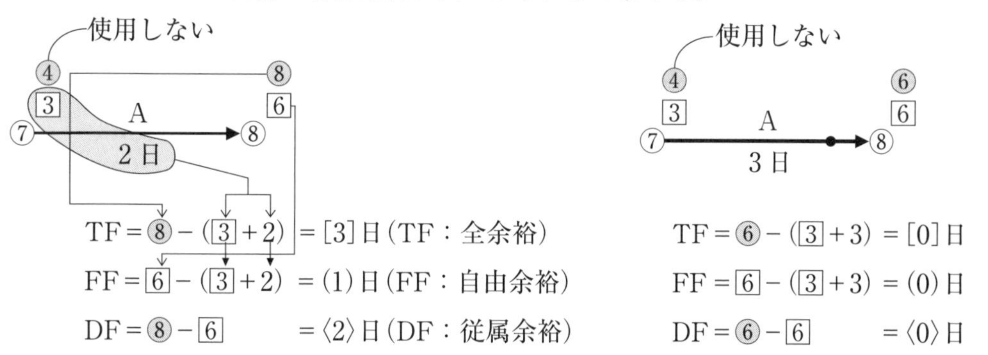

・クリティカルパスの作業はTF＝0である。
・TF＝0なら、FFもDFも共に0となる。

以上のように、フリーフロート[FF]は最遅終了時刻を使用しないので、最早開始時刻の計算が終了した時点で求められる点に注意しよう。

トータルフロートの活用

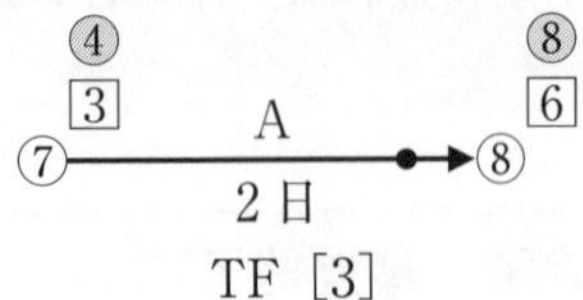

作業Aのトータルフロートが TF = 3日であるとき、作業Aが3日間遅れても工期に影響しないが、作業が5日間遅れたときは5日 − 3日 = 2日間の工期が遅延する。このように、作業のトータルフロートの範囲内の遅れは工期に影響しない。

6 ネットワークの計算例

次のネットワークのクリティカルパスおよび各作業の余裕を求めよ。

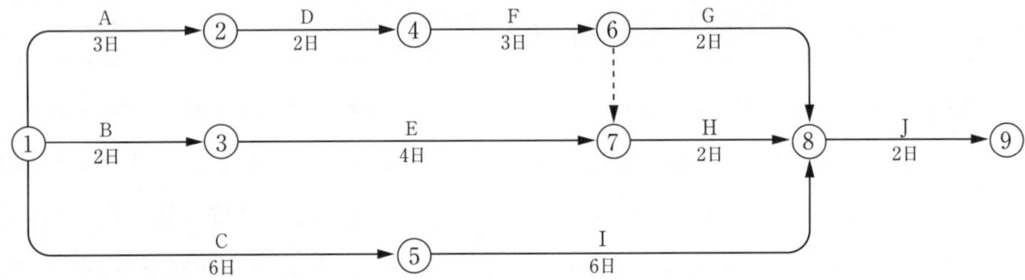

最早開始時刻の計算

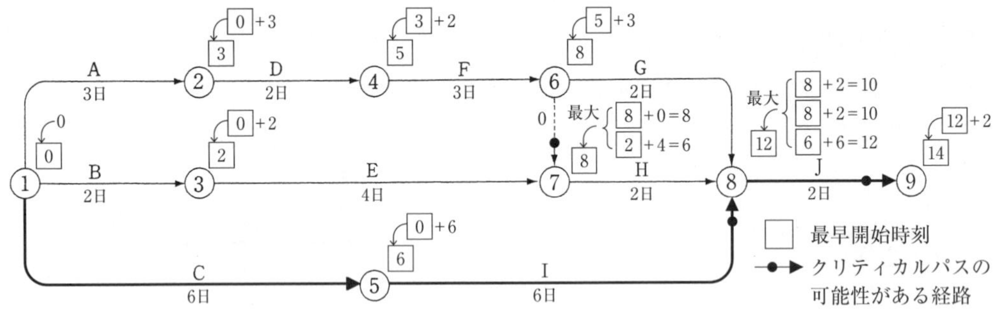

流入矢線の最大値で最早開始時刻を計算、工期14日、─•▶をイベント⑨から逆にたどって⑨、⑧、⑤、①となるのでクリティカルパス①→⑤→⑧→⑨となる。

最遅終了時刻の計算

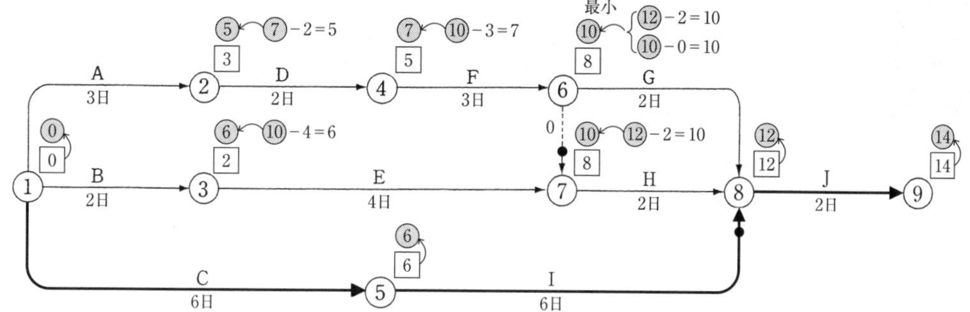

①、⑤、⑧、⑨はクリティカルイベントで、最早開始時刻と最遅終了時刻は等しい。イベント⑦では流出矢線が⑦→⑧の１本なので、⑫－2＝10日が最遅終了時刻である。イベント⑥では、流出矢線⑥→⑧と⑥⇢⑦の２本の最小値で最遅終了時刻を計算する。

⑥→⑧　⑫－2＝10日（最小値）
⑥⇢⑦　⑩－0＝10日（最小値）以上より⑥の最遅終了時刻は10日である。

イベント④では流出矢線が④→⑥の１本なので⑩－3＝7日となる。

イベント③では流出矢線が③→⑦の１本なので⑩－4＝6日となる。

イベント②では流出矢線が②→④の１本なので⑦－2＝5日となる。

余裕の計算

作業C、I、JのクリティカルパスのフロートTF＝0である。

作業Aでは、TF＝⑤－(0＋3)＝2日、FF＝3－(0＋3)＝0、DF＝⑤－3＝2日

作業Bでは、TF＝⑥－(0＋2)＝4日、FF＝2－(0＋2)＝0、DF＝⑥－2＝4日

作業Dでは、TF＝⑦－(3＋2)＝2日、FF＝5－(3＋2)＝0、DF＝⑦－5＝2日

以下同様に計算すると作業A～作業Tの余裕は図のようになる。

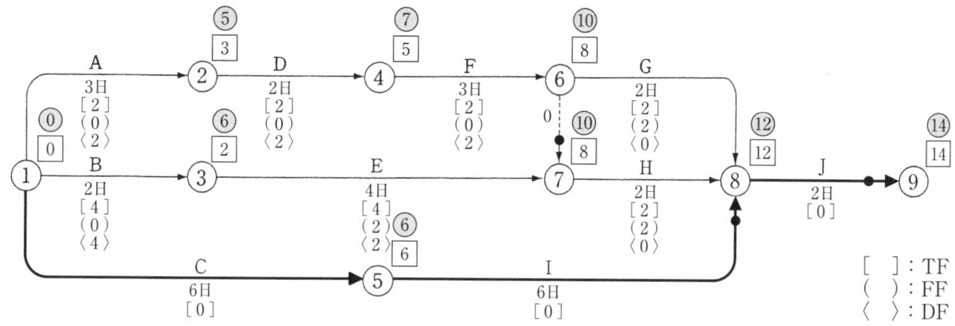

2.2 最新問題解説

令和5年度 問題3 施工管理(バーチャート作成)の解答例

問題3 鉄骨造3階建て事務所ビルの新築工事について，工事概要を確認の上，右の工程表及び出来高表に関し，次の1. から3. の問いに答えなさい。

工程表は，予定出来高曲線を破線で表示している。

また，出来高表は4月末時点のものを示しており，合計欄の月別実績出来高及び実績出来高累計の金額は記載していない。

なお，各作業は一般的な手順に従って施工されるものとする。

〔工事概要〕

用　　途：事務所

構造，規模：鉄骨造，地上3階，延べ面積400 m^2

耐火被覆は，耐火材巻付け工法，外周部は合成工法

外部仕上げ：屋上防水は，塩化ビニル樹脂系断熱シート防水

外壁は，押出成形セメント板，耐候性塗料塗り

内部仕上げ：床は，フリーアクセスフロア，タイルカーペット張り

壁は，軽量鉄骨下地せっこうボード張り，合成樹脂エマルションペイント塗り

天井は，軽量鉄骨下地化粧せっこうボード張り

外壁押出成形セメント板の裏面に，断熱材吹付

内部建具扉は，すべて工場塗装品

1. 工程表の土工事及び地業工事のⒶ，鉄骨工事のⒷに該当する**作業名**を記入しなさい。

2. 出来高表から，2月末までの実績出来高累計の金額を求め，工事金額の合計に対する**比率**をパーセントで記入しなさい。

3. 工程表は工事計画時に作成していたものであるが，工程上，着手時期が不適当な作業があり，出来高表についても誤った月にその予定出来高の金額と実績出来高の金額が記載されたままとなっている。

これらに関して，次の①から③について答えなさい。

① 工程上，着手時期が不適当な**作業名**を記入しなさい。

② ①で解答した作業の適当な**着手時期**を記入しなさい。

ただし，作業着手時期は月と旬日で記入し，**旬日**は，**上旬**，**中旬**，**下旬**とする。

③ ②で解答した適当な着手時期に合わせて出来高表の誤りを修正した上で，3月末までの実績出来高の**累計の金額**を記入しなさい。

施工管理

工程表

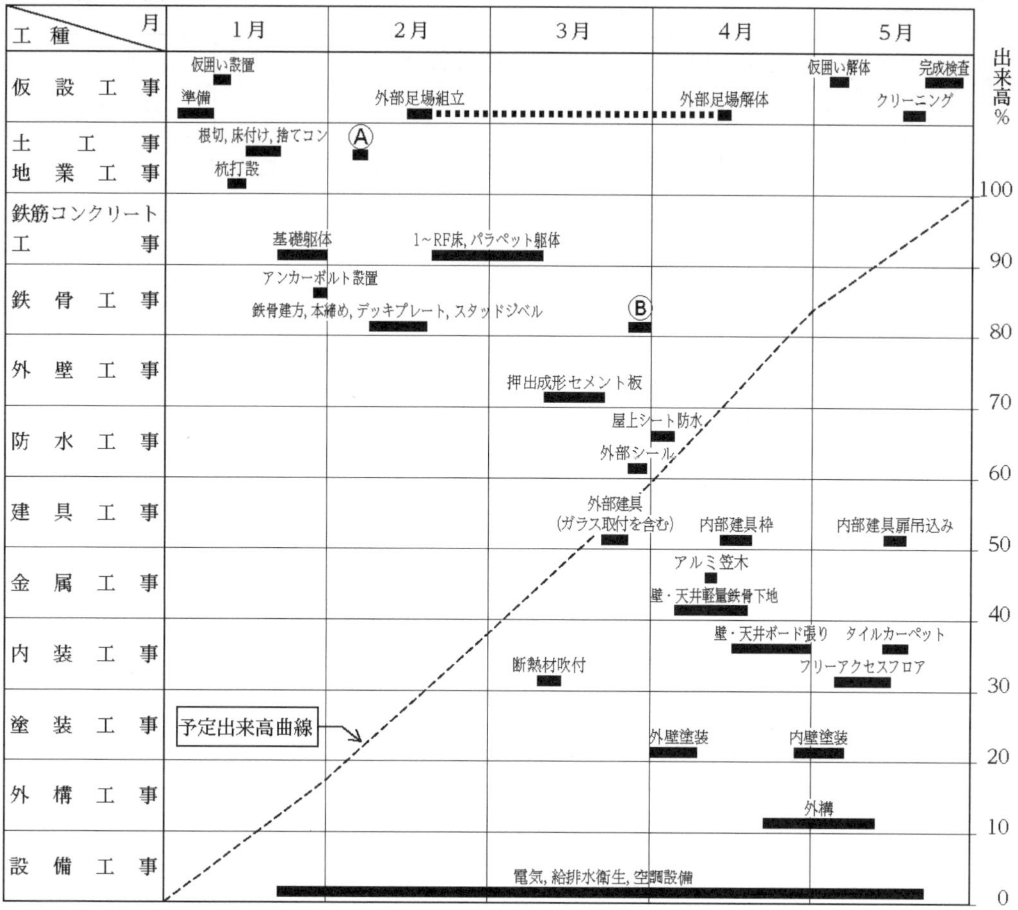

工種＼月	1月	2月	3月	4月	5月
仮設工事	仮囲い設置 準備	外部足場組立 ………	………	外部足場解体	仮囲い解体 完成検査 クリーニング
土工事 地業工事	根切, 床付け, 捨てコン 杭打設	Ⓐ			
鉄筋コンクリート工事	基礎躯体	1~RF床, パラペット躯体			
鉄骨工事	アンカーボルト設置	鉄骨建方, 本締め, デッキプレート, スタッドジベル	Ⓑ		
外壁工事			押出成形セメント板		
防水工事			外部シール	屋上シート防水	
建具工事			外部建具（ガラス取付を含む）	内部建具枠	内部建具扉吊込み
金属工事				アルミ笠木 壁・天井軽量鉄骨下地	
内装工事			断熱材吹付	壁・天井ボード張り	タイルカーペット フリーアクセスフロア
塗装工事	予定出来高曲線			外壁塗装	内壁塗装
外構工事				外構	
設備工事	電気, 給排水衛生, 空調設備				

出来高%: 0, 10, 20, 30, 40, 50, 60, 70, 80, 90, 100

出来高表

単位　万円

工種	工事金額	予定出来高 実績出来高	1月	2月	3月	4月	5月
仮設工事	700	予定	150	300	50	50	150
		実績	150	300	50	50	
土工事 地業工事	760	予定	500	260			
		実績	500	260			
鉄筋コンクリート工事	700	予定	490	70	140		
		実績	380	30	290		
鉄骨工事	1,000	予定	40	840	120		
		実績	10	870	120		
外壁工事	600	予定			600		
		実績			600		
防水工事	200	予定			80	120	
		実績			60	140	
建具工事	550	予定			450	60	40
		実績			450	60	
金属工事	200	予定				200	
		実績				200	
内装工事	1,100	予定			50	300	750
		実績			50	300	
塗装工事	190	予定				130	60
		実績				130	
外構工事	500	予定				350	150
		実績				350	
設備工事	1,000	予定	100	100	100	650	50
		実績	100	100	100	650	
合計	7,500	月別予定出来高	1,280	1,570	1,590	1,860	1,200
		月別実績出来高					
		実績出来高累計					

正　解

問い１.	土工事及び地業工事のⒶに該当する作業名	埋戻し
	鉄骨工事のⒷに該当する作業名	耐火被覆
問い２.	２月末までの実績出来高累計金額の工事金額合計に対する比率	36％
問い３.	①　着手時期が不適当な作業名	断熱材吹付
	②　①で解答した作業の適当な着手時期	４月上旬
	③　３月末までの実績出来高の累計の金額	4370万円

施工管理

問い１.Ⓐの解き方　土工事及び地業工事のⒶに該当する作業名　正解　埋戻し

①この問題の工程表の「土工事及び地業工事」に関連する欄は、下記のようになっている。

土工事 地業工事	根切，床付け，捨てコン 杭打設	Ⓐ			
鉄筋コンクリート工事	基礎躯体	1～RF床，パラペット躯体			

②どのような建築物の工事であっても、根切り・床付け・捨てコンクリートの施工後に、基礎躯体の構築が完了した後には、施工過程で生じた穴を埋め戻さなければならない。

③したがって、土工事及び地業工事のⒶに該当する作業名は、「**埋戻し**」である。

④本年度の出題項目である「鉄骨造の建築物の工事」は、過去の試験にも何度か出題されており、その「土工事・地業工事」の工程表は下記のようになっていた。本年度の工程表と見比べてみると、その正解は一目瞭然である。

令和４年度の試験における「土工事・地業工事」の工程表

土工事 地業工事	根切，床付け，捨てコン	埋戻し，砂利地業			

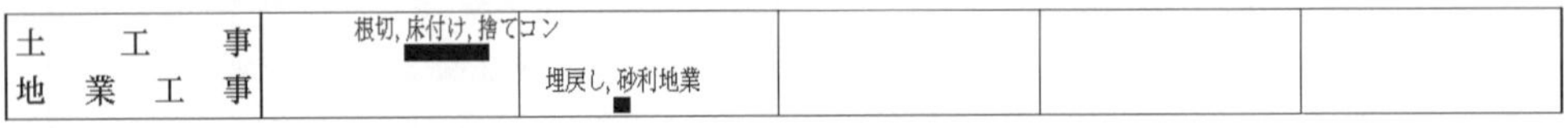

令和３年度の試験における「土工事・地業工事」の工程表

土工事 地業工事	山留　根切・捨てコン 杭打設	埋戻し・砂利地業			

令和２年度の試験における「土工事・地業工事」の工程表

土工事 地業工事	山留　根切り，地業 杭打設	埋戻し				

工程表の解釈の違いに基づく別解について

本解答のような「埋戻し」(土工事の作業)が完了した後には、軟らかくなった地盤を安定させるため、砂利地業(埋め戻した上に砂利などを敷く地業工事の作業)を行うことが一般的である(必ず行うわけではない)。過去の試験に出題された工程表においても、この部分が、令和4年度・令和3年度のように「埋戻し,地業工事」になっているものと、令和2年度のように「埋戻し」だけになっているものに分かれている。したがって、この問題の解答は、「**埋戻し**」と「**埋戻し,砂利地業**」のどちらでも正解になると思われる。すなわち、この工程表については、次のふたつの解釈が考えられる。

① 令和5年度の試験における工程表では、Ⓐの横線が上段に描かれているので、この作業が土工事だけを示す(地業工事を示すものではない)と解釈する。工程表の正式な考え方では、土工事と地業工事を上段と下段で明確に区別するので、本書では「**埋戻し**」を主要な正解としている。

② 令和4年度～令和2年度の試験における工程表では、「埋戻し」が土工事(上段)ではなく地業工事(下段)に描かれているなど、土工事と地業工事が上段と下段で区別されていない。そのため、この作業が土工事と地業工事の両方を示すと解釈する。このような解釈をする場合は、Ⓐの横線に砂利地業が含まれていてもよいので、本書では「**埋戻し,砂利地業**」を別解としている。

問い 1. Ⓑの解き方　鉄骨工事のⒷに該当する作業名　正 解　耐火被覆

① この問題の工程表の「鉄骨工事」に関連する欄は、下記のようになっている。

鉄骨工事	アンカーボルト設置 鉄骨建方, 本締め, デッキプレート, スタッドジベル	Ⓑ		

② この問題の〔工事概要〕の「構造，規模」の欄には、「耐火被覆は、耐火材巻付け工法、外周部は合成工法」という記述がある。しかし、この問題の工程表には、耐火被覆に関することがどこにも書かれていない。これは、明らかに不自然である。

③ したがって、鉄骨工事のⒷに該当する作業名は、「**耐火被覆**」である。

④ 本年度の出題項目である「鉄骨造の建築物の工事」は、過去の試験にも何度か出題されており、その「鉄骨工事」の工程表は下記のようになっていた。本年度の工程表と見比べてみると、その正解は一目瞭然である。

令和2年度の試験における「鉄骨工事」の工程表

令和元年度の試験における「鉄骨工事」の工程表

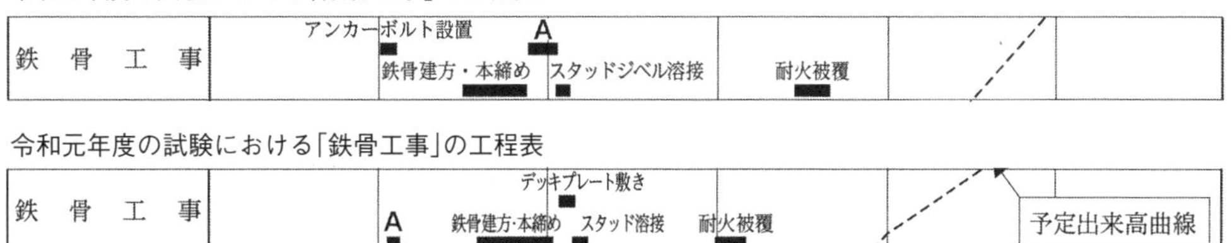

鉄骨工事の施工手順から正解を導く方法(上記の解説に関するより専門的な内容)

作業Ⓑは、鉄骨工事の下段の鉄骨建方や、ボルト本締めのデッキプレートとスタッドジベルを施工した後に行う作業である。この問題の工事概要では、鉄骨造の仕様に、耐火被覆作業として、耐火材巻付け工法を室内側で、合成工法を室外側で行うことが示されている。耐火材巻付け工法は、鉄骨の本締めやデッキプレートの敷込み作業が完了していれば、外壁工事の押出成形セメント板の施工が完了すると、ロックウールなどの鉄骨耐火被覆材で鉄骨をくるみ、押出成形セメント板に留め付ける作業の終了後に、断熱材吹付けを行う。したがって、作業手順は、「押出成形セメント板→Ⓑ耐火被覆→断熱材吹付け→壁・天井軽量鉄骨下地」という順序で進捗させる。

問い2.の解き方　2月末までの実績出来高累計金額の工事金額合計に対する比率　正解　36%

①各月の実績出来高の金額は、出来高表の各月の「実績」の欄に書かれた金額の合計である。
②1月の実績出来高は、150＋500＋380＋10＋100＝1140万円である。
③2月の実績出来高は、300＋260＋30＋870＋100＝1560万円である。
④したがって、2月末までの実績出来高累計の金額は、1140＋1560＝2700万円である。
⑤工事金額の合計は、出来高表の「工事金額」の「合計」の欄に、7500万円と示されている。
⑥したがって、2月末までの実績出来高累計の金額(2700万円)の工事金額の合計(7500万円)に対する比率は、2700万円÷7500万円＝0.36＝**36%**である。

出来高表　　単位　万円

工種	工事金額	予定出来高 実績出来高	1月	2月	3月	4月	5月
仮設工事	700	予定	150	300	50	50	150
		実績	150	300	50	50	
土工事 地業工事	760	予定	500	260			
		実績	500	260			
鉄筋コンクリート工事	700	予定	490	70	140		
		実績	380	30	290		
鉄骨工事	1,000	予定	40	840	120		
		実績	10	870	120		
外壁工事	600	予定			600		
		実績			600		
防水工事	200	予定			80	120	
		実績			60	140	
建具工事	550	予定			450	60	40
		実績			450	60	
金属工事	200	予定				200	
		実績				200	
内装工事	1,100	予定			50	300	750
		実績			50	300	
塗装工事	190	予定				130	60
		実績				130	
外構工事	500	予定				350	150
		実績				350	
設備工事	1,000	予定	100	100	100	650	50
		実績	100	100	100	650	
合計	7,500	月別予定出来高	1,280	1,570	1,590	1,860	1,200
		月別実績出来高	1,140	1,560			
		実績出来高累計	1,140	2,700			

施工管理

問い3.①の解き方 着手時期が不適当な作業名 **正解** 断熱材吹付

①この問題の〔工事概要〕の「内部仕上げ」の欄には、「外壁押出成形セメント板の裏面に、断熱材吹付」という記述がある。しかし、この問題の工程表では、下記のように、「断熱材吹付」が「押出成形セメント板」の施工完了前に、完了することになっている。

工　程　表（着手時期が不適当な作業の修正前）

工種＼月	1月	2月	3月	4月	5月
外壁工事			押出成形セメント板		
内装工事			断熱材吹付	壁・天井ボード張り	タイルカーペット フリーアクセスフロア

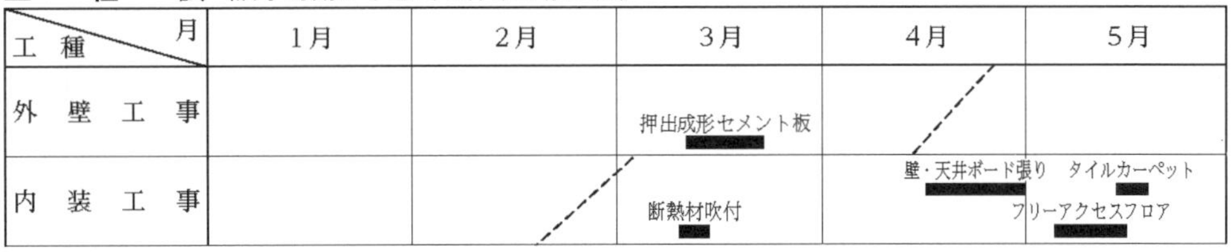

②押出成形セメント板の裏面に断熱材を吹き付ける作業は、少なくとも押出成形セメント板の施工完了後に行わなければならない。押出成形セメント板の裏面に、あらかじめ断熱材を吹き付けてから、その押出成形セメント板を取り付けるようなことをすると、断熱材が損傷するおそれが大きくなってしまうからである。

③したがって、工程上、着手時期が不適当な作業名は、「**断熱材吹付**」である。

問い3.②の解き方 ①で解答した作業の適当な着手時期 **正解** 4月上旬

①押出成形セメント板への断熱材吹付けは、鉄骨の耐火被覆が完了した後に行わなければならない。先に断熱材を吹き付けてから、鉄骨の耐火被覆を行うようなことをすると、断熱材が吹き付けられた部分では、耐火被覆ができなくなってしまうからである。

②鉄骨工事の耐火被覆の完了時期は、上記の問い1.Ⓑの解き方より、3月下旬である。したがって、「断熱材吹付」の開始時期は、少なくとも4月上旬以降である。

③押出成形セメント板への断熱材吹付けは、4月上旬に予定されている「壁・天井軽量鉄骨下地」の施工開始前に完了させることが望ましい。したがって、「断熱材吹付」の開始時期が、4月上旬よりも後になることは望ましくない。

④したがって、①で解答した作業(断熱材吹付)の適当な着手時期は、**4月上旬**である。

工　程　表（着手時期が不適当な作業の修正前）

工種＼月	1月	2月	3月	4月	5月
鉄骨工事	アンカーボルト設置	鉄骨建方,本締め,デッキプレート,スタッドジベル	耐火被覆		
外壁工事			押出成形セメント板		
金属工事				アルミ笠木 壁・天井軽量鉄骨下地	
内装工事			断熱材吹付	壁・天井ボード張り	タイルカーペット フリーアクセスフロア

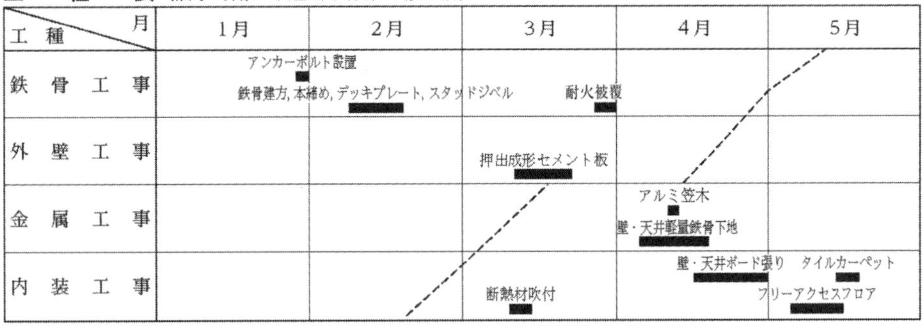

出　来　高　表（着手時期が不適当な作業の修正後）　　単位　万円

工種	工事金額	予定出来高 実績出来高	1月	2月	3月	4月	5月
内装工事	1,100	予定			50	300	750
		実績			50	300	

施工管理

問い 3.③の解き方　3月末までの実績出来高の累計の金額　**正解**　4370 万円

①「断熱材吹付」の適当な着手時期に合わせて、工程表と出来高表の「内装工事」の部分を修正する。3月に行う予定の作業が、4月に行う予定の作業に変更されているので、下記のように、内装工事の3月の欄にある「50」が削除され、その「50」が4月の欄にある「300」に追加される。その結果として、4月の欄が「300」から「350」に変更される。

工　程　表（着手時期が不適当な作業の修正後）

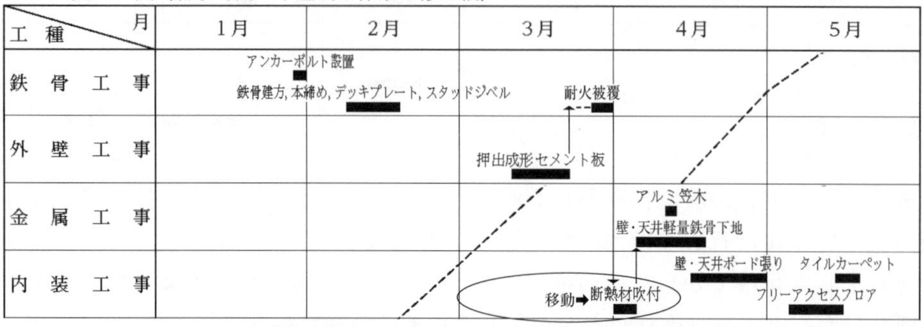

工種＼月	1月	2月	3月	4月	5月
鉄骨工事	アンカーボルト設置 鉄骨建方, 本締め, デッキプレート, スタッドジベル	鉄骨建方, 本締め, デッキプレート, スタッドジベル	耐火被覆	耐火被覆	
外壁工事			押出成形セメント板		
金属工事				アルミ笠木 壁・天井軽量鉄骨下地	
内装工事			移動➡	断熱材吹付 壁・天井ボード張り	タイルカーペット フリーアクセスフロア

出　来　高　表（着手時期が不適当な作業の修正後）　　単位　万円

工種	工事金額	予定出来高 実績出来高	1月	2月	3月	4月	5月
内装工事	1,100	予定			移動➡	350	750
		実績				350	

②「断熱材吹付」の適当な完了時期に合わせて、出来高表を修正する。

③修正後の1月の実績出来高は、150＋500＋380＋10＋100＝1140 万円である。

④修正後の2月の実績出来高は、300＋260＋30＋870＋100＝1560 万円である。

⑤修正後の3月の実績出来高は、50＋290＋120＋600＋60＋450＋100＝1670 万円である。

⑥したがって、②で解答した適当な着手時期に合わせて出来高表の誤りを修正した後の3月末までの実績出来高の累計の金額は、1140＋1560＋1670＝**4370 万円**である。

出　来　高　表（着手時期が不適当な作業の修正後）　　単位　万円

工種	工事金額	予定出来高 実績出来高	1月	2月	3月	4月	5月
仮設工事	700	予定	150	300	50	50	150
		実績	150	300	50	50	
土工事 地業工事	760	予定	500	260			
		実績	500	260			
鉄筋コンクリート工事	700	予定	490	70	140		
		実績	380	30	290		
鉄骨工事	1,000	予定	40	840	120		
		実績	10	870	120		
外壁工事	600	予定			600		
		実績			600		
防水工事	200	予定			80	120	
		実績			60	140	
建具工事	550	予定			450	60	40
		実績			450	60	
金属工事	200	予定				200	
		実績				200	
内装工事	1,100	予定				350	750
		実績				350	
塗装工事	190	予定				130	60
		実績				130	
外構工事	500	予定				350	150
		実績				350	
設備工事	1,000	予定	100	100	100	650	50
		実績	100	100	100	650	
合計	7,500	月別予定出来高	1,280	1,570	1,590	1,860	1,200
		月別実績出来高	1,140	1,560	1,670	1,930	
		実績出来高累計	1,140	2,700	4,370	6,300	

令和4年度 問題3 施工管理（バーチャート作成）の解答例

問題3 鉄骨造2階建て店舗兼商品倉庫建物の新築工事について，工事概要を確認のうえ，右の工程表及び出来高表に関し，次の1. から3. の問いに答えなさい。

工程表は，予定出来高曲線を破線で表示している。また，出来高表は，4月末時点のものを示しており，実績出来高の累計金額は記載していない。

なお，各作業は一般的な手順に従って施工されるものとする。

〔工事概要〕

用　　途：店舗及び事務所（1階），商品倉庫（2階）

構造・規模：鉄骨造　地上2階，延べ面積350 m²

鉄骨耐火被覆は，耐火材巻付け工法，外周部は合成工法

外部仕上げ：外壁は，ALC パネル張り，防水形複層塗材仕上げ

屋根は，折板葺屋根

内部仕上げ：店舗，事務所　床は，コンクリート金ごて仕上げ，ビニル床シート張り

壁は，軽量鉄骨下地，せっこうボード張り，塗装仕上げ

天井は，軽量鉄骨下地，化粧せっこうボード張り

商品倉庫　床は，コンクリート金ごて仕上げ，無機質系塗床材塗り

壁は，軽量鉄骨下地，せっこうボード張り，素地のまま

天井は，折板葺屋根裏打材表し

その他：荷物用油圧エレベーター設置

内部建具は化粧扉

1. 工程表の鉄筋コンクリート工事のⒶ，塗装工事のⒷに該当する**作業名**を記入しなさい。

2. 出来高表から，1月末までの実績出来高の累計金額を求め，総工事金額に対する**比率**をパーセントで記入しなさい。

3. 工程表は工事計画時に作成していたものであるが，工程上，完了時期が不適当な作業があり，出来高表についても誤った月次にその予定金額と実績金額が記載されたままとなっている。
これらに関して，次の①から③について答えなさい。

① 工程上，完了時期が不適当な**作業名**を記入しなさい。

② ①の作業の適当な**完了時期**を記入しなさい。
ただし，作業完了時期は月次と旬日で記入し，**旬日**は，**上旬**，**中旬**，**下旬**とする。

③ 作業の適当な完了時期に合わせて出来高表の誤りを修正したうえで，3月末までの実績出来高の**累計金額**を記入しなさい。

施工管理

工程表

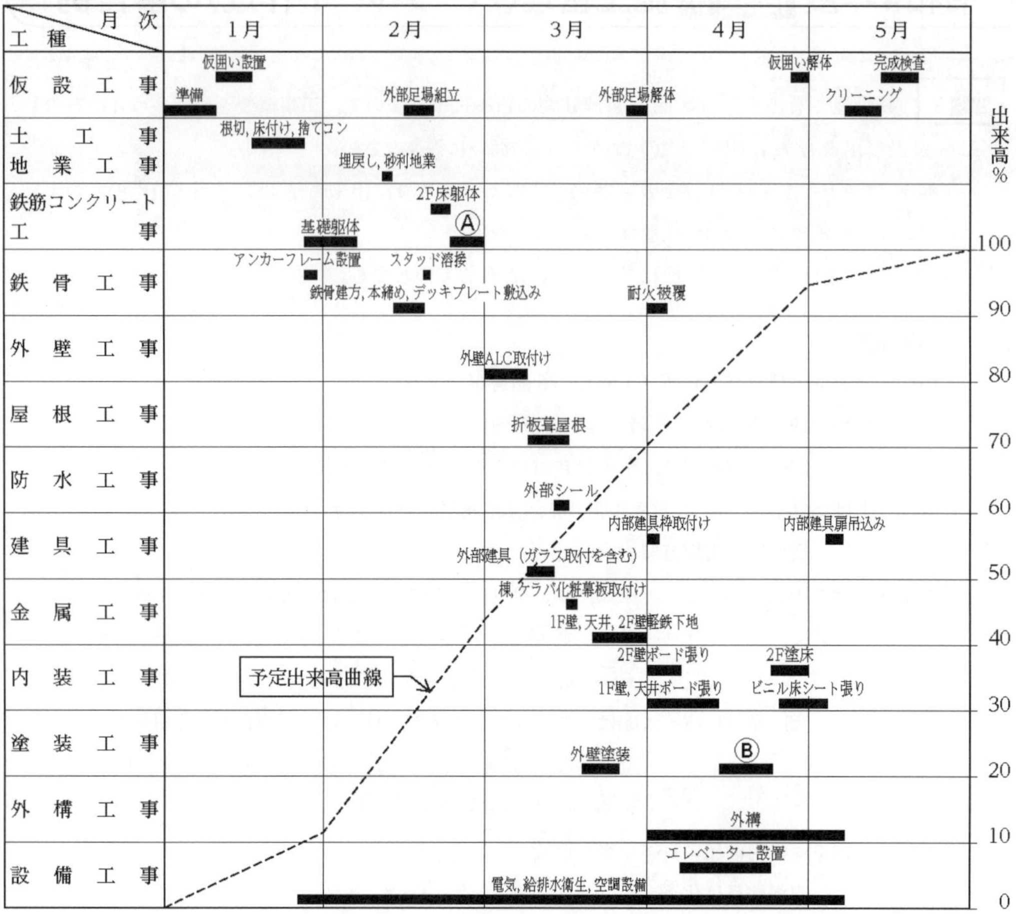

工種＼月次	1月	2月	3月	4月	5月
仮設工事	準備 仮囲い設置	外部足場組立	外部足場解体	仮囲い解体	クリーニング 完成検査
土工事 地業工事	根切, 床付け, 捨てコン	埋戻し, 砂利地業			
鉄筋コンクリート工事	基礎躯体	2F床躯体 Ⓐ			
鉄骨工事	アンカーフレーム設置	スタッド溶接 鉄骨建方, 本締め, デッキプレート敷込み		耐火被覆	
外壁工事			外壁ALC取付け		
屋根工事			折板葺屋根		
防水工事			外部シール		
建具工事			外部建具（ガラス取付を含む）	内部建具枠取付け	内部建具扉吊込み
金属工事			樋, ケラバ化粧幕板取付け 1F壁, 天井, 2F壁軽鉄下地		
内装工事				2F壁ボード張り 1F壁, 天井ボード張り 2F塗床 ビニル床シート張り	
塗装工事			外壁塗装	Ⓑ	
外構工事				外構	
設備工事	電気, 給排水衛生, 空調設備			エレベーター設置	

予定出来高曲線

出来高%　0　10　20　30　40　50　60　70　80　90　100

出来高表

単位　万円

工種	工事金額	予定 実績	1月	2月	3月	4月	5月
仮設工事	600	予定	60	270	210	30	30
		実績	60	270	210	30	
土工事 地業工事	550	予定	320	180			
		実績	390	110			
鉄筋コンクリート工事	750	予定	150	600			
		実績	190	560			
鉄骨工事	900	予定	50	790		60	
		実績	50	790		60	
外壁工事	400	予定			450		
		実績			450		
屋根工事	250	予定			250		
		実績			250		
防水工事	50	予定			50		
		実績			50		
建具工事	550	予定			370	140	40
		実績			370	140	
金属工事	150	予定			150		
		実績			120	30	
内装工事	300	予定				230	70
		実績				230	
塗装工事	100	予定			50	50	
		実績			50	50	
外構工事	500	予定				400	100
		実績				400	
設備工事	900	予定	90	90	90	580	50
		実績	90	90	90	580	
総工事金額	6,000	予定	670	1,930	1,620	1,490	290
		実績					

重要

令和4年度の試験問題には、出来高表に整合していないと思われる箇所があります。上記の出来高表のうち、「土工事・地業工事」の工事金額は550万円ではなく**500万円**、「外壁工事」の工事金額は400万円ではなく**450万円**になると思われます。本書の解答は、この修正をしたうえで作成しています。

正　解

問い1.	鉄筋コンクリート工事のⒶに該当する作業名		1F床躯体
	塗装工事のⒷに該当する作業名		1F内壁塗装
問い2.	1月末までの実績出来高の累計金額の総工事金額に対する比率		13%
問い3.	①	完了時期が不適当な作業名	耐火被覆
	②	①の作業の適当な完了時期	3月中旬
	③	3月末までの実績出来高の累計金額	4250万円

問い1.Ⓐの解き方　鉄筋コンクリート工事のⒶに該当する作業名　正解　1F床躯体

①この問題の工程表の「鉄筋コンクリート工事」の欄は、下記のようになっている。

鉄筋コンクリート工　事		基礎躯体	2F床躯体 Ⓐ			

②この問題の〔工事概要〕について、次の部分に着目する。

●用途　：店舗及び事務所(1階)、商品倉庫(2階)

●内部仕上げ：店舗・事務所 床は、コンクリート金ごて仕上げ

●内部仕上げ：商品倉庫　床は、コンクリート金ごて仕上げ

③工事概要では、1階(1F)と2階(2F)のどちらにおいても、「コンクリート金ごて仕上げ」を行うことになっている。すなわち、「2F床躯体」の作業があるのに対し、「1F床躯体」の作業が工程表に書かれていないのは、明らかに不自然である。

④したがって、鉄筋コンクリート工事のⒶに該当する作業名は「**1F床躯体**」である。なお、こうした解答は、類似の作業名(ここでは「2F床躯体」)がある場合、それに合わせて記述することが最も適切である。

問い1.Ⓑの解き方　塗装工事のⒷに該当する作業名　正解　1F内壁塗装

①この問題の工程表の「塗装工事」の欄は、下記のようになっている。

塗　装　工　事			外壁塗装	Ⓑ	

②この問題の〔工事概要〕について、次の部分に着目する。

●用途　：店舗及び事務所(1階)、商品倉庫(2階)

●外部仕上げ：外壁は、防水形複層塗材仕上げ

●内部仕上げ：店舗・事務所 壁は、塗装仕上げ

●内部仕上げ：商品倉庫　壁は、素地のまま

施工管理

③工事概要の「防水形複層塗材仕上げ」に関することは、この工程表に「外壁塗装」として書かれている。しかし、工事概要の「塗装仕上げ」に関することは、この工程表には書かれていない。これは、明らかに不自然である。

④「塗装仕上げ」に関する作業名を、どのように表現するかを考える。解答としては、類似の作業名(ここでは「外壁塗装」)があるので、それに合わせて「内壁塗装」と記述することができる。しかし、工事概要では、「店舗・事務所(1階)の壁は塗装仕上げ」にするが、「商品倉庫(2階)の壁は素地のまま」にすると明記されているので、1階と2階を区別できるよう、「1F内壁塗装」と解答することが最も適切であると考えられる。

⑤したがって、塗装工事のⒷに該当する作業名は「**1F内壁塗装**」である。ただし、この解答は、「内壁塗装」だけでも正解になると考えられる。

問い2.の解き方　1月末までの実績出来高の累計金額の総工事金額に対する比率　正解　13%

①月ごとの実績出来高は、下記の出来高表において、その月の「実績」の欄に書かれた金額を、すべて合計したものになる。

②1月の実績出来高は、60＋390＋190＋50＋90＝780万円である。

③したがって、1月末までの実績出来高の累計金額は、780万円である。

④1月末までの実績出来高の累計金額(780万円)の総工事金額(6000万円)に対する比率は、780÷6000＝0.13＝**13%**である。

出来高表　　単位　万円

工種	工事金額	予定／実績	1月	2月	3月	4月	5月
仮設工事	600	予定	60	270	210	30	30
		実績	60	270	210	30	
土工事 地業工事	500	予定	320	180			
		実績	390	110			
鉄筋コンクリート工事	750	予定	150	600			
		実績	190	560			
鉄骨工事	900	予定	50	790		60	
		実績	50	790		60	
外壁工事	450	予定			450		
		実績			450		
屋根工事	250	予定			250		
		実績			250		
防水工事	50	予定			50		
		実績			50		
建具工事	550	予定			370	140	40
		実績			370	140	
金属工事	150	予定			150		
		実績			120	30	
内装工事	300	予定				230	70
		実績				230	
塗装工事	100	予定			50	50	
		実績			50	50	
外構工事	500	予定				400	100
		実績				400	
設備工事	900	予定	90	90	90	580	50
		実績	90	90	90	580	
総工事金額	6,000	予定	670	1,930	1,620	1,490	290
		実績	**780**				

問い3.①の解き方　完了時期が不適当な作業名　　正解　耐火被覆

①この問題の〔工事概要〕について、次の部分に着目する。

構造・規模：鉄骨耐火被覆は、耐火材巻付け工法、外周部は合成工法

②鉄骨工事における耐火被覆工事は、原則として、壁や天井の軽量鉄骨下地を施工する前に完了させなければならない。軽量鉄骨下地が施工された場所に対して、その奥にある鉄骨柱や鉄骨梁に「耐火材を巻き付ける」ことは困難である。

③これを踏まえて、この問題の工程表の「鉄骨工事」と「金属工事」の欄を見ると、工事計画時に作成した工程表のままでは、次のような工事を強いられることが分かる。

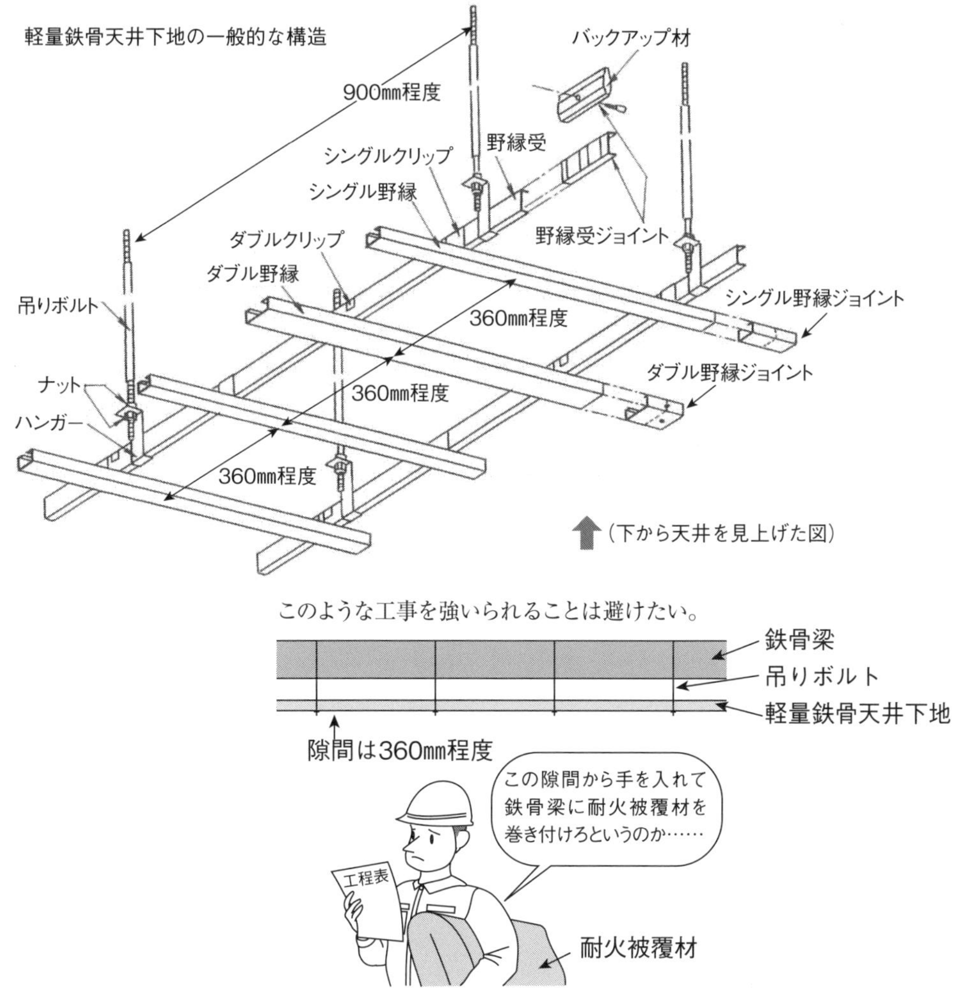

工事計画時に作成した工程表

鉄骨工事	アンカーフレーム設置	スタッド溶接 鉄骨建方,本締め,デッキプレート敷込み		耐火被覆	
金属工事			棟,ケラバ化粧幕板取付け 1F壁,天井,2F壁軽鉄下地		

④したがって、工程上、完了時期が不適当な作業名は「**耐火被覆**」である。

問い3.②の解き方　①の作業の適当な完了時期　**正解**　**3月中旬**

①前頁の図のような工事を避けるためには、壁や天井の軽量鉄骨下地を施工する前(作業「1F壁,天井,2F壁軽鉄下地」の開始前)に、耐火被覆を完了させなければならない。

②「1F壁,天井,2F壁軽鉄下地」の開始時期は、3月中旬である。したがって、その前に完了させなければならない「耐火被覆」の適当な完了時期は、**3月中旬**である。

③これを踏まえて、この問題の工程表の「鉄骨工事」と「金属工事」の欄を書き直すと、下図のようになる。

完了時期が不適当な作業の修正後の工程表

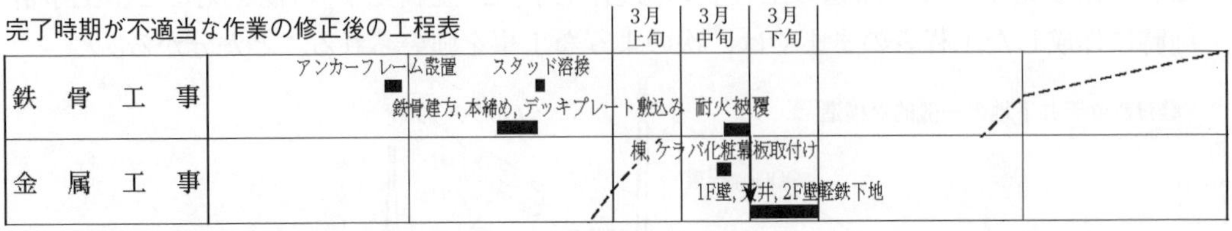

			3月上旬	3月中旬	3月下旬		
鉄骨工事		アンカーフレーム設置 スタッド溶接 鉄骨建方,本締め,デッキプレート敷込み		耐火被覆			
金属工事				棟,ケラバ化粧幕板取付け	1F壁,天井,2F壁軽鉄下地		

④念のため、他の作業の開始時期・完了時期を変えた方がよいかを再検討する。

1 工事計画時の「耐火被覆」の完了時期に合わせて、「1F壁,天井,2F壁軽鉄下地」の開始時期を遅らせるのは不適切である。この工程表の「内装工事」は、「1F壁,天井,2F壁軽鉄下地」の完了後でなければ行えないため、工事全体の遅れが生じるからである。

2「耐火被覆」の開始時期を、工事計画時の4月上旬から3月中旬に変更するのは適切である。「耐火被覆」は、工事計画時に作成した工程表において、3月上旬に完成する「外壁ALC取付け」が完了すれば、開始できるからである。

問い3.③の解き方　3月末までの実績出来高の累計金額　**正解**　4250万円

①「耐火被覆」の適当な完了時期に合わせて、出来高表の誤りを修正すると、出来高表は下記のように変更される。鉄骨工事については、4月に行う予定の作業が3月に変更されたので、鉄骨工事の「4月」の欄に書かれていた「60万円」は「3月」に移動する。

②1月の実績出来高は、60＋390＋190＋50＋90＝780万円である。

③2月の実績出来高は、270＋110＋560＋790＋90＝1820万円である。

④3月の実績出来高は、210＋60＋450＋250＋50＋370＋120＋50＋90＝1650万円である。

⑤したがって、3月末までの実績出来高の累計金額は、780＋1820＋1650＝**4250万円**である。

出来高表（完了時期が不適当な作業の修正後）　　単位　万円

工種	工事金額	予定/実績	1月	2月	3月	4月	5月
仮設工事	600	予定	60	270	210	30	30
		実績	60	270	210	30	
土工事 地業工事	500	予定	320	180			
		実績	390	110			
鉄筋コンクリート工事	750	予定	150	600			
		実績	190	560			
鉄骨工事	900	予定	50	790	60	←移動	
		実績	50	790	60	←移動	
外壁工事	450	予定			450		
		実績			450		
屋根工事	250	予定			250		
		実績			250		
防水工事	50	予定			50		
		実績			50		
建具工事	550	予定			370	140	40
		実績			370	140	
金属工事	150	予定			150		
		実績			120	30	
内装工事	300	予定				230	70
		実績				230	
塗装工事	100	予定			50	50	
		実績			50	50	
外構工事	500	予定				400	100
		実績				400	
設備工事	900	予定	90	90	90	580	50
		実績	90	90	90	580	
総工事金額	6,000	予定	670	1,930	1,680	1,430	290
		実績	**780**	**1,820**	**1,650**	**1,460**	

※4月末時点の出来高表では、予定出来高の累計が670＋1930＋1680＋1430＝5710万円なのに対して、実績出来高の累計も780＋1820＋1650＋1460＝5710万円なので、この工事は予定通りに進んでいるといえる。

令和3年度 問題3 施工管理(バーチャート作成)の解答例

問題3 鉄骨造3階建て複合ビルの新築工事について，次の1. から4. の問いに答えなさい。

工程表は，工事着手時点のもので，鉄骨工事における耐火被覆工事の工程は未記入であり，予定出来高曲線を破線で表示している。

また，出来高表は，3月末時点のものを示しており，総工事金額の月別出来高，耐火被覆工事の工事金額及び出来高は記載していない。

なお，各作業は一般的な手順に従って施工されるものとする。

〔工事概要〕

用　　途：店舗（1階），賃貸住宅（2，3階）

構造・規模：鉄骨造　地上3階，延べ面積300 m^2

鉄骨耐火被覆は半乾式工法

外部仕上げ：屋上防水は，ウレタンゴム系塗膜防水絶縁工法，脱気装置設置

外壁は，ALCパネル張り，防水形複層塗材仕上げ

内部仕上げ：店　　舗　床は，コンクリート直押さえのまま

壁，天井は，軽量鉄骨下地せっこうボード張り

ただし，テナント工事は別途で本工事工程外とする。

賃貸住宅　床は，乾式二重床，フローリング張り

壁，天井は，軽量鉄骨下地せっこうボード張りの上，クロス張り

ユニットバス，家具等（内装工事に含めている）

1. 工程表の仮設工事のⒶ，鉄筋コンクリート工事のⒷ，内装工事のⒸに該当する**作業名**を記入しなさい。

2. 鉄骨工事のうち，耐火被覆工事**完了日**を月と旬日で定めて記入しなさい。
ただし，**解答の旬日**は，**上旬**，**中旬**，**下旬**とする。

3. 出来高表から，2月末までの実績出来高の累計金額を求め，総工事金額に対する**比率**をパーセントで記入しなさい。

4. 出来高表から，3月末までの実績出来高の**累計金額**を記入しなさい。

工程表

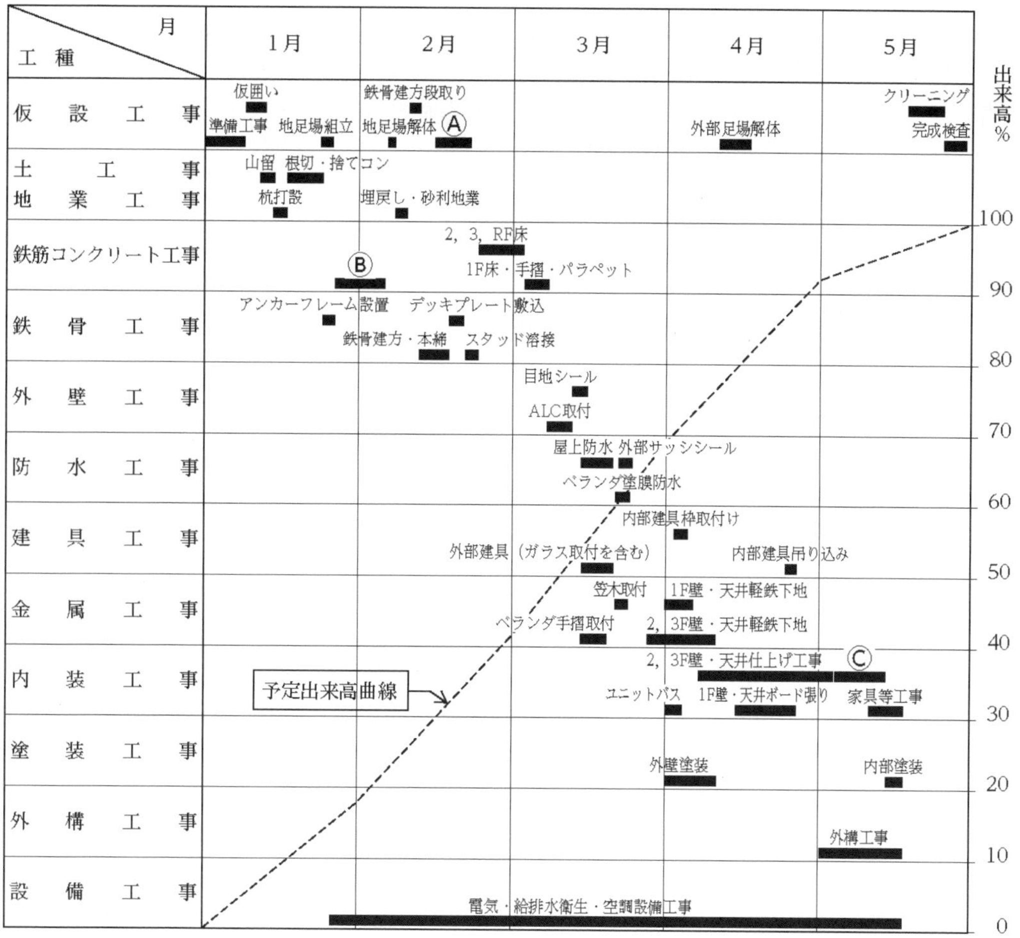

月
工種
1月
2月
3月
4月
5月
出来高%
仮設工事
仮囲い
準備工事
地足場組立
鉄骨建方段取り
地足場解体
Ⓐ
外部足場解体
クリーニング
完成検査
土工事
地業工事
山留
根切・捨てコン
杭打設
埋戻し・砂利地業
鉄筋コンクリート工事
Ⓑ
2, 3, RF床
1F床・手摺・パラペット
鉄骨工事
アンカーフレーム設置
デッキプレート敷込
鉄骨建方・本締
スタッド溶接
外壁工事
目地シール
ALC取付
防水工事
屋上防水
外部サッシシール
ベランダ塗膜防水
建具工事
内部建具枠取付け
外部建具（ガラス取付を含む）
内部建具吊り込み
金属工事
笠木取付
1F壁・天井軽鉄下地
ベランダ手摺取付
2, 3F壁・天井軽鉄下地
内装工事
2, 3F壁・天井仕上げ工事
Ⓒ
予定出来高曲線
ユニットバス
1F壁・天井ボード張り
家具等工事
塗装工事
外壁塗装
内部塗装
外構工事
外構工事
設備工事
電気・給排水衛生・空調設備工事
100
90
80
70
60
50
40
30
20
10
0

出来高表

単位 万円

工種	工事金額	予定/実績	1月	2月	3月	4月	5月
仮設工事	500	予定	50	200	50	150	50
		実績	50	200	50		
土工事 地業工事	600	予定	390	210			
		実績	390	210			
鉄筋コンクリート工事	900	予定	450	180	270		
		実績	360	200	340		
鉄骨工事	900	予定	50	760			
		実績	30	780			
外壁工事	400	予定			400		
		実績			400		
防水工事	150	予定			150		
		実績			150		
建具工事	500	予定			400	100	
		実績			400		
金属工事	250	予定			100	150	
		実績			100		
内装工事	500	予定				400	100
		実績					
塗装工事	200	予定				150	50
		実績					
外構工事	200	予定					200
		実績					
設備工事	900	予定	90	90	180	450	90
		実績	90	90	180		
総工事金額	6,000	予定					
		実績					

正　解

問い１.	仮設工事のⒶに該当する作業名	外部足場組立
	鉄筋コンクリート工事のⒷに該当する作業名	基礎・地中梁
	内装工事のⒸに該当する作業名	2,3F 床仕上げ工事
問い２.	鉄骨工事における耐火被覆工事の完了日	3月下旬
問い３.	2月末までの実績出来高の累計金額の総工事金額に対する比率	40%
問い４.	3月末までの実績出来高の累計金額	4110万円

※鉄筋コンクリート工事のⒷに該当する作業名は「基礎」や「基礎コンクリート」などと解答しても正解になる。
※内装工事のⒸに該当する作業名は「乾式二重床・フローリング張り」などと解答しても正解になる。

問い１.Ⓐの解き方　仮設工事のⒶに該当する作業名　正 解　外部足場組立

①この問題の工程表の「仮設工事」の欄は、下記のようになっている。

仮　設　工　事	仮囲い 準備工事　地足場組立	鉄骨建方段取り 地足場解体　Ⓐ		外部足場解体	クリーニング 完成検査

②この部分には、「地足場組立」「地足場解体」「外部足場解体」の工程が記載されている。このうち、外部足場を解体する工程が存在するためには、外部足場を設置する工程が存在している必要がある。したがって、Ⓐの工程は、外部足場を設置する工程である。
③外部足場を設置する工程の作業名は、地足場を設置する工程の作業名が「地足場組立」と記載されているので、「外部足場組立」と解答する必要がある。
④したがって、仮設工事のⒶに該当する作業名は「**外部足場組立**」である。

仮設工事の施工手順から正解を導く方法（上記の解説に関するより専門的な内容）

①作業Ⓐは、仮設工事であり、地足場組立と地足場解体の後続作業として作業Ⓐがある。また、4月には外部足場解体が行われるので、作業Ⓐは、「外部足場の組立」である。
②作業Ⓐの先行作業（作業Ⓐを行う前に終了させなければならない作業）は「鉄骨建方段取り」である。作業Ⓐの後続作業（作業Ⓐが終了していなければ開始できない作業）は「外部足場解体」である。仮設工事では、鉄骨建方段取りが完了したら、外部足場組立が行われる。また、外部足場を使用する作業がすべて完了したら、外部足場解体が行われる。

問い1.Ⓑの解き方　鉄筋コンクリート工事のⒷに該当する作業名　正解　基礎・地中梁

①この問題の工程表の「鉄筋コンクリート工事」の欄は、下記のようになっている。

鉄筋コンクリート工事	Ⓑ	2，3，RF床 1F床・手摺・パラペット			

②この部分には、1階(1F)・2階(2F)・3階(3F)・屋上(RF/Roof Floor)に関する工程は記載されているが、鉄骨造の建築物において必要となる「基礎」や「地中梁」の工事に関することが記載されていない。したがって、Ⓑの工程は、基礎や地中梁に関する工程である。

③本年度の出題項目である「鉄骨造3階建ての建築物の工事」は、令和2年度・令和元年度・平成30年度の試験にも出題されており、その「鉄筋コンクリート工事」の工程表は下記のようになっていた。この問題の工程表と見比べてみると、その正解は一目瞭然である。

令和2年度の試験における「鉄筋コンクリート工事」の工程表

鉄筋・型枠 コンクリート工事	基礎，地中梁	型枠解体 1階床	2階～PH階床・パラペット			

令和元年度の試験における「鉄筋コンクリート工事」の工程表

鉄筋・型枠 コンクリート工事	基礎・地中梁		2F床 RF床 1F床 3F床 パラペット			

平成30年度の試験における「鉄筋コンクリート工事」の工程表

鉄筋・型枠 コンクリート工事	基礎・地中梁	1F床	2F床 RF床 1F柱脚 3F床			

④したがって、鉄筋コンクリート工事のⒷに該当する作業名は「**基礎・地中梁**」である。

⑤別解として、この作業名を「基礎」や「基礎コンクリート」などと解答しても正解になる。

鉄筋コンクリート工事の施工手順から正解を導く方法(上記の解説に関するより専門的な内容)

①鉄筋コンクリート工事は、基礎コンクリート打設の作業であるが、解答として記入するときは、鉄筋コンクリート工事の欄と同じパターンで用語を使用する必要がある。鉄筋コンクリート工事の欄には、「1F床・手摺・パラペット」や「2,3,RF床」などと施工場所の名称だけが記載されているので、最も単純に、「基礎」をⒷの作業名とすれば正解となる。

②作業Ⓑの先行作業(Ⓑの作業を行う前に終了させなければならない作業)は地足場組立である。作業Ⓑの後続作業(Ⓑの作業が終了していなければ開始できない作業)は地足場解体である。

③鉄筋コンクリート工事では、根切・捨てコンが完了したら、地足場組立後に基礎コンクリート打設が行われる。また、基礎コンクリート打設が完了したら、地足場解体後に埋戻し・砂利地業が行われる。

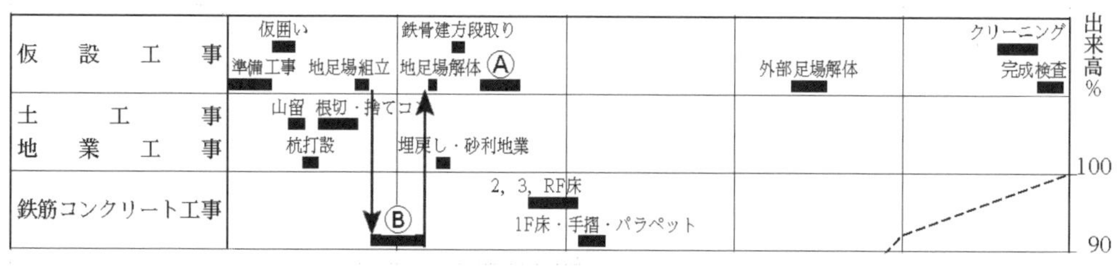

問い 1.Ⓒの解き方　内装工事のⒸに該当する作業名　正解　2,3F床仕上げ工事

①この問題の工程表の「内装工事」の欄は、下記のようになっている。

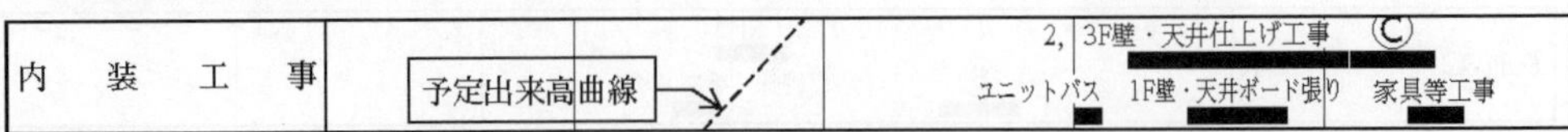

②内装工事として行われる工事は、工事概要の「内部仕上げ」に記載されている工事である。この問題の内装工事のバーチャート工程表には、壁・天井の内部仕上げに関することは「2,3F壁・天井仕上げ工事」や「1F壁・天井ボード張り」と記載されているが、床の内部仕上げに関することは何も記載されていない。

③1階(1F)の店舗における床の内部仕上げについては、工事概要に「コンクリート直押さえのまま」と記載されている。これは内部仕上げを必要としないことを意味するので、内装工事の工程に「1F床仕上げ工事」は存在しない。

④2階(2F)・3階(3F)の賃貸住宅における床の内部仕上げについては、工事概要に「乾式二重床・フローリング張り」と記載されている。これは乾式二重床のフローリング張りによる内部仕上げを行うことを意味するので、内装工事には「2,3F床仕上げ工事」が存在する。

⑤したがって、内装工事のⒸに該当する作業名は「**2,3F床仕上げ工事**」である。

内装工事の施工手順から正解を導く方法(上記の解説に関するより専門的な内容)

①作業Ⓒは、内装工事である。内装工事は、問題文の工事概要において、1Fの店舗の床はコンクリート直押さえ、壁・天井は軽量鉄骨下地石膏ボード張りとある。また、2F・3Fの賃貸住宅の床は乾式二重床・フローリング張り、壁・天井は軽量鉄骨下地石膏ボード張りの上クロス張りとあり、建具としてのユニットバス・家具等が内装工事に含まれている。

②2F・3Fの賃貸住宅部分の壁・天井(軽量鉄骨下地石膏ボード張り・クロス張り)仕上げの終了後に、作業Cが行われる。壁・天井仕上げ工事の終了後に行うのは、床仕上げ工事としての乾式二重床・フローリング張りである。

③作業Ⓒの横並びを見れば、解答は「2,3F床仕上げ工事」となる。また、解答としては「乾式二重床・フローリング張り」や「フローリング張り」なども考えられる。ここは横並びに着目して作業名を定めることが望ましいと考えられる。

④作業Ⓒの先行作業(Ⓒの作業を行う前に終了させなければならない作業)は「2,3F壁・天井仕上げ工事」である。作業Ⓒの後続作業(Ⓒの作業が終了していなければ開始できない作業)は塗装工事の「内部塗装」である。

⑤内装工事では、2,3F壁・天井仕上げ工事が完了した部屋から、2,3F床仕上げ工事が行われる。また、2,3F床仕上げ工事が完了した部屋から、内部塗装が行われる。

問い 2. の解き方　鉄骨工事における耐火被覆工事の完了日　　正 解　3 月下旬

①この問題の工事概要には、「鉄骨耐火被覆は半乾式工法」と書かれている。半乾式工法とは、吹付けロックウール工法のうち、現場配合のセメントスラリーを使用する工法である。

②この問題の工程表の「鉄骨工事」・「外壁工事」・「金属工事」の欄は、下記のようになっている。

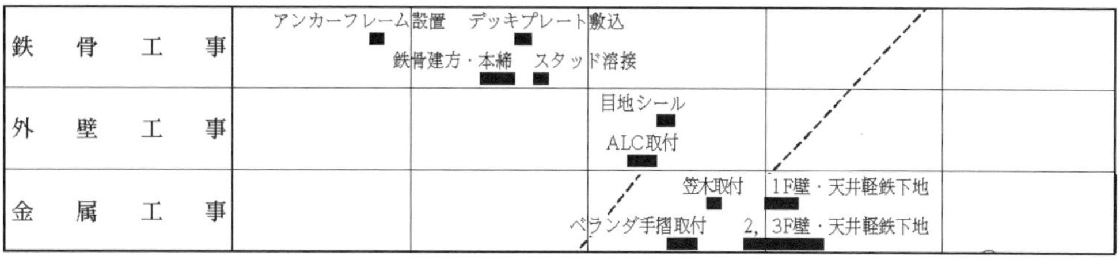

鉄　骨　工　事	アンカーフレーム設置　鉄骨建方・本締　デッキプレート敷込　スタッド溶接
外　壁　工　事	目地シール　ALC取付
金　属　工　事	笠木取付　ベランダ手摺取付　1F壁・天井軽鉄下地　2, 3F壁・天井軽鉄下地

③鉄骨工事における耐火被覆工事は、耐火被覆工事以外の鉄骨工事の完了後に開始することが一般的である。耐火被覆工事を開始するためには、その場所について、鉄骨工事におけるデッキプレート敷込やスタッド溶接が完了していなければならない。

④鉄骨工事における耐火被覆工事は、ALC（Autoclaved Lightweight aerated Concrete/軽量気泡コンクリート）外壁パネルに対しても行う必要がある。外壁工事において、ALC 外壁パネルの取付けに使用した金属部材には、主要な鉄骨部材と同様に、吹付けロックウールによる耐火被覆を行わなければならない。

⑤鉄骨工事における耐火被覆工事は、壁や天井の軽量鉄骨下地を施工する前に完了させなければならない。軽量鉄骨下地が施工された場所に対して、その奥にある鉄骨柱や鉄骨梁にロックウールを吹き付けることは困難である。

⑥したがって、鉄骨工事における耐火被覆工事の完了日は、金属工事の「2,3F 壁・天井軽鉄下地」の前とする必要があるので、「**3 月下旬**」である。

⑦補足として、鉄骨工事における耐火被覆工事の完了日が、3 月下旬よりも早め（3 月中旬など）になることに問題はない。しかし、鉄骨工事における耐火被覆工事を、すべての施工箇所について開始できるのは、外壁工事の「ALC 取付」の後（3 月中旬）になるので、吹付けロックウールの養生期間などを考慮すると、3 月下旬よりも早い時期に耐火被覆工事を完了させることはできないと考えられる。

鉄骨工事の施工手順から正解を導く方法(上記の解説に関するより専門的な内容)

①鉄骨工事の耐火被覆は、先行作業であるデッキプレートのスタッド溶接が完了して取り付けられた後に、2階・3階・屋上(RF)の各スラブのコンクリートの打込みが終了した部分(床コンクリートの施工部分)から開始する。

②耐火被覆は、半乾式工法であり、ALCパネルやPCカーテンウォールなどとの合成被覆が行われるので、ALCパネルやPCカーテンウォールなどの後続作業となる。

③吹付けロックウール工法のうち、半乾式工法による耐火被覆を完了させることができるのは、ALCパネル取付けの後、かつ、2階・3階の壁・天井の軽量鉄骨下地の前である。したがって、耐火被覆作業の終了日は、3月下旬である

耐火被覆工事の先行作業と後続作業（施工手順：①→②→③→④→⑤→⑥)

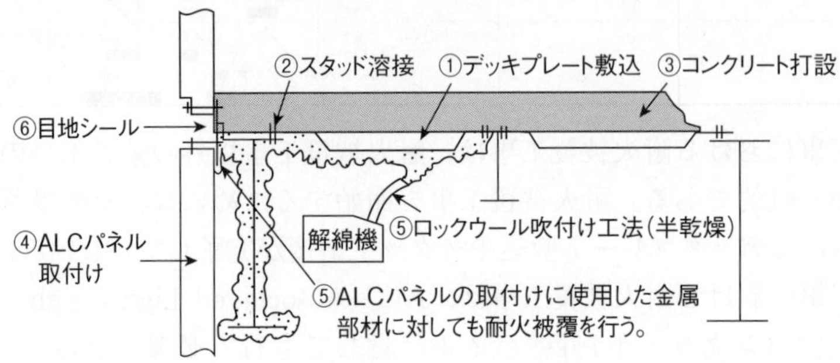

吹付けロックウール工法

鉄骨工事における代表的な耐火被覆工法であり、耐火被覆材料として吹付けロックウールを使用する。吹付けロックウール工法は、工場配合されたロックウールを用いる乾式工法と、現場配合のセメントスラリーを用いる半乾式工法に分類されている。

①乾式工法は、工場配合されたロックウールおよびセメントと、水を別々に圧送し、ノズルの先端で混合して吹き付ける工法である。施工中の粉塵飛散が多いという欠点がある。

②半乾式工法は、現場配合されたセメントスラリー(水およびセメント)と、ロックウールを別々に圧送し、ノズルの先端で混合して吹き付ける工法である。施工中にセメント粉塵は生じないが、ロックウール飛散が生じる。

乾式工法の吹付けシステム

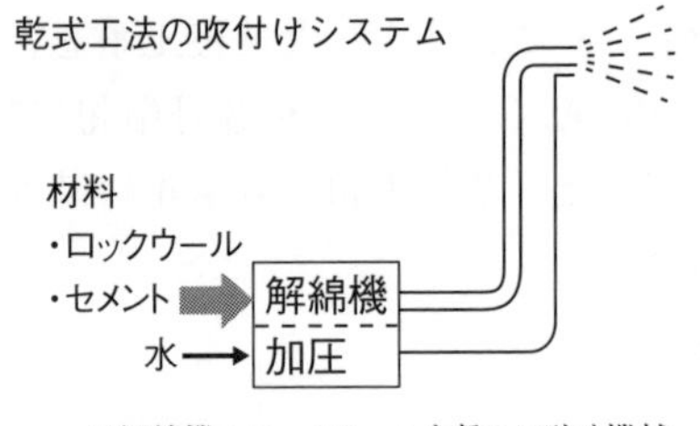

※解綿機：ロックウールを粉々に砕く機械

半乾式工法の吹付けシステム

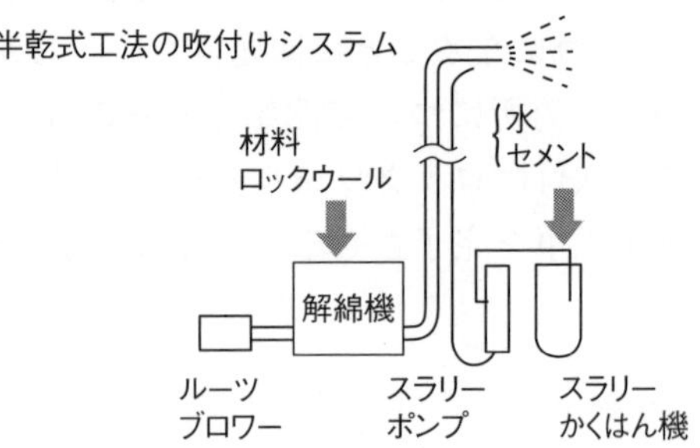

完成した工程表

工種＼月	1月	2月	3月	4月	5月
仮設工事	仮囲い 準備工事　地足場組立	鉄骨建方段取り 地足場解体　外部足場組立		外部足場解体	クリーニング 完成検査
土工事 地業工事	山留　根切・捨てコン 杭打設	埋戻し・砂利地業			
鉄筋コンクリート工事	基礎・地中梁	2，3，RF床	1F床・手摺・パラペット		
鉄骨工事	アンカーフレーム設置	デッキプレート敷込 鉄骨建方・本締　スタッド溶接	耐火被覆		
外壁工事			目地シール ALC取付		
防水工事			屋上防水　外部サッシシール ベランダ塗膜防水		
建具工事			外部建具（ガラス取付を含む）	内部建具枠取付け 内部建具吊り込み	
金属工事			笠木取付 ベランダ手摺取付	1F壁・天井軽鉄下地 2，3F壁・天井軽鉄下地	
内装工事				2，3F壁・天井仕上げ工事 ユニットバス　1F壁・天井ボード張り	2.3F床仕上げ工事 家具等工事
塗装工事				外壁塗装	内部塗装
外構工事					外構工事
設備工事	電気・給排水衛生・空調設備工事				

予定出来高曲線

出来高%：0　10　20　30　40　50　60　70　80　90　100

問い3. の解き方　2月末までの実績出来高の累計金額の総工事金額に対する比率　正解　40%

①月ごとの実績出来高は、下記の出来高表において、その月の「実績」の欄に書かれた金額を、すべて合計したものになる。
②1月の実績出来高は、50＋390＋360＋30＋90＝920万円である。
③2月の実績出来高は、200＋210＋200＋780＋90＝1480万円である。
④したがって、2月末までの実績出来高の累計金額は、920＋1480＝2400万円である。
⑤2月末までの実績出来高の累計金額(2400万円)の総工事金額(6000万円)に対する比率は、2400÷6000＝0.40＝**40%**である。

問い4. の解き方　3月末までの実績出来高の累計金額　正解　4110万円

①問題文には、「耐火被覆工事の工事金額及び出来高は記載していない」とあるので、出来高表に耐火被覆工事の出来高を記載する必要がある。
②出来高表の「鉄骨工事」の欄を見ると、工事金額が900万円なのに対して、月ごとの予定出来高の欄には、1月の50万円と2月の760万円しか記載されていない。
③鉄骨工事における耐火被覆工事が行われるのは、問い2. の解き方により、3月なので、鉄骨工事の3月の出来高(耐火被覆工事の出来高)は、900−50−760＝90万円である。
④1月の実績出来高は、50＋390＋360＋30＋90＝920万円である。
⑤2月の実績出来高は、200＋210＋200＋780＋90＝1480万円である。
⑥3月の実績出来高は、50＋340＋90＋400＋150＋400＋100＋180＝1710万円である。
⑦したがって、3月末までの実績出来高の累計金額は、920＋1480＋1710＝**4110万円**である。

完成した出来高表 (3月末時点)　　単位　万円

工種	工事金額	予定 実績	1月	2月	3月	4月	5月
仮設工事	500	予定	50	200	50	150	50
		実績	50	200	50		
土工事 地業工事	600	予定	390	210			
		実績	390	210			
鉄筋コンクリート工事	900	予定	450	180	270		
		実績	360	200	340		
鉄骨工事	900	予定	50	760	**90**		
		実績	30	780	**90**		
外壁工事	400	予定			400		
		実績			400		
防水工事	150	予定			150		
		実績			150		
建具工事	500	予定			400	100	
		実績			400		
金属工事	250	予定			100	150	
		実績			100		
内装工事	500	予定				400	100
		実績					
塗装工事	200	予定				150	50
		実績					
外構工事	200	予定					200
		実績					
設備工事	900	予定	90	90	180	450	90
		実績	90	90	180		
総工事金額	6,000	予定	**1030**	**1440**	**1640**	**1400**	**490**
		実績	**920**	**1480**	**1710**		

※3月末時点の出来高表では、予定出来高の累計が1030＋1440＋1640＝4110万円なのに対して、実績出来高の累計も920＋1480＋1710＝4110万円なので、この工事は予定通りに進んでいるといえる。

令和2年度 問題3 施工管理（バーチャート作成）の解答例

問題3 鉄骨造3階建て事務所ビルの建設工事における右の工程表と出来高表に関し，次の1．から5．の問いに答えなさい。

工程表は，工事着手時点のものであり，予定出来高曲線を破線で表示している。

また，出来高表は，4月末時点のものを示している。

ただし，工程表には，建具工事における外部サッシ工事（ガラス取付けを含む。以下同じ。）の工程は未記入であり，出来高表には，総工事金額の月別出来高，外部サッシ工事の工事金額及び出来高は記載していない。なお，各作業は一般的な手順に従って施工されるものとする。

〔工事概要〕

用　　途：事務所

構造・規模：鉄骨造 地上3階建て，塔屋1階建て，階高3.5 m（各階共），延べ面積300 m²
2階以上の床は合成床版

地　　業：既製コンクリート杭

山 留 め：自立山留め

鉄骨工事：建方は，移動式クレーンを使用
耐火被覆は，耐火材巻付け工法，外周部は合成工法

外部仕上げ：屋根は，アスファルト露出断熱防水
外壁は，押出成形セメント板（ECP）張りの上，45二丁掛タイル有機系接着剤張り

内部仕上げ：床は，OAフロアー敷設の上，タイルカーペット仕上げ
壁は，軽量鉄骨下地せっこうボード張りの上，塗装仕上げ
天井は，軽量鉄骨下地せっこうボード下張りの上，ロックウール化粧吸音板張り

1. 工程表の鉄骨工事のA，内装工事のBに該当する**作業名**を記入しなさい。

2. 建具工事の外部サッシ取付け**完了日**を月次と旬日で定めて記入しなさい。
ただし，**解答の旬日**は，**上旬**，**中旬**，**下旬**とする。

3. 出来高表から，2月末までの**実績出来高の累計金額**を記入しなさい。

4. 3．で求めた2月末までの実績出来高の累計金額と，同月末の予定出来高の累計金額の**差**を求め，総工事金額に対する**比率**をパーセントで記入しなさい。

5. 4月末までの実績出来高の累計金額を求め，総工事金額に対する**比率**をパーセントで記入しなさい。

施工管理

工程表

工種＼月次	1月	2月	3月	4月	5月	6月
仮設工事	準備工事 地足場組立	地足場解体	外部足場組立 建設用リフト設置		外部足場解体 建設用リフト撤去	清掃
土工事 地業工事	山留　根切り，地業 杭打設	埋戻し				
鉄筋・型枠 コンクリート工事	基礎，地中梁	型枠解体 1階床	2階～PH階床・パラペット			
鉄骨工事		アンカーボルト設置 鉄骨建方・本締め A	スタッドジベル溶接	耐火被覆		
防水工事				ECP,サッシシール 屋上防水	タイル目地シール	内部シール
外壁工事			ECP取付け	タイル張り・目地詰め	外壁クリーニング	
建具工事					内部建具取付け	
金属工事				捨て笠木取付け 壁・天井軽鉄下地	アルミ笠木取付け	金物取付け
内装工事		予定出来高曲線			B 壁ボード張り	床タイルカーペット OAフロア
塗装工事					外部塗装 内部塗装	
外構工事						外構工事
設備工事	電気・給排水衛生・空調設備工事					
検査			中間検査			完成検査

出来高％：0　10　20　30　40　50　60　70　80　90　100

出来高表

単位　万円

工種	工事金額	予定 実績	1月	2月	3月	4月	5月	6月
仮設工事	500	予定	50	70	180	20	150	30
		実績	50	70	150	20		
土工事 地業工事	550	予定	350	200				
		実績	350	200				
鉄筋・型枠 コンクリート工事	800	予定	320	150	330			
		実績	300	150	350			
鉄骨工事	800	予定		700	50	50		
		実績		650	80	70		
防水工事	90	予定				60	20	10
		実績				50		
外壁工事	950	予定			550	300	100	
		実績			550	300		
建具工事	400	予定					100	
		実績						
金属工事	100	予定				80	10	10
		実績				80		
内装工事	540	予定					350	190
		実績						
塗装工事	70	予定					50	20
		実績						
外構工事	200	予定					50	150
		実績						
設備工事	1,000	予定	100	100	100	50	550	100
		実績	50	100	100	50		
総工事金額	6,000	予定						
		実績						

正　解

1.	鉄骨工事のＡに該当する作業名	デッキプレート敷き
	内装工事のＢに該当する作業名	天井ボード張り
2.	建具工事の外部サッシ取付け完了日（月次と旬日）	4月中旬
3.	2月末までの実績出来高の累計金額	1920万円
4.	2月末時点の「実績と予定の差÷総工事金額」の比率［%］	2%
5.	4月末時点の「実績出来高÷総工事金額」の比率［%］	67%

1.(A)の解き方　　正 解　デッキプレート敷き　※「合成床版敷込み」等も正解

①鉄骨工事では、鉄骨建方・本締めが終了した部分から順に、合成床版の「**デッキプレート敷き**」を行う。なお、2階以上の床を合成床版（鉄骨製のデッキプレートと鉄筋コンクリート製のスラブを組み合わせた床版）とすることは、〔工事概要〕に明記されている。

②鉄骨工事では、デッキプレート敷きが完了した部分から順に、梁上にスタッドジベルを溶接する作業を行う必要がある。このデッキプレート敷きとスタッドジベル溶接が完了した部分から順に、鉄筋・型枠コンクリート工事として、2階～PH（Pent House/塔屋）階の床を構成する合成床版について、鉄筋とコンクリートの施工を行う。

③本年度の出題項目である「鉄骨造3階建て事務所ビルの建設工事」は、令和元年度と平成30年度の試験にも出題されており、その「鉄骨工事」のバーチャート工程表は次のようになっていた。本年度のバーチャート工程表と見比べてみると、その正解は一目瞭然である。

本年度（令和2年度）試験の「鉄骨工事」のバーチャート工程表

令和元年度試験の「鉄骨工事」のバーチャート工程表

※A＝アンカーボルト設置

平成30年度試験の「鉄骨工事」のバーチャート工程表

鉄骨工事の施工手順から正解を導く方法（上記の解説に関するより専門的な内容）

作業Ａは、鉄骨工事である。作業Ａの先行作業は、鉄骨建方・ボルト本締めである。作業Ａの後続作業は、スタッドジベル溶接である。1階の床コンクリートは、2月中旬に打ち終えているので、2階以上の床の型枠を施工した後に、スタッドジベル溶接をする。工事概要には、床の型枠に合成床版を用いるとあるので、作業Ａは合成床版敷込みである。

なお、工程表には示されていないが、工事概要に移動式クレーンを使用するとあるので、この工事では、鉄骨建方の終了後に、続けて合成床版を吊り込んで敷込みをしている。すなわち、作業Ａの後に、合成床版と梁を溶接合し、次にスタッドジベルを溶接する。その後、コンクリート工事として、合成床版にコンクリートを打ち込み、2階以上の床版を完成させる。

1.(B)の解き方　　正 解　**天井ボード張り**

①内装工事として行われる工事は、〔工事概要〕の「内部仕上げ」に示されている工事である。内装工事のバーチャート工程表には、壁の内部仕上げに関することは「壁ボード張り」、床の内部仕上げに関することは「OA フロア」・「床タイルカーペット」と示されている。しかし、天井の内部仕上げに関することは示されていないので、天井の内部仕上げに関することが「内装工事のBに該当する作業名」になる。

②「内装工事のBに該当する作業名」は、天井の内部仕上げに類似する壁の内部仕上げに関することが「壁ボード張り」の一言で済まされているので、それに合わせて「**天井ボード張り**」と記述しなければならない。

2.の解き方　　正 解　**4月中旬**

①建具工事として行われる外部サッシ取付けは、防水工事として行われる押出成形セメント板(ECP/Extruded Cement Panel)のサッシシールの開始前に、完了させておかなければならない。サッシが取り付けられていない状態で、そのサッシシールを行うことはできないからである。

②バーチャート工程表では、防水工事の「ECP, サッシシール」の開始日が4月中旬になっているので、その日までに建具工事の「外部サッシ取付け」を完了させる必要がある。したがって、建具工事の「外部サッシ取付け」の完了日は、**4月中旬**とすべきである。

各工種の施工手順から正解を導く方法(上記の解説に関するより専門的な内容)

この工程表を読むときは、躯体工事と仕上げ工事の分岐する作業が、防水工事と外部建具(ガラス付き)工事の2つであることに着目する。この2つの作業が終了すると、建物の室内作業について、雨による影響がなくなるので、本格的な仕上げ工事を行えるようになる。

躯体工事のほとんどは1月・2月・3月に行われており、仕上げ工事は4月・5月・6月に行われている。この工程表については、躯体から仕上げに替わる4月の工事を理解することが最も重要である。一例として、この工程表におけるコンクリート工事(2階～PH階床・パラペット)の硬化を待ってから、防水工事(屋上防水)が行われる。コンクリート工事(躯体)・鉄骨工事(躯体)・外壁工事(仕上げ)・建具工事(仕上げ)の4つの工種のバーチャート工程表は、次のような手順として示すことができる。

工種＼月次	1月	2月	3月	4月	5月	6月
鉄筋・型枠コンクリート工事	基礎, 地中梁	型枠解体 1階床	2階～PH階床・パラペット	養生期間(3週間)		
鉄骨工事		アンカーボルト設置 A 鉄骨建方・本締め	スタッドジベル溶接	耐火被覆		
防水工事				ECP,サッシシール 屋上防水	タイル目地シール	内部シール
外壁工事			ECP取付け	タイル張り・目地詰め	外壁クリーニング	
建具工事				外部サッシ	内部建具取付け	

100　90　80　70　60　50

以上から、外部サッシ(ガラス付き)の先行作業はECP取付けであり、外部サッシ(ガラス付き)の後続作業はECPサッシシールである。したがって、外部サッシ(ガラス付き)作業の完了日は4月中旬である。また、屋上防水はコンクリート工事の完了後に3週間の養生期間を置いてから開始するので、屋上防水の開始日も4月中旬となる。

施工管理

完成した工程表

工種＼月次	1月	2月	3月	4月	5月	6月
仮設工事	準備工事 地足場組立	地足場解体 外部足場組立	外部足場組立 建設用リフト設置		外部足場解体 建設用リフト撤去	清掃
土工事 地業工事	山留 根切り，地業 杭打設	埋戻し				
鉄筋・型枠 コンクリート工事	基礎，地中梁	型枠解体 1階床	2階～PH階床・パラペット			
鉄骨工事		アンカーボルト設置 デッキプレート敷き 鉄骨建方・本締め	スタッドジベル溶接	耐火被覆		
防水工事				ECP,サッシシール 屋上防水	タイル目地シール	内部シール
外壁工事			ECP取付け	ECP取付け タイル張り・目地詰め	タイル張り・目地詰め 外壁クリーニング	
建具工事				外部サッシ取付け	内部建具取付け	
金属工事				捨て笠木取付け 壁・天井軽鉄下地	アルミ笠木取付け	金物取付け
内装工事					天井ボード張り 壁ボード張り	床タイルカーペット OAフロア
塗装工事					外部塗装 内部塗装	内部塗装
外構工事					外構工事	外構工事
設備工事	電気・給排水衛生・空調設備工事	電気・給排水衛生・空調設備工事	電気・給排水衛生・空調設備工事	電気・給排水衛生・空調設備工事	電気・給排水衛生・空調設備工事	電気・給排水衛生・空調設備工事
検査			中間検査			完成検査

予定出来高曲線

出来高％（0, 10, 20, 30, 40, 50, 60, 70, 80, 90, 100）

3.の解き方　**正解**　1920万円

①月ごとの実績出来高は、下記の出来高表において、その月の「実績」の欄に書かれた金額を、すべて合計したものになる。
②1月の実績出来高は、50＋350＋300＋50＝750万円である。
③2月の実績出来高は、70＋200＋150＋650＋100＝1170万円である。
④したがって、2月末までの実績出来高の累計金額は、750＋1170＝**1920万円**である。

1月と2月の実績出来高　　単位　万円

工種	工事金額	予定/実績	1月	2月	3月	4月	5月	6月
仮設工事	500	予定	50	70	180	20	150	30
		実績	50	70	150	20		
土工事 地業工事	550	予定	350	200				
		実績	350	200				
鉄筋・型枠 コンクリート工事	800	予定	320	150	330			
		実績	300	150	350			
鉄骨工事	800	予定		700	50	50		
		実績		650	80	70		
防水工事	90	予定				60	20	10
		実績				50		
外壁工事	950	予定			550	300	100	
		実績			550	300		
建具工事	400	予定					100	
		実績						
金属工事	100	予定				80	10	10
		実績				80		
内装工事	540	予定					350	190
		実績						
塗装工事	70	予定					50	20
		実績						
外構工事	200	予定					50	150
		実績						
設備工事	1,000	予定	100	100	100	50	550	100
		実績	50	100	100	50		
総工事金額	6,000	予定						
		実績	**750**	**1170**				

施工管理

4.の解き方　**正解**　2%

①月ごとの予定出来高は、下記の出来高表において、その月の「予定」の欄に書かれた金額を、すべて合計したものになる。
②1月の予定出来高は、50＋350＋320＋100＝820万円である。
③2月の予定出来高は、70＋200＋150＋700＋100＝1220万円である。
④したがって、2月末までの予定出来高の累計金額は、820＋1220＝2040万円である。
⑤上記「3.の解き方」により、2月末までの実績出来高の累計金額は、1920万円である。
⑥2月末までの実績出来高の累計金額(1920万円)と、2月末までの予定出来高の累計金額(2040万円)の差は、2040－1920＝120万円である。
⑦総工事金額(6000万円)に対する2月末までの実績出来高の累計金額と予定出来高の累計金額の差(120万円)の比率は、120÷6000＝0.02＝**2%**である。

1月と2月の予定出来高と実績出来高　　単位　万円

工種	工事金額	予定 実績	1月	2月	3月	4月	5月	6月
仮設工事	500	予定	50	70	180	20	150	30
		実績	50	70	150	20		
土工事 地業工事	550	予定	350	200				
		実績	350	200				
鉄筋・型枠 コンクリート工事	800	予定	320	150	330			
		実績	300	150	350			
鉄骨工事	800	予定		700	50	50		
		実績		650	80	70		
防水工事	90	予定				60	20	10
		実績				50		
外壁工事	950	予定			550	300	100	
		実績			550	300		
建具工事	400	予定					100	
		実績						
金属工事	100	予定				80	10	10
		実績				80		
内装工事	540	予定					350	190
		実績						
塗装工事	70	予定					50	20
		実績						
外構工事	200	予定					50	150
		実績						
設備工事	1,000	予定	100	100	100	50	550	100
		実績	50	100	100	50		
総工事金額	6,000	予定	**820**	**1220**				
		実績	**750**	**1170**				

5.の解き方　正解　67%

①問題文には、「出来高表には外部サッシ工事の工事金額及び出来高は記載していない」とあるので、出来高表に外部サッシ工事の出来高を記載する必要がある。
②出来高表の「建具工事」の欄を見ると、工事金額が400万円なのに対して、月別の出来高には5月の欄の100万円分しか記載されていない。
③建具工事における外部サッシ工事が行われるのは、上記「2.の解き方」により、4月なので、建具工事の4月の出来高(外部サッシ工事の出来高)は、400－100＝300万円である。
④1月の実績出来高は、50＋350＋300＋50＝750万円である。
⑤2月の実績出来高は、70＋200＋150＋650＋100＝1170万円である。
⑥3月の実績出来高は、150＋350＋80＋550＋100＝1230万円である。
⑦4月の実績出来高は、20＋70＋50＋300＋300＋80＋50＝870万円である。
⑧4月末までの実績出来高の累計金額は、750＋1170＋1230＋870＝4020万円である。
⑨総工事金額(6000万円)に対する4月末までの実績出来高の累計金額(4020万円)の比率は、4020÷6000＝0.67＝**67%**である。

1月～6月の予定出来高と1月～4月の実績出来高(4月末時点の出来高表)　　単位　万円

工種	工事金額	予定/実績	1月	2月	3月	4月	5月	6月
仮設工事	500	予定	50	70	180	20	150	30
		実績	50	70	150	20		
土工事 地業工事	550	予定	350	200				
		実績	350	200				
鉄筋・型枠 コンクリート工事	800	予定	320	150	330			
		実績	300	150	350			
鉄骨工事	800	予定		700	50	50		
		実績		650	80	70		
防水工事	90	予定				60	20	10
		実績				50		
外壁工事	950	予定			550	300	100	
		実績			550	300		
建具工事	400	予定				**300**	100	
		実績				**300**		
金属工事	100	予定				80	10	10
		実績				80		
内装工事	540	予定					350	190
		実績						
塗装工事	70	予定					50	20
		実績						
外構工事	200	予定					50	150
		実績						
設備工事	1,000	予定	100	100	100	50	550	100
		実績	50	100	100	50		
総工事金額	6,000	予定	**820**	**1220**	**1210**	**860**	**1380**	**510**
		実績	**750**	**1170**	**1230**	**870**		

※4月末時点の出来高表では、予定出来高の累計が4110万円なのに対して、実績出来高の累計が4020万円なので、この工事は予定よりも少しだけ遅れているといえる。

令和元年度 問題3 施工管理(バーチャート作成)の解答例

【問題3】 鉄骨造3階建て事務所ビルの建設工事における次頁の工程表と出来高表に関し、次の問1から問4に答えなさい。

工程表は、工事着手時点のものであり、予定出来高曲線を破線で表示している。

また、出来高表は、4月末時点のものを示している。

ただし、工程表には、外壁工事における押出成形セメント板取付けの工程は未記入であり、出来高表には、総工事金額の月別出来高及び押出成形セメント板の出来高は記載していない。

〔工事概要〕

用　　　途：事務所

構造・規模：鉄骨造　地上3階建て　延べ面積470m²

地　　　業：既製コンクリート杭

山　留　め：自立山留め

鉄 骨 工 事：建方は、移動式クレーンで行う。
耐火被覆は、耐火材巻付け工法、外周部は合成工法

仕　上　げ：屋根は、アスファルト露出断熱防水
外壁は、押出成形セメント板(ECP)張り、耐候性塗料塗り
内装は、壁、天井は軽量鉄骨下地せっこうボード張り
床はOAフロアー、タイルカーペット仕上げ

問1 工程表の鉄骨工事のAに該当する作業名を記入しなさい。

問2 外壁工事の押出成形セメント板取付け**終了日**を月次と旬日で定めて記入しなさい。
ただし、**解答の旬日は、上旬、中旬、下旬**とする。

問3 出来高表から、2月末までの**完成出来高の累計**を金額で記入しなさい。

問4 出来高表から、総工事金額に対する4月末までの**完成出来高の累計**をパーセントで記入しなさい。

工　程　表

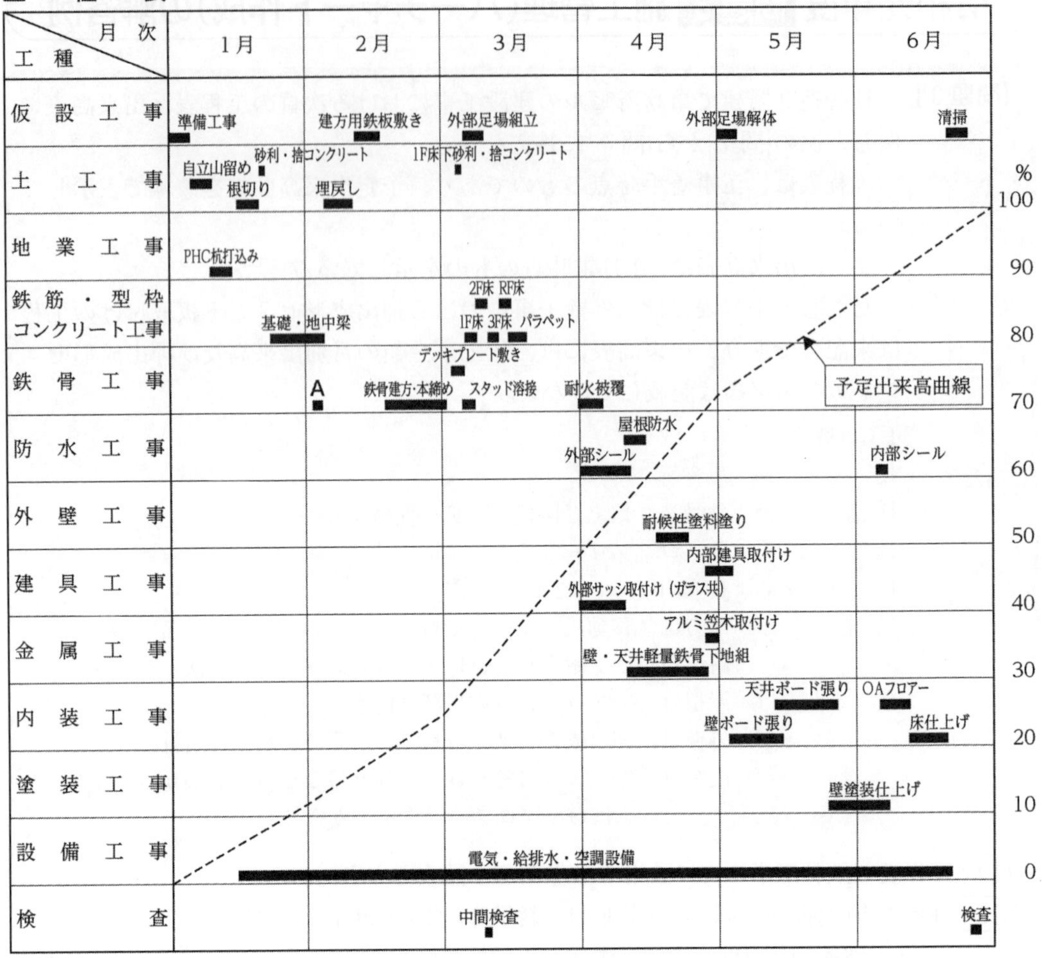

工種＼月次	1月	2月	3月	4月	5月	6月
仮設工事	準備工事	建方用鉄板敷き	外部足場組立		外部足場解体	清掃
土工事	自立山留め 砂利・捨コンクリート 根切り	埋戻し	1F床下砂利・捨コンクリート			
地業工事	PHC杭打込み					
鉄筋・型枠 コンクリート工事	基礎・地中梁	基礎・地中梁	2F床　RF床 1F床　3F床　パラペット			
鉄骨工事		A 鉄骨建方・本締め	デッキプレート敷き スタッド溶接	耐火被覆		
防水工事				屋根防水 外部シール		内部シール
外壁工事				耐候性塗料塗り		
建具工事				外部サッシ取付け（ガラス共） 内部建具取付け	内部建具取付け	
金属工事				アルミ笠木取付け 壁・天井軽量鉄骨下地組		
内装工事					天井ボード張り 壁ボード張り	OAフロアー 床仕上げ
塗装工事					壁塗装仕上げ	壁塗装仕上げ
設備工事	電気・給排水・空調設備	電気・給排水・空調設備	電気・給排水・空調設備	電気・給排水・空調設備	電気・給排水・空調設備	電気・給排水・空調設備
検査			中間検査			検査

予定出来高曲線

%　100　90　80　70　60　50　40　30　20　10　0

出　来　高　表

単位　万円

工種	工事金額	予定／実績	1月	2月	3月	4月	5月	6月
仮設工事	750	予定	50	200	200	50	150	100
		実績	50	200	200	50		
土工事	600	予定	400	120	80			
		実績	400	120	80			
地業工事	200	予定	200					
		実績	200					
鉄筋・型枠 コンクリート工事	900	予定	200	300	400			
		実績	200	350	350			
鉄骨工事	950	予定		270	500	180		
		実績		280	490	180		
防水工事	200	予定				150		50
		実績				150		
外壁工事	600	予定				100		
		実績				100		
建具工事	520	予定				420	100	
		実績				400		
金属工事	200	予定				200		
		実績				200		
内装工事	1,000	予定					350	650
		実績						
塗装工事	180	予定					120	60
		実績						
設備工事	1,400	予定	50	100	100	650	300	200
		実績	50	100	100	500		
総工事金額	7,500	予定						
		実績						

正　解

問 1	鉄骨工事の A に該当する作業名	アンカーボルト設置
問 2	押出成形セメント板取付けの終了日(月次と旬日)	3 月下旬
問 3	2 月末までの完成出来高の累計(金額)	1950 万円
問 4	4 月末までの完成出来高の累計(パーセント)	70%

問 1 の解き方　　**正 解**　アンカーボルト設置

①鉄骨工事を行うときは、最初にアンカーボルトを設置し、脚柱を構築しなければならない。この作業が行われていなければ、他の鉄骨工事を開始することはできない。

②したがって、鉄骨工事の A に該当する作業名(鉄骨工事で最初に行う作業)は、「**アンカーボルト設置**」である。

問 2 の解き方　　**正 解**　3 月下旬

①外壁の押出成形セメント板には、耐火被覆を行う必要がある。そのため、外壁工事における押出成形セメント板取付けは、鉄骨工事における耐火被覆の施工前に、終了させておかなければならない。

②したがって、外壁工事の押出成形セメント板取付け終了日は「**3 月下旬**」である。

押出成形セメント板の耐火被覆

鉄骨は不燃材料であるが、火災による熱を受けると耐力が失われてしまう。したがって、鉄骨造建築物を耐火建築物とするためには、コンクリートやロックウールなどの耐火材で鉄骨を被覆し、耐熱性を高める必要がある。鉄骨造建築物の耐火被覆工法には、次のようなものがある。

①巻付け工法(耐火材を布状にして鉄骨に巻き付ける工法)
②吹付け工法(ロックウールなどを鉄骨に直接吹き付ける工法)
③成形板張り工法(耐火板を鉄骨に張り付ける工法)
④左官工法(鉄鋼モルタルを鉄骨に塗り付ける工法)
⑤合成工法(上記の①～④を部位ごとに組み合わせて用いる工法)

注意点として、外周部の鉄骨に対する耐火被覆工事(耐火材の留付け)は、その鉄骨に押出成形セメント板を取り付けた後でなければ行うことができない。外周部の耐火被覆工法は、部位ごとに異なる工法を選定する合成工法とすることが一般的である。

施工管理

工程表(鉄骨工事とその関連工事の施工手順)

工種 ＼ 月次	1月	2月	3月	4月	5月	6月
仮設工事	準備工事	建方用鉄板敷き	外部足場組立		外部足場解体	清掃
土工事	自立山留め、砂利・捨コンクリート、根切り	埋戻し	1F床下砂利・捨コンクリート			
地業工事	PHC杭打込み					
鉄筋・型枠コンクリート工事	基礎・地中梁		⑧2F床、⑧RF床、1F床、⑧3F床、パラペット			
鉄骨工事	①アンカーボルト設置	②～⑤鉄骨建方・本締め	⑥デッキプレート敷き、⑦スタッド溶接	⑩耐火被覆		
防水工事				屋根防水、外部シール		内部シール
外壁工事			⑨押出成形セメント板取付け	耐候性塗料塗り		
建具工事				外部サッシ取付け（ガラス共）	内部建具取付け	
金属工事				アルミ笠木取付け、壁・天井軽量鉄骨下地組		
内装工事					天井ボード張り、壁ボード張り	OAフロアー、床仕上げ
塗装工事					壁塗装仕上げ	
設備工事	電気・給排水・空調設備					
検査			中間検査			検査

予定出来高曲線（% 0・10・20・30・40・50・60・70・80・90・100）

①アンカーボルトを設置し、脚柱を構築する。
②脚柱のアンカーボルトに鉄骨柱を建て込む。
③アンカーボルトを締め付ける。
④梁・柱を建て込む。
⑤高力ボルトで本締めして鉄骨を立ち上げる。
⑥スラブ(床部分)のデッキプレート(捨型枠)を、2階以上の梁に掛け渡す。
⑦デッキプレート上からスタッドを溶接し、2階以上のスラブの型枠とする。
⑧コンクリート工事として、2階以上の階と屋上(RF)のスラブコンクリートを打設する。
⑨外壁工事として、押出成形セメント板を取り付ける。
⑩鉄骨に耐火被覆を行う。(内装は巻付け工法・外装は合成工法とする)

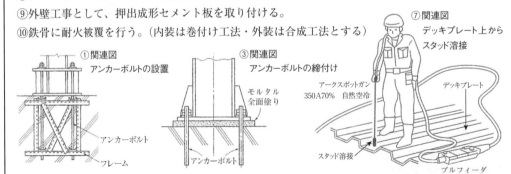

①関連図
アンカーボルトの設置
アンカーボルト
フレーム

③関連図
アンカーボルトの締付け
モルタル全面塗り
アンカーボルト

⑦関連図
デッキプレート上からスタッド溶接
アークスポットガン
350A70%　自然空冷
デッキプレート
スタッド溶接
ブルフィーダ

問3の解き方　正解　1950万円

①月ごとの完成出来高は、下記の出来高表において、その月の「実績」の欄に書かれた金額を、すべて合計したものになる。

②1月の完成出来高は、50 + 400 + 200 + 200 + 50 = 900万円である。

③2月の完成出来高は、200 + 120 + 350 + 280 + 100 = 1050万円である。

④したがって、2月末までの完成出来高の累計は「**1950万円**」である。

1月と2月の予定出来高と完成出来高

単位　万円

工種	工事金額	予定／実績	1月	2月	3月	4月	5月	6月
仮設工事	750	予定	50	200	200	50	150	100
		実績	50	200	200	50		
土工事	600	予定	400	120	80			
		実績	400	120	80			
地業工事	200	予定	200					
		実績	200					
鉄筋・型枠コンクリート工事	900	予定	200	300	400			
		実績	200	350	350			
鉄骨工事	950	予定		270	500	180		
		実績		280	490	180		
防水工事	200	予定				150		50
		実績				150		
外壁工事	600	予定				100		
		実績				100		
建具工事	520	予定				420	100	
		実績				400		
金属工事	200	予定				200		
		実績				200		
内装工事	1,000	予定					350	650
		実績						
塗装工事	180	予定					120	60
		実績						
設備工事	1,400	予定	50	100	100	650	300	200
		実績	50	100	100	500		
総工事金額	7,500	予定	**900**	**990**				
		実績	**900**	**1050**				

問4の解き方　正解　70%

①問題文には、「出来高表には押出成形セメント板の出来高は記載していない」とあるので、最初に、出来高表に押出成形セメント板の出来高を記載する必要がある。

②出来高表の「外壁工事」の欄を見ると、工事金額が600万円なのに対して、月別の出来高には4月の100万円しか記載されていない。押出成形セメント板の工事が行われたのは3月なので、外壁工事の3月の出来高(押出成形セメント板の出来高)は、600 − 100 = 500万円である。

③1月の完成出来高は、50 + 400 + 200 + 200 + 50 = 900万円である。

④2月の完成出来高は、200 + 120 + 350 + 280 + 100 = 1050万円である。

⑤3月の完成出来高は、200 + 80 + 350 + 490 + 500 + 100 = 1720万円である。

⑥4月の完成出来高は、50 + 180 + 150 + 100 + 400 + 200 + 500 = 1580万円である。

⑦4月末までの完成出来高の累計は、900 + 1050 + 1720 + 1580 = 5250万円である。

⑧したがって、総工事金額(7500万円)に対する4月末までの完成出来高の累計は、5250 ÷ 7500 = 0.7 = 「**70%**」である。

1月～6月の予定出来高と完成出来高(4月末時点)

単位　万円

工種	工事金額	予定/実績	1月	2月	3月	4月	5月	6月
仮設工事	750	予定	50	200	200	50	150	100
		実績	50	200	200	50		
土工事	600	予定	400	120	80			
		実績	400	120	80			
地業工事	200	予定	200					
		実績	200					
鉄筋・型枠コンクリート工事	900	予定	200	300	400			
		実績	200	350	350			
鉄骨工事	950	予定		270	500	180		
		実績		280	490	180		
防水工事	200	予定				150		50
		実績				150		
外壁工事	600	予定			500	100		
		実績			500	100		
建具工事	520	予定				420	100	
		実績				400		
金属工事	200	予定				200		
		実績				200		
内装工事	1,000	予定					350	650
		実績						
塗装工事	180	予定					120	60
		実績						
設備工事	1,400	予定	50	100	100	650	300	200
		実績	50	100	100	500		
総工事金額	7,500	予定	**900**	**990**	**1780**	**1750**	**1020**	**1060**
		実績	**900**	**1050**	**1720**	**1580**		

※4月末時点の出来高表では、予定出来高の累計が5420万円なのに対して、完成出来高の累計が5250万円なので、この工事は予定よりも少しだけ遅れているといえる。

施工管理

平成30年度 問題3 施工管理(バーチャート作成)の解答例

【問題3】　鉄骨造3階建て事務所ビルの建設工事における次頁の工程表と出来高表に関し、次の問1から問3に答えなさい。

工程表は工事着手時点のものであり、予定出来高曲線を破線で表示している。

また、出来高表は、4月末時点のものを示している。

ただし、鉄骨工事における耐火被覆の工程は未記入であり、総工事金額の月別出来高及びスタッド溶接と耐火被覆の出来高は記載していない。

〔工事概要〕

用　　途：事務所
構造・規模：鉄骨造　地上3階建て　延べ面積450m²
基　　礎：直接基礎
山 留 め：自立山留め
鉄骨工事：建方は、移動式クレーンにて行う。
　　　　　耐火被覆は、耐火材巻付け工法、外周部は合成工法
仕 上 げ：屋根は、合成高分子系ルーフィングシート防水
　　　　　外壁は、ALCパネル張り、仕上塗材仕上げ
　　　　　内装は、壁、天井は軽量鉄骨下地せっこうボード張り
　　　　　　　　　床はフリーアクセスフロア、タイルカーペット仕上げ

問1　工程表の土工事・基礎工事の**A**に該当する作業名を記述しなさい。

問2　耐火被覆作業の**開始日**を月次と旬日で定めて記入しなさい。
ただし、**解答の旬日は、上旬、中旬、下旬**とする。

問3　出来高表から、総工事金額に対する4月末までの**完成出来高の累計**をパーセントで記入しなさい。

施工管理

工　程　表

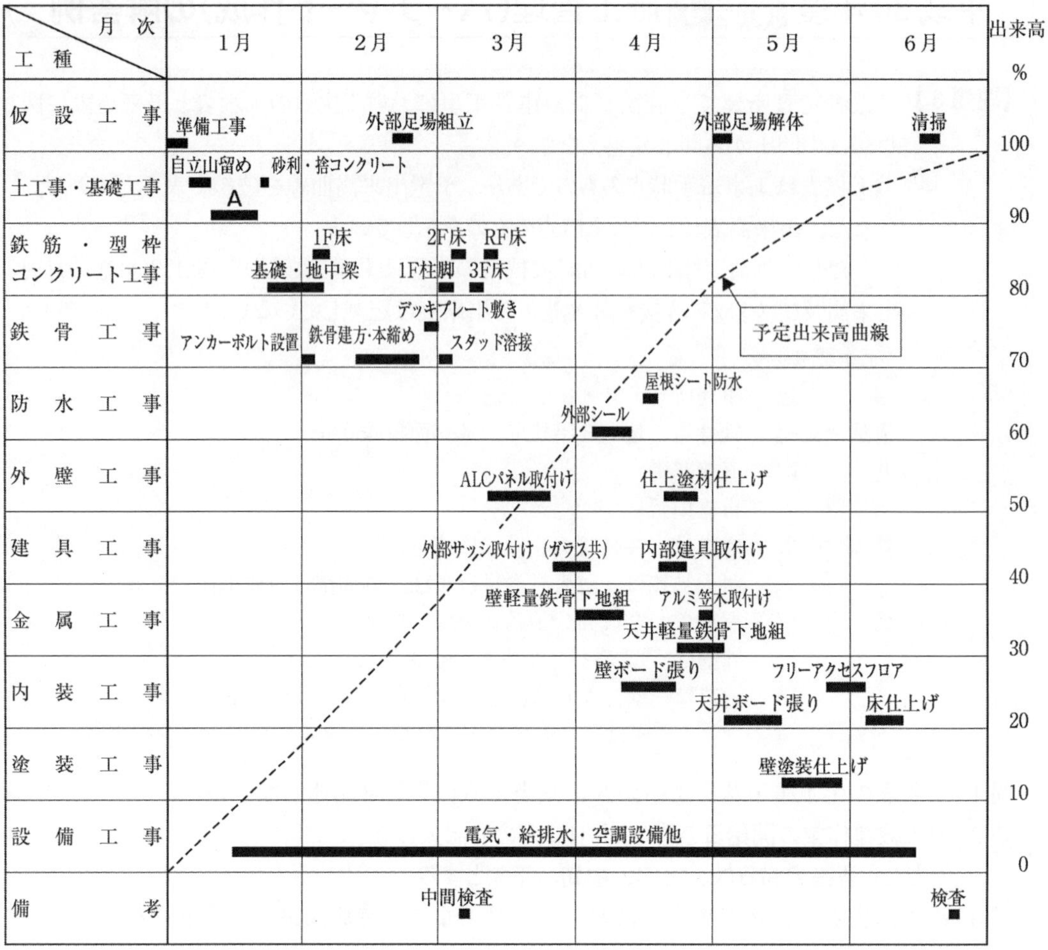

工種 ＼ 月次	1月	2月	3月	4月	5月	6月
仮設工事	準備工事	外部足場組立			外部足場解体	清掃
土工事・基礎工事	自立山留め 砂利・捨コンクリート A					
鉄筋・型枠コンクリート工事	基礎・地中梁	1F床	1F柱脚 2F床 3F床 RF床			
鉄骨工事	アンカーボルト設置	鉄骨建方・本締め	デッキプレート敷き スタッド溶接			
防水工事				外部シール 屋根シート防水		
外壁工事			ALCパネル取付け	仕上塗材仕上げ		
建具工事			外部サッシ取付け（ガラス共）	内部建具取付け		
金属工事				壁軽量鉄骨下地組 アルミ笠木取付け 天井軽量鉄骨下地組		
内装工事				壁ボード張り	天井ボード張り フリーアクセスフロア	床仕上げ
塗装工事					壁塗装仕上げ	
設備工事	電気・給排水・空調設備他					
備考			中間検査			検査

出　来　高　表

単位　万円

工種	工事金額	予定 実績	1月	2月	3月	4月	5月	6月
仮設工事	400	予定	50	100	50	50	100	50
		実績	50	100	50	50		
土工事・基礎工事	550	予定	550					
		実績	550					
鉄筋・型枠コンクリート工事	800	予定	400	150	250			
		実績	400	100	300			
鉄骨工事	1,100	予定		900				
		実績		900				
防水工事	100	予定				100		
		実績				100		
外壁工事	600	予定			550	50		
		実績			550	50		
建具工事	500	予定			200	300		
		実績			200	300		
金属工事	200	予定				200		
		実績				200		
内装工事	650	予定				200	250	200
		実績				200		
塗装工事	100	予定					100	
		実績						
設備工事	1,000	予定	50	50	150	350	300	100
		実績	50	50	150	250		
総工事金額	6,000	予定						
		実績						

正　解

問1	土工事・基礎工事のAに該当する作業名	根切り（掘削）
問2	耐火被覆作業の開始日（月次と旬日）	3月下旬
問3	総工事金額に対する4月末までの完成出来高の累計	80%

問1の解き方　正解　根切り（掘削）

①「A」の工種は、土工事・基礎工事である。

②「A」の先行作業（Aの作業を行う前に終了させなければならない作業）は「自立山留め」である。「A」の後続作業（Aの作業が終了していなければ開始できない作業）は「砂利・捨コンクリート」である。

③土工事・基礎工事では、山留めが完成したら、根切り(掘削)が行われる。また、根切り(掘削)が完了したら、砂利基礎の施工や捨コンクリートの打設が行われる。

④したがって、土工事・基礎工事のAに該当する作業名は、「**根切り**」または「**掘削**」である。

問2の解き方　正解　3月下旬

①鉄骨工事では、鉄骨建方・本締めが終了した部分から順に、デッキプレート敷きを行う。

②デッキプレート敷きに関連して、梁上に頭付きスタッドを溶接する作業や、梁や柱を貫通する金物を取り付ける作業が必要となる。この溶接・取付けの作業が終了した部分から順に、耐火被覆を行う。すなわち、「耐火被覆」の先行作業は「スタッド溶接」である。

③耐火被覆作業のうち、耐火材巻付け工法は、スタッド溶接が完了した部分から開始できる。しかし、外周部を合成工法とする鉄骨工事では、ALCパネルに耐火材を取り付ける必要があるので、耐火被覆作業はALCパネル取付けが終了した部分から開始することが一般的である。したがって、耐火被覆作業の開始日は、**3月下旬**である。

④参考までに、耐火被覆作業の終了日についても考えることにする。耐火材巻付け工法による耐火被覆は、ALCパネル取付けの前に完了させることができる。しかし、外周部において、合成工法による耐火被覆を完了させることができるのは、ALCパネル取付けの後である。また、耐火被覆作業は、壁軽量鉄骨下地組の開始前に完了させなければならない。したがって、耐火被覆作業の終了日は、3月下旬であると考えられる。なお、耐火被覆作業は、開始日・終了日が共に3月下旬となっているが、この耐火被覆作業にかかる時間は10日間以内であるため、特に問題はないと考えられる。

この問題における工事概要(鉄骨工事)では、「耐火被覆は、耐火材巻付け工法、外周部は合成工法」と書かれている。それぞれの工法の概要は、下記の通りである。

①耐火材巻付け工法とは、不燃材料であるセラミックファイバーなどを毛布状にしたブランケットを、鉄骨の各部位に巻き付けてピンで固定する工法である。耐火材巻付け工法による耐火被覆は、スタッドを施工した部位から順次開始できる。

②合成工法とは、外周部のALCパネルを取り付けた後、耐火材をALCパネルに固定する(ブランケットの巻付けやロックウールの吹付けなどを行う)工法である。合成工法による耐火被覆は、ALCパネルの施工後に開始できる。

問3の解き方　正解　80%

①次のような手順を踏んで、出来高表に、総工事金額の月別出来高と、スタッド溶接と耐火被覆の出来高を記載する。

②工程表より、スタッド溶接は3月に行われる(3月上旬に終了する)作業である。また、問2より、耐火被覆も3月に行える作業である。したがって、スタッド溶接と耐火被覆の出来高は「3月」の欄に記載する。

③出来高表の「鉄骨工事」の欄を見ると、工事金額が1100万円なのに対し、月別の出来高には2月の900万円しか記載されていない。鉄骨工事が行われているのは2月と3月だけなので、鉄骨工事の3月の出来高(スタッド溶接と耐火被覆の出来高)は、1100－900＝200万円である。

④総工事金額の月別出来高は、予定・実積ともに、その月の各工種の工事金額を単純に合計したものである。一例として、「1月・予定」の総工事金額は、50+550+400+50＝1050万円である。

完成した出来高表　単位　万円

工種	工事金額	予定 実績	1月	2月	3月	4月	5月	6月
仮設工事	400	予定	50	100	50	50	100	50
		実績	50	100	50	50		
土工事・基礎工事	550	予定	550					
		実績	550					
鉄筋・型枠 コンクリート工事	800	予定	400	150	250			
		実績	400	100	300			
鉄骨工事	1,100	予定		900	**200**			
		実績		900	**200**			
防水工事	100	予定				100		
		実績				100		
外壁工事	600	予定			550	50		
		実績			550	50		
建具工事	500	予定			200	300		
		実績			200	300		
金属工事	200	予定				200		
		実績				200		
内装工事	650	予定				200	250	200
		実績				200		
塗装工事	100	予定					100	
		実績						
設備工事	1,000	予定	50	50	150	350	300	100
		実績	50	50	150	250		
総工事金額	6,000	予定	**1050**	**1200**	**1400**	**1250**	**750**	**350**
		実績	**1050**	**1150**	**1450**	**1150**		

⑤1月〜4月の総工事金額の実績を合計すると、1050＋1150＋1450＋1150＝4800万円になる。

⑥総工事金額に対する4月末までの完成出来高の累計は、4800÷6000＝0.8＝**80%**になる。

完成した工程表

工種 ＼ 月次	1月	2月	3月	4月	5月	6月
仮設工事	準備工事	外部足場組立			外部足場解体	清掃
土工事・基礎工事	自立山留め　砂利・捨コンクリート　根切り(掘削)					
鉄筋・型枠コンクリート工事	基礎・地中梁	1F床	1F柱脚　2F床　RF床　3F床			
鉄骨工事	アンカーボルト設置	デッキプレート敷き　鉄骨建方・本締め	スタッド溶接　耐火被覆			
防水工事				外部シール　屋根シート防水		
外壁工事			ALCパネル取付け	仕上塗材仕上げ		
建具工事			外部サッシ取付け（ガラス共）	内部建具取付け		
金属工事				壁軽量鉄骨下地組　アルミ笠木取付け　天井軽量鉄骨下地組		
内装工事				壁ボード張り	天井ボード張り　フリーアクセスフロア	床仕上げ
塗装工事					壁塗装仕上げ	
設備工事	電気・給排水・空調設備他					
備考			中間検査			検査

出来高 %：0, 10, 20, 30, 40, 50, 60, 70, 80, 90, 100

完成出来高曲線：18%（1月末）, 37%（2月末）, 61%（3月末）, 80%（4月末）

予定出来高曲線

参考　**(1) 耐火被覆**

耐火被覆とは、鉄骨構造の建物を耐火構造とするために、鉄骨工事において、壁・柱・梁・床などを定められた材料で覆うことである。

耐火構造とは、壁・柱・梁・床などの建築物の部位の構造のうち、耐火性能(通常の火災が終了するまでの間、当該火災による建築物の倒壊・延焼を防止するために、当該建築物の部分に必要とされる性能)に関して、政令で定める技術的基準に適合する鉄筋コンクリート造・煉瓦造などの構造で、国土交通大臣が定めた構造方法を用いるものまたは国土交通大臣の認定を受けたものをいう。

耐火構造とする必要がある鉄骨構造物の壁・柱・梁・床などの各部位は、火災による熱を一定時間受けた場合においても、構造耐力上支障のある変形・溶融・破壊・その他の損傷を生じないようにしなければならない。

(2) 耐火被覆工法の種類

一般的に用いられる耐火被覆工法には、次のようなものがある。鉄骨構造の建物を耐火構造とするための耐火被覆は、建築基準法に例示されている仕様か、国土交通大臣が認定した仕様に準じた品質を有していなければならない。

施工管理

耐火被覆工法の分類（出典：建築工事監理指針）

工法	耐火被覆材料	材料の主成分	仕様区分
打設工法	コンクリート	セメント、砂、砂利	例示
	軽量コンクリート	セメント、軽量骨材	
左官工法	鉄網モルタル	セメント、砂	例示
	鉄網パーライトモルタル	セメント、パーライト	
吹付け工法	吹付けロックウール	ロックウール、セメント	認定
	軽量セメントモルタル	セメント、パーライト、水酸化アルミニウム	
	吹付けパーライトモルタル	セメント、パーライト	
	水酸化アルミニウム混入湿式吹付けモルタル	セメント、シリカ、アルミナ	
	耐火塗料	燐酸アンモニウム	
張付け工法	繊維混入珪酸カルシウム板	珪酸カルシウム	認定
	ALCパネル	セメント、珪石、生石灰	
	強化石膏ボード	石膏	
	押出成形セメント板	セメント	
	軽量コンクリート板	セメント、軽量骨材	
巻付け工法	セラミックファイバー系材料	セラミックファイバー	認定
	ロックウールフェルト	ロックウール	
組積工法	コンクリートブロック	セメント、砂、砂利	例示
	軽量コンクリートブロック	セメント、軽量骨材	
	石または煉瓦	石または煉瓦	
合成工法	各種材料や工法の組み合わせ	各種の耐火材	認定

(3) 耐火材巻付け工法

この問題にあるような「鉄骨造3階建て事務所ビルの建設工事」では、巻付け工法を採用することが一般的である。巻付け工法は、耐火材であるセラミックファイバーやグラスファイバーなどのブランケットを鉄骨に巻き付け、ワッシャー付きの鋼製固定ピンを用いてスポット溶接で留め付ける工法である。

巻付け工法の施工における留意点には、次のようなものがある。

①原則として、材料(耐火材)はプレカットして搬入する。

②鉄骨の浮錆・油などは、耐火被覆を行う前に除去しておく。

③材料のたるみ・ピンの不具合・突合せ部の隙間などが生じないように巻き付ける。

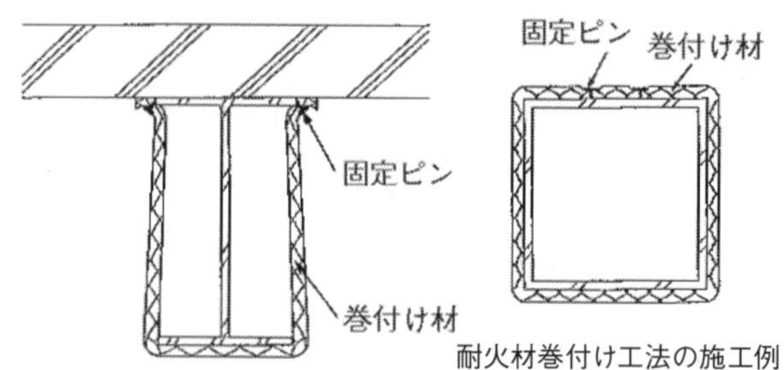

耐火材巻付け工法の施工例

平成29年度 問題3 施工管理(バーチャート作成)の解答例

【問題3】 木造2階建て住宅の建設工事における次頁の工程表と出来高表に関し、次の 問1 から 問3 に答えなさい。

なお、工程表は工事着手時点のものであり、予定出来高曲線を破線で表示している。

また、出来高表は3月末時点のものを示しているが、建具工事のうち外部アルミニウム製建具の出来高及び総工事金額の月別出来高は、記載していない。

〔工事概要〕

用　　途：住宅

構造・規模：木造在来軸組工法　2階建て　延べ面積 100 m^2

基　　礎：ベタ基礎

仕　上　げ：屋根は、住宅屋根用化粧スレート張り

外壁は、塗装窯業系サイディングボード張り

内装は、壁天井ともせっこうボード下地クロス仕上げ

床はフローリング仕上げ

問1 工程表の仮設工事のAに該当する作業名を記述しなさい。

問2 建具工事における外部アルミニウム建具の取付け作業の工程は、未記入となっている。適当な工程となるように、取付け作業の**開始日**を月次と旬日で定めて、記入しなさい。ただし、**解答の旬日は、上旬、中旬、下旬**とする。

問3 出来高表から、総工事金額に対する3月末までの**完成出来高の累計**をパーセントで記入しなさい。

工程表

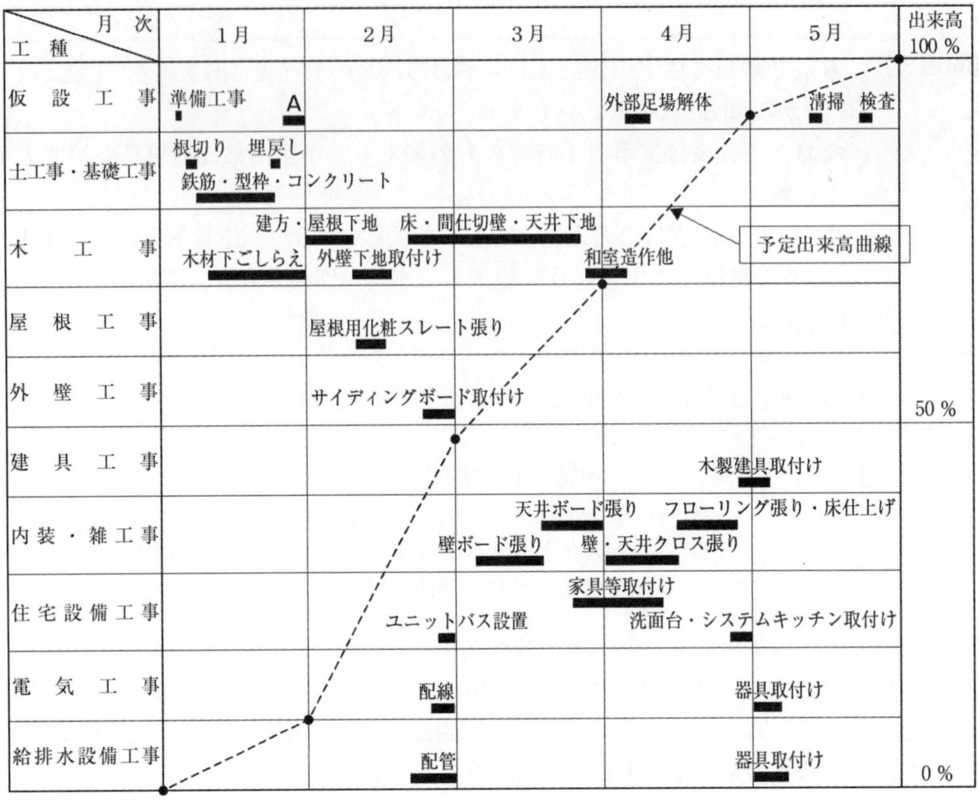

月次 / 工種	1月	2月	3月	4月	5月	出来高
						100 %
仮設工事	準備工事　A			外部足場解体	清掃　検査	
土工事・基礎工事	根切り　埋戻し 鉄筋・型枠・コンクリート					
木工事	木材下ごしらえ	建方・屋根下地 外壁下地取付け 床・間仕切壁・天井下地		和室造作他		
屋根工事		屋根用化粧スレート張り				
外壁工事		サイディングボード取付け				50 %
建具工事					木製建具取付け	
内装・雑工事			壁ボード張り 天井ボード張り	壁・天井クロス張り フローリング張り・床仕上げ		
住宅設備工事		ユニットバス設置	家具等取付け	洗面台・システムキッチン取付け		
電気工事		配線			器具取付け	
給排水設備工事		配管			器具取付け	0 %

予定出来高曲線

出来高表

(単位 万円)

工種	工事金額	予定 実績	1月	2月	3月	4月	5月
仮設工事	100	予定	50			40	10
		実績	50				
土工事・基礎工事	100	予定	100				
		実績	100				
木工事	500	予定	50	200	200	50	
		実績	50	200	170		
屋根工事	100	予定		100			
		実績		100			
外壁工事	200	予定		200			
		実績		200			
建具工事	200	予定				50	50
		実績					
内装・雑工事	400	予定			200	200	
		実績			150		
住宅設備工事	200	予定		50	50	100	
		実績		50	50		
電気工事	100	予定		50			50
		実績		50			
給排水設備工事	100	予定		50			50
		実績		50			
総工事金額	2,000	予定					
		実績					

正　解

問1	仮設工事のAに該当する作業名	外部足場組立
問2	外部アルミニウム建具の取付け作業の開始日	2月中旬
問3	3月末までの完成出来高の累計	66%

問1の解き方

正　解　**外部足場組立**

①「A」の工種は、仮設工事である。
②仮設工事の欄を見ると、4月上旬に「外部足場解体」の作業を行うことになっている。
③「外部足場解体」の作業があるということは、その前に必ず「**外部足場組立**」の作業がある。

問2の解き方

正　解　**2月中旬**

①「外部アルミニウム建具取付け」の工種は、建具工事である。
②外部アルミニウム建具取付けの先行作業である「外壁下地取付け」がすべて完了していなければ、「外部アルミニウム建具取付け」の作業を開始することはできない。
③「外壁下地取付け」は2月中旬に完了するので、「外部アルミニウム建具取付け」は**2月中旬**以降に開始できる。
④参考までに、「外部アルミニウム建具取付け」の終了日は、2月下旬である。後続作業である「サイディングボード取付け」は、「外部アルミニウム建具取付け」が完了していなければ、開始することができない。したがって、「外部アルミニウム建具取付け」は、「サイディングボード取付け」の開始日である2月下旬までに終了させておかなければならない。

工程表

工種＼月次	1月	2月	3月	4月	5月	出来高 100%
仮設工事	準備工事　外部足場組立			外部足場解体	清掃　検査	
土工事・基礎工事	根切り　埋戻し 鉄筋・型枠・コンクリート					
木工事	建方・ 木材下ごしらえ	屋根下地　床・間仕切壁・天井下地 外壁下地取付け		和室造作他	予定出来高曲線	70%
屋根工事		屋根用化粧スレート張り				
外壁工事		サイディングボード取付け				50%
建具工事		外部アルミニウム建具取付け			木製建具取付け	

問3の解き方　正解　66%

①出来高には、施工計画立案時に定められる予定出来高(計画出来高)と、工事完成後に定められる完成出来高(実績出来高)がある。各工種の出来高は、総工事金額[万円]を100%として、百分率[%]で求める。

②一例として、この建設工事の総工事金額は2000万円なので、仮設工事の出来高は「100÷2000＝0.05＝5%」、木工事の出来高は「500÷2000＝0.25＝25%」である。

③出来高表に、外部アルミニウム建具の金額を記入する。建具工事の工事金額が200万円、既に4月と5月の欄に(50万円が)記入されている「木製建具取付け」が合計100万円なので、外部アルミニウム建具の金額は100万円である。また、「外部アルミニウム建具取付け」は2月中に行われる作業なので、この「100万円」は2月の欄に記入する。

④出来高表に、総工事金額の月別出来高[万円]で記入する。月別出来高[万円]は、その月の各工種の工事金額を単純に合計したものである。

⑤出来高表に、総工事金額(2000万円)に対する月別出来高[万円]の割合を、月別出来高[%]として追記する。この出来高表からは、3月末の時点で木工事と内装・雑工事に遅れが出ていることが分かる。

⑥出来高表に、その月までの月別出来高[%]の合計を、出来高累計[%]として追記する。

⑦下表より、総工事金額に対する3月末までの完成出来高の累計は、**66%**である。

施工管理

出来高表

工種	工事金額	予定 実績	1月	2月	3月	4月	5月
仮設工事	100	予定	50			40	10
		実績	50				
土工事・基礎工事	100	予定	100				
		実績	100				
木工事	500	予定	50	200	200	50	
		実績	50	200	170		
屋根工事	100	予定		100			
		実績		100			
外壁工事	200	予定		200			
		実績		200			
建具工事	200	予定		100		50	50
		実績		100			
内装・雑工事	400	予定			200	200	
		実績			150		
住宅設備工事	200	予定		50	50	100	
		実績		50	50		
電気工事	100	予定		50			50
		実績		50			
給排水設備工事	100	予定		50			50
		実績		50			
総工事金額	2,000	予定	200	750	450	440	160
		実績	200	750	370		
月別出来高[%]		予定	10%	37.5%	22.5%	22%	8%
		実績	10%	37.5%	18.5%		
出来高累計[%]		予定	10%	47.5%	70%	92%	100%
		実績	10%	47.5%	66%		

$$3月末までの完成出来高=\frac{1月の実績[万円]+2月の実績[万円]+3月の実績[万円]}{総工事金額[万円]}=\frac{200+750+370}{2000}=0.66=66[\%]$$

工程表

工種＼月次	1月	2月	3月	4月	5月	出来高 100 %
仮設工事	準備工事 外部足場組立			外部足場解体 92%	清掃 検査	
土工事・基礎工事	根切り 埋戻し 鉄筋・型枠・コンクリート					
木工事	木材下ごしらえ	建方・屋根下地 外壁下地取付け 床・間仕切壁・天井下地		和室造作他	予定出来高曲線	70 %
屋根工事		屋根用化粧スレート張り	70% 66%			
外壁工事		サイディングボード取付け	完成出来高曲線			50 %
建具工事		外部アルミニウム建具取付け 47.5%		木製建具取付け		
内装・雑工事			天井ボード張り 壁ボード張り	壁・天井クロス張り フローリング張り・床仕上げ		
住宅設備工事		ユニットバス設置	家具等取付け	洗面台・システムキッチン取付け		
電気工事	10%	配線			器具取付け	
給排水設備工事		配管			器具取付け	0 %

平成28年度 問題3 施工管理（ネットワーク工程表）の解答例

【問題3】　図に示すネットワーク工程表について、次の 問1 から 問3 に答えなさい。
なお、○内の数字はイベント番号を、実線の矢線は作業を、破線の矢線はダミーを示し、また、矢線の上段のアルファベットは作業名を、下段の数値は所要日数を示すものとする。

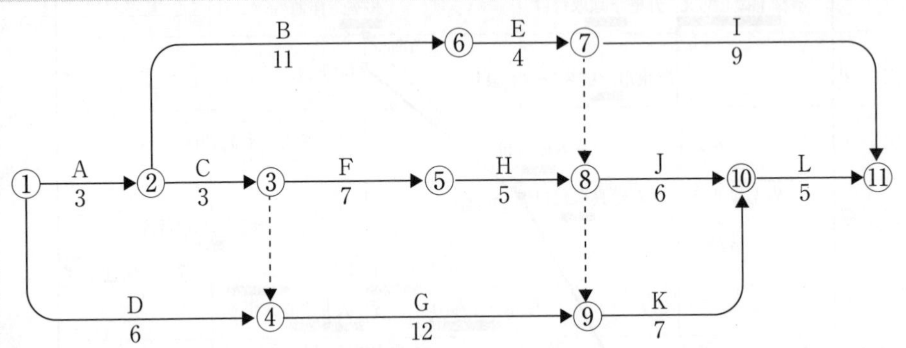

問1 工程表において、①から⑪までの**総所要日数**を答えなさい。

問2 工程の再検討を行ったところ、作業Hの所要日数が1日、作業J が2日増加することが分かった。このときの**クリティカルパス**を、**作業名**で工程順に並べて答えなさい。

問3 作業Hの所要日数が1日、作業Jが2日増加するときの①から⑪までの総所要日数を当初と同じ日数とするために、作業Bと作業Fの日程短縮により調整する場合、**作業B**と**作業F**はそれぞれ最小限**何日短縮**すればよいか答えなさい。

正　解

問1	①から⑪までの総所要日数	30日
問2	工程の再検討後のクリティカルパス	A→C→F→H→J→L
問3	作業Bの短縮日数	1日
	作業Fの短縮日数	2日

施工管理

解き方　問1の計算　正解　総所要日数　30日

問題に示されたネットワーク工程表について、各イベントの最早開始時刻を計算し、クリティカルパスを明示すると、下図のようになる。最終イベント⑪の最早開始時刻が30日なので、このネットワーク工程表の総所要日数(工期)は30日である。

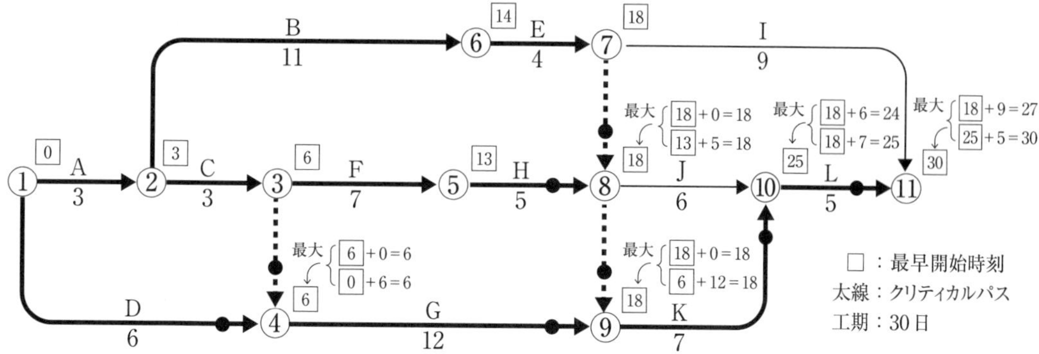

※作業Iと作業Jを除くすべての作業は、クリティカルパス上にある余裕のない作業である。

解き方　問2の計算　正解　クリティカルパス　A→C→F→H→J→L

作業Hの所要日数が1日増加して6日になり、作業Jの所要日数が2日増加して8日になったときのネットワーク工程表について、各イベントの最早開始時刻を計算し、クリティカルパスを明示すると、下図のようになる。このネットワーク工程表のクリティカルパスを、作業名で工程順に並べると、A→C→F→H→J→Lとなる。

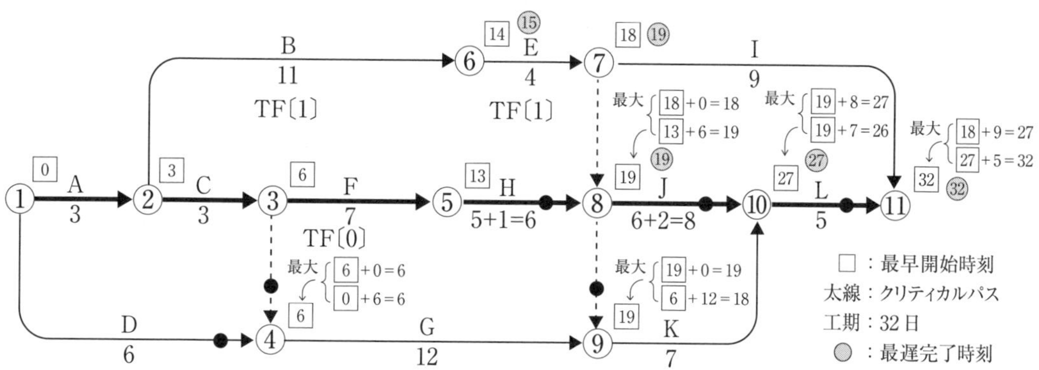

解き方　問3の計算　正解　作業Bの短縮日数1日　作業Fの短縮日数2日

現状で32日となっている総所要日数を2日間短縮して30日とするためには、次のような処置を行わなければならない。

(1) クリティカルパス上にある作業(A・C・F・H・J・L)のいずれかについて、所要日数を2日間短縮しなければならない。この問題では作業Fの日程短縮により調整するとあるので、クリティカルパス上にある作業Fは、最小限2日短縮し、作業日数を5日間にする必要がある。

(2) クリティカルパス上にない作業に関しては、この問題では作業Bの日程短縮により調整するとあるので、作業Bの経路先にあるイベント⑥とイベント⑦の最遅完了時刻を計算する。

イベント⑦の最遅完了時刻：19日(流出矢線である⑲－0＝⑲と㉜－9＝㉓の最小値)

イベント⑥の最遅完了時刻：15日(流出矢線である⑲－4＝⑮から求める)

したがって、作業Bのトータルフロート(TF)＝⑮－(③+11)＝1日である。総所要日数を2日間短縮するので、クリティカルパス上にない作業Bは、最小限1日(短縮する総所要日数－作業Bのトータルフロート＝2日－1日＝1日)短縮し、作業日数を10日間にする必要がある。この結果、1日短縮された作業Bのトータルフロート(TF)は〔0〕となる。そして、作業Bおよび作業Eは、クリティカルパス上の作業となる。

施工管理

平成27年度 問題3 施工管理(ネットワーク工程表)の解答例

【問題3】 図に示すネットワーク工程表について、次の問1から問3の問いに答えなさい。

なお、○内の数字はイベント番号を、実線の矢線は作業を、破線の矢線はダミーを示し、矢線の上段のアルファベットは作業名を、下段の数値は所要日数を示すものとする。

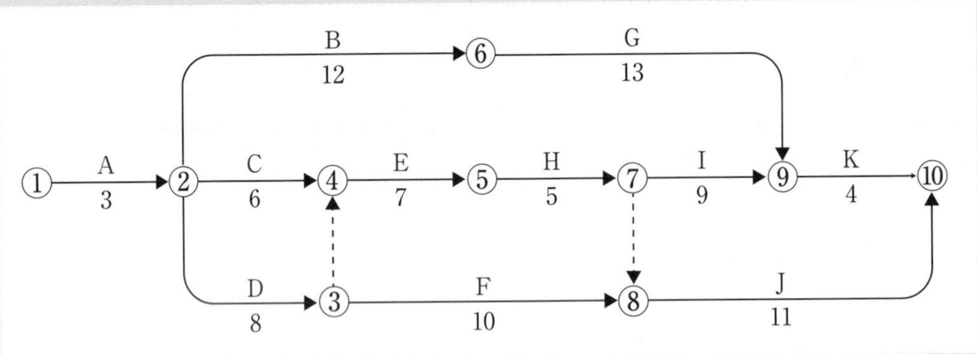

問1 工程表において、**クリティカルパス**を**作業名**で工程順に並べて答えなさい。

問2 工程の再検討を行ったところ、イベント番号⑤から⑥への所要日数2日の新たな作業Lが発生した。この時の①から⑩までの**総所要日数**を答えなさい。

問3 工新たな作業Lが**発生する前**と**発生した後**の作業Bの**フリーフロート**をそれぞれ**日数**で答えなさい。

※平成27年度の【問題3】は、イベント番号を一部修正しています。

正　解

問 1	クリティカルパス（作業名）	A→D→E→H→I→K
問 2	①から⑩までの総所要日数	37 日
問 3	作業Lが発生する前の作業Bのフリーフロート	0 日
	作業Lが発生した後の作業Bのフリーフロート	5 日

解き方　問 1 の計算　正 解　クリティカルパス　A→D→E→H→I→K

最初に、各イベントの最早開始時刻を計算する。━●━▶を⑩から①に向かって辿った太線が、ネットワークの最長経路となるクリティカルパスである。したがって、このネットワーク工程表のクリティカルパスを作業名で工程順に並べると、A→D→E→H→I→K となる。

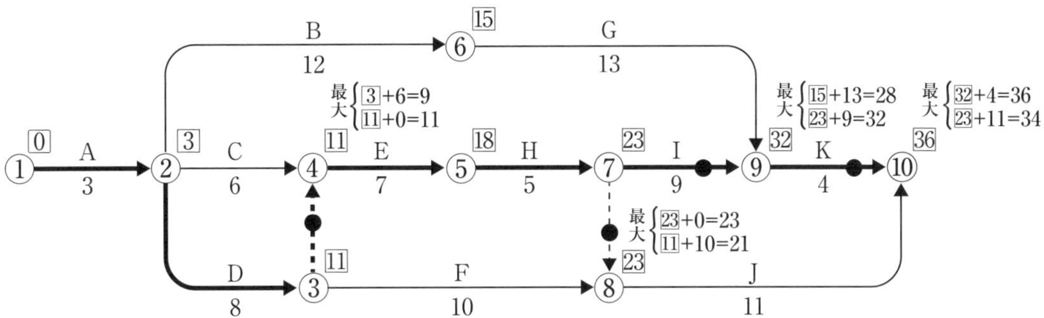

解き方　問 2 の計算　正 解　総所要日数　37 日

イベント番号⑤→⑥の所要日数 2 日の作業Lが新たに発生したので、イベント⑥以降の最早開始時刻を再び計算する。作業Lが発生した後の最終イベント⑩の最早開始時刻は37なので、このネットワーク工程表の総所要日数（工期）は 37 日である。

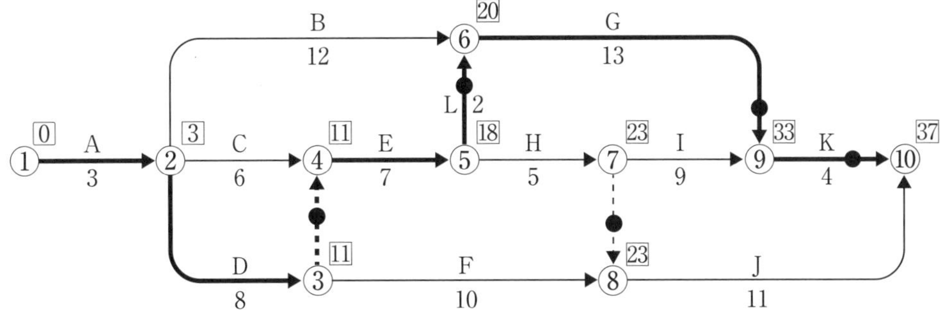

解き方 **問3の計算**　**正解**　作業L発生前の作業Bのフリーフロート　0日
作業L発生後の作業Bのフリーフロート　5日

作業Bのフリーフロート＝
イベント⑥の最早開始時刻－(イベント②の最早開始時刻＋作業Bの所要日数)

(1) 作業Lが発生する前の作業Bのフリーフロートは、15－(3＋12)＝0日である。これは、**問1の計算**の図から求めることができる。

(2) 作業Lが発生した後の作業Bのフリーフロートは、20－(3＋12)＝5日である。これは、**問2の計算**の図から求めることができる。

施工管理

平成26年度 問題3 施工管理(ネットワーク工程表)の解答例

【問題3】　図に示すネットワーク工程表について、次の問1から問3に答えなさい。
なお、○内の数字はイベント番号、矢線の上段のアルファベットは作業名、下段の数値は所要日数を示す。

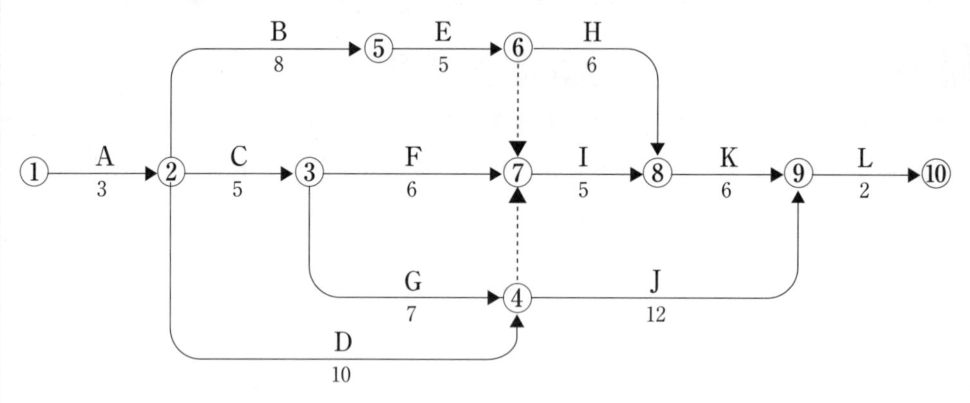

問1　工程表において、①から⑩までの**総所要日数**を答えなさい。

問2　工程表において、作業Cと作業Dがそれぞれ3日間遅延したときの**クリティカルパス**を作業名で工程順に並べて答えなさい。

問3　工程表において、作業Cと作業Dがそれぞれ3日間遅延したとき、①から⑩までの総所要日数を当初と同じ日数とするために、作業Iと作業Jの作業日数のみを短縮する場合、作業Iと作業Jは、それぞれ**最小限何日間短縮**すればよいか答えなさい。

正　解

問1	総所要日数	30日
問2	クリティカルパス	A→C→G→J→L
問3	作業Iの最小短縮日数	1日間
	作業Jの最小短縮日数	2日間

解き方 問1の計算 正解 総所要日数　30日

問題に示されたネットワーク工程表の最早開始時刻を計算すると、次図のようになる。最終イベント⑩の最早開始時刻が30日なので、総所要日数は30日である。また、このネットワーク工程表のクリティカルパスを作業名で表すと、A→B→E→H→K→Lとなる。

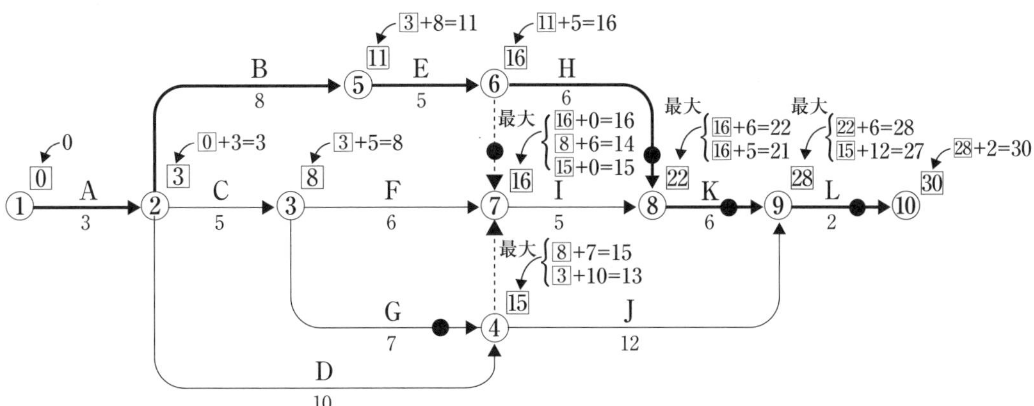

解き方 問2の計算 正解 クリティカルパス　A→C→G→J→L

この問では、作業Cが3日間遅延して5＋3＝8日に、作業Dが3日間遅延して10＋3＝13日になった。Cの所要日数を8日に、Dの所要日数を13日に変更し、ネットワーク工程表の最早開始時刻を再計算すると、次図のようになる。このネットワーク工程表のクリティカルパスを作業名で表すと、A→C→G→J→Lとなる。また、総所要日数は32日となる。

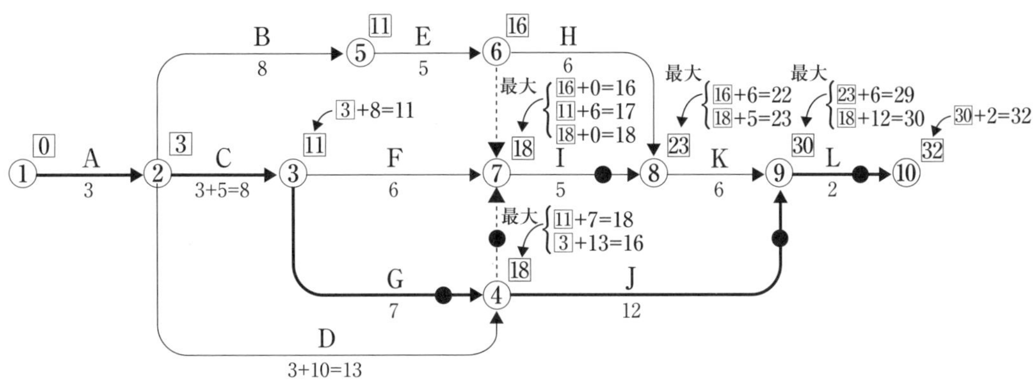

解き方 問3の計算

正解 作業Iの最小短縮日数　1日間
作業Jの最小短縮日数　2日間

総所要日数を当初と同じ日数にするためには、作業Cと作業Dがそれぞれ3日間遅延したときの総所要日数32日から、当初の総所要日数30日を差し引き、作業日程を2日間短縮しなければならない。

(1) クリティカルパス上の作業Jは、2日間短縮する必要がある。これにより、イベント⑨の最早開始時刻を30日から28日に変えることを目標とする。

(2) イベント⑨の最早開始時刻を28日に変えるためには、作業Iと作業Kの所要日数の合計を11日から10日にしなければならない。問の前提により、作業Kの所要日数は変えられないので、作業Iの所要日数を1日間短縮する必要がある。

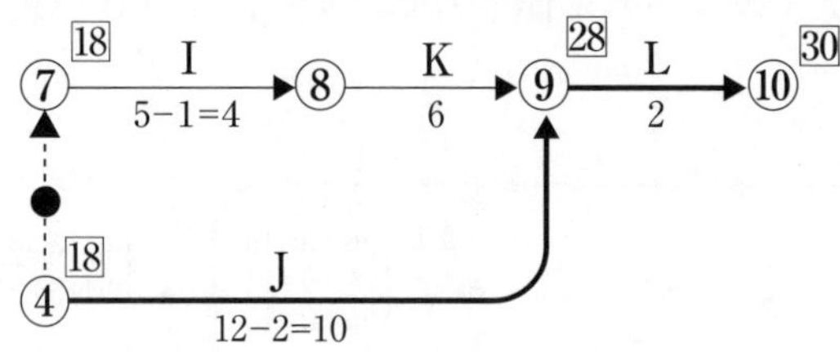

施工管理

第3章　建築法規

3-1　建築法規 技術検定試験 重要項目集

3-2　最新問題解説

3.1 建築法規 技術検定試験 重要項目集

3.1.1 過去10年間の建築法規の出題内容

年度	建設業法	建築基準法	労働安全衛生法	労働基準法	建設リサイクル法
令和5年	元請負人の義務（法第24条）	工事用材料の集積（令第136条）	事業者の措置（法第25条）		
令和4年	元請負人の義務（法第24条）	工事現場の危害の防止（法第90条）	就業制限（法第61条）		
令和3年	元請負人の義務（法第24条）	現場の確認表示（法第89条）	事業者等の責務（法第3条）		
令和2年	主任技術者の職務等（法第26条）	根切り工事の危害防止（令第136条）	元方事業者の措置（法第29条）		
令和元年	現場代理人の選任の通知（法第19条）	根切り工事の危害防止（令第136条）	職長の安全衛生教育（法第60条）		
平成30年	元請負人の義務（法第24条）	工事現場の危害の防止（法第90条）	就業制限（法第61条）		
平成29年	建設業法の用語（法第2条）	山留め危害防止（令第136条）	総括安全衛生管理者（法第10条）		
平成28年	元請負人の義務（法第24条）	現場の確認表示（法第89条）			建設業者の責務（法第5条）
平成27年	主任技術者等の職務（法第26条）	根切り工事の危害防止（令第136条）	就業制限（法第61条）		
平成26年	現場代理人の通知（法第19条）	山留め危害防止（令第136条）	作業主任者資格（法第14条）		

※労働基準法は、平成25年度以前にのみ出題があった項目です。

学習の傾向と対策

(1) 建設業法、建築基準法、労働安全衛生法、建設工事に係る資材の再資源化等に関する法律（建設リサイクル法）を主体としている。

(2) 分析表を見る限り、同じ法律の条文が繰返し出題されていて、過去問をマスターすれば基準点に届きそうである。

(3) 出題の傾向として、事業者（元請負人）が行わなければならない責務や義務の事項に集中している。

3.1.2 建設業法

1 建設業法の目的(法第1条)

①建設工事の適正な施工と発注者の保護

②建設業の健全な発達の促進

2 現場代理人の選任等に関する通知(法第19条の2)

①請負人は現場代理人の氏名とその権限を書面により注文者に通知する。

②注文者は監督員の氏名とその権限を書面により請負人に通知する。

3 元請負人の義務(法第24条の2、法第24条の3、法第24条の4)

①下請負人の意見の聴取として、元請負人は工程の細目、作業方法を定めるとき、**下請負人**の意見をきく。

②下請代金の支払として、元請負人が支払を受けたら、出来形部分に相当する**下請代金を1月以内に支払う**。前払金を受けたときは着手に必要な費用として前払金を支払うよう配慮する。

③検査及び引渡しとして、元請負人は下請負人から**完成通知を受けた日から20日以内に検査**を完了し、申し出により目的物の引渡しを**直ちに**受けなければならない。

4 施工体制台帳の作成建設業者(法第24条の8)

①公共工事では、発注者から直接建設工事を請け負った建設業者が下請契約をする場合、一般建設業・特定建設業の別や下請代金の額に関係なく、作成建設業者として施工体制台帳を作成しなければならない。

②民間工事では、発注者から直接建設工事を請け負った建設業者が下請契約をする場合、下請代金の総額が4500万円以上(建築一式工事では7000万円以上)となる特定建設業者に限り、作成建設業者として施工体制台帳を作成しなければならない。

建設業法施行令の改正について

2023年(令和5年)1月1日に、建設業法施行令に定められた金額要件の見直しが行われました。この改正により、一般建設業の許可で制限される下請代金総額や、主任技術者・監理技術者の配置に関する金額などが変更されています。その概要は、以下の通りです。

✓ 近年の工事費の上昇を踏まえ、金額要件の見直しを行います。※( )内は建築一式工事の場合

	現行	改正後
特定建設業の許可・監理技術者の配置・施工体制台帳の作成を要する下請代金額の下限	4000万円 (6000万円)	4500万円 (7000万円)
主任技術者及び監理技術者の専任を要する請負代金額の下限	3500万円 (7000万円)	4000万円 (8000万円)
特定専門工事の下請代金額の上限	3500万円	4000万円

出典：国土交通省ウェブサイト（ https://www.mlit.go.jp/report/press/content/001521533.pdf ）

5 主任技術者及び監理技術者の職務(法第26条の4)

①主任技術者及び監理技術者は、建設工事を適正に実施するため、建設工事の施工計画の作成、工程管理、品質管理、その他の技術上の管理をすることが職務である。

②建設工事の施工に従事する者の技術上の指導監督の職務。

以上の①②の職務を誠実に行う。

3.1.3 建築基準法

1 工事現場における確認の表示等(法第89条)

①工事の**施工者**は、現場の見易い場所に、**建築確認のあった旨を表示する**。

②表示内容は、建築主、設計者、工事施工者及び現場管理者(主任技術者、監理技術者)である。

③建築・大規模の修繕又は大規模の模様替の工事施工者は、当該工事に係る設計図書を工事現場に備えておく。

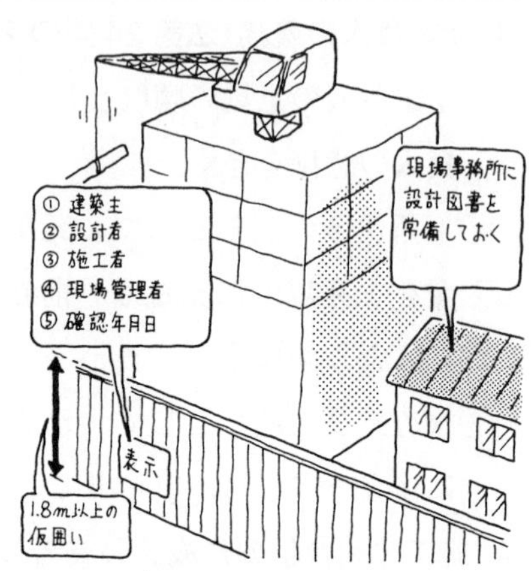

表示と設計図書の常備

2 工事現場の危害の防止(法第90条)

①建築物の建築、修繕、模様替又は除却のための工事の**施工者**は**地盤の崩落、建築物又は工事用工作物の倒壊**による危害を防止する。

②危害防止の技術的基準は政令(第136条)で定める。

3 危害防止の技術的基準(令第136条)

①仮囲い(令第136条の2の20)

木造高さ13mもしくは軒高9mを超えるもの、木造以外は2階建以上の建築、修繕、模様替又は除却の建築工事等を行うときは地盤面からの**高さ1.8m以上**の仮囲を現場周囲に設ける。

②根切り工事、山留め工事等を行う場合の危害防止(令第136条の3)

i) 地階の根切り工事又は深い根切り工事では地盤調査して地層及び地下水の状況に応じて作成した**施工図に基づく**。

ii) 建築物その他工作物に近接して根切り工事を行う場合、当該工作物の**基礎又は地盤を補強して構造耐力の低下を防止**し、**急激な排水**を避ける等傾斜又は倒壊による危害を防止する。

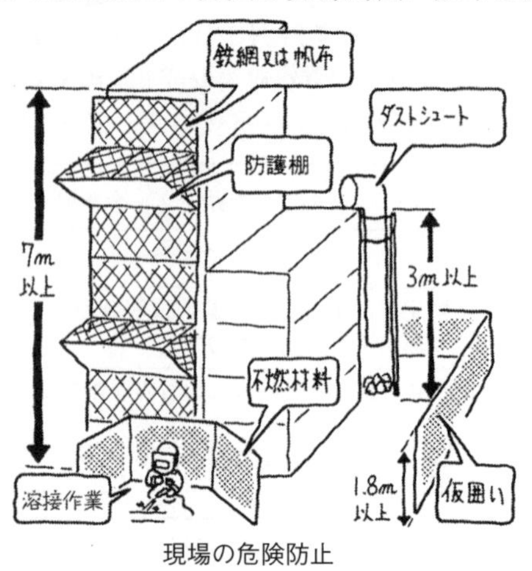

現場の危険防止

iii）**深さ 1.5m 以上の根切り工事**において、地盤が崩壊するおそれのない場合以外山留めを設ける。山留めは、最低の耐力以上の耐力を有し、かつ、**山留めの根入れは周辺の地盤の安定**を保持する深さとする。

iv）山留めの切ばり、矢板、腹起しその他の主要な部分は土圧に対して最低耐力以上を有するよう構造計算で確認する。

v）根切り及び山留めについては、施工中点検し補強し排水を適当に行い、また、**矢板の抜取り**に際し沈下しない措置をする。

3.1.4 労働安全衛生法

1 安全衛生管理体制

①事業者は、100 人以上の事業場ごとに総括安全衛生管理者を選任し、安全管理者、衛生管理者又は技術的事項を管理する者を指揮させ業務を統括管理する（法第 10 条）。

②統括安全衛生責任者は、50 人以上の関係請負人等が同一の場所で作業を行うことで生じる労働災害を防止するため特定元方事業者が元方安全衛生管理者と共に選任する者である。統括安全衛生責任者は、元方安全衛生管理者を指揮する（法第 15 条）。

2 作業主任者（法第 14 条）

①高圧室内作業その他**労働災害を防止するための管理**を必要とする作業を政令で定め、この作業に**作業主任者を選任**する。

②作業主任者の資格には、免許によるものと技能講習修了によるものがある。

i）免許証は都道府県労働局長の免許

ii）技能講習修了者証は、都道府県労働局長の登録を受けた者が行う技能講習を修了した者が受ける。

iii）事業者は作業の区分ごとに作業主任者を選任する。

③作業主任者は労働者の指揮、作業方法の決定などの職務を行うが点検は行わない。

3 安全衛生教育（法第 59 条、法第 60 条）

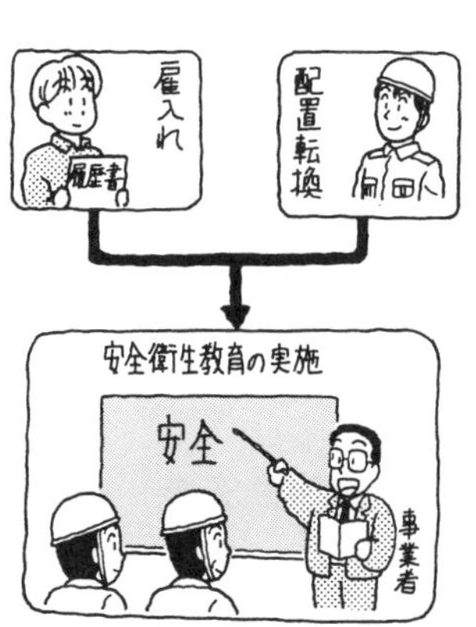

①事業者は労働者を**雇い入れたとき**、厚生労働省令の定めるところにより従事する業務の**安全又は衛生の教育**をする。

②労働者の**作業内容を変更**（配置転換）したときも雇い入れた者と同じ教育を行う。

③危険又は有害な業務で厚生労働省令で定めるところにより、安全又は衛生のための特別の教育を行う。

④事業者は新たに職務につく**職長に安全又は衛生の教育を行う**。（ただし、作業主任者は除く。）

4 **就業制限(法第61条)**

①政令に定めるクレーンの運転等は**都道府県労働局長の免許**を受けた者か、**都道府県労働局の登録を受けた者が行う技能講習を修了した者でなければならない。**

②就業制限のある業務に従事するときはこれに係る免許証その他資格を証する書面を携帯しなければならない。

就業での措置

5 **機械、設備の設置の届出と設置の報告**

①クレーンの設置届(法第88条):つり上げ荷重3t 以上のクレーン・移動式クレーンを設置するときは設置30日前までに**所轄の労働基準監督署長に届け出**をする。

②クレーンの設置報告(クレーン則11条):つり上げ荷重0.5t 以上3t 未満のクレーンを設置するときは所轄の労働基準監督署長に**設置報告書**を提出する。

6 **事業者等の責務**

①事業者は、**労働災害**の防止のための**最低基準**を守るだけでなく、快適な職場環境の実現と労働条件の改善を通じて、職場における労働者の**安全**と**健康**を確保し、国が実施する労働災害の防止に関する施策に協力する。

②建設工事の注文者は、**施工方法・工期**等について、**安全**で**衛生的**な作業の**遂行**を損なうような**条件**を附さないように配慮する。

3.1.5 労働基準法

1 **労働時間(法第32条)**

使用者は労働者に休憩時間を除き**1週に40時間、1日につき8時間**を超えて労働させてはならない。

2 **休憩(法第34条)**

労働時間が**6時間を超えると45分、8時間を超えると1時間**の休憩を労働時間の途中に与える。

3 **休日(法第35条)**

使用者は、労働者に毎週1日の休日を与える。または4週を通じて4日以上の休日を与える。

4 年次有給休暇（法第39条）

雇い入れた日から起算して6箇月間継続勤務して全労働日の**8割以上出勤**した労働者に、継続し又は分割して**10労働日の有給休暇を与える**。以降最大20日の有給休暇を与える。

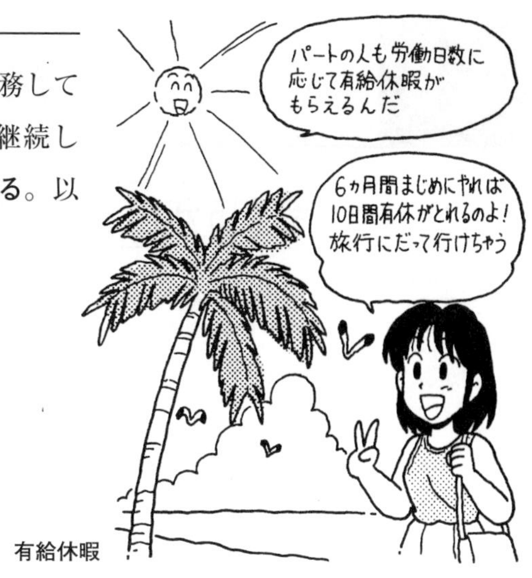

パートの人も労働日数に
応じて有給休暇が
もらえるんだ
6ヵ月間まじめにやれば
10日間有休がとれるのよ！
旅行にだって行けちゃう

有給休暇

3.1.6 建設工事に係る資材の再資源化等に関する法律（建設リサイクル法）

1 建設リサイクル法の目的（法第1条）

①特定建設資材の分別解体等で再資源化を促進する。

②**解体工事業者**の都道府県知事による**登録制度**を実施する。

③**廃棄物の抑制を図り**、再資源化して**廃棄物を減量**させ、廃棄物の適正な処理を図る。

2 建設業を営む者の責務（法第5条）

①事業者は建築物の設計において用いる建設資材の選択、施工方法の工夫により、建設資材廃棄物の**発生を抑制**する。

②事業者は分別解体及び建設資材廃棄物の再資源化等に要する**費用を低減**するよう努める。

3 発注者への報告等（法第18条）

①元請業者は特定建設資材の再資源化等が完了したとき、**書面**により**発注者に報告**しなければならない。

②元請業者は当再資源化等の実施状況に関する**記録を作成**しこれを**保存**しなければならない。

4 元請業者の下請契約時の告知義務

元請業者は下請契約にあたり下請負人に、発注者の提出した届け出た分別解体の計画について告げなければならない。

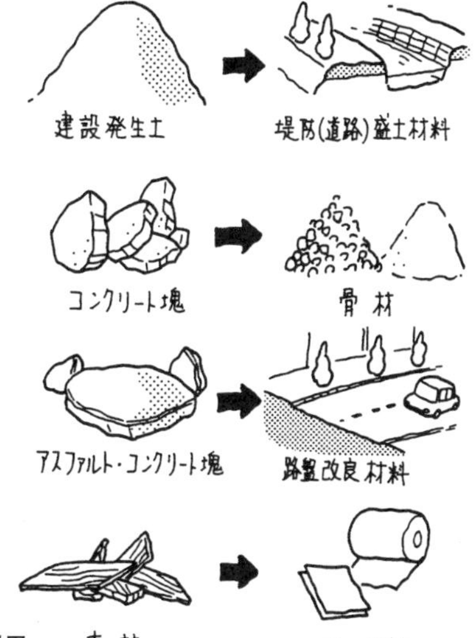

再生資源の利用

3.2 最新問題解説

令和5年度 問題4 建築法規の解答例

問題4 次の1. から3. の各法文において，［　］に当てはまる**正しい語句**を，下の該当する枠内から**1つ**選びなさい。

1. 建設業法　（検査及び引渡し）

第24条の4　元請負人は，下請負人からその請け負った建設工事が［①］した旨の通知を受けたときは，当該通知を受けた日から［②］日以内で，かつ，できる限り短い期間内に，その［①］を確認するための検査を完了しなければならない。

2　元請負人は，前項の検査によって建設工事の［①］を確認した後，下請負人が申し出たときは，直ちに，当該建設工事の目的物の引渡しを受けなければならない。ただし，下請契約において定められた工事［①］の時期から［②］日を経過した日以前の一定の日に引渡しを受ける旨の特約がされている場合には，この限りでない。

①	①完了	②終了	③竣工	④完成

②	①10	②15	③20	④25

2. 建築基準法施行令　（工事用材料の集積）

第136条の7　建築工事等における工事用材料の集積は，その倒壊，崩落等による［③］の少ない場所に安全にしなければならない。

2　建築工事等において山留めの周辺又は架構の［④］に工事用材料を集積する場合においては，当該山留め又は架構に予定した荷重以上の荷重を与えないようにしなければならない。

③	①事故	②損傷	③損壊	④危害

④	①上	②下	③横	④中

3. 労働安全衛生法 (事業者の講ずべき措置等)

第25条の2 建設業その他政令で定める業種に属する事業の仕事で，政令で定めるものを行う事業者は，爆発，火災等が生じたことに伴い労働者の [⑤] に関する措置がとられる場合における労働災害の発生を防止するため，次の措置を講じなければならない。

一 労働者の [⑤] に関し必要な機械等の備付け及び管理を行うこと。

二 労働者の [⑤] に関し必要な事項についての訓練を行うこと。

三 前二号に掲げるもののほか，爆発，火災等に備えて，労働者の [⑤] に関し必要な事項を行うこと。

2 前項に規定する事業者は，厚生労働省令で定める資格を有する者のうちから，厚生労働省令で定めるところにより，同項各号の措置のうち [⑥] 的事項を管理する者を選任し，その者に当該 [⑥] 的事項を管理させなければならない。

⑤	①補助	②補佐	③救護	④避難

⑥	①技術	②技能	③事務	④実践

正　解

法文		枠	正解の番号	正しい語句
法文1.	建設業法（第24条の4）	①	④	完成
		②	③	20
法文2.	建築基準法施行令（第136条の7）	③	④	危害
		④	①	上
法文3.	労働安全衛生法（第25条の2）	⑤	③	救護
		⑥	①	技術

法文 1.	考え方 解き方	建設業法第 24 条の 4 検査及び引渡し	①の解答	④	完成
			②の解答	③	20

建設業法では、下請負人に対する元請負人の義務として、次のような事項が定められている。これらの事項は、契約上の立場が弱くなりがちな下請負人の権利を保護するために定められている。特に、下記の記述内で太字になっている語句については、試験に出題されやすいと考えられるので、確実に覚えておこう。

1 下請負人の意見の聴取：元請負人は、建設工事を**施工**するために必要な**工程**の細目・**作業方法**などを定めるときは、**下請負人**の意見を聴く。

2 下請代金の支払：元請負人は、請負代金の支払を受けたときは、支払を受けた日から**1月以内**かつできる限り**短い期間内**に、下請負人に対して、下請代金を支払う。その下請代金のうち、**労務費**に相当する部分は、**現金**で支払うよう、適切な配慮をする。

3 建設工事の検査：元請負人は、下請負人から建設工事が**完成**した旨の通知を受けたときは、通知を受けた日から**20日以内**に、**完成**を確認するための**検査**を完了させる。

4 工事目的物の引渡し：元請負人は、建設工事の**完成**を確認した後、下請負人が申し出たときは、工事**完成**の時期から**20日**を経過した日以前の一定の日に引渡しを受ける旨の**特約**がされている場合を除き、**直ちに**、建設工事の目的物の引渡しを受ける。

5 不利益取扱いの禁止：元請負人は、元請負人の**違反**行為に関する事実を、下請負人が**通報**したことを理由として、取引の停止などの不利益な取扱いをしてはならない。

6 特定建設業者の下請代金の支払期日等：特定建設業者が**注文者**となった下請契約では、下請負人から引渡しの申出があった日から**50日以前**に、下請代金を支払う。

建設業法第 24 条の 4　検査及び引渡し

1 元請負人は、下請負人からその請け負った建設工事が**完成**した旨の通知を受けたときは、当該通知を受けた日から20日以内で、かつ、できる限り短い期間内に、その**完成**を確認するための検査を完了しなければならない。

2 元請負人は、上記**1**の検査によって建設工事の**完成**を確認した後、下請負人が申し出たときは、直ちに、当該建設工事の目的物の引渡しを受けなければならない。ただし、下請契約において定められた工事**完成**の時期から20日を経過した日以前の一定の日に引渡しを受ける旨の特約がされている場合には、この限りでない。

以上により、[①]に当てはまる正しい語句は「④**完成**」、[②]に当てはまる正しい語句は「③ **20**」である。

建築法規

法文 2.	考え方 解き方	建築基準法施行令第 136 条の 7 工事用材料の集積	③の解答	④	危害
			④の解答	①	上

建築物の建築・修繕・模様替・除却のための工事の施工者は、その工事の施工に伴う地盤の崩落や、建築物・工事用の工作物の倒壊などによる危害を防止するために、必要な措置を講じなければならない。建築基準法施行令では、その措置に関する技術的基準として、次のようなものが定められている。特に、下記の記述内で太字になっている語句については、試験に出題されやすいと考えられるので、確実に覚えておこう。

1 仮囲いの設置：次の❶～❸のような建築物の工事を行うときは、工事現場の地盤面(周辺地盤面よりも**低い**場合は周辺地盤面)から**1.8m以上**の高さがある仮囲いを設ける。
❶木造の建築物で、**高さが13mを超える**もの
❷木造の建築物で、**軒の高さが 9mを超える**もの
❸木造以外の建築物で、**2 以上の階数**を有するもの

2 根切り工事・山留め工事：あらかじめ、地下に埋設されたガス管・ケーブル・**水道管**・下水道管の**損壊**による危害の発生を防止する措置を講じる。工事の施工中は、必要に応じて**点検**を行い、山留めを補強し、**排水**を適当に行う。矢板の抜取り時は、周辺の**地盤の沈下**による危害を防止する。

3 工作物に近接する根切り工事：工作物の**基礎・地盤**を補強して**構造耐力**の低下を防止し、急激な排水を避けるなど、その**傾斜・倒壊**による危害の発生を防止する。

4 深さ1.5m以上の根切り工事：山留めの**根入れ**は、地盤が**崩壊**するおそれがないときなどを除き、周辺の**地盤**の安定を**保持**するために相当な深さとする。

5 落下物の飛散の防止：現場境界線からの水平距離が**5m以内**かつ地盤面からの高さが**3m以上**の場所から飛散物を投下する場合は、**ダストシュート**などを用いる。

6 落下物に対する防護：現場境界線からの水平距離が**5m以内**かつ地盤面からの高さが**7m以上**の場所で建築工事をする場合は、工事現場の周囲などを**鉄網**または**帆布**で覆う。

7 建築物の建て方：**仮筋かい**を取り付けるなど、荷重・外力による**倒壊**を防止する。鉄骨造の建築物の建て方の**仮締**は、荷重・外力に対して安全なものとする。

8 工事用材料の集積：倒壊・崩落などによる**危害**の少ない場所に、安全に集積する。山留めの周辺や架構の**上**に集積する場合は、予定した荷重以上の荷重を与えない。

9 火災の防止：火気を使用する場合は、その場所に**不燃材料**の囲いを設けるなど、防火上必要な措置を講じる。

建築基準法施行令第136条の7	工事用材料の集積

1 建築工事等における工事用材料の集積は、その倒壊・崩落等による**危害**の少ない場所に安全にしなければならない。

2 建築工事等において山留めの周辺又は架構の**上**に工事用材料を集積する場合においては、当該山留め又は架構に予定した荷重以上の荷重を与えないようにしなければならない。

以上により、［③］に当てはまる正しい語句は「④**危害**」、［④］に当てはまる正しい語句は「①**上**」である。

法文3.	考え方 解き方	労働安全衛生法第25条の2 事業者の講ずべき措置等	⑤の解答	③	救護
			⑥の解答	①	技術

建設業の現場では、爆発・火災などの大きな災害が発生することがある。このような大きな災害が発生した場合に、最も優先されるべき事項は、「その災害によって負傷した労働者を**救護**する(労働災害の発生を防止する)こと」である。この事項は、仕事に従事する労働者の補助・補佐や、負傷していない労働者の避難に比べて、明らかに重要である。

建設業の事業者は、爆発・火災などの大きな災害が発生したときに、労働者の救護の措置を迅速かつ確実に実施できるよう、救護に関する**技術**的事項(下記の❶～❸の事項)を管理する者(所定の資格を有する者)を、その事業場に専属の者として、必要とされる時期までに選任し、その者に救護に関する**技術**的事項を管理させなければならない。

❶労働者の救護に関し、必要な機械などの備付けおよび管理を行うこと。

❷労働者の救護に関し、必要な事項についての訓練を行うこと。

❸上記の他、爆発・火災などに備えて、労働者の救護に関し、必要な事項を行うこと。

※このような機械設置・機械管理・救護訓練などを適確に行うためには、個々の労働者の技能・規定通りの事務処理・体験的な実践だけでは不足であり、高度の技術が必要になる。

労働安全衛生法第25条の2	事業者の講ずべき措置等

1 建設業・その他政令で定める業種に属する事業の仕事で、政令で定めるものを行う事業者は、爆発・火災等が生じたことに伴い、労働者の**救護**に関する措置がとられる場合における労働災害の発生を防止するため、次の措置を講じなければならない。

❶労働者の**救護**に関し、必要な機械等の備付け及び管理を行うこと。

❷労働者の**救護**に関し、必要な事項についての訓練を行うこと。

❸上記❶・❷に掲げるもののほか、爆発・火災等に備えて、労働者の**救護**に関し、必要な事項を行うこと

2 上記**1**に規定する事業者は、厚生労働省令で定める資格を有する者のうちから、厚生労働省令で定めるところにより、上記**1**の❶～❸の措置のうち、**技術**的事項を管理する者を選任し、その者に当該**技術**的事項を管理させなければならない。

以上により、[⑤]に当てはまる正しい語句は「③**救護**」、[⑥]に当てはまる正しい語句は「①**技術**」である。

※本書に掲載されている条文は、読みやすさを重視するため、法文そのものではなく、法文の一部を抜粋・改変したものとなっています。

※建築法規の出題方式は、令和2年度以前の試験では記述式(正しい語句や数値を記述する方式)でしたが、令和3年度以降の試験では四肢択一式(正しい語句や数値を選択するマークシート方式)に変更されています。ただし、このことを「難易度の低下」と捉えてはなりません。四肢択一式の問題では、法律の条文に書かれている通りの言葉を、似たような意味の言葉に惑わされることなく解答しなければならないからです。令和6年度の試験においても、建築法規の出題方式は、四肢択一式になると思われます。そのため、本書19ページ～20ページの「最新問題の一括要約リスト」に掲載されている太字の単語(法文中の重要な単語)は、一字一句間違えることなく覚えておく必要があると考えられます。

建築法規

令和4年度 問題4 建築法規の解答例

問題4 次の1. から3. の各法文において，[　]に当てはまる**正しい語句**を，下の該当する枠内から**1つ**選びなさい。

1. 建設業法 (下請負人の意見の聴取)

第24条の2 元請負人は，その請け負った建設工事を[①]するために必要な工程の細目，[②]その他元請負人において定めるべき事項を定めようとするときは，あらかじめ，下請負人の意見をきかなければならない。

①	①計画	②準備	③施工	④完成

②	①作業方法	②作業内容	③作業代金	④作業人数

2. 建築基準法（工事現場の危害の防止）

第90条　建築物の建築，修繕，模様替又は除却のための工事の [③] は，当該工事の施工に伴う地盤の崩落，建築物又は工事用の [④] の倒壊等による危害を防止するために必要な措置を講じなければならない。

2　（略）

3　（略）

③	①管理者	②事業者	③施工者	④設計者

④	①機械	②工作物	③事務所	④仮設足場

3. 労働安全衛生法（就業制限）

第61条　事業者は，クレーンの運転その他の業務で，政令で定めるものについては，都道府県労働局長の当該業務に係る [⑤] を受けた者又は都道府県労働局長の登録を受けた者が行う当該業務に係る [⑥] 講習を修了した者その他厚生労働省令で定める資格を有する者でなければ，当該業務に就かせてはならない。

2　（略）

3　（略）

4　（略）

⑤	①認定	②免許	③許可	④通知

⑥	①技術	②特別	③作業	④技能

建築法規

正　解

法文		枠	正解の番号	正しい語句
法文1.	建設業法 （第24条の2）	①	③	施工
		②	①	作業方法
法文2.	建築基準法 （第90条）	③	③	施工者
		④	②	工作物
法文3.	労働安全衛生法 （第61条）	⑤	②	免許
		⑥	④	技能

法文1.	考え方 解き方	建設業法第24条の2 下請負人の意見の聴取	①の解答	③	施工
			②の解答	①	作業方法

建設業法では、下請負人に対する元請負人の義務として、次のような事項が定められている。これらの事項は、契約上の立場が弱くなりがちな下請負人の権利を保護するために定められている。特に、下記の記述内で太字になっている語句については、試験に出題されやすいと考えられるので、確実に覚えておこう。

1 **下請負人の意見の聴取**：元請負人は、建設工事を**施工**するために必要な**工程**の細目・**作業方法**などを定めるときは、**下請負人**の意見を聴く。

2 **下請代金の支払**：元請負人は、請負代金の支払を受けたときは、**支払を受けた日**から**1月**以内に、下請負人に対して、**下請代金**を支払わなければならない。

3 **検査及び引渡し**：元請負人は、下請負人から建設工事が**完成**した旨の通知を受けたときは、通知を受けた日から**20日**以内に、**完成**を確認するための**検査**を完了させる。

4 **不利益取扱いの禁止**：元請負人は、元請負人の**違反**行為に関する事実を、下請負人が**通報**したことを理由として、取引の停止などの**不利益**な取扱いをしてはならない。

5 **特定建設業者の下請代金の支払期日等**：特定建設業者が**注文者**となった下請契約では、下請負人から引渡しの申出があった日から**50日**以前に、下請代金を支払う。

建設業法第24条の2　下請負人の意見の聴取

1 元請負人は、その請け負った建設工事を**施工**するために必要な工程の細目・**作業方法**・その他元請負人において定めるべき事項を定めようとするときは、あらかじめ、下請負人の意見をきかなければならない。

以上により、[①]に当てはまる正しい語句は「③**施工**」、[②]に当てはまる正しい語句は「①**作業方法**」である。

法文2.	考え方 解き方	建築基準法第90条 工事現場の危害の防止	③の解答	③	施工者
			④の解答	②	工作物

建設基準法では、工事現場の危害(工事現場で作業をしている労働者や工事現場の近くを通過する公衆が死傷することなど)の防止のため、次のような事項が定められている。重要なことは、これらの措置を講じる責任者は、その建築物や工作物の管理者・事業者・設計者などではなく、その建築物や工作物を直接工事している施工者になることである。特に、下記の記述内で太字になっている語句については、試験に出題されやすいと考えられるので、確実に覚えておこう。

1 建築物の建築・修繕・模様替・除却のための工事の**施工者**は、その工事の施工に伴う地盤の**崩落**や、建築物・工事用の**工作物**(事務所や仮設足場などの工事用の工作物)の**倒壊**などによる**危害**を防止するために、必要な**措置**を講じなければならない。

2 上記1の措置の技術的基準は、政令(建築基準法施行令)で定められている。その具体的な例としては、次の1〜6のような事項が挙げられる。

1 次の❶〜❸の条件に当てはまる建築物の工事を行うときは、工事現場の地盤面(周辺地盤面よりも**低い**場合は周辺地盤面)から**1.8m以上**の高さがある**仮囲い**を設ける。

❶木造の建築物で、**高さが13m**を超えるもの

❷木造の建築物で、**軒の高さが9m**を超えるもの

❸木造以外の建築物で、**2以上の階数**を有するもの

2 **根切り**工事・**山留め**工事・ウェル工事・ケーソン工事などの**基礎**工事を行うときは、あらかじめ、地下に埋設された**ガス管**・ケーブル・**水道管**・下水道管の**損壊**による**危害**の発生を防止するための措置を講じる。

3 深い根切り工事(山留め工事を含む)は、地盤調査による地層・**地下水**の状況に応じて作成した**施工図**に基づいて行う。

4 建築物・工作物に近接して、根切り工事などの土地の掘削を行うときは、その**基礎**・**地盤**を補強して構造耐力の低下を防止し、急激な排水を避けるなど、その**傾斜**・**倒壊**による**危害**の発生を防止するための措置を講じる。

5 深さ**1.5m以上**の根切り工事を行うときは、地盤が**崩壊**するおそれがないときや、危害防止上支障がないときを除き、山留めを設ける。この山留めの**根入れ**は、周辺の**地盤**の**安定**を**保持**するために相当な深さとする。この山留めの切梁・矢板・腹起しなどの主要な部分は、**土圧**に対して安全な**最低**の耐力以上の**耐力**を有する構造とする。

6 根切り・山留めについては、工事の施工中、必要に応じて**点検**を行い、山留めを**補強**し、**排水**を適当に行うなど、安全な状態に維持するための措置を講じる。その矢板などの抜取りの際は、周辺の**地盤**の**沈下**による危害を防止するための措置を講じる。

建築基準法第 90 条	工事現場の危害の防止

1 建築物の建築・修繕・模様替・除却のための工事の**施工者**は、当該工事の施工に伴う地盤の崩落、建築物または工事用の**工作物**の倒壊等による危害を防止するために必要な措置を講じなければならない。

2 上記**1**の措置の技術的基準は、政令で定める。

3 建築基準法に定められている特定の規定は、上記**1**の工事の施工について準用する。

以上により、[③]に当てはまる正しい語句は「③ **施工者**」、[④]に当てはまる正しい語句は「② **工作物**」である。

法文 3.	考え方 解き方	労働安全衛生法第 61 条 就業制限	⑤の解答	②	免許
			⑥の解答	④	技能

労働安全衛生法では、有資格者以外の者に対する就業制限として、次のような事項が定められている。クレーンの運転などの業務は、所定の教育を受けた有資格者以外の者が行うと、工事現場で作業をしている労働者や工事現場の近くを通過する公衆が死傷するなどの労働災害・公衆災害を引き起こすおそれが大きいからである。特に、下記の記述内で太字になっている語句については、試験に出題されやすいと考えられるので、確実に覚えておこう。

[1] 事業者は、クレーンの運転などの業務で、政令(労働安全衛生法施行令)で定めるものについては、次の❶～❸に該当する者でなければ、その業務に就かせてはならない。

❶都道府県労働局長の当該業務に係る**免許**を受けた者

※ここで必要なものは、認定・許可・通知などの「軽い」ものではなく、免許という「重い」ものである。

❷都道府県労働局長の**登録**を受けた者が行うその業務に係る**技能**講習を**修了**した者

※この「技能講習」を、危険または有害な業務に就くときの「特別教育」と混同しないように注意しよう。

❸その他の厚生労働省令で定める**資格**を有する者

[2] 上記[1]の規定によりその業務に就くことができる者は、その業務に従事するときは、その**資格**に係る免許証などの資格を証する**書面**を携帯していなければならない。

※携帯するものは、「書面(免許証など)の写し」ではなく「書面(免許証など)そのもの」としなければならない。

労働安全衛生法第 61 条	就業制限

1 事業者は、クレーンの運転・その他の業務で、政令で定めるものについては、都道府県労働局長の当該業務に係る**免許**を受けた者・都道府県労働局長の登録を受けた者が行う当該業務に係る**技能**講習を修了した者・その他厚生労働省令で定める資格を有する者でなければ、当該業務に就かせてはならない。

2 上記**1**の規定により当該業務に就くことができる者以外の者は、当該業務を行ってはならない。

3 上記**1**の規定により当該業務に就くことができる者は、当該業務に従事するときは、これに係る免許証・その他その資格を証する書面を携帯していなければならない。

4 職業能力開発促進法に定められた「都道府県知事による職業訓練の認定」に係る職業訓練を受ける労働者について、必要がある場合においては、その必要の限度で、上記**1**～**3**の規定について、厚生労働省令で別段の定めをすることができる。

以上により、［ ⑤ ］に当てはまる正しい語句は「②**免許**」、［ ⑥ ］に当てはまる正しい語句は「④**技能**」である。

令和3年度 問題4 建築法規の解答例

問題4 次の1. から3. の各法文において，［ ］に**当てはまる正しい語句又は数値**を，下の該当する枠内から**1つ**選びなさい。

1. 建設業法（検査及び引渡し）

第24条の4 元請負人は，下請負人からその請け負った建設工事が［ ① ］した旨の通知を受けたときは，当該通知を受けた日から［ ② ］日以内で，かつ，できる限り短い期間内に，その［ ① ］を確認するための検査を完了しなければならない。

2 （略）

①	①完了	②終了	③完成	④竣工

②	①7	②14	③20	④30

建築法規

2. 建築基準法　(工事現場における確認の表示等)

第89条　第6条第1項の建築，大規模の修繕又は大規模の模様替の工事の ③ は，当該工事現場の見易い場所に，国土交通省令で定める様式によって，建築主，設計者，工事施工者及び工事の現場管理者の氏名又は名称並びに当該工事に係る同項の確認があった旨の表示をしなければならない。

2　第6条第1項の建築，大規模の修繕又は大規模の模様替の工事の ③ は，当該工事に係る ④ を当該工事現場に備えておかなければならない。

③	①建築主	②設計者	③施工者	④現場管理者

④	①設計図書	②請負契約書	③施工体系図	④確認済証

3. 労働安全衛生法　(事業者等の責務)

第3条　(略)

2　(略)

3　建設工事の注文者等仕事を他人に請け負わせる者は，施工方法， ⑤ 等について，安全で衛生的な作業の ⑥ をそこなうおそれのある条件を附さないように配慮しなければならない。

⑤	①人員配置	②工期	③労働時間	④賃金

⑥	①環境	②継続	③計画	④遂行

正　解

法文		枠	正解の番号	正しい語句又は数値
法文1.	建設業法(第24条の4)	①	③	完成
		②	③	20
法文2.	建築基準法(第89条)	③	③	施工者
		④	①	設計図書
法文3.	労働安全衛生法(第3条)	⑤	②	工期
		⑥	④	遂行

法文 1.	考え方 解き方	建設業法第 24 条の 4 検査及び引渡し	①の解答	③	完成
			②の解答	③	20

建設業法では、元請負人の義務(期日に関するもの)として、次の内容が定められている。

1 **下請代金の支払の期日**：元請負人は、請負代金の支払を受けたときは、下請負人に対して下請代金を、支払を受けた日から**1月**以内に支払わなければならない。

2 **検査の期日**：元請負人は、下請負人から建設工事が**完成**した旨の通知を受けたときは、通知を受けた日から**20日**以内に、その**完成**を確認するための**検査**を完了しなければならない。

3 **引渡しの時期**：元請負人は、上記1の検査によって建設工事の完成を確認した後、下請負人が申し出たときは、**直ちに**、建設工事の目的物の引渡しを受けなければならない。ただし、**下請契約**において**特約**がされている場合には、この限りでない。

4 **特定建設業者の下請代金の支払期日**：特定建設業者が**注文者**となった下請契約における下請代金の支払期日は、引渡しの申出の日から起算して**50日**を経過する日以前とする。下請代金の支払期日が定められなかったときは、引渡しの申出の日を支払期日とする。

建設業法に関する出題において問われやすい期日(下記の太字の語句と数値は必ず覚えておこう)

①下請負人の出来形に対する**下請代金の支払**：元請負人が支払を受けた日から**1月**以内
②建設工事の**完成**を確認するための**検査**：**完成**通知を受けてから**20日**以内
③工事目的物の**引渡し**の受領：引渡しの申出から**直ちに**(**特約**がある場合は除く)
④特定建設業者が**注文者**となった下請契約の下請代金の**支払**：引渡しの申出から**50日**以内

建築法規

建設業法第 24 条の 4 検査及び引渡し

1 元請負人は、下請負人からその請け負った建設工事が**完成**した旨の通知を受けたときは、当該通知を受けた日から**20日**以内で、かつ、できる限り短い期間内に、その**完成**を確認するための検査を完了しなければならない。

2 元請負人は、上記**1**の検査によって建設工事の完成を確認した後、下請負人が申し出たときは、直ちに、当該建設工事の目的物の引渡しを受けなければならない。ただし、下請契約において定められた工事完成の時期から20日を経過した日以前の一定の日に引渡しを受ける旨の特約がされている場合には、この限りでない。

以上により、[①]に当てはまる正しい語句は「③ **完成**」、[②]に当てはまる正しい数値は「③ **20[日]**」である。

法文 2.	考え方 解き方	建築基準法第 89 条 工事現場における確認の表示等	③の解答	③	施工者
			④の解答	①	設計図書

建設基準法では、工事現場における確認の表示等について、次の内容が定められている。

1 **工事現場における確認の表示**：建築の確認申請を要する建築物について、建築・大規模の修繕・大規模の模様替の工事をする**施工者**は、その**工事現場**の見易い場所に、次の内容を表示しなければならない。

❶**建築主**の氏名(名称)　❷**設計者**の氏名(名称)　❸**工事施工者**の氏名(名称)

❹工事の**現場管理者**の氏名(名称)　❺その工事に係る**確認**があった旨

2 **設計図書の設置**：建築の確認申請を要する建築物について、建築・大規模の修繕・大規模の模様替の工事をする**施工者**は、その工事に係る**設計図書**を、当該**工事現場**に備えておかなければならない。

建築基準法第 6 条　建築物の建築等に関する申請及び確認

1 元建築主は、下記の❶・❷・❸に掲げる建築物の建築・大規模の修繕・大規模の模様替や、下記の❹に掲げる建築物の建築をしようとする場合においては、当該工事に着手する前に、その計画が建築基準法令の規定などに適合するものであることについて、確認の申請書を提出して建築主事の確認を受け、確認済証の交付を受けなければならない。

❶劇場・病院・学校・百貨店・倉庫などの用途に供する特殊建築物で、その用途に供する部分の床面積の合計が 200 m^2 を超えるもの

❷木造の建築物で、3 以上の階数を有するか、延べ面積が 500 m^2 を超えるか、高さが 13m を超えるか、軒の高さが 9m を超えるもの

❸木造以外の建築物で、2 以上の階数を有するか、延べ面積が 200 m^2 を超えるもの

❹都市計画区域・準都市計画区域・準景観地区・指定区域内における建築物

建築基準法第 89 条　工事現場における確認の表示等

1 第 6 条第 1 項の建築・大規模の修繕・大規模の模様替の工事の**施工者**は、当該工事現場の見易い場所に、国土交通省令で定める様式によって、建築主・設計者・工事施工者・工事の現場管理者の氏名又は名称並びに当該工事に係る同項の確認があった旨の表示をしなければならない。

2 第 6 条第 1 項の建築・大規模の修繕・大規模の模様替の工事の**施工者**は、当該工事に係る**設計図書**を当該工事現場に備えておかなければならない。

以上により、［③］に当てはまる正しい語句は「③ **施工者**」、［④］に当てはまる正しい語句は「① **設計図書**」である。

法文3.	考え方 解き方	労働安全衛生法第3条 事業者等の責務	⑤の解答	②	工期
			⑥の解答	④	遂行

労働安全衛生法では、事業者(労働者を使用して事業を行う者)や注文者(仕事を他人に請け負わせる者)の責務として、次の内容が定められている。

1 **事業者の責務**：単に労働安全衛生法で定める**労働災害**の防止のための**最低基準**を守るだけではなく、快適な職場環境の実現と労働条件の改善を通じて、職場における労働者の**安全**と**健康**を確保すること。また、国が実施する労働災害の防止に関する施策に協力すること。

2 **注文者の責務**：建設工事などの**施工方法・工期**等について、**安全**で**衛生的**な作業の**遂行**を損なうおそれのある**条件**を附さないように配慮すること。

労働安全衛生法第3条　事業者等の責務

1 事業者は、単に労働安全衛生法で定める労働災害の防止のための最低基準を守るだけでなく、快適な職場環境の実現と労働条件の改善を通じて、職場における労働者の安全と健康を確保するようにしなければならない。また、事業者は、国が実施する労働災害の防止に関する施策に協力するようにしなければならない。

2 機械・器具・その他の設備を設計・製造・輸入する者、原材料を製造・輸入する者、建設物を建設・設計する者は、これらの物の設計・製造・輸入・建設に際して、これらの物が使用されることによる労働災害の発生の防止に資するように努めなければならない。

3 建設工事の注文者等、仕事を他人に請け負わせる者は、施工方法・**工期**等について、安全で衛生的な作業の**遂行**を損なうおそれのある条件を附さないように配慮しなければならない。

以上により、[⑤]に当てはまる正しい語句は「② **工期**」、[⑥]に当てはまる正しい語句は「④ **遂行**」である。

令和2年度 問題4 建築法規の解答例

問題4 次の各法文の下線部の語句について、誤っている**語句又は数値の番号**を**1つ**あげ，それに対する**正しい語句又は数値**を記入しなさい。

1. 建設業法

主任技術者及び監理技術者は，工事現場における建設工事を適正に実施するため，当該建設工事の施工①計画の作成，原価②管理，品質管理その他の技術上の管理及び当該建設工事の施工に従事する者の技術上の指導監督③の職務を誠実に行わなければならない。

2. 建築基準法施行令

建築工事等において深さ2.0①m以上の根切り工事を行なう場合においては，地盤が崩壊②するおそれがないとき，及び周辺の状況により危害防止上支障がないときを除き，山留めを設けなければならない。この場合において，山留めの根入れは，周辺の地盤の安定を保持③するために相当な深さとしなければならない。

3. 労働安全衛生法

建設業に属する事業の元方事業者は，土砂等が崩壊するおそれのある場所，機械等が転倒するおそれのある場所その他の厚生労働省令で定める場所において関係請負人①の労働者が当該事業の仕事の作業を行うときは，当該関係請負人①が講ずべき当該場所に係る損害②を防止するための措置が適正に講ぜられるように，技術③上の指導その他の必要な措置を講じなければならない。

正 解

	法文	語句又は数値の番号	正しい語句又は数値
1.	建設業法（第26条の4）	②	工程
2.	建築基準法施行令（第136条の3第4項）	①	1.5
3.	労働安全衛生法（第29条の2）	②	危険

1.	考え方 解き方	建設業法第 26 条の 4 主任技術者及び監理技術者の職務等	解答	② 工程

建設業法では、主任技術者および監理技術者の職務として、次の内容が定められている。

①建設工事の施工計画の作成

②建設工事の**工程**管理

③建設工事の品質管理

④建設工事に関するその他の技術上の管理

⑤建設工事の施工に従事する者の技術上の指導監督

原価管理に関することは、主任技術者・監理技術者の職務内容には含まれていない。

以上により、②は「**原価**」ではなく「**工程**」である。

建設業法第 26 条の 4　主任技術者及び監理技術者の職務等

1 主任技術者及び監理技術者は、工事現場における建設工事を適正に実施するため、当該建設工事の**施工**計画の作成・**工程**管理・品質管理・その他の技術上の管理及び当該建設工事の施工に従事する者の技術上の**指導**監督の職務を誠実に行わなければならない。

2 工事現場における建設工事の施工に従事する者は、主任技術者又は監理技術者がその職務として行う指導に従わなければならない。

2.	考え方 解き方	建築基準法施行令第136条の3 根切り工事、山留め工事等を行う場合の危害の防止	解答	① 1.5

建設基準法施行令では、深さが**1.5 m以上**となる根切り工事を行うときには、原則として、十分な根入れを有する山留めを設けなければならないことが定められている。深さが2.0 mの地点まで山留めを設けずに根切りすると、土圧を受けた背面地盤が崩落し、根切りされた場所(床付け面)にいる労働者が土砂で押しつぶされるおそれが無視できなくなる。

以上により、①は「**2.0**」ではなく「**1.5**」である。

建築基準法施行令136条の3　根切り工事、山留め工事等を行う場合の危害の防止

1 建築工事等において、根切り工事・山留め工事・ウェル工事・ケーソン工事・その他基礎工事を行う場合においては、あらかじめ、地下に埋設されたガス管・ケーブル・水道管・下水道管の損壊による危害の発生を防止するための措置を講じなければならない。

2 建築工事等における地階の根切り工事・その他の深い根切り工事(これに伴う山留め工事を含む)は、地盤調査による地層及び地下水の状況に応じて作成した施工図に基づいて行わなければならない。

3 建築工事等において、建築物・その他の工作物に近接して根切り工事・その他土地の掘削を行う場合においては、当該工作物の基礎又は地盤を補強して構造耐力の低下を防止し、急激な排水を避ける等、その傾斜又は倒壊による危害の発生を防止するための措置を講じなければならない。

4 建築工事等において、深さ**1.5 m以上**の根切り工事を行う場合においては、地盤が**崩壊**するおそれがないときや、周辺の状況により危害防止上支障がないときを除き、山留めを設けなければならない。この場合において、山留めの根入れは、周辺の地盤の安定を**保持**するために相当な深さとしなければならない。

5 **4**の規定により設ける山留めの切梁・矢板・腹起し・その他の主要な部分は、土圧に対して、構造計算によった場合に安全であることが確かめられる最低の耐力以上の耐力を有する構造としなければならない。

6 建築工事等における根切り及び山留めについては、その工事の施工中、必要に応じて点検を行い、山留めを補強し、排水を適当に行う等、これを安全な状態に維持するための措置を講ずるとともに、矢板等の抜取りに際しては、周辺の地盤の沈下による危害を防止するための措置を講じなければならない。

3.	考え方 解き方	労働安全衛生法第29条の2 元方事業者の講ずべき措置等	解答	② 危険

労働安全衛生法では、土砂等が崩壊するおそれのある場所や、機械等が転倒するおそれのある場所などにおいて、関係請負人の労働者が作業を行っている場合、その元方事業者は、「関係請負人が講ずべき当該場所に係る**危険**を防止するための措置が適正に講ぜられるように、技術上の指導・その他の必要な措置を講じなければならない」ことが定められている。

この措置においては、危険に伴う「損害」を防止するのではなく、「危険」そのものを防止することに重点が置かれていることに注意が必要である。

以上により、②は「**損害**」ではなく「**危険**」である。

労働安全衛生法第29条　元方事業者の講ずべき措置等

1 元方事業者は、関係請負人及び関係請負人の労働者が、当該仕事に関し、労働安全衛生法又はこれに基づく命令の規定に違反しないよう、必要な指導を行わなければならない。

2 元方事業者は、関係請負人又は関係請負人の労働者が、当該仕事に関し、労働安全衛生法又はこれに基づく命令の規定に違反していると認めるときは、是正のため必要な指示を行わなければならない。

3 上記の指示を受けた関係請負人又はその労働者は、当該指示に従わなければならない。

労働安全衛生法第29条の2　建設業に属する事業の元方事業者の講ずべき措置等

1 建設業に属する事業の元方事業者は、土砂等が崩壊するおそれのある場所・機械等が転倒するおそれのある場所・その他の厚生労働省令で定める場所において、**関係請負人**の労働者が当該事業の仕事の作業を行うときは、当該**関係請負人**が講ずべき当該場所に係る**危険**を防止するための措置が適正に講ぜられるように、**技術**上の指導その他の必要な措置を講じなければならない。

労働安全衛生法第30条　特定元方事業者等の講ずべき措置

1 特定元方事業者は、その労働者及び関係請負人の労働者の作業が同一の場所において行われることによって生ずる労働災害を防止するため、次の事項等に関する必要な措置を講じなければならない。

一　協議組織の設置及び運営を行うこと。

二　作業間の連絡及び調整を行うこと。

三　作業場所を巡視すること。

四　関係請負人が行う労働者の安全又は衛生のための教育に対する指導及び援助を行うこと。

※元方事業者とは、請負契約のうちの最も先次の請負契約における注文者をいう。
※特定元方事業者とは、建設業・その他政令で定める業種に属する事業(特定事業)を行う元方事業者をいう。
※関係請負人とは、請負契約の後次のすべての請負契約の当事者である請負人をいう。

令和元年度 問題4 建築法規の解答例

【問題4】 次の各法文の下線部の語句について、誤っている**語句の番号**を**1つ**あげ、それに対する**正しい語句**を記入しなさい。

問1 建設業法(第19条の2 第1項)

請負人は、請負契約の**履行**①に関し工事現場に現場代理人を置く場合においては、当該現場代理人の**権限**②に関する事項及び当該現場代理人の行為についての**設計者**③の請負人に対する意見の申出の方法(第3項において「現場代理人に関する事項」という。)を、書面により**設計者**③に通知しなければならない。

問2 建築基準法施行令(第136条の3 第3項)

建築工事等において建築物その他の工作物に近接して**根切り**①工事その他土地の掘削を行なう場合においては、当該工作物の**外壁**②又は地盤を補強して構造耐力の低下を防止し、急激な排水を避ける等その傾斜又は倒壊による**危害**③の発生を防止するための措置を講じなければならない。

問3 労働安全衛生法(第60条)

事業者は、その事業場の業種が政令で定めるものに該当するときは、新たに職務につくこととなった**職長**①その他の作業中の**労働者**②を直接指導又は監督する者(作業主任者を除く。)に対し、次の事項について、厚生労働省令で定めるところにより、安全又は衛生のための教育を行なわなければならない。

1 作業方法の決定及び労働者の**安全**③に関すること。
2 労働者に対する指導又は監督の方法に関すること。
3 前2号に掲げるもののほか、労働災害を防止するため必要な事項で、厚生労働省令で定めるもの。

正 解

問	建築法規	語句の番号	正しい語句
問1	建設業法(第19条の2第1項)	③	注文者
問2	建築基準法施行令(第136条の3第3項)	②	基礎
問3	労働安全衛生法(第60条)	③	配置

問1	考え方 解き方	建設業法第19条の2 現場代理人の選任等に関する通知	解答	③ 注文者

建設業法では、現場代理人の選任等に関する通知の方法として、「請負人は、請負契約の履行に関し、工事現場に現場代理人を置く場合においては、当該現場代理人の権限に関する事項及び当該現場代理人の行為についての**注文者**の請負人に対する意見の申出の方法を、書面により**注文者**に通知しなければならない」と定められている。

現場代理人に関する事項は、注文者に通知する必要はあるが、設計者に通知する必要はない。また、注文者（発注者）と請負人（受注者）との間で取り交わす請求・通知・報告・申出・承諾・解除は、紛争時等の証拠とするため、書面により行うことが義務付けられている。

以上により、③は「**設計者**」ではなく「**注文者**」である。

建設業法第19条の2　現場代理人の選任等に関する通知

1 請負人は、請負契約の**履行**に関し、工事現場に現場代理人を置く場合においては、当該現場代理人の**権限**に関する事項及び当該現場代理人の行為についての**注文者**の請負人に対する意見の申出の方法（3において「現場代理人に関する事項」という）を、**書面**により**注文者**に通知しなければならない。

2 注文者は、請負契約の履行に関し、工事現場に監督員を置く場合においては、当該監督員の権限に関する事項及び当該監督員の行為についての請負人の注文者に対する意見の申出の方法（4において「監督員に関する事項」という）を、書面により請負人に通知しなければならない。

3 請負人は、1の規定による書面による通知に代えて、政令で定めるところにより、同項の注文者の承諾を得て、現場代理人に関する事項を、電子情報処理組織を使用する方法・その他の情報通信の技術を利用する方法であって、国土交通省令で定めるものにより通知することができる。この場合において、当該請負人は、当該書面による通知をしたものとみなす。

4 注文者は、2の規定による書面による通知に代えて、政令で定めるところにより、同項の請負人の承諾を得て、監督員に関する事項を、電子情報処理組織を使用する方法・その他の情報通信の技術を利用する方法であって、国土交通省令で定めるものにより通知することができる。この場合において、当該注文者は、当該書面による通知をしたものとみなす。

問２	考え方 解き方	建築基準法施行令第136条の3	解答	②
		根切り工事、山留め工事等を行う場合の危害の防止		基礎

建設基準法施行令では、根切り工事による倒壊災害を防止するため、「建築工事等において、建築物その他の工作物に近接して、根切り工事その他土地の掘削を行う場合においては、当該工作物の**基礎**又は地盤を補強して構造耐力の低下を防止し、急激な排水を避ける等、その傾斜又は倒壊による危害の発生を防止するための措置を講じなければならない」と定められている。

建築物の外壁は、建築物の基礎とは異なり、地下（地盤中）に存するものではない。そのため、外壁を補強するだけでは、根切り工事による倒壊災害を防止することはできない。

以上により、②は「**外壁**」ではなく「**基礎**」である。

建築基準法施行令136条の3　根切り工事、山留め工事等を行う場合の危害の防止

1 建築工事等において、根切り工事・山留め工事・ウェル工事・ケーソン工事・その他基礎工事を行う場合においては、あらかじめ、地下に埋設されたガス管・ケーブル・水道管・下水道管の損壊による危害の発生を防止するための措置を講じなければならない。

2 建築工事等における地階の根切り工事・その他の深い根切り工事（これに伴う山留め工事を含む）は、地盤調査による地層及び地下水の状況に応じて作成した施工図に基づいて行わなければならない。

3 建築工事等において、建築物・その他の工作物に近接して**根切り**工事・その他土地の掘削を行う場合においては、当該工作物の**基礎**又は**地盤**を補強して構造耐力の低下を防止し、急激な排水を避ける等、その**傾斜**又は**倒壊**による**危害**の発生を防止するための措置を講じなければならない。

4 建築工事等において、深さ1.5m以上の根切り工事を行う場合においては、地盤が崩壊するおそれがないときや、周辺の状況により危害防止上支障がないときを除き、山留めを設けなければならない。この場合において、山留めの根入れは、周辺の地盤の安定を保持するために相当な深さとしなければならない。

5 4の規定により設ける山留めの切梁・矢板・腹起し・その他の主要な部分は、土圧に対して、構造計算によった場合に安全であることが確かめられる最低の耐力以上の耐力を有する構造としなければならない。

6 建築工事等における根切り及び山留めについては、その工事の施工中、必要に応じて点検を行い、山留めを補強し、排水を適当に行う等、これを安全な状態に維持するための措置を講ずるとともに、矢板等の抜取りに際しては、周辺の地盤の沈下による危害を防止するための措置を講じなければならない。

問3	考え方 解き方	労働安全衛生法第59条・第60条	解答	③
		職長等の安全衛生教育		配置

労働安全衛生法では、職長に対する安全衛生教育として、「事業者は、その事業場の業種が政令で定めるものに該当するときは、新たに職務に就くこととなった職長その他の作業中の労働者を直接指導又は監督する者（作業主任者を除く）に対し、作業方法の決定及び労働者の**配置**に関する事項について、厚生労働省令で定めるところにより、安全又は衛生のための教育を行わなければならない」と定められている。

労働者の安全に関することは、重要な事柄ではあるが、法律上の文章が「労働者の安全に関する事項について、安全又は衛生のための教育を行わなければならない」では、「安全」の単語が重なってしまうのでふさわしくない。また、「作業主任者を除く」となっているのは、作業主任者は有資格者なので、既にこうした教育を受けていると見なされるからである。

以上により、③は「**安全**」ではなく「**配置**」である。

労働安全衛生法第59条　安全衛生教育

1 事業者は、労働者を雇い入れたときは、当該労働者に対し、厚生労働省令で定めるところにより、その従事する業務に関する安全又は衛生のための教育を行わなければならない。
2 1の規定は、労働者の作業内容を変更したときについて準用する。
3 事業者は、危険又は有害な業務で、厚生労働省令で定めるものに労働者をつかせるときは、厚生労働省令で定めるところにより、当該業務に関する安全又は衛生のための特別の教育を行わなければならない。

労働安全衛生法第60条　安全衛生教育（職長教育）

1 事業者は、その事業場の業種が政令で定めるものに該当するときは、新たに職務につくこととなった**職長**その他の作業中の**労働者**を直接**指導**又は**監督**する者（作業主任者を除く）に対し、次の事項について、厚生労働省令で定めるところにより、**安全**又は**衛生**のための**教育**を行なわなければならない。
一 作業方法の決定及び労働者の**配置**に関すること。
二 労働者に対する指導又は監督の方法に関すること。
三 一及び二に掲げるもののほか、労働災害を防止するため必要な事項で、厚生労働省令で定めるもの

労働安全衛生法施行令第19条　職長等の教育を行うべき業種

1 労働安全衛生法第60条の政令で定める業種は、建設業・製造業（一部の業種を除く）・電気業・ガス業・自動車整備業・機械修理業とする。

平成30年度 問題4 建築法規の解答例

【問題4】 次の各法文において、それぞれ下線部の**誤っている語句又は数値の番号**を1つあげ、それに対する**正しい語句又は数値**を記入しなさい。

問1 建設業法(第24条の4 第1項)

元請負人は、**下請負人**①からその請け負った建設工事が完成した旨の通知を受けたときは、当該通知を受けた日から**20**②日以内で、かつ、できる限り短い期間内に、その完成を確認するための**準備**③を完了しなければならない。

問2 建築基準法(第90条 第1項)

建築物の建築、修繕、**模様替**①又は除却のための工事の**設計者**②は、当該工事の施工に伴う地盤の崩落、建築物又は工事用の**工作物**③の倒壊等による危害を防止するために必要な措置を講じなければならない。

問3 労働安全衛生法(第61条 第1項)

事業者は、クレーンの運転その他の業務で、政令で定めるものについては、都道府県労働局長の当該業務に係る**免許**①を受けた者又は都道府県労働局長の登録を受けた者が行う当該業務に係る**監理**②講習を修了した者その他厚生労働省令で定める**資格**③を有する者でなければ、当該業務に就かせてはならない。

正 解

問	建築法規	語句又は数値の番号	正しい語句又は数値
問1	建設業法(第24条の4第1項)	③	検査
問2	建築基準法(第90条第1項)	②	施工者
問3	労働安全衛生法(第61条第1項)	②	技能

建築法規

問1	考え方 解き方	建設業法第24条の4第1項 検査及び引渡し	解答	③ 検査

建設業法では、検査及び引渡しに関する元請負人の義務として、「元請負人は、下請負人からその請け負った建設工事が完成した旨の通知を受けたときは、当該通知を受けた日から20日以内で、かつ、できる限り短い期間内に、その完成を確認するための**検査**を完了しなければならない」と定められている。

以上により、③は「**準備**」ではなく「**検査**」である

建設業法第24条の4　検査及び引渡し

1 **元請負人**は、**下請負人**からその請け負った建設工事が完成した旨の通知を受けたときは、当該通知を受けた日から**20日以内**で、かつ、できる限り短い期間内に、その**完成**を確認するための**検査**を**完了**しなければならない。

2 元請負人は、前項の検査によって建設工事の完成を確認した後、下請負人が申し出たときは、直ちに、当該建設工事の目的物の引渡しを受けなければならない。ただし、下請契約において定められた工事完成の時期から20日を経過した日以前の一定の日に引渡しを受ける旨の特約がされている場合には、この限りでない。

第24条の5　不利益取扱いの禁止

元請負人は、当該元請負人について「不当に低い請負代金の禁止」・「不当な使用資材等の購入強制の禁止」・「下請代金の支払」・「検査及び引渡し」・「手形の交付」・「遅延利息の支払」に違反する行為があるとして、下請負人が国土交通大臣等（当該元請負人が許可を受けた国土交通大臣又は都道府県知事）・公正取引委員会・中小企業庁長官にその事実を通報したことを理由として、当該下請負人に対して、取引の停止・その他の不利益な取扱いをしてはならない。

※この条項は令和元年の法改正により新たに加えられた規定である。

問2	考え方 解き方	建築基準法第90条第1項 工事現場の危害の防止	解答	② 施工者

建築基準法では、工事現場における危害を防止するため、「建築物の建築・修繕・模様替・除却のための工事の**施工者**は、当該工事の施工に伴う地盤の崩落・建築物・工事用の工作物の倒壊等による危害を防止するために必要な措置を講じなければならない」と定められている。危害防止のための措置を講じるのは、設計者ではなく施工者である。

以上により、②は「**設計者**」ではなく「**施工者**」である。

建築基準法第 90 条　工事現場の危害の防止

1 建築物の**建築**、**修繕**、**模様替**又は**除却**のための工事の**施工者**は、当該工事の施工に伴う地盤の崩落、建築物又は工事用の**工作物**の倒壊等による危害を防止するために必要な措置を講じなければならない。

2 前項の措置の技術的基準は、政令で定める。

参考 上記の「政令」とは、建築基準法施行令第 7 章の 8「工事現場の危害の防止」のことである。具体的には、次のようなことが定められている。（法文より一部抜粋・改変）

仮囲い（建築基準法施行令第 136 条の 2 の 20）

木造の建築物で高さが 13 m若しくは軒の高さが 9 mを超えるもの又は木造以外の建築物で 2 以上の階数を有するものについて、建築工事等を行う場合においては、工事期間中、工事現場の周囲にその地盤面からの高さが 1.8 m以上の板塀その他これに類する仮囲いを設けなければならない。

根切り工事・山留め工事等を行う場合の危害の防止（建築基準法施行令第 136 条の 3）

建築工事等において、根切り工事・山留め工事・ウェル工事・ケーソン工事・その他基礎工事を行う場合においては、あらかじめ、地下に埋設されたガス管・ケーブル・水道管・下水道管の損壊による危害の発生を防止するための措置を講じなければならない。

基礎工事用機械等の転倒による危害の防止（建築基準法施行令第 136 条の 4）

建築工事等において、基礎工事用機械又は移動式クレーンを使用する場合においては、敷板・敷角等の使用等により、その転倒による工事現場の周辺への危害を防止するための措置を講じなければならない。

落下物に対する防護（建築基準法施行令第 136 条の 5）

建築工事等において、工事現場の境界線からの水平距離が 5 m以内で、かつ、地盤面からの高さが 3 m以上の場所からくず・ごみ・その他飛散するおそれのある物を投下する場合においては、ダストシュートを用いる等、当該くず・ごみ等が工事現場の周辺に飛散することを防止するための措置を講じなければならない。

建て方（建築基準法施行令第 136 条の 6）

建築物の建て方を行うに当たっては、仮筋かいを取り付ける等、荷重又は外力による倒壊を防止するための措置を講じなければならない。

工事用材料の集積（建築基準法施行令第 136 条の 7）

建築工事等における工事用材料の集積は、その倒壊・崩落等による危害の少ない場所に、安全にしなければならない。

火災の防止（建築基準法施行令第 136 条の 8）

建築工事等において、火気を使用する場合においては、その場所に不燃材料の囲いを設ける等、防火上必要な措置を講じなければならない。

問3	考え方 解き方	労働安全衛生法第61条第1項	解答	②
		就業制限		技能

労働安全衛生法では、有資格者以外の者に対する就業制限として、「事業者は、クレーンの運転その他の業務で、政令で定めるものについては、都道府県労働局長の当該業務に係る免許を受けた者又は都道府県労働局長の登録を受けた者が行う当該業務に係る**技能**講習を修了した者その他厚生労働省令で定める資格を有する者でなければ、当該業務に就かせてはならない」と定められている。

以上により、②は「**監理**」ではなく「**技能**」である。

労働安全衛生法第61条　就業制限

1 事業者は、クレーンの運転その他の業務で、政令で定めるものについては、都道府県労働局長の当該業務に係る**免許**を受けた者又は都道府県労働局長の**登録**を受けた者が行う当該業務に係る**技能**講習を**修了**した者その他厚生労働省令で定める**資格**を有する者でなければ、当該業務に就かせてはならない。

2 前項の規定により当該業務に就くことができる者以外の者は、当該業務を行ってはならない。

3 第一項の規定により当該業務につくことができる者は、当該業務に従事するときは、これに係る免許証その他その資格を証する書面を携帯していなければならない。

(参考) 下記に掲げる作業を行う者は、その作業に応じて、免許の所持者・技能講習の修了者・特別教育の修了者でなければならない。なお、各種の資格の上下関係は、「(上位資格)免許の所持者－技能講習の修了者－特別教育の修了者(下位資格)」である。

- 作業床の高さが10m以上の高所作業車の運転者 ……技能講習の修了者
- 作業床の高さが2m以上10m未満の高所作業車の運転者 ……特別教育の修了者
- 吊り上げ荷重が5t以上の移動式クレーンの運転者……免許を受けた者
- 吊り上げ荷重が1t以上5t未満の移動式クレーンの運転者 ……技能講習の修了者
- 吊り上げ荷重が1t未満の移動式クレーンの運転者……特別教育の修了者
- 吊り上げ荷重が1t以上の玉掛け作業者 ……技能講習の修了者
- 吊り上げ荷重が1t未満の玉掛け作業者 ……特別教育の修了者
- 酸素危険欠乏作業の労働者……特別教育の修了者
- 足場の組立て等作業主任者……技能講習の修了者
- 第1種および第2種の酸素欠乏危険作業主任者 ……技能講習の修了者
- ガス溶接作業主任者……免許を受けた者
- 地山の掘削作業主任者……技能講習の修了者
- 石綿作業主任者……技能講習の修了者
- 交流アーク溶接作業者 ……特別教育の修了者
- ガス溶接作業者……技能講習の修了者
- 建設用リフトの運転者 ……特別教育の修了者

平成29年度 問題4 建築法規の解答例

※平成29年度の実地試験(第二次検定の旧称)では、「建築法規」は 問題5 として出題されていましたが、本書では最新の出題形式にあわせるため、タイトル部分では 問題4 と表記しています。

【問題 5】「建設業法」、「建築基準法施行令」及び「労働安全衛生法」に定める次の各法文において、それぞれ誤っている**語句の番号を 1 つ**あげ、それに対する**正しい語句**を記入しなさい。

問 1　建設業法 (第2 条　第2 項)

この法律において「建設業」とは、**元請**①、**下請**②その他いかなる名義をもってするかを問わず、建設工事の**施工**③を請け負う営業をいう。

問 2　建築基準法施行令 (第136 条の3　第1 項)

建築工事等において根切り工事、**山留め**①工事、ウェル工事、ケーソン工事その他基礎工事を行なう場合においては、あらかじめ、地下に埋設されたガス管、ケーブル、**排水管**②及び下水道管の**損壊**③による危害の発生を防止するための措置を講じなければならない。

問 3　労働安全衛生法 (第10 条　第1 項)

事業者は、政令で定める規模の事業場ごとに、厚生労働省令で定めるところにより、総括安全衛生**管理者**①を選任し、その者に安全**責任者**②、衛生管理者又は第 25 条の 2 第 2 項の規定により技術的事項を管理する者の**指揮**③をさせるとともに、次の業務を統括管理させなければならない。

(以下、第一号から第五号は省略)

正　解

問	建築法規	語句の番号	正しい語句
問 1	建設業法(第 2 条第 2 項)	③	完成
問 2	建築基準法施行令 (第 136 条の 3 第 1 項)	②	水道管
問 3	労働安全衛生法(第 10 条第 1 項)	②	管理者

建築法規

問1	考え方 解き方	建設業法第2条第2項 定義	解答	③ 完成

建設業法では、用語の定義として、「建設業とは、元請・下請その他いかなる名義をもってするかを問わず、建設工事の**完成**を請け負う営業をいう」と定められている。

以上により、③は「**施工**」ではなく「**完成**」である。

建設業法第1条　目的

この法律は、建設業を営む者の資質の向上、建設工事の請負契約の適正化等を図ることによって、建設工事の適正な施工を確保し、発注者を保護するとともに、建設業の健全な発達を促進し、もって公共の福祉の増進に寄与することを目的とする。

建設業法第2条　定義（一部改変）

1. **建設工事**とは、土木建築に関する工事で、下図に掲げる**29業種**をいう。
2. **建設業**とは、**元請・下請**その他いかなる名義をもってするかを問わず、建設工事の**完成**を請け負う営業をいう。
3. **建設業者**とは、**建設業の許可**を受けて建設業を営む者をいう。
4. **下請契約**とは、建設工事を他の者から請け負った建設業を営む者と、他の建設業を営む者との間で、当該建設工事の全部又は一部について締結される請負契約をいう。
5. **発注者**とは、建設工事(他の者から請け負ったものを**除く**)の注文者をいう。
6. **元請負人**とは、下請契約における注文者で、建設業者であるものをいう。
7. **下請負人**とは、下請契約における請負人をいう。

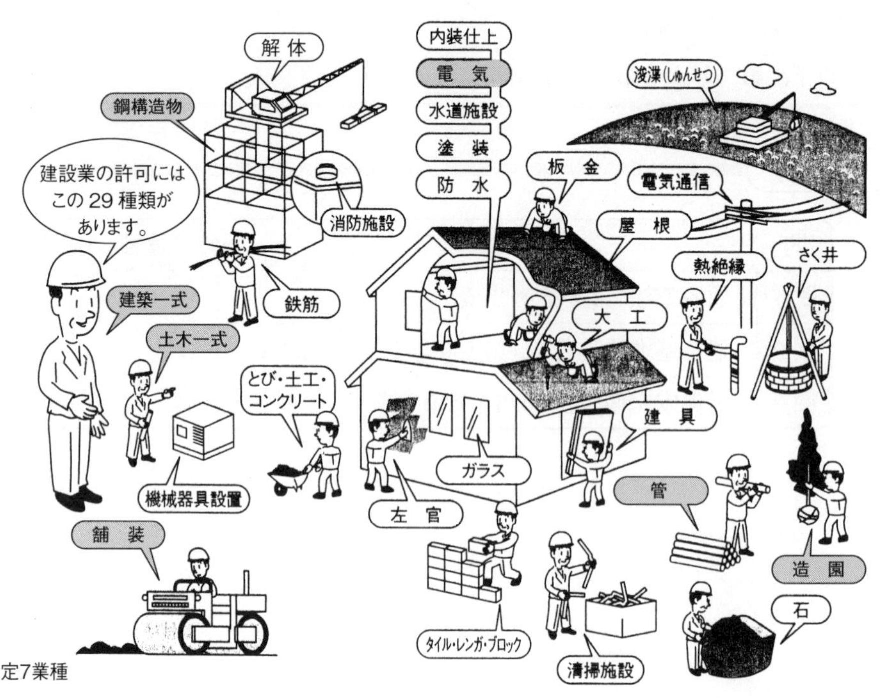

問2	考え方 解き方	建築基準法施行令第136条の3第1項	解答	②
		根切り工事、山留め工事等を行う場合の危害の防止		水道管

建築基準法施行令では、根切り工事・山留め工事等を行う場合の危害の防止(工事現場の危害の防止)として、「建築工事等において、根切り工事・**山留め**工事・ウェル工事・ケーソン工事などの基礎工事を行う場合においては、あらかじめ、地下に埋設されたガス管・ケーブル・**水道管**・下水道管の**損壊**による危害の発生を防止するための措置を講じなければならない」と定められている。

以上により、②は「**排水管**」ではなく「**水道管**」である。

建築基準法施行令第136条の3第1項　根切り工事、山留め工事等を行う場合の危害の防止

1 建築工事等において**根切り**工事、**山留め**工事、ウェル工事、ケーソン工事その他基礎工事を行なう場合においては、あらかじめ、地下に埋設されたガス管、ケーブル、**水道管**及び**下水道管**の**損壊**による危害の発生を防止するための措置を講じなければならない。

2 建築工事等における地階の根切り工事その他の深い根切り工事(これに伴う山留め工事を含む)は、地盤調査による地層及び地下水の状況に応じて作成した施工図に基づいて行なわなければならない。

3 建築工事等において建築物その他の工作物に近接して根切り工事その他土地の掘削を行なう場合においては、当該工作物の基礎又は地盤を補強して構造耐力の低下を防止し、急激な排水を避ける等その傾斜又は倒壊による危害の発生を防止するための措置を講じなければならない。

4 建築工事等において深さ1.5m以上の根切り工事を行なう場合においては、地盤が崩壊するおそれがないとき、及び周辺の状況により危害防止上支障がないときを除き、山留めを設けなければならない。この場合において、山留めの根入れは、周辺の地盤の安定を保持するために相当な深さとしなければならない。

5 前項の規定により設ける山留めの切ばり、矢板、腹起しその他の主要な部分は、土圧に対して、次に定める方法による構造計算によった場合に安全であることが確かめられる最低の耐力以上の耐力を有する構造としなければならない。

①次に掲げる方法によって土圧を計算すること。

　㋑土質及び工法に応じた数値によること。ただし、深さ3m以内の根切り工事を行う場合においては、土を水と仮定した場合の圧力の50%を下らない範囲でこれと異なる数値によることができる。

　㋺建築物その他の工作物に近接している部分については、㋑の数値に当該工作物の荷重による影響に相当する数値を加えた数値によること。

②前号の規定によって計算した土圧によって山留めの主要な部分の断面に生ずる応力度を計算すること。

③前号の規定によって計算した応力度が、次に定める許容応力度を超えないことを確かめること。

㋑木材の場合にあっては、この法律の規定による長期に生ずる力に対する許容応力度と短期に生ずる力に対する許容応力度との平均値。ただし、腹起しに用いる木材の許容応力度については、国土交通大臣が定める許容応力度によることができる。

㋺鋼材又はコンクリートの場合にあっては、この法律の規定による短期に生ずる力に対する許容応力度

6 建築工事等における根切り及び山留めについては、その工事の施工中必要に応じて点検を行ない、山留めを補強し、排水を適当に行なう等これを安全な状態に維持するための措置を講ずるとともに、矢板等の抜取りに際しては、周辺の地盤の沈下による危害を防止するための措置を講じなければならない。

問3	考え方解き方	労働安全衛生法第10条第1項	解答	②
		総括安全衛生管理者		管理者

労働安全衛生法では、常時使用する労働者が100人以上となる建設業の単一事業場(ひとつの会社の労働者のみを使用する事業場)における安全衛生管理体制として、「事業者は、総括安全衛生**管理者**を選任し、その者に安全**管理者**・衛生管理者などの技術的事項を管理する者の**指揮**をさせなければならない」と定められている。

以上により、②は「**責任者**」ではなく「**管理者**」である。

労働安全衛生法第10条　総括安全衛生管理者

1 事業者は、政令で定める規模の事業場ごとに、厚生労働省令で定めるところにより、**総括安全衛生管理者**を選任し、その者に**安全管理者**、**衛生管理者**又は第25条の2第2項の規定により**技術的事項を管理する者**の**指揮**をさせるとともに、次の業務を統括管理させなければならない。

①労働者の危険又は健康障害を防止するための措置に関すること。

②労働者の安全又は衛生のための教育の実施に関すること。

③健康診断の実施その他健康の保持増進のための措置に関すること。

④労働災害の原因の調査及び再発防止対策に関すること。

⑤前各号に掲げるもののほか、労働災害を防止するため必要な業務で、厚生労働省令で定めるもの

2 総括安全衛生管理者は、当該事業場においてその事業の実施を統括管理する者をもって充てなければならない。

3 都道府県労働局長は、労働災害を防止するため必要があると認めるときは、総括安全衛生管理者の業務の執行について事業者に勧告することができる。

労働安全衛生法第25条の2　事業者の講ずべき措置等

1 建設業その他政令で定める業種に属する事業の仕事で、政令で定めるものを行う事業者は、爆発、火災等が生じたことに伴い労働者の救護に関する措置がとられる場合における労働災害の発生を防止するため、次の措置を講じなければならない。

①労働者の救護に関し必要な機械等の備付け及び管理を行うこと。

②労働者の救護に関し必要な事項についての訓練を行うこと。

③前二号に掲げるもののほか、爆発、火災等に備えて、労働者の救護に関し必要な事項を行うこと。

2 前項に規定する事業者は、厚生労働省令で定める資格を有する者のうちから、厚生労働省令で定めるところにより、同項各号の措置のうち技術的事項を管理する者を選任し、その者に当該技術的事項を管理させなければならない。

労働安全衛生法施行令第2条　総括安全衛生管理者を選任すべき事業場

1 労働安全衛生法第10条第1項の政令で定める規模の事業場は、次の各号に掲げる業種の区分に応じ、常時当該各号に掲げる数以上の労働者を使用する事業場とする。

①林業、鉱業、**建設業**、運送業、清掃業　**100人**

②製造業（物の加工業を含む）、電気業、ガス業、熱供給業、水道業、通信業、各種商品卸売業、家具・建具・什器(じゅうき)等卸売業、各種商品小売業、家具・建具・什器小売業、燃料小売業、旅館業、ゴルフ場業、自動車整備業、機械修理業　300人

③その他の業種　1000人

労働安全衛生規則第2条　総括安全衛生管理者の選任

1 法第10条第1項の規定による総括安全衛生管理者の選任は、総括安全衛生管理者を選任すべき事由が発生した日から14日以内に行なわなければならない。

2 事業者は、総括安全衛生管理者を選任したときは、遅滞なく、様式第三号による報告書を、当該事業場の所在地を管轄する労働基準監督署長（所轄労働基準監督署長）に提出しなければならない。

労働安全衛生規則第3条の2　総括安全衛生管理者が統括管理する業務

1 労働安全衛生法第10条第1項第5号の厚生労働省令で定める業務は、次のとおりとする。

①安全衛生に関する方針の表明に関すること。

②労働安全衛生法で定められた危険性又は有害性等の調査及びその結果に基づき講ずる措置に関すること。

③安全衛生に関する計画の作成、実施、評価及び改善に関すること。

参考　**1 混在事業場の安全管理体制**

(1) 統括安全衛生責任者

特定元方事業者は、労働者数が50人以上となる混在事業場（元請負人の労働者と関係請負人の労働者が混在する事業場）に、統括安全衛生責任者を選任する。統括安全衛生責任者の主な職務は、下記の通りである。

①元方安全衛生管理者を指揮すること。
②協議組織を設置し、運営すること。
③作業間の連絡および調整を行うこと。
④作業場所を1日に1回以上巡視すること。
⑤関係請負人が行う労働者の安全または衛生のための教育に対して、指導・援助すること。

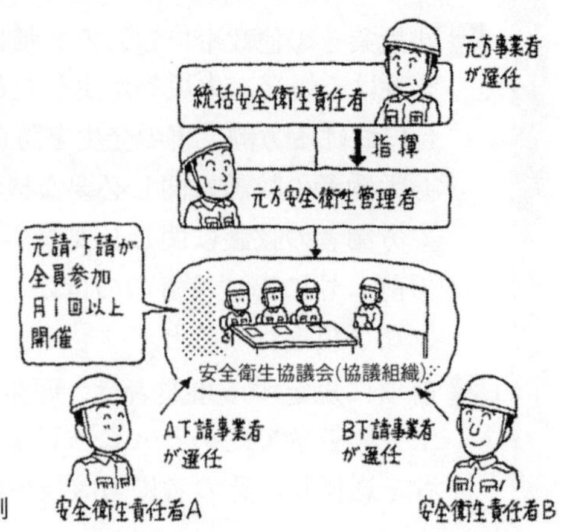

元請・下請50人以上の安全管理体制

(2) 安全衛生責任者

関係請負人は、労働者数が50人以上となる混在事業場に、安全衛生責任者を選任する。安全衛生責任者の主な職務は、統括安全衛生責任者から受けた連絡・調整事項を、労働者に連絡することである。

(3) 元方安全衛生管理者

特定元方事業者は、労働者数が50人以上となる混在事業場に、専属の元方安全衛生管理者を選任する。元方安全衛生管理者の主な職務は、技術的事項の管理を行うことである。

(4) 店社安全衛生管理者

特定元方事業者は、労働者数が20人以上50人未満となる混在事業場に、店社安全衛生管理者を選任する。店社安全衛生管理者の主な職務は、協議組織に参加し、作業場所を1月に1回以上巡視することである。

2 単一事業場の安全管理体制

(1) 総括安全衛生管理者

事業者は、労働者数が100人以上となる単一事業場（一社の労働者のみを使用する事業場）に、総括安全衛生管理者を選任する。総括安全衛生管理者の主な職務は、安全管理者および衛生管理者を指揮することや、健康診断を実施することである。

(2) 安全管理者（等）

事業者は、労働者数が50人以上となる単一事業場に、安全管理者・衛生管理者・産業医を選任し、安全委員会・衛生委員会を設置する。

(3) 安全衛生推進者

事業者は、労働者数が10人以上50人未満となる単一事業場に、安全衛生推進者を選任する。

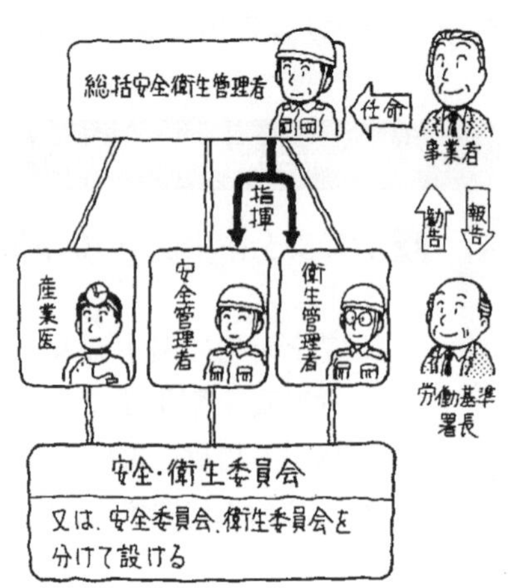

100人以上の事業場の安全衛生の組織

建築法規

混在事業場・単一事業場の安全管理体制のまとめ

選任すべき者	事業場の労働者数	事業場の体制	事業者の種別
総括安全衛生管理者	100人以上	単一事業場	事業者
安全管理者	50人以上	単一事業場	事業者
衛生管理者	50人以上	単一事業場	事業者
産業医	50人以上	単一事業場	事業者
安全委員会	50人以上	単一事業場	事業者
衛生委員会	50人以上	単一事業場	事業者
安全衛生推進者	10人以上50人未満	単一事業場	事業者
統括安全衛生責任者	50人以上	混在事業場	特定元方事業者
元方安全衛生管理者	50人以上	混在事業場	特定元方事業者
協議組織	2人以上	混在事業場	特定元方事業者
安全衛生責任者	50人以上	混在事業場	関係請負人の事業者
店社安全衛生管理者	20人以上50人未満	混在事業場	特定元方事業者

平成28年度 問題4 建築法規の解答例

※平成28年度の実地試験(第二次検定の旧称)では、「建築法規」は 問題5 として出題されていましたが、本書では最新の出題形式にあわせるため、タイトル部分では 問題4 と表記しています。

【問題5】 「建設業法」、「建築基準法」及び「建設工事に係る資材の再資源化等に関する法律(建設リサイクル法)」に定める次の各法文において、それぞれ誤っている**語句の番号**を**1つ**あげ、それに対する**正しい語句**を記入しなさい。

問1 建設業法(第24条の2)

元請負人①は、その請け負った建設工事を施工するために必要な**費用**②の細目、作業方法その他**元請負人**①において定めるべき事項を定めようとするときは、あらかじめ、**下請負人**③の意見をきかなければならない。

問2 建築基準法(第89条第1項)

第6条第1項の建築、大規模の修繕又は大規模の模様替の工事の施工者は、当該工事現場の見易い場所に、国土交通省令で定める様式によって、建築主、設計者、工事**施工者**①及び工事の**作業主任者**②の氏名又は名称並びに当該工事に係る同項の**確認**③があった旨の表示をしなければならない。

問3 建設工事に係る資材の再資源化等に関する法律（建設リサイクル法）（第5条第1項）

建設業を営む者は、建築物等の設計及びこれに用いる建設資材の選択、建設工事の施工方法等を工夫することにより、建設資材廃棄物の**発生**①を抑制するとともに、**分別**②解体等及び建設資材廃棄物の再資源化に要する費用を**負担**③するよう努めなければならない。

正　解

問	建築法規	語句の番号	正しい語句
問1	建設業法（第24条の2）	②	工程
問2	建築基準法（第89条第1項）	②	現場管理者
問3	建設リサイクル法（第5条第1項）	③	低減

問1	考え方 解き方	建設業法第24条の2 下請負人の意見の聴取	解答	② 工程

建設工事の請負契約における元請負人の義務として、「元請負人は、その請け負った建設工事を施工するために必要な**工程**の細目、作業方法その他元請負人において定めるべき事項を定めようとするときは、あらかじめ、下請負人の意見をきかなければならない」と定められている。費用の細目を定めるときに、下請負人の意見を聴くのではない。

以上により、②は「**費用**」ではなく「**工程**」である。

建設業法第24条の2　下請負人の意見の聴取

元請負人は、その請け負った建設工事を施工するために必要な**工程の細目**、**作業方法**その他**元請負人**において定めるべき事項を定めようとするときは、あらかじめ、**下請負人の意見**をきかなければならない。

建設業法第24条の3　下請代金の支払

1 元請負人は、請負代金の出来形部分に対する支払又は工事完成後における支払を受けたときは、当該支払の対象となった建設工事を施工した下請負人に対して、当該元請負人が支払を受けた金額の出来形に対する割合及び当該下請負人が施工した**出来形部分**に相応する下請代金を、**当該支払を受けた日から1月以内**で、かつ、できる限り短い期間内に支払わなければならない。

2 元請負人は、前払金の支払を受けたときは、下請負人に対して、**資材の購入**、**労働者の募集**その他建設工事の**着手に必要な費用を前払金**として支払うよう適切な配慮をしなければならない。

建設業法第24条の4　検査及び引渡し

1 元請負人は、下請負人からその請け負った建設工事が完成した旨の通知を受けたときは、**当該通知を受けた日から 20 日以内で**、かつ、できる限り短い期間内に、その完成を確認するための**検査を完了**しなければならない。

2 元請負人は、前項の検査によって建設工事の完成を確認した後、**下請負人が申し出たときは直ちに、当該建設工事の目的物の引渡しを受けなければならない**。ただし、下請契約において定められた工事完成の時期から20日を経過した日以前の一定の日に引渡しを受ける旨の特約がされている場合には、この限りでない。

問 2	考え方 解き方	建築基準法第 89 条第 1 項	解答	②
		工事現場における確認の表示等		現場管理者

建築基準法の雑則において、「第 6 条第 1 項の建築、大規模の修繕又は大規模の模様替の工事の施工者は、当該工事現場の見易い場所に、国土交通省令で定める様式によって、建築主、設計者、工事施工者及び工事の**現場管理者**の氏名又は名称並びに当該工事に係る同項の確認があった旨の表示をしなければならない」と定められている。作業主任者の氏名を表示する必要はない。

以上により、②は「**作業主任者**」ではなく「**現場管理者**」である。

建築基準法第6条第１項　建築物の建築等に関する申請及び確認（一部抜粋）

建築主は、第 1 号から第 3 号までに掲げる建築物を建築しようとする場合、これらの建築物の大規模の修繕若しくは大規模の模様替をしようとする場合又は第 4 号に掲げる建築物を建築しようとする場合においては、当該工事に着手する前に、その計画が建築基準関係規定に適合するものであることについて、確認の申請書を提出して建築主事の確認を受け、確認済証の交付を受けなければならない。

第 1 号　劇場・病院・学校・百貨店・倉庫などの用途に供する特殊建築物で、その用途に供する部分の床面積の合計が $100\,m^2$ を超えるもの

第 2 号　木造の建築物で 3 以上の階数を有し、又は延べ面積が $500\,m^2$、高さが 13 m 若しくは軒の高さが 9 m を超えるもの

第 3 号　木造以外の建築物で 2 以上の階数を有し、又は延べ面積が $200\,m^2$ を超えるもの

第 4 号　都市計画区域若しくは準都市計画区域若しくは景観法の準景観地区内又は都道府県知事が関係市町村の意見を聴いてその区域の全部若しくは一部について指定する区域内における建築物

建築基準法第89条 工事現場における確認の表示等

1 第6条第1項の建築、大規模の修繕又は大規模の模様替の工事の施工者は、当該工事現場の見易い場所に、国土交通省令で定める様式によって、**建築主**、**設計者**、**工事施工者**及び工事の**現場管理者**の氏名又は名称並びに当該工事に係る同項の確認があった旨の表示をしなければならない。

2 第6条第1項の建築、大規模の修繕又は大規模の模様替の工事の施工者は、当該工事に係る**設計図書**を当該**工事現場**に備えておかなければならない。

問3	考え方 解き方	建設リサイクル法第5条第1項	解答	③
		建設業を営む者の責務		低減

建設工事に係る資材の再資源化等に関する法律の基本方針等において、「建設業を営む者は、建築物等の設計及びこれに用いる建設資材の選択、建設工事の施工方法等を工夫することにより、建設資材廃棄物の発生を抑制するとともに、分別解体等及び建設資材廃棄物の再資源化等に要する費用を**低減**するよう努めなければならない」と定められている。単に費用を負担すればよいのではない。

以上により、③は「**負担**」ではなく「**低減**」である。

建設リサイクル法第5条 建設業を営む者の責務

1 建設業を営む者は、建築物等の設計及びこれに用いる建設資材の選択、建設工事の施工方法等を工夫することにより、建設資材廃棄物の**発生**を抑制するとともに、**分別解体**等及び建設資材廃棄物の**再資源化**等に要する**費用**を**低減**するよう努めなければならない。

2 建設業を営む者は、建設資材廃棄物の再資源化により得られた建設資材(建設資材廃棄物の再資源化により得られた物を使用した建設資材を含む)を使用するよう努めなければならない。

平成27年度 問題4 建築法規の解答例

※平成27年度の実地試験(第二次検定の旧称)では、「建築法規」は 問題5 として出題されていましたが、本書では最新の出題形式にあわせるため、タイトル部分では 問題4 と表記しています。

【問題5】 「建設業法」、「建築基準法施行令」及び「労働安全衛生法」に定める下記の各法文において、それぞれ**誤っている語句の番号**を1つあげ、それに対する**正しい語句**を記入しなさい。

問1 建設業法(第26条の3 第1項)

主任技術者及び監理技術者は、工事現場における建設工事を適正に実施するため、当該建設工事の施工計画の**作成**①、工程管理、**原価**②管理その他の技術上の管理及び当該建設工事の施工に従事する者の技術上の**指導**③監督の職務を誠実に行わなければならない。

問2 建築基準法施行令(第136条の3 第3項)

建築工事において建築物その他の工作物に近接して根切り工事その他土地の掘削を行なう場合においては、当該工作物の基礎又は**外壁**①を補強して構造**耐力**②の低下を防止し、急激な排水を避ける等その傾斜又は**倒壊**③による危害の発生を防止するための措置を講じなければならない。

問3 労働安全衛生法(第61条第1項、第2項、第3項)

1. 事業者は、クレーンの運転その他の業務で、政令で定めるものについては、都道府県労働局長の当該業務に係る免許を受けた者又は都道府県労働局長の**登録**①を受けた者が行う当該業務に係る**監理**②講習を修了した者その他厚生労働省令で定める資格を有する者でなければ、当該業務に就かせてはならない。
2. 前項の規定により当該業務につくことができる者以外の者は、当該業務を行なってはならない。
3. 第1項の規定により当該業務につくことができる者は、当該業務に従事するときは、これに係る免許証その他その資格を証する**書面**③を携帯していなければならない。

正　解

	建築法規	誤りの番号	正しい語句
問1	建設業法	②	品質
問2	建築基準法施行令	①	地盤
問3	労働安全衛生法	②	技能

建築法規

問1	考え方 解き方	建設業法第26条の3 主任技術者及び監理技術者の職務等	解答	② 品質

主任技術者・監理技術者の職務は、「施工計画の作成」「工程管理」「**品質**管理」「施工に従事する者の技術上の指導監督」である。

以上から、主任技術者・監理技術者の職務は、「原価管理」ではなく「品質管理」なので、②は**品質**である。

建設業法第26条の3　主任技術者及び監理技術者の職務等

1 主任技術者及び監理技術者は、工事現場における建設工事を適正に実施するため、当該建設工事の**施工計画の作成、工程管理、品質管理**その他の技術上の管理及び当該建設工事の**施工に従事する者の技術上の指導監督**の職務を誠実に行わなければならない。

2 工事現場における建設工事の施工に従事する者は、主任技術者又は監理技術者がその職務として行う指導に従わなければならない。

※この条文は、令和元年の法改正により、現在の建設業法では「第26条の4」に配置されている。

問2	考え方 解き方	建築基準法施行令第136条の3 根切り工事、山留め工事等を行う場合の危害の防止	解答	① 地盤

根切り工事では、当該工作物の基礎または**地盤**を補強して構造耐力の低下を防止し、急激な排水を避けるなど、基礎・地盤の傾斜・倒壊による災害を防止するための措置を講じなければならない。

以上から、補強する必要があるのは「外壁」ではなく「地盤」なので、①は**地盤**である。

建築基準法施行令136条の3　根切り工事、山留め工事等を行う場合の危害の防止

1 建築工事等において根切り工事、山留め工事、ウエル工事、ケーソン工事その他基礎工事を行なう場合においては、あらかじめ、地下に埋設されたガス管、ケーブル、水道管及び下水道管の損壊による危害の発生を防止するための措置を講じなければならない。

2 建築工事等における地階の根切り工事その他の深い根切り工事（これに伴う山留め工事を含む。）は、地盤調査による地層及び地下水の状況に応じて作成した施工図に基づいて行なわなければならない。

3 建築工事等において建築物その他の工作物に近接して根切り工事その他土地の掘削を行なう場合においては、**当該工作物の基礎又は地盤を補強して構造耐力の低下を防止**し、急激な排水を避ける等その傾斜又は倒壊による危害の発生を防止するための措置を講じなければならない。

4 建築工事等において深さ**1.5m以上の根切り工事**を行なう場合においては、地盤が崩壊するおそれがないとき、及び周辺の状況により危害防止上支障がないときを除き、山留めを設けなければならない。この場合において、**山留めの根入れ**は、**周辺の地盤の安定を保持**するために**相当な深さ**としなければならない。

5 前項の規定により設ける山留めの切ばり、矢板、腹起しその他の主要な部分は、土圧に対して、次に定める方法による構造計算によった場合に安全であることが確かめられる最低の耐力以上の耐力を有する構造としなければならない。

6 建築工事等における根切り及び山留めについては、その工事の施工中必要に応じて点検を行ない、山留めを補強し、排水を適当に行なう等これを安全な状態に維持するための措置を講ずるとともに、矢板等の抜取りに際しては、周辺の地盤の沈下による危害を防止するための措置を講じなければならない。

問3	考え方 解き方	労働安全衛生法第61条	解答	②
		有資格者以外の者の就業制限		技能

クレーンの運転などの業務に就く者は、政令等で定められた資格を有する者でなければならない。また、その者が業務に従事しているときは、自らの資格を証明する書面を携帯していなければならない。一例として、移動式クレーンの運転者は、その吊上げ荷重に応じて、次の資格が必要となる。

①吊上げ荷重が5トン以上の移動式クレーンの運転者は、都道府県労働局長から「移動式クレーン運転士免許」を受けた者でなければならない。

②吊上げ荷重が1トン以上5トン未満の移動式クレーンの運転者は、都道府県労働局長の登録を受けた者が行う「小型移動式クレーン運転**技能**講習」を修了した者でなければならない。

③吊上げ荷重が1トン未満の移動式クレーンの運転者は、「移動式クレーンの運転の業務に係る特別教育」を修了した者でなければならない。

以上から、必要となる講習は「監理講習」ではなく「技能講習」なので、②は**技能**である。

労働安全衛生法第61条　有資格者以外の者の就業制限

1 事業者は、クレーンの運転その他の業務で、政令で定めるものについては、都道府県労働局長の当該業務に係る免許を受けた者又は都道府県労働局長の登録を受けた者が行う当該業務に係る**技能講習**を修了した者その他厚生労働省令で定める資格を有する者でなければ、当該業務に就かせてはならない。

2 前項の規定により当該業務につくことができる者以外の者は、当該業務を行なってはならない。

3 第1項の規定により当該業務につくことができる者は、当該業務に従事するときは、これに係る免許証その他その資格を証する書面を携帯していなければならない。

平成26年度 問題4 建築法規の解答例

※平成26年度の実地試験(第二次検定の旧称)では、「建築法規」は 問題5 として出題されていましたが、本書では最新の出題形式にあわせるため、タイトル部分では 問題4 と表記しています。

【問題5】 「建設業法」、「建築基準法施行令」及び「労働安全衛生法」に定める次の各法文において、それぞれ**誤っている語句の番号を1つ**あげ、それに対する**正しい語句**を記入しなさい。

問1 建設業法(第19条の2 第1項)

請負人は、**請負契約**①の履行に関し工事現場に現場代理人を置く場合においては、当該現場代理人の**権限**②に関する事項及び当該現場代理人の行為について**監理者**③の請負人に対する意見の申出の方法(第3項において「現場代理人に関する事項」という。)を書面により**監理者**③に通知しなければならない。

問2 建築基準法施行令(第136条の3 第4項)

建築工事等において深さ**1.5 m**①以上の根切り工事を行なう場合においては、地盤が崩壊するおそれがないとき、及び周辺の状況により危害防止上支障がないときを除き、山留めを設けなければならない。この場合において、山留めの**根入れ**②は、周辺の**法面**③の安定を保持するために相当な深さとしなければならない。

問3 労働安全衛生法(第14条)

事業者は、高圧室内作業その他の労働災害を防止するための管理を必要とする作業で、政令で定めるものについては、都道府県労働局長の免許を受けた者又は都道府県労働局長の登録を受けた者が行う**技能**①講習を修了した者のうちから、厚生労働省令で定めるところにより、当該作業の区分に応じて、**工事**②主任者を選任し、その者に当該作業に従事する労働者の**指揮**③その他の厚生労働省令で定める事項を行わせなければならない。

正 解

	建築法規	誤りの番号	正しい語句
問1	建設業法	③	注文者
問2	建築基準法施行令	③	地盤
問3	労働安全衛生法	②	作業

建築法規

問 1	考え方 解き方	建設業法第19条の2 現場代理人の選任等に関する通知	解答	③ 注文者

(1) 書面主義：発注者、請負者の間でとり交わす、請求、通知、報告、申出、承諾及び解除はすべて**書面**によることが定められている。これは紛争時の証拠となる。

(2) 監督員の設置：発注者(注文者)は請負契約の適正な履行を確保するため、監督員の氏名及び権限を定め、請負者に**書面で通知する**。

(3) 現場代理人の設置：請負者は**現場代理人**を置くときは、**現場代理人の氏名及び権限**を定め、**注文者**に書面で通知する。

(4) 現場代理人：現場代理人は、契約の履行に関し、工事現場に**常駐し、その運営取締を行う**他、請負代金の変更、請求、受領、契約の解除に係る**権限を除いて**一切の権限を行使することができる。

以上から、「書面」により**注文者**に通知しなければならないので、③**は注文者**である。

建設業法第19条の2　現場代理人の選任等に関する通知

1 請負人は、請負契約の履行に関し工事現場に**現場代理人を置く場合においては、**当該現場代理人の権限に関する事項及び当該現場代理人の行為についての注文者の請負人に対する意見の申出の方法（第3項において「現場代理人に関する事項」という。）を、**書面により注文者に通知しなければならない。**

2 注文者は、請負契約の履行に関し工事現場に**監督員を置く場合においては、**当該監督員の権限に関する事項及び当該監督員の行為についての請負人の注文者に対する意見の申出の方法（第4項において「監督員に関する事項」という。）を、**書面により請負人に通知しなければならない。**

3 請負人は、第1項の規定による書面による通知に代えて、政令で定めるところにより、同項の注文者の承諾を得て、現場代理人に関する事項を、電子情報処理組織を使用する方法その他の情報通信の技術を利用する方法であって国土交通省令で定めるものにより通知することができる。この場合において、当該請負人は、当該書面による通知をしたものとみなす。

4 注文者は、第2項の規定による書面による通知に代えて、政令で定めるところにより、同項の請負人の承諾を得て、監督員に関する事項を、電子情報処理組織を使用する方法その他の情報通信の技術を利用する方法であって国土交通省令で定めるものにより通知することができる。この場合において、当該注文者は、当該書面による通知をしたものとみなす。

問2	考え方 解き方	建築基法施行準令136条の3 根切り工事、山留め工事等を行う場合の危害の防止	解答	③ 地盤

(1) 建築基準法第90条では「工事現場の危害の防止」が定められている。これは、建築工事で、掘削に伴う地盤の崩落と足場等の工作物の倒壊等の危害を防止する措置を「施工者」が講じると定めている。

(2) 工事現場の危害防止のために施工者が取り組む基準が建築基準施行令に定められている。その要点は次のようである。

①仮囲い(令136条の2の20)：**現場周辺に高さ1.8m以上の仮囲**を設ける。

②根切り工事、山留め工事等を行う場合の危害防止(令136条の3)：工作物に近接して根切り工事を行うときは、当該工作物の**基礎又は地盤を補強**して、傾斜又は倒壊による危害の発生を防止する。

③**基礎工事用機械等の転倒による危害防止**(令136条の4)：基礎工事用機械又は移動式クレーン(0.5t以上)を使用するとき、**敷板・敷角を使用**し転倒を防止し周辺への危害を防止する。

④**落下物に対する防護**(令136条の5)：現場境界線から5m以内では地盤面からの高さ3m以上から物を投下するときはダストシュートを設け、地盤面からの高さ7m以上あるときははつり等の**落下物を防止するため鉄網又は帆布でおおう**。

⑤建て方(令136条の6)：建築物の建て方を行うときは、**仮筋かいを取り付ける**等荷重、外力による倒壊を防止する。

⑥工事用材料の集積(令136条の7)：工事用材料の集積は、その**倒壊、崩落による危害の少ない場所**に安全にする。

⑦**火災の防止**(令136条の8)：現場で火気を使用するときは、**不燃材料で囲う**。

⑧**根切り工事の危害防止**(令136条の3)：**山留め**の根入れは、周辺の地盤の安定を保持するために相当な深さとする。

以上から、**地盤**の安定を保持する必要があるので、③は**地盤**である。

建築基準法施行令136条の3　根切り工事、山留め工事等を行う場合の危害の防止

1 建築工事等において根切り工事、山留め工事、ウエル工事、ケーソン工事その他基礎工事を行なう場合においては、あらかじめ、地下に埋設されたガス管、ケーブル、水道管及び下水道管の損壊による危害の発生を防止するための措置を講じなければならない。

2 建築工事等における地階の根切り工事その他の深い根切り工事(これに伴う山留め工事を含む。)は、地盤調査による地層及び地下水の状況に応じて作成した施工図に基づいて行なわなければならない。

建築法規

3 建築工事等において建築物その他の工作物に近接して根切り工事その他土地の掘削を行なう場合においては、**当該工作物の基礎又は地盤を補強して構造耐力の低下を防止**し、急激な排水を避ける等その**傾斜又は倒壊**による危害の発生を防止するための措置を講じなければならない。

4 建築工事等において深さ**1.5m以上の根切り工事**を行なう場合においては、地盤が崩壊するおそれがないとき、及び周辺の状況により危害防止上支障がないときを除き、山留めを設けなければならない。この場合において、**山留めの根入れ**は、**周辺の地盤の安定を保持**するために**相当な深さ**としなければならない。

5 前項の規定により設ける山留めの切ばり、矢板、腹起しその他の主要な部分は、土圧に対して、次に定める方法による構造計算によった場合に安全であることが確かめられる最低の耐力以上の耐力を有する構造としなければならない。

6 建築工事等における根切り及び山留めについては、その工事の施工中必要に応じて点検を行ない、山留めを補強し、排水を適当に行なう等これを安全な状態に維持するための措置を講ずるとともに、矢板等の抜取りに際しては、周辺の地盤の沈下による危害を防止するための措置を講じなければならない。

問3	考え方	労働安全衛生法第14条	解答	②
	解き方	作業主任者		作業

(1) 作業主任者の資格には、免許または技能講習の修了の2つがある。

①都道府県労働基準局長の**免許を受けた者**(例：高圧室内作業主任者免許者)

②都道府県労働基準局長もしくは都道府県労働基準局長の指定する者が行う**技能講習を修了した者**(例：型枠支保工作業主任者技能講習修了者)

(2) 作業主任者の職務の分担：2名以上選任したときは、職務の分担を定める。

(3) 作業主任者の氏名等の周知：事業者は作業主任者の氏名及びその者に行わせる事項を作業場の見やすい箇所に掲示する。

(4) 作業主任者の名称と作業主任者を選任すべき作業の抜粋(労働安全衛生規則第16条の別表1)(免)：免許、(技)：技能講習

作業主任者名称	作業の内容
高圧室内作業主任者（免）	高圧室内作業（大気圧を超える気圧下の作業室またはシャフト内部において行う作業）
ガス溶接作業主任者（免）	アセチレン溶接装置またはガス集合溶接装置を用いて行う金属の溶接、溶断または加熱の作業
コンクリート破砕器作業主任者（技）	コンクリート破砕器を用いて行う破砕の作業
地山の掘削作業主任者（技）	掘削面の高さが**2m以上**となる地山の掘削（ずい道およびたて坑以外の坑の掘削を除く。）の作業（岩石の採取のための作業を除く。）
土止め支保工作業主任者（技）	土止め支保工の切りばりまたは腹おこしの取付けまたは取りはずしの作業
型枠支保工の組立て等の作業主任者（技）	型枠支保工（支柱、はり、つなぎ、筋かい等の部材により構成され建設物におけるスラブ、けた等のコンクリート打設に用いる型枠を支持する仮設の設備をいう。以下同じ。）の組立てまたは解体の作業
足場の組立て等作業主任者（技）	つり足場（ゴンドラのつり足場を除く。以下同じ。）張出し足場または高さが**5m以上**の構造の足場の組立て、解体または変更の作業
建築物等の鉄骨の組立て等作業主任者（技）	建築物の骨組み、または塔で、金属製の部材により構成されるもの（その高さが**5m以上**であるものに限る。）の組立て、解体または変更の作業
木造建築物の組立て等作業主任者（技）	軒の高さが**5m以上**の木造建築物の構造部材の組立てまたはこれに伴う屋根下地もしくは外壁下地の取付けの作業
コンクリート造の工作物の解体等作業主任者（技）	コンクリート造の工作物（その高さが**5m以上**であるものに限る。）の解体または破壊の作業
酸素欠乏危険作業主任者（技）	酸素欠乏危険場所における作業
	酸素欠乏危険場所（酸素欠乏症、硫化水素中毒にかかるおそれのある場所として厚生労働大臣が定める場所）における作業
有機溶剤作業主任者（技）	屋内作業等で有機溶剤、有機溶剤を**5%を超え**て含有するものを取り扱う業務等の作業

以上から、問3 ②は作業主任者を選任するので、**②は作業主任者**である。

労働安全衛生法第14条　作業主任者

事業者は、高圧室内作業その他の労働災害を防止するための管理を必要とする作業で、政令で定めるものについては、**都道府県労働局長の免許を受けた者又は都道府県労働局長の登録を受けた者が行う技能講習を修了した者のうちから**、厚生労働省令で定めるところにより、当該作業の区分に応じて、**作業主任者を選任し**、その者に当該作業に従事する**労働者の指揮**その他の厚生労働省令で定める事項を行わせなければならない。

第4章　建築施工

4－1A　建築施工 技術検定試験 重要項目集（受検種別：建築）

4－2A　最新問題解説（受検種別：建築）

4－1B　建築施工 技術検定試験 重要項目集（受検種別：躯体）

4－2B　最新問題解説（受検種別：躯体）

4－1C　建築施工 技術検定試験 重要項目集（受検種別：仕上げ）

4－2C　最新問題解説（受検種別：仕上げ）

※ A（建築）・B（躯体）・C（仕上げ）のうち、受検種別に応じた学習項目を選択してください。

受検種別	受検種別に応じた内容（この分野では次のような内容を問われることになる）
建築	●主任技術者として、建築材料の強度等を正確に把握し、工事の目的物に所要の強度・外観等を得るために必要な措置を適切に行うことができる応用能力 ●主任技術者として、設計図書に基づいて、工事現場における施工計画を適切に作成し、施工図を適正に作成することができる応用能力
躯体	●基礎及び躯体に係る建築材料の強度等を正確に把握し、工事の目的物に所要の強度等を得るために必要な措置を適切に行うことができる高度の応用能力 ●建築一式工事のうち、基礎及び躯体に係る工事の工程管理・品質管理・安全管理等、工事の施工の管理方法を正確に理解し、設計図書に基づいて、当該工事の工事現場における施工計画を適切に作成し、施工図を適正に作成することができる高度の応用能力
仕上げ	●仕上げに係る建築材料の強度等を正確に把握し、工事の目的物に所要の強度・外観等を得るために必要な措置を適切に行うことができる高度の応用能力 ●建築一式工事のうち、仕上げに係る工事の工程管理・品質管理・安全管理等、工事の施工の管理方法を正確に理解し、設計図書に基づいて、当該工事の工事現場における施工計画を適切に作成し、施工図を適正に作成することができる高度の応用能力

※この内容は2級建築施工管理技術検定の受検の手引を基に作成したものです。

4.1A 受検種別:建築 問題5-A 建築施工 技術検定試験 重要項目集

4.1A.1 受検種別:建築　過去10年間の躯体工事の出題内容

太字は2回以上出題された項目

年度	仮設・土・地業工事	型枠工事	コンクリート工事	鉄筋工事	鉄骨工事	木工事・解体・補修
令和5年	貫入試験 杭のセメントミルク工法	柱型枠の高さ				軸組構法の柱の名称
令和4年	巻尺のテープ合わせ		鉛直打継部の位置	**圧接鉄筋の縮み代**		**軸組の役割**
令和3年	逃げ墨 **埋戻し厚さ**			鉄筋相互のあき	**ボルト頭部の出の高さ**	
令和2年	べた基礎の高さ	**合板型枠の締付け**	**棒形振動機の引抜き速さ**			**軸組の役割**
令和元年	墨の引通し			**鉄筋の継手**	**ボルト上部の出の高さ**	分別解体の計画書
平成30年	縄張り・遣方 **埋戻し土の締固め**	型枠の根巻き			高力ボルトのナットの向き	
平成29年	地盤アンカーの応力	**型枠端太の締付け**		**ガス圧接継手の膨らみ**	鉄骨工事の予熱	
平成28年	**埋戻し土の仕上り厚さ**	型枠の取り外し	**棒形振動機の引抜き速さ**	**圧接鉄筋の縮み代**		
平成27年			圧縮強度試験の供試体	**鉄筋の継手**	ベースプレートのモルタル後詰め中心塗り	カッター工法
平成26年		型枠のたわみ	鉛直打継目	**ガス圧接部のふくらみ**	高力ボルト座金	

4.1A.2 建築躯体工事

1 仮設工事・土工事

1 仮設工事

①墨出しに使用する2本の鋼製巻尺は、50Nの張力を与えて検定(テープ合わせ)し、そのうちの1本を基準巻尺とする。

②建物の位置を決めるときは、縄張りを行う。建物の高低・通り心を定めるときは、遣方を設置する。

③各階の基準墨の位置は、1階の床から下げ振りを引き通して定める。

2 地下水処理工法

①**重力排水**：水中ポンプを用いるもので、排水量の少ない地盤では釜場工法を、大量の水を排水するときはディープウェル工法やバキュームディープウェル工法を採用する。

②**強制排水**：真空ポンプを用いたウェルポイント工法やバキュームディープウェル工法を採用する。

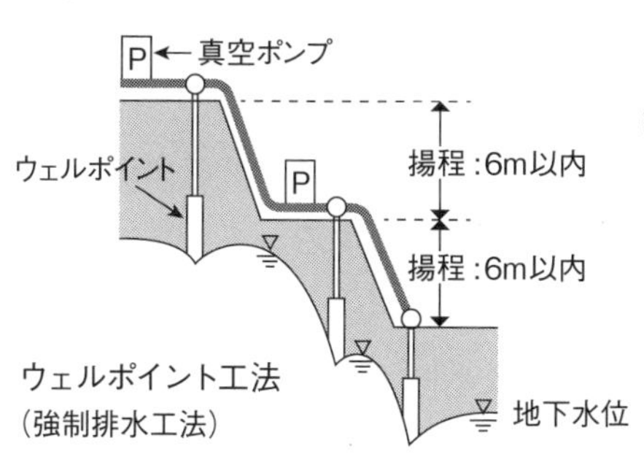

必要透水量が比較的少ない場合、
対象とする帯水層が浅い場合、
帯水層が砂層からシルト層である場合には、
ウェルポイント工法が採用される。

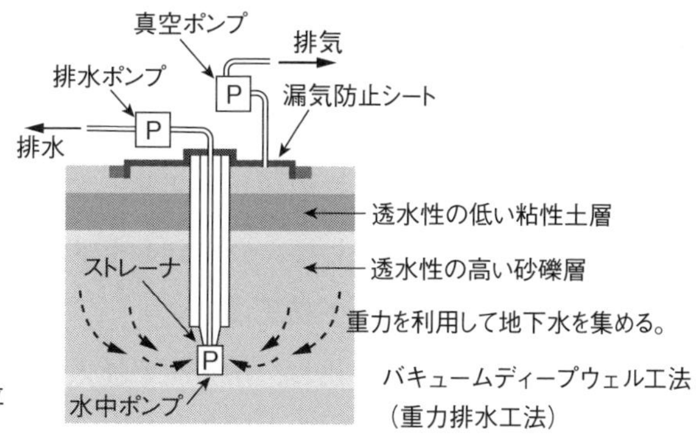

必要揚水量が非常に多い場合、
対象とする帯水層が深い場合、
帯水層が砂礫層である場合には、
バキュームディープウェル工法が採用される。

3 床付けと支持力試験

①根切の方向は中央からバランスよく端部に向かって施工する。

②床付け面は300～500㎜を手掘りとし床付け面の支持力を平板載荷試験で確認する。

4 埋戻し土

シルトや粘土などの埋戻し材料は締固めが困難であるため砂質土に置き換えて、1層の仕上り盛土厚さが300㎜以下として水締めやタンパーやローラで締め固める。

5 山留め工法

①湧水のない硬い地盤には親杭横矢板工法を採用する。

②湧水のある地盤には鋼矢板工法、ソイルセメント壁工法等の遮水壁を用いる。

③傾斜地に設ける山留め支保工の地盤アンカーは、斜め下に向けて挿入する。

6 山留めの異状現象と対策

①ヒービング

軟弱粘性土地盤の掘削時に、山留め壁背面から土が回り込むことにより、掘削底面に盤ぶくれが生じ、同時に、地盤に不同沈下が生じる現象である。その対策は根入れ深さを大きくする。

②ボイリング

地下水位の高いゆるい砂地盤を根切りすると、上向きの浸透流により、掘削底面から水と砂が沸き出す現象である。その対策は根入れ深さを大きくしたり、ウェルポイント工法を用いて排水し地下水位を低下する。

2 地業工事

1 杭打ち工法の分類

①既製杭・打込み工法

既製杭をディーゼルパイルハンマ等で支持地盤まで打撃貫入させる。

②既製杭・埋込み工法

既製杭の中を掘削する中掘り工法と、アースオーガで杭孔をあけるプレボーリング工法等がある。原則として、いずれもセメントミルクで根固めする。

③場所打ちコンクリート杭工法

現地盤を掘削機で削孔し、鉄筋籠を挿入し、スライムを除去しここにトレミー管でコンクリートを下から打ち上げる工法である。地盤を掘削する機械によって、リバース工法、オールケーシング工法／アースドリル工法などの杭の施工法名をつけている。

2 場所打ちコンクリート杭工法の分類

①オールケーシング工法

鋼管で孔壁保護しハンマーグラブで掘削。

②アースドリル工法

安定液(ベントナイト溶液)で孔壁を保護し、回転バケット(ドリリングバケット)で掘削。

③リバース工法

地下水より2m高く保った泥水で孔壁を保護し、回転ビットで掘削。

④深礎(しんそ)工法

鋼製型枠で孔壁を保護し、人が孔内で機械等を用いて掘削。

①、②、③の各工法による鉄筋籠(重ね継手)とコンクリートの打込みは次図のようである。

建築施工

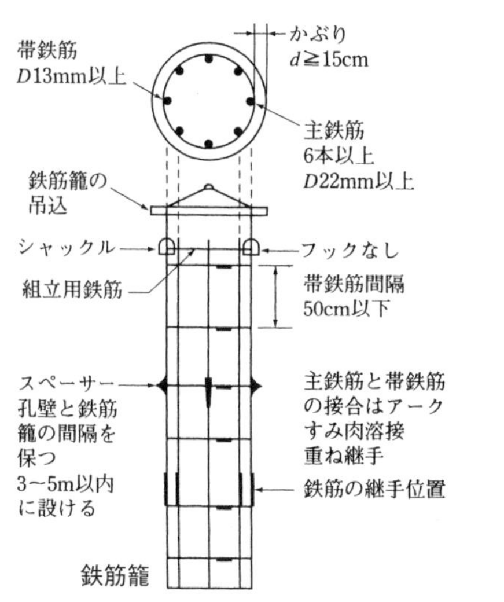

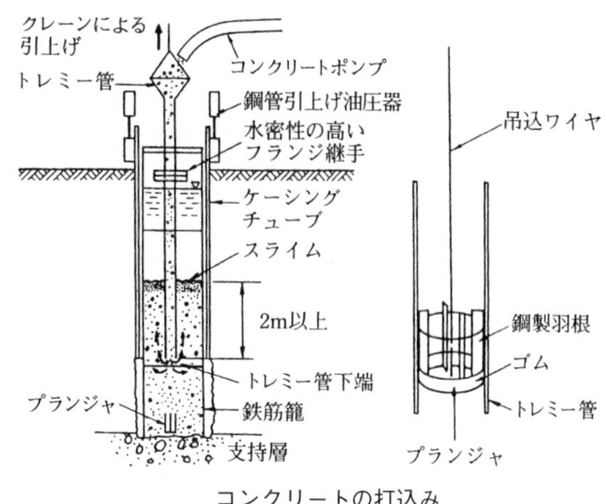

コンクリートの打込み

3 鉄筋工事

1 鉄筋とコンクリート

①鉄筋とコンクリートの熱膨張係数はほぼ等しい。

②鉄筋とコンクリートは付着性が良いが、付着力を高めるため鉄筋に凹凸をつけたり鉄筋の端部にフックをつける、十分な定着長を確保する必要がある。

③コンクリートはアルカリ性であり、鉄筋を錆から防ぎかつ耐火性を高めるためかぶりで確保する。施工誤差として最小かぶり厚さより10㎜厚くしておく。

2 鉄筋の継手

鉄筋の継手は次の原則による。

①継手はせん断力の小さい位置で、はりの中央付近に設け、端部に設けない。

②直径の異なる鉄筋の重ねの長さは、細い方の鉄筋の重ね継手の長さによる。

③継手の方法にはコンクリートとの付着に期待する重ね継手(直径D35㎜未満)、直接伝達するガス圧接継手、その他の継手として機械式継手や溶接継手がある。

3 ガス圧接継手の留意点

①ガス圧接工法には一般にクローズ・バット工法が用いられる。

②圧接面をグラインダーで平滑にし、酸素・アセチレン炎で加熱後圧力を加え接合する。

③圧接位置は、鉄筋応力の小さい所とし、圧接継手位置を同一箇所に集中させない。

④定着寸法確保のため鉄筋径のｄの１～1.5ｄの縮み代(アップセット)を見込んでおく。

⑤圧接部のふくらみは鉄筋径ｄの1.4倍以上、ふくらみ長さ1.1倍以上とする。

⑥圧接部形状が著しく不良なものや、軸心のくい違(径の１／５超)のあるものは、圧接部を切り取って再圧接する。

⑦その他の欠陥部は、再加熱して修正する。

建築施工

4 鉄筋の組立

①鉄筋の組立は、継手部及び交差部の要所を径0.8㎜以上のやきなまし鉄線で結束し、適切な位置にスペーサー、吊金物等を使用する。

②圧接継手の隣接鉄筋の継手位置は相互に400㎜以上ずらして配筋する。

③スラブのスペーサーは鋼製とする。鋼製スペーサーは、型枠に接する部分は防錆処理する。

④鉄筋相互のあきは、鉄筋の付着力を確保するため、鉄筋径の1.5倍・粗骨材最大寸法の1.25倍・25㎜のうち、最大値以上とする。

4 コンクリート工事

1 コンクリートの種類と骨材

コンクリートの種類の分類は骨材の気乾単位容積質量[t/m³]によって軽量(骨材1種、2種)コンクリート、普通コンクリート、重量コンクリートに分類する。

2 調合設計(調合強度を確保する水セメント比の決定)

調合強度に応じる水セメント比を決定するには、工事に使用するコンクリートの各材料とほぼ同じ性質のものを配合試験材料として用い、スランプと空気量は一定とし、強度以外のものは同じとし、水セメント比と圧縮強度の相関関係(直線式)を求め、この式から、調合強度が得られる水セメント比を推定する。

コンクリートの種類	気乾単位容積質量[t/m³]
普通コンクリート	2.1～2.5
軽量コンクリート1種	2.1以下
重量コンクリート	2.5超

3 鉄筋のかぶり厚の確保

①かぶり厚さは、施工誤差とし+10㎜を最小かぶり厚さに加えたものを設計かぶり厚さとする。

②スペーサーは鋼製やコンクリート製とし、応力の小さい場所には合成樹脂製の使用ができる。型枠に接する鋼製スペーサーは接触面を防錆処理(プラスチックコーティング)する。

4 コンクリートの打込み

①コンクリートの打込み時間(コンクリートの練混ぜ開始から打込み終了までの時間)・打重ね時間間隔(下層コンクリートの打込み終了から上層コンクリートの打込み開始までの時間)は、外気温に応じて、次のように定められている。

外気温	打込み時間
25℃以上	90分以内
25℃未満	120分以内

外気温	打重ね時間間隔
25℃以上	120分以内
25℃未満	150分以内

建築施工

②縦形フレキシブルシュートを用いるときは、コンクリートの投入口とその排出口との水平距離は、垂直方向の高さの約 1/2 倍以下とする。

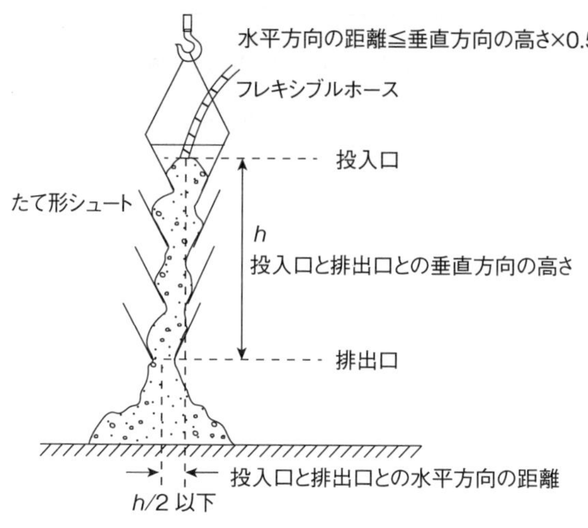

材料分離しにくいたて形シュート

※材料分離（コンクリート中のモルタルと骨材が分離する現象）を防止するため、たて形シュートの使用が推奨されている。

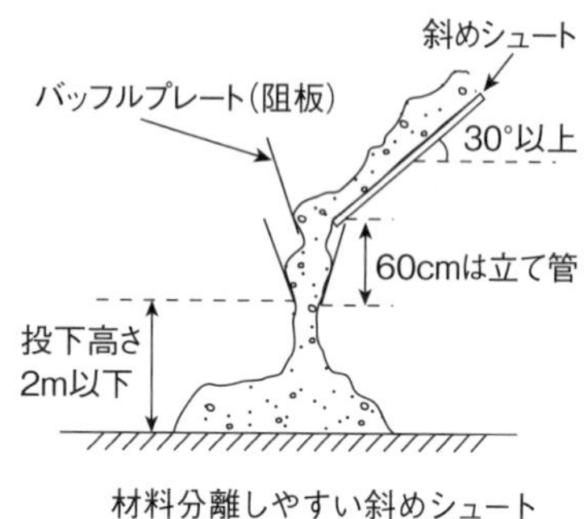

材料分離しやすい斜めシュート

5 コンクリートの締固め

①コンクリート棒型振動機の棒挿入間隔 60cm以下。

②振動棒は鉛直に挿入し、5 ～ 15 秒の範囲で加振し、鉛直にゆっくり引き抜き、穴を残さない。

③コンクリートの打込み厚さは 1 層 60 ～ 80cm以下を標準とする。

6 コンクリートの打継ぎ

①打継ぎは、梁とスラブはそのスパンの中央付近又はスパンの 1／4 付近に設け、主筋と直角方向に設ける。

②外部建具、パラペット等の打継ぎは防水上、下の図のように行う。

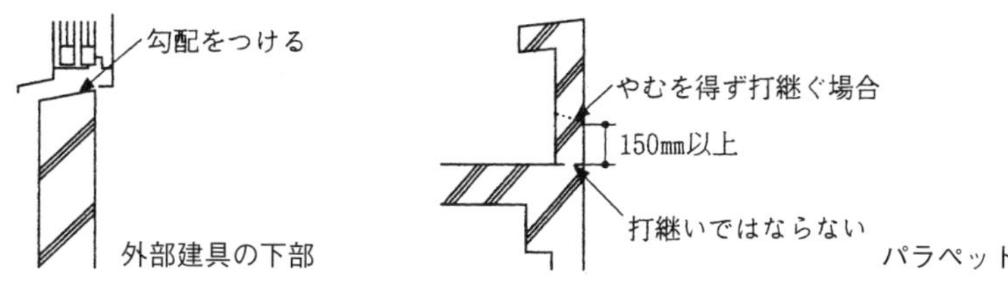

7 コンクリートの養生

コンクリートは、一般に散水養生を行う。暑中においては、初期乾燥を防ぐため、直射日光や風にさらされないようシートなどで養生し、寒中においては、寒気からの保温養生として、ポリエチレンなどのシートでコンクリート面や型枠を覆う被覆養生を行い、5 日間以上はコンクリートの温度を 2℃以上に保つ。

5 型枠工事

1 型枠の施工

型枠はせき板と支保工とで構成し、作業荷重、コンクリートの自重及び側圧、打込み時の振動及び衝撃、水平荷重等の外力に耐えかつ、コンクリート部材断面寸法の許容差を超えないたわみ(3㎜以下)とし、型枠の取外しが容易にできるものとする。また、柱・壁の型枠の足元には、モルタルの流出を防止するため、根巻きを行う。

2 せき板の施工

①合板せき板のなかには木材成分中の糖類、タンニン酸などの影響で、コンクリート表面の硬化を妨げるものがある。

②合板型枠の締付け金物を締めすぎると、せき板が内側に変形し、その間隔が狭くなる。締付け金物は、内端太に近接させて締め付ける。

③せき板の変質防止のため、ブルーシートなどで型枠を覆う。

6 鉄骨工事

1 鉄骨の建方

①建方は、本接合が完了するまで強風、自重その他の荷重に安全なこと。

②仮ボルトの締付け本数は1群のボルト数の1/3以上かつ2本以上、柱の溶接用のエレクションピースの高力ボルトは全数締め付ける。

③本接合に先立ち、ひずみを修正し建入れ直しを行う。

④建方が完了した時点で、柱の倒れは下け振りによるかセオドライト(トランシット)を用い、鉛直2点間について検査し、梁の水平度はレベルにより検査する。

2 溶接施工

①気温5℃以下となる場合や高張力鋼材(SM490A)を用いるとき、溶接部の低温割れを防止するため、予熱を200℃以下で行い、溶接後の冷却速度を遅くする。

②溶接の始端と終端の溶接欠陥を避けるため、エンドタブを用いる。

③溶接の検査には次のものがある。

a．外観・表面欠陥(ビード、ピット、オーバーラップ、アンダーカット、クレーター)目視検査

b．寸法(溶接長、余盛長、脚長)ゲージ又はスケールで測定検査

c．内部欠陥(割れ、融合不良、スラグ巻込み、ブローホール)超音波探傷試験検査

3 高力ボルト接合

①高力ボルト摩擦接合面の接合面のすべり係数(摩擦係数)は0.45以上とする。

②ブラスト法で処理するときは、ショットブラスト又はグリットブラストとし、サンドブラストは用いない。

③ナットはボルトの表示記号が外から見える向きに取り付ける。

④スプライスプレートと部材の接合部の孔心のずれが小さいときスプライスプレートをリーマー掛けして孔を拡大する。ずれが大きいときはスプライスプレートを取り替える。

4 アンカーボルトの設置

①アンカーボルトの心出しは型板を用い、基準墨に合わせ正確に行う。

②アンカーボルトは2重ナット及び座金を用い、その先端はねじがナットの外に3山以上出るようにする。

③ベースプレートの大きい場合、簡単な全面モルタルではなく後詰め中心塗工法を用い、ベースモルタル厚さは50㎜以下とし、柱底ならしを行う。

7 木工事

1 継手と仕口

継手は弱点となるので、位置を分散する「乱」に配置するか交互に配置する「千鳥」継手とする。

2 小穴

合板、壁つき材、建具材の乾燥収縮によるそりなどで隙間等が発生しないように、小穴じゃくりをつけておく。

3 釘の長さ

下地材に打ち付ける釘の長さは、打ち付ける板厚の2.5倍以上とし、板厚10㎜以下の場合4倍を標準とする。

4.1A.3 受検種別:建築　過去10年間の仕上げ工事の出題内容

太字は２回以上出題された項目

年度	防水工事	石工事・タイル工事	屋根工事・金属工事	建具工事・左官工事・塗装工事	内装工事	廃棄物処理
令和5年			**重ね形折板の固定間隔** スタッド間隔	塗材のゆず肌状仕上げ **塗膜の欠陥**		
令和4年	**ルーフィングの重ね幅**	**タイル後張り工法**	**軽量鉄骨天井下地の補強材の間隔**		**壁紙張りの欠陥の防止**	
令和3年	通気緩衝シートの継目	大理石壁の本磨き		**塗膜の欠陥**	**シージング石膏ボード**	
令和2年	ノンワーキングジョイント		下葺きのルーフィングの重ね幅	スプレーガンのノズルの向き	**壁紙張りの欠陥の防止**	
令和元年	**ルーフィングの重ね幅**	タイル密着張り工法		型板ガラスの向き	**シージング石膏ボード**	
平成30年			**軽量鉄骨天井下地の補強材の間隔**	セメントモルタルの調合 塗膜厚さの確認方法	硬質ウレタンフォームの仕上げ面	
平成29年		**タイル後張り工法**	重ね形折板の固定間隔		石膏ボードの直張り工法 防湿層の室内側配置	
平成28年	改質アスファルトシート防水トーチ工法		軽量鉄骨壁下地のランナー固定間隔		ビニル床タイルのウレタン樹脂系接着剤	産業廃棄物管理票の返送
平成27年			**折板葺きの折板重ねボルトの間隔**	スプレーガンの使用法 現場でのモルタル調合	断熱材の吹付け工法	
平成26年	**アスファルト防水立上り重ね幅**	タイル密着張り目地深さ		**塗膜欠陥しわの原因**	カーペット敷込グリッパー工法	

4.1A.4 建築仕上げ工事

1 防水工事

1 防水工事の範囲

①アスファルト防水

アスファルト防水の平場部相互の重ね幅は100㎜以上、平場部と立上り部との重ね幅は150㎜以上とする。

②改質アスファルト防水

改質アスファルト防水では、出隅・入隅に200㎜程度の増張りを行い、その重ね幅を100㎜程度とする。また、張付けの下面にある砂面をトーチバーナーで炙り、砂を沈めて重ね合わせる。

③合成高分子系ルーフィング防水

ALC下地、鉄筋コンクリート(RC)下地の各下地に対し合成高分子系ルーフィングシートを用いて行う露出防水とする。

④塗膜防水

現場打鉄筋コンクリート下地に屋根用塗膜防水材(ウレタンゴム系、ゴムアスファルト系)を用いて塗膜をつくる防水とする。

⑤シーリング

不定形弾性シーリング材(建築用シーリング材)を用い、部材の接合部、目地部を充填材でシーリングを行う。

2 シーリングの施工

①ムーブメント

シーリングを行う目地には鉄筋コンクリートの目地、建具回りの目地、ひび割れ誘発目地のようにほとんど動かないノンワーキングジョイントと、ALCパネルのように大きく動くワーキングジョイントがある。

②ノンワーキングジョイントは、目地の両側と底辺の3面を接着する。

③ワーキングジョイントは、目地底にボンドブレーカーを用い2面接着とする。目地深さを調節するためのバックアップ材の幅は、接着剤付きである場合、目地幅よりも狭くする。

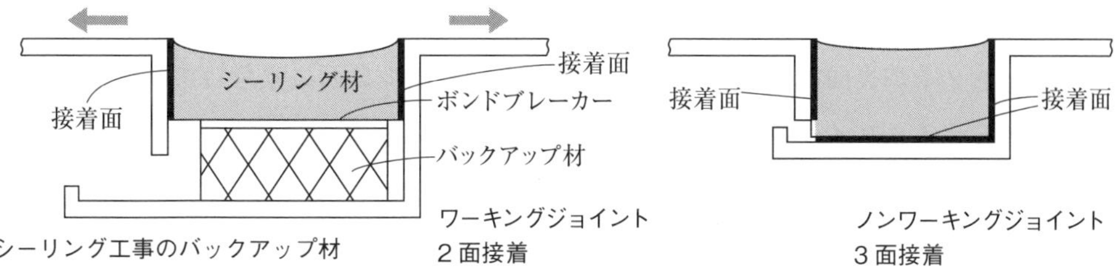

シーリング工事のバックアップ材

建築施工

3 漏水対策

ルーフドレンに集水して降雨を排水するが、1時間あたりの降雨量が排水能力を超えると、屋根からオーバーフローして壁や窓から室内に流入するおそれがある。このため屋上防水と同時に予めオーバーフロー管を設置しておく。

2 石工事

①ジェットバーナー仕上げ

火炎で表面をはじき飛ばし仕上げる場合と、床面に用いるとき、ジェットバーナー仕上げのあと砥石でみがき歩行に適する摩擦面となるようにする。

②びしゃん仕上げ

びしゃんというハンマでたたいて表面を仕上げるが最近は機械で仕上げることが多い。

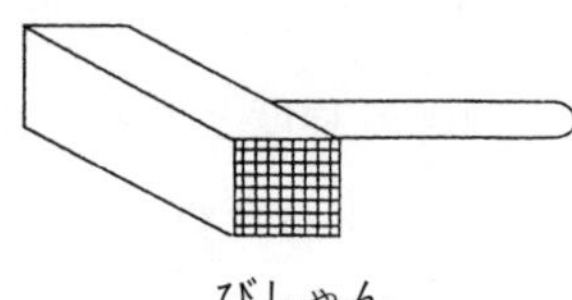

びしゃん

③磨き仕上げ

粗磨き：粗い砥石で研磨したざらつきのある仕上げ

水磨き：中目の砥石で研磨したものですべりにくいがつやがないので、大理石の床材とする。

本磨き：細い砥石で研磨したもので化粧用、床に用いるとすべりやすいので、大理石の壁材とする。

3 タイル工事

①密着張り工法(ヴィブラート工法)

上部から下部に向かって、水糸に沿って一段おきにタイルを張る。その後、ヴィブラートでタイルを張付けモルタル中に押し込み、目地にモルタルを目地深さの1/2以下まで盛上らせ目地ごてで押える。

②改良積上げ張り工法

下地モルタル、タイルに張付けモルタルをつけ下から上に1日1.5m以内で張上げる。

③モザイクタイル張り工法

ユニットタイル(25㎜角以下)のタイルを下地張付けモルタルに、台紙をつけてユニットタイルを張り付け、たたき板で締めて張るが接着力にばらつきがある。

④マスク張り工法

ユニットタイル裏面にマスクを用い、ユニットタイル裏面に張付けモルタルをつけて張る。モザイクタイル張りより接着力が安定している。

⑤改良圧着張り工法

下地面とタイル裏面の両側に張り付けモルタルをつけてモルタルが目地にはみ出すよ

うに押し付ける。

⑥**接着剤張り工法**

3㎜程度の厚さに下地面に接着剤を塗布し、くし目ごてでくし目を立てタイルを張る。(水のかかる所は避ける必要がある工法)

⑦**タイル接着力試験**

タイル接着力試験では、タイル施工後、2週間以上が経過してから、コンクリート面まで切り込み、その引張強度が0.4N/㎜²以上かつ下地面破壊率が50%以下であることを確認する。試験個数は、100m²ごとおよびその端数につき1個以上とし、全体で3個以上とする。

4 屋根工事

1 亜鉛鉄板葺き

①**心木なし瓦棒葺き工法**

鋼板の継手に通し吊子を用い、固定釘で下地のたる木に固定する。

②**心木あり瓦棒葺き工法**

通し吊子の中に心木となるたる木を入れ、心木固定釘で下地のたる木に固定する。

2 折板葺き

①折板葺きは、屋根を支える受け梁上に固定されたタイトフレームに折板をかぶせ、タイトフレームと折板を各山ごとにボルト又は溶接で固定する。

②タイトフレームは、タイトフレーム立上り部分の縁から10㎜を残して、両側を隅肉溶接する。その後スラグを除去し防錆処理をする。

③折板の重ね部を、600㎜程度の間隔で、タイトフレームに緊結ボルトで固定する。

④折板の軒先には、折板の溝部分を15度程度折り曲げた尾垂れを設ける。

3 とい

①**鋼管製とい工法**

直径80㎜以下の排水管(縦とい)を溶接で接合するとつまり易いので用いないが80㎜を超えるときは溶接することがある。縦どいの受け金物の間隔は2m程度とする。排水管の下端は桝に差し込む。

②**硬質塩化ビニル管とい工法**

継手の接着は、冷間接合とし、熱による伸縮が大きいので、縦どいの長さが10mにつき20㎜程膨張、収縮があるので、受金物間隔は1,200㎜以下、10mを超える継手にはエキスパンション継手とする。

5　金属工事

1 軽量鉄骨天井下地

①天井下地の水平精度は、± 10㎜とする。

②平らな天井は、錯覚で中央部が下がって見えるので、むくり（天井中央部の吊上げ）を設ける。

③インサートと吊りボルトの間隔は900㎜程度とし、周辺部から150㎜以内とする。

④野縁がダクト、照明器具等で切断されたとき同材で補強する。

⑤天井のふところが1,500㎜以上の場合、吊りボルトと同材又は⊏－19×10×1.2（㎜）以上を用いて振れ止め補強材とする。水平補強は縦横方向に1,800㎜間隔に配置する。

2 軽量鉄骨壁下地

①軽量鉄骨壁下地のスタッドとランナーの種類は、次のようである。

スタッドの部材の種類は取り付け高さに応じて、50形から100形までである。

スタッド、ランナー等の種類（単位：㎜）

<table>
<tr><th>部材等／種類</th><th>スタッド</th><th>ランナー</th><th>振れ止め</th><th>出入口及びこれに準ずる開口部の補強材</th><th>補強材取付け用金物</th><th>スタッドの高さによる区分</th></tr>
<tr><td>50形</td><td>50×45×0.8</td><td>52×40×0.8</td><td>19×10×1.2</td><td>—</td><td>—</td><td>高さ2.7m以下</td></tr>
<tr><td>65形</td><td>65×45×0.8</td><td>67×40×0.8</td><td rowspan="3">25×10×1.2</td><td>⊏－60×30×10×2.3</td><td>L－30×30×3</td><td>高さ4.0m以下</td></tr>
<tr><td>90形</td><td>90×45×0.8</td><td>92×40×0.8</td><td>⊏－75×45×15×2.3</td><td rowspan="2">L－50×50.4</td><td>高さ4.0mを超え4.5m以下</td></tr>
<tr><td>100形</td><td>100×45×0.8</td><td>102×40×0.8</td><td>2⊏－75×45×15×2.3</td><td>高さ4.5mを超え5.0m以下</td></tr>
</table>

（注）1．ダクト類の小規模な開口部の補強材は、それぞれ使用した種類のスタッド又はランナーとする。
2．スタッドの高さに高低がある場合は、高い方を適用する。
3．50形は、ボード片面張りの場合に適用する。
4．スタッドの高さが5.0mを超える場合は、特記による。

②スタッドの間隔は下地張りのある場合450㎜程度、下地下張りのないとき300㎜とする。

③ランナーは端部から50㎜内側を押え、900㎜間隔程度にピンで床、梁下、スラブ下等に固定する。また、ランナーの継手は突き付けとする。

④スタッドの上下はランナーに差し込む。また、スタッドの振れ止めは、床面から1.2mごとに取り付ける。スペーサーはスタッドの高さ600㎜程度ごとに留め付ける。

6　左官工事

1 左官工事

モルタル塗り、床コンクリート直均し仕上げ、セルフレベリング材塗り仕上げ、塗材仕上げ、せっこうプラスター塗りがあり、建築物の内外部等に施工する。

2 ひび割れ防止

①コンクリート打継目、開口部回り、せっこうラスボード類の継目に、モルタル塗りではメタルラス張り等を行う。

②壁下地の上塗りモルタルは、下塗りモルタルよりも貧調合とする。

3 モルタル塗り(壁の施工)

①下塗りは下地処理後、吸水調整材塗り又はポリマーセメントペーストを1～2㎜塗る。下塗り面は金ぐしで荒らし目をつける。その後、下地モルタルを7㎜以下の厚さで塗り14日以上放置し、ひび割れを十分発生させる。

②むら直しは、むらが著しい場合に行う。

③中塗りは、出隅、入隅、ちり回り等は定規塗りを行い定規通しよく平に塗り付ける。

④仕上げには、タイル下地は木ごてを、その他の下地には金ごてを標準とする。

4 モルタル塗り(床の施工)

①下地処理後直ちにモルタルの塗付けを行う。塗付けは定規通りよく勾配に注意して金ごてで平滑に塗り仕上げる。

②目地は押し目地とし、室内縦横1.8m、廊下3.6m程度に割り付ける。屋上防水層の保護モルタルのときは、伸縮調整目地に合わせる。

7 建具工事

アルミニウム建具の性能等は次による。一般に次のものを用いる。

外部に面するアルミニウム製建具の性能等級等

性能項目／種別	耐風圧性	気密性	水密性	枠の見込み寸法(㎜)
A種	S－4	A－3	W－4	70(注)
B種	S－5			
C種	S－6	A－4	W－5	100

(注)形式が引違い・片引き・上げ下げ窓で、複層ガラスを使用する場合は、枠の見込み100㎜とする。

①**耐風圧性**：S－1～S－7まで区分されるが、特記によるS－7は耐風圧性は高い。

②**気密性**：A－1～A－4まで区分されるが、A－1は気密材を用いない。A－4は程度のよい気密材を使用し気密性が大きい。

ガラスの取付けは、次の方法による。

①型板ガラス(片面に模様をつけたガラス)の型模様面は、室内側にして取り付ける。

②エッジクリアランスを確保するため、ガラス幅の1/4の位置に、セッティングブロックを置く。

8　塗装工事

1 塗料

塗料は原則として、調合された塗料をそのまま使用する。ただし、素地面の粗密、吸水性の大小、気温の高低により、希釈割合を変えて粘度を調整できる。

2 研磨紙ずり

研磨紙ずりは下層塗膜及びパテが硬化乾燥したのち、長手方向に素地に沿って研磨紙（又は研磨布）で、下層の塗膜を研ぎ去らないように研ぐ。

3 パテかい

パテかいは、へら又はこてで面の状況に応じてくぼみ、隙間、目違い等に薄く塗り付ける。その後、過剰なパテを研磨紙ずりでしごき取るパテしごきを行う。

4 エアレススプレー方式による吹付け

エアレススプレー方式による吹付けは、塗料に直接、ポンプの圧力をかけ、希釈せず厚膜塗装ができる、圧縮空気を使うエアスプレー方式は、シンナーによる希釈が必要で塗膜は薄くなる。塗料の吹付け塗りは、スプレーガンを塗装面に対して直角に向け、平行に動かして塗料を噴霧する。噴霧された塗料は、中央部ほど密になりやすい。

5 塗装の素地ごしらえ

①木部の素地ごしらえは**汚れ除去→やに処理→研磨紙ずり**とする。なお、やに処理は削り取り又は電気ごて焼きのうえ溶剤でふきとる。

②鉄鋼面の素地ごしらえは、**汚れ除去→油類除去→錆落し**とする。鉄鋼面の素地ごしらえ終了後、鉄鋼面が結露しないよう、直ちに錆止め塗装を行う。これは、鉄鋼面に空中の水分で酸化被膜を生じ易いためである。

③コンクリート面およびALC面素地ごしらえは、**乾燥→汚れ除去→下地調整塗り→研磨紙ずり**。特にコンクリート等の下地についた油や、エフロレッセンスなどの異物を除去し、はがれ、ふくれ、はじきなどの欠陥を防止する。

6 塗装面の品質の確認

①現場塗装では、塗料の使用量と塗装面の状態から、塗膜厚さを推定する。

②工場塗装では、塗装後に、電磁膜厚計などの器具を用いて、塗膜厚さを確認する。

③ローラーブラシ塗りでは、入隅などの塗りにくい部分は他の部分より先に塗り付けておき、壁面全体にローラーマークを揃えて塗り付けていることを確認する。

7 塗装の欠陥の原因と対策

塗料の欠陥		原因	対策
①	流れ (だれ)	1.厚塗りしすぎる場合 2.希釈しすぎ 3.素地にまったく吸込みのないとき	1.作業性が悪い場合もあまり希釈しすぎないこと 2.厚塗りしない 3.希釈を控え、はけの運行を多くする
②	しわ	1.油性塗料を厚塗りすると上乾きし、表面が収縮する 2.乾燥時に温度を上げて乾燥を促進すると上乾きし、しわを生ずる 3.下塗りの乾燥不十分なまま上塗りすると、同様なしわを生ずる	1.厚塗りを避ける。特にボルト、リベットの頭、アングルの隅等塗料のたまるのを防ぐ 2.下塗り塗料の乾燥を十分に行ってから上塗りする
③	ふくれ	1.水分が塗膜を浸透し、塗膜下の水溶性物を溶かし、ふくれを生ずる 2.塗膜下に錆が発生し、これが次第に増大して塗膜を押し上げる 3.乾燥不十分な木材の上に塗料を塗るとふくれ、はく離を生じやすい	1.素地調整、前処理に注意する
④	糸ひき	1.吹付け塗装時、溶剤の蒸発が早過ぎると、スプレーガン口において蒸発し、塗料が糸状になって吹き付けられる	1.蒸発の遅いシンナーを用い、低圧で口径の大きいガンで吹付け塗りをするとよくなる
⑤	白化 (ブラッシング) (かぶり)	1.塗膜から急激に溶剤が蒸発すると、湿度が高いときは塗面が冷えて水が凝縮し、白化現象を起こす(ラッカー、ウォッシュプライマー) 2.塗装後気温が下がり、空気中の水分が塗面で凝縮するために白化する	1.リターダーシンナーを用いる 2.湿度が高いときの塗装を避ける 3.湿度が高く昼夜の気温の差が大きい戸外で作業する場合には夕刻までに指触乾燥に達するようにする
⑥	はじき	1.素地に水または油、ごみ等が付着していると、塗料が均一に塗れない 2.スプレーエアー中に油または水が入っている 3.はけに油または水等が付着していると、塗料にこれが混入する 4.下塗りが平滑で硬すぎる	1.素地調整を念入りに行う 2.はけで十分に塗装すると、はじきの事故率が少なくなる 3.エアストレーナーの交換または取付け 4.はけを清浄にする 5.塗料を変えるかサンジングを行う
⑦	はけ目	1.塗料の流展性が不足している場合(調合ペイント等)	1.十分均一になるようはけを替えて塗り広げる 2.希釈を適切にする

出典：建築施工管理技術テキスト技術・施工編(改訂第12版)

8 塗装工事の用語の定義の要点

NO.	塗装工事用語	塗装用語の定義の要点
1	素地	いずれの塗装工程も行われていない面
2	下地	素地に対して何らかの塗装工程の行為が行われた面
3	素地調整	素地に対して塗装に適するように行う行為
4	下地調整	下地に対して塗装に適するように行う行為
5	希釈割合	使用する塗料材料の質量に対するシンナー(または水)の質量比
6	塗付け量	被塗装面単位面積当たりの塗装材料(希釈前)の付着質量
7	所要量	被塗装面単位面積当たりの塗装材料(希釈前)の使用質量
8	下塗り	調整面に塗る作業またはその塗り面
9	中塗り	下塗りと上塗りの中間層を塗る作業またはその塗り面
10	上塗り	仕上げとして塗る作業またはその塗り面
11	吸込み防止	素地への吸収を少なくする作業
12	パテかい	下地面のくぼみ、すき間、目違い部分などをパテで平らにする作業
13	研磨	素地あるいは下地面を研磨材料で研ぐこと
14	工程間隔時間	塗装の一工程から次の工程に移るまでの時間
15	最終養生時間	最終工程終了後から実際に使用できるまでの時間
16	目止め	木質系素地の導管などを埋める作業
17	追い目止め	最初の目止めが未乾燥のうちに目止めを繰り返して行う作業
18	節止め	木材の節や赤味部分またはやにの出やすい部分を専用のワニスで塗装する作業
19	色押え	色がにじみ出ないようシーラなどで処理する作業
20	化成皮膜処理	金属素地表面を化学薬品で処理すること

建築施工

9 内装工事

1 断熱・防露対策

①断熱材には、ポリスチレンフォーム、押出法ポリスチレンフォーム、硬質ウレタンフォーム及びフェノールフォームの各保温材を用いる。

②鉄筋コンクリート造等の断熱工法には打込み工法、張り付け工法、吹付け工法がある。

③断熱材、防湿材、気密シートの施工

断熱・防湿のため、フェルト状断熱材等の防湿層は室内側に、断熱材は室外側に配置し、次のように壁内を断熱防露する。

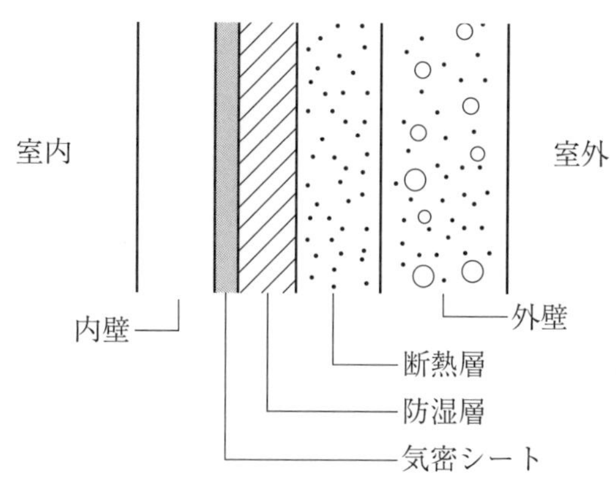

④硬質ウレタンフォームの吹付け工法は、接着剤が不要で、窓回りなどの複雑な形状の場所への吹付けが容易であるが、平滑な表面を得にくいので、カッターで厚さを調整することがある。

2 せっこうボード張付け工法

①下地にせっこうボードを取り付ける場合の留付け用小ねじの間隔は次のようである。

ボード類の留付け間隔
(単位：mm)

下　地	施工箇所	下地材に接する部分の留付け間隔		備　考
		周辺部	中間部	
軽量鉄鋼下地 木造下地	天井	150 程度	200 程度	小ねじ類の場合
	壁	200 程度	300 程度	

②鋼製下地にせっこうボードをねじ留めするとき、ドリリングタッピンねじは、下地の裏面に10mm以上の余長があるものを使用する。

③壁を2重張りするときは、下張りは横張り、表張りは縦とする。

④せっこうボードを壁に直張りするときは、その接着剤を仕上り厚さの2倍程度まで盛り上げる。

⑤せっこうボード1枚張りの壁のスタッド間隔は、300mm程度とする。せっこうボード2枚張りの壁のスタッド間隔は、450mm程度とする。スタッドの建込み間隔の精度は、±5mmとする。

⑥木製壁下地にせっこうボードを釘打ちにより張り付ける場合、使用する釘の長さは、ボード厚さの3倍程度とする。釘打ち間隔は、ボード周辺部を100～150mm、中間部を150～200mmの間隔とし、釘頭がボード表面と平らになるよう打ち付ける。

3 各種のせっこうボードの特徴

①強化せっこうボードは、芯材の石膏に無機質繊維などを混入させたもので、防火性が高い。

②シージングせっこうボードは、芯材の石膏を防水処理したもので、吸水時の強度低下が生じにくい。

③構造用せっこうボードは、釘側面抵抗を大きくしたもので、耐力壁として用いることができる。

4 カーペット敷き

①グリッパー工法は床の周囲にグリッパーを釘や接着剤で固定し、衝撃性を緩和するため、下敷き材はグリッパーに突付けて敷き込み、ニーキッカーやパワーストレッチャーで伸展しながらグリッパーに引掛け、そのあとカーペットの端部をステアツールを用い、グリッパーとの間の溝に巻込む。

②ヒートボンド法は、接着テープをアイロンで温めカーペットを相互に接着はぎ合せを行う方法である。

③タイルカーペット張り工法は、張付けは中央部から端部へ敷込んでいく。特に端部が細幅のタイルカーペットにならないようにする。

5 ビニル床シート

①ビニル床シートの接着剤には、一般の床では酢酸ビニル樹脂が、湯沸室・洗面所などの床では湿気に強いエポキシ樹脂が、試験室などの床では湿気硬化型のウレタン樹脂が用いられる。

②ビニル床シートの熱溶接工法では、床シート張付け後、12時間以上放置してから、溶接部をV字またはU字に溝切りする。この溝切りは、床シート厚さの1/2～2/3程度とする。その後、熱溶接機を用いて床シートと溶接棒を同時に溶融させて、余盛りを付ける。この余盛りは、溶接部が冷却してから削り取って平滑に仕上げる。

4.2A 受検種別：建築　問題5-A 最新問題解説

受検種別:建築　令和5年度 問題5-A 建築施工の解答例

問題5－A 次の1. から8. の各記述において，［　］に当てはまる**最も適当な語句又は数値**を，下の枠内から**1つ**選びなさい。

1. 地盤調査において，スクリューウエイト貫入試験（スウェーデン式サウンディング試験）は，荷重による貫入と［①］による貫入を併用しているため，比較的貫入能力に優れ，人力でもある程度の調査が可能であり，住宅等の簡易な建物に多用されている。

①	①打撃	②振動	③摩擦	④回転

2. 既製コンクリート杭地業において，プレボーリングによる埋込み工法のセメントミルク工法では掘削用のオーガーヘッドに杭径よりも［②］mm程度大きいものを使用する。

②	①100	②150	③200	④250

3. 型枠工事において，内部の柱型枠の高さ方向の加工長さは，一般に階高からスラブ厚さとスラブ用合板せき板の厚さを減じた寸法より，下階のスラブコンクリートの不陸を考慮して［③］mm程度短めに加工する。

③	①5	②10	③25	④40

4. 木造在来軸組構法において，屋根や上階の床等の荷重を土台に伝える鉛直材である柱は，2階建てでは，1階から2階まで通して1本の材を用いる通し柱と，各階ごとに用いる［④］とがある。

④	①継柱	②止柱	③管柱	④間柱

建築施工

5. 屋根の金属製折板葺きにおいて，重ね形折板は [⑤] ごとにタイトフレームに固定ボルト締めとし，折板の流れ方向の重ね部を緊結するボルトの間隔は，600 mm 程度とする。

⑤	①各　山	②2　山	③3　山	④4　山

6. 外壁の吹付工事において，複層仕上塗材のゆず肌状の仕上げとする場合，主材及び上塗り材は塗付けを [⑥] とする。

⑥	①はけ塗り	②ローラー塗り	③こて塗り	④吹付け

7. 塗装工事において，塗膜が平らに乾燥せず，ちりめん状あるいは波形模様の凹凸を生じる現象を [⑦] といい，厚塗りによる上乾きの場合等に起こりやすい。

⑦	①にじみ	②だ　れ	③はけ目	④し　わ

8. 屋内の間仕切壁の軽量鉄骨壁下地において，スタッドは，スタッドの高さによる区分に応じたものを使用することとし，塗装下地となるせっこうボードを一重張りとする場合，スタッド間隔は [⑧] mm 程度とする。

⑧	①150	②300	③450	④600

正　解

分野		記述	枠	正解の番号	適当な語句又は数値
躯体工事	土工事	記述1.	①	④	回転
	地業工事	記述2.	②	①	100[mm]
	型枠工事	記述3.	③	③	25[mm]
	木工事	記述4.	④	③	管柱
仕上げ工事	屋根工事	記述5.	⑤	①	各山
	左官工事	記述6.	⑥	②	ローラー塗り
	塗装工事	記述7.	⑦	④	しわ
	金属工事	記述8.	⑧	②	300[mm]

考え方 解き方

記述 1. スクリューウエイト貫入試験の特徴　①の解答　④　回転

1 スクリューウエイト貫入試験は、100kgの荷重が静的に載荷された鋼製のスクリューポイントを、地盤中に1m貫入させるのに必要なハンドルの半回転数から、土の静的貫入抵抗を求める試験である。その特徴には、次のようなものがある。

❶この半回転数は、スクリューポイントが180度回転するのを1回として数えている。

❷静的貫入抵抗が大きいと、スクリューポイントの貫入に必要な半回転数が多くなる。

❸荷重による貫入と**回転**による貫入を併用しているため、比較的貫入能力に優れる。

❹人力でもある程度の(比較的浅い位置までの)調査が可能である。

❺住宅などの簡易な(比較的小規模な)建物に対する地盤調査に多用されている。

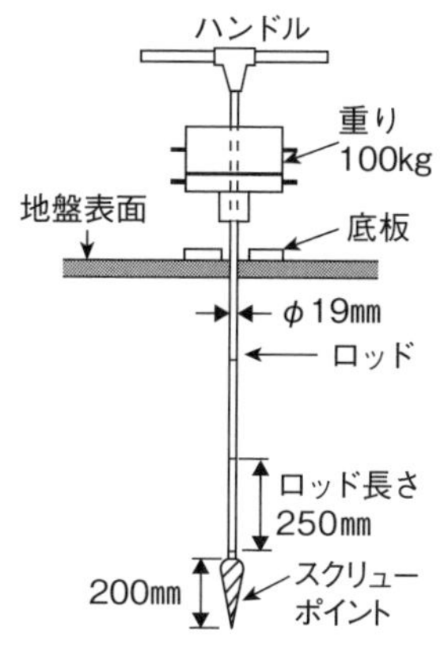

スクリューウエイト貫入試験装置

JIS 改正情報

2020年の日本産業規格(JIS)改正により、現在では、「スウェーデン式サウンディング試験」の名称は「スクリューウエイト貫入試験」に、「スウェーデン式サウンディング試験機」の名称は「スクリューウエイト貫入試験装置」に改められている。

2 スクリューウエイト貫入試験の結果からは、土の硬軟や土の締まり具合などを判定することができる。この試験は、軟らかい粘性土には適用できるが、密な砂層・礫層などの硬い土には適用できない(硬い土ではハンドルを何度回してもスクリューポイントがほとんど貫入しない)ので、軟弱層の厚さや分布を把握するために用いられる。

3 スクリューウエイト貫入試験が適用できないような硬い土や、高層建築物などの大規模な建物に対する比較的深い位置までの地盤調査では、標準貫入試験などの動的な(打撃による貫入を利用する)試験を行う必要がある。

※標準貫入試験の詳細を知りたい方は、本書の478ページを参照してください。

以上により、［①］に当てはまる最も適当な語句は「④ **回転**」である。

考え方 解き方

記述 2. 既製コンクリート杭地業のオーガーヘッドの径

②の解答	①	100[mm]

1 既製コンクリート杭地業の工法は、埋込み工法と打込み工法に分類されている。

❶埋込み工法は、杭を静的に貫入させる(掘削した孔に杭を挿入する)工法である。

❷打込み工法は、杭を動的に貫入させる(杭に打撃を与えて打ち込む)工法である。

2 セメントミルク工法は、既製コンクリート杭地業におけるプレボーリング(事前に掘削すること)による埋込み工法の一種である。その施工手順は、次の通りである。

❶安定液を用いて孔壁の崩壊を防止しながらアースオーガーで杭孔を掘削する。

❷セメントミルク(根固め液と杭周固定液)を注入しながらアースオーガーを引き抜く。

❸その杭孔に既製コンクリート杭を建て込む。

3 セメントミルク工法において、一般的な杭径(300mm〜500mm)の既製コンクリートを使用する場合は、掘削用のオーガーヘッドに、杭径よりも**100mm程度**大きいものを使用することが望ましい。これは、下図のように、杭の周囲に50mm程度の厚さのセメントミルク(水とセメントの混合液)の層を造ることで、地盤と杭を一体化するためである。オーガーヘッドの径がこれよりも大きくなると、セメントミルクの層が厚くなりすぎて、杭をしっかりと固定できなくなる。

既製コンクリート杭地業におけるセメントミルク工法(杭径が400mmの場合)

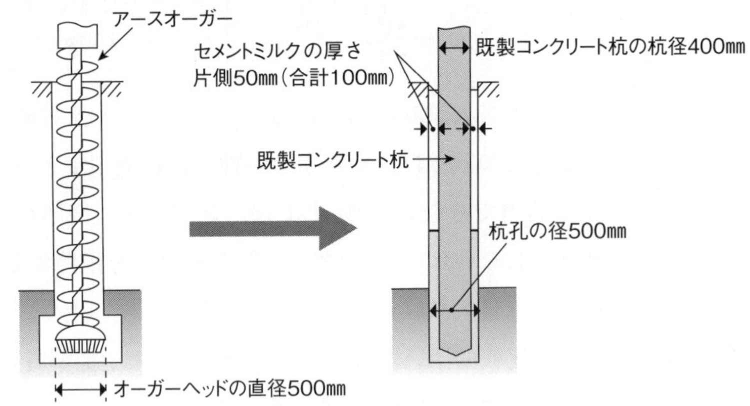

以上により、 ② に当てはまる最も適当な数値は「① 100mm」である。

考え方 解き方

記述 3. 内柱に使用する型枠の高さ方向の加工長さ

③の解答	③	25[mm]

1 内部の柱型枠(内柱に使用する型枠)の高さ方向の加工長さは、下階のスラブコンクリート仕上げ面の不陸(20mm〜30mmの凹凸厚)を考慮して決定する必要がある。

2 内部の柱型枠の高さ方向の加工長さは、階高からスラブ厚さとスラブ用合板せき板の厚さを減じた寸法から、上記1の凹凸厚を差し引いて(「階高－スラブ厚さ－スラブ用合板せき板の厚さ」よりも**25mm程度**短めに)加工することが一般的である。
※柱型枠が長すぎると、スラブコンクリートの不陸(凹凸)に対応できなくなる。
※柱型枠が短すぎると、桟木による根巻き(正しい位置への固定)が困難になる。

3 型枠工事では、コンクリート型枠用合板を用いて柱型枠・壁型枠を組み立てるときは、型枠用合板の足元を正しい位置に固定するために、桟木などによる根巻きが行われる。

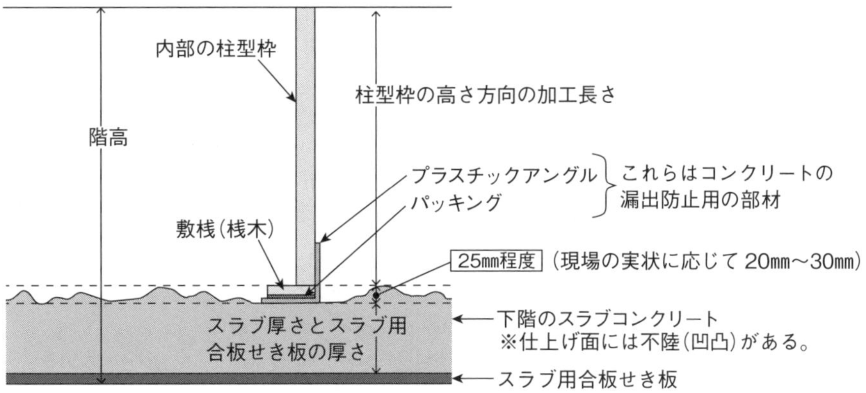

以上により、 ③ に当てはまる最も適当な数値は「③ **25mm**」である。

建築施工

考え方 **解き方**

記述 4. 木造在来軸組構法の建築物で使用される柱の種類

④の解答	③	管柱

[1] 木造在来軸組構法とは、日本における伝統的な木造建築物の工法であり、柱や梁などの「軸」で建物を支えている。部屋の間取りを自由に行うことができる反面、施工には高度の知識や技術が必要になる。

[2] 木造在来軸組構法で造られた2階建ての建築物において、屋根や上階の床などの荷重を土台に伝えるための鉛直材である柱は、通し柱と管柱に分類されている。

❶通し柱は、1階から2階まで通して1本の材で造られた柱である。

❷**管柱**は、各階ごとに(1階と2階の間を胴差しなどで分割して)用いる柱である。

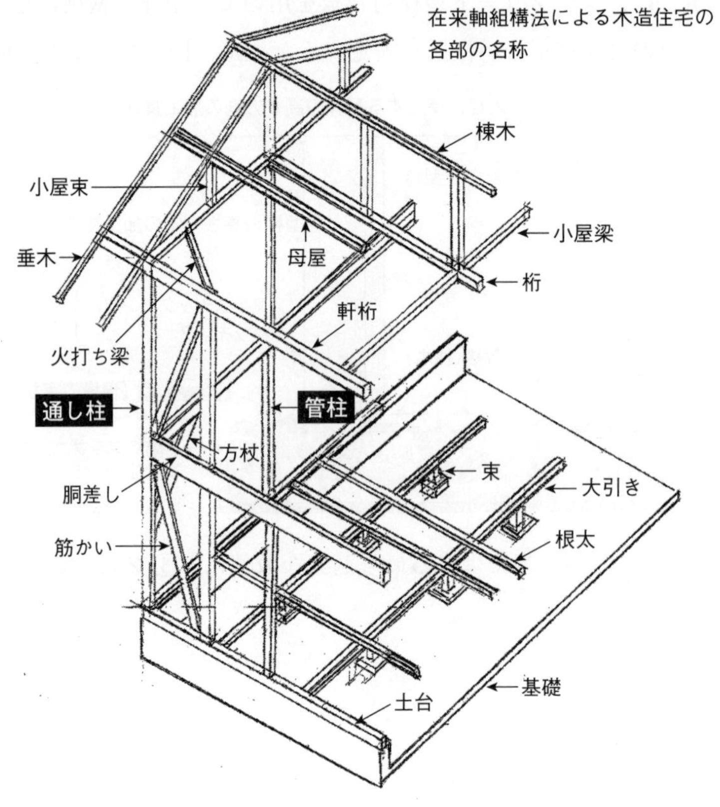

在来軸組構法による木造住宅の各部の名称

[3] 建築工事で使用される柱には、上記の他に、次のようなものがある。これらの柱は、屋根や上階の床などの荷重を土台に伝える役割を有していないことが多い。

❶継柱は、複数の部材を繋ぎ合わせた柱(高さのある電柱を構成する柱など)である。

❷止柱は、建築物ではなく外構に用いる柱(塀の柱や電柱を保護する柱など)である。

❸間柱は、内外装材(壁の下地となる柱など)を固定するための小柱である。

以上により、[④] に当てはまる最も適当な語句は「③ **管柱**」である。

建築施工

考え方 解き方

記述 5. 金属製折板葺きの屋根における重ね型折板の固定

⑤の解答	①	各山

1 金属製折板葺きの屋根において、重ね型折板を施工するときは、次のような点に留意しなければならない。

❶重ね型折板のすべての山を（**各山**ごとに）、タイトフレームに固定ボルト締めする。

❷折板の流れ方向において、重ね部を緊結するボルトの間隔は、600㎜程度とする。

❸けらばの変形防止材は、折板の3山ピッチ以上（山間隔の3倍以上）の長さとする。

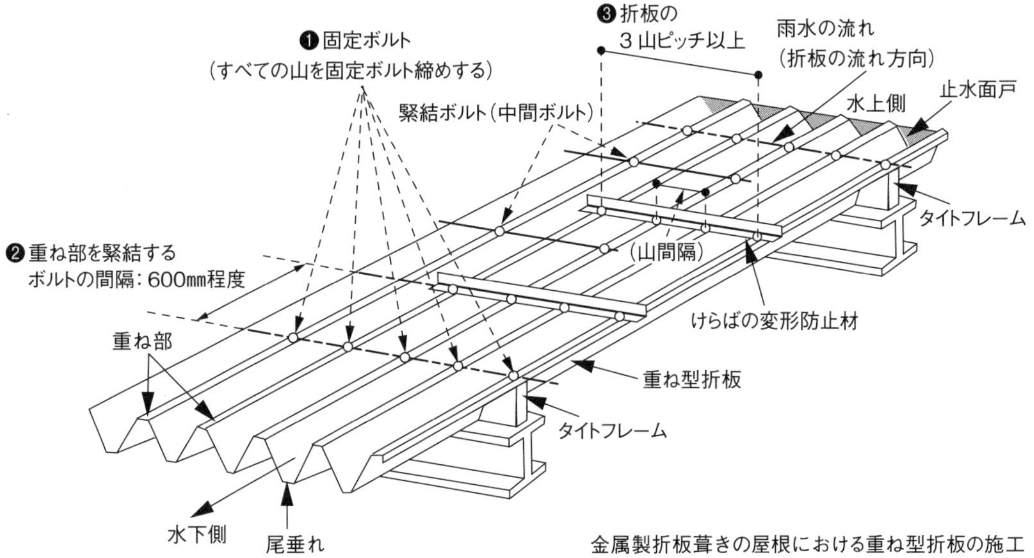

金属製折板葺きの屋根における重ね型折板の施工

以上により、［⑤］に当てはまる最も適当な語句は「① **各山**」である。

建築施工

考え方 解き方

記述 6. **塗材の仕上げ方法と塗付け方法の対応関係** ⑥の解答 ② ローラー塗り

1 外壁の吹付け工事は、建築用仕上塗材を用いる内外装の仕上げ工事(左官工事)の一種である。複層仕上塗材の仕上げ方法と塗付け方法の対応関係は、下塗り材・主材・上塗り材の区別にはあまり関係なく、次のように定められている。

❶刷毛塗りは、筆のような器具を用いて、塗料を塗り付ける方法である。細かく丁寧な仕上げが期待できるが、広い範囲を塗り付けるには不向きである。

※刷毛塗りは、仕上塗材の種類に関係なく、外壁の吹付け工事には採用されない。

❷ローラー塗りは、円筒形の器具を用いて、塗料を塗り付ける方法である。塗料の飛散を生じさせずに、ある程度の範囲を塗り付けることができる。

※**ローラー塗り**は、複層仕上塗材のゆず肌状の仕上げとする場合に採用される。

❸こて塗りは、平板状の器具を用いて、塗料を塗り付ける方法である。器具を使い分けることにより、壁面に様々な模様を出すことができる。

※こて塗りは、薄付け仕上げ塗材や厚付け仕上げ塗材の平坦状または凹凸状の仕上げとする場合に多く採用されるが、複層仕上塗材に対しては採用されない。

❹吹付けは、スプレーガンなどを用いて、塗料を吹き付ける方法である。広い範囲を短時間で施工できるが、塗料の飛散が多いので注意が必要である。

※吹付けは、複層仕上塗材の凸部処理や凹凸状の仕上げとする場合に採用される。

2 公共建築工事標準仕様書(建築工事編)には、複層仕上塗材の仕上げ方法と塗付け方法の対応関係などの詳細を示す下記のような表(「注」などは省略)が掲載されている。

仕上塗材の種類(呼び名)、仕上げの形状及び工法

種 類	呼び名	仕上げの形状	工法	所要量(kg/㎡)	塗り回数
複層 仕上塗材	複層塗材ＣＥ 複層塗材ＲＥ 複層塗材Ｓｉ 複層塗材Ｅ	凸部処理 凹凸状	吹付け	下塗材 0.1以上 主材基層 0.7以上 主材模様 0.8以上 上塗材 0.25以上	1 1 1 2
		ゆず肌状	ローラー塗り	下塗材 0.1以上 主 材 1.0以上 上塗材 0.25以上	1 1〜2 2
	可とう形複層塗材ＣＥ	凸部処理 凹凸状	吹付け	下塗材 0.1以上 主材基層 1.0以上 主材模様 0.5以上 上塗材 0.25以上	1 1〜2 1 2
		ゆず肌状	ローラー塗り	下塗材 0.1以上 主 材 1.0以上 上塗材 0.25以上	1 1〜2 2
	防水形複層塗材ＣＥ 防水形複層塗材ＲＥ 防水形複層塗材Ｅ	凸部処理 凹凸状 ゆず肌状	吹付け ローラー塗り	下塗材 0.1以上 増塗材 0.9以上 主材基層 1.7以上 主材模様 0.9以上 上塗材 0.25以上	1 1 2 1 2

以上により、 ⑥ に当てはまる最も適当な語句は「② **ローラー塗り**」である。

考え方 解き方

記述 7. **塗装工事において生じる現象(欠陥)**

⑦の解答	④	しわ

1 塗装工事では、施工に何らかの不具合があると、様々な現象(欠陥)を生じることになる。塗装工事において生じる現象(欠陥)としては、次のようなものが挙げられる。

❶滲(にじ)みは、塗膜成分が上塗り塗料に溶けてしまい、上塗り塗料を変色させる現象である。上塗りの溶剤が、下塗りの塗料を溶かしてしまうと、滲みが起こりやすい。

❷垂(だ)れ(流れ)は、塗膜が自重で垂れ下がったり流れたりして、不均一な塗装になる現象である。塗料を希釈しすぎたり厚塗りしすぎたりすると、垂れが起こりやすい。

❸刷毛目(はけめ)は、刷毛塗りした塗料に、筋状の模様が浮かび上がる現象である。塗料の流展性が不足している場合は、刷毛目が起こりやすい。

❹**しわ**は、塗膜が平らに乾燥せず、縮緬(ちりめん)状または波形模様の凹凸を生じる現象である。厚塗りや高温による塗料の上乾き(塗膜の上面だけが乾燥することにより塗膜の表面が収縮する現象)が生じると、しわが起こりやすい。

❺弾(はじ)き(凹み)は、塗料が弾かれて付着せず、点状の未塗装部分が生じる現象である。塗料に水・油・ゴミなどが付着すると、弾きが起こりやすい。

❻膨(ふく)れは、塗膜下の蒸気の圧力により、塗膜が持ち上げられる現象である。塗膜下に水分や錆などが存在していると、膨れが起こりやすい。

※塗装工事において生じる現象のうち、代表的なものは上記の通りです。これ以外の現象を知りたい方は、本書の381ページおよび413ページ参照してください。

以上により、[⑦]に当てはまる最も適当な語句は「④ **しわ**」である。

建築施工

考え方 解き方

記述 8. 軽量鉄骨壁下地に使用するスタッドの間隔 ⑧の解答 ② 300［mm］

1 屋内の間仕切壁などに使用する軽量鉄骨壁下地において、スタッド(支柱となる軽量鉄骨製の垂直材)は、スタッドの高さによる区分に応じたものを使用する。

❶高さが2.7m以下の場合は、50形(幅50mm)のスタッドを使用できる。

❷高さが4.0m以下の場合は、65形(幅65mm)のスタッドを使用できる。

❸高さが4.0mを超え4.5m以下の場合は、90形(幅90mm)のスタッドを使用できる。

❹高さが4.5mを超え5.0m以下の場合は、100形(幅100mm)のスタッドを使用できる。

2 軽量鉄骨壁下地のスタッドの間隔は、下地張りの有無(塗装下地となる石膏ボードを一重張りとするか二重張りとするか)などに応じて、次のように定められている。

❶下地張りがない(石膏ボードを一重張りとする)場合は、**300mm**程度の間隔とする。

❷仕上材料となるボードまたは壁紙を直張りする場合は、300mm程度の間隔とする。

❸下地張りがある(石膏ボードを二重張りとする)場合は、450mm程度の間隔とする。

3 軽量鉄骨壁下地のスタッドを施工するときは、次のような寸法・精度にも留意する。

❶上部ランナーの上端とスタッドの天端との隙間は、10mm以下とする。

❷スタッドの振れ止めは、床ランナーの下端から1200mm程度の間隔で固定する。

❸建込み間隔の精度は、±5mm以下(基準値から－5mm以上＋5mm以下)とする。

❹垂直方向の精度は、±2mm以下(基準値から－2mm以上＋2mm以下)とする。

軽量鉄骨壁下地の構造

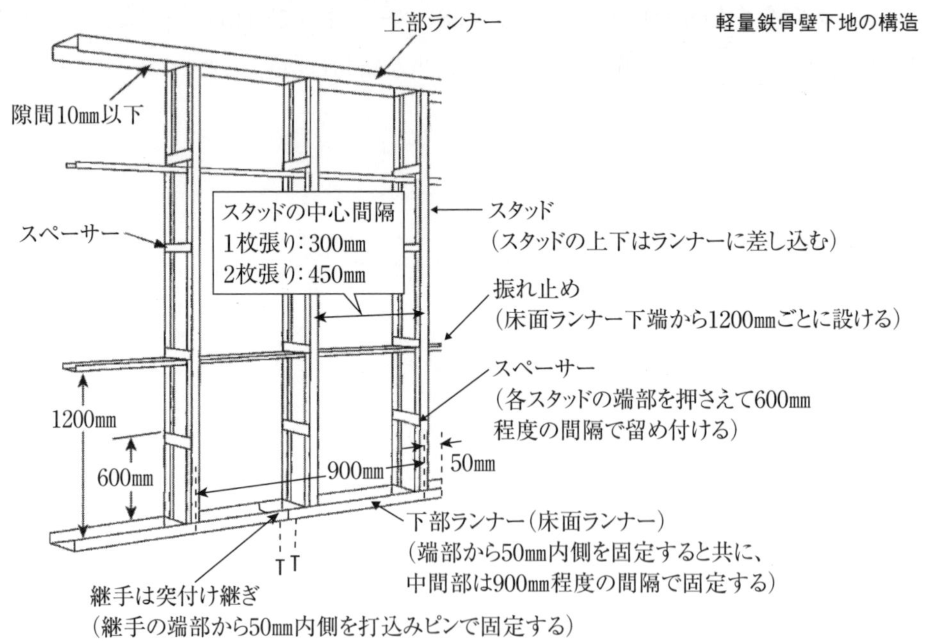

以上により、 ⑧ に当てはまる最も適当な数値は「② **300mm**」である。

問題5－A 次の1. から8. の各記述において、［　］に当てはまる**最も適当な語句又は数値**を、下の該当する枠内から**1つ**選びなさい。

1. 墨出し等に用いる鋼製巻尺は、工事着手前に［①］合わせを行い、同じ精度を有する鋼製巻尺を2本以上用意して、1本は基準巻尺として保管しておく。
［①］合わせの際には、それぞれの鋼製巻尺に一定の張力を与えて、相互の誤差を確認する。

①	①ゲージ	②テープ	③長さ	④寸法

2. 大梁鉄筋をガス圧接する際、鉄筋径程度の縮み代を見込んで加工しないと、［②］寸法の不足や、直交部材の配筋の乱れを招くことになる。

②	①あき	②かぶり	③付着	④定着

3. 鉄筋コンクリート造でコンクリートを打ち継ぐ場合、打継ぎ部の位置は、構造部材の耐力への影響が最も少ない位置に定めるものとし、梁、床スラブ及び屋根スラブの鉛直打継ぎ部は、一般にスパンの中央又は端から［③］付近に設け、柱及び梁の水平打継ぎ部は、床スラブ又は梁の下端、あるいは床スラブ、梁又は基礎梁の上端に設ける。

③	① $\frac{1}{4}$	② $\frac{1}{5}$	③ $\frac{1}{8}$	④ $\frac{1}{10}$

4. 木造の建築物にあっては、地震力等の水平荷重に対して、建築物に［④］を生じないように、筋かい等を入れた軸組を、梁間方向及び桁行方向にそれぞれにつり合いよく配置する。

④	①ねじれ	②亀裂	③不同沈下	④芯ずれ

5. アスファルト防水において，立上り部のルーフィング類を平場部と別に張り付ける場合，平場部のルーフィング類を張り付けた後，その上に重ね幅 ⑤ mm程度をとって張り重ねる。

⑤	①50	②100	③150	④300

6. 外壁の有機系接着剤によるタイル後張り工法で，裏あしのあるタイルを張り付ける場合の接着剤の塗付けは，くし目ごてを用いて下地面に平坦に塗り付け，次に接着剤の塗り厚を確保するために，壁面に対してくし目ごてを ⑥ 度の角度を保ってくし目を付ける。
タイルの裏あしとくし目の方向が平行になると，タイルと接着剤との接着率が少なくなることがあるため，裏あしに対して直交又は斜め方向にくし目を立てるようにする。

⑥	①15	②30	③60	④75

7. 日本産業規格（JIS）による建築用鋼製下地材を用いた軽量鉄骨天井下地工事において，天井のふところが1.5m以上3m以下の場合は，吊りボルトの水平補強，斜め補強を行う。
水平補強の補強材の間隔は，縦横方向に ⑦ m程度の間隔で配置する。

⑦	①0.9	②1.8	③2.7	④3.6

8. 壁紙張りにおいて，表面に付いた接着剤や手垢等を放置しておくと ⑧ の原因となるので，張り終わった部分ごとに直ちに拭き取る。

⑧	①し　み	②はがれ	③だ　れ	④し　わ

正　解

分野		記述	枠	正解の番号	適当な語句又は数値
躯体工事	仮設工事	記述1.	①	②	テープ
	鉄筋工事	記述2.	②	④	定着
	コンクリート工事	記述3.	③	①	1／4
	木工事	記述4.	④	①	ねじれ
仕上げ工事	防水工事	記述5.	⑤	③	150[mm]
	タイル工事	記述6.	⑥	③	60[度]
	金属工事	記述7.	⑦	②	1.8[m]
	内装工事	記述8.	⑧	①	しみ

考え方　解き方

記述 1. **墨出しなどに用いる鋼製巻尺の取扱い**　①の解答 | ② | テープ

[1] 工事現場において、墨出しなどに用いる鋼製巻尺は、工事着手前に**テープ**合わせを行い、同じ精度を有する鋼製巻尺を2本以上用意する。そのうちの1本は、基準巻尺として、鉄骨製作工場で保管しておく。

[2] テープ合わせの際には、それぞれの鋼製巻尺に一定の張力(指定がない場合は50Nの張力)を与えて、相互の誤差を確認することが一般的である。

[3] 工事現場で使用される鋼製巻尺は、日本産業規格(JIS)の一級品とする必要がある。なお、一級品の鋼製巻尺であっても、時間の経過などによって長さが変化することがあるので、このようなテープ合わせは必ず行わなければならない。

[4]「テープ合わせ」と「ゲージ合わせ」の用語は、混同しないように注意する必要がある。

❶テープ合わせとは、現場で使用する鋼製巻尺と、工場で使用された基準となる鋼製巻尺との間に、長さや目盛の誤差がないかどうかを確認することをいう。

❷ゲージ合わせとは、製品などが指定された寸法通りに完成しているかどうかを、ノギスやマイクロメーターなどを用いて確認することをいう。

鋼製巻尺のテープ合わせの詳細(上記の解説に関するより専門的な内容)

[1] **基準巻尺の確認**：鉄骨工事では、現場で用いる鋼製巻尺と、鉄骨製作工場で用いる鋼製巻尺は、基準尺(基準テープ)と呼ばれている。相互のテープの目盛の振り方には、誤差を含むため、2本のテープの目盛や温度変化に対して、2本のテープを並べて、目盛誤差や温度変化などに対して調整しておく必要がある。通常は、この誤差は10mあたり0.5㎜以内にあることが望ましい。

[2] **温度補正**：基準温度を20℃、鋼の線膨張係数を$d=14.0\times10^{-6}$[1/℃]、測定時の温度をT[℃]、鋼製巻尺の長さをL[㎜]とすると、温度補正量TLは次の式で求められる。

●$TL=d\times(T-20)\times L$

[3] **張力補正**：標準張力を20N、弾性係数を$E=19.3\times10^4$[N/㎟]、測定時の張力をP[N/㎟]、鋼製巻尺の断面積を$A=2.6$[㎟]、鋼製巻尺の長さをL[㎜]とすると、張力補正量PL[㎜]は、次の式で求められる。

●$PL=(P-20)\times L\div(A\times E)$

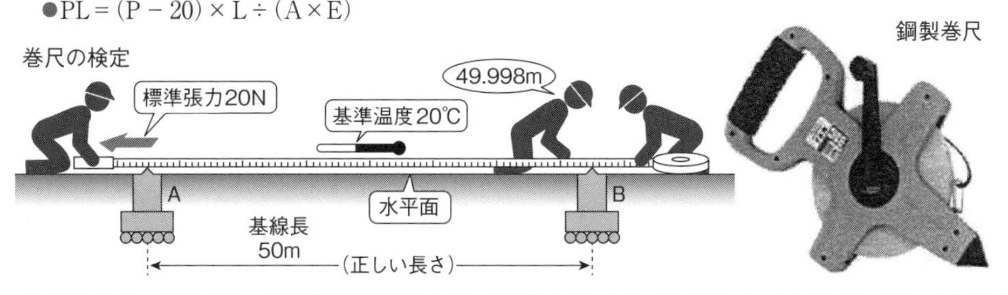

以上により、[①]に当てはまる最も適当な語句は「②**テープ**」である。

建築施工

記述 2. 大梁鉄筋のガス圧接における縮み代の考慮

②の解答	④	定着

① 鉄筋コンクリート構造物の施工において、大梁鉄筋をガス圧接する際には、鉄筋径程度の縮み代を見込んで加工しなければならない。公共建築工事標準仕様書(建築工事編)では、鉄筋の加工について、次のように定められている。

> 鉄筋は、圧接後の形状および寸法が設計図書に合致するよう、圧接箇所1箇所につき、鉄筋径程度の縮み代を見込んで、切断または加工する。

② ふたつの鉄筋をガス圧接して押し付けると、接合部が膨らむので、下図のように、全体の長さが短くなる。これが、縮み代を見込んで加工する理由である。

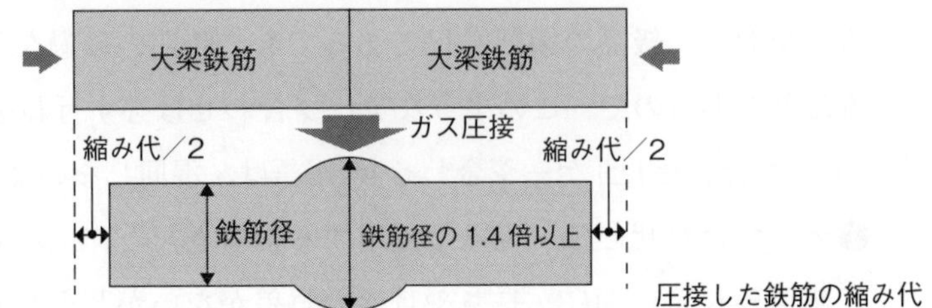

圧接した鉄筋の縮み代

③ この縮み代を見込んで加工しないと、次のような不具合を招くことになる。

❶ **定着**寸法の不足により、大梁と柱との接合部において、強度が不十分になる。

❷ 直交部材の配筋の乱れにより、大梁の部分において、構造上の耐力が低下する。

④ 一例として、大梁の主筋を柱内に折曲げ定着とするときは、定着寸法(仕口面からの投影定着長さ)を、柱せいの0.75倍(3/4倍)以上としなければならない。大梁の鉄筋が短くなると、この定着寸法が短くなり、大梁の鉄筋と柱の鉄筋との接合強度が低下する。

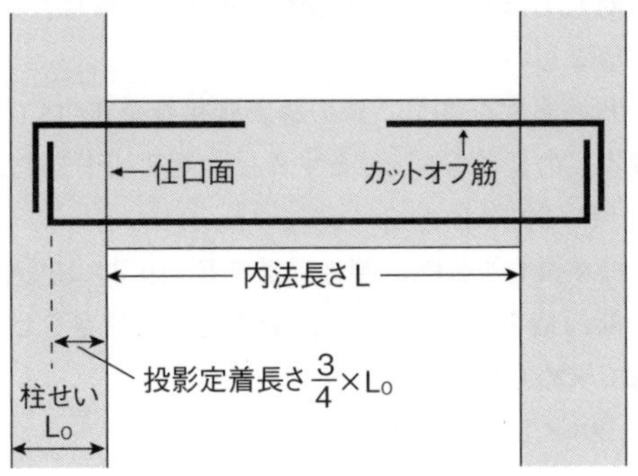

鉄筋の定着寸法

以上により、[②]に当てはまる最も適当な語句は「④ **定着**」である。

記述 3. コンクリートの打継ぎ部の位置　③の解答 ① 1／4

[1]鉄筋コンクリート造の建築物の施工において、コンクリートを打ち継ぐときの打継ぎ部は、構造部材の耐力への影響が最も少ない位置としなければならない。

[2]梁・床スラブ・屋根スラブなどの鉛直打継ぎ部は、スパン(支点間の距離)の中央付近または端から**4分の1**～3分の1付近の位置(下図の「○」の位置)に設けることが一般的である。梁・床スラブ・屋根スラブなどの端付近(スパンの端から4分の1以内となる下図の「×」の位置)は、せん断力が作用しやすく、構造部材の耐力への影響が大きいので、構造上の弱点となる鉛直打継ぎ部を設けてはならない。また、スパンの中央付近から少し離れた箇所は、打継ぎ部を設けると構造物の対称性が損なわれるので、構造上の弱点となる鉛直打継ぎ部を設けてはならない。

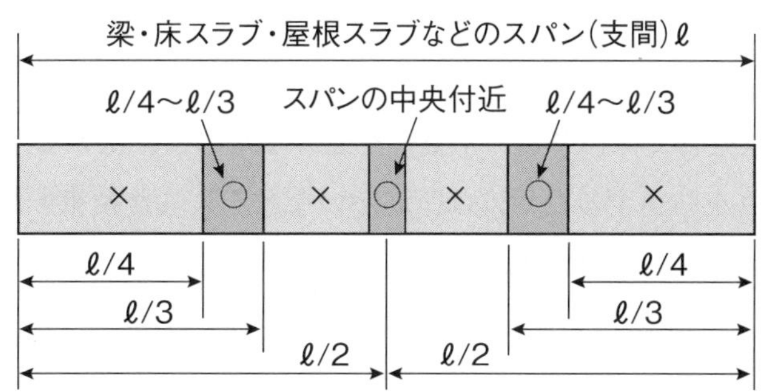

[3]柱・梁などの水平打継ぎ部は、床スラブの下端・梁の下端・床スラブの上端・梁または基礎梁の上端のうち、いずれかの位置に設ける。これらの位置は、比較的太い(断面の大きい)コンクリートが配置されており、元々の構造上の耐力に余裕があるため、構造上の弱点となる水平打継ぎ部を設けることができる。

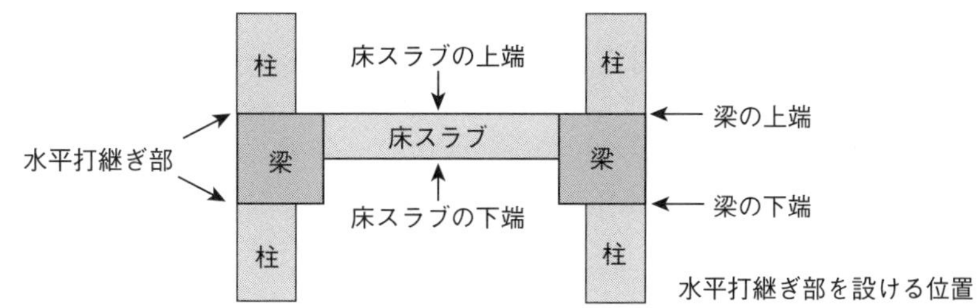

以上により、[③]に当てはまる最も適当な数値は「① **1／4**」である。

記述 4. 木造建築物における軸組の役割

④の解答	①	ねじれ

1 木造在来軸組構法の建築物では、筋かいなどを入れた軸組(建築物の主要な骨組みとなる部分)を、梁間方向および桁行方向のそれぞれに、釣り合いよく(四方のバランスを保てるように)配置しなければならない。この軸組の役割は、地震力などの水平荷重に対して、建築物に**ねじれ**を生じさせないようにすることである。

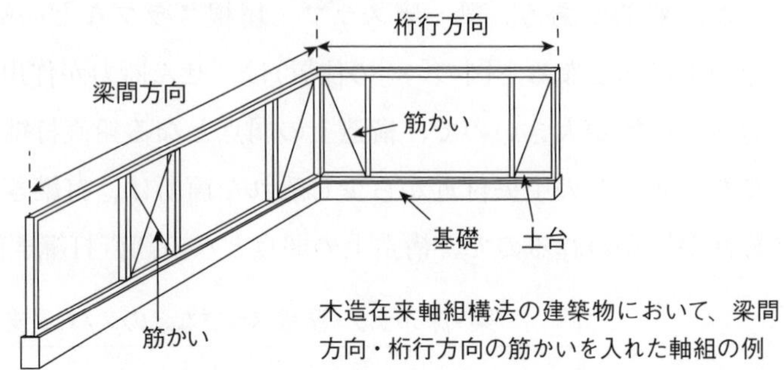

木造在来軸組構法の建築物において、梁間方向・桁行方向の筋かいを入れた軸組の例

2 木造の建築物では、各種の不具合を避けるために、次のような点に留意する。

❶ねじれを防止するためには、筋かいなどを入れた軸組を釣り合いよく配置する。

❷亀裂を防止するためには、木材を十分に乾燥させるなど、材料の状態に注意する。

❸不同沈下を防止するためには、地盤を堅固なものとし、異種の基礎の併用を避ける。

❹芯ずれを防止するためには、木材にあけるボルト孔の誤差を±2mm以内とする。

以上により、［ ④ ］に当てはまる最も適当な語句は「① **ねじれ**」である。

記述 5. アスファルト防水におけるルーフィング類の重ね幅

⑤の解答	③	150[mm]

[1] アスファルト防水におけるルーフィング類の重ね幅は、次のように定められている。

❶平場部のルーフィング類の相互の重ね幅は、縦横共に100mm以上とする。

❷平場部のルーフィング類と立上り部(屋上などの端にある垂直に高くなっている部分)のルーフィング類との重ね幅は、150mm以上とする。

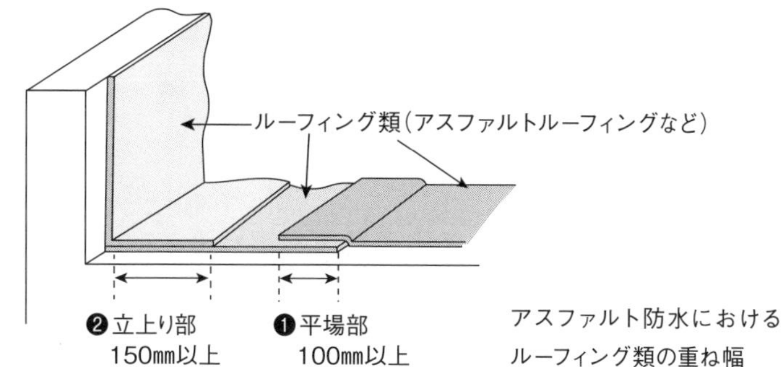

アスファルト防水における
ルーフィング類の重ね幅

[2] したがって、立上り部のルーフィング類を平場部とは別に張り付ける場合、平場部のルーフィング類を張り付けた後、その上に**150mm**程度の重ね幅をとって、立上り部のルーフィング類を張り重ねる。

[3] 公共建築工事標準仕様書(建築工事編)では、防水層の施工におけるアスファルトルーフィング類の張付けについて、次のように定められている。

> 立上りと平場のアスファルトルーフィング類は別々に張り付ける。立上り部のアスファルトルーフィング類は、各層とも平場のアスファルトルーフィング類に150mm以上張り掛ける。ただし、立上りの高さが400mm未満の場合は、平場のアスファルトルーフィング類をそのまま張り上げることができる。

以上により、[⑤]に当てはまる最も適当な数値は「③ **150mm**」である。

建築施工

記述6. タイル後張り工法で使用する櫛目ごての角度

⑥の解答	③	60[度]

[1] 有機系接着剤による外壁のタイル後張り工法において、裏あしのあるタイル(接着性を向上させることを目的として裏面に凹凸が付けられたタイル)を張り付ける場合は、次のような手順で、下地面に接着剤を塗り付ける。

❶金ごてまたは櫛目ごてを用いて、接着剤を平坦に塗布する。

❷タイルまたは接着剤の製造所が指定する櫛目ごてを用意する。

❸櫛目ごては、壁面に対して**60度**の角度を保って運行し、櫛目を立てる。

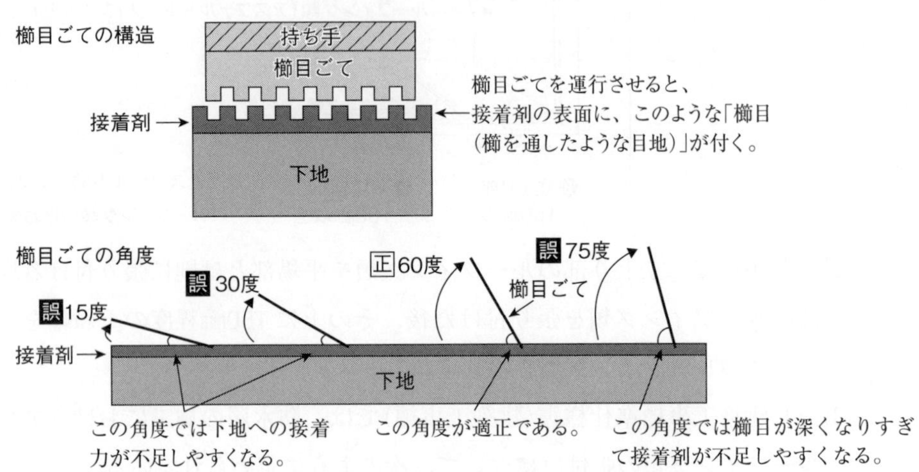

[2] 櫛目は、張り付けるタイルの裏あしに対して、直交方向または斜め方向になるように立てなければならない。櫛目を、張り付けるタイルの裏あしに対して、平行方向になるように立ててしまうと、タイルの凸部と接着剤の凹部が噛み合ったときに、タイルと接着剤との接着率が少なくなり、タイルが剥離するおそれが生じる。

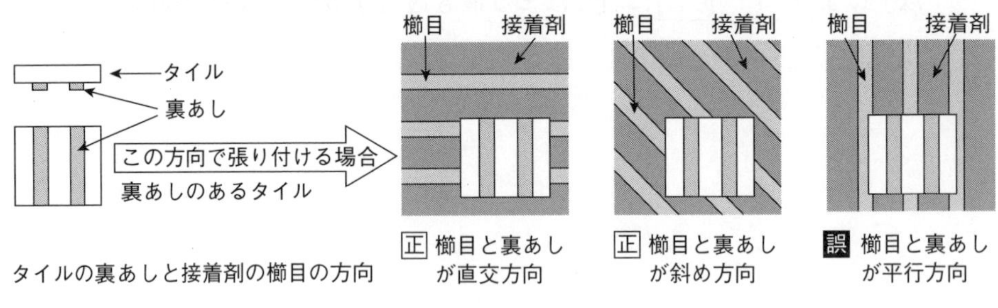

タイルの裏あしと接着剤の櫛目の方向

以上により、[⑥]に当てはまる最も適当な数値は「③ **60度**」である。

建築施工

記述 7. 軽量鉄骨天井下地に設ける水平補強材の間隔

⑦の解答	②	1.8[m]

[1] 日本産業規格(JIS)に定められた「建築用鋼製下地材」を用いた軽量鉄骨天井下地工事において、天井のふところ(床スラブの下端から天井面までの垂直距離)が1.5m以上3m以下である場合は、施工用補強部材などを用いて、吊りボルトの水平補強・斜め補強を行わなければならない。その基準は、次のように定められている。

❶水平補強に用いる施工用補強部材は、縦横方向に**1.8m**程度の間隔で配置する。

❷斜め補強に用いる施工用補強部材は、相対する斜め材を一組とし、縦横方向に3.6m程度の間隔で配置する。

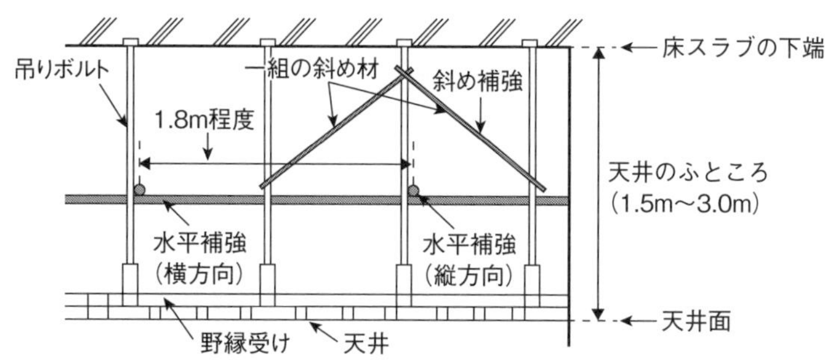

軽量鉄骨天井下地に使用する吊りボルトの水平補強・斜め補強

[2] 下がり壁・間仕切壁等を境として、天井に段違いがある場合は、野縁受けと同じ材料などを用いて、2.7m程度の間隔で斜め補強を行う。

以上により、[⑦]に当てはまる最も適当な数値は「② **1.8m**」である。

記述 8. 壁紙張りにおける欠陥の原因と対策　⑧の解答　①　しみ

1 壁紙張りにおいて、壁紙の表面に付着した接着剤や手垢などは、壁紙を張り終わった部分ごとに、直ちに拭き取らなければならない。この接着剤や手垢などを放置しておくと、壁紙の「**しみ**(変色)」の原因となる。しかし、壁紙の表面に付着した接着剤や手垢などにより、壁紙に「はがれ」「だれ」「しわ」などが生じるおそれはない。

2 特に、建具回り・枠回り・鴨居や敷居(引き戸の上下)の付近・ジョイント部(壁紙の継目)などでは、接着剤や手垢が残存することによる壁紙の染みが発生しやすいので、注意が必要である。

3 壁紙張りにおける各種の欠陥の原因と対策には、次のようなものがある。

欠陥	主な原因	主な対策
しみ	壁紙表面に付いた接着剤や手垢を放置すること。	壁紙表面に付いた接着剤や手垢を直ちに拭き取る。
はがれ	接着剤の塗布面(下地面)に汚れがあること。	接着剤の塗布面(下地面)は、事前に清掃しておく。
だれ	接着剤を厚塗りしすぎたり希釈しすぎたりすること。	厚塗りや希釈はできるだけ控え、接着剤を何度かに分けて塗る。
しわ	壁紙が湿度変化の繰り返しを受けること。	壁紙の乾燥を十分に行い、壁紙を貼った後に、接着剤を乾燥させる。

以上により、［ ⑧ ］に当てはまる最も適当な語句は「**① しみ**」である。

問題5－A 次の1. から8. の各記述において，[　　]に当てはまる最も適当な語句又は数値を，下の該当する枠内から1つ選びなさい。

1. 図面に示される通り心は壁心であることが多く，壁工事が行われるために墨を打つことができない。そのため壁心から離れた位置に補助の墨を打つが，この墨のことを [①] という。

①	①逃げ墨	②陸墨	③地墨	④親墨

2. 埋戻し工事における締固めは，川砂及び透水性のよい山砂の類いの場合は水締めとし，上から単に水を流すだけでは締固めが不十分なときは，埋戻し厚さ [②] 程度ごとに水締めを行う。

②	①5 cm	②10 cm	③30 cm	④60 cm

3. 鉄筋工事における鉄筋相互のあきは，粗骨材の最大寸法の1.25倍，25 mm及び隣り合う鉄筋の平均径の [③] のうち最大のもの以上とする。

③	①1.0倍	②1.25倍	③1.5倍	④2.0倍

4. 鉄骨工事における柱脚アンカーボルトの締付けは，特記がない場合，ナット回転法で行い，ボルト頭部の出の高さは，ねじが2重ナット締めを行っても外に [④] 以上出ることを標準とする。

④	①1山	②2山	③3山	④4山

建築施工

5. ウレタンゴム系塗膜防水の通気緩衝シートの張付けに当たって，シートの継ぎ目は ⑤ とし，下地からの浮き，端部の耳はね等が生じないように注意して張り付ける。

⑤	① 50 mm 重ね	② 100 mm 重ね	③ 目透し	④ 突付け

6. 大理石は，模様や色調などの装飾性を重視することが多いため，磨き仕上げとすることが多く，壁の仕上げ材に使用する場合は ⑥ を用いることが多い。

⑥	① 本磨き	② 水磨き	③ 粗磨き	④ ブラスト

7. 塗装工事において，塗膜が平らに乾燥せず，ちりめん状あるいは波形模様の凹凸を生じる現象を ⑦ といい，厚塗りによる上乾きの場合などに起こりやすい。

⑦	① だれ	② しわ	③ にじみ	④ はじき

8. 内装工事において使用される ⑧ せっこうボードは，両面のボード用原紙と心材のせっこうに防水処理を施したもので，屋内の台所や洗面所などの壁や天井の下地材として使用される。

⑧	① 強化	② シージング	③ 化粧	④ 構造用

正 解

分野		記述	枠	正解の番号	適当な語句又は数値
躯体工事	仮設工事	記述1.	①	①	逃げ墨
	土工事	記述2.	②	③	30cm
	鉄筋工事	記述3.	③	③	1.5倍
	鉄骨工事	記述4.	④	③	3山
仕上げ工事	防水工事	記述5.	⑤	④	突付け
	石工事	記述6.	⑥	①	本磨き
	塗装工事	記述7.	⑦	②	しわ
	内装工事	記述8.	⑧	②	シージング

考え方 **解き方**

記述 1. 壁心から離れた位置に打つ補助の墨

①の解答	①	逃げ墨

1 建築物を施工するとき、平面上の位置や高さの基準を示すために、床面や壁面などに直線を引く作業は、墨出しと呼ばれている。窓や配管などの位置は、これらの直線の位置を基準として決められるため、墨出しは重要な作業である。現在はレーザーによる墨出しが主流であるが、かつては墨を付けた糸を用いていたため、この名が付いている。

2 墨出しの作業により打たれる墨には、次のような種類のものがある。

❶親墨　：建築物の通り心(壁・柱などの中心線)を示し、他の墨の基準となる。
❷地墨　：各階における平面上の位置を示すために、床面に付ける。
❸陸墨　：水平を示す(縦方向の高さの基準とする)ために、壁面に付ける。
❹たて墨：垂直を示す(横方向の位置の基準とする)ために、壁面に付ける。
❺逃げ墨：基準となる墨(親墨など)から一定の距離をおいて平行に付ける。
❻子墨　：逃げ墨を基にして型枠などの位置に付ける。

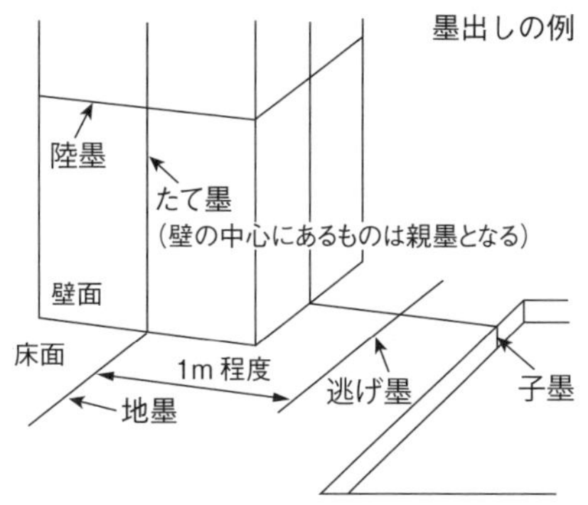

3 設計図書などの図面に示されている通り心(親墨が示す位置)は、壁心(壁などの中心線)であることが多い。壁心は、壁工事が行われると、壁の中に隠れてしまい、その位置に墨を打つことができなくなる。建築工事では、壁工事が行われた後においても、通り心の位置を明らかすることができるよう、壁心から離れた位置に、**逃げ墨**(補助の墨)を打つ。

4 逃げ墨は、返り墨と呼ばれることもあり、仕上げ面などを直接墨出しできない場合に用いられる。逃げ墨は、親墨から1m 程度離れた位置(逃げ心)に打つことが一般的である。

以上により、[①] に当てはまる最も適当な語句は「① **逃げ墨**」である。

記述2. 水締めとする川砂や山砂の埋戻し厚さ

②の解答	③	30cm

1 埋戻し工事で使用する土は、施工後の沈下量が少なくなるよう、十分に締め固めてその密度を増加させる必要がある。

2 埋戻し工事において、川砂や透水性の良い山砂などの良質土を使用する場合は、埋戻し厚さ30cm程度ごとに、水締め(上から水を流すことによる締固め)を行うことが一般的である。埋戻し厚さがこれよりも厚くなると、十分な締固めができなくなるおそれがある。この締固め方法は、根切りの深い場所などの締固めが困難な場所において、主に用いられる。

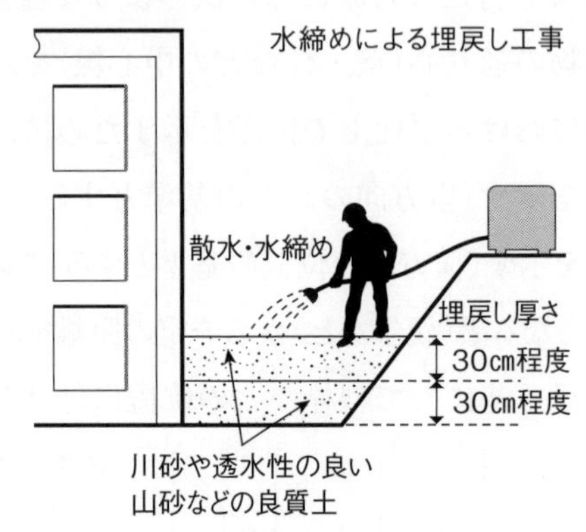

水締めの原理

①土中に空隙が残っていると、その空隙が徐々に潰れていく際に、埋戻し土が沈下してしまう。

②水締めを行うと、土中の空隙が水で満たされる。その後に水切りを行うと、土中の空隙が少なくなる。

③これにより、埋め戻してから時間が経った後に、埋戻し土が沈下するのを抑制することができる。

※砂粒子間の摩擦抵抗を散水により低減し、自重による圧密を行うことで、密実に締め固まる。

3 埋戻し工事において、透水性の悪い山砂などの砂質土や掘削残土を使用する場合は、水締めを行うだけでは十分な締固めができないため、埋戻し厚さ30cm程度ごとに、小型建設機械を用いて締め固めることが一般的である。この締固め方法は、小型建設機械が使用できる場所において、主に用いられる。

以上により、 ② に当てはまる最も適当な数値は「③ 30cm」である。

建築施工

記述 3. 鉄筋相互の空き

③の解答	③	1.5倍

1 鉄筋コンクリート造の構造物では、隣り合う鉄筋の相互間に、所定の空き寸法が必要である。鉄筋相互の空きは、鉄筋相互間にコンクリートが流し込まれずに空隙となることを防止(鉄筋間をコンクリートに含まれる骨材が円滑に通過できるように)し、均一なコンクリートを施工するために必要なものである。じゃんか(コンクリートの空隙部)などのコンクリートの欠陥があると、鉄筋の腐食や漏水の原因となる。

2 鉄筋相互の空きは、次の❶・❷・❸の条件のうち、最大のもの以上としなければならない。

❶粗骨材の最大寸法の1.25倍
※粗骨材が大きいほど、コンクリートが狭い隙間に引っ掛かりやすい。

❷隣り合う鉄筋の平均径(呼び名の平均値)の**1.5倍**
※鉄筋径が大きいほど、コンクリートの流れ込みが阻害されやすい。

❸25mm
※幅が25mm未満の隙間には、コンクリートが流れ込みにくい。

3 鉄筋相互の空きとは、ある鉄筋の外周から別の鉄筋の外周までの最短距離をいう。鉄筋の間隔とは、ある鉄筋の中心部から別の鉄筋の中心部までの距離をいう。
したがって、鉄筋の間隔は、鉄筋相互のあきに鉄筋の最大外径を加えたものとする。
「鉄筋相互の空き」と「鉄筋の間隔」という言葉は、区別して覚える必要がある。

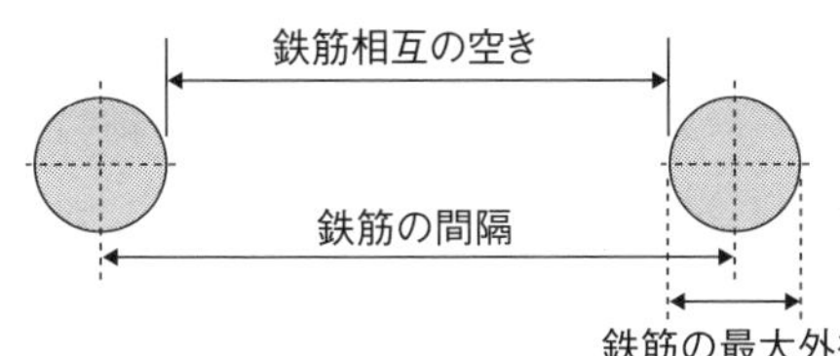

鉄筋の間隔＝鉄筋相互の空き＋鉄筋の最大外径

以上により、[③]に当てはまる最も適当な数値は「③**1.5倍**」である。

記述4. 鉄骨柱脚のアンカーボルトの締付け

④の解答	③	3山

1 鉄骨造の構造物の柱脚部は、その基礎にアンカーボルトで緊結しなければならない。

2 鉄骨工事における柱脚アンカーボルトの締付けは、ナット回転法(アンカーボルトの二重ナットの密着を確認した後にそれを30度回転させる方法)で行うことが一般的である。

3 鉄骨工事における柱脚アンカーボルトは、二重ナット締めを行った後に、ボルト頭部における出の高さが3山以上となる(ねじが外に**3山**以上出る)ようにすることが一般的である。ボルト頭部における出の高さが2山以下になると、強度不足により二重ナットが変形しやすくなってしまう。

ナット回転法による柱脚アンカーボルトの締付け

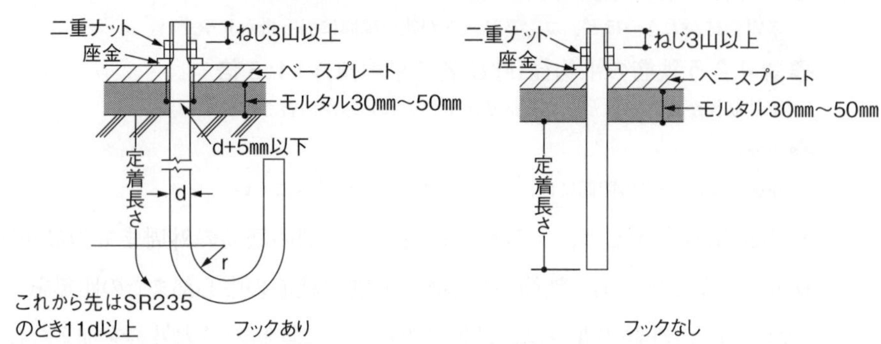

4 「ナット回転法によるアンカーボルトの締付け」は、鉄骨工事において問われやすい下図のような「ナット回転法による高力ボルトの検査」と混同しないように注意が必要である。ナット回転法によるアンカーボルトの締付けは、締付けの作業方法の規定であり、そのナット回転量は30度を標準とする。ナット回転法による高力ボルトの検査は、締付けの検査方法の規定であり、そのナット回転量は120度を標準とする。

ナット回転法による高力ボルトの検査

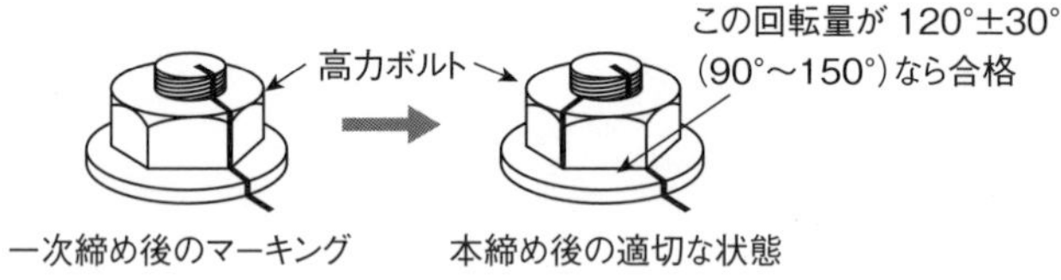

以上により、［ ④ ］に当てはまる最も適当な数値は「③ **3山**」である。

建築施工

記述5. ウレタンゴム系塗膜防水の通気緩衝シート

⑤の解答	④	突付け

1 ウレタンゴム系塗膜防水は、塗り付けた液状のウレタン樹脂を時間経過により硬化させることで、防水層を構築する防水工事である。ウレタンゴム系塗膜防水は、通気緩衝シートを使用する絶縁工法と、通気緩衝シートを使用しない密着工法に分類される。

2 ウレタンゴム系塗膜防水絶縁工法において使用する通気緩衝シートは、防水層の下地となるコンクリートの蒸気を逃がすために設置される部材である。通気緩衝シートを使用しない密着工法は、絶縁工法よりも安価に施工できるものの、コンクリートの蒸気により防水層に膨れが生じるおそれがある。

3 ウレタンゴム系塗膜防水絶縁工法において、通気緩衝シートを張り付けるときは、次のような点に注意しなければならない。

❶ 通気緩衝シートの継ぎ目は、蒸気を逃がすための通気孔が塞がれないよう、**突付け**となるように（通気緩衝シートを相互に重ねないように）しなければならない。

❷ 通気緩衝シートの継ぎ目は、目透しが生じないように（通気緩衝シートの相互間に隙間が生じないように）しなければならない。

❸ 通気緩衝シートは、下地となるコンクリート面から浮かないようにしなければならない。

❹ 通気緩衝シートの端部において、耳はねなどが生じないようにしなければならない。

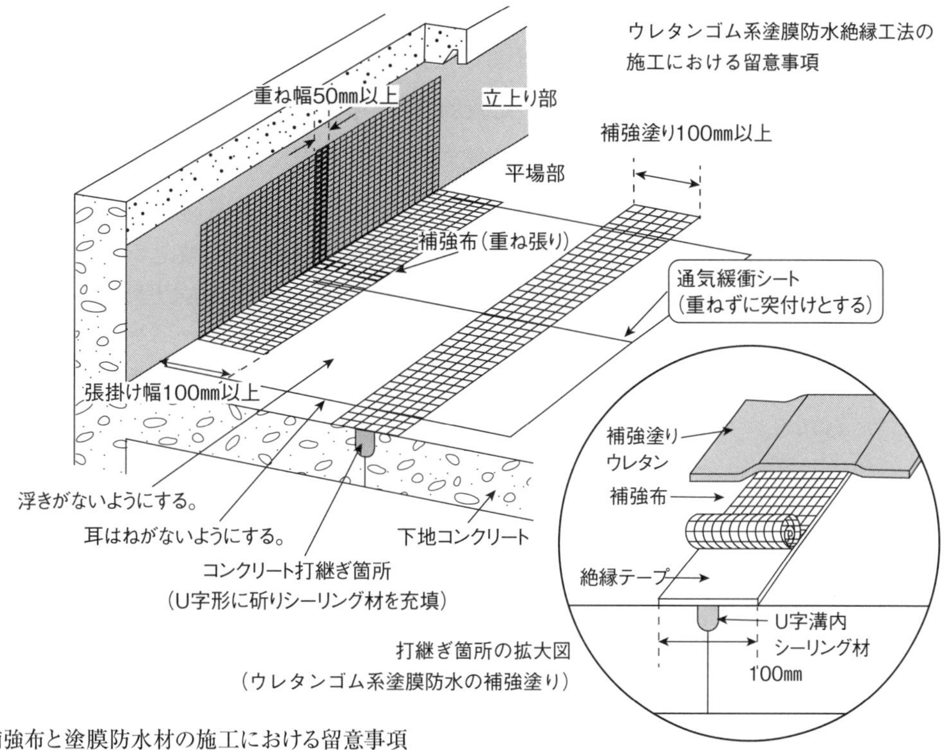

補強布と塗膜防水材の施工における留意事項

①平場部および立上り部の補強布は、50㎜以上の重ね張りとする（突付け張りとしてはならない）。

②平場部の通気緩衝シートの上には、立上り部の補強布を100㎜以上張り掛ける。

③塗膜防水材の塗継ぎの重ね幅は、100㎜以上とする。

4 ウレタンゴム系塗膜防水は、主として屋根・庇（ひさし）・開放廊下・バルコニーなどに適用される。室内の防水工事には、ゴムアスファルト系塗膜防水が適用される。

5 ウレタンゴム系塗膜防水の通気緩衝シートは、接着剤を塗布した後、オープンタイムをとってから(所定の待ち時間が経過した後に)張り付け、ローラーで転圧して下地コンクリートに密着させるようにする。

以上により、 ⑤ に当てはまる最も適当な語句は「④ **突付け**」である。

記述6. 大理石の磨き仕上げ

⑥の解答	①	本磨き

1 建築用石材として用いられる大理石(結晶質石灰岩)は、模様・色調・光沢などの装飾性(美観性)を重視することが多いので、磨き仕上げとすることが一般的である。

2 大理石の磨き仕上げは、主として粗磨き・水磨き・本磨きに区分されている。

❶粗磨き：大理石の表面を、比較的粗い砥石で磨くことをいう。非常に滑りにくい仕上げであるが、大理石の装飾性(美観性)が大きく損なわれてしまう。目地などの外から見えにくい部分の磨き仕上げは、粗磨きとする場合がある。

❷水磨き：大理石の表面を、中程度の粗さの砥石で磨くことをいう。光沢や艶はないが、比較的滑りにくいという特徴がある。床の仕上げ材として大理石を使用する場合は、水磨きとすることが一般的である。

❸本磨き：大理石の表面を、比較的細かい砥石で磨いた後、バフ(艶出し粉を用いた布)で仕上げることをいう。鏡面のような光沢や艶があり、大理石の装飾性(美観性)を最も活かすことができるが、水に濡れると非常に滑りやすくなってしまう。壁の仕上げ材として大理石を使用する場合は、**本磨き**とすることが一般的である。

※床の仕上げ材として大理石を使用する場合には、本磨きは不適切であるとされている。床に本磨きを採用すると、その滑りやすさにより、人が転倒して負傷するおそれが生じてしまう。

3 大理石の表面仕上げの方法としては、磨き仕上げの他に、ブラスト仕上げが挙げられる。ブラスト仕上げとは、独特の質感を出したり摩擦力を高めたりすることを目的として、大理石の表面に、砂などを吹き付けて目荒らしすることをいう。

4 代表的な建築用石材における各種仕上げの使用状況は、下表の通りである。

仕上げ	のみきり	びしゃん	小たたき	ジェットバーナー	割りはだ	ブラスト	ウオータージェット	粗磨き	水磨き	本磨き
花崗岩	○	○	○	◎	○	○	○	○	○	◎
大理石	△	△	△	—	—	○	—	○	○	◎
砂岩	—	—	—	—	◎	○	—	○	○	—

◎：最も一般的に用いられる　○：用いられる　△：場合により用いられる　—：用いられない

以上により、 ⑥ に当てはまる最も適当な語句は「① **本磨き**」である。

建築施工

記述 7. 塗装工事において生じる現象(欠陥)

⑦の解答	②	しわ

1 塗装工事では、施工に何らかの不具合があると、様々な現象(欠陥)を生じることになる。塗装工事において生じる現象(欠陥)としては、次のようなものが挙げられる。

現象(欠陥)	状態
だれ(流れ)	塗膜が自重で垂れ下がったり流れたりして、不均一な塗装になる。
しわ(縮み)	塗膜が平らに乾燥せず、ちりめん状または波形模様の凹凸が生じる。
にじみ	塗膜成分が上塗り塗料に溶けてしまい、上塗り塗料を変色させる。
はじき(凹み)	塗料が弾かれて付着せず、点状の未塗装部分が生じる。
はがれ	塗膜の付着力が低下し、塗膜が欠損する(剥がれ落ちる)。
ふくれ	塗膜下の蒸気の圧力により、塗膜が持ち上げられる(膨らむ)。
糸引き	吹き付けた塗料が、蜘蛛の巣のような形状に広がる。
刷毛目	刷毛塗りした塗料に、筋状の模様が浮かび上がる。
ブラッシング(白化)	塗膜の表面が荒れてしまい、白く暈けて艶がなくなる。
チェッキング(割れ)	塗膜の乾燥収縮などにより、比較的浅いひび割れが生じる。
クラッキング(割れ)	塗膜の乾燥収縮などにより、比較的深いひび割れが生じる。
チョーキング	紫外線を受けた塗膜の表面が、次第に粉化・消耗していく。

2 塗装工事において生じる各種の現象(欠陥)の対策は、次の通りである。

現象(欠陥)	対策
だれ(流れ)	作業性が悪い場合もあまり希釈せず、厚塗りしないようにする。
しわ(縮み)	下塗り塗料の乾燥を待ち、厚塗りによる上乾きを避ける。
にじみ	上塗りの溶剤は、下塗り塗料を溶かさないものとする。
はじき(凹み)	素地面の水・油・ゴミを取り除き、素地調整を念入りに行う。
はがれ	結露などの水分による付着力の低下が生じないようにする。
ふくれ	塗膜下の水溶性物や錆を取り除き、素地調整や前処理を行う。
糸引き	低圧・大口径のガンで吹き付け、溶剤の蒸発速度を遅くする。
刷毛目	塗料を適切に希釈して流動性を高め、均一に刷毛塗りする。
ブラッシング(白化)	湿度が高いときの塗装を避け、溶剤の急激な蒸発を避ける。
チェッキング(割れ)	下塗り塗料の乾燥を待ち、厚塗りや急激な加熱を避ける。
クラッキング(割れ)	下塗り塗料の乾燥を待ち、厚塗りや急激な加熱を避ける。
チョーキング	塗膜の分解を防ぐため、塗膜に紫外線が当たらないようにする。

3 したがって、塗膜工事において、塗膜が平らに乾燥せず、ちりめん状または波形模様の凹凸を生じる現象は、**しわ**と呼ばれる。厚塗りによる上乾き(塗膜の上面だけが乾燥することにより塗膜の表面が収縮する現象)などがあると、塗膜にしわが生じやすくなる。

以上により、[⑦]に当てはまる最も適当な語句は「② **しわ**」である。

建築施工

記述8. 石膏ボードの種類と特徴

⑧の解答 ② シージング

1 内装工事において使用される石膏ボードのうち、両面のボード用原紙と心材の石膏に防水処理を施したものは、**シージング**石膏ボードと呼ばれている。

2 シージング石膏ボードは、通常の石膏ボードに比べて、吸水しても強度が低下しにくいという特長があるため、台所や洗面所などのように、湿気のある屋内の壁や天井の下地材として用いられる。

3 内装工事で使用される石膏ボードの種類と特徴をまとめると、下表のようになる。これらの石膏ボードは、壁や天井の下地材として用いられることが多い。

種類		概要	用途
石膏ボード（普通ボード）		石膏を心材として、その両面をボード用原紙で被覆し、板状に成形したものである。	内壁、天井下地、防火構造、耐火構造、準耐火構造、遮音構造
強化石膏ボード		心材の石膏に無機質繊維（ガラス繊維）などを混入させたものである。防火性が高く、火災時にひび割れや脱落が生じにくい。	防火構造、耐火構造、準耐火構造、遮音構造
シージング石膏ボード		両面の紙と心材の石膏に防水処理を施したものである。普通ボードに比べて、吸水時の強度低下が生じにくい。	多少湿気のある屋内の壁（水回りなど）、天井下地
化粧石膏ボード	普通品	表面の厚紙にプリントが施された石膏ボードである。仕上げ処理が不要である。	内装、間仕切、天井仕上げ
	特殊品	化粧加工した紙やプラスチックシートを、普通ボードに張り合わせたものである。仕上げ処理が不要である。	
構造用石膏ボード	A種	強化石膏ボードの性能を保持したままで、釘側面抵抗を750N以上にしたものである。耐火性能や耐震性能に優れている。	耐力壁用の面材
	B種	強化石膏ボードの性能を保持したままで、釘側面抵抗を500N以上にしたものである。耐火性能や耐震性能に優れている。	
石膏ラスボード		凹みを付けた型押しボードである。	石膏プラスター塗り壁下地

以上により、［ ⑧ ］に当てはまる最も適当な語句は「**② シージング**」である。

問題5－A 次の1. から8. の各記述において，下線部の語句又は数値が**適当なものには○印**を，**不適当なものには適当な語句又は数値**を記入しなさい。

1. 建築物の基礎をべた基礎とする場合にあっては，原則として一体の鉄筋コンクリート造とし，木造の建築物の土台の下にあっては，連続した立上り部分を設け，立上り部分の高さは地上部分で20 cm以上とする。
①

2. 合板型枠の締付け金物を締めすぎると，内端太，外端太が内側に押され，せき板が外側に変形する。締めすぎへの対策としては，内端太（縦端太）を締付けボルトにできるだけ近接させて締め付ける。
②

3. コンクリートの1層の打込み厚さは，締固めに用いる棒形振動機部分の長さ以下とし，挿入に際しては先に打ち込んだコンクリートの層に棒形振動機の先端が入るようにし，引き抜く際にはコンクリートに穴を残さないように加振しながら急いで引き抜かなければならない。
③

4. 木造の建築物にあっては，地震力などの水平荷重に対して，建築物にねじれを生じないように，筋かい等を入れた軸組を，張り間方向及び桁行方向にそれぞれにつり合いよく配置する。
④

5. シーリング工事における鉄筋コンクリート外壁の打継ぎ目地，ひび割れ誘発目地，建具回り目地等で動きの小さいノンワーキングジョイントの場合の目地構造は，2面接着を標準とする。
⑤

建築施工

6. 金属板葺き屋根工事における下葺きに使用するアスファルトルーフィングは，軒先より葺き進め，隣接するルーフィングの重ね幅は，シート短辺部（流れ方向）は 200 mm 以上，長辺部（長手方向）は 100 mm⑥ 以上とする。

7. 仕上塗材の吹付け塗りにおける吹付けの基本動作は，スプレーガンのノズルを常に下地面に対して直角又はやや下向き⑦に保つようにし，縦横 2 方向に吹くなど模様むらが生じないように吹き付ける。

8. 壁紙張りにおいて，表面に付いた接着剤や手垢等を放置しておくとはがれ⑧の原因となるので，張り終わった部分ごとに直ちに拭き取る。

正　解

分野		記述	適否	下線部の語句又は数値	適当な語句又は数値
躯体工事	基礎工事	1.	×	20	**30**
	型枠工事	2.	×	外側	**内側**
	コンクリート工事	3.	×	急いで	**徐々に**
	木工事	4.	○	ねじれ	ねじれ
仕上げ工事	防水工事	5.	×	2面	**3面**
	屋根工事	6.	○	100	100
	塗装工事	7.	×	下向き	**上向き**
	内装工事	8.	×	はがれ	**しみ**

考え方 解き方

1. 木造建築物の土台の下にあるべた基礎の立上り部分

解答	×	30

1 べた基礎は、建築物の下面全体に設けられた一枚の底盤により、建築物を「面」で支える直接基礎である。

2 建築物の基礎をべた基礎とする場合の施工方法（構造基準）については、「建築物の基礎の構造方法及び構造計算の基準を定める件」において、次のように定められている。

①原則として、一体の鉄筋コンクリート造とすること。

②木造の建築物の土台の下等にあっては、連続した立上り部分を設けるものとすること。

③立上り部分の高さは地上部分で**30㎝以上**、立上り部分の厚さは12㎝以上とすること。

④基礎の底盤の厚さは12㎝以上とすること。

⑤根入れの深さは、原則として、12㎝以上かつ凍結深度よりも深いものとすること。

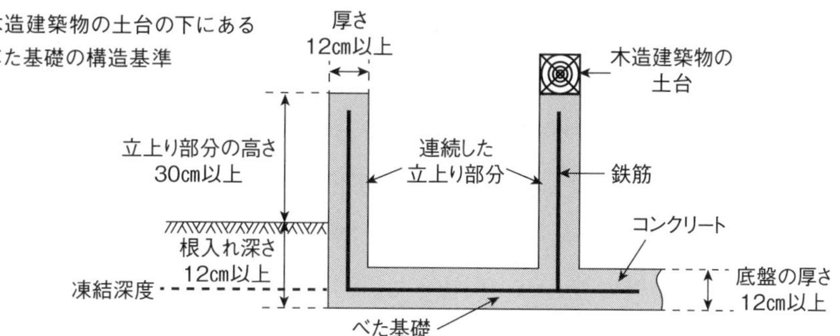

以上により、①の数値は「**20㎝**」ではなく「**30㎝**」である。

2. 合板型枠の締付けにおける留意事項

解答	×	内側

1 締付け金物を使用する合板型枠は、合板で造られたせき板(型枠)に内端太(縦端太)を添えて、その内端太(縦端太)を外端太(横端太)で押さえ、締付け金物で締め付けることで、型枠の位置を定めている。
その構造は、右図のようになっている。

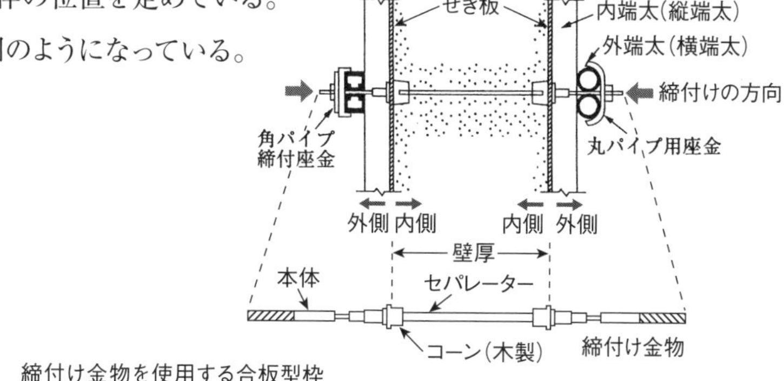

締付け金物を使用する合板型枠

2 合板型枠の締付け金物を締めすぎると、内端太・外端太が内側に押され、せき板が**内側**に変形する。逆に、合板型枠の締付け金物に締め不足があると、内端太・外端太が外側に広がり、せき板が外側に変形する。すなわち、締付け金物の締めすぎや締め不足があると、せき板の変形により、コンクリートの仕上りの精度が悪くなってしまう。

3 合板型枠の内端太(縦端太)を、締付けボルトにできるだけ近接させて締め付けると、型枠の剛性が高くなるので、締付け金物の締めすぎによってせき板が内側に変形することを防止できる。

以上により、②の語句は「**外側**」ではなく「**内側**」である。

3. 棒形振動機によるコンクリートの締固め

解答	×	徐々に

1 コンクリートの1層の打込み厚さは、次のような点に留意して決定する。

①締固めに用いる棒形振動機部分の長さ(60cm～80cm)以下とする。

②先に打ち込んだコンクリートの層に、棒形振動機の先端が10cm程度入るようにする。

③コンクリートの1層の打込み厚さは、50cm～70cm以下とすることが一般的である。

2 コンクリートを適切に打ち込んだとしても、その締固めの方法が不適切であると、締固めの段階で材料分離が発生し、密実なコンクリートを得ることができなくなる。コンクリートを締め固めるときは、次のような点に留意する必要がある。

①棒形振動機の挿入間隔は、60cm以下とする。

②棒形振動機による加振時間(締固め時間)は、1箇所あたり5秒～15秒程度とする。

③棒形振動機の差込み・引抜きは、コンクリート面に対して鉛直方向に行う。

④棒形振動機は、コンクリートに穴を残さないように加振しながら、**徐々に**(急がずにゆっくりと)引き抜く。

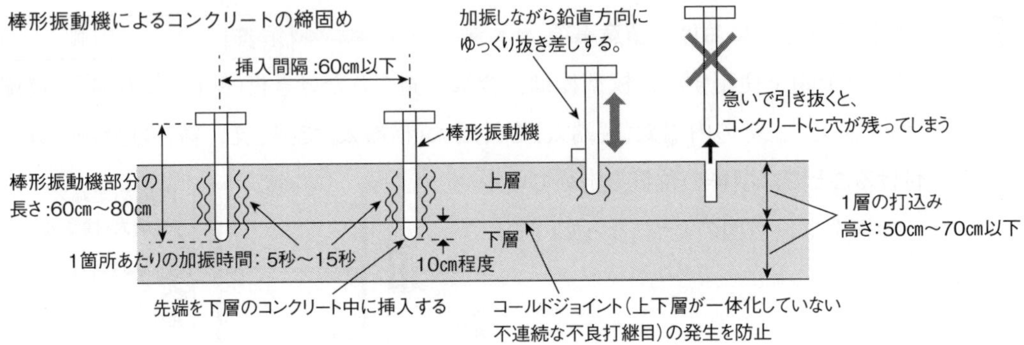

※棒形振動機の挿入間隔は、建築工事では60cm以下と定められているが、土木工事では50cm以下と定められている。また、1層の打込み高さは、建築工事では50cm～70cm以下とすることが一般的であるが、土木工事では40cm～50cm以下とすることが一般的である。複数種類の試験を受検している方は、このような基準の違いに注意する必要がある。

以上により、③の語句は「**急いで**」ではなく「**徐々に**」である。

※適当な語句を「ゆっくり」等と解答しても正解になると思われる。

建築施工

4. 木造建築物における軸組の役割

解答	○	ねじれ

1 木造在来軸組構法の建築物では、筋交い等を入れた軸組(建築物の主要な骨組みとなる部分)を、地震力などの水平荷重に対して、建築物に**ねじれ**を生じさせないように、張り間方向および桁行方向のそれぞれに、釣り合いよく(四方のバランスを保てるように)配置しなければならない。

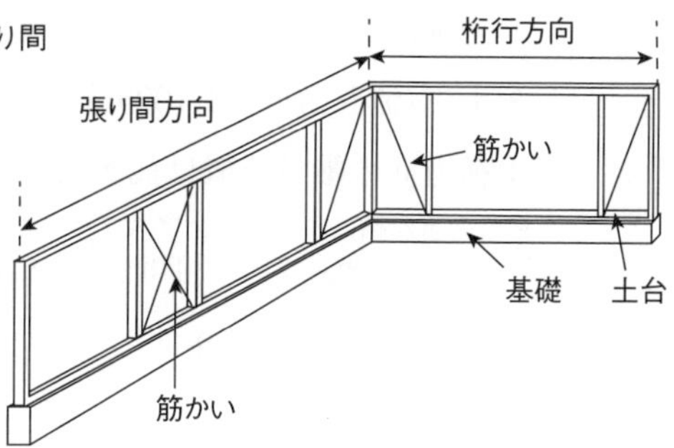

以上により、④の語句は「**ねじれ**」なので、解答は「**○**」である。

5. シーリング工事の目地構造

解答	×	3面

1 シーリング工事における目地は、その伸縮量により、ノンワーキングジョイントとワーキングジョイントに分類されている。

①ノンワーキングジョイントは、動きの小さい目地（伸縮をほとんど受けない目地）である。鉄筋コンクリート外壁の打継ぎ目地・ひび割れ誘発目地・建具回り目地などは、ノンワーキングジョイントであることが多い。

②ワーキングジョイントは、動きの大きい目地（大きな伸縮を受ける目地）である。ALCパネル（高温かつ高圧の環境下で蒸気養生された軽量気泡コンクリート製のパネル）やECPパネル（押出成形セメント板）の目地は、ワーキングジョイントであることが多い。

2 動きの小さいノンワーキングジョイントの目地構造は、目地の伸縮を考える必要がないため、その左面・右面・下面の**3面**を接着してシールすることを標準とする。

3 動きの大きいワーキングジョイントの目地構造は、目地の伸縮に対応できるよう、その左面・右面の2面だけを接着してシールすることを標準とする。その下面は、可動できるように（接着しないように）ボンドブレーカーを施工する。

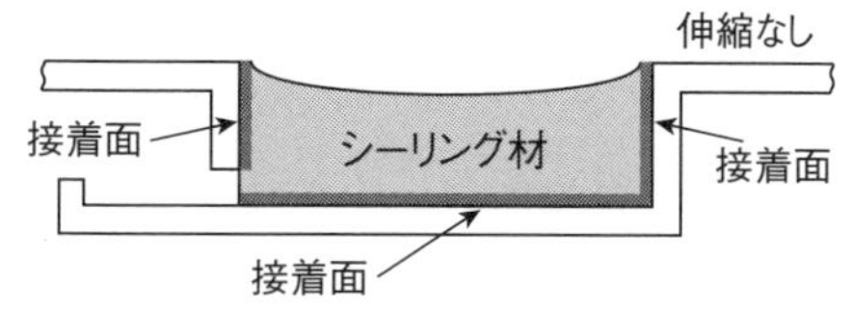

ノンワーキングジョイントの目地構造
（3面接着）

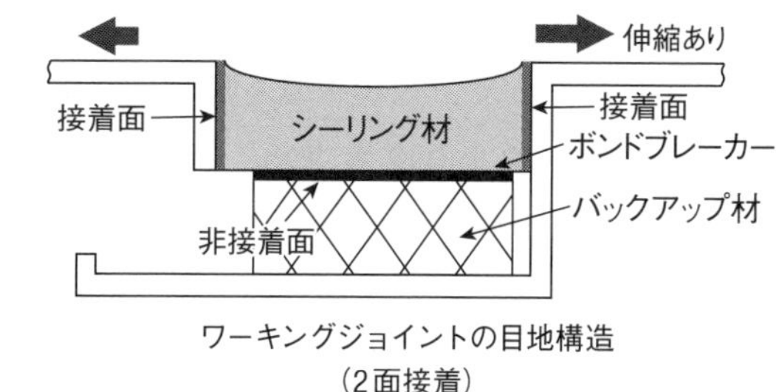

ワーキングジョイントの目地構造
（2面接着）

以上により、⑤の数値は「**2面**」ではなく「**3面**」である。

6. アスファルトルーフィングの重ね幅

解答	○	100

1 金属板葺き屋根工事における下葺きに使用するアスファルトルーフィングの施工方法については、「公共建築工事標準仕様書」において、次のように定められている。

建築施工

①野地面上に、軒先と平行に敷き込み、軒先から上へ向かって張る。

②上下(流れ方向)は100mm以上、左右(長手方向)は200mm以上重ね合わせる。

③横方向の継目位置は揃えない。

※この重ね幅については、アスファルト防水におけるアスファルトルーフィングの重ね幅(平場部では縦横共に100mm以上・立上り部では150mm以上)と混同しないように注意が必要である。

[2]この設問では、「隣接するルーフィングの重ね幅は、シート短辺部(流れ方向)は200mm以上、長辺部(長手方向)は100mm以上」となっており、一見するとカッコ内の表記が上記[1]の②と矛盾するように思えるかもしれないが、それは下図のように捉え方が異なるだけなので、問題はない。

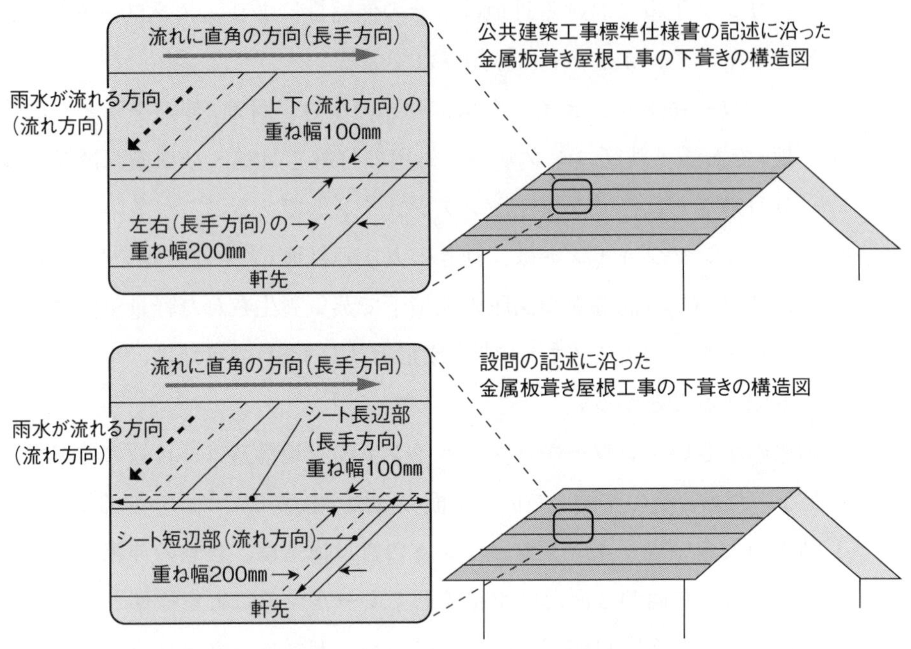

下葺きに使用するアスファルトルーフィングの重ね幅

[3]したがって、金属板葺き屋根工事の下葺きに使用するアスファルトルーフィングは、軒先より葺き進め、隣接するルーフィングの重ね幅は、シートの短辺部は200mm以上、シートの長辺部は**100mm以上**とする。

以上により、⑥の数値は「100mm」なので、解答は「○」である。

7. スプレーガンのノズルの角度

解答	×	上向き

[1] 仕上塗材の吹付け塗りを、スプレーガンを用いて行うときは、塗膜を均一にする(模様むらが生じないようにする)ため、次のような点に留意する必要がある。

①スプレーガンのノズルは、下地面に対して、直角またはやや**上向き**に保つ。ただし、エアスプレーガンによる吹付けでは、対象面に対して直角に向けなければならない。(対象面に対してやや上に向けてはならない)

②スプレーガンは、下地面に対して平行に(左右に)動かしながら、塗料を噴霧する。

③スプレーガンの運行は、塗料を均一に噴霧するため、一方向に一定の速さで行う。

④下地面との間に一定距離(15cm～30cm程度)を保ちながら、左右交互に吹き付ける。

⑤噴霧された塗料は、スプレーガンの中央部ほど密になりがちであるため、一列ごとに吹付け幅が3分の1程度重なるように吹き付ける。

2 仕上塗材の吹付け塗りにおいて、スプレーガンのノズルを下地面に対して下向きにしてしまうと、塗材にかかる重力の影響が大きくなり、下地面に対して不均一な付き方をする。

仕上塗材の吹付け塗りにおいて、スプレーガンのノズルを下地面に対してやや上向きにしておけば、塗材にかかる重力の影響を相殺し、下地面に対して均一な付き方をする。

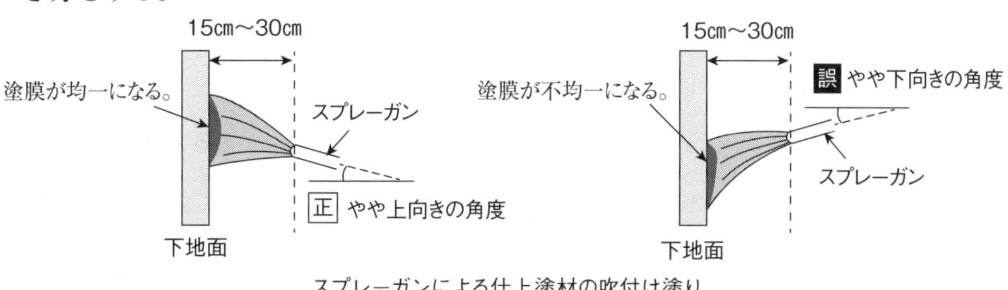

スプレーガンによる仕上塗材の吹付け塗り

以上により、⑦の語句は「**下向き**」ではなく「**上向き**」である。

8. 壁紙張りの欠陥の防止

解答	×	しみ

1 壁紙張りにおいて、壁紙の表面に付着した接着剤や手垢などは、壁紙を張り終わった部位ごとに、直ちに拭き取らなければならない。この接着剤や手垢などを放置しておくと、壁紙の「**染み**(変色)」の原因となる。しかし、この接着剤や手垢により、壁紙に「剥がれ」が生じるおそれはない。

2 特に、建具回り・枠回り・鴨居や敷居(引き戸の上下)の付近・ジョイント部(壁紙の継目)などでは、接着剤や手垢が残存することによる壁紙の染みが発生しやすいので、注意が必要である。

以上により、⑧の語句は「**はがれ**」ではなく「**しみ**」である。

※設問の語句が「剥がれ」(漢字)ではなく「はがれ」(ひらがな)となっているので、適当な語句は「染み」(漢字)ではなく「しみ」(ひらがな)と解答することが望ましい。

参考 **壁紙張りの施工における留意点には、上記の他に、次のような事項が挙げられる。**

①下地に直接張り付けるときは、下地の凹凸や目違いのないように、下地の施工精度を高める。

②石膏ボード系接着剤による直張り工法では、乾燥が遅いので、養生時間を十分に確保する。

③下地にシーラーを塗ることが定められている場合は、刷毛・ローラ等で全面にむらなく塗布する。

④ビニル壁紙などの硬い壁紙は、剥離が生じやすいので、接着力が強い接着剤を用いて張る。

⑤模様のある壁紙は、継目部分において模様のずれがないように施工する。

⑥壁紙のジョイント部(継目部)は、できる限り突付け張りとする。

受検種別：建築　　令和元年度 問題 5-A 建築施工の解答例

【問題 5-A】 次の**問1**から**問8**の各記述において、下線部の語句又は数値が**適当なものには○印を、不適当なものには適当な語句又は数値**を記入しなさい。

問1 一般に1階床の基準墨は、上階の基準墨の基になるので特に正確を期す必要がある。2階より上では、通常建築物の四隅の床に小さな穴を開けておき、**自動レベル**①により1階から上階に基準墨を上げていく。この作業を墨の引通しという。

問2 鉄筋の継手は、硬化したコンクリートとの付着により鉄筋の応力を伝達する**機械式**②継手と、鉄筋の応力を直接伝達するガス圧接継手や溶接継手などに大別される。

問3 鉄骨のアンカーボルトに二重ナットを使用する場合、一般にボルト上部の出の高さは、ナット締め後のネジ山がナット面から**2**③山以上とする。

問4 建設リサイクル法の対象となる木造住宅の解体工事においては、**分別**④解体の計画書を作成し、原則として屋根葺き材の撤去は手作業で行う。

問5 アスファルト防水において、立上りのルーフィング類を平場と別に張り付ける場合、平場と立上りのルーフィング類は、重ね幅を**100**⑤㎜以上とって張り重ねる。

問6 外壁の陶磁器質タイルを密着張りとする場合、張付けモルタルを塗り付けた後、タイルを**下部**⑥から一段おきに水糸に合わせて張り付け、その後、その間を埋めていくように張り付ける。

問7 型板ガラスは、片側表面にいろいろな型模様をつけたガラスで、外部建具に用いる場合、型模様面を、一般に**室外**⑦側にして取り付ける。

問8 内装工事で使用される**シージング**⑧せっこうボードは、両面のボード用原紙と心材のせっこうに防水処理を施したもので、屋内の台所や洗面所などの壁や天井の下地材として使用される。

正 解

分野		問	適否	下線部の語句又は数値	適当な語句又は数値
躯体工事	仮設工事	問1	×	自動レベル	**下げ振り**
	鉄筋工事	問2	×	機械式	**重ね**
	鉄骨工事	問3	×	2	**3**
	解体工事	問4	○	分別	分別
仕上げ工事	防水工事	問5	×	100	**150**
	タイル工事	問6	×	下部	**上部**
	建具工事	問7	×	室外	**室内**
	内装工事	問8	○	シージング	シージング

考え方 解き方

問1 1階から上階に基準墨を上げる方法

解答 × 下げ振り

1 建築工事では、建築物の位置を明らかにするために、次のような墨出しが行われる。

① **親墨**(おやずみ)：建築物の高さの基準となるベンチマークから、直接墨打ちする墨である。親墨は、建築物の通り心（壁・柱などの中心線）を示し、他の墨の基準となる。

② **地墨**(じずみ)：建築物の平面位置（X 座標・Y 座標）の基準を示すために、床面に付ける基準墨である。

③ **陸墨**(ろくずみ)：建築物の高さ（Z 座標）の基準を示すために、壁面につける基準墨である。

2 建築工事では、上記の親墨が基準墨となるが、地墨や陸墨も含めて基準墨とする場合もある。1階床の基準墨は、上階の基準墨の基になるので、基準点となるベンチマークから、トータルステーションなどを用いて、特に正確を期して打つ必要がある。

3 1階の基準墨を上階に上げてゆくとき（墨の引通し）の作業手順は、次の通りである。

①建築物の四隅の床（スラブ）に小さな穴を開けておく。

②上階にセオドライト（トランシット）を設置する。

③下げ振りを降ろし、1階の基準墨に合わせる。

④その位置に、基準墨を打つ。

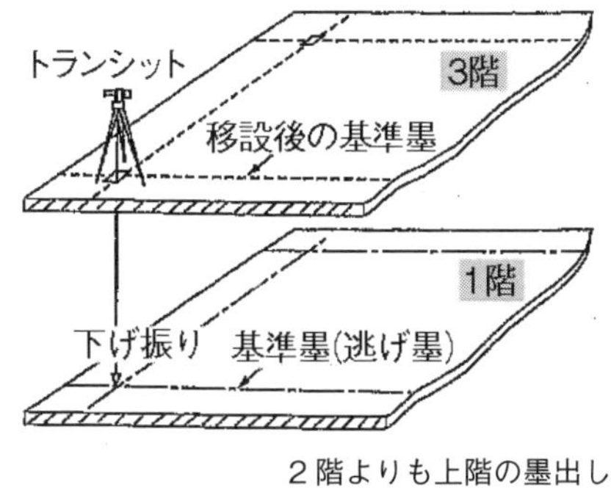

2階よりも上階の墨出し

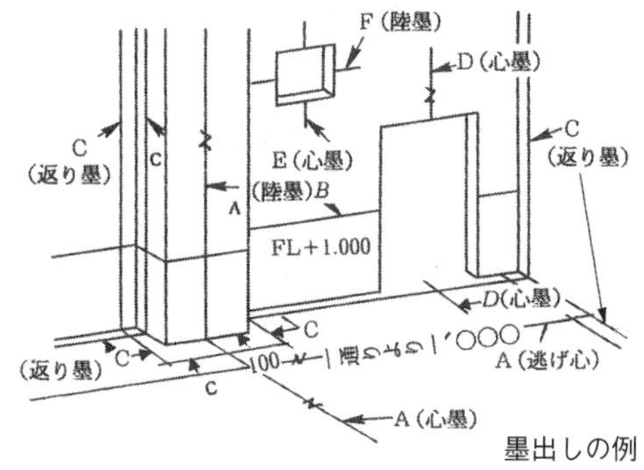

墨出しの例

④ 1階の基準墨を上階に上げてゆくとき(墨の引通し)の留意点には、次のようなものがある。

①建物四隅の基準墨の交点を上階に移す際には、間違いや誤差を避けるために、4点すべてを**下げ振り**で移さなければならない。自動レベルは精度が低いので、基準墨を上げる作業に使用してはならない。

②2階よりも上階における高さの基準墨は、1階床面の高さを基準とし、鉄骨や主筋に沿わせた鋼巻尺で測定して設置する。一例として、3階の高さの基準墨は、2階の高さの基準墨を引き通して上げてはならず、必ず1階の基準墨から測定して設置する。

以上により、**問1** の語句は「**自動レベル**」ではなく「**下げ振り**」である。

問2 鉄筋の継手の分類

解答	×	重ね

① 鉄筋の継手は、硬化したコンクリートとの付着により鉄筋の応力を伝達する継手と、鉄筋の応力を直接伝達する継手に分類される。機械式継手・ガス圧接継手・溶接継手は、いずれも鉄筋の応力を直接伝達する継手である。**重ね継手**は、硬化したコンクリートとの付着により鉄筋の応力を伝達する継手である。重ね継手は、直径が35㎜未満の鉄筋の継手として用いられる。

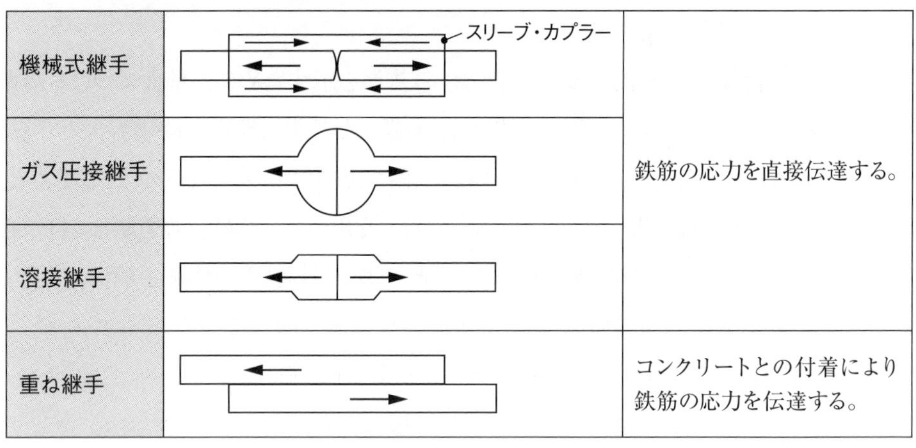

継手	図	応力の伝達
機械式継手	スリーブ・カプラー	鉄筋の応力を直接伝達する。
ガス圧接継手		
溶接継手		
重ね継手		コンクリートとの付着により鉄筋の応力を伝達する。

② 鉄筋の継手を施工するときは、次のような点に留意する。

①継手は、せん断力の小さい位置のうち、梁の中央付近に設ける。梁の端部には設けない。

②直径が異なる鉄筋の重ね長さは、細い鉄筋の重ね継手の長さに応じて決定する。

③直径が35㎜以上の鉄筋の継手は、重ね継手としてはならない。

以上により、**問2** の語句は「**機械式継手**」ではなく「**重ね継手**」である。

問3 鉄骨のアンカーボルトのネジ山　解答 × 3

1 鉄骨のアンカーボルトに二重ナットを使用する場合は、ボルト上部において、ナット締め後のネジ山がナット面から**3山**以上出るようにする。ネジ山が2山しか出ていないと、強度不足により二重ナットが変形しやすくなる。

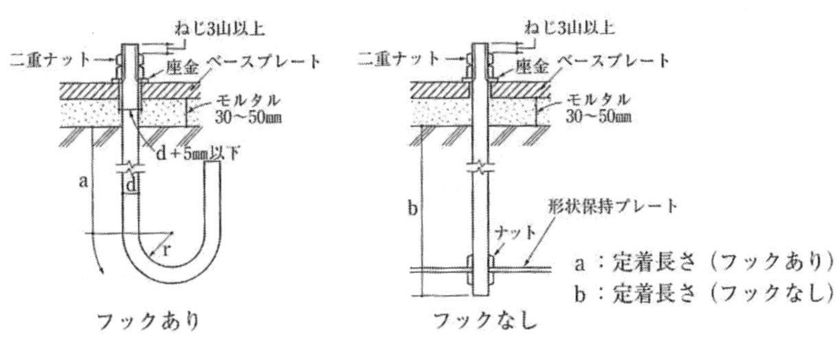

アンカーボルト形状の例

2 構造耐力を負担するアンカーボルトには、露出形式・根巻き形式・埋込み形式に分類されるが、いずれの方式においても、ネジ山の規定を守る必要がある。

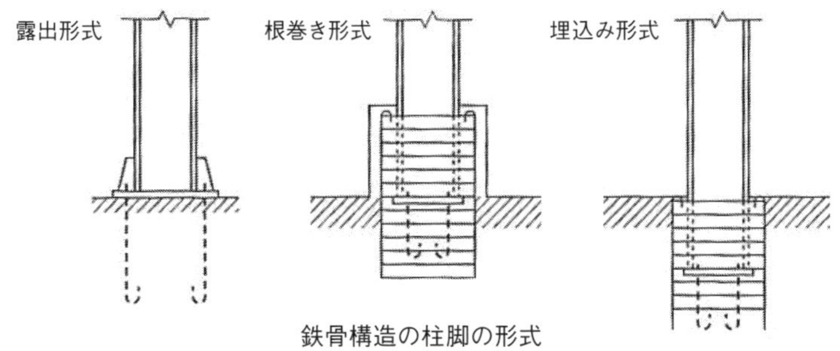

鉄骨構造の柱脚の形式

以上により、問3 の数値は「2山」ではなく「3山」である。

問4 木造住宅の解体工事　解答 ○ 分別

1 建築物の解体工事のうち、当該建築物（当該解体工事に係る部分）の床面積の合計が80m²以上であるものは、分別解体等をしなければならない対象建設工事となる。このことは、建設工事に係る資材の再資源化等に関する法律（建設リサイクル法）で定められている。

2 対象建設工事の発注者又は自主施工者は、建築物の解体工事に着手する日の7日前までに、次に掲げる事項を都道府県知事に届け出なければならない。

①解体する建築物等の構造

②工事着手の時期及び工程の概要

③**分別解体**等の計画

④解体する建築物等に用いられた建設資材の量の見込み

3 建築物の解体工事は、原則として、次の順序で行わなければならない。

①建築設備・内装材等の取外し（手作業で行う）

②屋根葺き材の取外し（手作業で行う）

③外装材・上部構造部分の取壊し（手作業および機械作業で行う）

④基礎・基礎杭の取壊し（手作業および機械作業で行う）

木造住宅の解体工事

以上により、**問４** の語句は「**分別**解体の計画書」である。

問５ ルーフィング類の重ね幅

解答	×	150

1 アスファルト防水におけるルーフィング類の重ね幅については、次のように定められている。

①平場のルーフィング類の相互の重ね幅は、縦横共に100㎜以上とする。

②平場のルーフィング類と立上りのルーフィング類との重ね幅は、150㎜以上とする。

2 したがって、立上りのルーフィング類を平場とは別に張り付ける場合、平場と立上りのルーフィング類は、重ね幅を**150㎜以上**とって張り重ねなければならない。

（屋上などの端にある垂直に高くなっている部分）

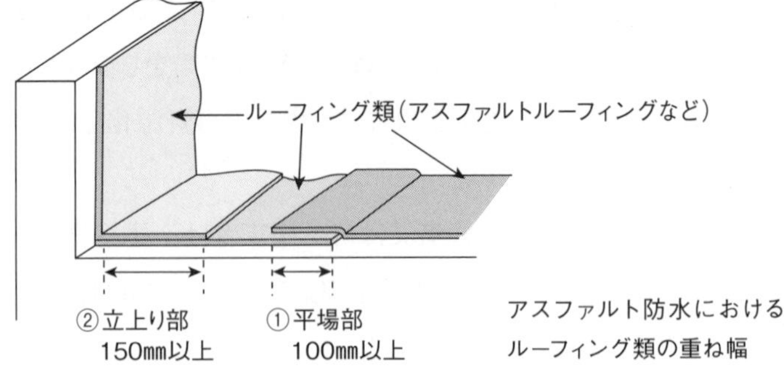

アスファルト防水における
ルーフィング類の重ね幅

以上により、**問５** の数値は「**100**㎜以上」ではなく「**150**㎜以上」である。

問 6　密着張りとするタイルの施工手順　　解答　×　上部

1 タイル密着張りの施工手順は、次の通りである。

①日地割に基づいて水糸を引き通し、角部や開口部の周囲に、基準タイルを張り付ける。

②平場部の**上部**から一段おきに、水糸に合わせてタイルを張り付けてゆく。

③一段おきに張り付けたタイルの間に、上部からタイルを張り付けてゆく。

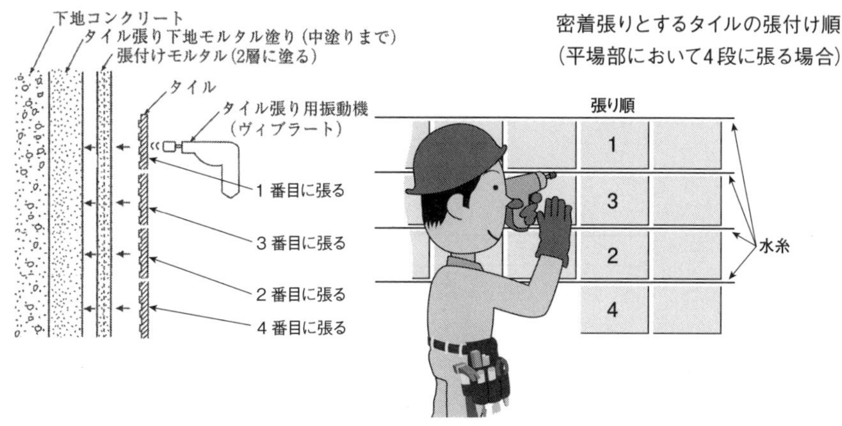

2 タイル密着張りの施工における留意点には、次のようなものがある。

①張付けモルタルの1回の塗付け面積は、2m² 以下かつ20分以内に張り終えられる面積とする。張付けモルタルは2層塗り（塗厚5mm～8mm）とし、その1層目はコテ圧をかけて塗り付ける。

②タイルを張り付けるときは、タイル張り用振動機（ヴィブラート）を用いて振動を与える。振動を与える時間は、張付けモルタルがタイル裏面を回り込み、タイル周辺にはみ出すまでとする。

③目地部からのモルタルの盛り上がり（目地深さ）は、タイル厚さの2分の1以下とする。

④目地詰め（タイルの隙間部分のモルタルを平滑にする作業）は、タイル張付け後、24時間以上が経過してから行う。

以上により、**問 6** の語句は「**下部**」ではなく「**上部**」である。

問7 型板ガラスの取付け方向

解答	×	室内

1 型板ガラスは、ロールアウト方式により、ロールに彫刻された型模様を熱間転写して製造されたガラスである。板ガラスの片面だけに型模様が付くので、光は通過させるが、視線は通らないという特長がある。浴室や便所などのように、プライバシーを考慮する必要がある部屋の窓ガラスは、型板ガラスとする場合が多い。

2 型板ガラスを外部建具に用いる場合は、型模様面を**室内側**にして取り付けることが一般的である。汚れの付きやすい型模様面は、室内側にした方がメンテナンスしやすい。また、平滑面に水滴などが付くと、型模様面側からの視線が通りやすくなることがある。

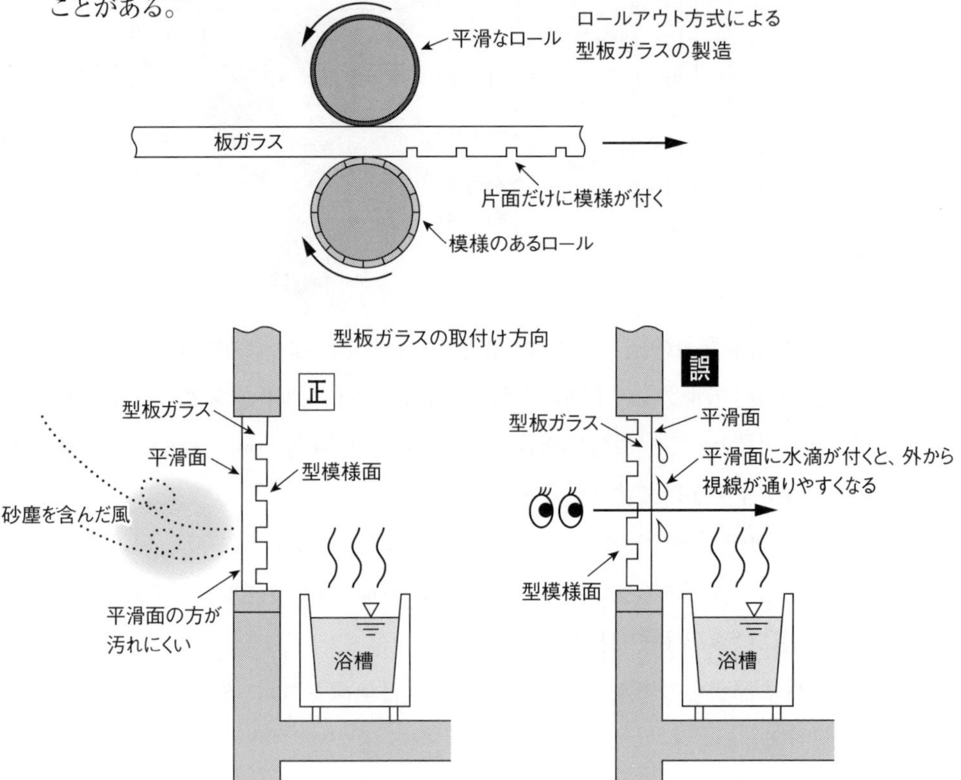

以上により、問7 の語句は「**室外側**」ではなく「**室内側**」である。

建築施工

問8 石膏ボードの種類

解答 ○ シージング

1 内装工事で使用される**シージング石膏ボード**は、両面のボード用原紙および芯（心材）となる石膏に、防水処理を施した石膏ボードである。通常の石膏ボードに比べて、吸水しても強度が低下しにくいという特長がある。台所や洗面所などのように、湿気のある屋内の下地材は、シージング石膏ボードとする場合が多い。

2 内装工事で使用される各種の石膏ボードの概要と用途は、下記の通りである。

<table>
<tr><th colspan="2">種類</th><th>概要</th><th>用途</th></tr>
<tr><td colspan="2">石膏ボード
（普通ボード）</td><td>石膏を心材として、その両面をボード用原紙で被覆し、板状に成形したものである。</td><td>内壁、天井下地、防火構造、耐火構造、準耐火構造、遮音構造</td></tr>
<tr><td colspan="2">シージング
石膏ボード</td><td>両面の紙と心材の石膏に防水処理を施したもので、普通ボードに比べて、吸水時の強度低下が生じにくい。</td><td>多少湿気のある屋内の壁、天井下地</td></tr>
<tr><td colspan="2">強化石膏ボード</td><td>心材の石膏に無機質繊維などを混入させたもので、防火性が高い。</td><td>防火構造、耐火構造、準耐火構造、遮音構造</td></tr>
<tr><td rowspan="2">化粧石膏
ボード</td><td>普通品</td><td>表面の厚紙にプリントが施された石膏ボードである。</td><td rowspan="2">内装、間仕切、天井仕上げ
（仕上げ処理は不要）</td></tr>
<tr><td>特殊品</td><td>化粧加工した紙やプラスチックシートを、普通ボードに張り合わせたものである。</td></tr>
<tr><td colspan="2">石膏ラスボード</td><td>凹みを付けた型押しボードである。</td><td>石膏プラスター塗り壁下地</td></tr>
</table>

以上により、問8 の語句は「**シージング石膏ボード**」である。

【問題5-A】次の**問1**から**問8**の各記述において、下線部の語句又は数値が**適当なものには○印を、不適当なものには適当な語句又は数値**を記入しなさい。

問1 建築物の位置を定めるために、建築物の外形と内部の主要な間仕切の中心線上に、縄やビニルひもを張って建築物の位置を地面に表すことを**遣方**（やりかた）という。このとき、建築物の隅には地杭を打ち、地縄を張りめぐらす。

問2 透水性の悪い山砂を埋戻し土に用いる場合の締固めは、建物躯体等のコンクリート強度が発現していることを確認のうえ、厚さ**600**mm程度ごとにローラーやタンパーなどで締め固める。
入隅などの狭い個所の締固めには、振動コンパクターやタンパーなどを使用する。

問3 柱や壁の型枠を組み立てる場合、足元を正しい位置に固定するために、**根固め**を行う。敷桟で行う場合にはコンクリート漏れ防止に、パッキングを使用する方法やプラスチックアングルを使用する方法などがある。

問4 高力ボルトの締付けは、ナットの下に座金を敷き、ナットを回転させることにより行う。ナットは、ボルトに取付け後に等級の**表示記号**が外側から見える向きに取り付ける。

問5 JISによる建築用鋼製下地材を用いた軽量鉄骨天井下地工事において、天井のふところが1.5 m以上3 m以下の場合は、吊りボルトの水平補強、斜め補強を行う。水平補強の補強材の間隔は、縦横方向に**2.7** m程度の間隔で配置する。

問6 壁下地に用いるセメントモルタルを現場調合とする場合、セメントモルタルの練混ぜは、機械練りを原則とし、上塗りモルタルの調合は、下塗りモルタルに比べ**富調合**としてセメントと細骨材を十分に空練りし、水を加えてよく練り合わせる。

問7 塗装工事において、所定の塗膜厚さを得られているか否かを確認する方法として、塗料の**搬入量**から塗装した面積当たりの塗料の塗付け量を推定する方法や、専用測定器により膜厚を測定する方法がある。

問8 断熱工事における吹付け硬質ウレタンフォームの吹付け工法は、その主な特徴として、窓回りなど複雑な形状の場所への吹付けが容易なこと、継ぎ目のない連続した断熱層が得られること、平滑な表面を**得にくい**こと、施工技術が要求されることなどがあげられる。

正　解

分野	問	適否	下線部の語句又は数値	適当な語句又は数値
躯体工事	問1	×	遣方	**縄張り**
	問2	×	600	**300**
	問3	×	根固め	**根巻き**
	問4	○	表示記号	表示記号
仕上げ工事	問5	×	2.7	**1.8**
	問6	×	富調合	**貧調合**
	問7	×	搬入量	**使用量**
	問8	○	得にくい	得にくい

考え方 解き方

問1 仮設工事に関する用語

解答	×	縄張り

建築物の位置を定めるために、建築物の外形と内部の主要な間仕切りの中心線上に、縄やビニル紐を張って建築物の位置を地面に表すことを、**縄張り**という。遣方は、建築物の高低・位置・方向・通り心の基準を明示するための仮設物である。縄張りの作業を行うときは、建築物の隅に地杭を打ち、この地杭の間に地縄を張りめぐらす。

仮設工事に関する用語をまとめると、次のようになる。

①**縄張り**：敷地内において建物の位置を定めるため、設計図に基づいて地杭間に縄を張る作業である。工事前には、建物位置を表示するために、発注者・設計者などの立会の下で、ベンチマークを基準として、鋼巻尺・セオドライトを用いて縄張りを行い、監理者の承認を受ける必要がある。

②**遣方**：建築物の高低・位置・方向・通り心の基準を明示する仮設物である。工事が進み、躯体に墨が確実に移されるまでの間は、遣方に衝撃を与えないように注意する。

③**墨出し**：工事に必要な寸法の基準となる位置や高さ(一例としては躯体開口部の高さ)などを、所定の位置に表示する作業である。墨出しは、測定誤差の累積が最小になるような方法で行う。その基準墨は、ベンチマークから引き出して監理者の承認を受ける必要がある。

④**心出し**：各部位の中心線を出して心墨を表示する作業である。

⑤**ベンチマーク**：建物の高さ・位置の基準であり、既存の工作物または新設の杭などに基準を記したものをいう。ベンチマークは、敷地付近の移動のおそれがない箇所に設置して監理者の承認を受ける必要がある。ベンチマークは、複数設けて相互チェックを行うと共に、工事中にも設置に利用した基準点からのチェックを行うため、十分な養生が必要である。

以上により、問1の語句は、「遣方」ではなく「**縄張り**」である。

問2 埋戻し土の一層の仕上り厚さ

解答	×	300

埋戻し土や盛土は、施工後の沈下量が少なくなるよう、十分に締め固めてその密度を増加させる必要がある。締固め方法は、土質によって異なるが、「透水性の悪い山砂」は、下記②の砂質土に分類される。いずれにせよ、埋戻し土の一層の仕上り厚さは300㎜以下とすることが望ましい。仕上り厚さがこれよりも厚いと、十分な締固めができなくなるおそれがある。

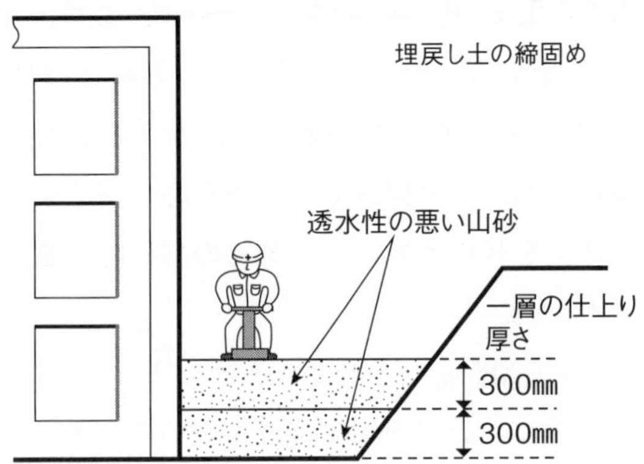

①砂や礫質土などの透水性に優れた良質土は、水締めによって締め固める。特に十分な締固めが必要な箇所では、厚さ300㎜程度ごとに水締めを行う。

②透水性の悪い山砂などの砂質土は、建築躯体等のコンクリート強度が発現していることを確認した後、厚さ**300㎜**程度ごとに、水締めと小型締固め機械を併用して締め固める。小型締固め機械としては、主としてローラー・タンパーなどが使用されるが、入隅などの狭い場所の締固めでは振動コンパクター・振動ローラーなどが使用されることもある。

③シルト・粘土・細粒土などの粘性土は、埋戻し土としてはあまり適していない。粘性土は特に透水性が悪いため、水締めを行うことができず、振動や衝撃を与えるような締固め機械を用いることもできないからである。やむを得ず粘性土を埋戻し土として使用するときは、タイヤローラーやブルドーザーなどの静的締固め機械を使用し、厚さ300㎜以内ごとに締め固める必要がある。

以上により、問2の数値は、「**600㎜**」ではなく「**300㎜**」である。

問3 型枠脚部の固定　　解答 × 根巻き

柱・壁の型枠を組み立てる場合は、足元を正しい位置に固定するために、**根巻き**を行う。根固めとは、杭の施工において、掘削底部を支持地盤と一体化させるため、杭の下端に杭径よりも大きな球根を作ることをいう。

型枠脚部の形式は、露出形式・根巻き形式・埋込み形式に分類されるが、根巻き形式の柱脚は、回転拘束力(柱を固定する力)が大きいので、重要な型枠では根巻き形式が採用される。

根巻きとは、柱・壁の型枠の組立てに際し、基準となる下端の位置を定めるためのガイドとなる墨の位置に、部材を取り付ける作業をいう。型枠を組み立てるときは、根巻きに沿って型枠を密着させ、型枠からモルタルやセメントミルクが漏れないように注意する必要がある。

根巻きを敷桟で行う場合には、コンクリートの漏れを防止するため、パッキンやプラスチックアングルを使用する。

根巻きの例

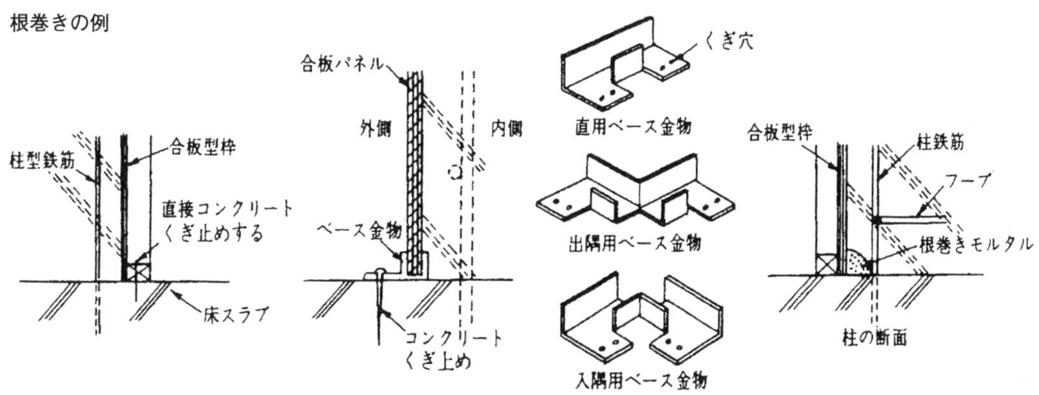

コンクリート床に、直接くぎ止めする場合　　ベース金物を使用した脚部の固定(くぎ止め)　　根巻きモルタルによる脚部の固定

以上により、問3の語句は、「**根固め**」ではなく「**根巻き**」である。

問4 高力ボルトのナット　　解答 ○ 表示記号

高力ボルトの締付けは、ナットの下に座金を敷き、ナットを回転させることにより行う。このナットは、ボルトに取付け後に、等級の**表示記号**が外側から見える向きに取り付けなければならない。JIS B 1186:2013「摩擦接合用高力六角ボルト・六角ナット・平座金のセット」では、「ナット上面に、ナットの機械的性質による等級を示す表示記号を、所定の表示記号を用いて浮き出し又は刻印で表示しなければならない」と定められている。

以上により、問4の語句は、「**表示記号**」である。

問5 軽量鉄骨天井下地の吊りボルトの補強間隔

解答	×	1.8

JIS A 6517:2010「建築用鋼製下地材」の材料を用いた軽量鉄骨天井下地工事では、天井のふところが1.5 m以上3 m以下である場合、吊りボルトの水平補強・斜め補強を行わなければならない。水平補強に用いる補強材は、縦横方向に**1.8** m程度の間隔で配置する必要がある。

公共建築工事標準仕様書(建築工事編)では、軽量鉄骨天井下地の工法について、次のように定められている。

①下がり壁・間仕切壁等を境として、天井に段違いがある場合は、間隔2.7 m程度に斜め補強を行う。

②天井のふところが1.5 m以上の場合は、吊りボルトの水平補強・斜め補強を行うこととし、補強方法は特記によるが、特記がなければ、下記③による。なお、天井のふところが3 mを超える場合の補強は、特記による。

③水平補強は、縦横方向に間隔1.8 m程度に配置する。なお、水平補強は、吊りボルトに適切な方法で接合する。斜め補強は、相対する斜め材を一組とし、縦横方向に間隔が3.6 m程度に配置する。なお、斜め補強は、吊りボルトに適切な方法で接合する。

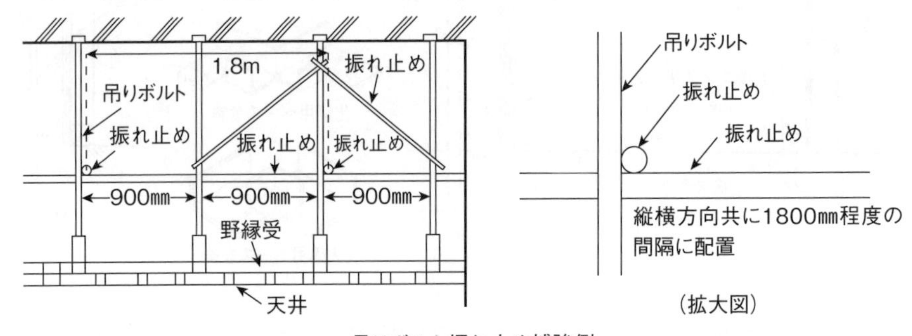

吊りボルト振れ止め補強例

以上により、問5 の数値は、「**2.7** m」ではなく「**1.8** m」である。

問6 壁下地に用いるセメントモルタルの現場調合

解答	×	貧調合

壁下地に用いるセメントモルタルを現場調合とする場合、セメントモルタルの練混ぜは、機械練りを原則とする。

各層のモルタルの調合は、耐剥離性能を向上させるため、下に塗るものほど富調合(セメントの割合が多い調合)とし、上に塗るものほど貧調合(セメントの割合が少ない調合)とすることが望ましい。したがって、上塗りモルタルの調合は、下塗りモルタルに比べ**貧調合**とする。また、貧調合のモルタルは、骨材の粒度が粗いので、セメントと細骨材を十分に空練りし、水を加えてよく練り合わせる必要がある。

以上により、問6 の語句は、「**富調合**」ではなく「**貧調合**」である。

問7 塗装工事における塗膜厚さの確認方法 解答 × 使用量

塗装工事において、所定の塗膜厚さを得られているか否かを確認するときは、塗装膜厚計などの専用測定器により膜厚を測定することが一般的である。

しかし、錆止め塗料などを使用する薄層(膜厚がμm単位)の塗装工事では、専用測定器による膜厚の測定が困難であるため、塗料の**使用量**から、塗装した面積あたりの塗料の塗付け量を推定する必要がある。搬入した塗料がすべて使用されているとは限らないので、塗料の搬入量から、塗装した面積あたりの塗料の塗付け量を推定してはならない。

所定の塗膜厚さが得られているか否かの測定(膜厚の合否判定)では、1ロットにつき3箇所の膜厚を測定し、すべての箇所の膜厚が指定値の85%以上、かつ、3箇所の膜厚の平均値が指定値以上であれば、そのロットを合格とする。

以上により、**問7**の語句は、「**搬入量**」ではなく「**使用量**」である。

問8 硬質ウレタンフォームの吹付け工法 解答 ○ 得にくい

断熱工事における硬質ウレタンフォームの吹付け工法の長所と短所は、次の通りである。

①自己接着性が高いので、接着剤を用いず各種材料に密着させられる。(長所)

②曲面施工が可能なので、窓回りなどの複雑な形状の場所への吹付けが容易である。(長所)

③継ぎ目のない連続した断熱層が得られる。(長所)

④施工後に平滑な表面を**得にくい**。(短所)

⑤高度な施工技術が要求される。(短所)

断熱工事における硬質ウレタンフォームの吹付け工法の施工においては、次のような点に留意する必要がある。

①施工時には、吹付け面の温度を5℃以上とする。

②剥離を防止するため、吹付け面を十分に乾燥させておく。

③1回の吹付け厚さは、30㎜以下とする。

④1日の総吹付け厚さが、80㎜を超えないようにする。

⑤吹付け厚さは、ワイヤーゲージで測定する。

⑥吹付け厚さの許容誤差は、－0㎜～＋10㎜である。

⑦表面に凹凸が生じているときは、厚すぎる箇所をカッターナイフで切断する。

⑧施工時には火気厳禁とし、換気量が少ない場所では強制換気を行う。

以上により、**問8**の語句は、「**得にくい**」である。

受検種別：建築　　平成29年度 問題5-A 建築施工の解答例

※平成29年度の実地試験（第二次検定の旧称）では、「建築施工」は 問題4 として出題されていましたが、本書では最新の出題形式にあわせるため、タイトル部分では 問題5-A と表記しています。

【問題 4】　次の文章中、下線部の語句が適当なものには○印を、不適当なものには適当な語句を記入しなさい。

問1 山留め壁の支保工として用いる地盤アンカーは、一般的に**斜め下向き**に打設されるので、水平力のみでなく鉛直力が発生し、山留め壁には軸力が生じ、腹起しには水平方向応力と同時に鉛直方向応力が作用する。

問2 鉄筋（SD 345）のガス圧接継手において、同径の鉄筋を圧接する場合、圧接部のふくらみの直径は鉄筋径の**1.2倍**以上とし、かつ、その長さを鉄筋径の1.1倍以上とする。

問3 合板型枠の締付け金物を締めすぎると、内端太、外端太が内側に押され、せき板が**外側**に変形する。締めすぎへの対策として、内端太（縦端太）を締付けボルトにできるだけ近接させて締め付ける。

問4 鉄骨工事の溶接において、予熱を行う主たる目的は、溶接後の冷却速度を**速く**して、冷却過程で鋼の中の水素の外部放出を容易にし、熱影響部の硬さも減少させることで、低温割れを防止することである。

問5 屋根の金属製折板葺きにおける重ね形折板は、**2山**ごとにタイトフレームに固定ボルト締めとし、折板の流れ方向の重ね部を緊結するボルトの間隔は、600㎜程度とする。

問6 外壁の有機系接着剤によるタイル後張り工法においては、こて圧をかけて接着剤を平坦に塗り付ける。裏あしのあるタイルを、接着剤にくし目を立てて張る場合は、くし目ごてを使用して壁面に対して60°の角度を保ってくし目を立て、くし目の方向は、タイルの裏あしに対して**平行**となるようにする。

問7 せっこうボードのせっこう系直張り用接着材による直張り工法において、下地に塗り付ける接着材の間隔は、ボード周辺部では150～200㎜、ボード中間部は床上1.2 m以下では200～250㎜、1.2 mを超える部分では250～300㎜とする。接着材の盛上げ高さは、ボードの仕上がり高さの**2倍**程度とする。

問8 木造住宅における防湿層付きフェルト状断熱材は、防湿層を**室外**に向けて取り付け、防湿層にきず、破れなどがある場合は、防湿テープで補修する。

建築施工

正　解

分野	問	適否	下線部の語句	適当な語句
躯体工事	問1	○	斜め下向き	斜め下向き
	問2	×	1.2倍	**1.4倍**
	問3	×	外側	**内側**
	問4	×	速く	**遅く**
仕上げ工事	問5	×	2山	**各山**
	問6	×	平行	**直交又は斜め方向**
	問7	○	2倍	2倍
	問8	×	室外	**室内**

※問6は「直交」とだけ答えても正解になると思われる。

考え方　解き方

問1　地盤アンカー工法　　解答　○　斜め下向き

地盤アンカー工法は、切梁が架けられない（水平切梁工法が適用できない）片切面などの斜面において、切梁の代わりに施工した地盤アンカー（山留め壁の背面に設ける腹起し）で山留め壁を支える工法である。この地盤アンカーは、下図に示すように、**斜め下向き**に打設することが一般的である。その地盤アンカーには、腹起しを通じて軸方向力が作用する。

地盤アンカー工法の特徴・留意事項などは、次の通りである。

①地盤との定着体部・アンカー自由長部・山留め壁と結合するアンカー頭部から構成される。

②山留め壁には、腹起しを通じて鉛直力が作用するため、地盤アンカーは斜め下向きに配置する。

③どのような平面規模・形状に対しても適用できる。

④偏土圧となる傾斜地の山留め工事に適している。

⑤上空が開放されており、作業空間が広いため、作業精度が向上すると共に、作業の安全確保や工期の短縮が図れる。

⑥アンカーが山留め壁の背面に設置されるため、背面に敷地が必要となる。そのため、工事前に隣地所有者の承諾を取らなければならない。

⑦軟弱地盤に定着させることはできない。

⑧地下水の流れが速い場合（流速が3m/分程度になる場合）は適用できない。

⑨あらかじめプレストレスを導入しておく必要がある。

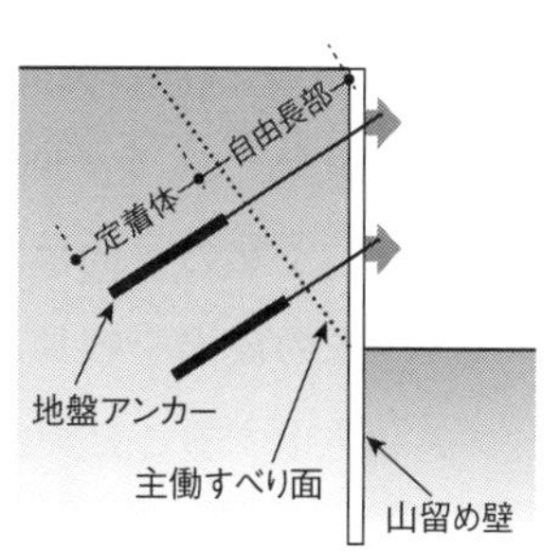

地盤アンカー工法

建築施工

⑩全数について、設計耐力の確認が必要である。

⑪被圧水の水圧が高い場合には、施工に注意が必要となる。

以上により、**問1**の語句は、「**斜め下向き**」なので、解答は「**〇**」である。

問2 ガス圧接抜取検査とガス圧接部の膨らみ

解答	×	1.4倍

鉄筋のガス圧接継手に求められる品質は、次の通りである。

①圧接部における膨らみの直径は、鉄筋径(d)の**1.4倍**以上(1.4d以上)とする。

②圧接部における膨らみの長さは、鉄筋径(d)の1.1倍以上(1.1d以上)とする。

③圧接部における鉄筋中心軸の偏心量は、鉄筋径(d)の1/5以下(0.2d以下)とする。

④圧接部における圧接面のずれは、鉄筋径(d)の1/4以下(0.25d以下)とする。

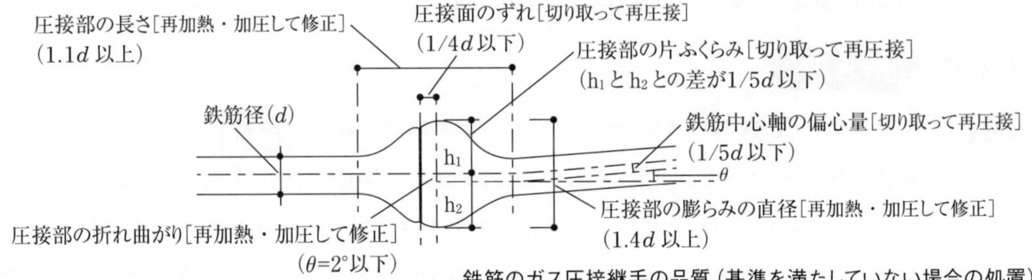

鉄筋のガス圧接継手の品質(基準を満たしていない場合の処置)

以上により、**問2**の語句は、「**1.2倍以上**」ではなく「**1.4倍以上**」である。

問3 合板型枠の締付け作業と型枠の変形

解答	×	内側

合板型枠の締付け金物を締め付けすぎると、内端太(うちばた)と外端太(そとばた)が内側に押し込まれ、合板型枠のせき板が**内側**に変形する。合板型枠のせき板が内側に変形すると、接合部の密着が不完全になるため、かぶりの確保や鉄筋の配置に乱れが生じたり、ノロ漏れ(セメントペーストの浸み出し)が生じたりする。合板型枠の締付け金物は、適正な締付け力で締め付けなければならない。

以上により、**問3**の語句は、「**外側**」ではなく「**内側**」である。

問4 寒冷期の鉄骨工事における予熱

解答	×	遅く

鉄骨工事の溶接において、作業場所の気温が－5℃～＋5℃のときは、溶接線から100㎜程度の範囲を、適切な方法で加熱(予熱)して溶接を行う。なお、作業場所の気温が－5℃を下回るときは、予熱の有無に関係なく、溶接を行ってはならない。

予熱の目的は、溶接後の冷却速度を**遅く**することで、鋼の中に含まれている水素の放出を容易にし、熱影響部の脆さを減少させることで、溶接部の低温割れを防止することである。鉄骨溶接後の急冷は、避けなければならない。

以上により、**問4**の語句は、「**速く**」ではなく「**遅く**」である。

問5 **金属製折板葺き屋根の施工**

解答	×	各山

金属製折板葺き屋根を施工するときは、次のような点に留意する。

①折板の流れ方向には、原則として、継手を設けてはならない。

②タイトフレームと下地との接合は、隅肉溶接とし、スラグを除去してから錆止めを行う。

③重ね形の折板は、すべての山を(**各山**ごとに)タイトフレームに固定ボルト締めする。

④重ね部の流れ方向における緊結ボルトの締付け間隔は、600㎜程度とする。

⑤緊結ボルトのボルト孔の径は、「ボルト径+0.5」㎜以下とする。

⑥折板のけらば納めは、原則として、けらば包みによる方法とする。

⑦けらば包みを下地に取り付ける間隔は、1.2 m以下とする。

⑧けらば包みの継手の重ね長さは、60㎜以上とする。

⑨けらば包みの継手には、シーリング材を挟み込む。

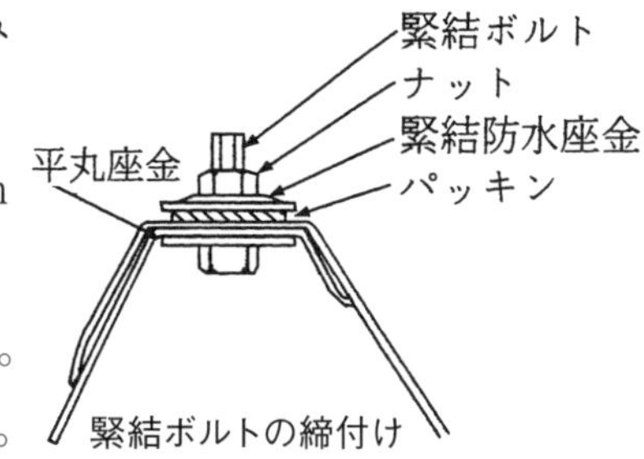

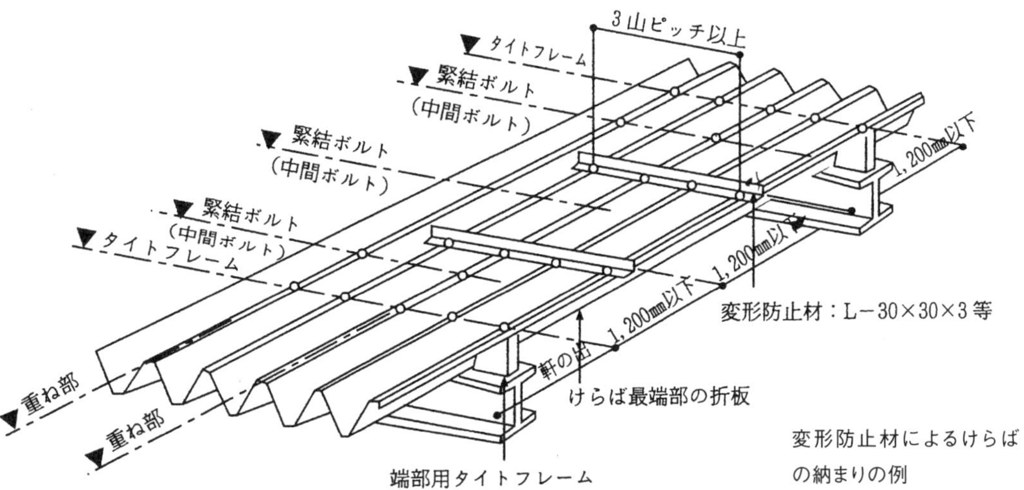

変形防止材によるけらばの納まりの例

以上により、**問5** の語句は、「2山ごと」ではなく「**各山ごと**」である。

問6 **有機系接着剤による外壁のタイル後張り工法**

解答	×	直交又は斜め方向

有機系接着剤による外壁のタイル後張り工法において、裏あしのあるタイル(接着性を向上させるため、裏面に凹凸が付けられたタイル)を、接着剤にくし目を立てて張る場合は、次のような点に留意する。

①接着剤の1回の塗布面積は、30分以内でタイルを張り終えられる面積とする。

②接着剤は、こて圧をかけて平坦に塗り付ける。

③くし目ごてを使用し、壁面に対して60°の角度を保ってくし目を立てる。

④くし目の方向は、タイルの裏あしに対して**直交又は斜め方向**となるようにする。

以上により、**問6** の語句は、「**平行**」ではなく「**直交又は斜め方向**」である。

問7 石膏系直張り用接着材による石膏ボードの直張り工法

解答	○	2倍

石膏ボード直張り工法とは、壁に接着材を直接塗り付けて、石膏ボードを直接張り付ける工法である。石膏ボード直張り工法の施工における留意点は、次の通りである。

①接着材は、ボードの仕上り高さ(a)の**2倍**の高さ(2a)に盛り上げた後、団子状になった接着材に石膏ボードを押し付けて、仕上り高さ(a)にする。

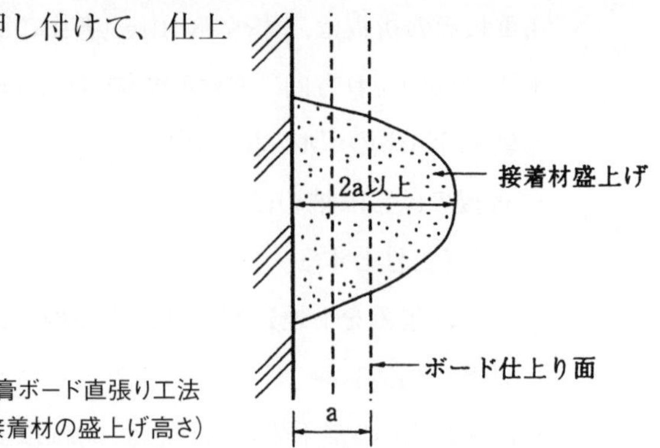

石膏ボード直張り工法
(接着材の盛上げ高さ)

②一度に練る接着材の量は、1時間以内に使い切れる量とする。

③接着材の1回の塗布面積は、石膏ボード1枚分とする。

④石膏ボード中間部の下地に塗り付ける接着材の塗付け間隔は、床上1.2m以下の部分では200㎜～250㎜、床上1.2mを超える部分では250㎜～300㎜とする。

⑤石膏ボード周辺部の下地に塗り付ける接着材の塗付け間隔は、150㎜～200㎜とする。

⑥石膏ボードの下端は、石膏ボードの吸湿を防ぐため、スペーサーで10㎜程度浮かせておく。

以上により、**問7**の語句は、「**2倍**」なので、解答は「**○**」である。

問8 断熱材に付属する防湿層の配置

解答	×	室内

木造住宅における防湿層付きフェルト状断熱材は、結露を防止するため、防湿層を**室内**側(高温側)に向けて取り付けなければならない。また、防湿層に傷・破れなどがある場合は、防湿テープで補修しておかなければならない。

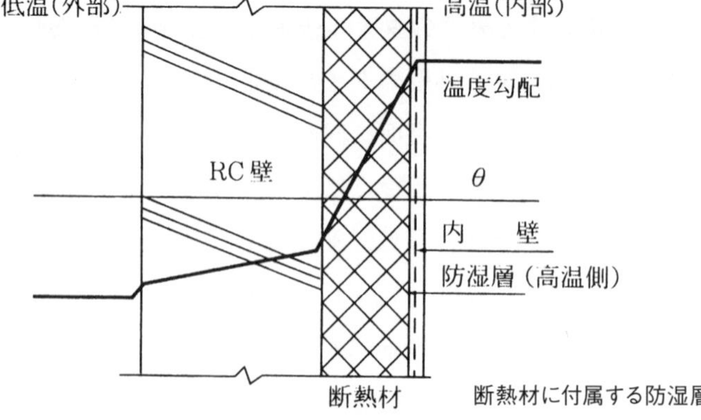

断熱材に付属する防湿層の配置

以上により、**問8**の語句は、「**室外**」ではなく「**室内**」である。

受検種別:建築　　平成28年度 問題5-A 建築施工の解答例

※平成28年度の実地試験(第二次検定の旧称)では、「建築施工」は 問題4 として出題されていましたが、本書では最新の出題形式にあわせるため、タイトル部分では 問題5-A と表記しています。

【問題4】 次の文章中、下線部の語句又は数値が**適当なものには○印を、不適当なものには適当な語句又は数値**を記入しなさい。

問1 透水性の悪い山砂を埋戻し土に用いる場合の締固めは、建物躯体等のコンクリート強度が発現していることを確認のうえ、厚さ60cm程度ごとにローラーやタンパーなどで締め固める。
入隅などの狭い個所の締固めには、振動コンパクターやタンパーなどを使用する。

問2 大梁の主筋をガス圧接する場合、鉄筋径程度の縮み代(しろ)を見込んで加工しないと、定着寸法の不足や、直交部材の配筋の乱れを招くことになる。

問3 コンクリートの1層の打込み厚さは、締固めに用いる棒形振動機の長さ以下とし、コールドジョイント等の欠陥を防止するため、棒形振動機の挿入の際には先に打ち込んだコンクリートの層に棒形振動機の先端が入るようにし、棒形振動機を引き抜く際にはコンクリートに穴を残さないよう加振しながら急いで引き抜かなければならない。

問4 型枠は、コンクリートの自重、コンクリート打込み時の振動や衝撃、コンクリートの側圧などの荷重に対して安全であり、型枠取外し後のコンクリートに必要な仕上がり寸法及び精度が得られ、容易に取外しができないものでなければならない。

問5 改質アスファルトシート防水トーチ工法による平場のシート張付けは、下地にプライマーを塗布し乾燥させた後、シート表面及び下地をトーチバーナーで十分あぶり、改質アスファルトを溶融させながら、平均に押し広げて下地に密着させる。

問6 軽量鉄骨壁下地において、コンクリート床、梁下及びスラブ下に固定するランナーは、両端部から50mm内側をそれぞれ固定し、中間部は1,800mm程度の間隔で固定する。また、ランナーの継手は突付けとし、ともに端部より50mm内側を固定する。

問7 ビニル床タイル等の高分子系床材料の張付けに使用されるウレタン樹脂系接着剤のほとんどが、湿気硬化形の一液性で、反応硬化形接着剤の中では作業性が良く、初期粘着性が良いため、土間コンクリート等の場所に多く用いられている。

問8 特別管理産業廃棄物以外で、建設工事に伴い生じた産業廃棄物の処理を委託した排出事業者は、委託処理した産業廃棄物を搬出する際に、産業廃棄物管理票(マニフェスト)を交付したときは、産業廃棄物管理票の交付から90日以内にC票が、180日以内にE票が返送されてこない場合、廃棄物の処理状況を確認するとともに、都道府県知事等に報告しなければならない。

正　解

分野	問	適否	下線部の語句又は数値	適当な語句又は数値
躯体工事	問1	×	60	30
	問2	○	定着	定着
	問3	×	急いで	ゆっくり
	問4	×	できない	できる
仕上げ工事	問5	×	表面	裏面
	問6	×	1,800	900
	問7	○	湿気	湿気
関連事項	問8	×	C票	D票

考え方　解き方

問1 埋戻し土の一層の仕上り厚さ　解答 × 30

掘削土の埋戻し作業には、山砂を用いることが一般的である。埋戻し土の締固めは、振動ローラー・タンパー・振動コンパクターなどの小型の締固め機械を用いて行う。その際、締固め後の一層の仕上り厚さが**30cm**程度となるよう敷き均す。

以上により、問1の数値は、「60cm」ではなく「**30cm**」である。

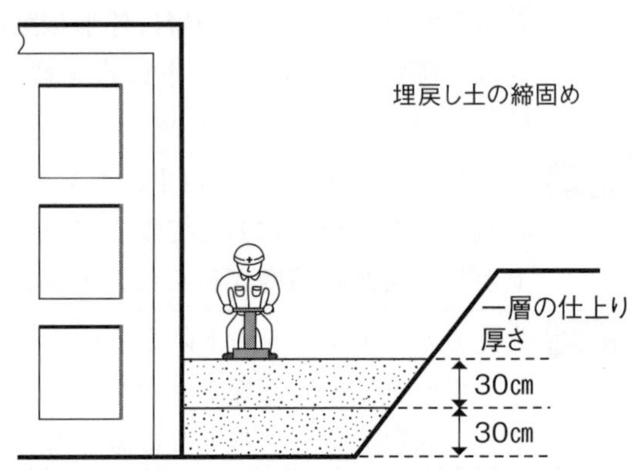

問2 ガス圧接の縮み代　解答 ○ 定着

2つの鉄筋をガス圧接して強く押し付けると、接合部が膨らむので、全体の長さが短くなる。ガス圧接における接合部の膨らみは、鉄筋径（d）の1.4倍以上としなければならないが、この条件を満たそうとすると、鉄筋全体の長さは鉄筋径（d）の1倍～1.5倍程度短くなる。

鉄筋が短くなると、**定着**寸法の不足によりコンクリートと鉄筋との付着力が低下し、直交部材の配筋の乱れにより鉄筋相互の組立位置がずれる。使用する鉄筋は、組立の支障とならないよう、鉄筋径（d）の1倍～1.5倍程度の縮み代を見込んだものとしなければならない。

以上により、問2の語句は、「**定着**寸法」である。

問3 コンクリートの締固めに用いる棒形振動機の使用方法 解答 × ゆっくり

棒形振動機（内部振動機）を用いてコンクリートを締め固める場合は、60cm以内の間隔で棒形振動機を挿入する。コンクリートを上下層に分けて打ち込む場合は、棒形振動機を下層のコンクリート中に10cm程度挿入し、上下層を一体化させる必要があるので、コンクリートの１層の打込み厚さは、締固めに用いる棒形振動機の長さ以下としなければならない。

棒形振動機を引き抜く際には、コンクリートに穴を残さないよう、加振しながら、鉛直に**ゆっくり**引き抜かなければならない。急いで引き抜くと、棒形振動機の跡である穴がコンクリート中に残る。この穴には周囲の水分が集まるので、コンクリートの硬化後に空洞となり、コンクリートの弱点となる。

内部振動機を急いで引き抜いたときに生じる欠陥

以上により、問３の語句は、「**急いで**」ではなく「**ゆっくり**」である。

問4 型枠の取外し 解答 × できる

型枠内にコンクリートを打ち込むときは、型枠の内部に剥離剤を塗布し、コンクリートが型枠に付着しないようにしなければならない。コンクリートが型枠に付着すると、型枠を取り外すときに、躯体に大きな力が加わるため、コンクリートの仕上げ面が荒れるおそれが生じる。

型枠は、コンクリートの自重・コンクリート打込み時の振動や衝撃・コンクリートの側圧などの荷重に対して安全であり、型枠取外し後のコンクリートに必要な仕上がり寸法および精度が得られるものとしなければならない。しかし、型枠は、捨て型枠でない限り、施工後に回収して別の工事に転用することが多いので、容易に取外しが**できる**ものでなければならない。

以上により、問４の語句は、「**できない**」ではなく「**できる**」である。

問5 改質アスファルトシート防水トーチ工法 解答 × 裏面

改質アスファルトシート防水トーチ工法は、通常のアスファルト防水工法よりもアスファルトの溶融量が少ない。また、改質アスファルトシートの**裏面**に塗布された改質アスファルトを、トーチの火炎で炙（あぶ）って溶融させながら、平均的に押し広げて下地に密着させる工法であるため、通常のアスファルト防水工法よりも施工速度が速くなる。したがって、改質アスファルトシート防水トーチ工法は、環境に優しく、技術的にも優れた工法であるといえる。

以上により、問５の語句は、「シート**表面**」ではなく「シート**裏面**」である。

トーチバーナー
改質アスファルトシート
防水トーチ工法

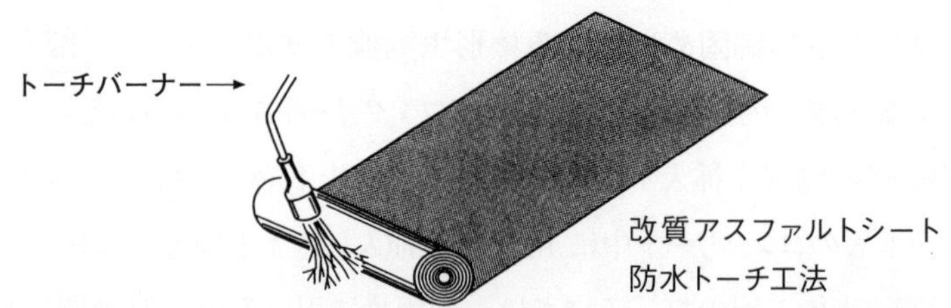

問6 軽量鉄骨壁下地のランナー固定間隔 解答 × 900

ランナーは、軽量鉄骨壁下地を上下のスラブに固定するための金具である。床スラブに固定するランナーは、軽量鉄骨壁下地の両端部から50mm内側の部分に設ける。また、軽量鉄骨壁下地の中間部においても、**900**mm程度の間隔で設ける。床スラブのランナーは、打込みピンで固定し、突合せ継手とする。なお、天井部の野縁または野縁受けに固定するランナーは、タッピンねじまたは溶接で固定する必要がある。

上下のスラブにランナーを固定した後の作業手順は、次の通りである。

①壁の骨格となるスタッドを、300mmまたは450mm程度の間隔で、鉛直方向に精度良く差し込む。

②スタッドにスペーサーを溶接する。

③スタッドの貫通孔に振れ止めを引き通す。

④振れ止めをスペーサーに溶接して固定する。

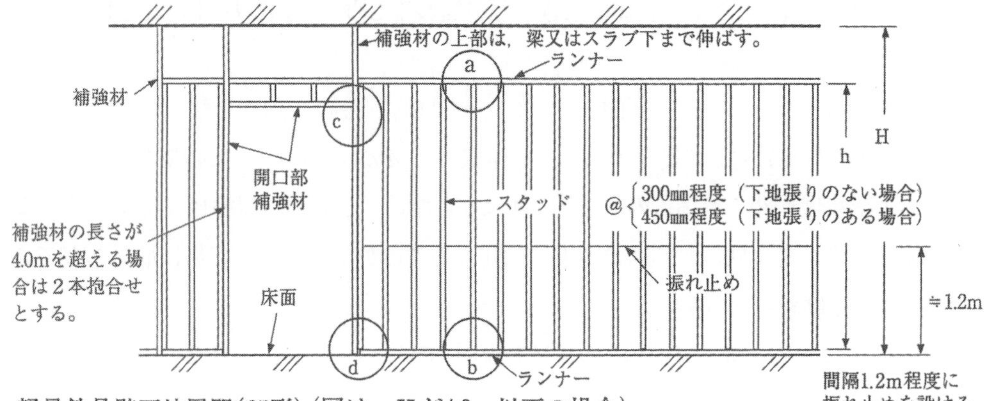

補強材の上部は，梁又はスラブ下まで伸ばす。
a
ランナー
補強材
c
H
h
開口部
補強材
スタッド
@ 300mm程度（下地張りのない場合）
450mm程度（下地張りのある場合）
補強材の長さが
4.0mを超える場
合は２本抱合せ
とする。
振れ止め
床面
≒1.2m
d
b
ランナー
間隔1.2m程度に
振れ止めを設ける。

軽量鉄骨壁下地展開(65形)(図は，Hが4.0m以下の場合)

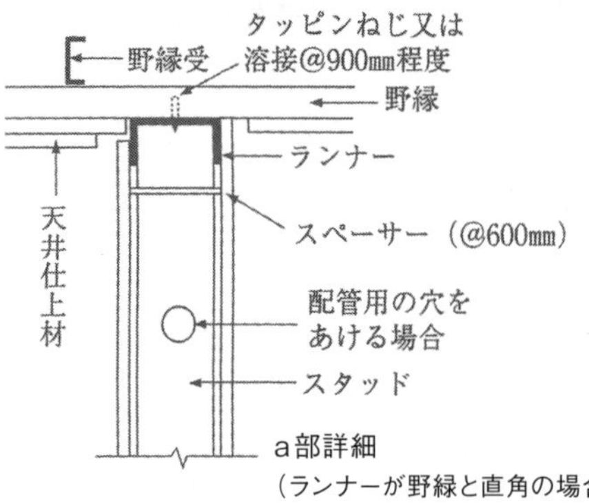

タッピンねじ又は
溶接@900mm程度
野縁受
野縁
ランナー
天井仕上材
スペーサー（@600mm）
配管用の穴を
あける場合
スタッド

a部詳細
（ランナーが野縁と直角の場合）

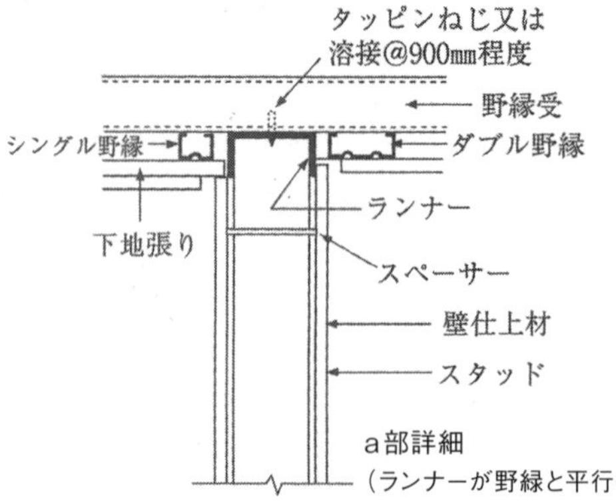

タッピンねじ又は
溶接@900mm程度
野縁受
シングル野縁
ダブル野縁
ランナー
下地張り
スペーサー
壁仕上材
スタッド

a部詳細
（ランナーが野縁と平行の場合）

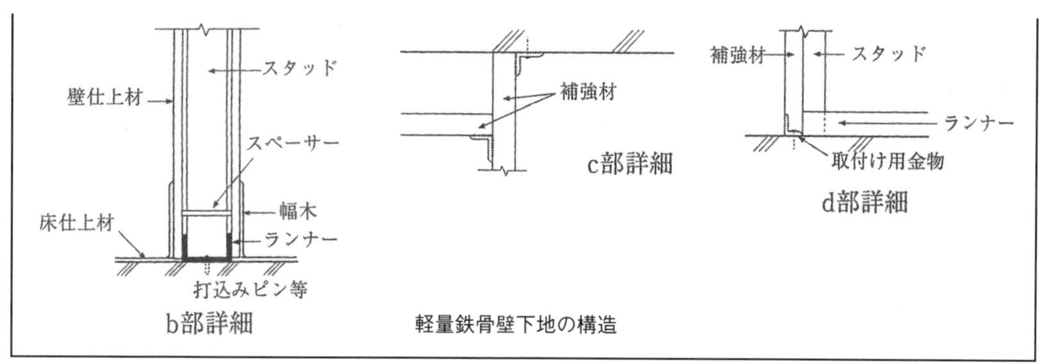

以上により、問6の数値は、「1,800㎜」ではなく「900㎜」である。

問7 ビニル床タイルのウレタン樹脂系接着剤張り

解答 ○ 湿気

ビニル床タイルなどの高分子系床材料の張付けに使用されるウレタン樹脂系接着剤・エポキシ樹脂系接着剤は、そのほとんどが、空気中の水分との化学反応により硬化する一液性の**湿気**硬化形である。湿気硬化形の接着剤は、反応硬化形接着剤の中では作業性が良く、初期粘着性にも優れている。なお、湿気硬化形の接着剤は、缶などから出した時点で硬化を始めるため、一旦出した接着剤を缶などに戻すことはできない。

接着剤の主成分による分類

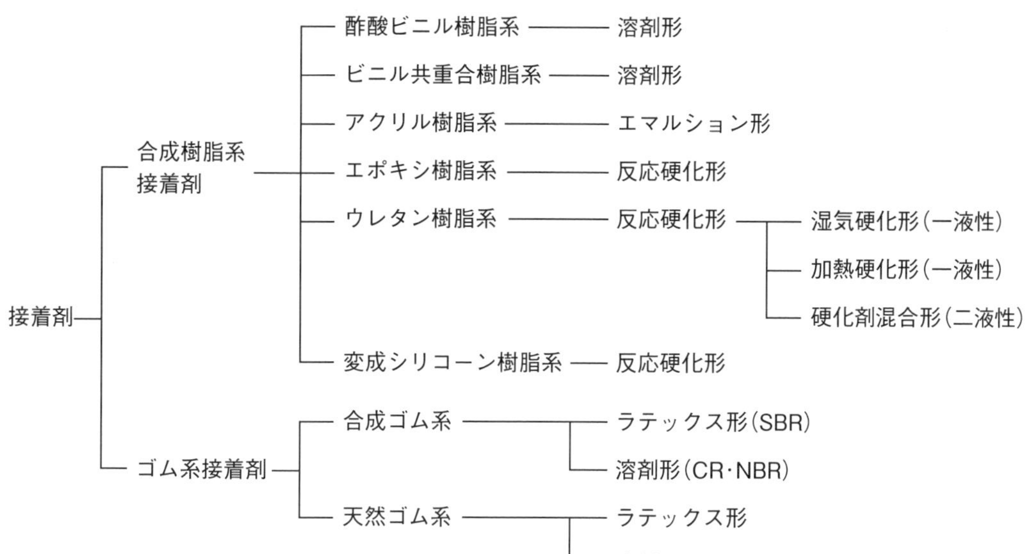

以上により、問7の語句は、「湿気硬化形の一液性」である。

建築施工

問8 **産業廃棄物管理票(マニフェスト)の交付と返送**

解答	×	D票

産業廃棄物を委託しようとする排出事業者(元請負人)は、産業廃棄物の種類ごとに産業廃棄物管理票(マニフェスト)を交付しなければならない。その後、産業廃棄物管理票の交付から90日以内に**D票**が返送されてこない場合や、180日以内にE票が返送されてこない場合は、不法処理などが行われたおそれがあるので、都道府県知事に報告しなければならない。C票は、収集運搬業者や中間処理業者が保管するものであり、排出事業者に返送する必要はない。

なお、各票の返送期限は、交付日からの日数だけではなく、運搬終了日や処分終了日からの日数によっても規定されている。産業廃棄物管理票の流れと、各票についての細目は、下記の通りである。

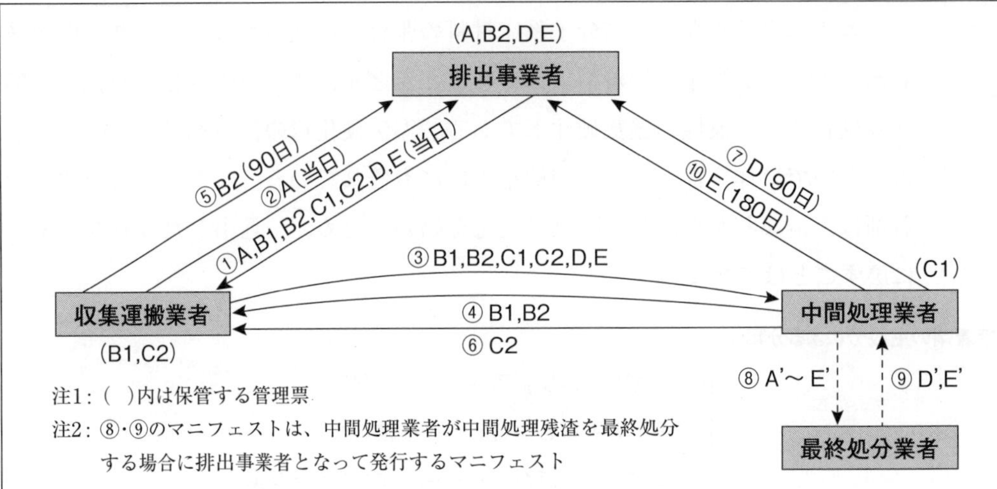

①排出事業者は、運搬車両ごと、廃棄物の種類ごとに、マニフェストを交付する。マニフェストの各票(A票,B1票,B2票,C1票,C2票,D票,E票)には、必要事項を記入し、収集運搬業者に交付する。
②収集運搬業者は、廃棄物を受け取った後、すべてのマニフェストに運転者氏名を記入し、A票を排出事業者に返す。
③収集運搬業者は、B1票,B2票,C1票,C2票,D票,E票を、廃棄物と共に処理施設に持参し、運搬終了日を記載して処理業者に渡す。
④処理業者は、B1票,B2票,C1票,C2票,D票,E票に必要事項を記入し、B1票,B2票を収集運搬業者に返す。
⑤収集運搬業者は、B1票を自ら保管する。また、交付から90日以内かつ運搬終了後10日以内にB2票を排出事業者に返送する。
⑥処理業者は、処分終了後、C1票,C2票,D票,E票に処分者氏名および処分終了日を記載し、C1票を保管する。また、処分終了後10日以内にC2票を収集運搬業者に返送する。
⑦処理業者は、交付から90日以内かつ処分終了後10日以内にD票を排出事業者に返送する。
⑧処理業者は、委託を受けた廃棄物の処理残渣について、廃棄物として他者に最終処分を委託する場合、当該廃棄物について、排出事業者としてのマニフェスト(二次マニフェストA'票〜E'票)を交付する。
⑨処理業者は、委託したすべての廃棄物の最終処分が終了した報告(交付した二次マニフェストE'票の返送)を受けた場合、E'票に必要事項を記入する。
⑩処理業者は、交付から180日以内かつ二次マニフェストE'票の受領の日から10日以内にE票を排出事業者に返送する。

産業廃棄物管理票(マニフェスト)による廃棄物の管理方法

以上により、問8の語句は、「**C票**」ではなく「**D票**」である。

受検種別：建築　　平成27年度 問題5-A 建築施工の解答例

※平成27年度の実地試験（第二次検定の旧称）では、「建築施工」は 問題4 として出題されていましたが、本書では最新の出題形式にあわせるため、タイトル部分では 問題5-A と表記しています。

【問題4】 次の文章中、**下線部の語句**が**適当なものは○印**を、**不適当なものは適当な語句を記入しなさい。**

問1 解体工事におけるカッター工法とは、ダイヤモンドを埋め込んだ円盤状の切刃（ブレード）を高速回転させて<u>**鉄筋コンクリート**</u>の部材を切断する工法で、床及び壁などの比較的薄い部材の切断に用いられる。

問2 鉄筋の継手は、周辺コンクリートとの付着により鉄筋の応力を伝達する<u>**機械式**</u>継手と、鉄筋の応力を直接伝達するガス圧接継手、溶接継手などに大別される。

問3 日本工業規格（JIS）に規定するコンクリートの圧縮強度試験のための供試体は、直径の2倍の高さをもつ円柱形とする。その直径は粗骨材の最大寸法の3倍以上、かつ、<u>**80**</u>mm以上とする。

問4 鉄骨工事における柱脚ベースプレートの支持方法であるベースモルタルの後詰め中心塗り工法は、一般にベースプレートの面積が<u>**小さく**</u>、全面をベースモルタルに密着させることが困難な場合、また、建入れの調整を容易にするために広く使われている。

問5 金属板による折板葺きにおいて、重ね形の折板は、各山ごとにタイトフレームに固定ボルト締めとし、折板の重ね部は緊結ボルトで締め付ける。緊結ボルトのボルト孔は、ボルト径より0.5mmを超えて大きくしないようにし、その間隔は<u>**900**</u>mm程度とする。

問6 現場調合のセメントモルタルの練り混ぜは、機械練りを原則とし、セメントと細骨材を十分に空練りし、水を加えてよく練り合わせる。下塗りモルタルは、上塗りモルタルに比べ<u>**貧調合**</u>とし、こてで十分に押さえ、こてむらなく塗り付ける。

問7 塗装工事における吹付け塗りは、スプレーガンを塗装面から30cm程度離した位置で、塗装面に対して直角に向け、平行に動かし塗料を噴霧する。噴霧された塗料は、一般に<u>**周辺部**</u>ほど密になりがちであるため、一列ごとに吹付け幅が1/3程度重なるように吹付け、塗膜が均一になるようにする。

問8 断熱工事における硬質ウレタンフォームの吹付け工法は、その主な特徴として、窓回りなど複雑な形状の場所への吹付けが容易で、継ぎ目のない連続した断熱層が得られること、平滑な表面を<u>**得にくい**</u>こと、施工技術が要求されることなどがあげられる。

正　解

分野	問	適否	下線部の語句	適当な語句
躯体工事	問1	○	鉄筋コンクリート	鉄筋コンクリート
	問2	×	機械式	重ね
	問3	×	80	100
	問4	×	小さく	大きく
仕上げ工事	問5	×	900	600
	問6	×	貧調合	富調合
	問7	×	周辺部	中央部
	問8	○	得にくい	得にくい

考え方　解き方

問1 躯体工事におけるカッター工法

解答　○　鉄筋コンクリート

建物の解体工事で使用されるカッター工法は、円盤状の切刃(ブレード)を高速回転させて部材を切断する工法である。このブレードの金属基板には、極めて高い硬度を持つ人造ダイヤモンドから成るチップが焼結されているため、**鉄筋コンクリート**などの硬い部材を切断することができる。しかし、ダイヤモンドは熱に弱いため、切断は水などで冷却しながら行う必要がある。切削時に生じる切り粉も、水で流す方法が採用される。

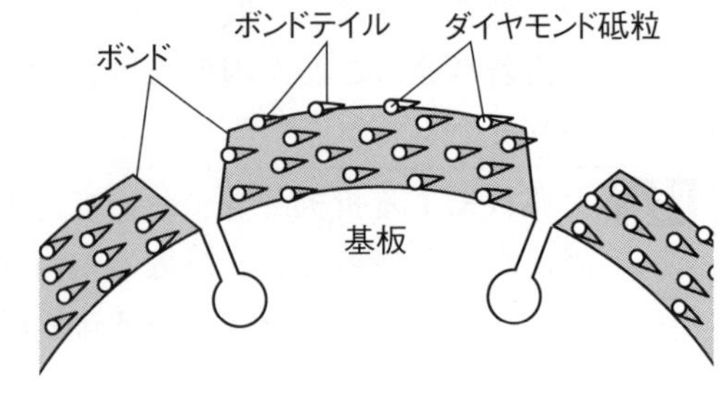

ダイヤモンドチップ

以上から、問１の語句は、「**鉄筋コンクリート**」である。

問2 鉄筋の継手

解答　×　重ね

鉄筋の継手は、周辺コンクリートとの付着により鉄筋の応力を伝達する継手と、鉄筋の応力を直接伝達する継手に分類される。機械式継手・ガス圧接継手・溶接継手は、どれも鉄筋の応力を直接伝達する継手である。**重ね継手**は、周辺コンクリートとの付着により鉄筋の応力を伝達する継手である。重ね継手は、直径が35㎜未満の鉄筋の継手として用いられる。

鉄筋の継手を施工するときは、次のような点に留意する。

①継手は、せん断力の小さい位置のうち、梁の中央付近に設ける。梁の端部には設けない。

②直径が異なる鉄筋の重ね長さは、細い鉄筋の重ね継手の長さに応じて決定する。

③直径が35㎜以上の鉄筋の継手は、重ね継手としてはならない。

以上から、問２の語句は、「**機械式**継手」ではなく「**重ね**継手」である。

建築施工

問3 コンクリート供試体の寸法

解答	×	100

コンクリートの圧縮強度を推定するために用いる供試体は、次の基準をすべて満たすものでなければならない。

①供試体の形状は、円柱形であること。

②供試体の直径dは、**100㎜以上**であること。

③供試体の直径dは、粗骨材の最大寸法の3倍以上であること。

④供試体の高さhは、直径の2倍以上であること。

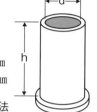

d
h
d=100㎜又は150㎜
h=200㎜又は300㎜

コンクリートモールド寸法

一般的な供試体は、直径dが100㎜で高さhが200㎜の円柱形であるか、直径dが150㎜で高さhが300㎜の円柱形である場合が多い。

以上から、問3の語句は、「**80㎜以上**」ではなく「**100㎜以上**」である。

問4 柱脚ベースプレートの工法

解答	×	大きく

鉄骨工事における柱脚ベースプレートの工法は、全面仕上げ工法と、後詰め中心塗り工法に分類される。

①全面仕上げ工法は、底均しモルタルを全面塗りした上に、柱脚の建入れを行う工法である。ベースプレートの面積が300㎜角よりも小さい場合、全面仕上げ工法が採用される。

②後詰め中心塗り工法は、ベースプレート中央下部に硬練りのモルタルを塗り付け、柱脚の建入れを行い、型枠を設置した後に、無収縮モルタルをベースプレート下面に行き渡らせる工法である。ベースプレートの面積が300㎜角よりも**大きい**場合、柱脚の建入れ調整を容易にするために、後詰め中心塗り工法が採用される。

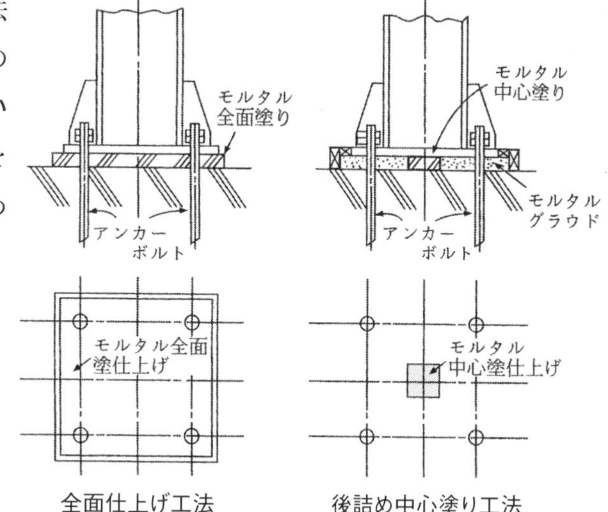

全面仕上げ工法　　後詰め中心塗り工法

以上から、問4の語句は、「**小さく**」ではなく「**大きく**」である。

問5 金属折板葺きの緊結ボルト間隔　解答　×　600

金属板による折板葺きを施工するときは、次のような点に留意する。

①折板の流れ方向には、原則として、継手を設けてはならない。

②タイトフレームと下地との接合は、隅肉溶接とし、スラグを除去してから錆止めを行う。

③重ね形の折板は、すべての山をタイトフレームに固定する。

④重ね部の流れ方向における緊結ボルトの締付け間隔は、**600㎜程度**とする。

⑤緊結ボルトのボルト孔の径は、「ボルト径＋0.5」㎜以下とする。

⑥折板のけらば納めは、原則として、けらば包みによる方法とする。

⑦けらば包みを下地に取り付ける間隔は、1.2ｍ以下とする。

⑧けらば包みの継手の重ね長さは、60㎜以上とする。

⑨けらば包みの継手には、シーリング材を挟み込む。

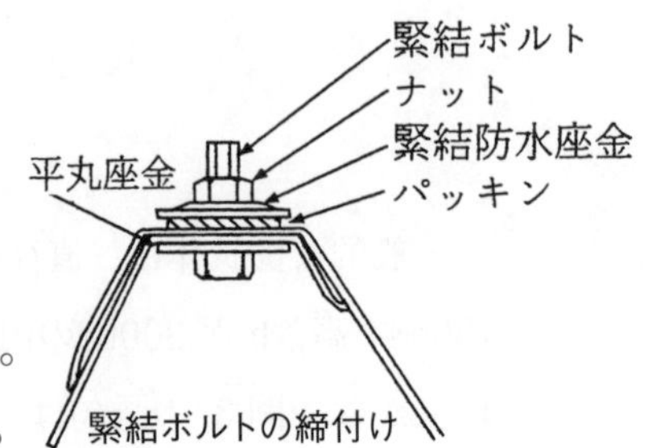

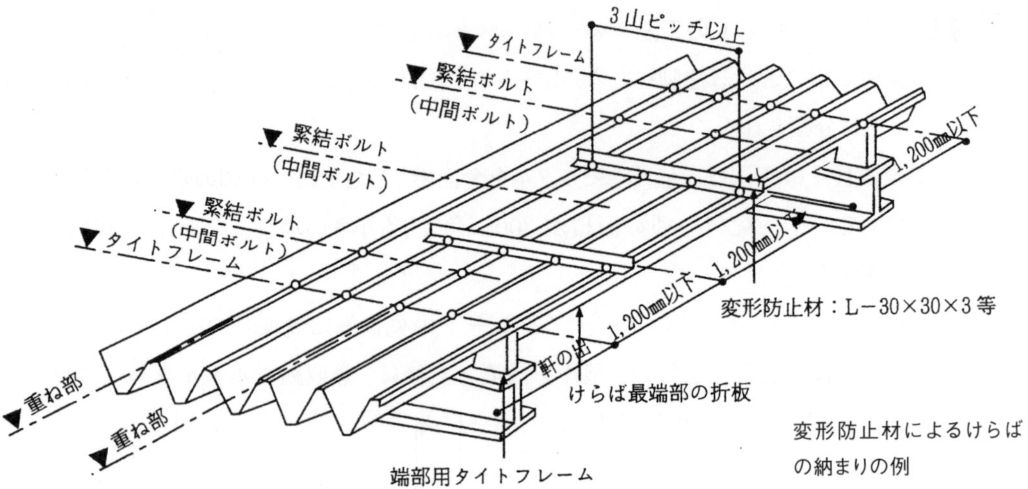

以上から、問5の語句は、「900㎜程度」ではなく「600㎜程度」である。

問6 セメントモルタルの現場調合　解答　×　富調合

セメントモルタル塗りをするときは、次のような点に留意する。

①各層のモルタルの調合は、下に塗るものほど**富調合**とし、上に塗るものほど貧調合とする。富調合モルタルは、セメントの割合が多い。貧調合モルタルは、セメントの割合が少ない。

②モルタルの現場調合は、容積法による方法を標準とする。

③調合に用いるセメントの単位容積重量は、1.2kg/ℓ程度とする。

④調合に用いる砂は、表面が乾燥している状態のものとする。

⑤容積比で見た調合と、塗厚の標準値は、次表の通りである。

建築施工

<table>
<tr><th rowspan="2">下　地</th><th rowspan="2" colspan="2">施工箇所</th><th colspan="2">下塗り
ラスこすり</th><th colspan="2">むら直し
中塗り</th><th colspan="3">上塗り</th><th rowspan="2">塗厚の
標準値
(mm)</th></tr>
<tr><th>セメント</th><th>砂</th><th>セメント</th><th>砂</th><th>セメント</th><th>砂</th><th>混和材</th></tr>
<tr><td rowspan="5">コンクリート，
コンクリート
ブロック，
れんが</td><td rowspan="2">床</td><td>仕上げ</td><td>——</td><td>——</td><td>——</td><td>——</td><td>1</td><td>2.5</td><td>——</td><td rowspan="2">30</td></tr>
<tr><td>張物下地</td><td>——</td><td>——</td><td>——</td><td>——</td><td>1</td><td>3</td><td></td></tr>
<tr><td rowspan="2" colspan="2">内　壁</td><td>1</td><td>2.5</td><td rowspan="2">1</td><td rowspan="2">3</td><td rowspan="2">1</td><td rowspan="2">3</td><td rowspan="2">適量</td><td rowspan="2">20</td></tr>
<tr><td colspan="2">(注) 1</td></tr>
<tr><td colspan="2">外壁その他
(天井の類を除く)</td><td>1</td><td>2.5</td><td>1</td><td>3</td><td>1</td><td>3</td><td>——</td><td>25以下</td></tr>
<tr><td rowspan="3">ラスシート，
ワイヤラス，
メタルラス</td><td rowspan="2" colspan="2">内　壁</td><td>1</td><td>2.5</td><td rowspan="2">1</td><td rowspan="2">3</td><td rowspan="2">1</td><td rowspan="2">3</td><td rowspan="2">適量</td><td rowspan="2">15</td></tr>
<tr><td colspan="2">(注) 1</td></tr>
<tr><td colspan="2">外　壁</td><td>1</td><td>2.5</td><td>1</td><td>3</td><td>1</td><td>3</td><td>——</td><td>20</td></tr>
<tr><td>コンクリート，
コンクリート
ブロック</td><td colspan="2">建具枠回り充填，
ガラスブロックの
金属枠回り充填</td><td colspan="8">セメント 1 ：砂 3
両掛け部分は防水剤および必要に応じて凍結防止剤入りとする。ただし，塩化物を主成分とする防水剤または凍結防止剤は用いない。
なお，モルタルに用いる砂の塩分含有量は，NaCl換算で，**0.04%（質量比）以下**とする。</td></tr>
</table>

以上から、問 6 の語句は、「**貧調合**」ではなく「**富調合**」である。

問 7 スプレーガンを用いた塗装工事　解答 × 中央部

スプレーガンを使用して吹付け塗りをするときは、次のような点に留意する。

①塗装面から 30cm程度離した位置で、塗装面に対して直角に向けて吹き付ける。

②スプレーガンは、左右に平行移動させながら噴霧する。上下に垂直移動させてはならない。

③噴霧された塗料は、吹付けの**中央部ほど密に**（厚く）なり、周辺部ほど疎に（薄く）なるので、塗膜が均一になるよう、一列ごとに塗り幅の 1/3 程度が重なるように吹き付ける。

以上から、問 7 の語句は、「**周辺部**ほど密に」ではなく、「**中央部**ほど密に」である。

問 8 硬質ウレタンフォームの吹付け工法　解答 ○ 得にくい

硬質ウレタンフォームの吹付け工法による断熱工事の長所と短所は、次の通りである。

長所：目地のない連続した断熱層が得られる。曲面施工が容易である。接着剤が不要である。

短所：施工に高い技術が必要となる。施工後に**平滑な表面を得にくい**。

断熱工事において平滑な表面を得たいときは、ボード状断熱材を接着剤やボルトで直張りする張り付け工法を選択するとよい。

以上から、問 8 の語句は、「平滑な表面を**得にくい**」である。

受検種別：建築　　平成26年度 問題5-A 建築施工の解答例

※平成26年度の実地試験（第二次検定の旧称）では、「建築施工」は 問題4 として出題されていましたが、本書では最新の出題形式にあわせるため、タイトル部分では 問題5-A と表記しています。

【問題4】 次の文章中、**下線部の語句**が**適当なものは○印**を、**不適当なものは適当な語句**を記入しなさい。

問1 鉄筋コンクリート梁に、コンクリートの鉛直打継ぎ部を設ける場合の打継ぎ面は、コンクリート打込み前の打継ぎ部の処理が円滑に行え、かつ、新たに打ち込むコンクリートの締固めが容易に行えるものとし、主筋と**平行**となるようにする。

問2 鉄筋（SD345）のガス圧接継手において、同径の鉄筋を圧接する場合、圧接部のふくらみの直径は鉄筋径の**1.2**倍以上とし、かつ、その長さを鉄筋径の1.1倍以上とする。

問3 型枠の設計において、変形量は、支持条件をどのように仮定するかでその結果が異なり、単純支持で計算したものは、両端固定で計算したものに比べてたわみは大きくなる。せき板に合板を用いる場合は転用などによる劣化のため、剛性の低下を考慮して、**安全側**の設計となるように単純支持と仮定して計算する。

問4 高力ボルトの締付けは、ナットの下に座金を敷き、ナットを回転させることにより行う。ボルトの取付けに当たっては、ナット及び座金の裏表の向きに注意し、座金は、座金の内側面取り部が**裏**となるように取り付ける。

問5 アスファルト防水において、立上りのルーフィング類を平場と別に張り付ける場合は、平場のルーフィング類を張り付けた後、その上に重ね幅**100**㎜程度とって張り重ねる。

問6 外壁の陶磁器質タイルを密着張りとする場合、張付けモルタルの塗付け後、直ちにタイルをモルタルに押し当て、ヴィブラートを用いて張付けモルタルがタイル裏面全面に回り、タイル周辺からのモルタルの盛上りが、目地深さがタイル厚さの1/2**以上**となるように、ヴィブラートを移動しながら張り付ける。

問7 塗装作業中における塗膜の欠陥であるしわは、下塗りの乾燥が不十分のまま上塗りを行ったり、油性塗料を**薄塗り**した場合に生じやすい。

問8 ウイルトンカーペットをグリッパー工法で敷き込む場合、カーペットの張り仕舞いは、ニーキッカー又は**パワーストレッチャー**でカーペットを伸展しながらグリッパーに引っ掛け、端はステアツールなどを用いて溝に巻き込むように入れる。

正　解

躯体工事			仕上げ工事		
問	正誤	正しい語句	問	正誤	正しい語句
1	×	直角	5	×	150
2	×	1.4	6	×	以下
3	○	安全側	7	×	厚塗り
4	×	表	8	○	パワーストレッチャー

問 1 は「垂直」「鉛直」、**問 6** は「以内」と解答しても正解となる。

考え方　解き方

問 1 鉄筋コンクリートの鉛直打継ぎ

解答	×	直角

コンクリートの打継ぎの原則は、次のようである。

①鉛直打継ぎ部は、梁及びスラブの場合そのスパンの中央付近に設け、主筋と**直角**となるように設ける。

②打継ぎは、柱及び壁の場合、スラブ、壁梁又は基礎の上端に水平打継ぎ部を設ける。

③打継ぎ面には、仕切板等を用い、モルタル、セメントペースト等が漏れ出さないようにし、打継ぎ面が外部に接する箇所は引通しよく打切り、目地を設ける。

④打継ぎ面は、レイタンス及びぜい弱なコンクリートを取り除き、健全なコンクリートを露出させ、水湿して打ち継ぐ。

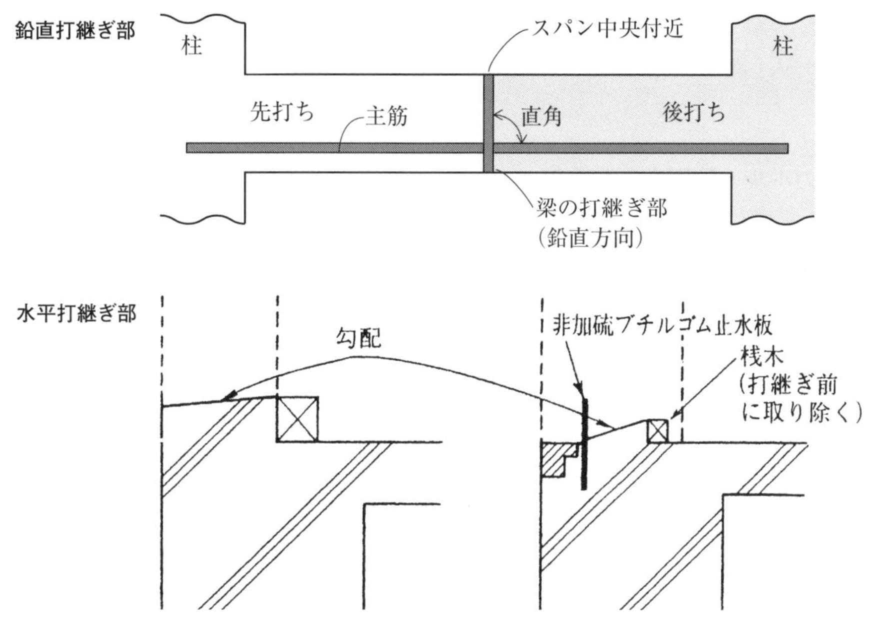

以上から、問 1 は主筋と**平行**ではなく、主筋と**直角**である。

問2 ガス圧接抜取検査とガス圧接部のふくらみ　解答 × 1.4

(1) ガス圧接の検査には、全数検査と抜取検査がある。全数検査は、ガス圧接終了直後に外観検査として行う。抜取検査は、全数検査の結果が合格とされた圧接部を対象として行う検査である。

(2) ガス圧接継手の規定は次の図のようである。

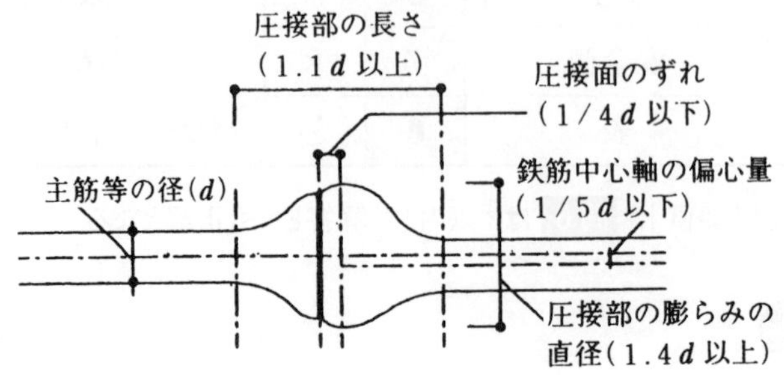

以上から、ガス圧接部のふくらみの直径は、鉄筋径の**1.2倍でなく1.4倍**以上とする必要がある。

問3 型枠の設計　解答 ○ 安全側

型枠や山留めの鋼矢板は、支保工で連続的に支えられている連続梁である。しかし、変形量の計算においては、その2点がピンで支えられている単純梁として考える。この理由は、単純梁として計算した方が、連続梁として計算するよりも、構造的に応力や撓(たわ)みが大きく求まるので、**安全側**の設計となるからである。また、計算そのものも容易である。そのため、仮設の梁は、2点支持の単純梁として設計される。

以上から、問3の**安全側**の記述は正しい。

問4 高力ボルトの座金の敷き方　解答 × 表

高力ボルトの座金は、摩擦面そのものにはならないが、ボルトと座金との馴染みを良くする必要があるため、鋼材のまくれやひずみを取り除いてから、座金の内側面取り部が**表**となるように取り付け、締め付ける。

以上から、問4は、**裏**ではなく**表**である。

問5 アスファルトルーフィングの張付け

解答	×	150

(1) 平場の張付け

①アスファルトルーフィング類の継目は、縦横とも原則として100㎜以上重ね合わせて、水下側のアスファルトルーフィングが下側になるように張り重ねる。

②絶縁工法による砂付穴あきルーフィングの継目は、100×200㎜程度のルーフィング片(ピース)を3～4m程度に置敷きし、通気性を妨げないよう突付けとする。

③アスファルトルーフィングの立上りと平場は、原則として別に張り付ける。ただし、立上り高さが400㎜未満の場合は平場のアスファルトルーフィングをそのまま張り上げる。

④立上りルーフィング類を平場のアスファルトルーフィング類に<u>150</u>㎜以上重ね合わせて張り連ねる。

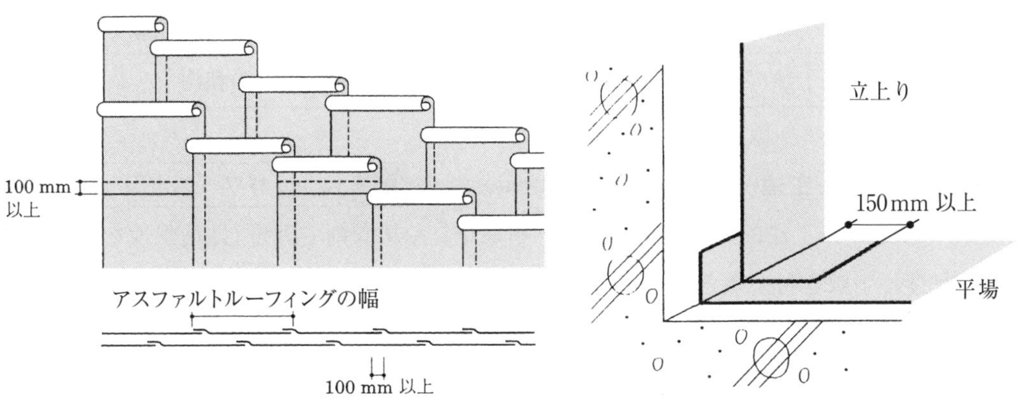

以上から、問5は、重ね幅100㎜ではなく重ね幅150㎜である。

問6 タイル密着張りの目地深さ

解答	×	以下

タイルを密着張りとする場合、張付けモルタルヴィブラートを用いて、目地部を盛り上がらせる。このとき、目地深さがタイル厚の1/2<u>以下</u>になるまでヴィブラートを使い、その後、目地ごてで押さえて仕上げる。

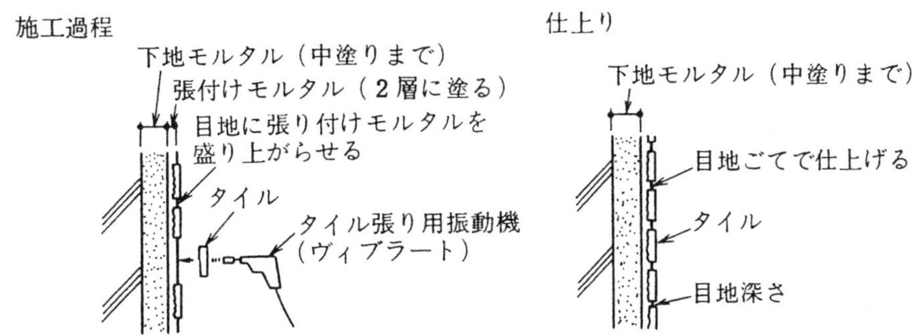

密着張り(ヴィブラート工法)

以上から、問6は、1/2以上ではなく1/2以下である。

問7 塗装工事(塗装の欠陥)

解答 × 厚塗り

塗装作業中における塗膜の欠陥であるしわは、下塗りの乾燥が不十分のまま上塗りを行ったり、油性塗料を**厚塗り**したりした場合に生じやすい。

以上から、問7 は、**薄塗り**ではなく**厚塗り**である。

塗装の欠陥の原因と対策

	塗装欠陥	原因	対策
①	流　れ	厚塗りしすぎ、希釈しすぎ	厚塗りしない、希釈しすぎない
②	し　わ	厚塗り上乾、下塗り乾燥不十分	厚塗りしない、下塗りを乾燥させる
③	白　化	湿度が高い、気温の急低下結露	塗装を中止する、リターダーシンナー使用
④	ふくれ	下地の乾燥不足、錆の発生	素地調整を十分にし乾燥させる
⑤	チョーキング	熱、紫外線で塗膜粉化	耐白亜性顔料の使用

問8 グリッパー工法

解答 ○ パワーストレッチャー

① グリッパー工法は床の周囲にグリッパーを釘や接着剤で固定し、衝撃性を緩和するため、下敷き材を敷き込み、ニーキッカーや**パワーストレッチャー**でカーペットを伸展しながらグリッパーに引掛け、そのあとカーペットの端部をステアツールを用い、グリッパーとの間の溝に巻込む。

② ヒートボンド法は、接着テープをアイロンで温めカーペットを相互に接着はぎ合せを行う方法である。

③ タイルカーペット張り工法は、張付けは中央部から端部へ敷込んでいく。特に端部が細幅のタイルカーペットにならないようにする。

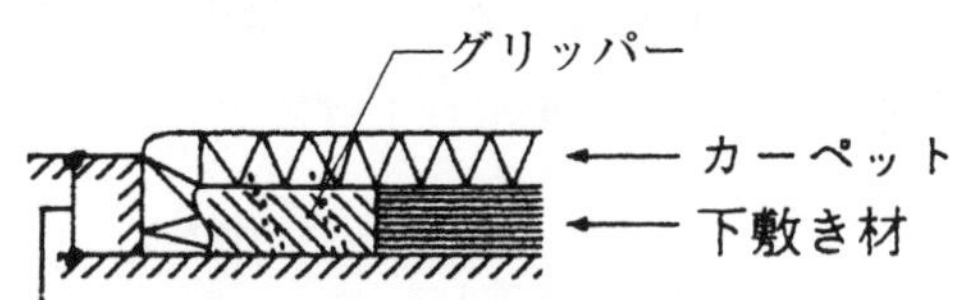

落子の深さ＝下敷き材の厚＋裏地厚＋毛足×1/2

落子のある場合のグリッパー工法

よって、問8 は、**パワーストレッチャー**で正しい。

4.1B 受検種別：躯体 問題5-B 建築施工 技術検定試験 重要項目集

4.1B.1 受検種別：躯体　過去10年間の躯体工事の出題内容

太字は2回以上出題された項目

年度	仮設工事	土・地業工事	型枠工事	コンクリート工事	鉄筋工事	鉄骨工事	木造工事	解体・補修
令和5年	墨の引通しと補助墨	**埋戻し土の仕上り厚さ**		受入検査の項目と基準			横架材の名称と寸法	
令和4年		地盤調査	型枠の根巻きと接合		**鉄筋相互のあき**	ボルトの締付け順序		
令和3年	高さと位置の基準			**運搬時間と打込み時間**	鉄筋のかぶり厚さの確保		柱の種類と断面寸法	
令和2年		既製杭のセメントミルク工法		棒形振動機の挿入間隔と加振時間		高力ボルトの肌すきと共回り		解体順序と騒音防止
令和元年		ヒービングとボイリング		**鉛直打継ぎ部の位置・形状**	**ガス圧接継手の膨らみ**	**ベースモルタルの後詰め中心塗り**		
平成30年	テープ合わせ			**コンクリートの運搬時間**	**鉄筋相互のあき**		束立て小屋組	
平成29年		地盤アンカーの応力	型枠端太の締付け		**ガス圧接継手の膨らみ**	鉄骨工事の予熱		
平成28年		**埋戻し土の仕上り厚さ**	型枠の取り外し	棒形振動機の引抜き速さ	圧接鉄筋の縮み代			
平成27年				圧縮強度試験の供試体	鉄筋の継手	**ベースモルタルの後詰め中心塗り**		カッター工法
平成26年			型枠のたわみ	**鉛直打継目**	**ガス圧接継手の膨らみ**	高力ボルト座金		

4.1B.2 建築躯体工事

1 仮設工事・土工事

1 仮設工事

①墨出しに使用する２本の鋼製巻尺は、50Nの張力を与えて検定(テープ合わせ)し、そのうちの１本を基準巻尺とする。

②建物の位置を決めるときは、縄張りを行う。建物の高低・通り心を定めるときは、遣方を設置する。

③各階の基準墨の位置は、１階の床から下げ振りを引き通して定める。

2 地下水処理工法

①**重力排水**：水中ポンプを用いるもので、排水量の少ない地盤では釜場工法を、大量の水を排水するときはディープウェル工法やバキュームディープウェル工法を採用する。

②**強制排水**：真空ポンプを用いたウェルポイント工法やバキュームディープウェル工法を採用する。

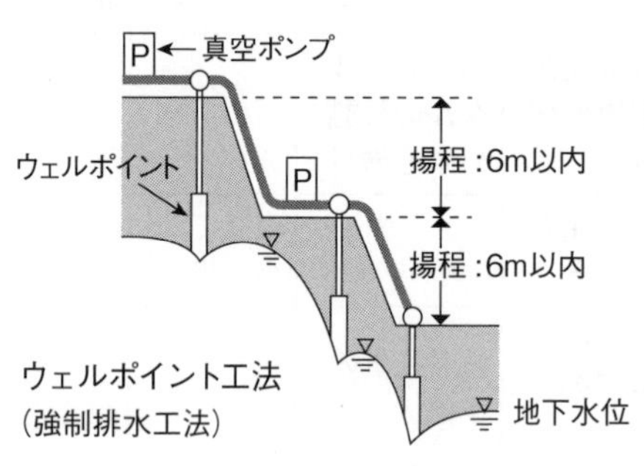

必要透水量が比較的少ない場合、
対象とする帯水層が浅い場合、
帯水層が砂層からシルト層である場合には、
ウェルポイント工法が採用される。

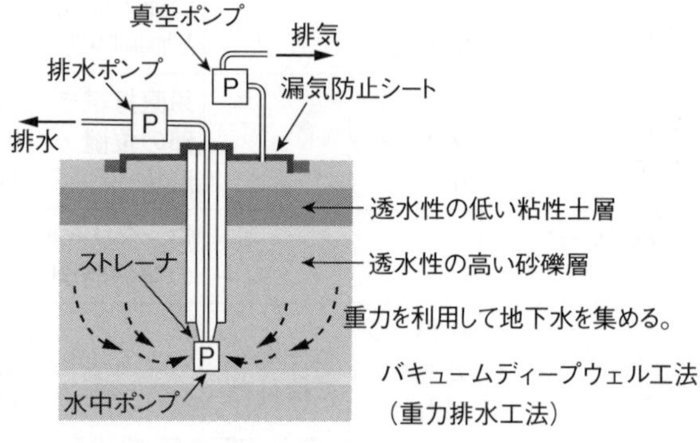

必要揚水量が非常に多い場合、
対象とする帯水層が深い場合、
帯水層が砂礫層である場合には、
バキュームディープウェル工法が採用される。

3 床付けと支持力試験

①根切の方向は中央からバランスよく端部に向かって施工する。

②床付け面は300～500㎜を手掘りとし床付け面の支持力を平板載荷試験で確認する。

4 埋戻し土

シルトや粘土などの埋戻し材料は締固めが困難であるため砂質土に置き換えて、１層の仕上り盛土厚さが300㎜以下として水締めやタンパーやローラで締め固める。

5 山留め工法

①湧水のない硬い地盤には親杭横矢板工法を採用する。

②湧水のある地盤には鋼矢板工法、ソイルセメント壁工法等の遮水壁を用いる。

③傾斜地に設ける山留め支保工の地盤アンカーは、斜め下に向けて挿入する。

6 山留めの異状現象と対策

①**ヒービング**

軟弱粘性土地盤の掘削時に、山留め壁背面から土が回り込むことにより、掘削底面に盤ぶくれが生じ、同時に、地盤に不同沈下が生じる現象である。その対策は根入れ深さを大きくする。

②**ボイリング**

地下水位の高いゆるい砂地盤を根切りすると、上向きの浸透流により、掘削底面から水と砂が沸き出す現象である。その対策は根入れ深さを大きくしたり、ウェルポイント工法を用いて排水し地下水位を低下する。

2 地業工事

1 杭打ち工法の分類

①**既製杭・打込み工法**

既製杭をディーゼルパイルハンマ等で支持地盤まで打撃貫入させる。

②**既製杭・埋込み工法**

既製杭の中を掘削する中掘り工法と、アースオーガで杭孔をあけるプレボーリング工法等がある。原則として、いずれもセメントミルクで根固めする。

③**場所打ちコンクリート杭工法**

現地盤を掘削機で削孔し、鉄筋籠を挿入し、スライムを除去しここにトレミー管でコンクリートを下から打ち上げる工法である。地盤を掘削する機械によって、リバース工法、オールケーシング工法／アースドリル工法などの杭の施工法名をつけている。

2 場所打ちコンクリート杭工法の分類

①**オールケーシング工法**

鋼管で孔壁保護しハンマーグラブで掘削。

②**アースドリル工法**

安定液(ベントナイト溶液)で孔壁を保護し、回転バケット(ドリリングバケット)で掘削。

③**リバース工法**

地下水より2m高く保った泥水で孔壁を保護し、回転ビットで掘削。

④**深礎(しんそ)工法**

鋼製型枠で孔壁を保護し、人が孔内で機械等を用いて掘削。

①、②、③の各工法による鉄筋籠(重ね継手)とコンクリートの打込みは次図のようである。

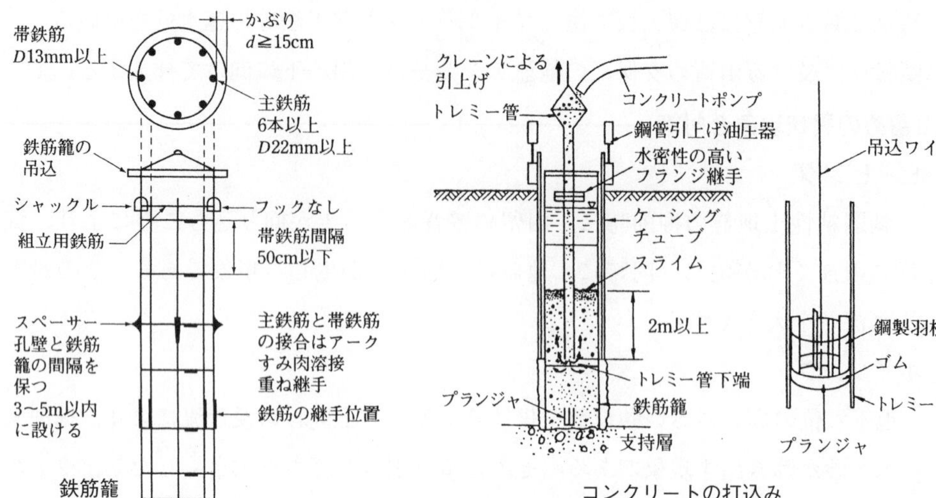

3 鉄筋工事

1 鉄筋とコンクリート

①鉄筋とコンクリートの熱膨張係数はほぼ等しい。

②鉄筋とコンクリートは付着性が良いが、付着力を高めるため鉄筋に凹凸をつけたり鉄筋の端部にフックをつける、十分な定着長を確保する必要がある。

③コンクリートはアルカリ性であり、鉄筋を錆から防ぎかつ耐火性を高めるためかぶりで確保する。施工誤差として最小かぶり厚さより10㎜厚くしておく。

2 鉄筋の継手

鉄筋の継手は次の原則による。

①継手はせん断力の小さい位置で、はりの中央付近に設け、端部に設けない。

②直径の異なる鉄筋の重ねの長さは、細い方の鉄筋の重ね継手の長さによる。

③継手の方法にはコンクリートとの付着に期待する重ね継手(直径D35㎜未満)、直接伝達するガス圧接継手、その他の継手として機械式継手や溶接継手がある。

3 ガス圧接継手の留意点

①ガス圧接工法には一般にクローズ・バット工法が用いられる。

②圧接面をグラインダーで平滑にし、酸素・アセチレン炎で加熱後圧力を加え接合する。

③圧接位置は、鉄筋応力の小さい所とし、圧接継手位置を同一箇所に集中させない。

④定着寸法確保のため鉄筋径のdの1～1.5dの縮み代(アップセット)を見込んでおく。

⑤圧接部のふくらみは鉄筋径dの1.4倍以上、ふくらみ長さ1.1倍以上とする。

⑥圧接部形状が著しく不良なものや、軸心のくい違(径の1／5超)のあるものは、圧接部を切り取って再圧接する。

⑦その他の欠陥部は、再加熱して修正する。

4 鉄筋の組立

①鉄筋の組立は、継手部及び交差部の要所を径0.8㎜以上のやきなまし鉄線で結束し、適切な位置にスペーサー、吊金物等を使用する。

②圧接継手の隣接鉄筋の継手位置は相互に400㎜以上ずらして配筋する。

③スラブのスペーサーは鋼製とする。鋼製スペーサーは、型枠に接する部分は防錆処理する。

④鉄筋相互のあきは、鉄筋の付着力を確保するため、鉄筋径の1.5倍・粗骨材最大寸法の1.25倍・25㎜のうち、最大値以上とする。

4 コンクリート工事

1 コンクリートの種類と骨材

コンクリートの種類の分類は骨材の気乾単位容積質量[t/m³]によって軽量(骨材1種、2種)コンクリート、普通コンクリート、重量コンクリートに分類する。

2 調合設計(調合強度を確保する水セメント比の決定)

調合強度に応じる水セメント比を決定するには、工事に使用するコンクリートの各材料とほぼ同じ性質のものを配合試験材料として用い、スランプと空気量は一定とし、強度以外のものは同じとし、水セメント比と圧縮強度の相関関係(直線式)を求め、この式から、調合強度が得られる水セメント比を推定する。

コンクリートの種類	気乾単位容積質量[t/m³]
普通コンクリート	2.1～2.5
軽量コンクリート1種	2.1以下
重量コンクリート	2.5超

3 鉄筋のかぶり厚の確保

①かぶり厚さは、施工誤差とし＋10㎜を最小かぶり厚さに加えたものを設計かぶり厚さとする。

②スペーサーは鋼製やコンクリート製とし、応力の小さい場所には合成樹脂製の使用ができる。型枠に接する鋼製スペーサーは接触面を防錆処理(プラスチックコーティング)する。

4 コンクリートの打込み

①コンクリートの打込み時間(コンクリートの練混ぜ開始から打込み終了までの時間)・打重ね時間間隔(下層コンクリートの打込み終了から上層コンクリートの打込み開始までの時間)は、外気温に応じて、次のように定められている。

外気温	打込み時間
25℃以上	90分以内
25℃未満	120分以内

外気温	打重ね時間間隔
25℃以上	120分以内
25℃未満	150分以内

建築施工

②縦形フレキシブルシュートを用いるときは、コンクリートの投入口とその排出口との水平距離は、垂直方向の高さの約 1/2 倍以下とする。

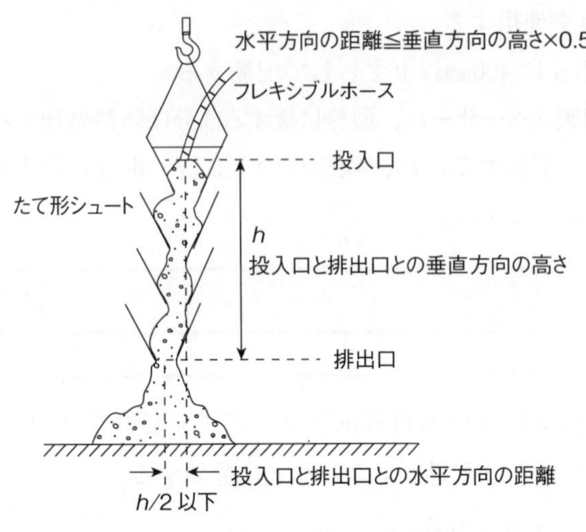

材料分離しにくいたて形シュート

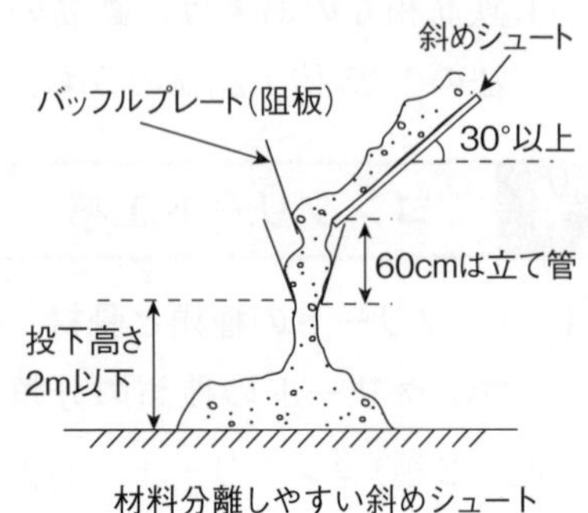

材料分離しやすい斜めシュート

5 コンクリートの締固め

①コンクリート棒型振動機の棒挿入間隔 60cm以下。

②振動棒は鉛直に挿入し、5 ～ 15 秒の範囲で加振し、鉛直にゆっくり引き抜き、穴を残さない。

③コンクリートの打込み厚さは 1 層 60 ～ 80cm以下を標準とする。

6 コンクリートの打継ぎ

①打継ぎは、梁とスラブはそのスパンの中央付近又はスパンの 1／4 付近に設け、主筋と直角方向に設ける。

②外部建具、パラペット等の打継ぎは防水上、下の図のように行う。

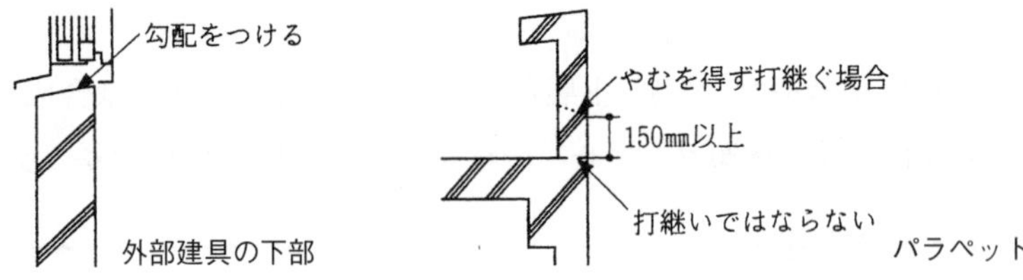

7 コンクリートの養生

コンクリートは、一般に散水養生を行う。暑中においては、初期乾燥を防ぐため、直射日光や風にさらされないようシートなどで養生し、寒中においては、寒気からの保温養生として、ポリエチレンなどのシートでコンクリート面や型枠を覆う被覆養生を行い、5 日間以上はコンクリートの温度を 2℃以上に保つ。

5 型枠工事

1 型枠の施工

型枠はせき板と支保工とで構成し、作業荷重、コンクリートの自重及び側圧、打込み時の振動及び衝撃、水平荷重等の外力に耐えかつ、コンクリート部材断面寸法の許容差を超えないたわみ(3㎜以下)とし、型枠の取外しが容易にできるものとする。また、柱・壁の型枠の足元には、モルタルの流出を防止するため、根巻きを行う。

2 せき板の施工

①合板せき板のなかには木材成分中の糖類、タンニン酸などの影響で、コンクリート表面の硬化を妨げるものがある。

②合板型枠の締付け金物を締めすぎると、せき板が内側に変形し、その間隔が狭くなる。締付け金物は、内端太に近接させて締め付ける。

③せき板の変質防止のため、ブルーシートなどで型枠を覆う。

6 鉄骨工事

①建方は、本接合が完了するまで強風、自重その他の荷重に安全なこと。

②仮ボルトの締付け本数は1群のボルト数の1/3以上かつ2本以上、柱の溶接用のエレクションピースの高力ボルトは全数締め付ける。

③本接合に先立ち、ひずみを修正し建入れ直しを行う。

④建方が完了した時点で、柱の倒れは下げ振りによるかセオドライト(トランシット)を用い、鉛直2点間について検査し、梁の水平度はレベルにより検査する。

2 溶接施工

①気温5℃以下となる場合や高張力鋼材(SM490A)を用いるとき、溶接部の低温割れを防止するため、予熱を200℃以下で行い、溶接後の冷却速度を遅くする。

②溶接の始端と終端の溶接欠陥を避けるため、エンドタブを用いる。

③溶接の検査には次のものがある。

a.外観・表面欠陥(ビード、ピット、オーバーラップ、アンダーカット、クレーター)目視検査

b.寸法(溶接長、余盛長、脚長)ゲージ又はスケールで測定検査

c.内部欠陥(割れ、融合不良、スラグ巻込み、ブローホール)超音波探傷試験検査

3 高力ボルト接合

①高力ボルト摩擦接合面の接合面のすべり係数(摩擦係数)は0.45以上とする。

②ブラスト法で処理するときは、ショットブラスト又はグリットブラストとし、サンドブラストは用いない。

③ナットはボルトの表示記号が外から見える向きに取り付ける。

④スプライスプレートと部材の接合部の孔心のずれが小さいときスプライスプレートをリーマー掛けして孔を拡大する。ずれが大きいときはスプライスプレートを取り替える。

4 アンカーボルトの設置

①アンカーボルトの心出しは型板を用い、基準墨に合わせ正確に行う。

②アンカーボルトは２重ナット及び座金を用い、その先端はねじがナットの外に３山以上出るようにする。

③ベースプレートの大きい場合、簡単な全面モルタルではなく後詰め中心塗工法を用い、ベースモルタル厚さは50㎜以下とし、柱底ならしを行う。

7 木工事

1 継手と仕口

継手は弱点となるので、位置を分散する「乱」に配置するか交互に配置する「千鳥」継手とする。

2 小穴

合板、壁つき材、建具材の乾燥収縮によるそりなどで隙間等が発生しないように、小穴じゃくりをつけておく。

3 釘の長さ

下地材に打ち付ける釘の長さは、打ち付ける板厚の2.5倍以上とし、板厚10㎜以下の場合４倍を標準とする。

建築施工

4.2B 受検種別：躯体　問題5-B 最新問題解説

受検種別：躯体　令和5年度 問題5-B 建築施工の解答例

問題5－B 次の1. から4. の各記述において，［　　］に当てはまる**最も適当な語句又は数値**を，下の該当する枠内から**1つ**選びなさい。

1. コンクリート躯体図に示されているX軸やY軸の基準の通り心は，柱心や壁心であることが多く，床面に地墨を打つ際に柱心や壁心を通しで打つことができない。そのため柱心や壁心の基準墨から一定寸法離した位置に補助の墨を打つが，この墨のことを［ ① ］という。1階床の基準墨の［ ① ］は，上階の基準墨の基になるので特に正確を期す必要がある。
2階より上では，通常建築物の四隅の床に小さな穴を開けておき［ ② ］により1階から上階へ順次，基準墨の［ ① ］を上げていく。この作業を墨の引通しという。

①	①親　墨	②陸　墨	③逃げ墨	④ベンチマーク

②	①自動レベル	②巻　尺	③水　糸	④下げ振り

2. 掘削した土の中で良質土を埋戻し土に用いる場合の締固めは，建築物の躯体等のコンクリート強度が発現していることを確認の上，厚さ［ ③ ］mm程度ごとに行う。
使用する機器は，小規模な埋戻しの場合は，ランマー等の衝撃作用，振動コンパクター等の振動作用で締め固める機器を使用する。大規模の場合は，ロードローラー等の転圧機械を使用する。
埋戻しの最終層には，土質による沈み代を見込んで［ ④ ］を行う。［ ④ ］の適切な標準値は決まっていないが通常の埋戻しにおいて，粘性土を用い十分な締固めを行う場合，100 mmから150 mm程度が目安として考えられる。

③	①300	②400	③500	④600

④	①床付け	②地ならし	③余盛り	④土盛り

3. 購入者が受け入れるレディーミクストコンクリートが，指定した性能を有する製品であるかどうかを判定するための検査を受入検査という。

受入検査は建築現場の荷卸し地点で行い，その検査の項目には，スランプ，空気量，［ ⑤ ］，コンクリート温度等がある。

［ ⑤ ］の測定結果が［ ⑥ ］kg/m³を超えるとコンクリート中の鉄筋の腐食が促進される可能性があるため，日本産業規格（JIS）では原則として，この値以下とすることが定められている。

⑤	①酸化物含有量	②塩化物含有量	③水分含有量	④炭素含有量

⑥	①0.30	②0.40	③0.50	④0.60

4. 木造在来軸組構法の2階建て以上の軸組において，2階以上の床位置で外周の柱を相互につなぐ横架材を［ ⑦ ］といい，その階の壁や床梁を支える。材料には一般にベイマツやマツ等が使用されている。

［ ⑦ ］の大きさは，幅は柱と同じとし，せいは上部の荷重や下部の柱の間隔により決められるが，一般に梁間寸法の［ ⑧ ］程度のものが使用されている。

⑦	①軒　桁	②妻　梁	③火打梁	④胴　差

⑧	① $\frac{1}{5}$	② $\frac{1}{10}$	③ $\frac{1}{15}$	④ $\frac{1}{20}$

正　解

分野	記述	枠	正解の番号	適当な語句又は数値
仮設工事	記述1.	①	③	逃げ墨
		②	④	下げ振り
土工事	記述2.	③	①	300［mm］
		④	③	余盛り
コンクリート工事	記述3.	⑤	②	塩化物含有量
		⑥	①	0.30［kg/m³］
木工事	記述4.	⑦	④	胴差
		⑧	②	1/10

考え方 解き方

記述 1. 墨出しにおける墨の種類と墨の引通し

①の解答	③	逃げ墨
②の解答	④	下げ振り

1 建築物を施工するときは、平面上の位置や高さの基準を示すために、墨出し(床面や壁面などに直線を引く作業)を行う。窓や配管などの位置は、これらの直線の位置を基準として決められるため、墨出しは重要な作業である。

2 墨出しの作業により打たれる墨には、次のような種類のものがある。

❶親墨は、柱心(柱の中心線)や壁心(壁の中心線)を示す墨であり、基準墨となる。

❷地墨は、各階における平面上の位置を示す墨であり、床面に付ける。

❸陸墨は、水平を示す(縦方向の高さの基準とする)墨であり、壁面に付ける。

❹たて墨は、垂直を示す(横方向の位置の基準とする)墨であり、壁面に付ける。

❺逃げ墨は、柱心や壁心の基準墨から一定寸法離した位置に付ける補助の墨である。

❻子墨は、逃げ墨を基にして型枠などの位置に付ける補助の墨である。

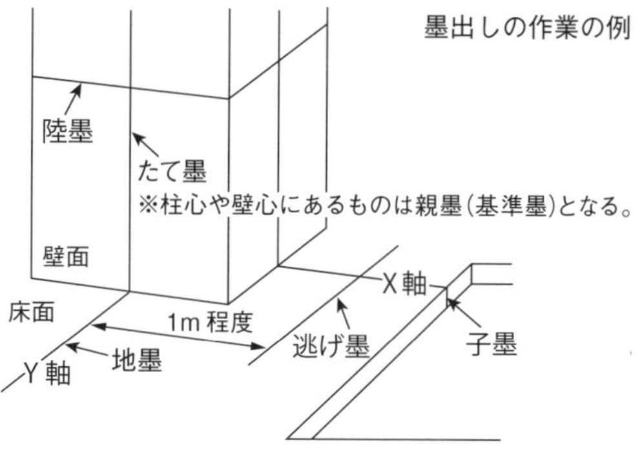

3 コンクリート躯体図などの設計図面に示されているX軸やY軸の基準となる通り心(親墨が示す位置)は、柱心(柱の中心線)や壁心(壁の中心線)であることが多い。柱心や壁心は、床面に地墨を打つ際には、構造物の中に隠れてしまっており、柱心や壁心を通しで打つことができなくなっている。そのため、床面に地墨を打つ際に、通り心の位置を明らかにできるよう、柱心や壁心の基準墨から一定寸法離した位置に、**逃げ墨**と呼ばれる補助の墨を打つ必要がある。

建築施工

4 建築工事では、上記3のようにして打つ1階床の基準墨の**逃げ墨**は、上階の基準墨の基になるので、ベンチマーク(下図のような建築物の基準点)からトータルステーション(高精度の測量器具)などを用いて、特に正確を期して打つ必要がある。

5 1階から上階に順次、基準墨の**逃げ墨**を上げてゆく作業は、墨の引通しと呼ばれている。墨の引通しをするときは、建築物の四隅の床(スラブ)に小さな穴を開けた後、その穴から**下げ振り**を降ろして1階の基準墨に合わせ、その位置に基準墨を打つ。

6 墨の引通しは、次の理由により、必ず下げ振りを使用して行わなければならない。

❶下げ振り(錘をぶら下げた器具)は、重力を利用できるため、誤差が生じにくい。

❷自動レベルは、本来は角度測定用の計器であるため、誤差が生じやすい。

❸巻尺は、本来は長さを測定するための器具であるため、誤差が生じやすい。

❹水糸は、本来は水平線を知るための器具であるため、誤差が生じやすい。

7 2階よりも上の階(3階以上の階)における高さの基準墨は、墨の引通しにより、必ず1階床面の墨を上げなければならない。このとき、順次下階の墨を上げる(2階の基準墨を上げて3階の基準墨を設置する)ようなことをしてはならない。

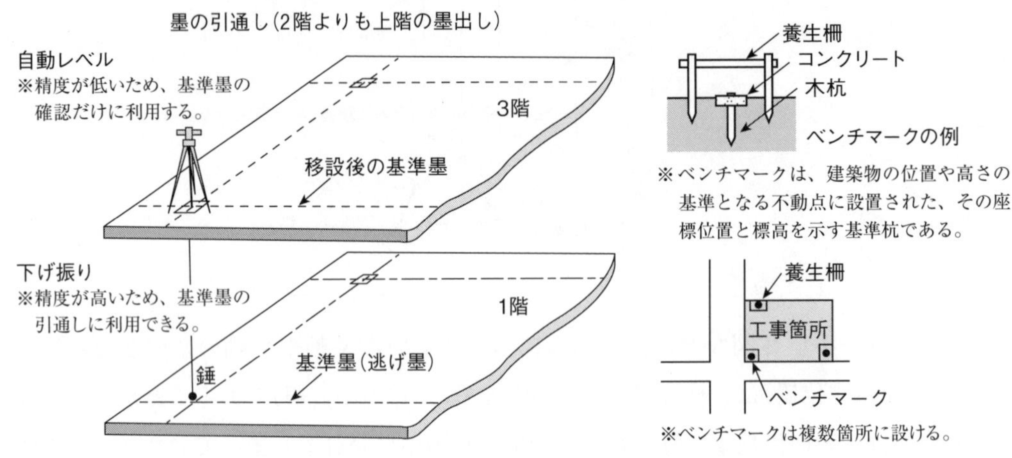
墨の引通し(2階よりも上階の墨出し)
自動レベル
※精度が低いため、基準墨の確認だけに利用する。
3階
移設後の基準墨
下げ振り
※精度が高いため、基準墨の引通しに利用できる。
1階
錘
基準墨(逃げ墨)
養生柵
コンクリート
木杭
ベンチマークの例
※ベンチマークは、建築物の位置や高さの基準となる不動点に設置された、その座標位置と標高を示す基準杭である。
養生柵
工事箇所
ベンチマーク
※ベンチマークは複数箇所に設ける。

以上により、[①]に当てはまる最も適当な語句は「③ **逃げ墨**」である。
また、[②]に当てはまる最も適当な語句は「④ **下げ振り**」である。

建築施工

墨出しに関するより専門的な内容

墨出しとは、設計図書に示された通りの建築物を作るために、各階の位置と高さの基準を、工事の進捗に合わせて示す作業である。墨出しの位置と高さの基準となるベンチマークを定めてから、墨出し基準図を作成し、隣地境界線・建物の通り心(親墨)・逃げ墨を設けて、建物内の墨出しを行う。この墨出しは、仮設工事として、発注者側監督職員が墨出し基準図を作成する。墨出し基準図の目的は、「敷地およびその周辺の位置等の墨出しの確認」・「建築施工(躯体・仕上げ)のための墨出しの確認」・「計測管理のための墨出しの確認」である。墨出し基準図の作成では、1階床の基準墨は、上階の基準墨の基になるので、特に正確を期すため、建築物周囲の国土地理院が定めた(道路側方に数kmおきに定められている)基準点から測量し、建築物の基準点(ベンチマーク)を定める。このベンチマークを基準点として、墨出し基準図を作成する。

墨出し基準図の例

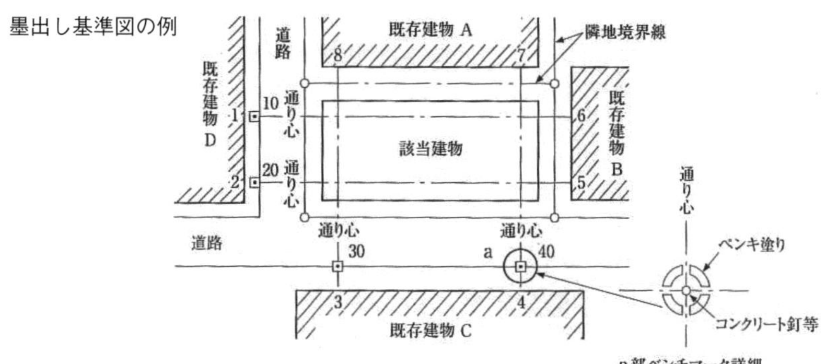

施工段階の墨出しには、準備工事(ベンチマークなどの墨出し)・杭工事(杭心の墨出し)・山留め工事(山留め壁の位置の墨出し)・土工事(床付けレベルの墨出し)・基礎工事(基礎・基礎梁・柱心の墨出し)・土間コンクリート工事(土間コンクリートレベルの墨出し)・鉄骨工事(アンカーボルトの墨出し)・鉄筋コンクリート工事(通り心・返り心・型枠建込みレベル・開口部等・引通し・コンクリート打込み用レベルの墨出し)・内装仕上げ工事(間仕切壁・建具取付け・天井仕上げ・階段仕上げ・エレベータ三方枠の墨出し)・外装仕上げ工事(手すり基礎・伸縮目地の墨出し)などがある。このうち、鉄筋コンクリート造の墨出しは、2階よりも上階では、通常、建築物の四隅の床に小さな穴を開けておき、下げ振りにより1階から上階に逃げ墨を上げている。この作業を、引通しという。

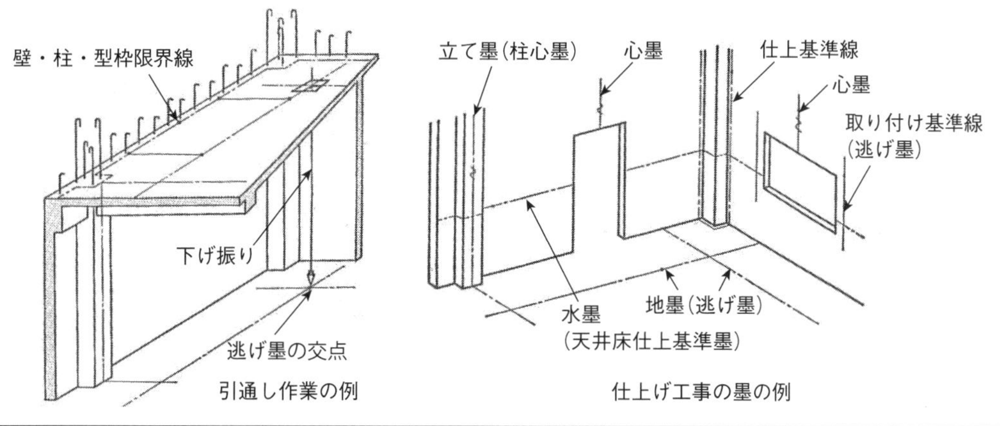

引通し作業の例　　仕上げ工事の墨の例

考え方 解き方

③の解答	①	300[mm]
④の解答	③	余盛り

記述2. 良質土による埋戻し工事(各層の厚さ)

1 埋戻し工事で使用する土は、施工後の沈下量が少なくなるよう、十分に締め固めてその密度を増加させる必要がある。この埋戻し工事を行うときは、建築物の躯体などのコンクリート強度が、十分に発現していることを確認しておく必要がある。

2 埋戻し工事において、掘削した土のうち、良質土を埋戻し土として使用する場合は、埋戻し厚さ**300mm程度**ごとに、締固めを行うことが一般的である。この埋戻し厚さがこれよりも厚くなると、十分な締固めができなくなるおそれが生じる。

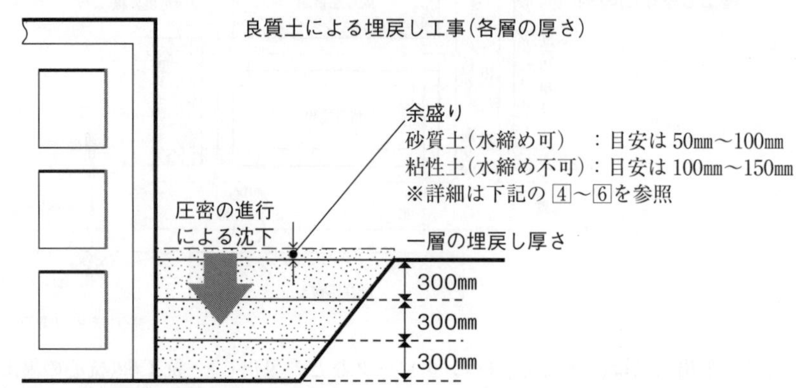

3 埋戻し工事に使用する機器は、十分な締固めができるよう、次のように使い分ける。

❶大規模な埋戻しの場合は、締固めの対象となる箇所が広いので、一度に広範囲を強く締め固めることができるロードローラーなどの大型の転圧機械を使用する。

❷小規模な埋戻しの場合は、締固めの対象となる箇所が狭く、大型の転圧機械が進入できないので、衝撃作用を利用できるランマーや、振動作用を利用できる振動コンパクターなどの小型の転圧機械を使用する。

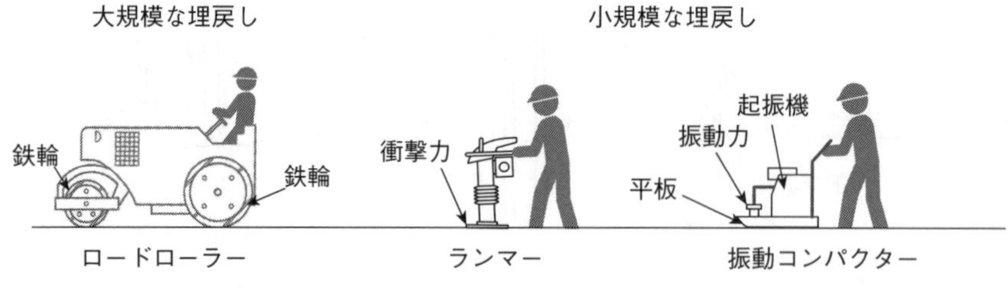

4 埋戻し工事に使用した埋戻し土は、時間が経つにつれて、圧密が進んで沈下することが多い。そのため、埋戻しの最終層(最上層)には、埋戻し土の土質に応じた沈み代を見込んで、**余盛り**を行う必要がある。この余盛りが行われていないと、埋戻し土の沈下に伴い、建築物の周囲にひび割れが発生するなどの施工不良が生じやすくなる。

5 埋戻し工事では、似たような語句に惑わされず、「余盛り」の語句を選ぶ必要がある。

❶床付けとは、埋戻し以前の掘削工事において、掘削底面を平坦にすることをいう。

❷地ならしとは、掘削や埋戻しとは関係なく、傾斜や凹凸を平坦にすることをいう。

❸余盛りとは、圧密による沈下を補填するため、余分な土をかぶせることをいう。

❹土盛りとは、掘削や埋戻しとは関係なく、低い場所に盛土を行うことをいう。

6 埋戻し土の土質に応じた沈み代を見込んだ**余盛り**の量は、適切な標準値が決まっているわけではないが、通常の埋戻し工事の場合における目安は次の通りである。

❶砂質土を用いて十分な水締めを行う場合は、圧密による沈下量が比較的小さくなるので、余盛りの目安は50㎜〜100㎜とする。

❷粘性土を用いて十分な締固めを行う場合は、圧密による沈下量が比較的大きくなるので、余盛りの目安は100㎜〜150㎜とする。

※粘性土は、砂質土に比べて透水性が悪く、水締め・衝撃・振動による締固めができない(締固めがやや弱くなりやすい)ため、圧密による沈下量が大きくなりやすい。

以上により、［ ③ ］に当てはまる最も適当な数値は「**① 300㎜**」である。

また、［ ④ ］に当てはまる最も適当な語句は「**③ 余盛り**」である。

余盛りと埋戻しに関するより専門的な内容

余盛の高さは、土の種類に応じて、土の変化率から推定することが一般的であるが、重要な埋戻し箇所では、試験を行って決めるようにする。また、山留め壁と地下壁との間の鋼矢板引抜き跡のように、幅が狭い場所での埋戻しでは、山砂を充填する。特に、矢板引抜き箇所の地盤が軟弱であると、矢板を引き抜くと同時に土が寄ってきて、周辺地盤が沈下する。そのため、場合によっては鋼矢板を残置することも考慮する。

建築施工

考え方 解き方

記述3. レディーミクストコンクリートの受入検査

⑤の解答	②	塩化物含有量
⑥の解答	①	0.30［kg/m^3］

1 レディーミクストコンクリートとは、整備されたコンクリート製造設備を持つ工場から、荷卸し地点における品質を指示して購入することができるフレッシュコンクリートである。この用語の定義は、コンクリート標準示方書に定められている。

2 建築現場にレディーミクストコンクリートを受け入れるときは、指定した性能を有する製品であるかどうかを判定する(購入時に指示した通りの品質になっているかを確認する)ため、建築現場の荷卸し地点において、受入検査を行わなければならない。

3 日本産業規格(JIS A 5308 レディーミクストコンクリート)では、レディーミクストコンクリートの品質項目として、次の4種類の検査項目が定められている。

❶強度（下表の基準値以上であることを確認する）

❷スランプまたはスランプフロー（下表の許容差以内であることを確認する）

❸空気量（下表の許容差以内であることを確認する）

❹**塩化物含有量**（下表の基準値以下であることを確認する）

4 日本産業規格(JIS A 5308 レディーミクストコンクリート)では、上記3の検査項目が、荷卸し地点において、次の条件を満足しなければならないことが定められている。

検査項目	合格基準(許容差・基準値)
強度	①3回の試験のうち、どの1回も指定呼び強度の85%以上である。 ②3回の試験の平均値が指定呼び強度以上(指定呼び強度の100%以上)である。 ※強度試験では、上記の①と②の条件を同時に満たさなければならない。
スランプ	①指定値が2.5cmであれば、許容差は±1cmとする。 ②指定値が5cmまたは6.5cmであれば、許容差は±1.5cmとする。 ③指定値が8cm以上18cm以下であれば、許容差は±2.5cmとする。 ④指定値が21cmであれば、許容差は±1.5cmとする。
スランプフロー	①指定値が50cmであれば、許容差は±7.5cmとする。 ②指定値が60cmであれば、許容差は±10cmとする。
空気量	①普通コンクリートの場合、指定値は4.5%とし、許容差は±1.5%とする。 ②軽量コンクリートの場合、指定値は5.0%とし、許容差は±1.5%とする。 ③舗装コンクリートの場合、指定値は4.5%とし、許容差は±1.5%とする。 ④高強度コンクリートの場合、指定値は4.5%とし、許容差は±1.5%とする。
塩化物含有量	①通常は、塩化物イオン量に換算して0.30kg/m³以下とする。 ②承認を受けた場合は、塩化物イオン量に換算して0.60kg/m³以下とする。

5 塩化物含有量の測定結果が**0.30kg/m³**を超えていると、コンクリート中にある鉄筋の腐食が促進されるおそれが生じる。そのため、日本産業規格(JIS A 5308 レディーミクストコンクリート)では、原則として、この値以下とすることが定められている。

❶購入者の承認を受けた場合(鉄筋を入れない無筋コンクリートであるなどの場合)は、塩化物による悪影響が生じにくいので、塩化物含有量は0.60kg/m³以下でよい。

❷塩化物含有量は、スランプなどとは異なり、運搬中に変動するおそれが少ないため、その検査を荷卸し地点ではなく工場出荷時に行ってもよい。

6 レディーミクストコンクリートの購入時に、購入者が指定した項目については、上記3以外の品質項目(検査項目)を定めることができる。一例として、購入者がコンクリートの最高温度や最低温度を指定している場合は、上記3の4項目に加えて、コンクリート温度を検査項目とすることができる。

建築施工

7 酸化物含有量・水分含有量・炭素含有量は、日本産業規格(JIS A 5308 レディーミクストコンクリート)において、購入時に指定できる項目としては定められていないので、これらの項目を検査項目とすることはできない。

以上により、[⑤]に当てはまる最も適当な語句は「② **塩化物含有量**」である。

また、[⑥]に当てはまる最も適当な数値は「① **0.30**kg/m³」である。

レディーミクストコンクリートに関するより専門的な内容

レディーミクストコンクリートの種類の選定にあたっては、フレッシュコンクリート(型枠に打ち込まれた硬化前のコンクリート)に必要とされる品質と、運搬中および荷卸し地点から打込み時点までの品質変化を考慮する必要がある。レディーミクストコンクリートの種類は、次の①～④の項目を基に選定しなければならない。

①粗骨材の最大寸法　②呼び強度

③荷卸し時の目標スランプまたは目標スランプフロー　④セメントの種類

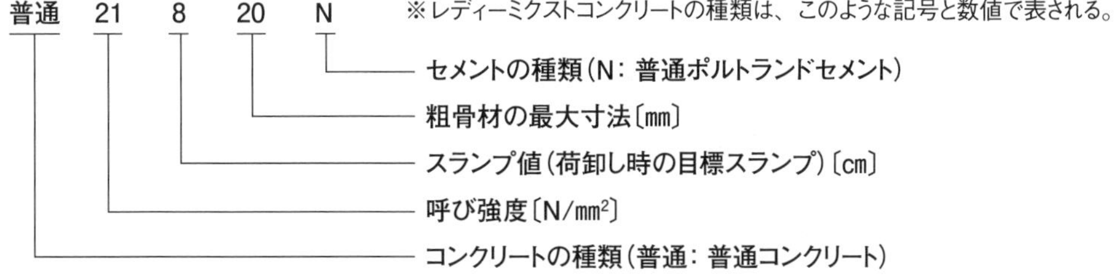

レディーミクストコンクリートの種類及び区分(○：購入可能)

コンクリートの種類	粗骨材の最大寸法〔mm〕	スランプまたはスランプフロー a)〔cm〕	呼び強度〔N/mm²〕													
			18	21	24	27	30	33	36	40	42	45	50	55	60	曲げ 4.5
普通コンクリート	20, 25	8, 10, 12, 15, 18	○	○	○	○	○	○	○	○	○	○	−	−	−	−
		21	−	○	○	○	○	○	○	○	○	○	−	−	−	−
		45	−	−	−	○	○	○	○	○	○	○	−	−	−	−
		50	−	−	−	−	−	○	○	○	○	○	−	−	−	−
		55	−	−	−	−	−	−	○	○	○	○	−	−	−	−
		60	−	−	−	−	−	−	−	○	○	○	−	−	−	−
	40	5, 8, 10, 12, 15	○	○	○	○	○	−	−	−	−	−	−	−	−	−
軽量コンクリート	15	8, 12, 15, 18, 21	○	○	○	○	○	○	○	○	−	−	−	−	−	−
舗装コンクリート	20, 25, 40	2.5, 6.5	−	−	−	−	−	−	−	−	−	−	−	−	−	○
高強度コンクリート	20, 25	12, 15, 18, 21	−	−	−	−	−	−	−	−	−	−	○	−	−	−
		45, 50, 55, 60	−	−	−	−	−	−	−	−	−	−	○	○	○	−

注a) 荷卸し地点での値であり、45cm、50cm、55cm及び60cmはスランプフローの値である。

出典：JIS A 5308 レディーミクストコンクリート

※普通コンクリート　：骨材に砂利や砕石を用いるもの
※軽量コンクリート　：骨材に軽石などを用いるもの
※舗装コンクリート　：硬練りのコンクリートとするもの
※高強度コンクリート：設計基準強度が36N/mm²を超えるもの

建築施工

考え方 解き方

記述4. 木造在来軸組構法の横架材

⑦の解答	④	胴差
⑧の解答	②	1/10

1 木造在来軸組構法で造られた2階建て以上の建築物の軸組(柱や梁などの骨組み)において、2階以上の床位置で外周の柱を相互に繋ぐ横架材は、**胴差**と呼ばれている。

2 胴差の役割には、次のようなものがある。

❶その階および上階の壁や床梁を支える。

❷外周にある下階と上階の管柱(階ごとに分割して設けた柱)を繋ぐ。

❸管柱や通し柱を介して、上階の荷重を土台に伝える。

3 木造在来軸組構法で造られた建築物の軸組には、次のようなものがある。ここでは、問題文中の選択肢にあるものを解説するので、下図と合わせて認識しておこう。

❶軒桁は、垂木(屋根の斜材)を直接受けて、屋根荷重を柱に伝える横架材である。

❷妻梁は、棟木と直交する外周面に設けた梁であり、建築物を支える横架材である。

❸火打梁は、直交する梁の水平構面の隅角部に、斜めに入れる補強用の横架材である。

❹胴差は、外周にある下階と上階の柱を繋ぎ、上階の床梁を支える横架材である。

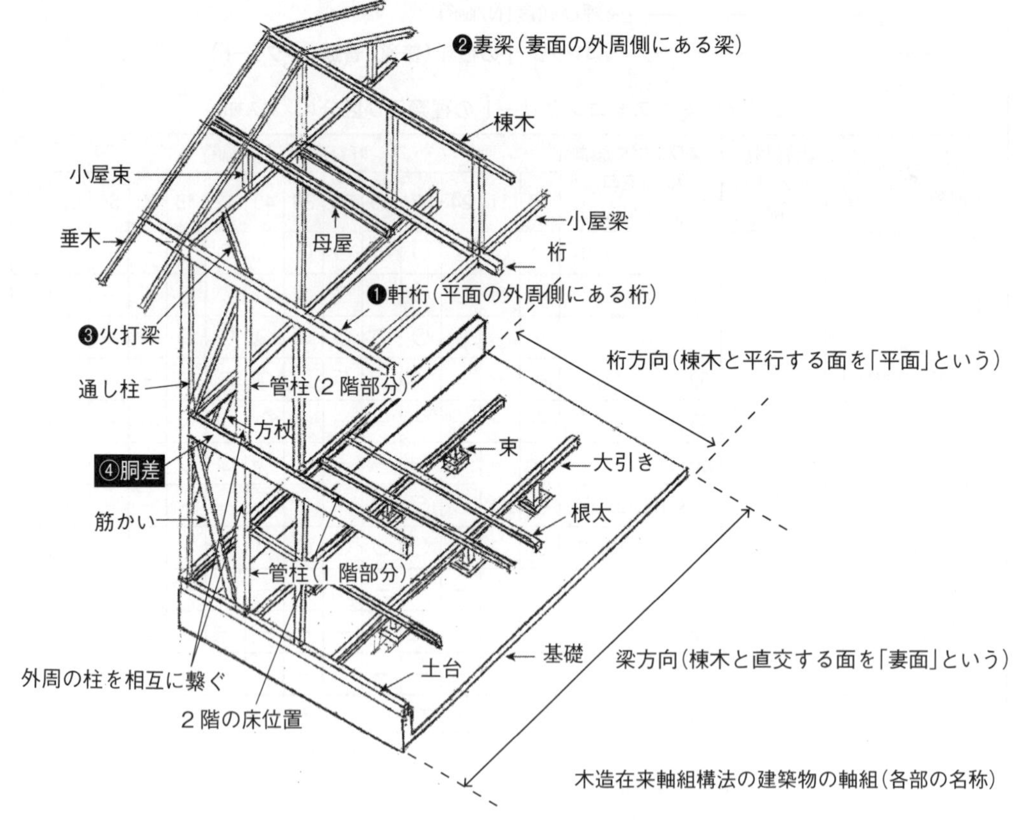

木造在来軸組構法の建築物の軸組(各部の名称)

建築施工

4 横架材である胴差は、上下方向からの応力を受けて曲がりやすいという特徴がある。そのため、胴差の材料は、米松(ベイマツ/輸入品)や松(マツ/国産品)などの曲げ強度の高いものとすることが一般的である。

5 胴差の大きさは、柱との取り合い(接続の状態の適切さ)を考慮し、次のように定める。

❶胴差の幅は、その上下にある柱と同じ(通し柱や管柱の幅に合わせた)程度とする。

❷胴差の背(高さ)は、胴差の上部の荷重や、胴差の下部の柱の間隔により決められる。

❸胴差の背(高さ)は、梁間寸法(梁の間隔)の**10分の1程度**とすることが一般的である。

※胴差の背が高すぎる(胴差が太すぎる)と、その自重により建築物に悪影響を及ぼす。

※胴差の背が低すぎる(胴差が細すぎる)と、床梁を支えるための強度が確保できない。

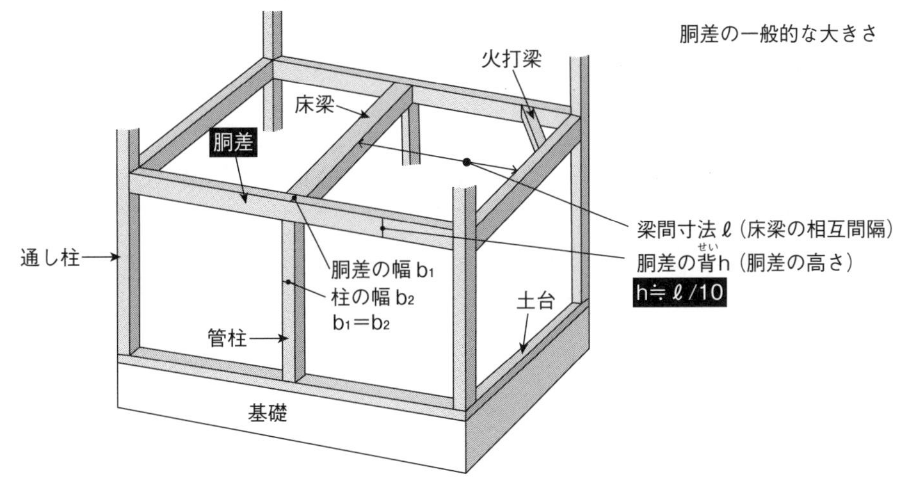

以上により、[⑦]に当てはまる最も適当な語句は「④ **胴差**」である。

また、[⑧]に当てはまる最も適当な数値は「② **1/10**」である。

建築施工

問題５－Ｂ 次の1. から4. の各記述において，［　　］に当てはまる**最も適当な語句，文字又は数値**を，下の該当する枠内から**１つ選びなさい**。

1. 敷地の地盤の構成や性質などを調査する地盤調査には，一般にロータリーボーリングが行われている。ボーリングによる掘削孔を用いて［①］，試料の採取，地下水位の測定等の調査を行う。

　また，採取された試料は各種の土質試験を行い，土質柱状図にまとめられる。

　［①］は，ハンマーを自由落下させて，SPT サンプラーが地層を 300 mm 貫入するのに必要な打撃回数を求める試験である。ここで得られた打撃回数を［②］といい，地盤の硬軟や締り具合を推定するのに使われる。

①	①フロー試験	②平板載荷試験	③標準貫入試験	④CBR 試験
②	①K　値	②NC 値	③トルク係数値	④N　値

2. 型枠工事において，コンクリート型枠用合板を用いた柱型枠や壁型枠を組み立てる場合，足元を正しい位置に固定するために［③］を行う。敷桟で行う場合にはコンクリートの漏れ防止に，パッキングを使用する方法やプラスチックアングルを使用する方法等がある。

　床型枠においては，設計者との協議を行い，フラットデッキ（床型枠用鋼製デッキプレート）を使用することがある。その場合，梁側板型枠との接合方法として，フラットデッキの長手方向に対する梁への**のみこみ**代は，原則として，一般階では［④］mm としている。

③	①根固め	②根巻き	③根回し	④根がらみ
④	①10	②20	③30	④40

3. 鉄筋工事において，鉄筋相互のあきは，鉄筋とコンクリートの間の［⑤］による応力の伝達が十分に行われ，コンクリートが分離することなく密実に打ち込まれるために必要なものである。

　柱や梁の主筋の継手に，ガス圧接継手を採用し，異形鉄筋を用いる場合の鉄筋相互のあきの最小寸法は，隣り合う鉄筋の平均径（呼び名の数値）の1.5倍，粗骨材最大寸法の1.25倍，［⑥］mm のうちで，最も大きい値以上とする。

⑤	①定　着	②付　着	③引　張	④圧　縮
⑥	①20	②25	③30	④35

4. 鉄骨工事において，トルシア形高力ボルトを使用した接合部の本締めは，梁フランジの場合には図の [⑦] のように行っていく。また，本締め後の検査は，ピンテールが破断していること，共回り・軸回りがないこと，ボルトの余長がネジ1山から6山までの範囲であること，ナットの回転量が平均回転角度± [⑧] 度以内であることを目視確認する。

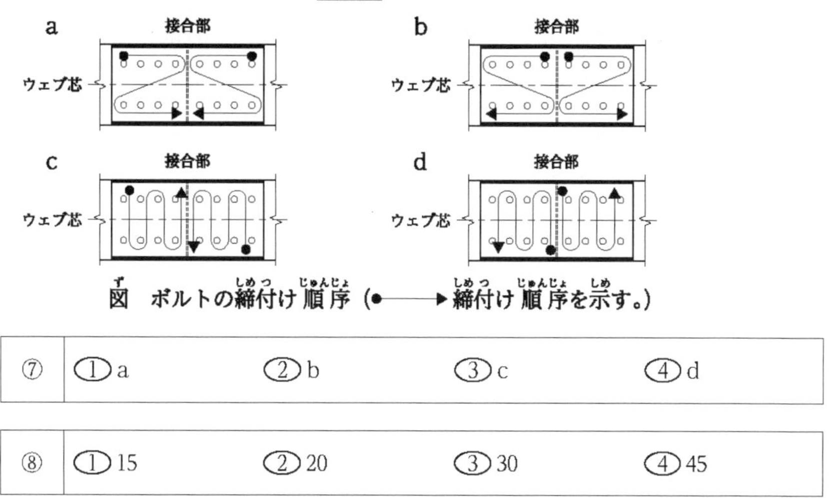

図 ボルトの締付け順序（●──▶締付け順序を示す。）

⑦	①a	②b	③c	④d

⑧	①15	②20	③30	④45

正 解

分野	記述	枠	正解の番号	適当な語句・文字・数値
土工事	記述1.	①	③	標準貫入試験
		②	④	N値
型枠工事	記述2.	③	②	根巻き
		④	①	10[mm]
鉄筋工事	記述3.	⑤	②	付着
		⑥	②	25[mm]
鉄骨工事	記述4.	⑦	④	d
		⑧	③	30[度]

考え方 **解き方**

①の解答	③	標準貫入試験
②の解答	④	N値

記述 1. ボーリングによる地盤調査

1 建設工事が行われる敷地において、その地盤の構成・性質などを調査するときは、ロータリーボーリングによる地盤調査を行うことが一般的である。ロータリーボーリングは、地盤の掘削方法のひとつであり、軟らかい地層から硬い岩盤まで、あらゆる地層の地盤構成を調べることができるため、広く用いられている。

2 ボーリングによる掘削孔は、次のような目的に使用される。

❶ **標準貫入試験**（地盤の深い位置における支持力を判定するための試験を行う）

❷ 地盤の深い位置からの土試料の採取（土試料に対しては室内試験などが行われる）

❸ 地下水位の測定（地下水位が高すぎるときは排水工法などの採用を検討する）

不適当な語句の詳細

× フロー試験は、モルタルやコンクリートの軟らかさを調べる試験である。

× 平板載荷試験は、載荷板に荷重を与えて、表層地盤の支持力を調べる試験である。

× CBR 試験は、路床の支持力を求めて、舗装厚さの決定に用いる試験である。

3 標準貫入試験は、ハンマーを自由落下させて、SPT（Standard Penetration Test）サンプラー（土試料採取用鋼管）を地層中に300㎜貫入させるのに必要な打撃回数を求める試験である。ここで得られた打撃回数は、**N 値**と呼ばれている。

❶ 地盤が硬質であるほど、SPT サンプラーの貫入に必要な打撃回数（N 値）が多い。

❷ 地盤が締まっているほど、SPT サンプラーの貫入に必要な打撃回数（N 値）が多い。

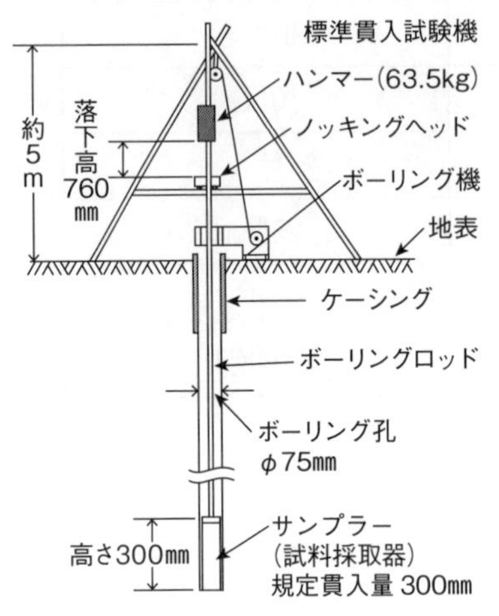

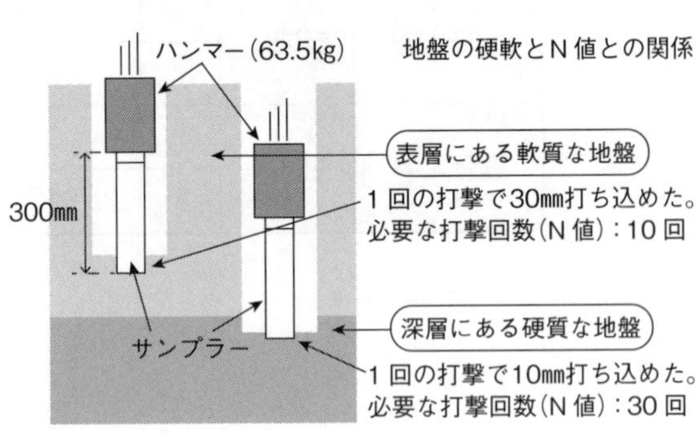

標準貫入試験の詳細(上記の解説に関するより専門的な内容)

標準貫入試験は、深い地盤の土層の支持力を求め、建築物の杭の打止め深さを決めるために行われる。各土層の性質を求めるため、SPTサンプラー(試料採取器/高さ30㎝の鋼管)をハンマーで叩いて打ち込み、SPTサンプラーを引き上げて土試料を採取する。このとき、ハンマーでSPTサンプラーが30㎝の長さまで地層に打ち込まれる回数をN値といい、N値が大きいほど地盤の支持力が大きいことを表している。杭基礎を支持する地層は、通常N≧50を目安とする。一般に、標準貫入試験では、ボーリング掘削孔を用いて1mごとにN値を求め、資料を採取する。

不適当な語句の詳細

×K値は、平板載荷試験で求められる地盤反力係数を示すものである。
×NC値は、音圧レベル(騒音の程度)の許容値を示すものである。
×トルク係数値は、高力ボルトの軸力がどの程度導入されたかを示すものである。

4 ボーリングで採取された土試料に対しては、各種の土質試験を行い、土質柱状図を作成して整理する。土質柱状図が複数得られている場合は、地質断面図を作成してまとめる。この土質柱状図や地質断面図を読み取ることにより、支持層の分布状況や各地層の連続性などを総合的に判断できる。

❶土質柱状図は、その地点における深さ方向の支持層・地層を整理したものである。

❷地質断面図は、ある地形の線形に沿って、支持層・地層をまとめたものである。

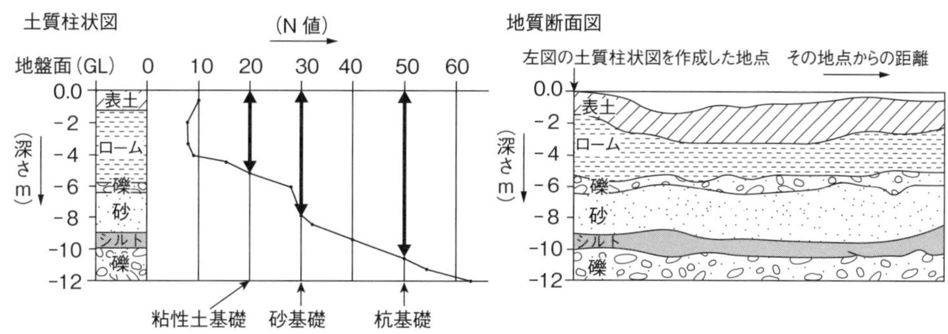

以上により、[①]に当てはまる最も適当な語句は「③ **標準貫入試験**」である。
また、[②]に当てはまる最も適当な語句は「④ **N値**」である。

建築施工

③の解答	②	根巻き
④の解答	①	10[mm]

記述2. コンクリート型枠の固定と接合

1 型枠工事において、コンクリート型枠用合板を用いて柱型枠・壁型枠を組み立てるときは、型枠用合板の足元を正しい位置に固定するために、**根巻き**を行う。

2 根巻きとは、柱型枠・壁型枠を組み立てるときに、基準となる下端の位置を定めるためのガイドとなる墨の位置に、桟木などの部材を取り付ける作業をいう。柱型枠・壁型枠を組み立てるときは、根巻きに沿って型枠の下端を密着させ、型枠からコンクリート(モルタルやセメントミルクなど)が漏れないようにする。

参考　不適当な語句の詳細

×根固めとは、杭工事において、杭の下端に杭径以上の球根を作ることをいう。
×根回しとは、植栽工事(樹木の移植)において、根の周りを掘り取ることをいう。
×根がらみは、足場工事において、足場の脚部の滑動を防ぐための部材である。

3 根巻きを敷桟で(桟木を敷いて)行う場合は、コンクリートの漏れを防止するため、パッキングやプラスチックアングルを使用して隙間を埋めることが望ましい。

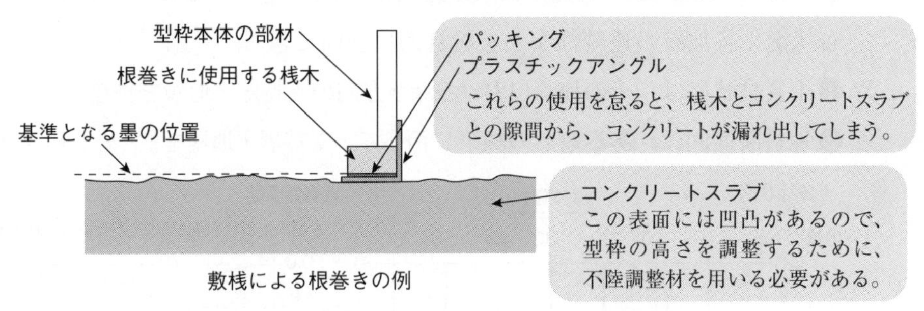

敷桟による根巻きの例

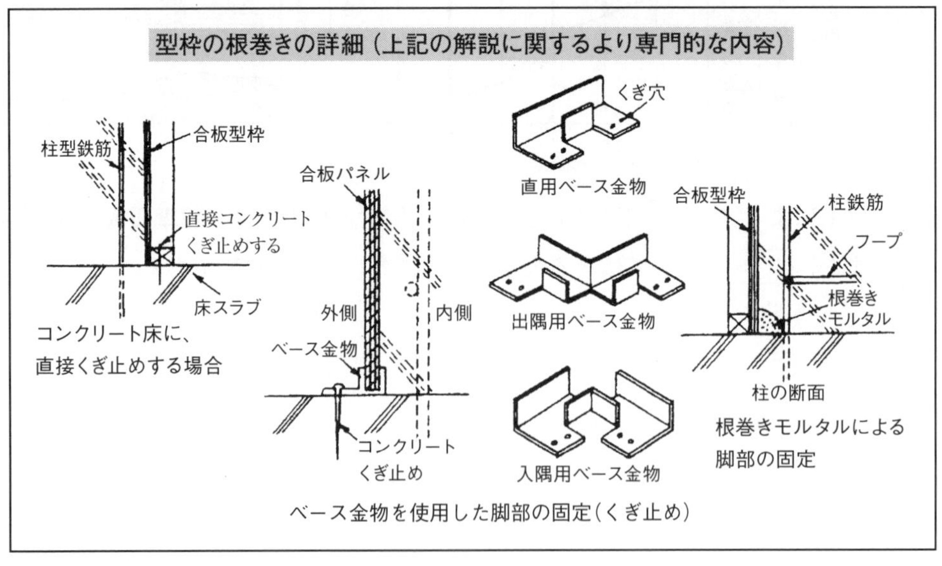

4 床型枠には、設計者との協議により、フラットデッキ(床型枠用鋼製デッキプレート)などの捨型枠を使用することがある。フラットデッキは、その表面(上面)は平滑に加工されているが、その裏面(下面)にはリブ(補強のための突起)が付けられている。

5 フラットデッキを梁側板型枠と接合するときは、フラットデッキの長手方向(長辺)に対する梁への飲み込み代を、一般階では**10mm**とすることが原則である。

❶飲み込み代が小さすぎると、梁との隙間からコンクリートが漏れやすくなる。

❷飲み込み代が大きすぎると、構造体に対して悪影響を与えるおそれが生じる。

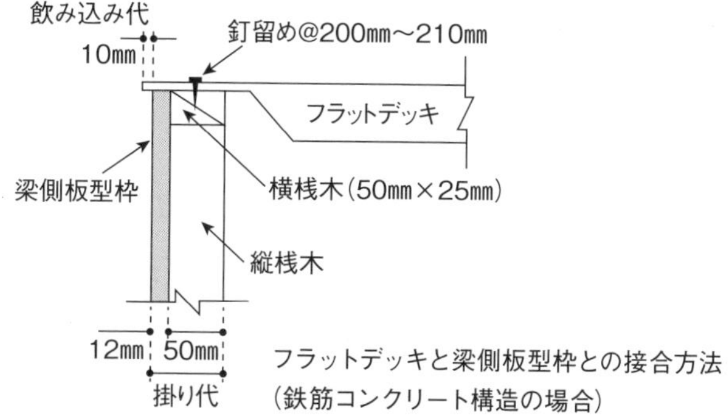

フラットデッキと梁側板型枠との接合方法
(鉄筋コンクリート構造の場合)

フラットデッキの詳細(上記の解説に関するより専門的な内容)

RC造の場合、フラットデッキの施工において、梁への飲み込み代を10mm程度設けておくのは、梁側板型枠との接合部からのモルタルの漏出を防止するためである。また、フラットデッキには、10mm程度のキャンバー(むくり)が付いており、梁との隙間からのノロ漏れが生じないようになっている。RC造(鉄筋コンクリート造)やSRC造(鉄骨鉄筋コンクリート造)の場合は、フラットデッキの接合は横桟木で受けるため、荷重は縦桟木で支持できるようになっている。また、S造の場合のフラットデッキの施工は下図の通りである。

フラットデッキ(床型枠用鋼製デッキプレート)の構造図

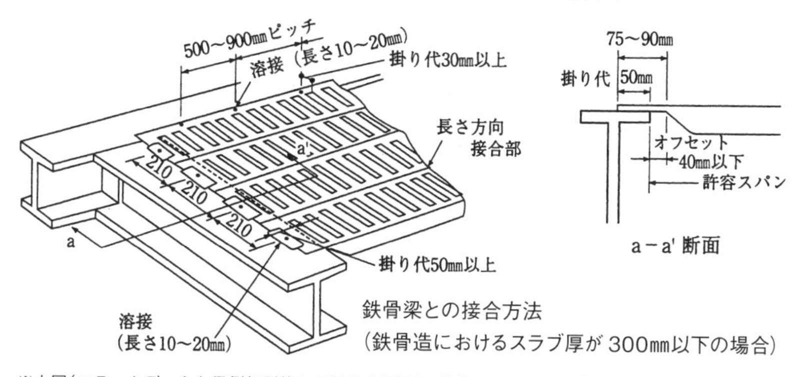

鉄骨梁との接合方法
(鉄骨造におけるスラブ厚が300mm以下の場合)

※上図(フラットデッキと梁側板型枠との接合方法)は、鉄筋コンクリート造または鉄骨鉄筋コンクリート造におけるスラブ厚が300mm以下の場合の型枠の接合方法である。

以上により、[③]に当てはまる最も適当な語句は「② **根巻き**」である。
また、[④]に当てはまる最も適当な数値は「① **10mm**」である。

⑤の解答	②	付着
⑥の解答	②	25［mm］

記述3. 鉄筋相互の空き(目的と寸法)

1 鉄筋コンクリート造の構造物では、隣り合う鉄筋の相互間に、所定の空き寸法が必要である。鉄筋相互の空きは、次のような品質を確保するために必要なものである。

❶鉄筋とコンクリートの間の**付着**による応力の伝達が十分に行われる(鉄筋とコンクリートが完全に密着できるようにする)こと。

❷コンクリートが分離することなく密実に打ち込まれる(鉄筋相互間にコンクリートが流し込まれずに空隙となることを防ぐ)こと。

2 鉄筋相互の空きの最小寸法は、次の①・②・③の条件のうち、最も大きい値以上としなければならない。この値は、柱や梁の主筋の継手に、ガス圧接継手を採用し、異形鉄筋を用いる場合のものであるが、多くの鉄筋工事ではこの値が採用される。

❶隣り合う鉄筋の平均径(呼び名の数値)の1.5倍

※鉄筋径が大きいほど、コンクリートの流れ込みが阻害されやすい。

❷粗骨材の最大寸法の1.25倍

※コンクリートの粗骨材が大きいほど、鉄筋相互間の隙間に引っ掛かりやすい。

❸25㎜

※コンクリートは、その種類に関係なく、25㎜未満の隙間には流れ込みにくい。

鉄筋相互の空きの最小寸法の詳細(上記の解説に関するより専門的な内容)

鉄筋の種類	鉄筋相互の空きの最小寸法	鉄筋相互の空きの最小寸法の計算例
異形鉄筋 D あき D	・呼び名の数値(D)の1.5倍 ・粗骨材最大寸法の1.25倍 ・25㎜のうち、最大の値	呼び名の数値がD16の異形鉄筋相互の空き寸法の最小値は、粗骨材最大寸法が20㎜であれば、25㎜とする。
丸鋼 d あき d	・鉄筋径(d)の1.5倍 ・粗骨材最大寸法の1.25倍 ・25㎜のうち、最大の値	鉄筋径が22㎜の丸鋼相互の空き寸法の最小値は、粗骨材最大寸法が25㎜であれば、33㎜とする。

3 鉄筋相互の空きの最小寸法が、上記2の値よりも小さくなると、コンクリート中に含まれる粗骨材(一般的には最大径が20㎜または25㎜の砂利)が、鉄筋と鉄筋との間に引っかかり、その下部が空隙(じゃんか)となってしまう。

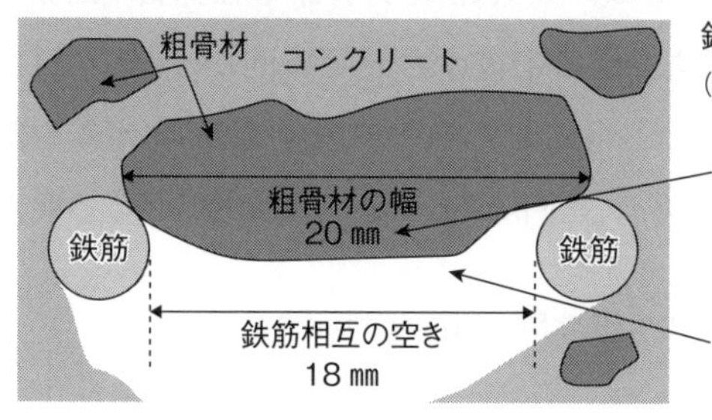

鉄筋相互の空きを確保することが重要である理由
(粗骨材の幅が鉄筋相互の空きよりも大きい場合に生じる欠陥)

鉄筋相互の空きを、粗骨材の最大寸法の「1.25倍」とする理由は、余裕(安全率)を確保するためである。

粗骨材が鉄筋と鉄筋との間に引っかかってしまうと、このような空隙(強度が全くない部分)が生じる。

4 鉄筋相互の空きとは、ある鉄筋の外周から隣接する他の鉄筋の外周までの最短距離をいう。鉄筋の間隔とは、ある鉄筋の中心から隣接する他の鉄筋の中心までの距離をいう。したがって、ふたつの鉄筋の径が同一である場合において、鉄筋の間隔は、鉄筋相互の空きに、鉄筋の最大外径を加えたものである。

※「鉄筋相互の空き」と「鉄筋の間隔」という言葉は、区別して覚える必要がある。

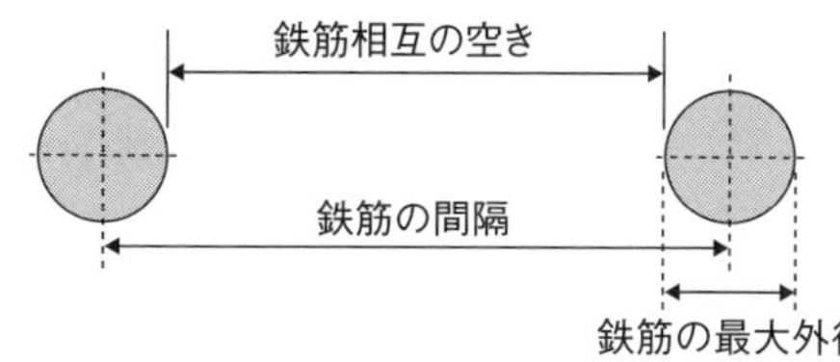

鉄筋の間隔＝鉄筋相互の空き＋鉄筋の最大外径

以上により、 ⑤ に当てはまる最も適当な語句は「② **付着**」である。
また、 ⑥ に当てはまる最も適当な数値は「② **25㎜**」である。

⑦の解答	④	d
⑧の解答	③	30［度］

記述4. トルシア形高力ボルト(施工順序と回転角度)

1 高力ボルト接合の締付け順序については、公共建築工事標準仕様書（建築工事編）において、「一群のボルトの締付けは、群の中央から周辺に向かう順序で行う」ことが定められている。したがって、鉄骨工事において、トルシア形高力ボルトを使用した接合部の本締めは、梁フランジの場合、下図のdのように行っていく必要がある。

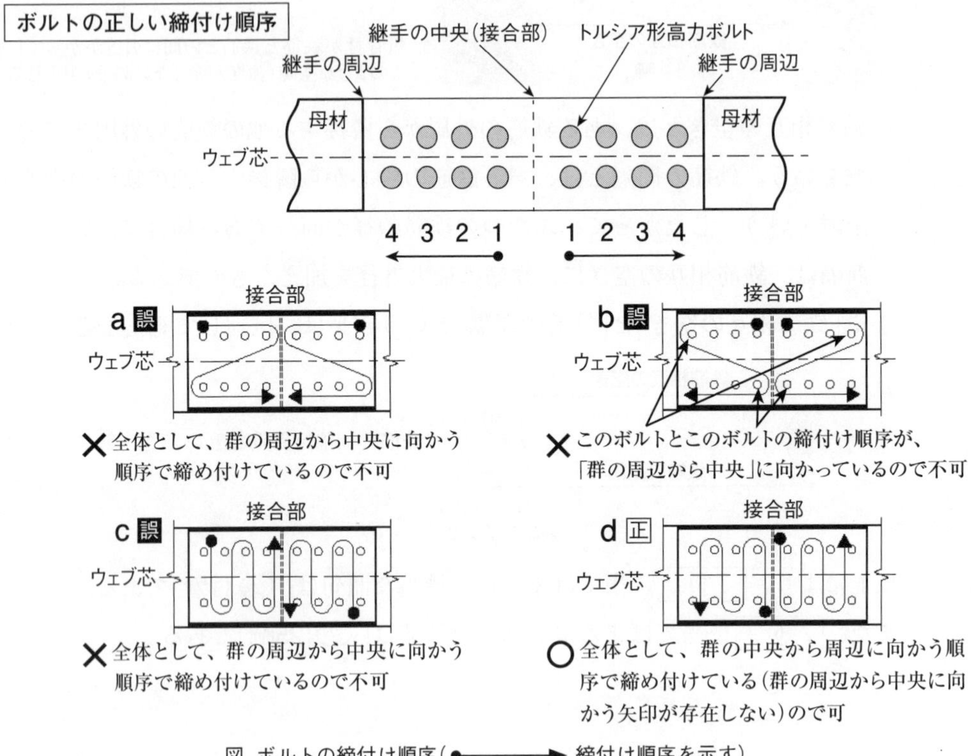

図 ボルトの締付け順序（●――▶ 締付け順序を示す）

2 一群のボルトの締付けを、上図のa・b・cのように、群の周辺から中央に向かう順序で行ってしまうと、トルシア形高力ボルトの締付けで生じた応力を、端（周辺）に逃がすことができなくなる。その結果、接合部（中央）に残留応力が作用し、母材（鉄骨）の耐力が著しく低下したり、母材が歪んだり剥がれたりするおそれが生じる。

③トルシア形高力ボルトの本締め後の検査では、「ピンテールが破断していること」を確認する必要がある。トルシア形高力ボルトは、所定のトルク値が導入される(適正な力で締め付けられる)と、ピンテールが破断する構造になっているからである。

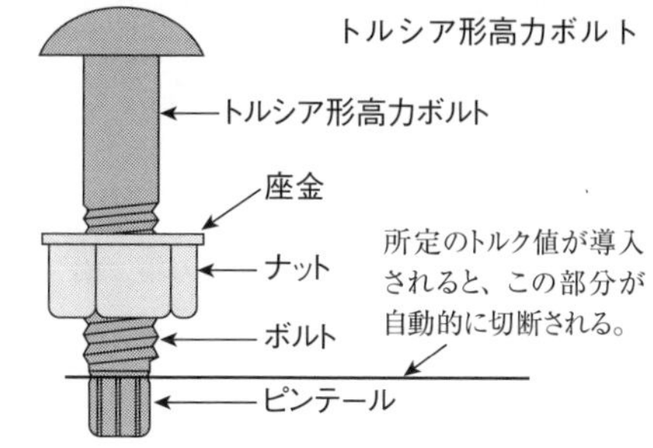

④トルシア形高力ボルトの本締め後の検査では、一次締めの際に付けたマークのずれを見て、「ナット回転量が、各ボルト群のナットの平均回転角度**−30度**から平均回転角度**＋30度**までの範囲にあること」を確認する必要がある。なお、この平均回転角度は、120度に設定することが一般的である。

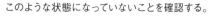

⑤トルシア形高力ボルトの本締め後の検査では、一次締めの際に付けたマークのずれを見て、「共回りや軸回りが生じていないこと」を確認する必要がある。共回りや軸回りが生じているボルトは、新しいボルトセットに交換しなければならない。

❶共回りとは、ナットの回転と共に、座金やボルトも一緒に回転する現象をいう。

❷軸回りとは、ナットが回転せずに、ボルトだけが逆方向に回転する現象をいう。

このような状態になっていないことを確認する。

⑥トルシア形高力ボルトの本締め後の検査では、「ボルトの余長が、ねじ1山から6山までの範囲にあること」を確認する必要がある。

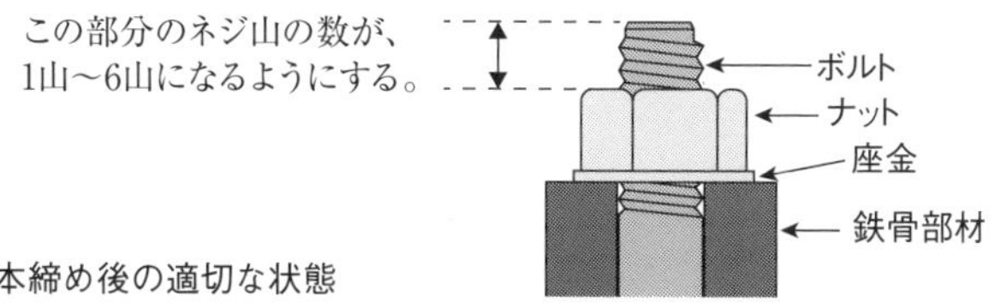

以上により、[⑦]に当てはまる最も適当な文字は「④ **d**」である。

また、[⑧]に当てはまる最も適当な数値は「③ **30度**」である。

問題5－B 次の1. から4. の各記述において，［　］に当てはまる最も適当な語句又は数値を，下の該当する枠内から1つ選びなさい。

1. 建築物の高さ及び位置の基準となるものを［①］という。高さの基準は隣接の建築物や既存の工作物に，位置の基準は一般に建築物の縦，横2方向の通り心を延長して設ける。工事測量を行うときの基準のため，工事中に動くことのないよう2箇所以上設けて，随時確認できるようにしておく。

また，建築物の位置を定めるため建築物の外形と内部の主要な間仕切の中心線上に，ビニルひも等を張って建築物の位置を地面に表すことを［②］という。このとき，建築物の隅には地杭を打ち地縄を張りめぐらす。

①	①親墨	②逃げ墨	③ベンチマーク	④ランドマーク

②	①縄張り	②水貫	③遣方	④いすか切り

2. 鉄筋工事において，コンクリートの中性化や火災等の高温による鉄筋への影響を考えた鉄筋を覆うコンクリートの厚さを「かぶり厚さ」といい，建築基準法施行令で規定されており，原則として，柱又は梁にあっては［③］mm以上，床にあっては20mm以上となっている。

また，かぶり厚さを保つためにスペーサーが用いられ，スラブ筋の組立時には［④］のスラブ用スペーサーを原則として使用する。

③	①25	②30	③35	④40

④	①木レンガ	②モルタル製	③鋼製	④プラスチック製

3. コンクリート工事において，日本産業規格（JIS）では，レディーミクストコンクリートの運搬時間は，原則として，コンクリートの練混ぜを開始してからトラックアジテータが荷卸し地点に到着するまでの時間とし，その時間は ⑤ 分以内と規定されている。このため，できるだけ運搬時間が短くなるレディーミクストコンクリート工場の選定をする。

また，コンクリートの練混ぜ開始から工事現場での打込み終了までの時間は外気温が25℃未満の場合 ⑥ 分以内，25℃以上の場合90分以内とする。

⑤	①60	② 70	③ 80	④ 90

⑥	①60	②120	③150	④180

4. 木造在来軸組構法において，屋根や上階の床などの荷重を土台に伝える鉛直材である柱は，2階建てでは，1階から2階まで通して1本の材を用いる通し柱と，各階ごとに用いる ⑦ とがある。

一般住宅の場合，柱の断面寸法は，通し柱は ⑧ cm角， ⑦ では10.5cm角のものが主に使用されている。

⑦	①継柱	②止柱	③間柱	④管柱

⑧	①10.5	②12	③13.5	④15

正　解

分野	記述	枠	正解の番号	適当な語句又は数値
仮設工事	記述1.	①	③	ベンチマーク
		②	①	縄張り
鉄筋工事	記述2.	③	②	30[mm]
		④	③	鋼製
コンクリート工事	記述3.	⑤	④	90[分]
		⑥	②	120[分]
木工事	記述4.	⑦	④	管柱
		⑧	②	12[cm]

考え方 **解き方**

①の解答	③	ベンチマーク
②の解答	①	縄張り

記述 1. 建築物の高さと位置の基準

1 建築物の高さおよび位置の基準となるものは、**ベンチマーク**と呼ばれている。ベンチマークは、既存の工作物または新設の杭などに基準(標高および座標位置)を記したものとして、不動点(移動のおそれのない場所)に設置される。

2 ベンチマークの設置における留意事項には、次のようなものがある。

❶建築物の高さの基準は、敷地付近の道路側に設けられている既知の(測量法上の水準点などの)基準点を利用して設置する。

❷建築物の位置の基準は、建築物の縦横2方向について、建物の通り心(壁・柱などの中心線)から1m程度離れた位置に、その通り心を延長して設置する。

❸ベンチマークは、工事測量(既知の基準点から建築物の高さおよび位置を定める作業)で求めた建築物の基準となるため、破損に備えて(随時確認できるように)2箇所以上に設置し、決して移動しないように対策を講じなければならない。

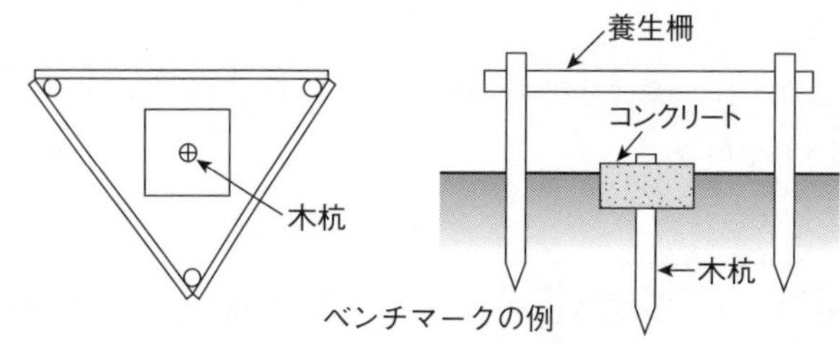

ベンチマークの例

3 建築物の位置を定めるために、建築物の外形と内部の主要な間仕切りの中心線上に、縄やビニル紐を張って建築物の位置を地面に表す作業を、**縄張り**という。

4 縄張りの作業における留意事項には、次のようなものがある。

❶縄張りの作業を行う前に、設計図を見て建築物の外形や隣地境界線を把握する。

❷発注者・工事監理者などの工事関係者の立会のもとで、その縄張りが建築基準法や条例などに違反していないことを確認する。

❸建築物の隅・柱心の交点・壁心の交点などに地杭を打ち、その建築物の配置図に従って、この地杭の間に地縄を張り巡らす。

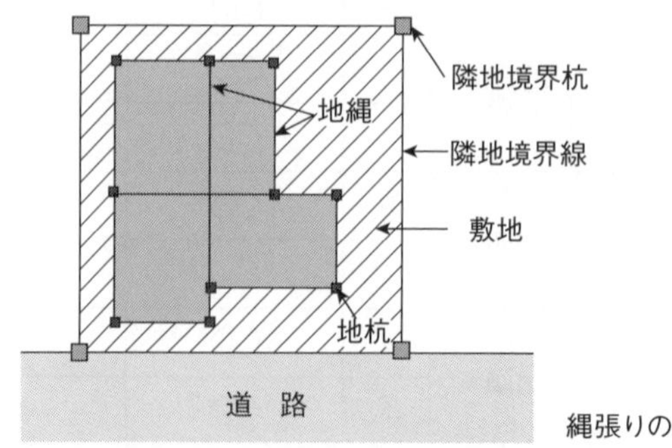

縄張りの例

建築施工

5 縄張りの作業が完了したら、建築物の高低・位置・方向・心の基準をより明確化するために、建物の周囲に杭・木板などの仮設物を設置する作業が行われる。この仮設物を、遣り方という。

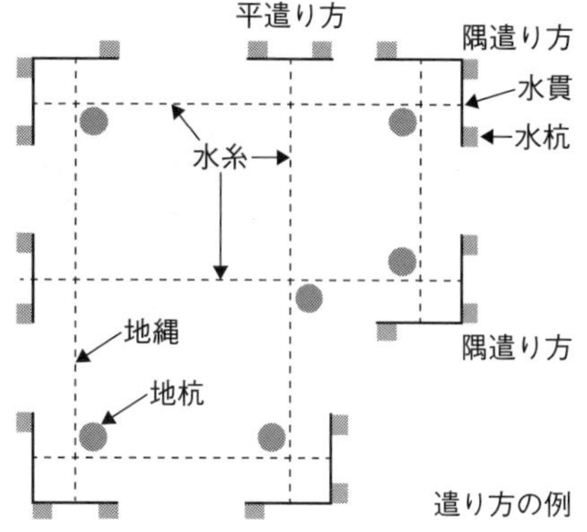

遣り方の例

以上により、［ ① ］に当てはまる最も適当な語句は「③ **ベンチマーク**」である。また、［ ② ］に当てはまる最も適当な語句は「① **縄張り**」である。

（参考）建築物の高さと位置の基準についての詳細

1 ベンチマークは、建築物の高さH（水準点）とその座標位置X,Y（基準点）の2つのベンチマークを設ける場合と、これを1つ（X,Y,H）にまとめたベンチマークを設ける場合がある。建築工事では、（X,Y,H）の1つを基準とするベンチマークを設けることが一般的である。ベンチマークを設けるときは、工事測量により、水準点（H）をレベルで測量し、基準点（X,Y）をトータルステーションで測量し、（X,Y,H）の位置に杭を地盤に打ち込み、その中心を定めて、杭保護のためにコンクリートを打ちまわす。

2 遣り方は、建築に先立ち、柱心などの基準となる水平位置を示すために設ける仮設物である。建築物の四隅と要所に水杭（水平位置を表すための木杭）を打ち込み、水杭に水貫（木板）の上面を水平にして釘で打ち付け、この高さを基準定木とし、壁や柱などの心に水糸を張る。

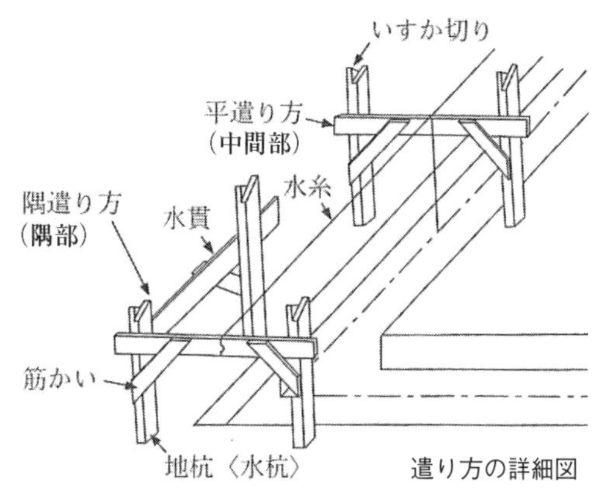

遣り方の詳細図

3 墨出しは、設計図に示された杭・柱・鉄筋型枠・開口部・仕切壁・建具などの平面上の位置や高さを原寸大にして表示するために、床面や壁面などに直線を引く作業である。

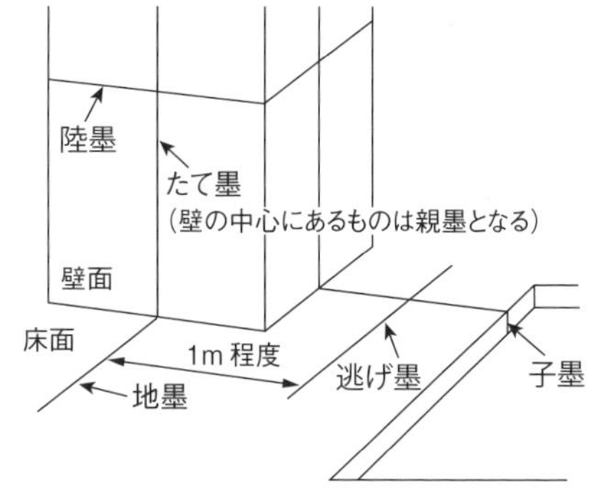

墨出しの例

※親墨は、建築物の通り心（壁・柱などの中心線）を示し、他の墨の基準となる墨である。

※逃げ墨は、基準となる墨（親墨など）から一定の距離をおいて平行に付ける墨である。

建築施工

4 ランドマークは、その土地における目印となる(遠くから見ても存在がすぐに分かる)自然物または構造物である。一例として、東京スカイツリーは、ランドマークである。

東京スカイツリー

③の解答	②	30[mm]
④の解答	③	鋼製

記述2. 鉄筋のかぶり厚さの確保

1 鉄筋工事では、コンクリートの中性化や火災等の高温による悪影響から鉄筋を保護するため、所定の厚さのコンクリートで鉄筋を覆わなければならない。鉄筋を保護するために、鉄筋を覆っているコンクリートの厚さ(コンクリート表面から鉄筋表面までの最小距離)のことを、かぶり厚さ(鉄筋に対するコンクリートのかぶり厚さ)という。

❶かぶり厚さは、水・空気・酸・塩などによる鉄筋の腐食を防止し、鉄筋とコンクリートを有効に付着させることにより、所要の耐久性と強度を確保するために定められている。

❷コンクリートの中性化(コンクリートのアルカリ性が空気中の二酸化炭素の侵入などにより失われていく現象)が発生すると、鉄筋を覆っていた不動態皮膜が失われるため、コンクリートの内部にある鉄筋が、水・空気・塩分などに直接触れて、腐食されてしまう。

❸火災等により鉄筋コンクリートが高温になると、かぶりを通して鉄筋が高温になり、鉄筋の耐力が低下するため、鉄筋コンクリートとしての耐久性と強度が確保できなくなる。このとき、十分なかぶり厚さがあれば、鉄筋の耐力低下を遅らせることができる。

2 鉄筋に対するコンクリートのかぶり厚さは、建築基準法施行令において、鉄筋コンクリート構造物の部位ごとに、次のように定められている。

❶耐力壁以外の壁・床　　　　　　：2cm(20mm)以上
❷耐力壁・柱・梁　　　　　　　　：3cm(**30mm**)以上
❸直接土に接する壁・柱・床・梁：4cm(40mm)以上
❹布基礎の立上り部分　　　　　　：4cm(40mm)以上
❺布基礎の立上り部分を除く基礎　：6cm(60mm)以上 ※捨てコンクリートの部分を除く。

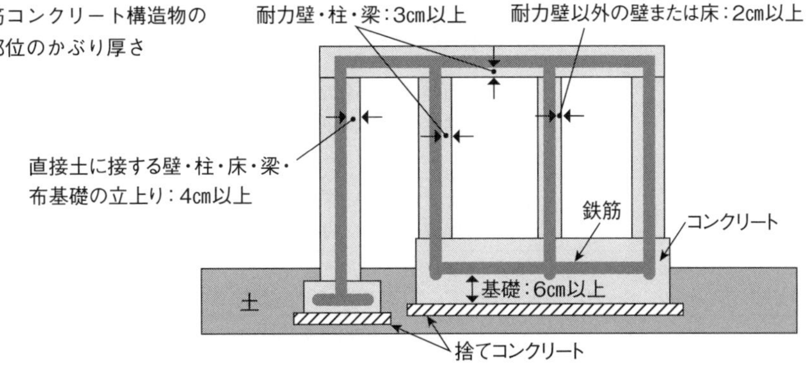

3 鉄筋工事のスペーサーは、鉄筋側面のかぶり厚さを確保するための部材である。スペーサーは、使用箇所に適した材質のものを使用しなければならない。

❶スペーサーは、部材の設計基準強度と同等以上の強度を有する材料で製作する。
❷スラブ・梁・柱・基礎・基礎梁・壁・地下外壁に使用するスペーサーは、鋼製またはコンクリート製を標準とする。
❸型枠に接するスペーサーは、コンクリート製とする。このような場所に、単に鋼製のスペーサーを使用すると、スペーサーに錆が発生することがある。鋼製のスペーサーを使用するときは、型枠に接する部分に防錆処理を行う。

したがって、スラブ筋の組立時には、原則として、**鋼製**またはコンクリート製のスラブ用スペーサーを使用しなければならない。

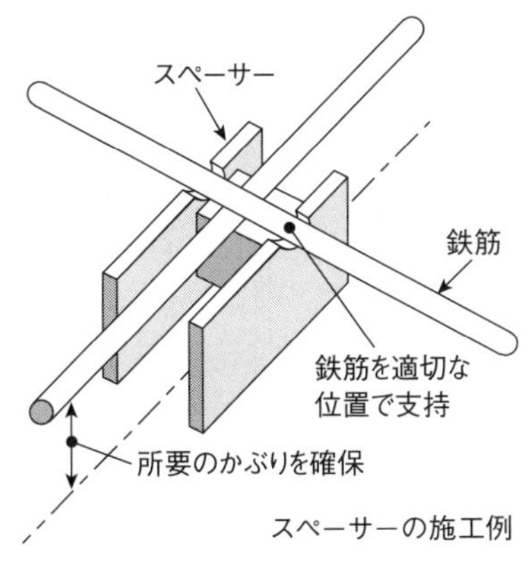

スペーサーの施工例

※この問題が出題された当初の基準では、スラブ筋の組立時に使用するスペーサーとして、モルタル製は規定されていなかった(鋼製とコンクリート製のみが規定されていた)が、2022年の規格改正により、スラブにはモルタル製のスペーサーを使用できるようになった。次頁に掲載されている表は、2022年の規格改正後のものである。

建築施工

鉄筋のサポートおよびスペーサの種類・配置の標準

部材	スラブ	梁	柱
種類	鋼製・コンクリート製・モルタル製	鋼製・コンクリート製・モルタル製	鋼製・コンクリート製・モルタル製
配置	上端筋・下端筋それぞれ 間隔は0.9m程度 端部は0.1m以内	間隔は1.5m程度 端部は0.5m程度	上段は梁下より0.5m程度 中段は上段より1.5m間隔程度 柱幅方向は1.0m以下2個 1.0m超え3個
備考		上または下いずれかと、側面の両側へ対称に設置	同一平面に点対称となるように設置
部位	基礎	基礎梁	壁・地下外壁
種類	鋼製・コンクリート製・モルタル製	鋼製・コンクリート製・モルタル製	鋼製・コンクリート製・モルタル製
配置	間隔は0.9m程度	間隔は1.5m程度 端部は0.5m程度	上段は梁下より0.5m程度まで 中段は上段より1.5m間隔程度 横間隔は1.5m程度 端部は0.5m程度
備考	基礎の四隅と柱の四隅に設置	上または下いずれかと、側面の両側へ対称に設置	

［注］(1)スペーサは、側面に限りプラスチック製でもよい。
(2)断熱材打込み時のスペーサは支持重量に対して、めり込まない程度の設置面積を持ったものとする。

出典：建築工事標準仕様書・同解説 JASS 5 鉄筋コンクリート工事 2022

以上により、③ に当てはまる最も適当な数値は「② **30［mm］**」である。
また、④ に当てはまる最も適当な語句は「③ **鋼製**」である。

記述3. コンクリートの運搬時間と打込み時間

⑤の解答	④	90［分］
⑥の解答	②	120［分］

1 レディーミクストコンクリート（荷卸し地点まで配達されるコンクリート）の工場の選定にあたっては、荷卸し地点となる建築工事現場までの運搬時間が最も重要である。運搬中のコンクリートは、その運搬時間に応じて品質変化を引き起こすので、運搬時間はできる限り短くすべきである。また、運搬時間は搬路の交通状況や天候などにより変動するため、こうした変動時間も考慮する必要がある。

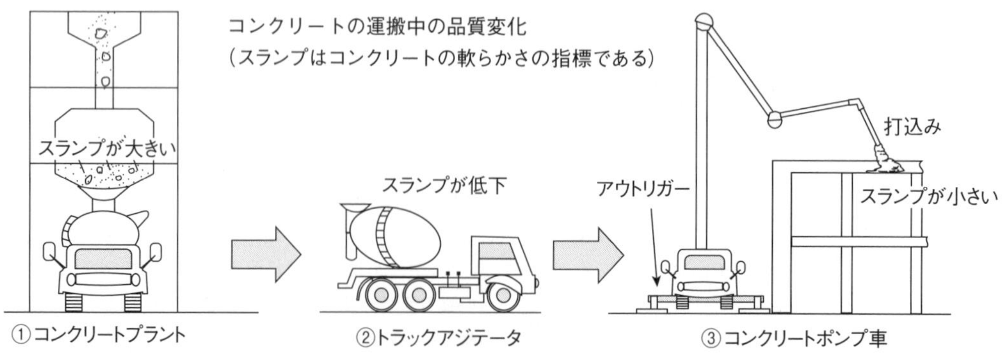

2 レディーミクストコンクリートの運搬時間は、日本産業規格の「JIS A 5308 レディーミクストコンクリート」において、次のように定められている。

❶レディーミクストコンクリートの運搬は、原則として、所定の性能を有するトラックアジテータ(コンクリートを常に撹拌しながら走行できるミキサー車)で行う。

❷レディーミクストコンクリートの運搬時間(生産者が練混ぜを開始してから運搬車が荷卸し地点に到着するまでの時間)は、原則として、1.5時間以内(**90分以内**)とする。

❸ダンプトラックは、スランプ2.5cmの舗装コンクリートを運搬する場合に限り使用することができる。ダンプトラックでコンクリートを運搬する場合の運搬時間は、練混ぜを開始してから1時間以内(60分以内)とする。

3 コンクリートの練混ぜ開始から工事現場での打込み終了までの時間(コンクリートの打込み時間)は、工事現場の外気温に応じて、次のように定められている。

❶外気温が25℃未満の場合は、コンクリートの硬化が比較的遅いので、**120分**以内とする。

❷外気温が25℃以上の場合は、コンクリートの硬化が比較的速いので、90分以内とする。

以上により、 ⑤ に当てはまる最も適当な数値は「**④ 90[分]**」である。

また、 ⑥ に当てはまる最も適当な数値は「**② 120[分]**」である。

(参考) コンクリートの運搬時間(練混ぜ開始から荷卸し地点に到着するまでの時間)、打込み時間(練混ぜ開始から工事現場での打込み終了までの時間)、打重ね時間間隔(下層コンクリートの打込み終了から上層コンクリートの打込み開始までの時間)は、試験に出題されやすいので、混同しないように覚えておく必要がある。

運搬時間	トラックアジテータによる運搬の場合：1.5時間(90分)以内 ダンプトラックによる運搬の場合　：1.0時間(60分)以内
打込み時間	外気温が25℃未満の場合　：2.0時間(120分)以内 外気温が25℃以上の場合　：1.5時間(90分)以内
許容打重ね時間間隔	外気温が25℃未満の場合　：2.5時間(150分)以内 外気温が25℃以上の場合　：2.0時間(120分)以内

※コンクリートの練混ぜから打込み終了までの時間については、この問題では「外気温が25℃未満の場合120分以内、25℃以上の場合90分以内」となっているが、公共建築工事標準仕様書では「外気温が25℃以下の場合は120分以内とし、25℃を超える場合は90分以内とする」ことが定められている。しかし、「未満の」「以下の」および「以上の」「を超える」の違いについては、さほど重要ではないので、気にする必要はない。

建築施工

⑦の解答	④	管柱
⑧の解答	②	12[cm]

記述 4. 木造の柱の種類と断面寸法

[1] 木造在来軸組構法で造られた2階建ての建築物において、屋根や上階の床などの荷重を土台に伝えるための鉛直材である柱は、その構造により、通し柱と**管柱**に分類されている。

❶通し柱は、1階から2階まで通して1本の材で造られた柱である。

❷管柱は、階ごとに(1階と2階の間を胴差しなどで分割して)設けた柱である。

❸間柱は、壁を支えるための小柱であり、建築物の荷重を負担しない。

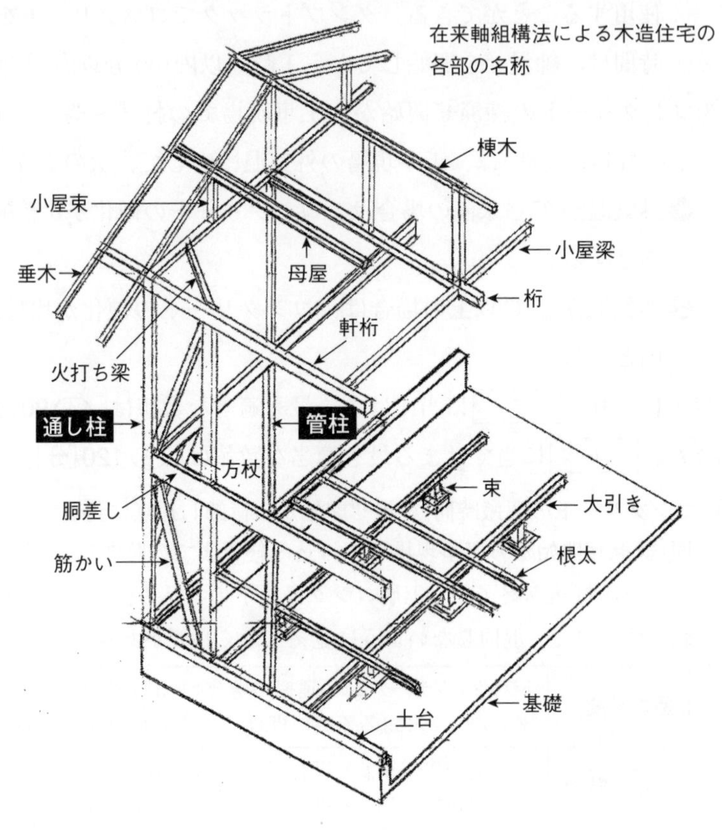

在来軸組構法による木造住宅の各部の名称

[2] 木造在来軸組構法で造られた一般住宅の柱の断面寸法は、次の値を標準とする。

❶通し柱には、断面寸法が**12cm**角のもの(4寸柱)が主に使用されている。

❷管柱には、断面寸法が10.5cm角のもの(3.5寸柱)が主に使用されている。

[3] 建築基準法施行令では、木造の柱の小径について、次の基準が定められている。

❶構造耐力上主要な柱の張間方向・桁行方向の小径は、原則として、土台・胴差し・梁などの構造耐力上主要な横架材の相互間の垂直距離に対して、下表に掲げる割合以上のものでなければならない。

柱 ＼ 建築物		張り間方向又はけた行方向に相互の間隔が10m以上の柱又は学校、保育所、劇場、映画館、演芸場、観覧場、公会堂、集会場、物品販売業を営む店舗(床面積の合計が10m²以内のものを除く)若しくは公衆浴場の用途に供する建築物の柱		左欄以外の柱	
		最上階又は階数が1の建築物の柱	その他の階の柱	最上階又は階数が1の建築物の柱	その他の階の柱
(1)	土蔵造の建築物その他これに類する壁の重量が特に大きい建築物	$\frac{1}{22}$	$\frac{1}{20}$	$\frac{1}{25}$	$\frac{1}{22}$
(2)	(1)に掲げる建築物以外の建築物で屋根を金属板、石板、木版その他これらに類する軽い材料でふいたもの	$\frac{1}{30}$	$\frac{1}{25}$	$\frac{1}{33}$	$\frac{1}{30}$
(3)	(1)及び(2)に掲げる建築物以外の建築物	$\frac{1}{25}$	$\frac{1}{22}$	$\frac{1}{30}$	$\frac{1}{28}$

❷一例として、各階の高さ(横架材の相互間の垂直距離)が2.7mの日本瓦葺きの木造住宅における柱の断面寸法は、管柱は2.7m×1/30＝9.0cm以上、通し柱は2.7m×1/28＝9.7cm以上としなければならない。上記[2]の断面寸法が10.5cm角の管柱や、断面寸法が12cm角の通し柱は、この基準を十分に満たしている。

❸3階建て以上の(地階を除く階数が2を超える)建築物では、1階の構造耐力上主要な柱の小径は、原則として、13.5cm以上とする。

以上により、[⑦]に当てはまる最も適当な語句は「④**管柱**」である。

また、[⑧]に当てはまる最も適当な数値は「②**12[cm]**」である。

受検種別：躯体　令和2年度 問題5-B 建築施工の解答例

問題5－B　次の1．から4．の各記述において，下線部の語句又は数値が**適当なものには○印を，不適当なものには適当な語句又は数値を記入しなさい。**

1．既製コンクリート杭地業におけるセメントミルク工法において，杭径が300～500 mmの場合は，杭径よりも200 mm①程度大きいオーガーヘッドを使用する。

また，掘削は，安定液を用いて孔壁の崩壊を防止しながら，杭心に合わせて鉛直に行い，予定の支持層に達した後，根固め液及び杭周固定液を注入しながらアースオーガーを引き抜いていき，その後，既製コンクリート杭を掘削孔内に建て込む。

この施工法は，既製コンクリート杭の打込み②工法に分類される。

2．鉄骨工事におけるトルシア形高力ボルトを使用する接合部の組立てにおいて，接合部の材厚の差などにより，接合部に1③mmを超える肌すきがある場合には，フィラープレートを用いて肌すきを埋める。

締付け後の検査は，一次締付け後に付けたマーキングのずれやピンテールの破断などを確認し，ナットの回転と共にボルトや座金も一緒に回転する軸回り④を生じているボルトは，新しいボルトセットと交換する。

3．コンクリート工事において，公称棒径45 mmの棒形振動機を締固めに用いる場合，コンクリートの1層の打込み厚さは，棒形振動機部分の長さである60～80 cm以下とし，棒形振動機の挿入間隔は90⑤cm以下とする。

また，棒形振動機は，コンクリート表面にセメントペーストが浮き上がる時まで加振し，加振時間は1箇所当り5～45⑥秒程度とするのが一般的である。

建築施工

4. 市街地における，鉄筋コンクリート造建築物の躯体の解体工事を行う場合は，建物の周囲に外部足場を架設し，コンクリート片の飛散防止や騒音防止のためメッシュシート（⑦）を足場外面に隙間なく取り付ける。

また，階上解体作業による解体をする場合は，屋上に揚重した解体重機で最上階から解体し，各階の解体は中央（⑧）部から先行して解体していく。解体で発生したコンクリート小片などを利用してスロープをつくり，解体重機を下の階に移動させて順次地上階まで解体していく。

正解

分野	記述	番号	適否	下線部の語句又は数値	適当な語句又は数値
地業工事	1.	①	×	200	100
		②	×	打込み	埋込み
鉄骨工事	2.	③	○	1	1
		④	×	軸回り	共回り
コンクリート工事	3.	⑤	×	90	60
		⑥	×	45	15
解体工事	4.	⑦	×	メッシュシート	防音シート
		⑧	○	中央	中央

考え方 解き方

1. 既製コンクリート杭のセメントミルク工法

解答	①	×	100
	②	×	埋込み

1 既製コンクリート杭地業におけるセメントミルク工法は、安定液を用いて孔壁の崩壊を防止しながら杭孔を掘削し、セメントミルク(根固め液と杭周固定液）を注入しながらアースオーガーを引き抜いた後、既製コンクリート杭を建て込む工法である。

[2] セメントミルク工法では、使用する既製コンクリート杭の杭径が標準的(300㎜～500㎜)であれば、杭径よりも**100㎜**程度大きいオーガーヘッドを使用することが望ましい。これは、下図のように、杭の周囲に50㎜程度の厚さのセメントミルク(水とセメントの混合液)の層を造ることで、地盤と杭を一体化するためである。オーガーヘッドの径がこれよりも大きくなると、セメントミルクの層が厚くなりすぎて、杭をしっかりと固定できなくなる。

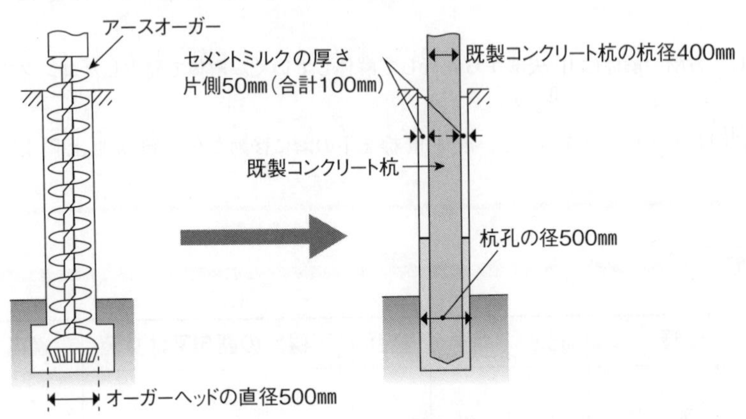

既製コンクリート杭地業におけるセメントミルク工法(杭径が400㎜の場合)

[3] 既製コンクリート杭の工法は、打込み工法と埋込み工法に分類されている。

①打込み工法は、杭を動的に貫入させる(杭に打撃を与えて打ち込む)工法である。

②埋込み工法は、杭を静的に貫入させる(掘削した孔に杭を挿入する)工法である。

したがって、既製コンクリート杭地業におけるセメントミルク工法は、杭に打撃を与えて打ち込む工法ではなく、掘削した孔に杭を挿入する工法なので、既製コンクリート杭の**埋込み**工法に分類される。

以上により、①の数値は「**200㎜**」ではなく「**100㎜**」である。また、②の語句は「**打込み**」ではなく「**埋込み**」である。

建築施工

(参考) プレボーリングによる埋込み工法の一種であるセメントミルク工法の概要

①セメントミルク工法は、既製コンクリート杭を用いた埋込み工法であり、埋込み孔の口径を確保するため、直径が杭径+100㎜のスパイラルアースオーガーを用いて、オーガーの中心配管から掘削液を噴出しながら所定の深さまで掘削する。

②スパイラルアースオーガーは、掘削底面に達した後に逆回転させて、根固め液（セメントミルク）を噴出させて支持地盤の土砂と攪拌し、予定の深さまで攪拌が終了したら正回転に戻して、今度は杭周固定液（根固め液よりも強度の小さいセメントミルク）を注入しながら引き上げる。

③スパイラルアースオーガーを完全に引き上げてから、既製コンクリート杭を挿入して自沈させるか圧入し、必要に応じて軽打して定着させる。

2. トルシア形高力ボルトによる鉄骨の接合

解答	③	○	1
	④	×	共回り

1 高力ボルト(トルシア形高力ボルトまたは高力六角ボルト)による摩擦接合をするときに、部材接合部の材厚の差により、接合部に**1mmを超える**肌すきが生じたときは、フィラープレート(材厚を揃えるための薄い鋼板)を挿入して肌すきを埋めなければならない。(この肌すきが1mm以下であればフィラープレートを使用せずに接合してもよい)

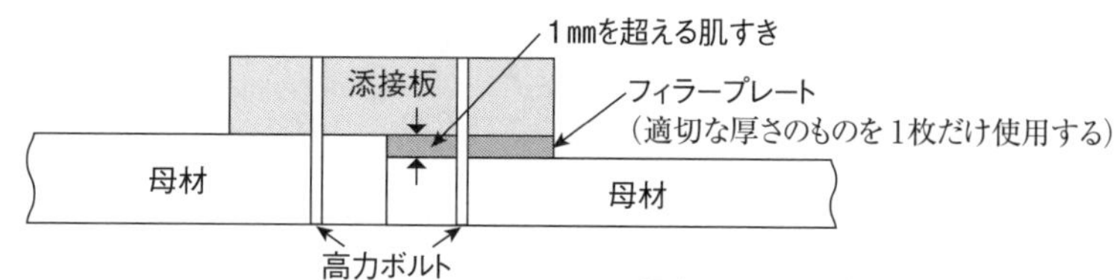

肌すきが1mmを超える高力ボルトの接合部

※フィラープレートの材質は、母材の材質に関係なく、引張強さが400N/mm² 程度の鋼材とする。

2 トルシア形高力ボルトの一次締付け後には、マーキング(ボルト・ナット・座金に一直線の線を引く作業)を行い、締付け後の検査ができるようにする。

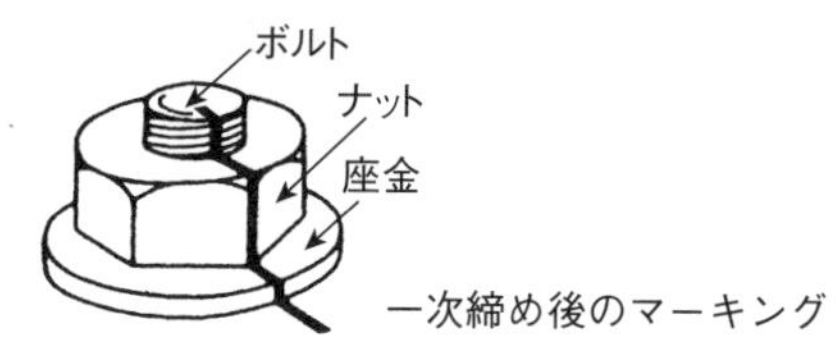

一次締め後のマーキング

3 トルシア形高力ボルトの締付け後に、マーキングのずれを確認すれば、締付けが完了したことを確認できる。ナットの回転量が120度±30度の範囲にあり、ボルトや座金が回転していなければ、その締付けは適切に完了している。

締付け後の適切な状態

4 トルシア形高力ボルトの締付け後に、上記の「締付け後の適切な状態」になっておらず、軸回りや共回りが生じているボルトは、新しいボルトセットに交換しなければならない。

①軸回りとは、ナットが回転せずにボルトだけが逆方向に回転する現象をいう。

②**共回り**とは、ナットの回転と共にボルトや座金も一緒に回転する現象をいう。

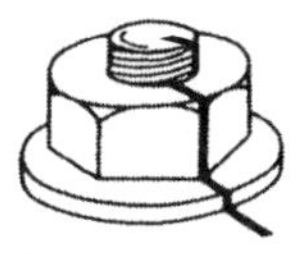
軸回りの状態
(ボルトだけが逆方向に回転)

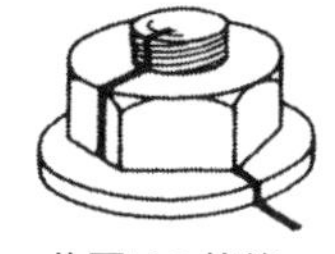
共回りの状態
(ナットの回転と共にボルトも回転)

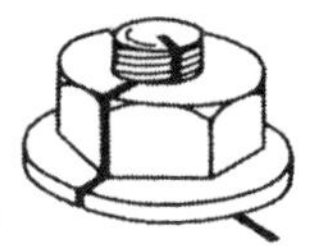
共回りの状態
(ナットの回転と共に座金も回転)

5 トルシア形高力ボルトのトルク値（捻じ込みの強さ）は、締付け後のマーキングのずれを確認するだけでは判明しない。しかし、トルシア形高力ボルトは、所定のトルク値が導入されると、ピンテールが破断する構造になっている。そのため、トルシア形高力ボルトのトルク値は、ピンテールの破断によって確認できる。

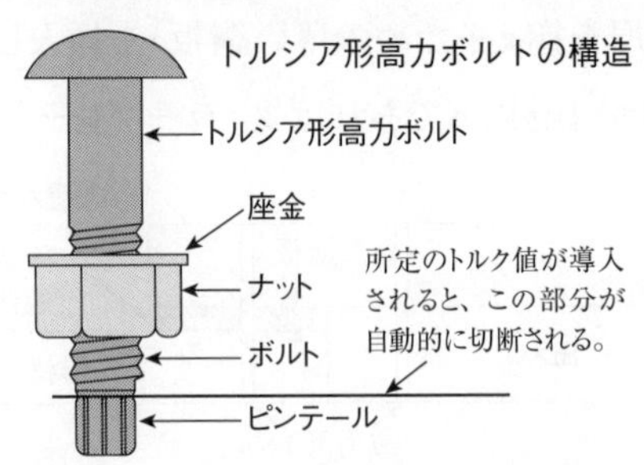

以上により、③の数値は「**1mm**」なので解答は「**○**」である。また、④の語句は「**軸回り**」ではなく「**共回り**」である。

3. 棒形振動機によるコンクリートの締固め

解答	⑤	×	60
	⑥	×	15

1 コンクリートの１層の打込み厚さは、次のような点に留意して決定する。

①公称棒径に関係なく、締固めに用いる棒形振動機部分の長さ（60cm～80cm）以下とする。

②先に打ち込んだコンクリートの層に、棒形振動機の先端が10cm程度入るようにする。

③コンクリートの１層の打込み厚さは、50cm～70cm以下とすることが一般的である。

2 コンクリートを適切に打ち込んだとしても、その締固めの方法が不適切であると、締固めの段階で材料分離が発生し、密実なコンクリートを得ることができなくなる。コンクリートを締め固めるときは、次のような点に留意する必要がある。

①棒形振動機の挿入間隔は、**60cm以下**とする。

②棒形振動機は、コンクリート表面にセメントペーストが浮き上がるまで加振する。

③棒形振動機による加振時間（締固め時間）は、１箇所あたり**５秒～15秒**程度とする。

④棒形振動機の差込み・引抜きは、コンクリート面に対して鉛直方向に行う。

⑤棒形振動機は、コンクリートに穴を残さないように加振しながら、徐々に（急がずにゆっくりと）引き抜く。

建築施工

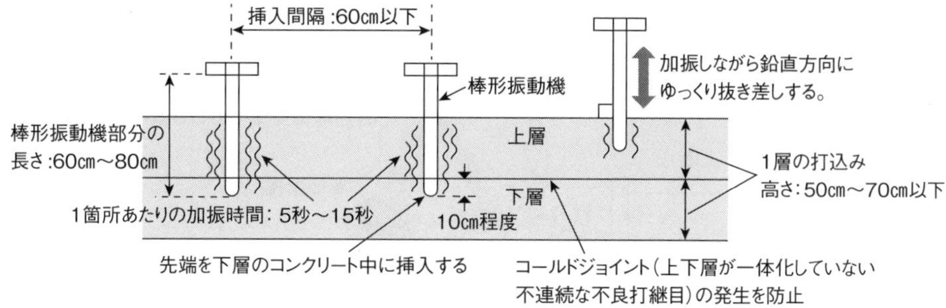

※棒形振動機の挿入間隔は、建築工事では60cm以下と定められているが、土木工事では50cm以下と定められている。また、1層の打込み高さは、建築工事では50cm～70cm以下とすることが一般的であるが、土木工事では40cm～50cm以下とすることが一般的である。複数種類の試験を受検している方は、このような基準の違いに注意する必要がある。

以上により、⑤の数値は「**90**cm以下」ではなく「**60**cm以下」である。また、⑥の数値は「5～**45**秒程度」ではなく「5～**15**秒程度」である。

4. 鉄筋コンクリート造建築物の解体工事

解答	⑦	×	防音シート
	⑧	○	中央

1 市街地において、鉄筋コンクリート造建築物の解体工事を行う場合は、建物の周囲に外部足場を架設し、その外面にシート類を隙間なく取り付けなければならない。このシート類は、騒音防止のため、メッシュシートではなく**防音シート**としなければならない。

正 遮音性がある防音シートは、解体作業に伴うコンクリート片の飛散を防止すると共に、解体作業に伴う騒音や粉塵を遮断することができる。

誤 遮音性がないメッシュシートは、解体作業に伴うコンクリート片の飛散を防止することはできるが、解体作業に伴う騒音や粉塵を遮断することはできない。

「建築物解体工事共通仕様書」では、騒音・粉塵等の対策として、次のようなことが定められている。
①シート類は防炎処理されたものとする。
②防音パネルは、隙間なく取り付ける。
③防音シートは、重ねと結束を十分に施し、隙間なく取り付ける。
④養生シート等は、隙間なく取り付ける。

建築施工

2 階上解体作業とは、屋上に揚重した解体重機で最上階から解体し、解体で発生したコンクリート小片などを利用してスロープをつくり、解体重機を下階に移動させながら解体してゆく工法である。

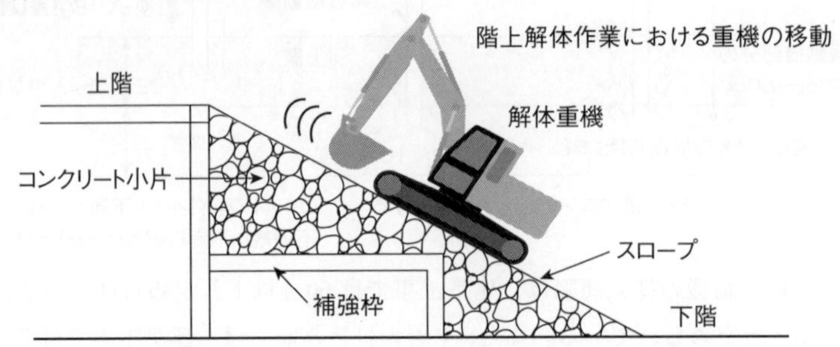

3 市街地において、階上解体作業による解体工事を行う場合は、騒音防止のため、各階の解体は建築物の**中央**部から先行して行うことが望ましい。

正 各階の解体を、中央部から先行して行うと、最後まで残存する外壁が防音壁として機能するため、解体作業に伴う騒音を遮断することができる。

誤 各階の解体を、周辺部から先行して行うと、防音壁として機能するものがなくなるので、解体作業に伴う騒音が常に放出され続けてしまう。

以上により、⑦の語句は「**メッシュシート**」ではなく「**防音シート**」である。また、⑧の語句は「**中央**」なので解答は「**○**」である。

※⑦の適当な語句は「防音パネル」・「養生シート」等と解答しても正解になると思われる。

(参考) 市街地における鉄筋コンクリート造建築物の解体工事の概要

① 市街地における鉄筋コンクリート造建築物の躯体の解体工事を行う場合は、大型重機の使用が困難なことが多く、地上解体工法ではなく階上解体工法が用いられることが一般的である。階上解体工法では、大型クレーンにより解体重機を屋上に揚重し、機械作業と手作業を併用して解体を行う。

② 階上解体を施工する前に、コンクリートの飛散防止・防塵・防音のため、足場を組み立ててから防音パネル(防音シート)や防塵パネルを取り付ける。各階に解体重機が乗るので、各階のスラブの補強として、構造計算に基づいて補強材を施工して安全を確保する。作業にあたってはコンクリート造の工作物の解体等作業主任者を選任し、作業主任者の指揮のもとで作業を進める。

③ 階上解体工法では、手作業と併用して、圧砕工法・ブレーカー工法・カッター工法・ワイヤーソーイング工法などを組み合わせて、各階中央部からブロック単位で外壁に向かって解体してゆく。外壁は最後に解体され、解体後のブロックや小片を利用して、解体重機が下階に降りる通路(スロープ)をつくり、上階から順次下階に向かって解体作業を行う。また、地上では、クレーンやウインチを利用して、地上まで搬出された解体後のブロックを分別解体し、現場外に搬出する。

受検種別：躯体　令和元年度 問題5-B 建築施工の解答例

【問題 5-B】 次の 問1 から 問4 の各記述において、下線部の語句又は数値が適当なものには○印を、不適当なものには適当な語句又は数値を記入しなさい。

問1 土工事において、軟弱な粘土質地盤を掘削する場合に、根切り底面付近の地盤が山留壁の背面から回り込むような状態で膨れ上がる現象を**液状化**①という。
また、砂質地盤を掘削する場合に、根切り底面付近の砂質地盤に**上向き**②の浸透流が生じ、この水流によって砂が沸騰したような状態で根切り底を破壊する現象をボイリングという。

問2 鉄筋(SD345)のガス圧接継手において、同径の鉄筋を圧接する場合、圧接部のふくらみの直径は鉄筋径dの1.4倍以上とし、かつ、その長さを鉄筋径dの**1.0**③倍以上とする。
また、圧接面のずれは鉄筋径dの1/4以下、圧接部における鉄筋の中心軸の偏心量は鉄筋径dの**1/4**④以下、圧接部の折曲がりは2度以下、片ふくらみは鉄筋径dの1/5以下とする。
ただし、dは異形鉄筋の呼び名に用いた数値とする。

問3 鉄筋コンクリート造でコンクリートを打ち継ぐ場合、打継ぎ部の位置は、構造部材の耐力への影響が最も少ない位置に定めるものとし、梁、床スラブ及び屋根スラブの鉛直打継ぎ部は、スパンの中央又は端から**1/4**⑤付近に設け、柱及び壁の水平打継ぎ部は、床スラブ及び梁の上端に設ける。
また、打継ぎ部の形状は、構造部材の耐力の低下が少なく、コンクリート打込み前の打継ぎ部の処理が円滑に行え、かつ、新たに打ち込むコンクリートの締固めが容易に行えるものとし、柱及び梁の打継ぎ面は主筋に**平行**⑥となるようにする。

問4 鉄骨工事における露出形式の柱脚ベースプレートの支持方法であるベースモルタルの後詰め中心塗り工法は、一般にベースプレートの面積が**小さく**⑦、全面をベースモルタルに密着させることが困難な場合や建入れの調整を容易にするために広く使われている。
また、ベースモルタルの厚さは**100**⑧㎜以下、中心塗り部分の大きさは200～300㎜の角形又は円形とし、建て方中に柱脚に作用する応力に見合うものとする。

建築施工

正　解

分野	問	番号	適否	下線部の語句又は数値	適当な語句又は数値
土工事	問1	①	×	液状化	**ヒービング**
		②	○	上向き	上向き
鉄筋工事	問2	③	×	1.0	**1.1**
		④	×	1/4	**1/5**
コンクリート工事	問3	⑤	○	1/4	1/4
		⑥	×	平行	**直角**
鉄骨工事	問4	⑦	×	小さく	**大きく**
		⑧	×	100	**50**

考え方　解き方

問1　根切り底面の破壊現象

解答	①	×	ヒービング
	②	○	上向き

1 土工事において生じる根切り底面の破壊現象には、次のようなものがある。

①**ヒービング**：軟弱な（地下水位が高い）粘土質地盤を掘削すると、根切り底面付近の地盤が、山留壁の背面から回り込んできた水と土の圧力を受けて、膨れ上がることがある。この現象は、**ヒービング**と呼ばれている。

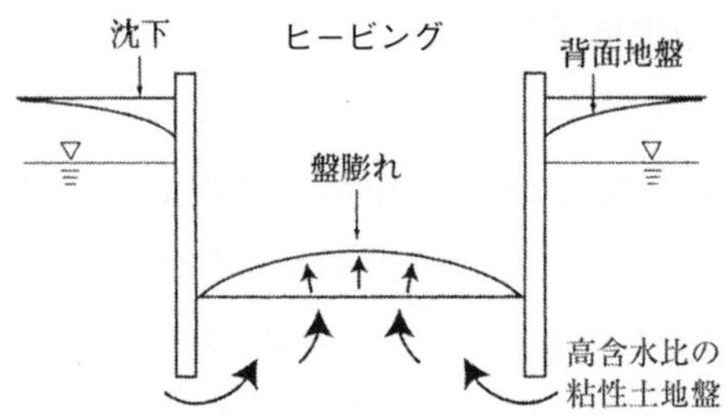

ヒービングが発生すると、背面地盤が沈下し、山留壁が倒壊することもある。

②**ボイリング**：緩い（地下水位が高い）砂質地盤を掘削すると、根切り底面付近の砂質地盤に**上向き**の浸透流が生じ、砂が沸騰したようになる（根切り底面から水と土砂が噴出して根切り底面が破壊される）ことがある。この現象は、ボイリングと呼ばれている。

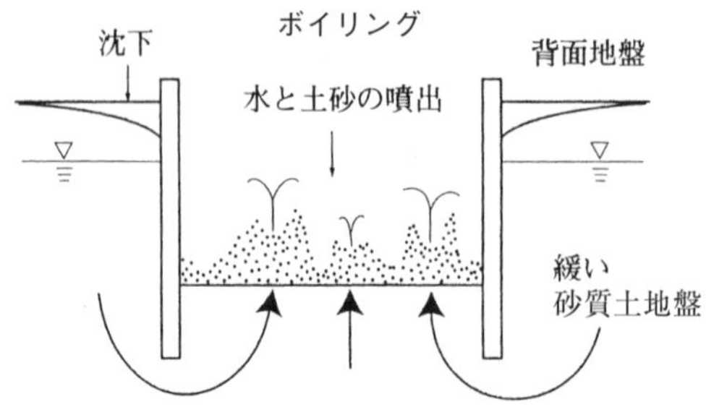

ボイリングが発生すると、背面地盤が沈下し、山留壁が倒壊することもある。

建築施工

③**クイックサンド**：根切り工事において、掘削底面付近の砂質地盤に上向きの浸透流が生じ、この水の浸透力が砂の水中での有効重量より大きくなり、砂粒子が水中で浮遊する状態を、クイックサンドという。このクイックサンドが著しくなると、ボイリングが発生する。

④**盤ぶくれ**：根切り底面の直下に難透水層がある地盤を掘削すると、難透水層の上にある被圧地下水の圧力を受けて、根切り底面が膨れ上がることがある。この現象は、盤ぶくれと呼ばれている。

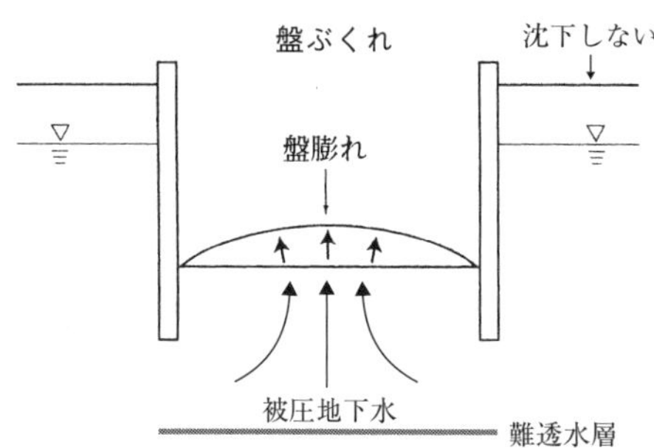

盤ぶくれでは、ヒービングと似たような現象が発生するが、その原因は異なっているため、背面地盤の沈下は生じない。

[2] 地盤の液状化とは、地下水面下にある緩い砂地盤が、地震による繰返しせん断力を受けることで、砂粒子相互の間隙水圧が上昇し、砂粒子が噛み合わせを失って浮遊状態になる現象である。地盤の液状化が発生すると、地盤支持力が低下するので、地上の建築物が重力で沈下し、地下の構造物が浮力で浮上する。

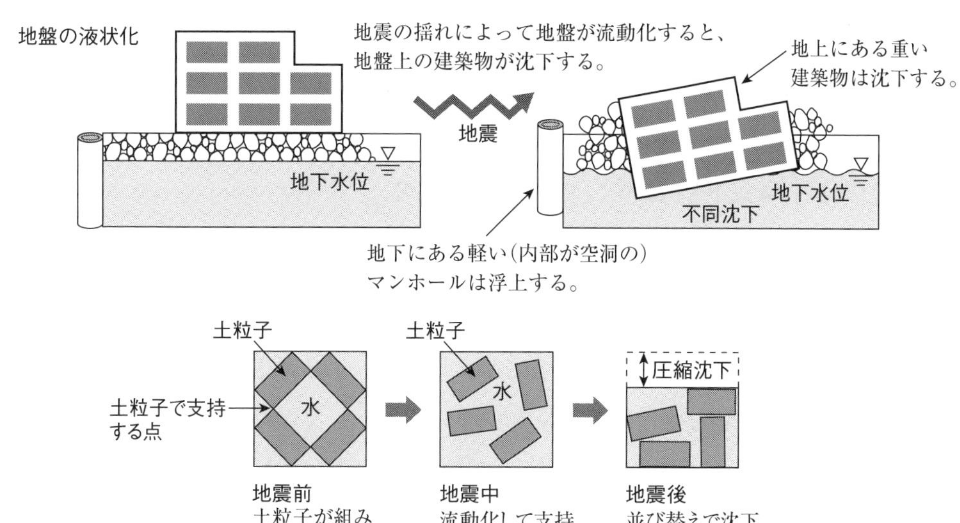

以上により、**問1**の①の語句は「**液状化**」ではなく「**ヒービング**」である。また、**問1**の②の語句は「**上向き**」である。

建築施工

問2 鉄筋のガス圧接継手の品質

解答	③	×	1.1
	④	×	1/5

1 鉄筋のガス圧接継手の品質は、使用する異形鉄筋の種類に関係なく、次の基準をすべて満たしていなければならない。

①圧接部の膨らみの直径は、鉄筋径の1.4倍以上でなければならない。

②圧接部の長さは、鉄筋径の**1.1倍以上**でなければならない。

③圧接面のずれは、鉄筋径の4分の1以下でなければならない。

④圧接部における鉄筋の中心軸の偏心量は、鉄筋径の**5分の1以下**でなければならない。

⑤圧接部の折れ曲がりは、2度以下でなければならない。

⑥圧接部の片膨らみは、鉄筋径の5分の1以下でなければならない。

2 上記の①～⑥が基準を満たしていないときは、再加熱・加圧して修正する。ただし、上記の③・④・⑥が基準を満たしていないときは、切り取って再圧接する。

鉄筋のガス圧接継手の品質（基準を満たしていない場合の処置）

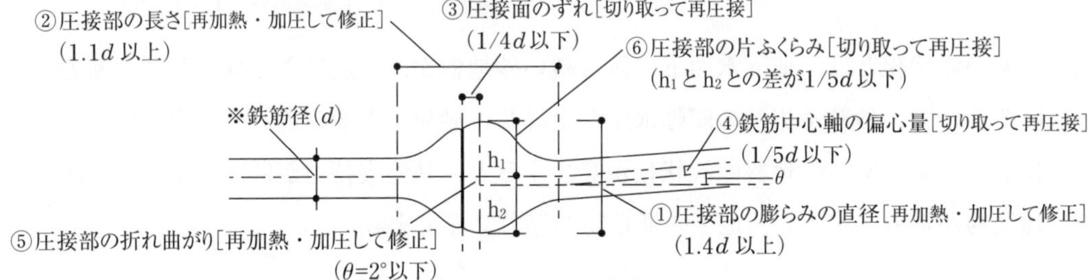

※圧接する鉄筋の径が同じであるときは、異形鉄筋の呼び名を鉄筋径(d)とする。
※圧接する鉄筋の径が異なるときは、異形鉄筋の呼び名の平均値を鉄筋径(d)とする。

以上により、問2の③の数値は「**1.0倍以上**」ではなく「**1.1倍以上**」である。また、問2の④の数値は「**1/4以下**」ではなく「**1/5以下**」である。

問3 コンクリートの打継ぎ部

解答	⑤	○	1/4
	⑥	×	直角

1 鉄筋コンクリート造建築物の施工において、コンクリートを打ち継ぐときの打継ぎ部は、構造部材の耐力への影響が最も少ない位置としなければならない。

①コンクリート梁・床スラブ・屋根スラブの鉛直打継ぎ部は、その中央または端から**1/3～1/4**の位置（右図「○」の位置）に設けなければならない。せん断力が大きい梁やスラブの端部（右図「×」の位置）には、鉛直打継ぎ部を設けてはならない。

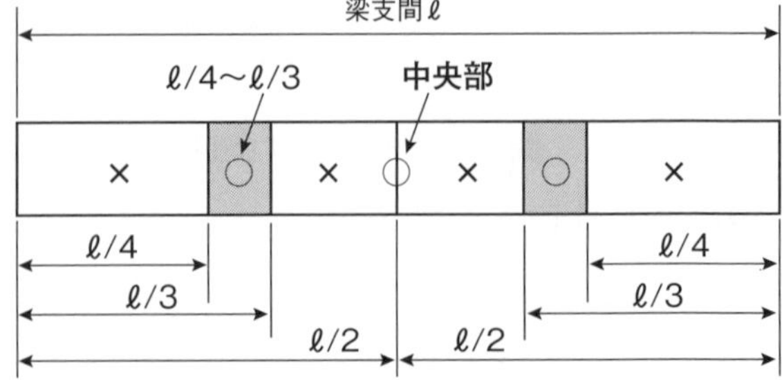

梁やスラブの鉛直打継ぎ部を設ける位置

②コンクリート柱・壁の水平打継ぎ部は、床スラブおよび梁の上端に設けなければならない。

2 鉄筋コンクリート造建築物の施工において、コンクリートを打ち継ぐときの打継ぎ部は、次の条件を満たした形状となっていなければならない。この条件を満たすためには、柱や梁の打継ぎ面が、主筋（主鉄筋）に対して**直角**となっている必要がある。

①構造部材の耐力の低下が少ない。

②コンクリート打込み前に、打継ぎ部の処理が円滑に行える。

③新たに打ち込むコンクリートの締固めが容易に行える。

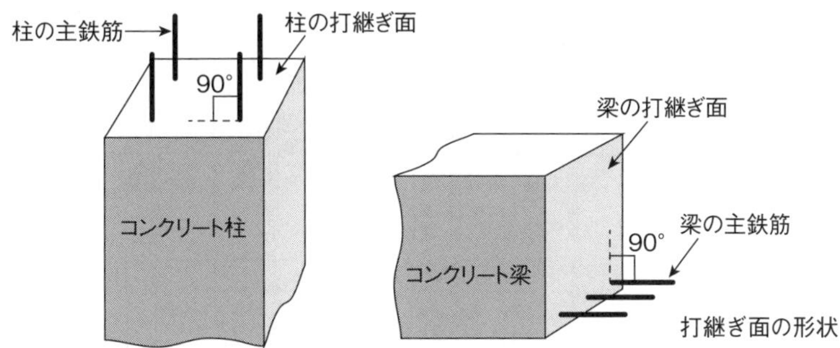

以上により、**問3**の⑤の語句は「**1/4付近**」である。また、**問3**の⑥の語句は「主筋に**平行**」ではなく「主筋に**直角**」である。

問4 鉄骨柱のベースモルタル

解答			
解答	⑦	×	大きく
	⑧	×	50

1 露出形式の鉄骨柱には、ベースプレートとベースモルタルを施工する必要がある。

①露出形式とは、比較的単純な形式の鉄骨柱である。回転拘束力（柱を固定する力）が大きい根巻き形式と区別されている。

②ベースプレートとは、鉄骨柱の脚部（下端部）に設けられる鋼板である。

③ベースモルタルとは、鉄骨柱のベースプレートと柱脚部のアンカーボルトを一体化させるために施工される柱底均しモルタルである。

鉄骨構造の柱脚の形式

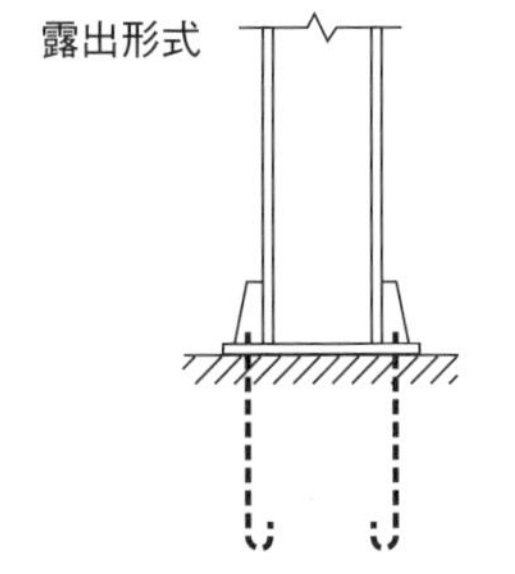

回転拘束力（柱を固定する力）が小さい。

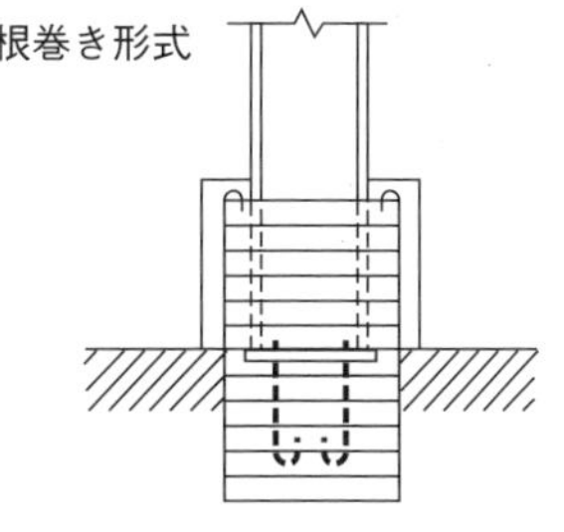

回転拘束力（柱を固定する力）が大きい。

建築施工

2 柱脚ベースプレートの支持方法には、ベースモルタルの後詰め中心塗り工法と、ベースモルタルの全面仕上げ工法がある。

①**後詰め中心塗り工法**：ベースモルタルを鉄骨柱の中心だけに塗り付ける工法である。ベースプレートの面積が**大きく**、その全面をベースモルタルに密着させることが困難な場合や、建入れの調整を容易にするときに用いられる。

②**全面仕上げ工法**：ベースモルタルを鉄骨柱の全面に塗り付ける工法である。ベースプレートの面積が小さく、鉄骨柱を確実に密着させる必要があるときに用いられる。

柱脚ベースプレートの支持方法

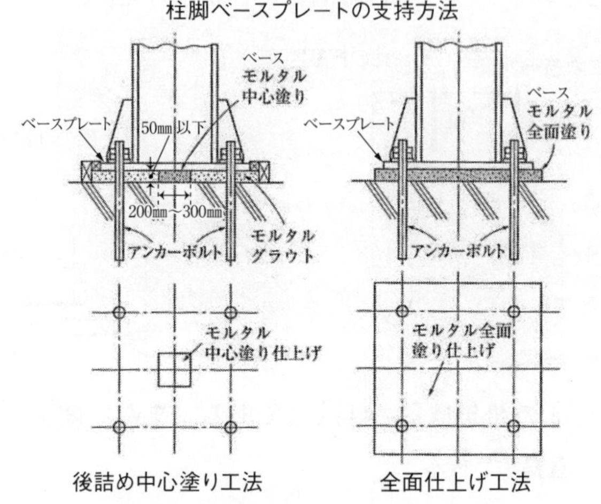

後詰め中心塗り工法　全面仕上げ工法

3 ベースモルタルの後詰め中心塗り工法の施工における留意点には、次のようなものがある。

①ベースモルタルの厚さは、**50㎜以下**とする。

②ベースモルタルを角形に塗る場合は、その1辺を200㎜～300㎜とする。

③ベースモルタルを円形に塗る場合は、その直径を200㎜～300㎜とする。

④建て方中の柱脚に作用する応力に見合うだけのベースモルタルを塗る。

以上により、**問4**の⑦の語句は「**小さく**」ではなく「**大きく**」である。また、**問4**の⑧の数値は「**100㎜以下**」ではなく「**50㎜以下**」である。

【問題 5-B】 次の **問1** から **問4** の各記述において、下線部の語句又は数値が**適当なものには○印を、不適当なものには適当な語句又は数値**を記入しなさい。

問1 墨出し等に用いる鋼製巻尺は、工事着手前に<u>ゲージ合わせ</u>①を行い、同じ精度を有する鋼製巻尺を2本以上用意して、1本は基準鋼製巻尺として保管しておく。

<u>ゲージ合わせ</u>①の際には、それぞれの鋼製巻尺に一定の張力を与えて、相互の誤差を確認する。

建築現場では特に規定しない場合は、通常<u>150</u>②Nの張力としている。

問2 木構造の在来軸組構法における和小屋において、次の図の束立て小屋組は、小屋梁を約1,800mm間隔にかけ、その上に約900mm間隔に小屋束を立て、小屋束で棟木や母屋などを支える小屋組である。

束立て小屋組の中で、小屋梁を軒桁の上に乗せかけるかけ方を<u>折置組</u>③といい、小屋梁を軒桁の上に乗せかける仕口はかぶとあり掛けで納め、羽子板ボルト締めとする。

棟木の継手は、小屋束心より約150mm持出し腰掛あり継ぎ、両面かすがい打ちとする。

母屋の断面寸法は<u>90</u>④mm角を標準とし、棟木や母屋には、垂木を取り付けるため垂木欠きを行い、垂木の取付けは母屋の上で、そぎ継ぎとして、釘打ちを行う。

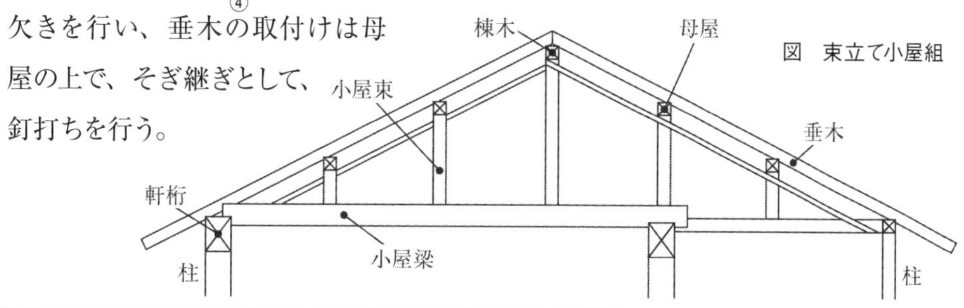

図　束立て小屋組

問3 鉄筋相互のあきは、鉄筋とコンクリートの間の<u>付着</u>⑤による応力の伝達が十分に行われ、コンクリートが分離することなく密実に打ち込まれるために必要なものである。

柱や梁の主筋の継手に、ガス圧接継手を採用し、異形鉄筋を用いる場合の鉄筋相互のあきの最小寸法は、隣り合う鉄筋の平均径（呼び名の数値）の1.5倍、粗骨材最大寸法の1.25倍、<u>20</u>⑥mmのうちで、最も大きい値以上とする。

問4 レディーミクストコンクリートの運搬時間は、JISにおいて、コンクリートの練混ぜ<u>完了</u>⑦からトラックアジテータが荷卸し地点に到着するまでの時間として90分以内と規定されている。

このため、できるだけ運搬時間が短くなるレディーミクストコンクリート工場の選定をする。

また、コンクリートの練混ぜ完了⑦から工事現場での打込み終了までの時間は、外気温が25℃未満で120分以内、25℃以上で100⑧分以内とする。

打込み継続中の打重ね時間の間隔限度は、外気温が25℃未満のときは150分以内、25℃以上のときは120分以内を目安とし、先に打ち込まれたコンクリートの再振動が可能な時間内とする。

正　解

分野	問	番号	適否	下線部の語句又は数値	適当な語句又は数値
鉄骨工事	問1	①	×	ゲージ合わせ	**テープ合わせ**
		②	×	150	**50**
木工事	問2	③	×	折置組	**京呂組**
		④	○	90	90
鉄筋工事	問3	⑤	○	付着	付着
		⑥	×	20	**25**
コンクリート工事	問4	⑦	×	完了	**開始**
		⑧	×	100	**90**

考え方　解き方

問1　墨出し等に用いる鋼製巻尺の取扱い

解答	①	×	テープ合わせ
	②	×	50 [N]

墨出し等に用いる鋼製巻尺は、工事着手前に**テープ合わせ**を行い、同じ精度を有する鋼製巻尺を2本以上用意して、1本は基準鋼製巻尺として鉄骨製作工場で使用する。テープ合わせの際には、それぞれの鋼製巻尺に**50 N**の張力を与えて、相互の誤差を確認することが一般的である。一級品の鋼製巻尺であっても、時間の経過などによって長さが変化することがあるので、このようなテープ合わせは必ず行わなければならない。

テープ合わせとは、現場で使用する鋼製巻尺と、工場で使用された基準となる鋼製巻尺との間に、長さや目盛の誤差がないかどうかを確認することをいう。ゲージ合わせとは、製品などが指定された寸法通りに完成しているかどうかを、マイクロメーターなどを用いて確認することをいう。

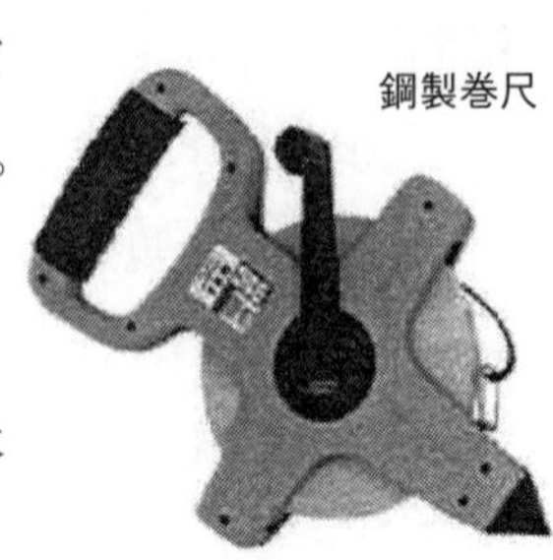
鋼製巻尺

テープ合わせの作業手順は、次のとおりである。

①JIS B 7512:2016「鋼製巻尺」に規定された一級品を用意する。

②工事現場用の鋼製巻尺と、鉄骨製作用の基準巻尺を、2本並べておく。

③この2本の巻尺を、一定の張力(一般的には50N程度の張力)で引っ張る。

④巻尺の目盛差を測定し、巻尺定数を確認する。

問2 在来軸組構法における束立て小屋組

解答	③	×	京呂組(きょうろぐみ)
	④	○	90[mm角]

木構造の在来軸組構法における和小屋の束立て小屋組は、柱・軒桁・小屋梁の組み方により、京呂組(きょうろぐみ)と折置組(おりおきぐみ)に分類されている。

束立て小屋組の中で、小屋梁を軒桁の上に乗せかける掛け方を**京呂組**という。また、小屋梁を直接柱に乗せる掛け方を折置組という。京呂組と折置組を見分けるポイントは、「軒桁と小屋梁のどちらが上にあるか」である。この問題の図は、小屋梁の間隔を1800㎜、小屋束の間隔を900㎜として、小屋束で棟木や母屋などを支える京呂組の和小屋である。

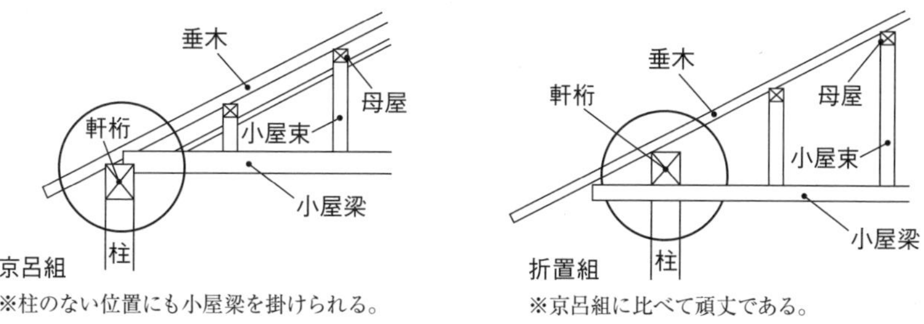

京呂組の和小屋では、次のような点に留意して施工しなければならない。

①小屋梁を軒桁の上に乗せかける仕口は、かぶとあり掛けで納め、羽子板ボルト締めとする。

②棟木の継手は、小屋束心から約150㎜の位置で腰掛あり継ぎとし、両面かすがい打ちとする。

③母屋の断面寸法は**90㎜角**を標準とする。

④棟木や母屋には、垂木を取り付けるため垂木欠きを行う。

⑤垂木の取付けは、母屋の上でそぎ継ぎとし、釘打ちを行う。

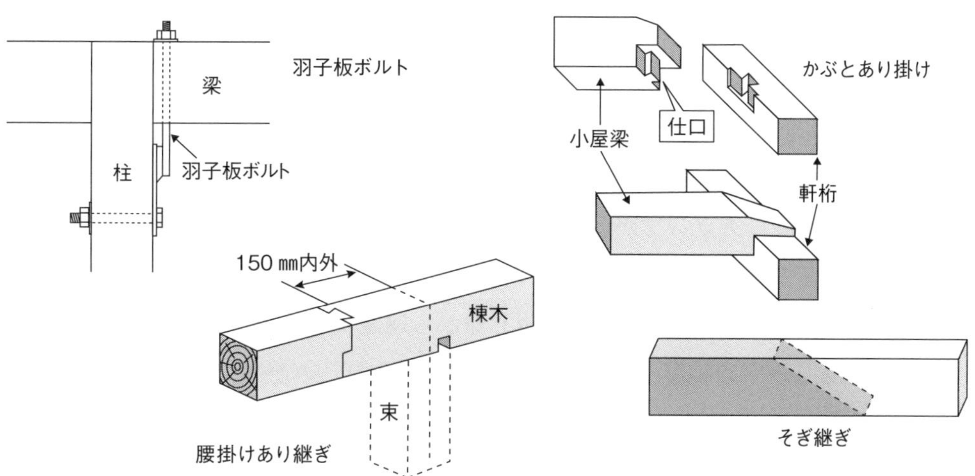

建築施工

問3 ガス圧接接手における鉄筋相互の空き

解答	⑤	○	付着
	⑥	×	25［mm］

鉄筋コンクリート造の構造物では、隣接する鉄筋の相互間に、**所定の空き寸法**が必要である。鉄筋相互の空きは、鉄筋とコンクリートとの**付着**による応力の伝達が十分に行われ、コンクリートが分離することなく密実に打ち込まれるために必要なものである。

柱や梁の主筋の継手に、ガス圧接継手を採用し、異形鉄筋を用いる場合は、鉄筋相互の空きの最小寸法を、下記①～③の条件のうち、最大の値としなければならない。

①隣り合う鉄筋の平均径(呼び名の数値) の1.5倍

②粗骨材最大寸法の1.25倍

③**25㎜**

一例として、コンクリートの粗骨材最大寸法が20㎜の構造物において、呼び名がD16の異形鉄筋によるガス圧接接手を施工する場合は、上記①の値が16 × 1.5 = 24、上記②の値が20 × 1.25 = 25、上記③の値が25になるので、鉄筋と鉄筋との間隔は25㎜以上とする。

鉄筋と鉄筋との間隔
※「鉄筋のあき」と「鉄筋間隔」とは区別して考える必要がある。

問4 コンクリートの施工における時間間隔

解答	⑦	×	開始
	⑧	×	90［分］

コンクリートは、練り混ぜてから長期間放置しておくと品質が低下するため、その運搬時間などが長くなりすぎないようにしなければならない。特に、外気温が25℃以上となるような暑中では、水分蒸発などによる品質低下が著しくなるので注意が必要である。コンクリートの施工における時間間隔などは、次のように定められている。

①レディーミクストコンクリートの練混ぜ**開始**から荷卸し地点に到着するまでの時間(運搬時間)は、ダンプトラックによる運搬の場合は60分以内、トラックアジテータによる運搬の場合は90分以内としなければならない。そのため、できるだけ運搬時間が短くなるレディーミクストコンクリート工場の選定をすることが望ましい。

②スランプが5cm未満の硬練りコンクリートは、ダンプトラックで運搬することが一般的である。スランプが5cm以上の軟練りコンクリートは、トラックアジテータで運搬することが一般的である。トラックアジテータは、撹拌翼を有しているため、コンクリートをゆっくりと練り返しながら運搬することができる。

③コンクリートの練混ぜ**開始**から工事現場での打込み終了までの時間(打込み時間)は、外気温が25℃未満のときは120分以内、外気温が25℃以上のときは**90分**以内としなければならない。

建築施工

④打込み継続中における打重ね時間の間隔限度（許容打重ね時間間隔）は、外気温が25℃未満のときは150分以内、外気温が25℃以上のときは120分以内を目安とし、先に打ち込まれたコンクリートの再振動が可能な時間内とする。

⑤許容打重ね時間間隔とは、下層コンクリートの打込み終了から上層コンクリートの打込み開始までの時間のことである。許容打重ね時間間隔が守られていないと、コールドジョイント（上下層が一体化していない不連続な不良打継目）が生じやすくなる。

運搬時間	スランプが5cm未満であれば、ダンプトラックで運搬し、1.0時間（60分）以内 スランプが5cm以上であれば、トラックアジテータで運搬し、1.5時間（90分）以内
打込み時間	外気温が25℃未満であれば、2.0時間（120分）以内 外気温が25℃以上であれば、1.5時間（90分）以内
許容打重ね時間間隔	外気温が25℃未満であれば、2.5時間（150分）以内 外気温が25℃以上であれば、2.0時間（120分）以内

※日本産業規格（JIS A 5308 レディーミクストコンクリート）では、「ダンプトラックは、スランプ2.5cmの舗装コンクリートを運搬する場合に限り使用することができる。」と規定されている。

ダンプトラック

トラックアジテータ（撹拌翼を有するトラック）

受検種別：躯体　平成29年度 問題5-B 建築施工の解答例

※平成29年度以前の実地試験(第二次検定の旧称)では、建築施工の問題は受検種別ごとに分かれておらず、問題5-B は 問題4 に包含されていました。本書に掲載している平成29年度以前の 問題5-B は、各年度の 問題4 を平成30年度の出題形式にあわせて再編集したものになります。

【問題5-B】 次の **問1** から **問4** の各記述において、下線部の語句又は数値が**適当なもの**には○印を、**不適当なもの**には**適当な語句又は数値**を記入しなさい。

問1 山留め壁の支保工として用いる地盤アンカーは、一般的に**斜め下向き**に打設されるので、水平力のみでなく鉛直力が発生し、山留め壁には軸力が生じ、腹起しには水平方向応力と同時に鉛直方向応力が作用する。

問2 鉄筋(SD 345)のガス圧接継手において、同径の鉄筋を圧接する場合、圧接部のふくらみの直径は鉄筋径の**1.2倍**以上とし、かつ、その長さを鉄筋径の1.1倍以上とする。

問3 合板型枠の締付け金物を締めすぎると、内端太、外端太が内側に押され、せき板が**外側**に変形する。締めすぎへの対策として、内端太(縦端太)を締付けボルトにできるだけ近接させて締め付ける。

問4 鉄骨工事の溶接において、予熱を行う主たる目的は、溶接後の冷却速度を**速く**して、冷却過程で鋼の中の水素の外部放出を容易にし、熱影響部の硬さも減少させることで、低温割れを防止することである。

正　解

分野	問	適否	下線部の語句又は数値	適当な語句又は数値
躯体工事	問1	○	斜め下向き	斜め下向き
	問2	×	1.2倍	**1.4倍**
	問3	×	外側	**内側**
	問4	×	速く	**遅く**

考え方　解き方

問1 地盤アンカー工法　　解答 ○ 斜め下向き

地盤アンカー工法は、切梁が架けられない(水平切梁工法が適用できない)片切面などの斜面において、切梁の代わりに施工した地盤アンカー(山留め壁の背面に設ける腹起し)で山留め壁を支える工法である。この地盤アンカーは、下図に示すように、**斜め下向き**に打設することが一般的である。その地盤アンカーには、腹起しを通じて軸方向力が作用する。

建築施工

地盤アンカー工法の特徴・留意事項などは、次の通りである。

①地盤との定着体部・アンカー自由長部・山留め壁と結合するアンカー頭部から構成される。

②山留め壁には、腹起しを通じて鉛直力が作用するため、地盤アンカーは斜め下向きに配置する。

③どのような平面規模・形状に対しても適用できる。

④偏土圧となる傾斜地の山留め工事に適している。

⑤上空が開放されており、作業空間が広いため、作業精度が向上すると共に、作業の安全確保や工期の短縮が図れる。

⑥アンカーが山留め壁の背面に設置されるため、背面に敷地が必要となる。そのため、工事前に隣地所有者の承諾を取らなければならない。

⑦軟弱地盤に定着させることはできない。

⑧地下水の流れが速い場合（流速が3m/分程度になる場合）は適用できない。

⑨あらかじめプレストレスを導入しておく必要がある。

⑩全数について、設計耐力の確認が必要である。

⑪被圧水の水圧が高い場合には、施工に注意が必要となる。

以上により、**問1** の語句は、「**斜め下向き**」なので、解答は「○」である。

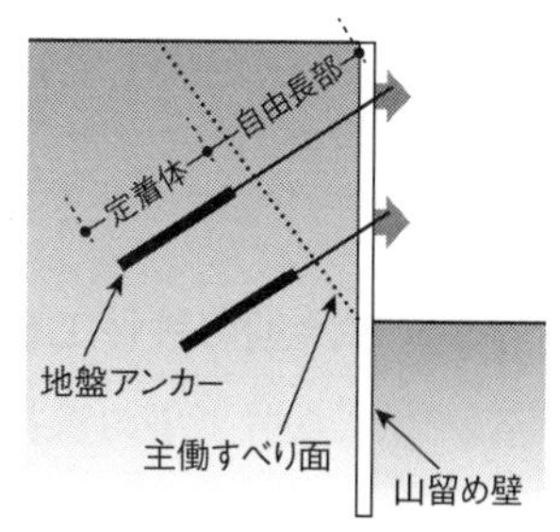

地盤アンカー工法

問2 ガス圧接抜取検査とガス圧接部の膨らみ

解答	×	1.4倍

鉄筋のガス圧接継手に求められる品質は、次の通りである。

①圧接部における膨らみの直径は、鉄筋径(d)の**1.4倍**以上（1.4d以上）とする。

②圧接部における膨らみの長さは、鉄筋径(d)の1.1倍以上（1.1d以上）とする。

③圧接部における鉄筋中心軸の偏心量は、鉄筋径(d)の1/5以下(0.2d以下)とする。

④圧接部における圧接面のずれは、鉄筋径(d)の1/4以下（0.25d以下）とする。

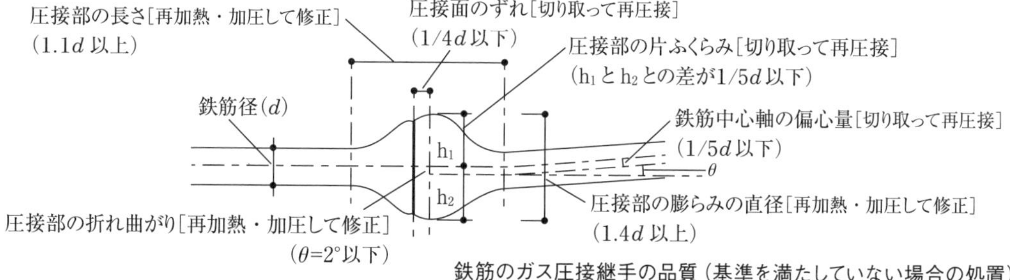

鉄筋のガス圧接継手の品質（基準を満たしていない場合の処置）

以上により、**問2** の語句は、「**1.2倍以上**」ではなく「**1.4倍以上**」である。

問3 合板型枠の締付け作業と型枠の変形

解答	×	内側

合板型枠の締付け金物を締め付けすぎると、内端太（うちばた）と外端太（そとばた）が内側に押し込まれ、合板型枠のせき板が**内側**に変形する。合板型枠のせき板が内側に変形すると、接合部の密着が不完全になるため、かぶりの確保や鉄筋の配置に乱れが生じたり、ノロ漏れ（セメントペーストの浸み出し）が生じたりする。合板型枠の締付け金物は、適正な締付け力で締め付けなければならない。

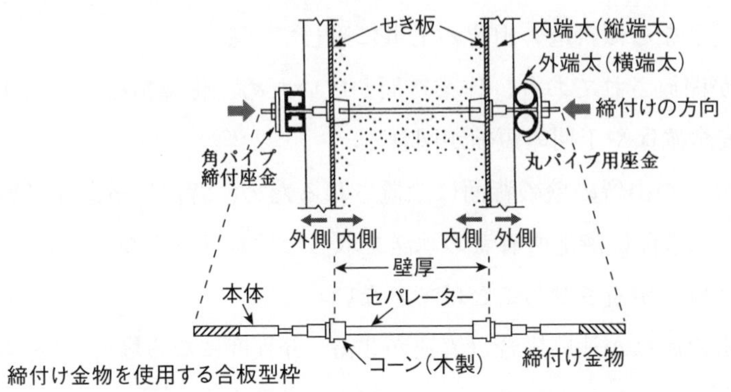

締付け金物を使用する合板型枠

以上により、問3の語句は、「**外側**」ではなく「**内側**」である。

問4 寒冷期の鉄骨工事における予熱

解答	×	遅く

鉄骨工事の溶接において、作業場所の気温が－5℃～＋5℃のときは、溶接線から100mm程度の範囲を、適切な方法で加熱（予熱）して溶接を行う。なお、作業場所の気温が－5℃を下回るときは、予熱の有無に関係なく、溶接を行ってはならない。

予熱の目的は、溶接後の冷却速度を**遅く**することで、鋼の中に含まれている水素の放出を容易にし、熱影響部の脆さを減少させることで、溶接部の低温割れを防止することである。鉄骨溶接後の急冷は、避けなければならない。

以上により、問4の語句は、「**速く**」ではなく「**遅く**」である。

建築施工

受検種別：躯体　　平成28年度 問題5-B 建築施工の解答例

【問題5-B】 次の 問1 から 問4 の各記述において、下線部の語句又は数値が適当なものには○印を、**不適当なものには適当な語句又は数値**を記入しなさい。

問1 透水性の悪い山砂を埋戻し土に用いる場合の締固めは、建物躯体等のコンクリート強度が発現していることを確認のうえ、厚さ60cm程度ごとにローラーやタンパーなどで締め固める。
入隅などの狭い個所の締固めには、振動コンパクターやタンパーなどを使用する。

問2 大梁の主筋をガス圧接する場合、鉄筋径程度の縮み代(しろ)を見込んで加工しないと、**定着**寸法の不足や、直交部材の配筋の乱れを招くことになる。

問3 コンクリートの1層の打込み厚さは、締固めに用いる棒形振動機の長さ以下とし、コールドジョイント等の欠陥を防止するため、棒形振動機の挿入の際には先に打ち込んだコンクリートの層に棒形振動機の先端が入るようにし、棒形振動機を引き抜く際にはコンクリートに穴を残さないよう加振しながら**急いで**引き抜かなければならない。

問4 型枠は、コンクリートの自重、コンクリート打込み時の振動や衝撃、コンクリートの側圧などの荷重に対して安全であり、型枠取外し後のコンクリートに必要な仕上がり寸法及び精度が得られ、容易に取外しが**できない**ものでなければならない。

正　解

分野	問	適否	下線部の語句又は数値	適当な語句又は数値
躯体工事	問1	×	60	30
	問2	○	定着	定着
	問3	×	急いで	ゆっくり
	問4	×	できない	できる

考え方 解き方

問1 埋戻し土の一層の仕上り厚さ

解答	×	30

　掘削土の埋戻し作業には、山砂を用いることが一般的である。埋戻し土の締固めは、振動ローラー・タンパー・振動コンパクターなどの小型の締固め機械を用いて行う。その際、締固め後の一層の仕上り厚さが30cm程度となるよう敷き均す。

　以上により、問1 の数値は、「60cm」ではなく「30cm」である。

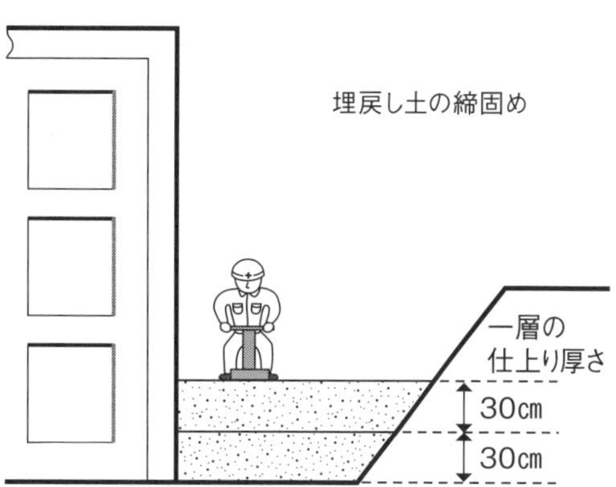

問2 ガス圧接の縮み代　**解答** ○　定着

２つの鉄筋をガス圧接して強く押し付けると、接合部が膨らむので、全体の長さが短くなる。ガス圧接における接合部の膨らみは、鉄筋径（d）の1.4倍以上としなければならないが、この条件を満たそうとすると、鉄筋全体の長さは鉄筋径(d)の１倍～1.5倍程度短くなる。

鉄筋が短くなると、**定着**寸法の不足によりコンクリートと鉄筋との付着力が低下し、直交部材の配筋の乱れにより鉄筋相互の組立位置がずれる。使用する鉄筋は、組立の支障とならないよう、鉄筋径(d)の１倍～1.5倍程度の縮み代を見込んだものとしなければならない。

以上により、問２の語句は、「**定着**寸法」である。

問3 コンクリートの締固めに用いる棒形振動機の使用方法　**解答** ×　ゆっくり

棒形振動機(内部振動機)を用いてコンクリートを締め固める場合は、60cm以内の間隔で棒形振動機を挿入する。コンクリートを上下層に分けて打ち込む場合は、棒形振動機を下層のコンクリート中に10cm程度挿入し、上下層を一体化させる必要があるので、コンクリートの１層の打込み厚さは、締固めに用いる棒形振動機の長さ以下としなければならない。

棒形振動機を引き抜く際には、コンクリートに穴を残さないよう、加振しながら、鉛直に**ゆっくり**引き抜かなければならない。急いで引き抜くと、棒形振動機の跡である穴がコンクリート中に残る。この穴には周囲の水分が集まるので、コンクリートの硬化後に空洞となり、コンクリートの弱点となる。

以上により、問３の語句は、「**急いで**」ではなく「**ゆっくり**」である。

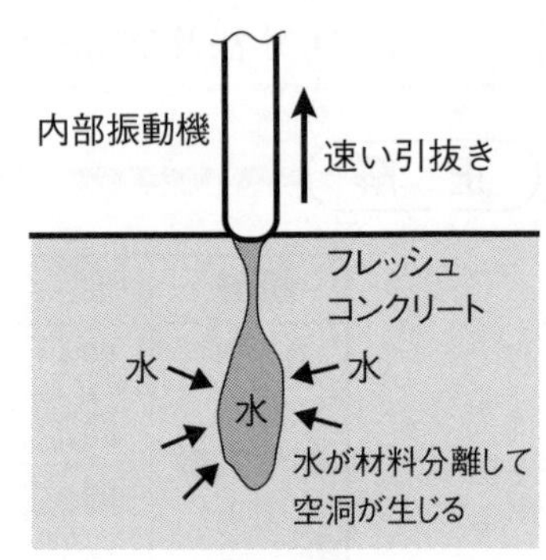

内部振動機を急いで引き抜いたときに生じる欠陥

問4 型枠の取外し　**解答** ×　できる

型枠内にコンクリートを打ち込むときは、型枠の内部に剥離剤を塗布し、コンクリートが型枠に付着しないようにしなければならない。コンクリートが型枠に付着すると、型枠を取り外すときに、躯体に大きな力が加わるため、コンクリートの仕上げ面が荒れるおそれが生じる。

型枠は、コンクリートの自重・コンクリート打込み時の振動や衝撃・コンクリートの側圧などの荷重に対して安全であり、型枠取外し後のコンクリートに必要な仕上がり寸法および精度が得られるものとしなければならない。しかし、型枠は、捨て型枠でない限り、施工後に回収して別の工事に転用することが多いので、容易に取外しが**できる**ものでなければならない。

以上により、問４の語句は、「**できない**」ではなく「**できる**」である。

受検種別：躯体　　平成27年度 問題5-B 建築施工の解答例

【問題5-B】 次の 問1 から 問4 の各記述において、下線部の語句又は数値が適当なものには○印を、不適当なものには適当な語句又は数値を記入しなさい。

問1 解体工事におけるカッター工法とは、ダイヤモンドを埋め込んだ円盤状の切刃（ブレード）を高速回転させて**鉄筋コンクリート**の部材を切断する工法で、床及び壁などの比較的薄い部材の切断に用いられる。

問2 鉄筋の継手は、周辺コンクリートとの付着により鉄筋の応力を伝達する**機械式**継手と、鉄筋の応力を直接伝達するガス圧接継手、溶接継手などに大別される。

問3 日本工業規格（JIS）に規定するコンクリートの圧縮強度試験のための供試体は、直径の2倍の高さをもつ円柱形とする。その直径は粗骨材の最大寸法の3倍以上、かつ、**80**㎜以上とする。

問4 鉄骨工事における柱脚ベースプレートの支持方法であるベースモルタルの後詰め中心塗り工法は、一般にベースプレートの面積が**小さく**、全面をベースモルタルに密着させることが困難な場合、また、建入れの調整を容易にするために広く使われている。

正　解

分野	問	適否	下線部の語句又は数値	適当な語句又は数値
躯体工事	問1	○	鉄筋コンクリート	鉄筋コンクリート
	問2	×	機械式	重ね
	問3	×	80	100
	問4	×	小さく	大きく

考え方 解き方

問1 躯体工事におけるカッター工法　　解答 ○ 鉄筋コンクリート

建物の解体工事で使用されるカッター工法は、円盤状の切刃（ブレード）を高速回転させて部材を切断する工法である。このブレードの金属基板には、極めて高い硬度を持つ人造ダイヤモンドから成るチップが焼結されているため、**鉄筋コンクリート**などの硬い部材を切断することができる。しかし、ダイヤモンドは熱に弱いため、切断は水などで冷却しながら行う必要がある。切削時に生じる切り粉も、水で流す方法が採用される。

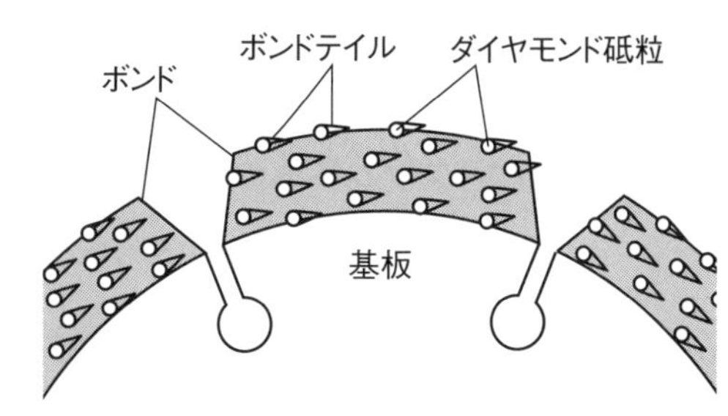

ダイヤモンドチップ

以上から、問1 の語句は、「**鉄筋コンクリート**」である。

問2 鉄筋の継手

解答	×	重ね

鉄筋の継手は、周辺コンクリートとの付着により鉄筋の応力を伝達する継手と、鉄筋の応力を直接伝達する継手に分類される。機械式継手・ガス圧接継手・溶接継手は、どれも鉄筋の応力を直接伝達する継手である。**重ね継手**は、周辺コンクリートとの付着により鉄筋の応力を伝達する継手である。重ね継手は、直径が35㎜未満の鉄筋の継手として用いられる。

鉄筋の継手を施工するときは、次のような点に留意する。

①継手は、せん断力の小さい位置のうち、梁の中央付近に設ける。梁の端部には設けない。

②直径が異なる鉄筋の重ね長さは、細い鉄筋の重ね継手の長さに応じて決定する。

③直径が35㎜以上の鉄筋の継手は、重ね継手としてはならない。

以上から、問2の語句は、「**機械式継手**」ではなく「**重ね継手**」である。

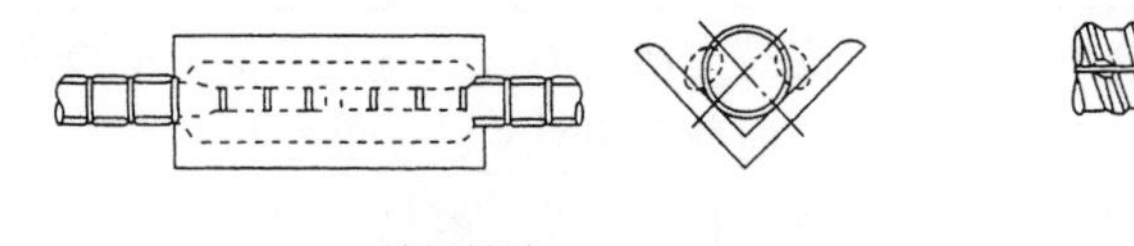

溶接継手

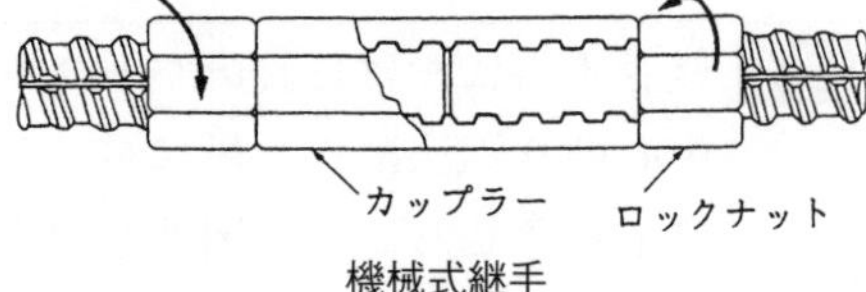

機械式継手

問3 コンクリート供試体の寸法

解答	×	100

コンクリートの圧縮強度を推定するために用いる供試体は、次の基準をすべて満たすものでなければならない。

①供試体の形状は、円柱形であること。

②供試体の直径dは、**100㎜以上**であること。

③供試体の直径dは、粗骨材の最大寸法の3倍以上であること。

④供試体の高さhは、直径の2倍以上であること。

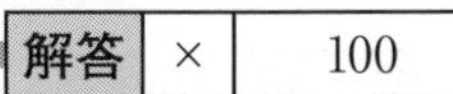

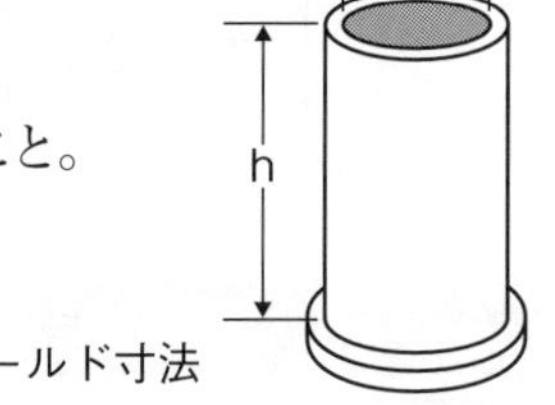

コンクリートモールド寸法

一般的な供試体は、直径dが100㎜で高さhが200㎜の円柱形であるか、直径dが150㎜で高さhが300㎜の円柱形である場合が多い。

以上から、問3の語句は、「**80㎜以上**」ではなく「**100㎜以上**」である。

問4 柱脚ベースプレートの工法

解答	×	大きく

鉄骨工事における柱脚ベースプレートの工法は、全面仕上げ工法と、後詰め中心塗り工法に分類される。

①全面仕上げ工法は、底均しモルタルを全面塗りした上に、柱脚の建入れを行う工法である。ベースプレートの面積が300㎜角よりも小さい場合、全面仕上げ工法が採用される。

②後詰め中心塗り工法は、ベースプレート中央下部に硬練りのモルタルを塗り付け、柱脚の建入れを行い、型枠を設置した後に、無収縮モルタルをベースプレート下面に行き渡らせる工法である。ベースプレートの面積が300㎜角よりも**大きい**場合、柱脚の建入れ調整を容易にするために、後詰め中心塗り工法が採用される。

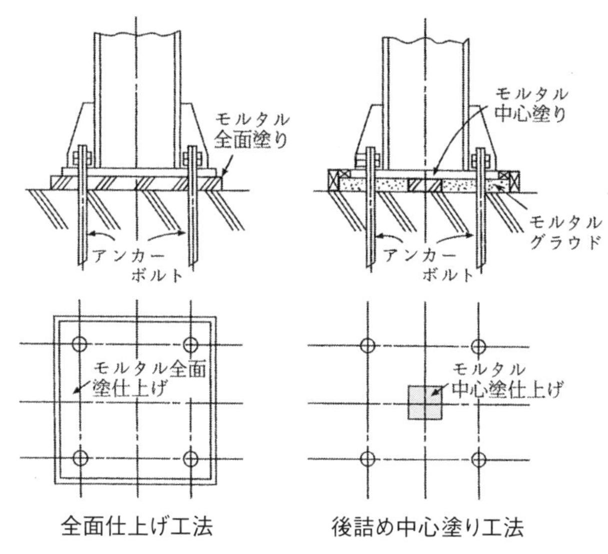

以上から、問4の語句は、「**小さく**」ではなく「**大きく**」である。

受検種別：躯体　平成26年度 問題5-B 建築施工の解答例

【問題5-B】 次の**問1**から**問4**の各記述において、下線部の語句又は数値が**適当なもの**には○印を、**不適当なものには適当な語句又は数値**を記入しなさい。

問1 鉄筋コンクリート梁に、コンクリートの鉛直打継ぎ部を設ける場合の打継ぎ面は、コンクリート打込み前の打継ぎ部の処理が円滑に行え、かつ、新たに打ち込むコンクリートの締固めが容易に行えるものとし、主筋と<u>**平行**</u>となるようにする。

問2 鉄筋（SD 345）のガス圧接継手において、同径の鉄筋を圧接する場合、圧接部のふくらみの直径は鉄筋径の<u>**1.2**</u>倍以上とし、かつ、その長さを鉄筋径の1.1倍以上とする。

問3 型枠の設計において、変形量は、支持条件をどのように仮定するかでその結果が異なり、単純支持で計算したものは、両端固定で計算したものに比べてたわみは大きくなる。せき板に合板を用いる場合は転用などによる劣化のため、剛性の低下を考慮して、<u>**安全側**</u>の設計となるように単純支持と仮定して計算する。

問4 高力ボルトの締付けは、ナットの下に座金を敷き、ナットを回転させることにより行う。ボルトの取付けに当たっては、ナット及び座金の裏表の向きに注意し、座金は、座金の内側面取り部が<u>**裏**</u>となるように取り付ける。

建築施工

正　解

分野	問	適否	下線部の語句又は数値	適当な語句又は数値
躯体工事	問1	×	平行	直角
	問2	×	1.2	1.4
	問3	○	安全側	安全側
	問4	×	裏	表

考え方 解き方

問1 鉄筋コンクリートの鉛直打継ぎ　解答 × 直角

コンクリートの打継ぎの原則は、次のようである。

①鉛直打継ぎ部は、梁及びスラブの場合そのスパンの中央付近に設け、主筋と**直角**となるように設ける。

②打継ぎは、柱及び壁の場合、スラブ、壁梁又は基礎の上端に水平打継ぎ部を設ける。

③打継ぎ面には、仕切板等を用い、モルタル、セメントペースト等が漏れ出さないようにし、打継ぎ面が外部に接する箇所は引通しよく打切り、目地を設ける。

④打継ぎ面は、レイタンス及びぜい弱なコンクリートを取り除き、健全なコンクリートを露出させ、水湿して打ち継ぐ。

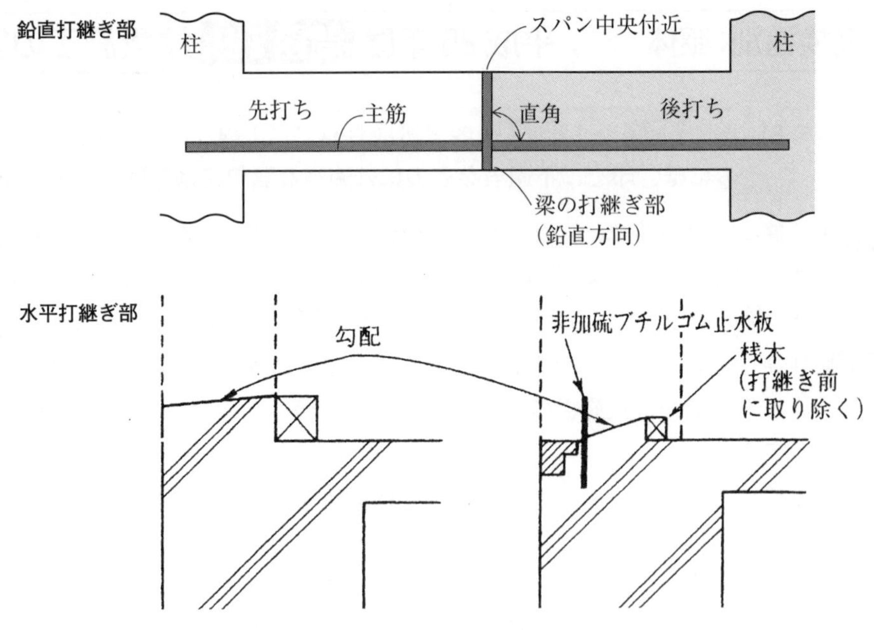

以上から、問1 は主筋と**平行**ではなく、主筋と**直角**である。

建築施工

問2 ガス圧接抜取検査とガス圧接部のふくらみ

解答	×	1.4

(1) ガス圧接の検査には、全数検査と抜取検査がある。全数検査は、ガス圧接終了直後に外観検査として行う。抜取検査は、全数検査の結果が合格とされた圧接部を対象として行う検査である。

(2) ガス圧接継手の規定は次の図のようである。

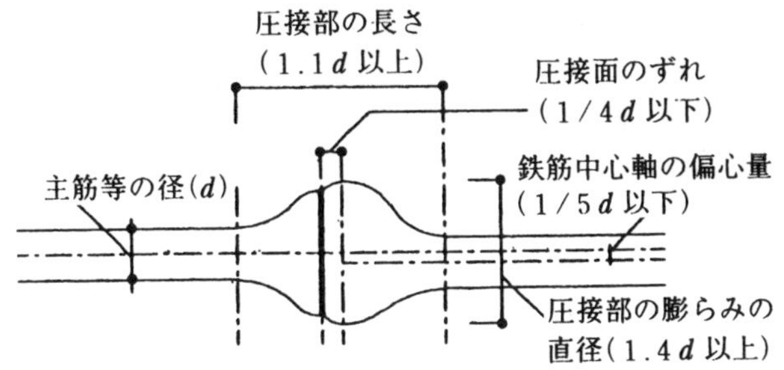

以上から、ガス圧接部のふくらみの直径は、鉄筋径の**1.2倍でなく1.4**倍以上とする必要がある。

問3 型枠の設計

解答	○	安全側

型枠や山留めの鋼矢板は、支保工で連続的に支えられている連続梁である。しかし、変形量の計算においては、その2点がピンで支えられている単純梁として考える。この理由は、単純梁として計算した方が、連続梁として計算するよりも、構造的に応力や撓(たわ)みが大きく求まるので、**安全側**の設計となるからである。また、計算そのものも容易である。そのため、仮設の梁は、2点支持の単純梁として設計される。

以上から、問3の**安全側**の記述は正しい。

解答	×	表

問4 高力ボルトの座金の敷き方

高力ボルトの座金は、摩擦面そのものにはならないが、ボルトと座金との馴染みを良くする必要があるため、鋼材のまくれやひずみを取り除いてから、座金の内側面取り部が**表**となるように取り付け、締め付ける。

以上から、問4は、**裏**ではなく**表**である。

4.1C 受検種別:仕上げ 問題5-C 建築施工 技術検定試験 重要項目集

4.1C.1 受検種別:仕上げ　過去10年間の仕上げ工事の出題内容

太字は2回以上出題された項目

年度	防水工事	石工事・タイル工事	屋根工事	建具工事・左官工事・塗装工事	木工事・金属工事・廃棄物処理	内外装工事
令和5年	アスファルト防水の保護層と伸縮目地	**タイル密着張りの工法と目地詰め**				**フローリングボード釘打ち** 外壁パネルの工法
令和4年	**ストレッチルーフィングの増張り幅**	タイル改良圧着張りの工法と張付け方	ルーフィングの重ね幅と留付け間隔	**エアスプレーガンと塗面との離隔・角度**		
令和3年	**改質アスファルトシート防水トーチ工法**	**タイル密着張りの塗付け面積と目地深さ**			**軽量鉄骨天井下地の野縁とむくり**	**グリッパー工法による床カーペット敷き**
令和2年	**ストレッチルーフィングの増張り幅**		**折板のボルト止め間隔と止水面戸**		**軽量鉄骨壁下地の継手と固定間隔**	**フローリングボード釘打ち**
令和元年		タイル接着力試験			製材の寸法・反り	スタッドの間隔・精度 床シートの熱溶接工法
平成30年	**改質アスファルトシート防水トーチ工法**	有機系接着剤による外壁タイル張り	**重ね形折板のボルト止め間隔**		**軽量鉄骨天井下地の施工**	
平成29年		タイル後張り工法	**折板葺きのボルト間隔**			石膏ボードの直張り工法 防湿層の室内側配置
平成28年	**改質アスファルトシート防水トーチ工法**				**軽量鉄骨壁下地のランナー固定間隔** 産業廃棄物管理票の返送	ビニル床タイルのウレタン樹脂系接着剤
平成27年			**折板葺きの折板重ねボルトの間隔**	**スプレーガンの使用法** 現場でのモルタル調合		断熱材の吹付け工法
平成26年	アスファルト防水立上り重ね幅	**タイル密着張り目地深さ**		塗膜欠陥しわの原因		**カーペット敷込グリッパー工法**

4.10.2 建築仕上げ工事

1 防水工事

1 防水工事の範囲

①**アスファルト防水**

アスファルト防水の平場部相互の重ね幅は100mm以上、平場部と立上り部との重ね幅は150mm以上とする。

②**改質アスファルト防水**

改質アスファルト防水では、出隅・入隅に200mm程度の増張りを行い、その重ね幅を100mm程度とする。また、張付けの下面にある砂面をトーチバーナーで炙り、砂を沈めて重ね合わせる。

③**合成高分子系ルーフィング防水**

ALC下地、鉄筋コンクリート(RC)下地の各下地に対し合成高分子系ルーフィングシートを用いて行う露出防水とする。

④**塗膜防水**

現場打鉄筋コンクリート下地に屋根用塗膜防水材(ウレタンゴム系、ゴムアスファルト系)を用いて塗膜をつくる防水とする。

⑤**シーリング**

不定形弾性シーリング材(建築用シーリング材)を用い、部材の接合部、目地部を充填材でシーリングを行う。

2 シーリングの施工

①**ムーブメント**

シーリングを行う目地には鉄筋コンクリートの目地、建具回りの目地、ひび割れ誘発目地のようにほとんど動かないノンワーキングジョイントと、ALCパネルのように大きく動くワーキングジョイントがある。

②ノンワーキングジョイントは、目地の両側と底辺の3面を接着する。

③ワーキングジョイントは、目地底にボンドブレーカーを用い2面接着とする。目地深さを調節するためのバックアップ材の幅は、接着剤付きである場合、目地幅よりも狭くする。

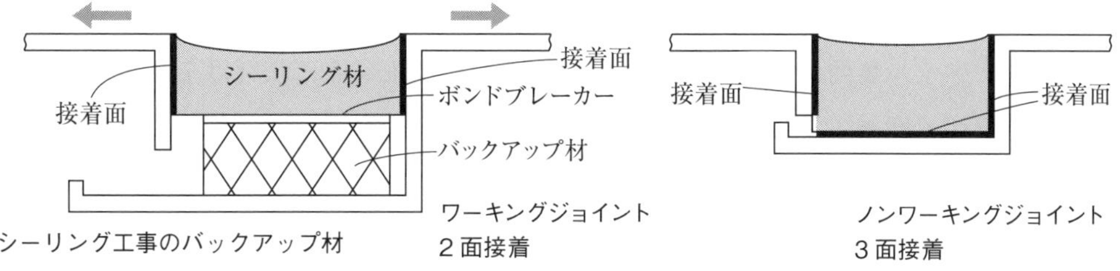

シーリング工事のバックアップ材

3 漏水対策

ルーフドレンに集水して降雨を排水するが、1時間あたりの降雨量が排水能力を超えると、屋根からオーバーフローして壁や窓から室内に流入するおそれがある。このため屋上防水と同時に予めオーバーフロー管を設置しておく。

2 石工事

①ジェットバーナー仕上げ

火炎で表面をはじき飛ばし仕上げる場合と、床面に用いるとき、ジェットバーナー仕上げのあと砥石でみがき歩行に適する摩擦面となるようにする。

②びしゃん仕上げ

びしゃんというハンマでたたいて表面を仕上げるが最近は機械で仕上げることが多い。

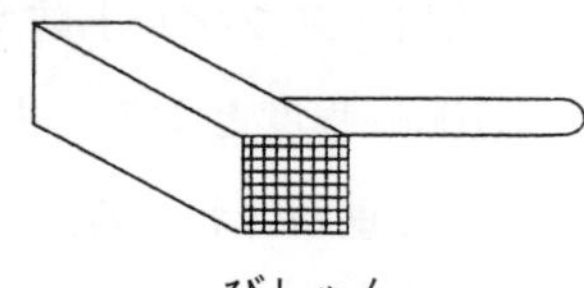

びしゃん

③磨き仕上げ

粗磨き：粗い砥石で研磨したざらつきのある仕上げ

水磨き：中目の砥石で研磨したものですべりにくいがつやがないので、大理石の床材とする。

本磨き：細い砥石で研磨したもので化粧用、床に用いるとすべりやすいので、大理石の壁材とする。

3 タイル工事

①密着張り工法(ヴィブラート工法)

上部から下部に向かって、水糸に沿って一段おきにタイルを張る。その後、ヴィブラートでタイルを張付けモルタル中に押し込み、目地にモルタルを目地深さの1/2以下まで盛上らせ目地ごてで押える。

②改良積上げ張り工法

下地モルタル、タイルに張付けモルタルをつけ下から上に1日1.5m以内で張上げる。

③モザイクタイル張り工法

ユニットタイル(25㎜角以下)のタイルを下地張付けモルタルに、台紙をつけてユニットタイルを張り付け、たたき板で締めて張るが接着力にばらつきがある。

④マスク張り工法

ユニットタイル裏面にマスクを用い、ユニットタイル裏面に張付けモルタルをつけて張る。モザイクタイル張りより接着力が安定している。

⑤改良圧着張り工法

下地面とタイル裏面の両側に張り付けモルタルをつけてモルタルが目地にはみ出すよ

建築施工

うに押し付ける。

⑥接着剤張り工法

3㎜程度の厚さに下地面に接着剤を塗布し、くし目ごてでくし目を立てタイルを張る。（水のかかる所は避ける必要がある工法）

⑦タイル接着力試験

タイル接着力試験では、タイル施工後、2週間以上が経過してから、コンクリート面まで切り込み、その引張強度が0.4N/㎜ ^{2} 以上かつ下地面破壊率が50％以下であることを確認する。試験個数は、100m ^{2} ごとおよびその端数につき1個以上とし、全体で3個以上とする。

4 屋根工事

1 亜鉛鉄板葺き

①心木なし瓦棒葺き工法

鋼板の継手に通し吊子を用い、固定釘で下地のたる木に固定する。

②心木あり瓦棒葺き工法

通し吊子の中に心木となるたる木を入れ、心木固定釘で下地のたる木に固定する。

2 折板葺き

①折板葺きは、屋根を支える受け梁上に固定されたタイトフレームに折板をかぶせ、タイトフレームと折板を各山ごとにボルト又は溶接で固定する。

②タイトフレームは、タイトフレーム立上り部分の縁から10㎜を残して、両側を隅肉溶接する。その後スラグを除去し防錆処理をする。

③折板の重ね部を、600㎜程度の間隔で、タイトフレームに緊結ボルトで固定する。

④折板の軒先には、折板の溝部分を15度程度折り曲げた尾垂れを設ける。

3 とい

①鋼管製とい工法

直径80㎜以下の排水管（縦とい）を溶接で接合するとつまり易いので用いないが80㎜を超えるときは溶接することがある。縦どいの受け金物の間隔は2m程度とする。排水管の下端は桝に差し込む。

②硬質塩化ビニル管とい工法

継手の接着は、冷間接合とし、熱による伸縮が大きいので、縦どいの長さが10mにつき20㎜程膨張、収縮があるので、受金物間隔は1,200㎜以下、10mを超える継手にはエキスパンション継手とする。

5 金属工事

1 軽量鉄骨天井下地

①天井下地の水平精度は、± 10㎜とする。

②平らな天井は、錯覚で中央部が下がって見えるので、むくり（天井中央部の吊上げ）を設ける。

③インサートと吊りボルトの間隔は900㎜程度とし、周辺部から150㎜以内とする。

④野縁がダクト、照明器具等で切断されたとき同材で補強する。

⑤天井のふところが1,500㎜以上の場合、吊りボルトと同材又は□－19×10×1.2（㎜）以上を用いて振れ止め補強材とする。水平補強は縦横方向に1,800㎜間隔に配置する。

2 軽量鉄骨壁下地

①軽量鉄骨壁下地のスタッドとランナーの種類は、次のようである。

スタッドの部材の種類は取り付け高さに応じて、50形から100形まである。

スタッド、ランナー等の種類（単位：㎜）

部材等／種類	スタッド	ランナー	振れ止め	出入口及びこれに準ずる開口部の補強材	補強材取付け用金物	スタッドの高さによる区分
50形	50×45×0.8	52×40×0.8	19×10×1.2	―	―	高さ2.7m以下
65形	65×45×0.8	67×40×0.8	25×10×1.2	□－60×30×10×2.3	L－30×30×3	高さ4.0m以下
90形	90×45×0.8	92×40×0.8		□－75×45×15×2.3	L－50×50.4	高さ4.0mを超え4.5m以下
100形	100×45×0.8	102×40×0.8		2□－75×45×15×2.3		高さ4.5mを超え5.0m以下

（注）1．ダクト類の小規模な開口部の補強材は、それぞれ使用した種類のスタッド又はランナーとする。
2．スタッドの高さに高低がある場合は、高い方を適用する。
3．50形は、ボード片面張りの場合に適用する。
4．スタッドの高さが5.0mを超える場合は、特記による。

②スタッドの間隔は下地張りのある場合450㎜程度、下地下張りのないとき300㎜とする。

③ランナーは端部から50㎜内側を押え、900㎜間隔程度にピンで床、梁下、スラブ下等に固定する。また、ランナーの継手は突き付けとする。

④スタッドの上下はランナーに差し込む。また、スタッドの振れ止めは、床面から1.2mごとに取り付ける。スペーサーはスタッドの高さ600㎜程度ごとに留め付ける。

6 左官工事

1 左官工事

モルタル塗り、床コンクリート直均し仕上げ、セルフレベリング材塗り仕上げ、塗材仕上げ、せっこうプラスター塗りがあり、建築物の内外部等に施工する。

2 ひび割れ防止

①コンクリート打継目、開口部回り、せっこうラスボード類の継目に、モルタル塗りではメタルラス張り等を行う。

②壁下地の上塗りモルタルは、下塗りモルタルよりも貧調合とする。

3 モルタル塗り(壁の施工)

①下塗りは下地処理後、吸水調整材塗り又はポリマーセメントペーストを1～2㎜塗る。下塗り面は金ぐしで荒らし目をつける。その後、下地モルタルを7㎜以下の厚さで塗り14日以上放置し、ひび割れを十分発生させる。

②むら直しは、むらが著しい場合に行う。

③中塗りは、出隅、入隅、ちり回り等は定規塗りを行い定規通しよく平に塗り付ける。

④仕上げには、タイル下地は木ごてを、その他の下地には金ごてを標準とする。

4 モルタル塗り(床の施工)

①下地処理後直ちにモルタルの塗付けを行う。塗付けは定規通りよく勾配に注意して金ごてで平滑に塗り仕上げる。

②目地は押し目地とし、室内縦横1.8m、廊下3.6m程度に割り付ける。屋上防水層の保護モルタルのときは、伸縮調整目地に合わせる。

7 建具工事

アルミニウム建具の性能等は次による。一般に次のものを用いる。

外部に面するアルミニウム製建具の性能等級等

性能項目 / 種別	耐風圧性	気密性	水密性	枠の見込み寸法(㎜)
A種	S－4	A－3	W－4	70(注)
B種	S－5			
C種	S－6	A－4	W－5	100

(注)形式が引違い・片引き・上げ下げ窓で、複層ガラスを使用する場合は、枠の見込み100㎜とする。

①**耐風圧性**：S－1～S－7まで区分されるが、特記によるS－7は耐風圧性は高い。

②**気密性**：A－1～A－4まで区分されるが、A－1は気密材を用いない。A－4は程度のよい気密材を使用し気密性が大きい。

ガラスの取付けは、次の方法による。

①型板ガラス(片面に模様をつけたガラス)の型模様面は、室内側にして取り付ける。

②エッジクリアランスを確保するため、ガラス幅の1/4の位置に、セッティングブロックを置く。

8 塗装工事

1 塗料

塗料は原則として、調合された塗料をそのまま使用する。ただし、素地面の粗密、吸水性の大小、気温の高低により、希釈割合を変えて粘度を調整できる。

2 研磨紙ずり

研磨紙ずりは下層塗膜及びパテが硬化乾燥したのち、長手方向に素地に沿って研磨紙(又は研磨布)で、下層の塗膜を研ぎ去らないように研ぐ。

3 パテかい

パテかいは、へら又はこてで面の状況に応じてくぼみ、隙間、目違い等に薄く塗り付ける。その後、過剰なパテを研磨紙ずりでしごき取るパテしごきを行う。

4 エアレススプレー方式による吹付け

エアレススプレー方式による吹付けは、塗料に直接、ポンプの圧力をかけ、希釈せず厚膜塗装ができる、圧縮空気を使うエアスプレー方式は、シンナーによる希釈が必要で塗膜は薄くなる。塗料の吹付け塗りは、スプレーガンを塗装面に対して直角に向け、平行に動かして塗料を噴霧する。噴霧された塗料は、中央部ほど密になりやすい。

5 塗装の素地ごしらえ

①木部の素地ごしらえは**汚れ除去→やに処理→研磨紙ずり**とする。なお、やに処理は削り取り又は電気ごて焼きのうえ溶剤でふきとる。

②鉄鋼面の素地ごしらえは、**汚れ除去→油類除去→錆落し**とする。鉄鋼面の素地ごしらえ終了後、鉄鋼面が結露しないよう、直ちに錆止め塗装を行う。これは、鉄鋼面に空中の水分で酸化被膜を生じ易いためである。

③コンクリート面およびALC面素地ごしらえは、**乾燥→汚れ除去→下地調整塗り→研磨紙ずり**。特にコンクリート等の下地についた油や、エフロレッセンスなどの異物を除去し、はがれ、ふくれ、はじきなどの欠陥を防止する。

6 塗装面の品質の確認

①現場塗装では、塗料の使用量と塗装面の状態から、塗膜厚さを推定する。

②工場塗装では、塗装後に、電磁膜厚計などの器具を用いて、塗膜厚さを確認する。

③ローラーブラシ塗りでは、入隅などの塗りにくい部分は他の部分より先に塗り付けておき、壁面全体にローラーマークを揃えて塗り付けていることを確認する。

7 塗装の欠陥の原因と対策

塗料の欠陥		原因	対策
①	流れ (だれ)	1.厚塗りしすぎる場合 2.希釈しすぎ 3.素地にまったく吸込みのないとき	1.作業性が悪い場合もあまり希釈しすぎないこと 2.厚塗りしない 3.希釈を控え、はけの運行を多くする
②	しわ	1.油性塗料を厚塗りすると上乾きし、表面が収縮する 2.乾燥時に温度を上げて乾燥を促進すると上乾きし、しわを生ずる 3.下塗りの乾燥不十分なまま上塗りすると、同様なしわを生ずる	1.厚塗りを避ける。特にボルト、リベットの頭、アングルの隅等塗料のたまるのを防ぐ 2.下塗り塗料の乾燥を十分に行ってから上塗りする
③	ふくれ	1.水分が塗膜を浸透し、塗膜下の水溶性物を溶かし、ふくれを生ずる 2.塗膜下に錆が発生し、これが次第に増大して塗膜を押し上げる 3.乾燥不十分な木材の上に塗料を塗るとふくれ、はく離を生じやすい	1.素地調整、前処理に注意する
④	糸ひき	1.吹付け塗装時、溶剤の蒸発が早過ぎると、スプレーガン口において蒸発し、塗料が糸状になって吹き付けられる	1.蒸発の遅いシンナーを用い、低圧で口径の大きいガンで吹付け塗りをするとよくなる
⑤	白化 (ブラッシング) (かぶり)	1.塗膜から急激に溶剤が蒸発すると、湿度が高いときは塗面が冷えて水が凝縮し、白化現象を起こす(ラッカー、ウォッシュプライマー) 2.塗装後気温が下がり、空気中の水分が塗面で凝縮するために白化する	1.リターダーシンナーを用いる 2.湿度が高いときの塗装を避ける 3.湿度が高く昼夜の気温の差が大きい戸外で作業する場合には夕刻までに指触乾燥に達するようにする
⑥	はじき	1.素地に水または油、ごみ等が付着していると、塗料が均一に塗れない 2.スプレーエアー中に油または水が入っている 3.はけに油または水等が付着していると、塗料にこれが混入する 4.下塗りが平滑で硬すぎる	1.素地調整を念入りに行う 2.はけで十分に塗装すると、はじきの事故率が少なくなる 3.エアストレーナーの交換または取付け 4.はけを清浄にする 5.塗料を変えるかサンジングを行う
⑦	はけ目	1.塗料の流展性が不足している場合(調合ペイント等)	1.十分均一になるようはけを替えて塗り広げる 2.希釈を適切にする

出典:建築施工管理技術テキスト技術・施工編(改訂第12版)

建築施工

8 塗装工事の用語の定義の要点

NO.	塗装工事用語	塗装用語の定義の要点
1	素地	いずれの塗装工程も行われていない面
2	下地	素地に対して何らかの塗装工程の行為が行われた面
3	素地調整	素地に対して塗装に適するように行う行為
4	下地調整	下地に対して塗装に適するように行う行為
5	希釈割合	使用する塗料材料の質量に対するシンナー(または水)の質量比
6	塗付け量	被塗装面単位面積当たりの塗装材料(希釈前)の付着質量
7	所要量	被塗装面単位面積当たりの塗装材料(希釈前)の使用質量
8	下塗り	調整面に塗る作業またはその塗り面
9	中塗り	下塗りと上塗りの中間層を塗る作業またはその塗り面
10	上塗り	仕上げとして塗る作業またはその塗り面
11	吸込み防止	素地への吸収を少なくする作業
12	パテかい	下地面のくぼみ、すき間、目違い部分などをパテで平らにする作業
13	研磨	素地あるいは下地面を研磨材料で研ぐこと
14	工程間隔時間	塗装の一工程から次の工程に移るまでの時間
15	最終養生時間	最終工程終了後から実際に使用できるまでの時間
16	目止め	木質系素地の導管などを埋める作業
17	追い目止め	最初の目止めが未乾燥のうちに目止めを繰り返して行う作業
18	節止め	木材の節や赤味部分またはやにの出やすい部分を専用のワニスで塗装する作業
19	色押え	色がにじみ出ないようシーラなどで処理する作業
20	化成皮膜処理	金属素地表面を化学薬品で処理すること

9 内装工事

1 断熱・防露対策

①断熱材には、ポリスチレンフォーム、押出法ポリスチレンフォーム、硬質ウレタンフォーム及びフェノールフォームの各保温材を用いる。

②鉄筋コンクリート造等の断熱工法には打込み工法、張り付け工法、吹付け工法がある。

③断熱材、防湿材、気密シートの施工

断熱・防湿のため、フェルト状断熱材等の防湿層は室内側に、断熱材は室外側に配置し、次のように壁内を断熱防露する。

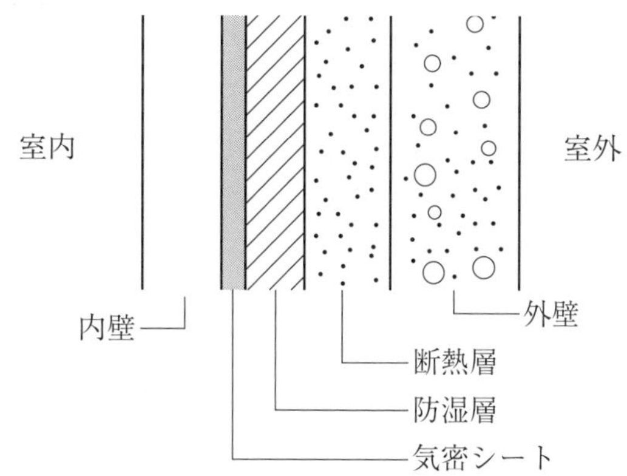

④硬質ウレタンフォームの吹付け工法は、接着剤が不要で、窓回りなどの複雑な形状の場所への吹付けが容易であるが、平滑な表面を得にくいので、カッターで厚さを調整することがある。

2 せっこうボード張付け工法

①下地にせっこうボードを取り付ける場合の留付け用小ねじの間隔は次のようである。

ボード類の留付け間隔
(単位：mm)

下　地	施工箇所	下地材に接する部分の留付け間隔		備　考
		周辺部	中間部	
軽量鉄鋼下地 木造下地	天井	150 程度	200 程度	小ねじ類の場合
	壁	200 程度	300 程度	

②鋼製下地にせっこうボードをねじ留めするとき、ドリリングタッピンねじは、下地の裏面に 10mm以上の余長があるものを使用する。

③壁を 2 重張りするときは、下張りは横張り、表張りは縦とする。

④せっこうボードを壁に直張りするときは、その接着剤を仕上り厚さの 2 倍程度まで盛り上げる。

⑤せっこうボード 1 枚張りの壁のスタッド間隔は、300mm程度とする。せっこうボード 2 枚張りの壁のスタッド間隔は、450mm程度とする。スタッドの建込み間隔の精度は、± 5mmとする。

⑥木製壁下地にせっこうボードを釘打ちにより張り付ける場合、使用する釘の長さは、ボード厚さの 3 倍程度とする。釘打ち間隔は、ボード周辺部を 100 ～ 150mm、中間部を 150 ～ 200mmの間隔とし、釘頭がボード表面と平らになるよう打ち付ける。

3 各種のせっこうボードの特徴

①強化せっこうボードは、芯材の石膏に無機質繊維などを混入させたもので、防火性が高い。

②シージングせっこうボードは、芯材の石膏を防水処理したもので、吸水時の強度低下が生じにくい。

③構造用せっこうボードは、釘側面抵抗を大きくしたもので、耐力壁として用いることができる。

4 カーペット敷き

①グリッパー工法は床の周囲にグリッパーを釘や接着剤で固定し、衝撃性を緩和するため、下敷き材はグリッパーに突付けて敷き込み、ニーキッカーやパワーストレッチャーで伸展しながらグリッパーに引掛け、そのあとカーペットの端部をステアツールを用い、グリッパーとの間の溝に巻込む。

②ヒートボンド法は、接着テープをアイロンで温めカーペットを相互に接着はぎ合せを行う方法である。

③タイルカーペット張り工法は、張付けは中央部から端部へ敷込んでいく。特に端部が細幅のタイルカーペットにならないようにする。

5 ビニル床シート

①ビニル床シートの接着剤には、一般の床では酢酸ビニル樹脂が、湯沸室・洗面所などの床では湿気に強いエポキシ樹脂が、試験室などの床では湿気硬化型のウレタン樹脂が用いられる。

②ビニル床シートの熱溶接工法では、床シート張付け後、12時間以上放置してから、溶接部をV字またはU字に溝切りする。この溝切りは、床シート厚さの1/2～2/3程度とする。その後、熱溶接機を用いて床シートと溶接棒を同時に溶融させて、余盛りを付ける。この余盛りは、溶接部が冷却してから削り取って平滑に仕上げる。

4.2C 受検種別：仕上げ　問題5-C 最新問題解説

受検種別：仕上げ　令和5年度 問題5-C 建築施工の解答例

問題5－C 次の1. から4. の各記述において，[　　] に当てはまる**最も適当な語句又は数値を，下の該当する枠内から1つ選びなさい。**

1. 屋根保護アスファルト防水において，現場打ちコンクリート保護層には [①] が発生することを防ぐために伸縮目地を設ける。
伸縮目地の割付けは，中間部の縦横間隔を3,000 mm程度とし，端部を立上りパラペット及び塔屋等の立上り際から [②] mm程度とする。

①	①ふくれ	②水たまり	③ひび割れ	④ジャンカ

②	①100	②600	③900	④1,200

2. セメントモルタルによる外壁タイル張りにおいて，[③] 工法は，タイルを下地に塗り付けた張付けモルタルに押し付け，軟らかいうちに振動工具を用いて振動を与え，モルタルに埋め込むようにタイルを張り付ける工法である。
タイル張付け後，[④] 時間以上経過した後，張付けモルタルの硬化を見計らって目地詰めを行い，目地ごてで目地深さをタイル厚さの $\frac{1}{2}$ 以下に仕上げる。

③	①改良積上げ張り	②改良圧着張り	③密着張り	④マスク張り

④	①6	②12	③18	④24

3. フローリングボード張りにおいて，下張り用床板の上に接着剤を併用してフローリングボードを釘打ちで張り込む場合，下張り用床板は乱に継ぎ，継手部は根太心で突付けとし，［⑤］mm 程度の間隔で釘打ちとする。

フローリングボードは，所定の接着剤を下張り用床板に塗布し，通りよく敷き並べて押さえ，［⑥］の付け根から隠し釘留めとする。

⑤	①150	②300	③450	④600

⑥	①ほ　ぞ	②溝じゃくり	③雌ざね	④雄ざね

4. 押出成形セメント板工事において，外壁パネルの取付け方法は，縦張り工法及び横張り工法がある。

縦張り工法の場合，パネルは各段ごとに構造体に固定された下地鋼材で受け，パネルが［⑦］により層間変形に追従できるように，取付け金物を上下端部に正確に，かつ，堅固に取り付ける。

横張り工法の場合，パネルは積上げ枚数 3 枚以下ごとに自重受け金物で受け，パネルが［⑧］により層間変形に追従できるように，取付け金物を左右端部に正確に，かつ，堅固に取り付ける。

⑦	①ロッキング	②スライド	③スプリット	④ストレッチ

⑧	①ロッキング	②スライド	③スプリット	④ストレッチ

正　解

分野	記述	枠	正解の番号	適当な語句又は数値
防水工事	記述1.	①	③	ひび割れ
		②	②	600［mm］
タイル工事	記述2.	③	③	密着張り
		④	④	24［時間］
内装工事	記述3.	⑤	①	150［mm］
		⑥	④	雄ざね
外装工事	記述4.	⑦	①	ロッキング
		⑧	②	スライド

考え方　解き方

記述 1. 屋根保護アスファルト防水の伸縮目地

①の解答	③	ひび割れ
②の解答	②	600[mm]

1 屋根保護アスファルト防水とは、建築物の内部に雨水が浸入することを防ぐため、建築物の屋根を構成するコンクリート下地に、溶融アスファルトとアスファルトルーフィング類(防水層を構成する製品)を、交互に積層して施工する工事である。

2 屋根保護アスファルト防水の施工後に、屋根上を歩行するなどして衝撃が加わると、防水層が破損し、漏水(建築物の内部への雨水の浸入)の原因となる。そのため、施工後に屋根上を歩行する必要がある場合は、防水層をコンクリートなどで保護する必要がある。ここで打ち込まれるコンクリートを、現場打ちコンクリート保護層という。

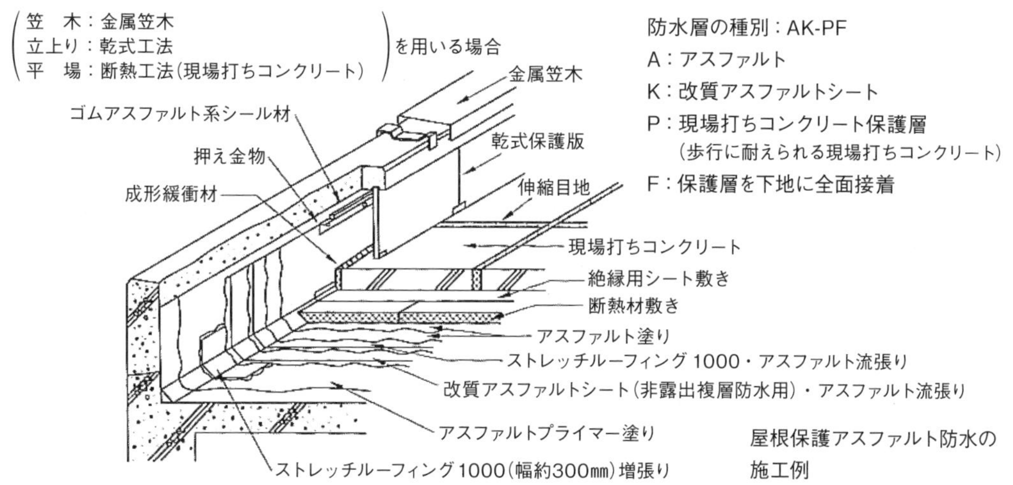

屋根保護アスファルト防水の施工例

※この図は、屋根保護アスファルト防水の一種である屋根保護防水密着断熱工法の施工図である。屋根保護防水密着断熱工法は、コンクリート下地などの調整を行った後に、防水層を施工し、断熱材と絶縁用シートを敷き、現場打ちコンクリート保護層を施工して防水層を保護する工法である。

建築施工

3 現場打ちコンクリート保護層には、建築物の変形や気温の変化による伸縮の影響を受けて、下図のような**ひび割れ**が発生することがある。このひび割れを防ぐためには、コンクリートの伸縮による影響を吸収するための伸縮目地(成形伸縮目地材などの伸び縮みできる柔らかい材料を入れた隙間)を設けておく必要がある。

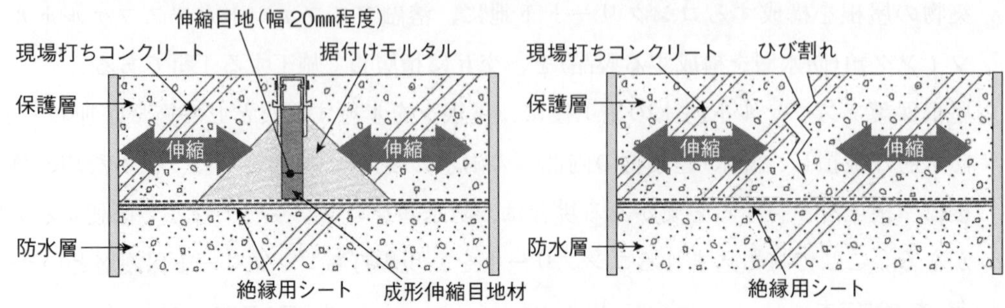

正 伸縮目地が設けられていると、コンクリートが伸縮したときに、成形伸縮目地材が伸び縮みするため、ひび割れが生じない。

誤 伸縮目地が設けられていないと、コンクリートが伸縮したときに、保護層にひび割れが生じて、そこから雨水が浸入する。

4 伸縮目地の割付けは、周辺の立上り部の仕上り面(屋根の端部にある立上りパラペットや塔屋などの立上り際など)から**600mm程度**とし、中間部は縦横間隔3000mm程度とする。また、伸縮目地は、排水溝を含めて、立上りの仕上り面に達するものとする。この数値等は、公共建築工事標準仕様書(建築工事編)において定められている。

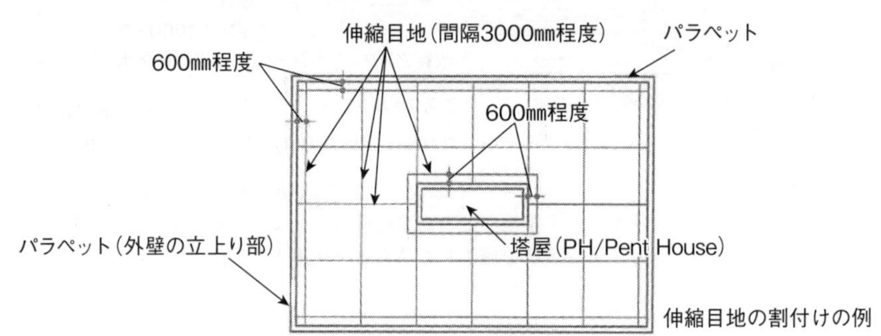

伸縮目地の割付けの例

5 現場打ちコンクリート保護層には、ひび割れの他に、膨れ・水たまり・ジャンカなどの欠陥が生じることもある。それらの欠陥の原因と防止方法は、次の通りである。

❶膨れの原因は、防水層の内部に浸透した水蒸気である。膨れを防ぐためのものは、伸縮目地ではなく通気緩衝シートや脱気装置である。

❷水たまりの原因は、コンクリートが水平に施工されていない(表面に凹みがある)ことである。水たまりを防ぐためのものは、伸縮目地ではなく適切な施工である。

❸ジャンカ(空洞が多い部分)の原因は、コンクリートを打ち込むときの材料分離である。ジャンカを防ぐためのものは、伸縮目地ではなく適切な施工である。

以上により、[①]に当てはまる最も適当な語句は「③ **ひび割れ**」である。

また、[②]に当てはまる最も適当な数値は「② **600mm**」である。

考え方 **解き方**

③の解答	③	密着張り
④の解答	④	24[時間]

記述2. セメントモルタルによる外壁タイル張り

1 セメントモルタルによる外壁タイル張りは、工事現場において、セメントモルタルによる後張りにより、タイル張り仕上げを行う外装仕上げ工事である。

2 セメントモルタルによる外壁タイル張りの工法は、次のように分類されている。

❶**改良積上げ張り**：タイル裏面に張付けモルタルを塗り、あらかじめモルタルを塗り付けた下地に、下部から上部に向かってタイルを張り上げる工法である。

❷**改良圧着張り**：下地に張付けモルタルを塗り付け、モルタルが軟らかいうちに、タイル裏面にも同じ張付けモルタルを塗ってタイルを張り付ける工法である。

❸**密着張り**：下地に張付けモルタルを塗り付けた後、振動工具を用いてタイルを張り付ける工法である。（タイル裏面には張付けモルタルを塗り付けない）

❹**マスク張り**：タイル裏面に張付けモルタルを塗り付け、表張りユニットを叩き込んでタイルを張り付ける工法である。（下地には張付けモルタルを塗り付けない）

❺**モザイクタイル張り**：下地モルタル面に張付けモルタルを塗り付け、ユニットタイルを張り付けた表張り台紙を叩き込んでタイルを張り付ける工法である。

セメントモルタルによる外壁タイル張りの工法

※工法を見分けるための２つの着目点 張付けモルタルを塗り付ける箇所 （使用する器具）

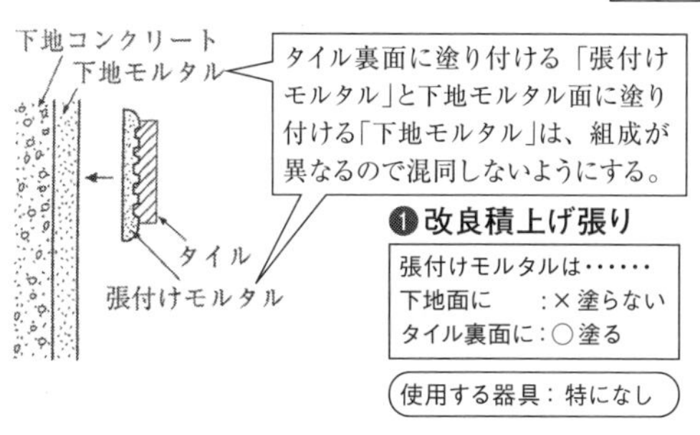

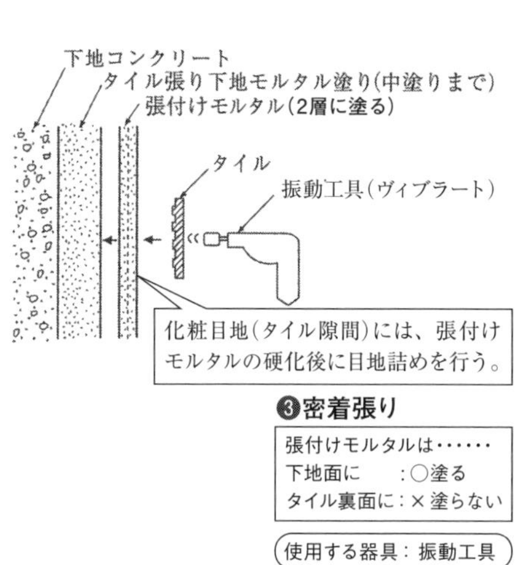

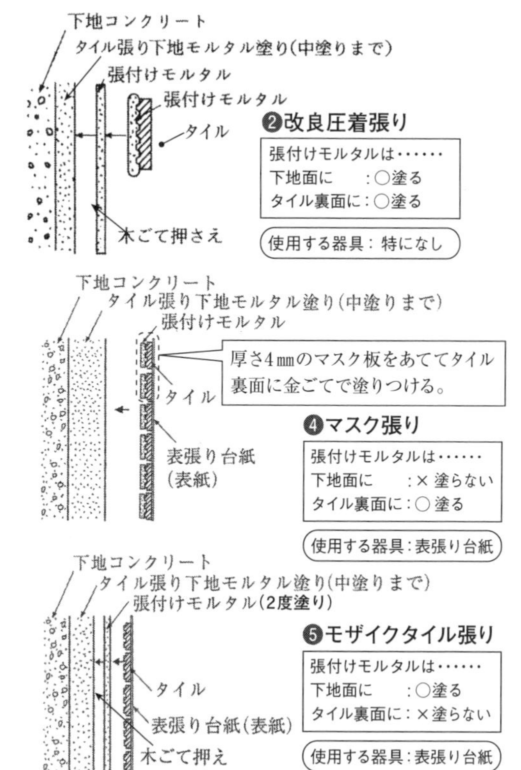

建築施工

3 したがって、下地に塗り付けた張付けモルタルにタイルを押し付け、張付けモルタルが軟らかいうちに、振動工具を用いてタイルに振動を与え、モルタルに埋め込むようにタイルを張り付ける工法は、**密着張り**工法である。

4 密着張り工法による外壁タイル張りを行った後には、目地詰め(タイル相互間の隙間にセメントを詰める作業)を行う必要がある。この目地詰めにおける留意事項は、公共建築工事標準仕様書(建築工事編)において、次のように定められている。

❶タイル張付け後、**24時間以上**が経過した後、張付けモルタルの硬化を見計らって、目地詰めを行う。その目地の深さは、タイル厚さの2分の1以下とする。

※タイル張付け後、24時間が経過する前(張付けモルタルの硬化前)に目地詰めを行うと、張付けモルタルが十分に乾燥しなくなり、タイルの接着が不確実になる。

❷目地詰めに先立ち、タイル面および目地部分の清掃を行い、必要に応じて、目地部分の水湿しを行う。

❸目地モルタルを確実に充填したうえ、モルタルの硬化を見計らい、目地押えを行う。

セメントモルタルによる外壁タイル張りの密着張り工法

以上により、[③]に当てはまる最も適当な語句は「③ **密着張り**」である。

また、[④]に当てはまる最も適当な数値は「④ **24時間**」である。

密着張り工法に関するより専門的な内容

タイルの密着張りの施工における留意点は、上記の他にも、次のようなものがある。

①張付けモルタルは、必ず二層塗りとする。一層目のモルタル塗りは、下地面への付着が良くなるよう、こて圧をかけてしごくように塗り付ける。

②張付けモルタルの塗り厚は、タイルの裏あしの高さを考慮して、5㎜〜8㎜を目安とする。

③張付けモルタルの1回の塗付け面積の限度は、タイル工1人あたり2m²以内かつ20分以内でタイルを張り終える面積とする。

④振動工具を当てる位置は、タイル面の複数箇所とする。振動工具を当てるのは、張付けモルタルがタイルの周囲から目地部分に盛り上がる状態になるまで行う。

⑤モルタルに混入させる砂の最大粒径は2.5㎜と定められているが、塗り厚が5㎜程度・目地幅が8㎜以下などの場合は、粒径が1.2㎜のものを用いる。

⑥タイルの張付けは、上部から下部に向かって張り進めるが、まずは一段おきに水糸を合わせ張りし、その後、間を埋めるようにして張る。

考え方 解き方

記述3. フローリングボード張り(釘打ちと釘留め)

⑤の解答	①	150[mm]
⑥の解答	④	雄ざね

1 フローリングボード張りは、フローリング(主として木質系材料から成る床板)を用いて、床張りを行う内装工事である。この工事では、下張り用床板の上に、フローリングボードを、釘打ちと接着剤を併用して張り込むことが一般的である。

2 フローリングボード張りの下張り用床板は、乱に(継手位置が揃わないように)継ぐ。

❶下張り用床板は、上張りのフローリングボードとの継手位置が合わないように継ぐ。

❷下張り用床板は、隣接する板の短辺の継手が揃わないように敷き並べる。

※下張り用床板やフローリングボードの継手は、構造上の弱点となる。

3 フローリングボード張りの下張り用床板は、次のような事項に留意して釘打ちする。

❶下張り用床板の根太(床板を支える部材)の間隔は、300mm程度とする。

❷下張り用床板の継手部は、根太心(根太の中心)で突付けとする。

❸下張り用床板の継手部は、**150mm程度**の間隔で釘打ちする。

※釘打ちの間隔が広すぎると、下張り用床板が剥がれるなどの欠陥が生じやすくなる。

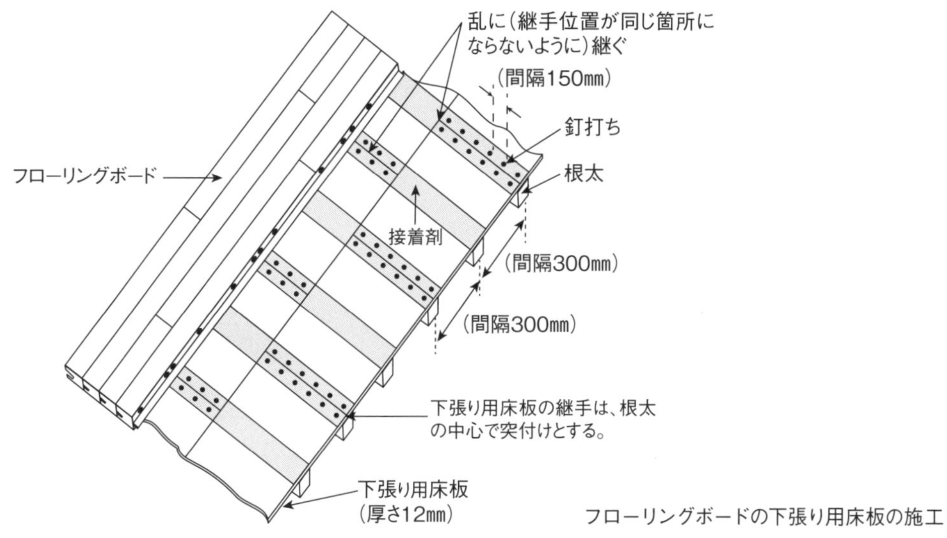

フローリングボードの下張り用床板の施工

建築施工

4 フローリングボード張りにおいて、下張り用床板の上に、根太張り用のフローリングボードを、釘打ちと接着剤を併用して張り込む場合は、次の❶～❹の手順で施工する。

❶フローリングボード(板)の割付けを行う。

❷下張り用床板に所定の接着剤を塗布する。

❸フローリングボードを通りよく敷き並べて押さえる。

❹**雄ざね**の付け根から隠し釘留めとする。

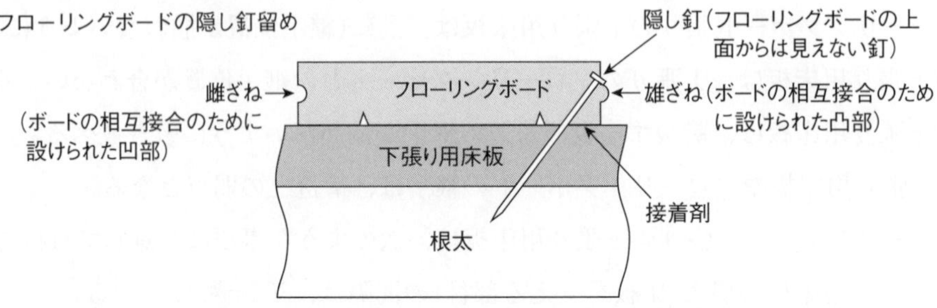

※雌ざね(ボードの凹部)は雄ざね(ボードの凸部)よりも強度が低いので、雌ざねの付け根から釘を打つようなことをしてはならない。

※雄ざね(ボードの凸部)は、木工事の仕口(直角または斜め方向の接合部)となる凸部とは異なり、ほぞと呼ばれることはない。

※雌ざね(ボードの凹部)は、引違い戸を入れるための上下の溝となる凹部とは異なり、溝じゃくりと呼ばれることはない。

以上により、[⑤]に当てはまる最も適当な数値は「① **150㎜**」である。
また、[⑥]に当てはまる最も適当な語句は「④ **雄ざね**」である。

考え方 **解き方**

⑦の解答	①	ロッキング
⑧の解答	②	スライド

記述4. 外壁パネルの取付け方法(縦張りと横張り)

1 押出成形セメント板工事における外壁パネルの取付け方法は、建築物の躯体の層間変形(地震時などにおける躯体の動き)に対して、外壁パネルがどのような方法により追従できるようにするかに応じて、縦張り工法と横張り工法に分類されている。

2 縦張り工法は、躯体の支持部材のうち、構造体に固定された下地鋼材に取り付けられた外壁パネル(押出成形セメント板)が、躯体の層間変形に対して、**ロッキング**(回転)により追従できるようにする工法である。その施工では、次のような事項に留意する。

❶外壁パネルは、すべての段において、構造体に固定された下地鋼材で受ける。

❷取付け金物は、パネルの上下端部に、ロッキング(回転)できるように取り付ける。

❸縦目地間隔(長辺の目地幅)は、8㎜以上とする。

❹横目地間隔(短辺の目地幅)は、15㎜以上とする。

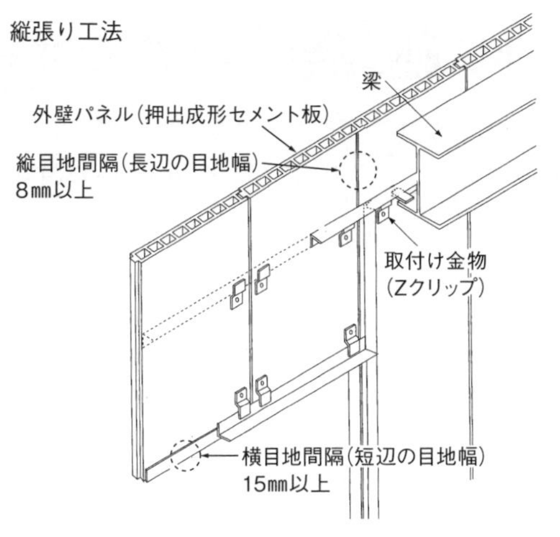

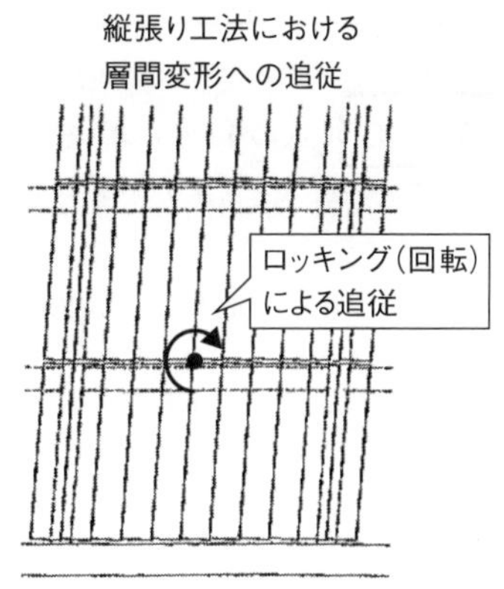

3 横張り工法は、躯体の支持部材のうち、下地鋼材の自重受け金物に取り付けられた外壁パネル(押出成形セメント板)が、躯体の層間変形に対して、**スライド**(移動)により追従できるようにする工法である。その施工では、次のような事項に留意する。

❶外壁パネルは、積上げ枚数3枚以下ごとに、構造体に固定された下地鋼材で受ける。

❷取付け金物は、パネルの左右端部に、スライド(移動)できるように取り付ける。

❸縦目地間隔(短辺の目地幅)は、15mm以上とする。

❹横目地間隔(長辺の目地幅)は、8mm以上とする。

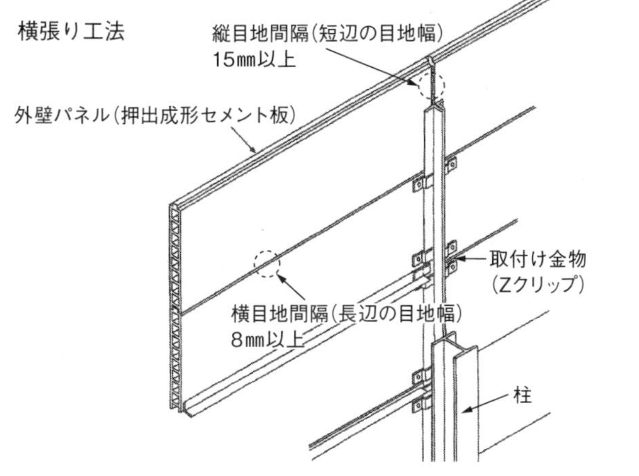

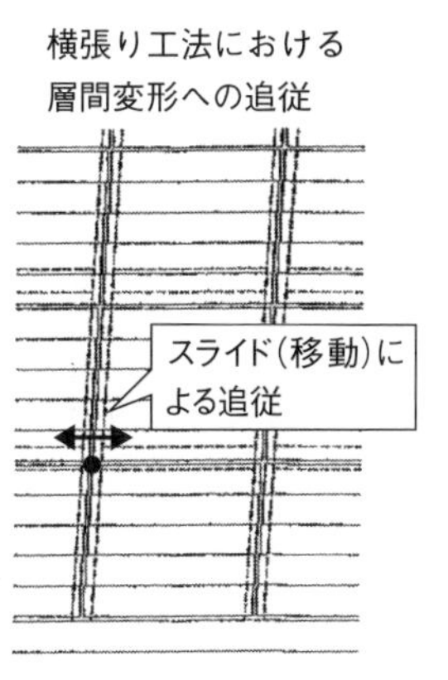

4 上記2や上記3のように、外壁パネル(押出成形セメント板)は、建築物の躯体の層間変形に対して、ロッキング(回転)またはスライド(移動)によって追従させるようにする。

❶外壁パネルは、ふたつに割れてはならないので、スプリット(分割)させてはならない。

❷外壁パネルは、伸縮ができない硬材なので、ストレッチ(延伸)させることはできない。

以上により、［ ⑦ ］に当てはまる最も適当な語句は「① **ロッキング**」である。

また、［ ⑧ ］に当てはまる最も適当な語句は「② **スライド**」である。

問題5－C 次の1. から4. の各記述において，□に当てはまる**最も適当な語句又は数値**を，下の該当する枠内から**1つ**選びなさい。

1. アスファルト防水の密着工法において，平場部のアスファルトルーフィング類の張付けに先立ち，コンクリート打継ぎ部は，幅50 mm程度の絶縁用テープを張った上に，幅 ① mm以上の ② ルーフィングを増張りする。

アスファルトルーフィング類の張付けは，空隙，気泡，しわ等が生じないよう均一に押し均して，下層に密着させる。

①	①100	②150	③200	④300

②	①砂付	②ストレッチ	③あなあき	④合成高分子系

2. セメントモルタルによる壁タイル張りの工法において， ③ は，張付けモルタルを下地面とタイル裏面の両方に塗ってタイルを張り付ける工法である。

タイルの張付けは，タイル張りに用いるハンマー等でタイル周辺からモルタルがはみ出すまで入念にたたき押し， ④ に向かって張り進める。

張付けモルタルの1回の塗り付け面積は，$2\,m^2$/人以内，かつ，60分以内に張り終える面積とし，1回のタイルを張り終わったら，張付けモルタルの硬化を見ながら，はみ出したモルタルを除去する。

③	①密着張り	②マスク張り	③改良圧着張り	④改良積上げ張り

④	①1段おきに上から下	②1段おきに下から上	③1段ごとに上から下	④1段ごとに下から上

建築施工

3. 金属屋根工事において，金属板葺の下葺にアスファルトルーフィングを用いる場合，野地面上に軒先と平行に敷き込み，隣接するアスファルトルーフィングを上下，左右とも重ねながら軒先から棟に向かって張り進める。アスファルトルーフィングの左右の重ねは，［⑤］mm程度を標準とし，継ぎ目が相互に近接しないようにする。

アスファルトルーフィングの留付けは，ハンマー式タッカー等を用い，ステープルで野地板に固定する場合が多く，アスファルトルーフィングの重ね部分は［⑥］mm程度，その他の部分は必要に応じ900 mm以内の間隔で留め付けるのが一般的である。

⑤	①50	②100	③150	④200

⑥	①150	②300	③450	④600

4. 塗装工事において，壁面を吹付け塗りとする場合，吹付けはエアスプレーやエアレススプレー等を用いて行う。

エアスプレーによる吹付けは，エアスプレーガンを塗り面から［⑦］cm程度離し，対象面に対し［⑧］に向け，毎秒30 cm程度の一定の速度で平行に動かす。

塗料の噴霧は，一般に中央ほど密で周辺が粗になりやすいため，一列ごとに吹付け幅が約$\frac{1}{3}$ずつ重なるように吹き付ける。

⑦	①20	②30	③40	④50

⑧	①直角	②やや上	③やや下	④やや横

正　解

分野	記述	枠	正解の番号	適当な語句又は数値
防水工事	記述1.	①	④	300［mm］
		②	②	ストレッチ
タイル工事	記述2.	③	③	改良圧着張り
		④	③	1段ごとに上から下
屋根工事	記述3.	⑤	④	200［mm］
		⑥	②	300［mm］
塗装工事	記述4.	⑦	②	30［cm］
		⑧	①	直角

考え方 解き方

記述 1. アスファルト防水（密着工法における増張り）

①の解答	④	300[mm]
②の解答	②	ストレッチ

1 密着工法によるアスファルト防水工事では、平場部のアスファルトルーフィング類を張り付ける前に、コンクリートの打継ぎ部などの防水上不具合のある下地について、幅50mm程度の絶縁用テープを張った上に、幅**300mm**以上の**ストレッチ**ルーフィングを増張りする必要がある。

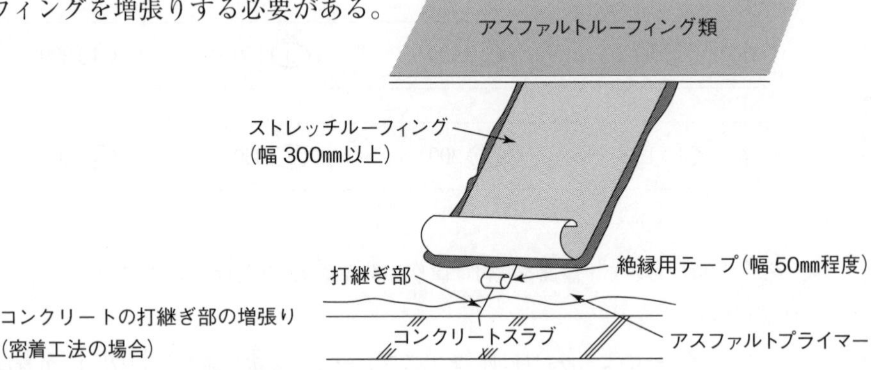

2 密着工法によるアスファルト防水工事では、打継ぎ部が僅かに滑動することがあるので、耐久性のある（引き伸ばしても切れにくい）ストレッチルーフィングを使用する必要がある。また、増張りの幅が不足していると、打継ぎ部が滑動したときに、その上に張られたアスファルトルーフィング類に、ひび割れが生じることがある。

密着工法によるアスファルト防水の詳細（上記の解説に関するより専門的な内容）

アスファルト防水の密着工法においては、平場部のアスファルトルーフィング類の張付けに先立ち、コンクリートの打継ぎ部は、目地間の移動が比較的少ないため、次のような処置をする。

①コンクリート下地面に、プライマーを全面塗布する。
②幅50mm程度の絶縁用テープを張る。
③溶融アスファルト（230℃程度の3種アスファルト）を打継ぎ部に流す。
④幅300mm以上のストレッチルーフィングを増張りする。

3 絶縁工法によるアスファルト防水工事では、上記1の代わりに、幅50mm程度の絶縁用テープを張り付けた後、部分粘着層付改質アスファルトルーフィングシートを張り付けるか、砂付穴あきルーフィングを敷き込んで増張りする必要がある。

4 アスファルトルーフィング類の張付けは、空隙・気泡・しわなどが生じないように、均一に押し均して、下層に密着するように行わなければならない。この過程で、空隙・気泡・しわなどが生じた場合は、各層ごとに直ちに補修しなければならない。

以上により、[①]に当てはまる最も適当な数値は「④ **300mm**」である。

また、[②]に当てはまる最も適当な語句は「② **ストレッチ**」である。

建築施工

記述2. 壁タイル張りの工法（張付け順序）

③の解答	③	改良圧着張り
④の解答	③	1段ごとに上から下

1 セメントモルタルによる壁タイル張りの工法は、次のように分類されている。

❶**密着張り**：下地面に張付けモルタルを塗り付け、振動機を用いてタイルを張り付ける工法である。（タイル裏面には張付けモルタルを塗り付けない）

❷**マスク張り**：タイル裏面に張付けモルタルを塗り付け、表張りユニットを叩き込んでタイルを張り付ける工法である。（下地面には張付けモルタルを塗り付けない）

❸**改良圧着張り**：下地面に張付けモルタルを塗り付け、モルタルが軟らかいうちに、タイル裏面にも同じ張付けモルタルを塗ってタイルを張り付ける工法である。

❹**改良積上げ張り**：タイル裏面に張付けモルタルを塗り、あらかじめモルタルを塗り付けた下地面に、下部から上部に向かってタイルを張り上げる工法である。

❺**モザイクタイル張り**：下地モルタル面に張付けモルタルを塗り付け、ユニットタイルを張り付けた表張り台紙を叩き込んでタイルを張り付ける工法である。

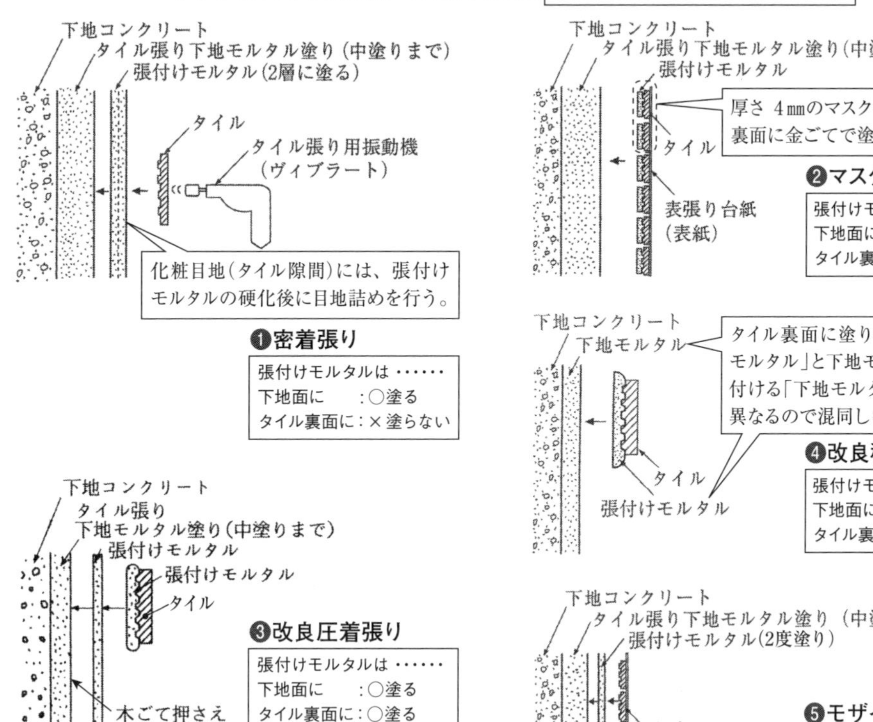

2 したがって、セメントモルタルによる壁タイル張りの工法において、張付けモルタルを下地面とタイル裏面の両方に塗ってタイルを張り付ける工法は、**改良圧着張り**だけである。（他の張付け方では下地面とタイル裏面のどちらかにしか塗らない）

建築施工

③セメントモルタルによる壁タイル張りの工法におけるタイルの張付け順序は、次のように定められている。

❶密着張り　　　　　：１段おきに、上から下に向かって張り進める。
❷マスク張り　　　　：１段ごとに、上から下に向かって張り進める。
❸改良圧着張り　　　：**１段ごとに、上から下**に向かって張り進める。
❹改良積上げ張り　　：１段ごとに、下から上に向かって張り進める。
❺モザイクタイル張り：１段ごとに、上から下に向かって張り進める。

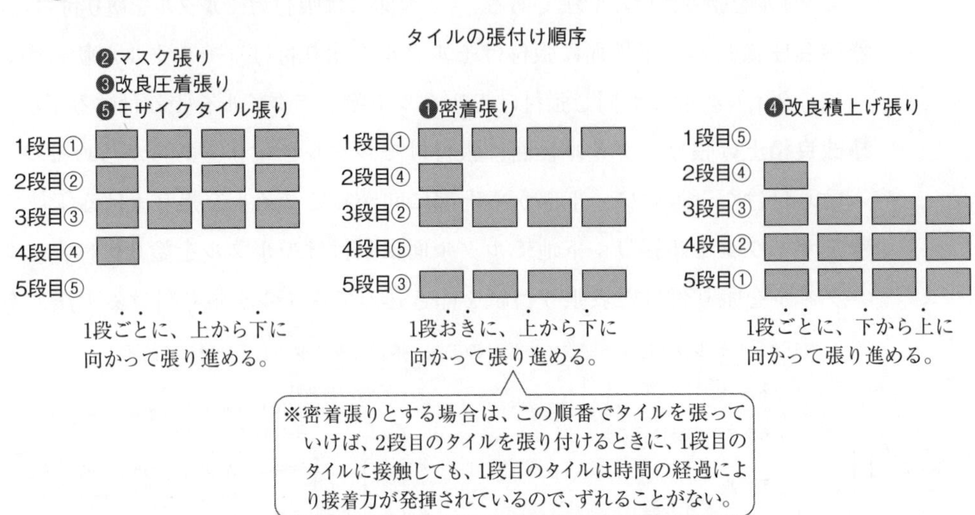

④改良圧着張りによる壁タイル張りは、次のような事項に留意して行う必要がある。

❶張付けモルタルは、２層に分けて塗り付けるものとし、１層目はこて圧をかけて塗り付ける。

❷張付けモルタルの１回の塗付け面積の限度は、張付けモルタルに触れると手に付く状態のままタイル張りが完了できるよう、タイル工１人につき $2m^2$ 以内、かつ、60分以内に張り終えることができる面積とする。また、張付けモルタルを練り混ぜる量は、１回の塗付け量および張付け量とする。

❸張付け順序については、目地割りに基づいて水糸を引き通し、窓・出入口回り・隅・角などの役物を先に行うようにする。

❹タイルの張付けは、タイル裏面の全面に、張付けモルタルを平らに塗り付けて張り付けた後、適切な方法で（タイル張りに用いるハンマーなどを用いて）タイル周辺からモルタルがはみ出すまで叩き締め、通りよく平らに仕上げる。

❺１回のモルタル塗面にタイルを張り終わったら、張付けモルタルの硬化の程度を見ながら、張付けが終わったタイル周辺にはみ出しているモルタルを除去する。

以上により、［③］に当てはまる最も適当な語句は「③ **改良圧着張り**」である。
また、［④］に当てはまる最も適当な語句は「③ **１段ごとに上から下**」である。

建築施工

記述3. 金属板葺屋根の下葺(重ね幅と留付け間隔)

⑤の解答	④	200[mm]
⑥の解答	②	300[mm]

1 金属屋根工事において、金属板葺の下葺に使用するアスファルトルーフィングの施工方法については、公共建築工事標準仕様書(建築工事編)において、次のように定められている。

❶野地面上に、軒先と平行に敷き込み、軒先から上(棟の方向)へ向かって張る。

❷上下(流れ方向)は100mm以上、左右(長手方向)は**200mm**以上重ね合わせる。

❸横方向の継目位置は揃えない。(弱点となる継目が相互に近接しないようにする)

※この重ね幅については、アスファルト防水におけるアスファルトルーフィングの重ね幅(平場部では縦横共に100mm以上・立上り部では150mm以上)と混同しないように注意が必要である。

金属板葺の下葺に使用するアスファルトルーフィングの重ね幅

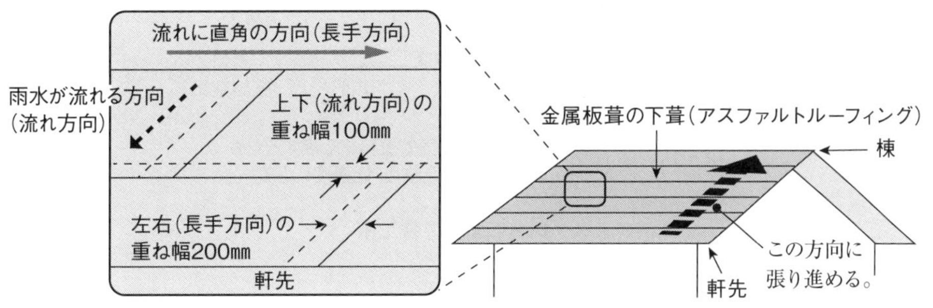

2 金属板葺の下葺に使用するアスファルトルーフィングは、ハンマー式タッカー(専用の釘を打ち込むための大型のホチキスのような工具)などを用いて、留付け用釘またはステープル(ホチキスの芯を大きくしたようなU字型の釘)で野地板に固定することが一般的である。この留付け用釘またはステープルは、アスファルトルーフィングの重ね合わせ部では**300mm**程度の間隔で留め付けることが一般的である。また、それ以外の部分では要所に(必要に応じて900mm以内の間隔で)留め付けることが一般的である。

金属板葺の下葺に使用するアスファルトルーフィングの留付け間隔

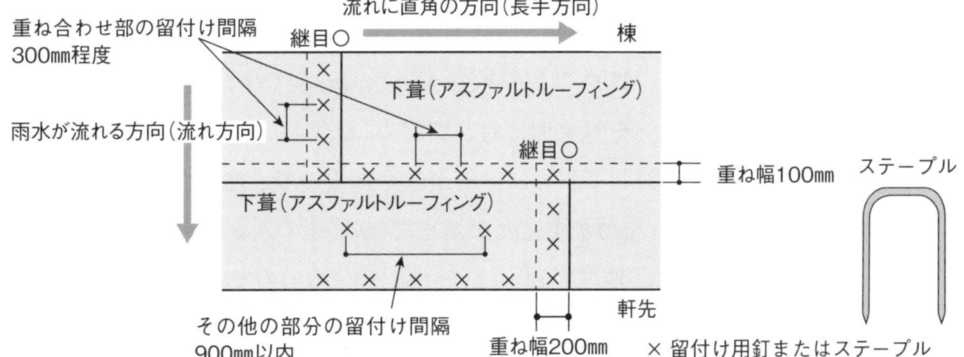

3 上記2の例外として、改質アスファルトルーフィング下葺材(粘着層付タイプ)を下葺として使用する場合は、留付け用釘やステープルを用いずに、裏面の剥離紙を剥がしながら下地に張り付けることができる。

以上により、［⑤］に当てはまる最も適当な数値は「④ **200mm**」である。
また、［⑥］に当てはまる最も適当な数値は「② **300mm**」である。

記述4. エアスプレーによる壁面の吹付け塗り

⑦の解答	②	30[cm]
⑧の解答	①	直角

1 塗装工事において、壁面を吹付け塗りとする場合は、エアスプレーまたはエアレススプレーによる吹付けが行われる。

エアスプレーによる塗装工事

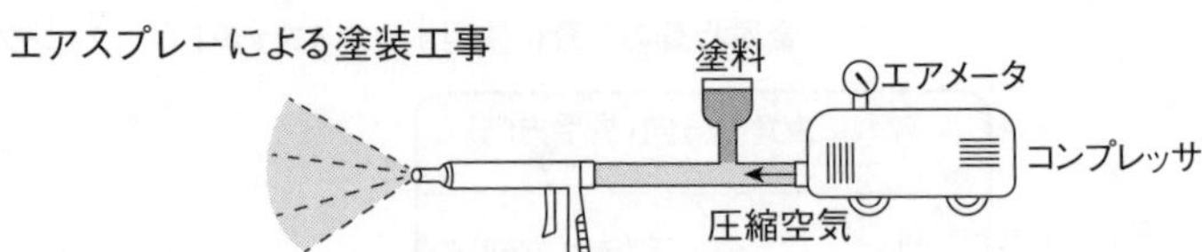

圧縮空気で塗料を希釈するため、
塗料は低粘度・低濃度になる。

エアレススプレーによる塗装工事

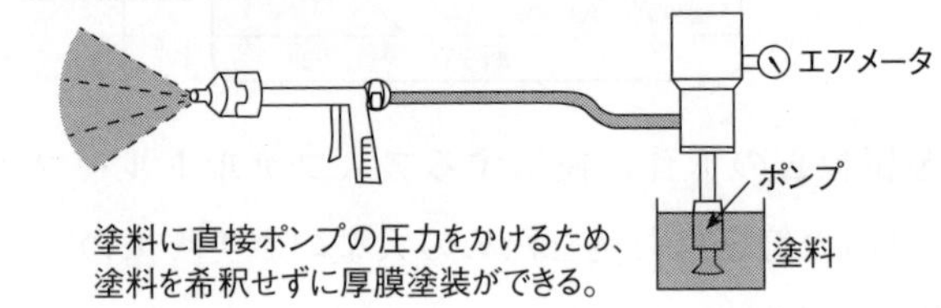

塗料に直接ポンプの圧力をかけるため、
塗料を希釈せずに厚膜塗装ができる。

2 エアスプレーによる吹付けを行うときは、エアスプレーガンを塗り面から**30cm**程度離しておく(ノズルから吹付け面までの距離を30cm程度にする)ことが望ましい。

❶この距離が短すぎる(20cm以下になる)と、塗料が一箇所に集中して吹き付けられる(塗膜が厚くなりすぎる)ため、塗装面に凹凸などが生じやすくなる。

❷この距離が長すぎる(40cm以上になる)と、塗料が空気中に飛散してしまう(塗膜が薄くなりすぎる)ため、十分な塗装ができなくなる。

3 エアスプレーによる吹付けを行うときは、エアスプレーガンを対象面に対して**直角**に向けて、一定の(一般的には毎秒30cm程度の)速度で平行に動かすことが望ましい。

❶エアスプレーガンを対象面に対して斜め(やや上・やや下・やや横など)に向けると、塗り面に対して斜めに塗料が吹かれるので、塗膜が不均一になる。

❷エアスプレーガンを動かす速度が適正でない(速すぎる・遅すぎる・動かす速度を途中で変える)と、速度が遅いほど塗膜が厚くなるので、塗膜が不均一になる。

❸エアスプレーガンを平行に動かさない(動かす方向を途中で変える)と、動かす方向を変えた箇所において運行が乱れるので、塗膜が不均一になる。

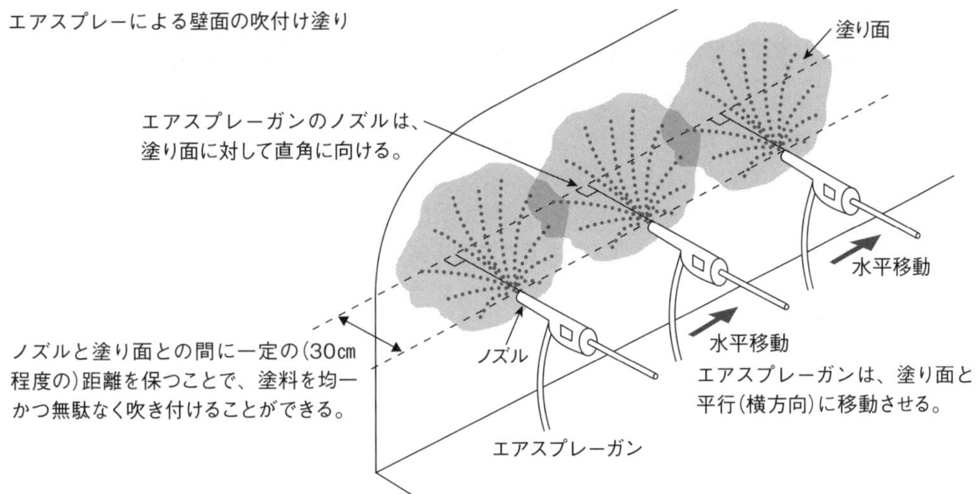
エアスプレーによる壁面の吹付け塗り
塗り面
エアスプレーガンのノズルは、
塗り面に対して直角に向ける。
水平移動
ノズルと塗り面との間に一定の(30cm
程度の)距離を保つことで、塗料を均一
かつ無駄なく吹き付けることができる。
ノズル
水平移動
エアスプレーガンは、塗り面と
平行(横方向)に移動させる。
エアスプレーガン

4 エアスプレーによる塗料の噴霧では、中央(ノズルに近い部分)では塗料が密になりやすく、周辺(ノズルから離れた部分)では塗料が粗になりやすい。このままでは、塗膜が不均一になってしまうため、一列ごとに吹付け幅が約3分の1ずつ重なるように吹き付けることが望ましい。

正 一列ごとに吹付け幅が約3分の1ずつ重なるように吹き付ける。

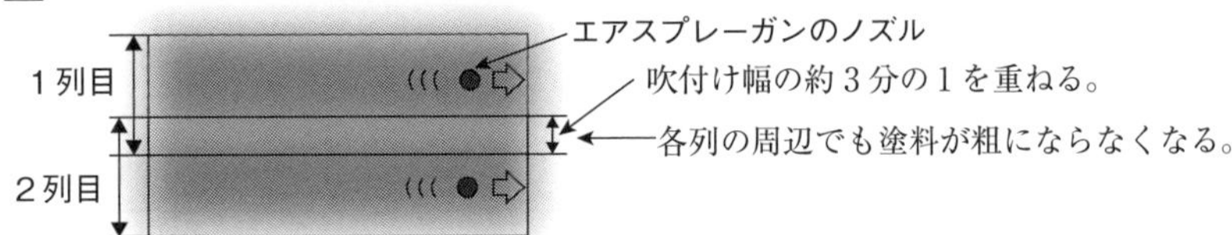
1列目
2列目
エアスプレーガンのノズル
吹付け幅の約3分の1を重ねる。
各列の周辺でも塗料が粗にならなくなる。

誤 一列ごとに吹付け幅が重ならないように吹き付ける。

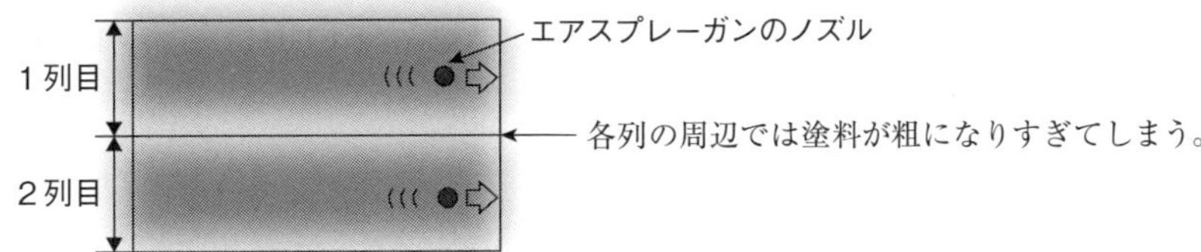
1列目
2列目
エアスプレーガンのノズル
各列の周辺では塗料が粗になりすぎてしまう。

エアスプレーとエアレススプレーによる施工の詳細(上記の解説に関するより専門的な内容)

1 塗装工法については、刷毛塗り・ローラーブラシ塗り・吹付け塗りがある。吹付け塗りには、エアスプレー方式とエアレススプレー方式がある。ここでは、エアスプレー方式とエアレススプレー方式の施工について考える。

2 エアスプレー方式は、塗料を圧縮空気によって霧化させながら、その空気圧でスプレーガンにより塗装する方式である。この方式は、粘度の高い種類の塗料には用いられない。塗膜は薄く、塗料の飛散が多いという欠点がある。エアスプレー方式の施工の留意点は次のようである。

①作業開始前に、周辺部を十分に養生する。

②塗料の粘度が、予定の粘度に調整されていることを確認する。

③粘度に適合する空気圧に設定されていることを確認する。

④被塗物とスプレーガンとの距離を30cm程度とし、被塗物面に対して直角にし、パターンの重ね幅は3分の1となるよう吹き付ける。

⑤塗料のだれ・すけ・むらの発生のないように吹き付ける。

3 エアレススプレー方式は、塗料自体に20MPa程度の圧力をポンプで加え、スプレーガンのノズルチップから霧化させて吹き付ける方法である。この方式は、高粘度・厚膜仕上げができ、飛散ロスも少なく、効率的である。エアレススプレー方式の施工の留意点は次のようである。

①塗料に適合したノズルチップを選定する。

②被塗物とスプレーガンとの距離を30cm程度とし、被塗物面に対して直角にし、パターンの重ね幅は3分の1となるよう吹き付ける。

③仕上り塗膜の膜厚が均一で、だれ・すけ・むらの発生のないように吹き付ける。

以上により、［⑦］に当てはまる最も適当な数値は「**② 30cm**」である。

また、［⑧］に当てはまる最も適当な語句は「**① 直角**」である。

問題5－C　次の1. から4. の各記述において，[　　]に当てはまる最も適当な語句又は数値を，下の該当する枠内から1つ選びなさい。

1. 改質アスファルトシート防水トーチ工法において，改質アスファルトシートの張付けは，トーチバーナーで改質アスファルトシートの [①] 及び下地を均一にあぶり，[①] の改質アスファルトシートを溶融させながら均一に押し広げて密着させる。改質アスファルトシートの重ねは，2層の場合，上下の改質アスファルトシートの接合部が重ならないように張り付ける。
出隅及び入隅は，改質アスファルトシートの張付けに先立ち，幅 [②] mm程度の増張りを行う。

①	① 表面	② 裏面	③ 両面	④ 小口面

②	① 100	② 150	③ 200	④ 250

2. セメントモルタルによるタイル張りにおいて，密着張りとする場合，タイルの張付けは，張付けモルタル塗付け後，タイル用振動機（ビブラート）を用い，タイル表面に振動を与え，タイル周辺からモルタルがはみ出すまで振動機を移動させながら，目違いのないよう通りよく張り付ける。
張付けモルタルは，2層に分けて塗り付けるものとし，1回の塗付け面積の限度は，2 m^2 以下，かつ，[③] 分以内に張り終える面積とする。また，タイル目地詰めは，タイル張付け後 [④] 時間経過した後，張付けモルタルの硬化を見計らって行う。

③	① 10	② 20	③ 30	④ 40

④	① 8	② 12	③ 16	④ 24

3. 軽量鉄骨天井下地において，鉄筋コンクリート造の場合，吊りボルトの取付けは，埋込みインサートにねじ込んで固定する。野縁の吊下げは，取り付けられた野縁受けに野縁を ⑤ で留め付ける。

平天井の場合，目の錯覚で天井面が下がって見えることがあるため，天井下地の中央部を基準レベルよりも吊り上げる方法が行われている。この方法を ⑥ といい，室内張りのスパンに対して $\frac{1}{500}$ から $\frac{1}{1,000}$ 程度が適当とされている。

⑤	①ビス	②溶接	③クリップ	④ハンガー

⑥	①そり	②むくり	③たわみ	④テーパー

4. 床カーペット敷きにおいて， ⑦ カーペットをグリッパー工法で敷き込む場合，張り仕舞いは，ニーキッカー又はパワーストレッチャーを用い，カーペットを伸展しながらグリッパーに引っ掛け，端はステアツールを用いて溝に巻き込むように入れる。

グリッパーは，壁際からの隙間をカーペットの厚さの約 ⑧ とし，壁周辺に沿って均等にとり，釘又は接着剤で取り付ける。

⑦	①ウィルトン	②ニードルパンチ	③コード	④タイル

⑧	① $\frac{1}{2}$	② $\frac{1}{3}$	③ $\frac{2}{3}$	④ $\frac{1}{4}$

正　解

分野	記述	枠	正解の番号	適当な語句又は数値
防水工事	記述 1.	①	②	裏面
		②	③	200［mm］
タイル工事	記述 2.	③	②	20［分］
		④	④	24［時間］
内装工事	記述 3.	⑤	③	クリップ
		⑥	②	むくり
	記述 4.	⑦	①	ウィルトン
		⑧	③	2/3

考え方 解き方

記述 1. 改質アスファルトシート防水トーチ工法

①の解答	②	裏面
②の解答	③	200［mm］

1 改質アスファルトシート防水トーチ工法は、アスファルトと合成ゴムを含浸したシートを用いて、防水層を構築する工法である。このアスファルトは、熱しても悪臭や煙が発生しにくい(改質されている)という特長がある。その施工手順は、次の通りである。

❶下地コンクリート面に、プライマーを塗布する。

❷改質アスファルトシートの**裏面**および下地を、トーチバーナーで均一に炙(あぶ)る。

❸改質アスファルトシートを溶融させながら、均一に押し広げる。

❹改質アスファルトシートと下地コンクリート面を、密着させて張り付ける。

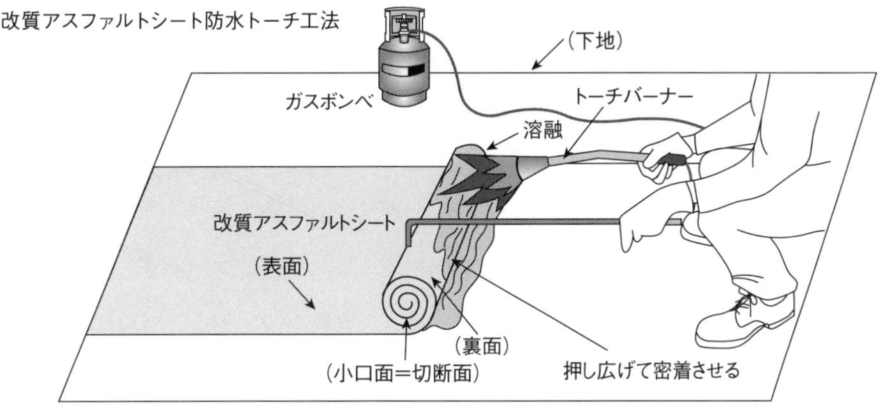

建築施工

2 改質アスファルトシート防水トーチ工法による防水工事では、その重ね部・出隅・入隅などを施工するときに、次のような点に留意しなければならない。

❶平場の改質アスファルトシートの重ね幅は、100㎜以上とする。

❷改質アスファルトシートが重なる部分では、上層の改質アスファルトシートの接合部と下層の改質アスファルトシートの接合部が、同一箇所に重ならないようにする。

❸3枚の改質アスファルトシートが重なる部分では、接着性を高めて漏水を防止するため、その中間にある改質アスファルトシートの端部を斜めに切断する。

❹出隅部および入隅部は、改質アスファルトシートの張付けに先立ち、幅200㎜程度の増張り用シートを、平場部と立上り部に100㎜程度ずつ張り掛けて増張りを行う。

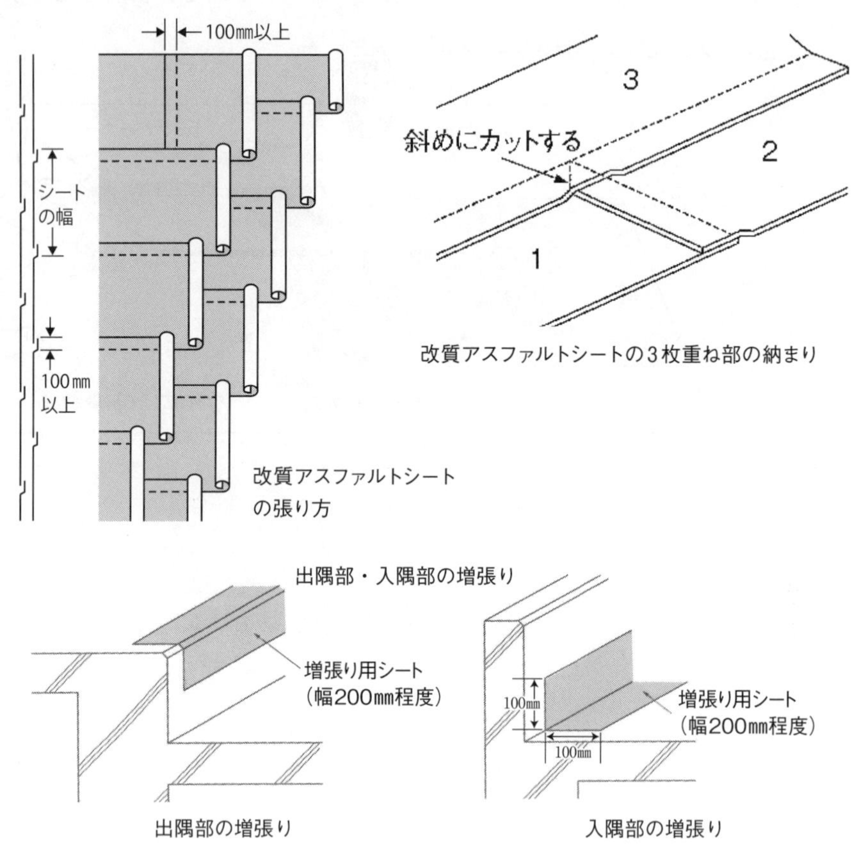

改質アスファルトシートの張り方

改質アスファルトシートの3枚重ね部の納まり

出隅部の増張り

入隅部の増張り

以上により、[①]に当てはまる最も適当な語句は「② **裏面**」である。
また、[②]に当てはまる最も適当な数値は「③ **200[㎜]**」である。

③の解答	②	20［分］
④の解答	④	24［時間］

記述 2. セメントモルタルによるタイルの密着張り

1 タイルの密着張り工法（ビブラート工法）は、下地面に張付けモルタルを塗り付け、振動機を用いてタイルを張り付ける工法である。タイルの目地部も含めて効率よく施工できるという特長がある。その施工手順は、次の通りである。

❶タイルを張り付ける予定の下地に、張付けモルタルを塗り付ける。

❷タイルを設置し、タイル用振動機（ビブラート）を用いて、タイル表面に振動を与える。

❸タイル周辺からモルタルがはみ出すまで、タイル用振動機を移動させながらタイルを押し付ける。

❹目違い（タイル相互の段差や目地のずれ）が生じないよう、通りよくタイルを張り付ける。

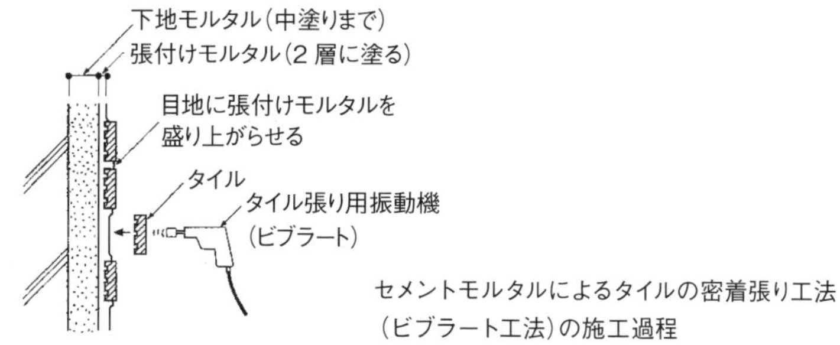

セメントモルタルによるタイルの密着張り工法（ビブラート工法）の施工過程

2 タイルの密着張り工法において、下地に張付けモルタルを塗り付けるときは、次のような点に留意しなければならない。

❶張付けモルタルは、2 層に分けて塗り付けるものとする。その 1 層目は、こて圧をかけて塗り付ける。張付けモルタルを一度に（1 層だけで）厚く塗り付けると、下地に十分なこて圧で塗り付けることが難しくなり、張付けモルタルのだれが生じることがある。

❷張付けモルタルの 1 回の塗付け面積の限度は、張付けモルタルに触れると手に付く状態のままタイル張りを完了させるため、タイル工 1 人につき 2m^2 以内、かつ、**20 分**以内に張り終えられる面積とする。張付けモルタルを一度に広く塗り付けると、タイルを張り付ける前に張付けモルタルが乾いてしまい、十分な接着力を得られなくなる。

建築施工

3 タイルの密着張り工法において、目地詰め（タイル相互間の目地にセメントを詰める作業）をするときは、次のような点に留意しなければならない。

❶目地詰めは、タイルの張付け後、**24時間**以上が経過した後に、張付けモルタルの硬化を見計らって行う。

❷目地詰めに先立ち、タイル面および目地部分の清掃を行い、必要に応じて、目地部分の水湿しを行う。

❸目地の深さは、タイル厚さの２分の１以下とする。

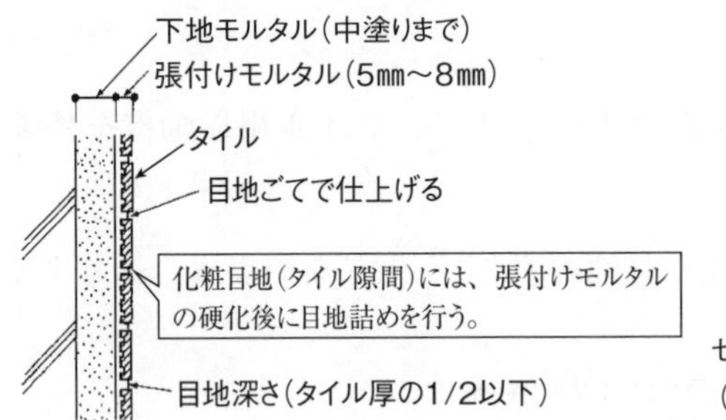

セメントモルタルによるタイルの密着張り工法（ビブラート工法）の仕上り

以上により、［ ③ ］に当てはまる最も適当な数値は「② **20［分］**」である。

また、［ ④ ］に当てはまる最も適当な数値は「④ **24［時間］**」である。

建築施工

⑤の解答	③	クリップ
⑥の解答	②	むくり

記述3. 軽量鉄骨天井下地の取付け

1 軽量鉄骨天井下地は、建築物の天井の骨組みとして、規格化された軽量の鉄骨(LGS/Light Gauge Steel)を用いたものである。天井の骨組みとしては比較的軽量であり、周辺環境からの悪影響を受けにくいという特長がある。その施工手順は、次の通りである。

❶所定の長さの吊りボルトに、野縁受けハンガーを取り付ける。

❷躯体(天井スラブ)の埋込みインサートに、吊りボルトをねじ込んで固定する。

❸吊りボルト下部の野縁受けハンガーに、野縁受けを取り付ける。

❹野縁受けに、野縁を**クリップ**で留め付けて吊り下げる。

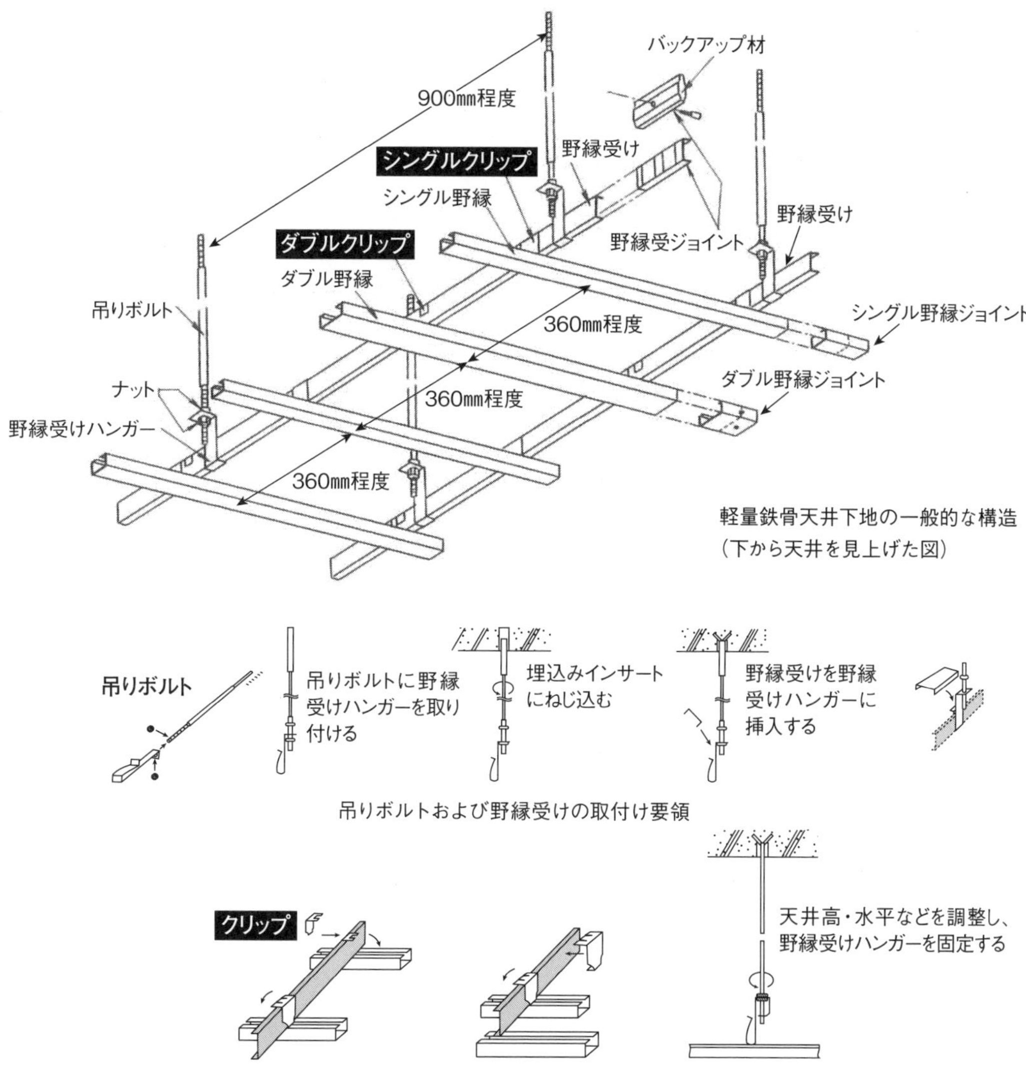

2 軽量鉄骨天井下地を取り付けるときは、次のような点に留意しなければならない。

❶野縁受け・吊りボルト・インサート(吊りボルトをねじ込むための金具)の間隔は、軽量鉄骨天井下地の中間部では900mm程度とし、周辺部では端から150mm以内とする。

❷下地張りのある天井仕上げでは、1800mm程度の間隔でダブル野縁を配置し、360mm程度の間隔でシングル野縁を配置する。

❸シングル野縁の留付けクリップは、交互に爪の向きを変えて取り付ける。

3 天井が完全に平らであると、目の錯覚により中央部が下がって見えるために、室内にいる人が不安に思うことがある。これを解消するため、天井下地の中央部を、基準レベルよりも吊り上げる方法を採ることが多い。この方法を、**むくり**という。

4 むくりの量は、室内天井張りのスパンに対して、1000分の1から500分の1程度とすることが望ましい。一例として、室内天井張りのスパン(天井を支える柱の相互距離)が4mであった場合は、天井の中央部を基準レベル(天井が完全に平らであると仮定した線)から4mm～8mm程度持ち上げると、天井がたわんで(垂れ下がって)見えることがなくなる。

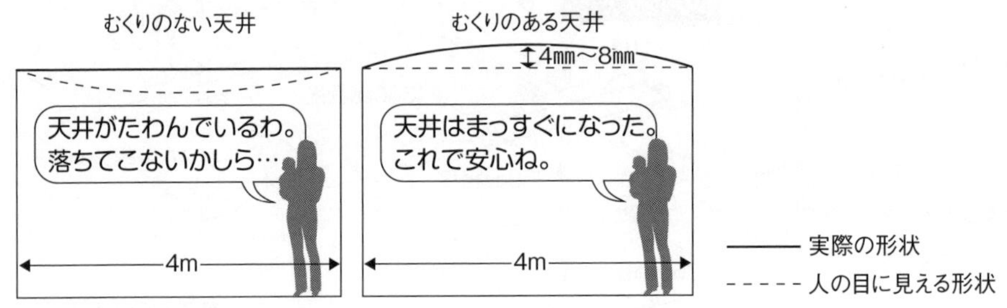
むくりのない天井
天井がたわんでいるわ。
落ちてこないかしら…
4m
むくりのある天井
4mm～8mm
天井はまっすぐになった。
これで安心ね。
4m
実際の形状
人の目に見える形状

以上により、[⑤]に当てはまる最も適当な語句は「③ **クリップ**」である。

また、[⑥]に当てはまる最も適当な語句は「② **むくり**」である。

建築施工

記述 4. グリッパー工法による床カーペット敷き

⑦の解答	①	ウィルトン
⑧の解答	③	2/3

1 グリッパー工法は、室の壁際や柱回りに、グリッパー(釘針の出ている固定金具)を打ち付け、これに伸展したカーペットを引っ掛けて固定する工法である。カーペットが接着剤で固定されていないので、後々のカーペットの張替えが比較的容易であるという特長がある。その施工手順は、次の通りである。

❶釘または接着剤を用いて、床の周囲にグリッパーを留め付ける。

❷留め付けたグリッパーの内側に、衝撃を緩和するための下敷き材を敷き込む。

❸カーペットの仮敷きを行い、カーペットを室の広さに合わせて裁断する。

❹ニーキッカーまたはパワーストレッチャーを用いて、カーペットを伸展する。

❺カーペットの張り仕舞いを、グリッパーに引っ掛ける。

❻ステアツールを用いて、カーペットの端をグリッパーの溝に巻き込む。

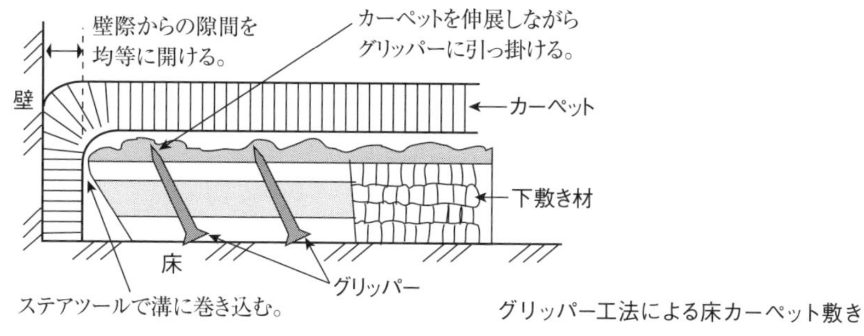
壁際からの隙間を
均等に開ける。
カーペットを伸展しながら
グリッパーに引っ掛ける。
壁
カーペット
下敷き材
床
グリッパー
ステアツールで溝に巻き込む。
グリッパー工法による床カーペット敷き

カーペット敷き込み用工具

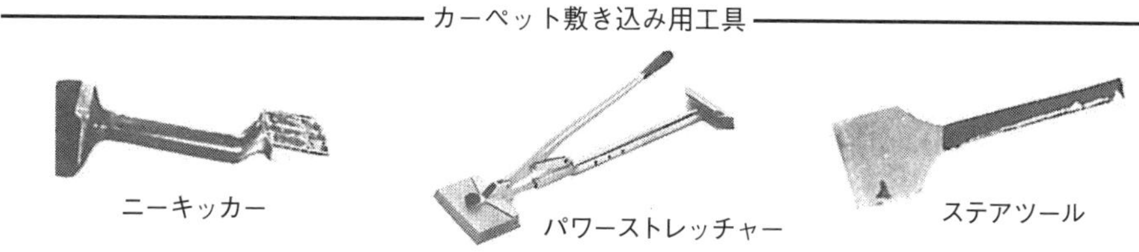
ニーキッカー
パワーストレッチャー
ステアツール

2 床カーペット敷きの工法は、接着工法(カーペットを接着剤で張り付けて固定する工法)・グリッパー工法(カーペットを金具に引っ掛けて固定する工法)・置敷き工法(カーペットを床に敷くだけで固定しない工法)に大別される。適用できる工法は、カーペットの種類ごとに、次のように定められている。

カーペットの種類	接着工法	グリッパー工法	置敷き工法
ウィルトンカーペット	×適用できない	○適用できる	○適用できる
コードカーペット	○適用できる	×適用できない	×適用できない
タイルカーペット	○適用できる	×適用できない	×適用できない
タフテッドカーペット	○適用できる	○適用できる	○適用できる
ニードルパンチカーペット	○適用できる	×適用できない	×適用できない

したがって、グリッパー工法で敷き込むことのできるカーペットは、この問題の選択肢の中では、**ウィルトン**カーペットだけである。ニードルパンチカーペット・コードカーペット・タイルカーペットは、接着剤を用いて固定する必要があるので、グリッパー工法で敷き込むことはできない。

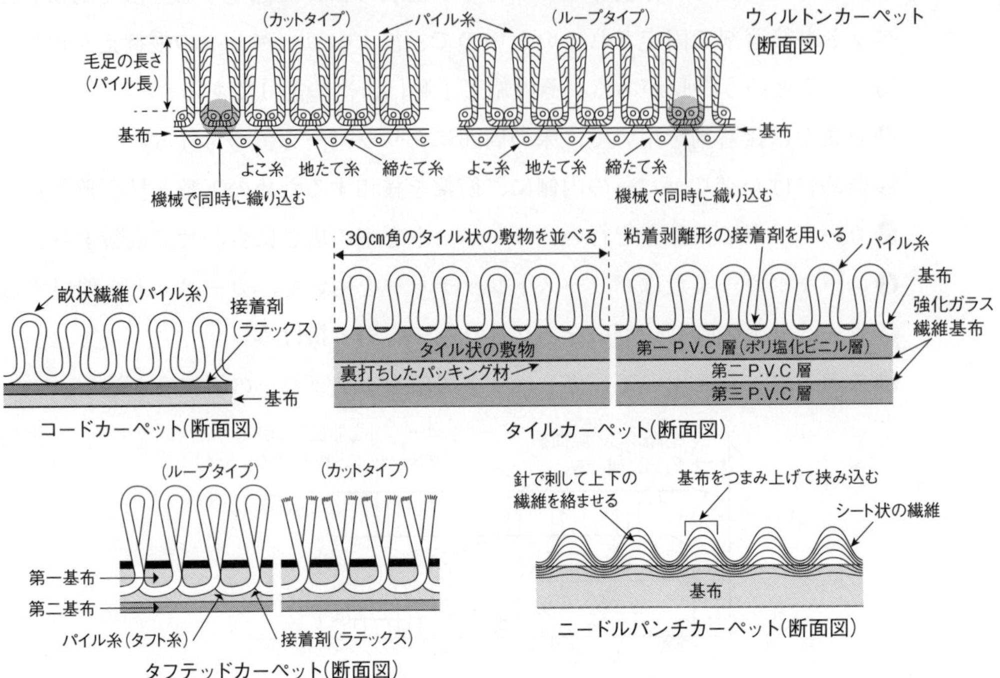

③ グリッパー工法による床カーペット敷きをするときは、次のような点に留意しなければならない。

❶ グリッパーは、壁際からの隙間をカーペットの厚さの約**3分の2**とし、壁周辺に沿って均等に(壁際からの隙間を均等に開けて)、釘または接着剤で取り付ける。

❷ 下敷き用フェルトは、グリッパーの厚さと同等か、やや厚いものを選定する。

❸ 下敷き用フェルトの端部は、グリッパーに重ならないよう、グリッパーを取り付けた部材に突き付けて、ボンドなどで固定する。

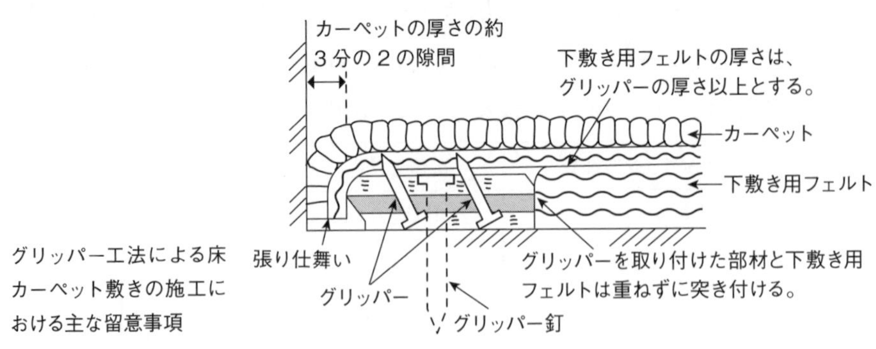

グリッパー工法による床カーペット敷きの施工における主な留意事項

以上により、[⑦]に当てはまる最も適当な語句は「① **ウィルトン**」である。
また、[⑧]に当てはまる最も適当な数値は「③ **2/3**」である。

問題5－C 次の1．から4．の各記述において，下線部の語句又は数値が**適当なものには○印**を，**不適当なものには適当な語句又は数値**を記入しなさい。

1. アスファルト防水の密着工法において，平場のアスファルトルーフィング類の張付けに先立ち，コンクリート打継ぎ部は，幅50 mm程度の絶縁用テープを張った上に幅<u>200</u>①mm以上の<u>ストレッチ</u>②ルーフィングを増張りする。

   アスファルトルーフィング類の張付けは，空隙，気泡，しわ等が生じないよう均一に押し均して下層に密着させる。

2. 金属製屋根折板葺における重ね型折板は，各山ごとにタイトフレームに固定ボルト締めとし，折板の流れ方向の重ね部を緊結するボルトの間隔は，<u>900</u>③mm程度とする。

   棟の納まりについては，棟包みを設け，タイトフレームに固定ボルト等で取り付ける。折板の<u>水下</u>④には，先端部に雨水を止めるために止水面戸を設け，折板及び面戸に穴をあけないようポンチング等で固定する。

3. 軽量鉄骨壁下地において，コンクリートの床，梁下及びスラブ下に固定するランナーは，両端部から50 mm内側をそれぞれ固定し，中間部は<u>1,800</u>⑤mm程度の間隔で固定する。

   また，ランナーの継ぎ手は<u>重ね</u>⑥継ぎとし，ともに端部より50 mm内側を打込みピンで固定する。打込みピンは，低速式びょう打銃による発射打込みびょうを用い，使用に当たっては，安全管理に十分注意する。

4. フローリングボード張りにおいて，下張り用合板の上に接着剤を併用してフローリングボードを釘打ちで張り込む場合，張込みに先立ち，フローリングボードの割り付けを行い，接着剤を下張り用合板に塗布し，通りよく敷きならべて押さえ，雌ざね(⑦)の付け根から隠し釘留めとする。

下張り用合板は，乱に継ぎ，継ぎ手部は根太心で突付けとし150(⑧) mm 程度の間隔で釘打ちとする。

正　解

分野	記述	番号	適否	下線部の語句又は数値	適当な語句又は数値
防水工事	1.	①	×	200	**300**
		②	○	ストレッチ	ストレッチ
屋根工事	2.	③	×	900	**600**
		④	×	水下	**水上**
内装工事	3.	⑤	×	1,800	**900**
		⑥	×	重ね	**突付け**
	4.	⑦	×	雌ざね	**雄ざね**
		⑧	○	150	150

考え方　解き方

1. アスファルト防水の密着工法における打継ぎ部の施工

解答	①	×	300
	②	○	ストレッチ

1 密着工法によるアスファルト防水工事では、平場のアスファルトルーフィング類を張り付ける前に、下図のようなコンクリートの打継ぎ部において、幅50mm程度の絶縁用テープを張った上に、幅**300mm以上**の**ストレッチ**ルーフィングを増張りする必要がある。

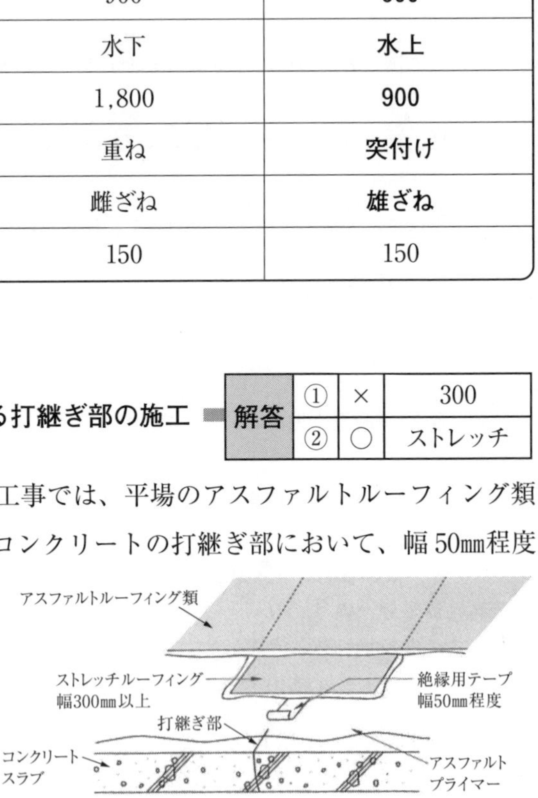

アスファルトルーフィング類
ストレッチルーフィング幅300mm以上
絶縁用テープ幅50mm程度
打継ぎ部
コンクリートスラブ
アスファルトプライマー

コンクリート打継ぎ部の増張り

2 密着工法によるアスファルト防水工事において、アスファルトルーフィング類を張り付けるときは、空隙・気泡・皺などが生じないよう、均一に押し均して下層に密着させなければならない。

以上により、①の数値は「**200mm**」ではなく「**300mm**」である。また、②の語句は「**ストレッチ**」なので解答は「**〇**」である。

参考 密着工法によるアスファルト防水工事におけるその他の留意事項

① アスファルト防水密着工法による防水工事では、平場部のルーフィング類を張り付ける前に、下図のような出隅部および入隅部において、幅300mm程度のストレッチルーフィングまたは改質アスファルトシートを増張りする必要がある。

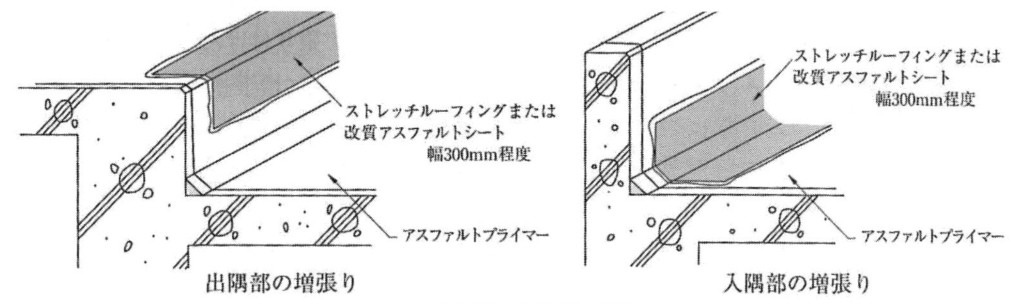

出隅部・入隅部の増張り

② 流し張りに用いるアスファルトは、環境対応低煙低臭型防水工事用アスファルト（発煙や臭気が少なく低い温度でも溶融させられるアスファルト）とし、その溶融温度の上限は240℃とする。

2. 金属製折板葺屋根の施工

解答	③	×	600
	④	×	水上

1 金属製屋根折板葺における重ね型折板を施工するときは、次のような点に留意しなければならない。

①折板のすべての山を（各山ごとに）タイトフレームに固定ボルト締めする。

②折板の流れ方向において、重ね部を緊結するボルトの間隔は、**600mm程度**とする。

③けらばの変形防止材は、折板の３山ピッチ以上（山間隔の３倍以上）の長さとする。

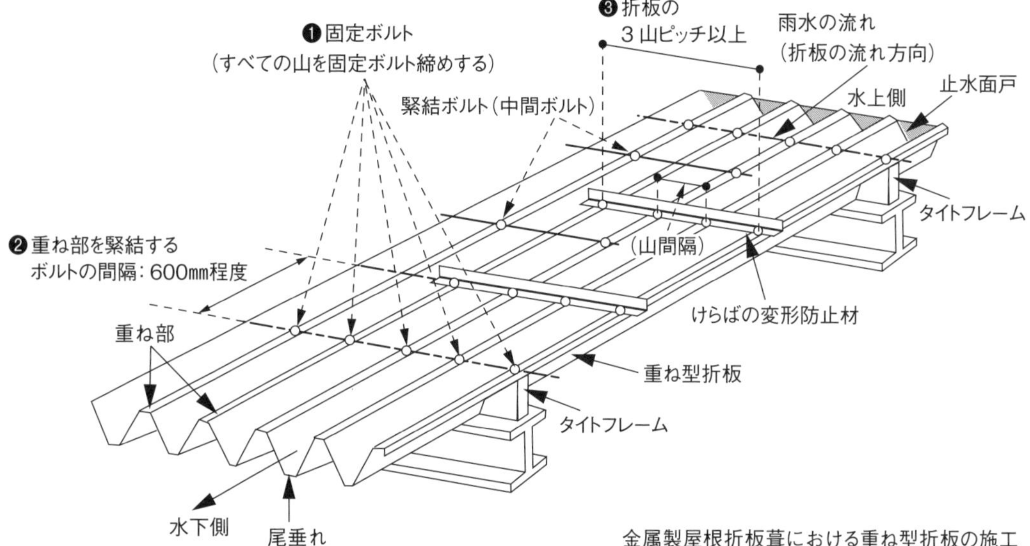

金属製屋根折板葺における重ね型折板の施工

2 金属製屋根折板葺における棟の納まりを施工するときは、次のような点に留意しなければならない。

①棟包み(棟覆い)を設けて、それをタイトフレームに固定ボルト等で取り付ける。

②棟包みの**水上**(雨水が流入する側)の先端部には、雨水を止めるための止水面戸を設ける。(折板の底にはシーリングを行う)

③棟包みの水下(雨水が流出する側)の先端部には、雨水を排出するための尾垂れを設ける。

④止水面戸は、折板や面戸に穴を開けないように注意しながら、ポンチング等で固定する。

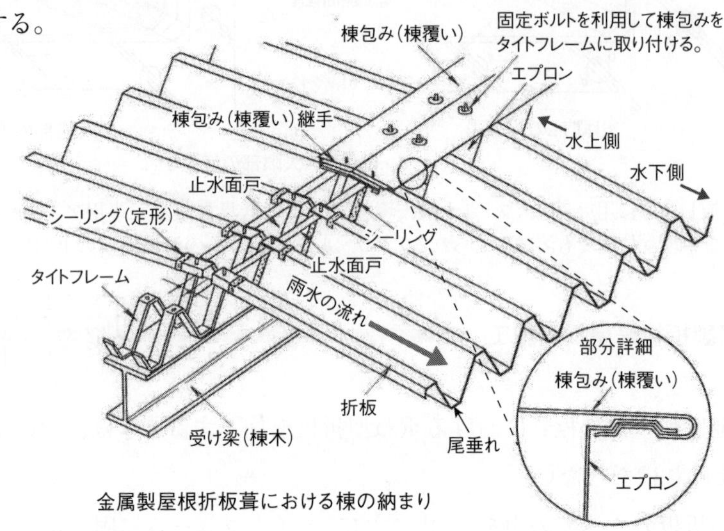

金属製屋根折板葺における棟の納まり

以上により、③の数値は「**900**㎜」ではなく「**600**㎜」である。また、④の語句は「**水下**」ではなく「**水上**」である。

建築施工

3. 軽量鉄骨壁下地のランナー

解答	⑤	×	900
	⑥	×	突付け

1 軽量鉄骨壁下地の下部ランナー(コンクリートの床・梁下・スラブ下に固定するランナー)は、その両端部から50㎜内側をそれぞれ固定する。また、その中間部においても**900㎜程度**の間隔で固定する。この間隔がこれよりも広くなると、鉄骨の固定が不十分になる。

2 軽量鉄骨壁下地の下部ランナーの継手は、**突付け**継ぎとする。2本の下部ランナーが重なる部分があってはならないので、この継手を重ね継ぎとしてはならない。

3 軽量鉄骨壁下地の下部ランナーの継手は、その端部から50㎜内側を打込みピンで固定する。この打込みピンは、比較的安全性の高い低速式鋲打銃による発射打込鋲とする。とはいえ、この鋲が作業者に命中すると大怪我に繋がるため、その使用にあたっての安全管理には十分に注意する必要がある。

軽量鉄骨壁下地の構造

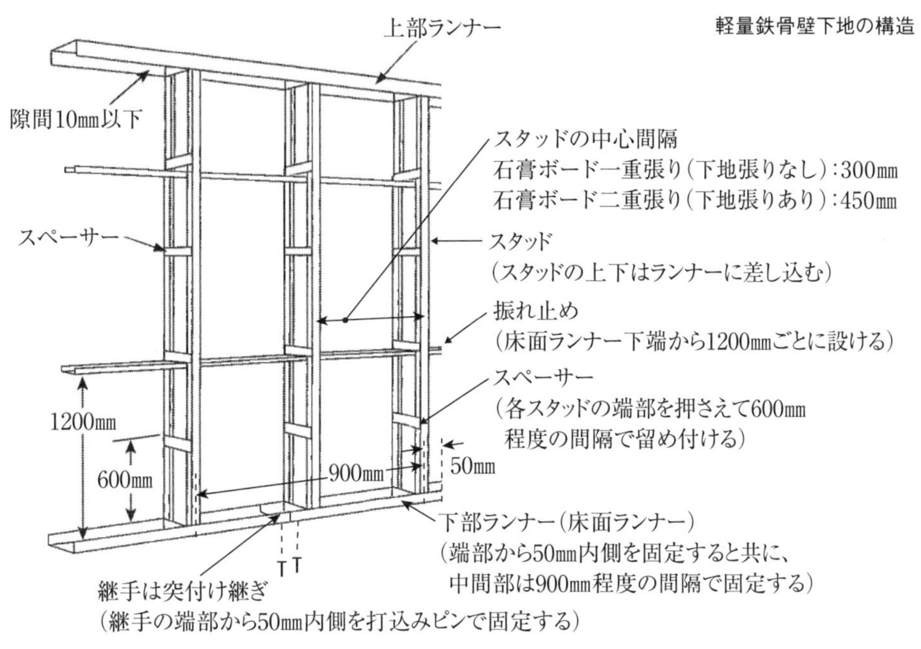

以上により、⑤の数値は「**1,800㎜**」ではなく「**900㎜**」である。また、⑥の語句は「**重ね**」ではなく「**突付け**」である。

建築施工

4. フローリングボードの釘打ち

解答	⑦	×	雄ざね
	⑧	○	150

1 下張り用合板の上に、根太張り用のフローリングボードを釘打ちと接着剤を併用して張り込む場合は、次の①～④の手順で施工する。

①フローリングボードの割付けを行う。

②下張り用合板に接着剤を塗布する。

③フローリングボードを通りよく敷き並べて押さえる。

④**雄ざね**の付け根からポンチを用いて隠し釘止めとする。

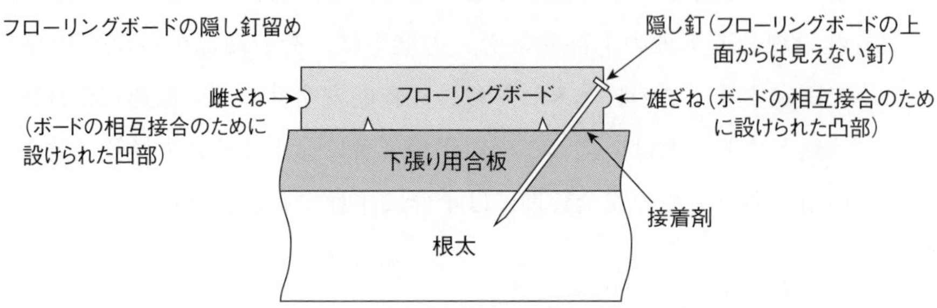

※雌ざね（ボードの凹部）は雄ざね（ボードの凸部）よりも強度が低いので、雌ざねの付け根から釘を打つようなことをしてはならない。

2 フローリングボードの下張り用合板は、乱に（構造上の弱点となる継手を相互に少しずつずらしながら）継ぐ。その継手部は、根太心（根太の中心）で突付けとし、**150㎜程度**の間隔で釘打ちとする。

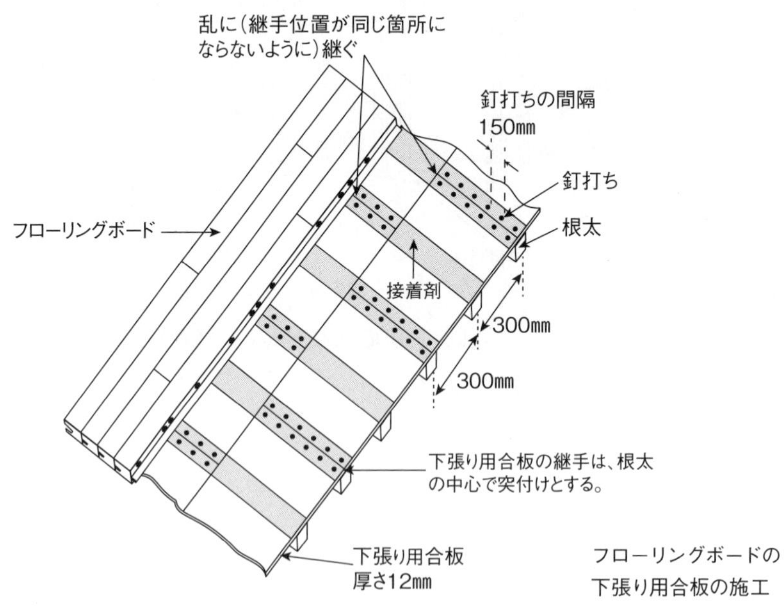

フローリングボードの
下張り用合板の施工

以上により、⑦の語句は「**雌ざね**」ではなく「**雄ざね**」である。また、⑧の数値は「**150㎜**」なので解答は「**○**」である。

受検種別：仕上げ　令和元年度 問題5-C 建築施工の解答例

【問題5-C】 次の**問1**から**問4**の各記述において、下線部の語句又は数値が**適当なもの**には○印を、**不適当なものには適当な語句又は数値**を記入しなさい。

問1 鉄筋コンクリート造の外壁面をセメントモルタルによる磁器質タイル張りとする場合のタイル接着力試験は、夏季を除き、タイル施工後2週間以上経過してから行うのが一般的である。

また、タイル接着力試験では、試験体のタイルの目地部分をダイヤモンドカッターで**モルタル**①面まで切り込みを入れ、周囲と絶縁した後、引張試験を行い、引張接着強度と破壊状況を確認する。

なお、試験体のタイルの数は、100m² ごと及びその端数につき1個以上、かつ、全体で**2**②個以上とする。

問2 木工事において、製材を加工して内装部材に使用する場合、角材の両面を仕上げる時は、両面合せて5mm程度の削り代を見込んだ**仕上がり**③寸法の製材を使用する。

また、敷居や鴨居に溝じゃくりを行う際に、溝じゃくりを行う面に木の表裏がある場合、木の性質として、**木裏**④側にそる傾向があるため、**木裏**④側に溝じゃくりを行う。

問3 JIS(日本工業規格／現日本産業規格)の建築用鋼製下地材を用いたせっこうボード壁下地の場合、スタッドは、スタッドの高さによる区分に応じたものを使用する。

また、せっこうボード1枚張りの壁の場合のスタッド間隔は、**450**⑤mm程度として上下ランナーに差し込み、半回転させて取り付ける。

なお、スタッドの建込み間隔の精度は、±**15**⑥mm以下として、せっこうボードを張り付ける。

問4 塩化ビニル系床シートの熱溶接工法では、床シート張り付け後**12**⑦時間以上の接着剤の硬化時間を置き溶接作業にかかる。また、床シートの溶接部は、床シート厚さの1/2～2/3程度の深さでV字又はU字に溝を切り、熱溶接機を用いて床シートと溶接棒を**同時**⑧に溶融させて、余盛りができる程度に加圧しながら溶接する。

なお、余盛りは、溶接部が冷却した後に削り取る。

正 解

分野	問	番号	適否	下線部の語句又は数値	適当な語句又は数値
タイル工事	問1	①	×	モルタル	**コンクリート**
		②	×	2	**3**
木工事	問2	③	×	仕上がり	**ひき立て**
		④	×	木裏	**木表**
内装工事	問3	⑤	×	450	**300**
		⑥	×	15	**5**
	問4	⑦	○	12	12
		⑧	○	同時	同時

考え方 解き方

問1 タイル接着力試験の試験体

解答	①	×	コンクリート
	②	×	3

1 タイル接着力試験とは、外壁面などにタイルを張り付けた後、下地のセメントモルタルが乾燥するのを待ってから、タイルの鉛直方向に引張力を加えることで、タイルの接着力が十分であるか否かを調べる試験である。タイル接着力試験の手順は、次の通りである。

①試験体となるタイルの目地部分に、ダイヤモンドカッター等を用いて、**コンクリート面**まで(下地のセメントモルタルよりも深くまで)切り込みを入れる。

②試験体となるタイルに、アタッチメントとテンションロッドを取り付ける。

③接着試験器のハンドルを回してタイルの鉛直方向に引張力を加え、その引張接着強度が基準を満たしていることを確認する。

※磁器質タイル張りなどのタイル後張り工法では、引張接着強度が0.4N/mm² 以上のものを合格とする。

※タイルシート法などのタイル先付け工法では、引張接着強度が0.6N/mm² 以上のものを合格とする。

④タイルの剥離面の破壊率(剥離面の割合)が50%以下であることを確認する。

陶磁器質タイルの引張接着力試験

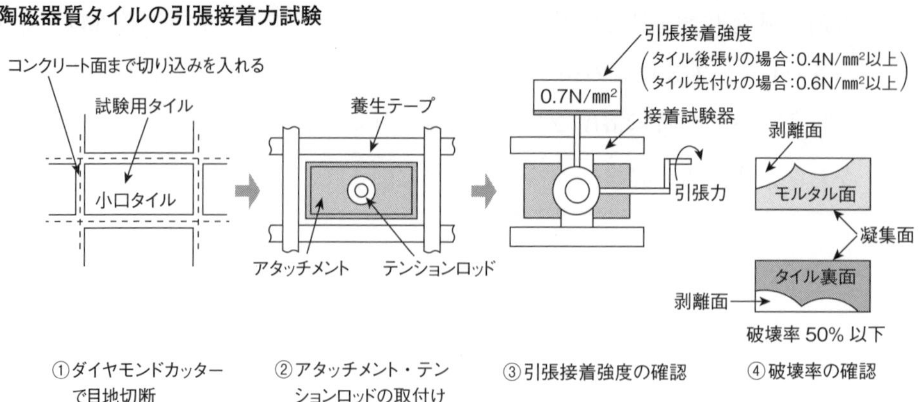

2 磁器質タイル張りとする場合のタイル接着力試験の留意点には、次のようなものがある。

①タイル接着力試験は、タイル張り施工後、2週間以上が経過してから行う。(夏季は、セメントモルタルの乾燥が速いので、タイル張り施工後、1週間以上が経過してから行う)

②試験体とするタイルの数は、100m² ごと及びその端数につき1個以上とし、かつ、全体で**3個以上**とする。(例として、150m² のタイル張りでは試験体の個数は3個、410m² のタイル張りでは試験体の個数は5個となる)

以上により、**問1** の①の語句は「**モルタル**面」ではなく「**コンクリート**面」である。また、**問1** の②の数値は「**2個以上**」ではなく「**3個以上**」である。

問2 製材の加工寸法と溝じゃくり

解答	③	×	ひき立て
	④	×	木表

1 公共建築木造工事標準仕様書では、木材の断面を表示する寸法について、次のようなことが定められている。

①引出線で部材寸法(短辺×長辺)が示されている場合は、ひき立て寸法とする。

②寸法線で部材寸法が記入されている場合は、仕上り寸法とする。

③木造標準仕様書において用いる木材の断面を表示する寸法は、ひき立て寸法とする。

④ひき立て寸法とは、木材を鋸引きしたままの状態の木材断面寸法である。

⑤仕上り寸法とは、かんな掛け等で木材表面を仕上げたあとの木材断面寸法である。

2 木工事において、製材を加工して内装部材に使用する場合、角材の両面を仕上げる時は、両面あわせて5㎜程度の削り代を見込んだ**ひき立て**寸法の製材を使用する。

ひき立て寸法と仕上り寸法の違い

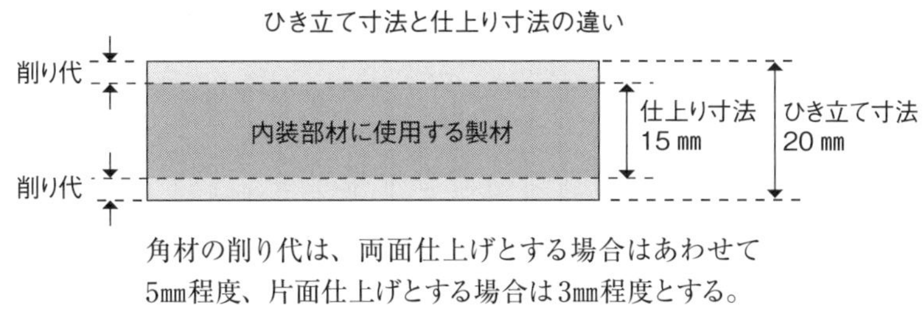

角材の削り代は、両面仕上げとする場合はあわせて5㎜程度、片面仕上げとする場合は3㎜程度とする。

3 敷居や鴨居の溝じゃくり(引違い戸を入れるための上下の溝)は、**木表側**に施工しなければならない。木材は**木表側**に反る傾向があるため、溝じゃくりを木裏側に施工すると、木の反りによって引違い戸が押さえつけられ、開閉ができなくなるおそれがある。

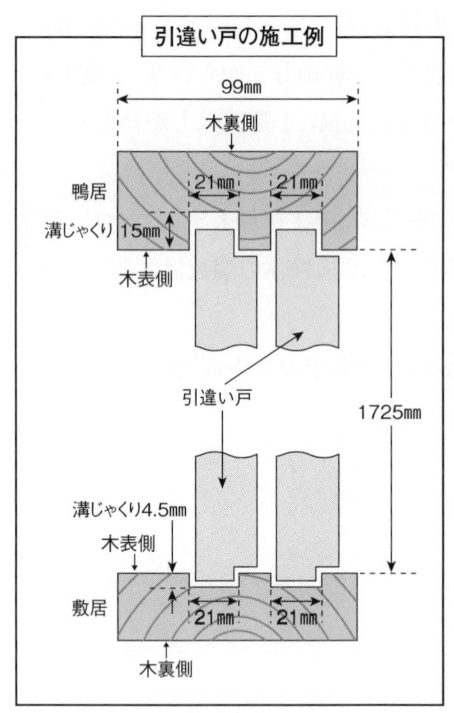

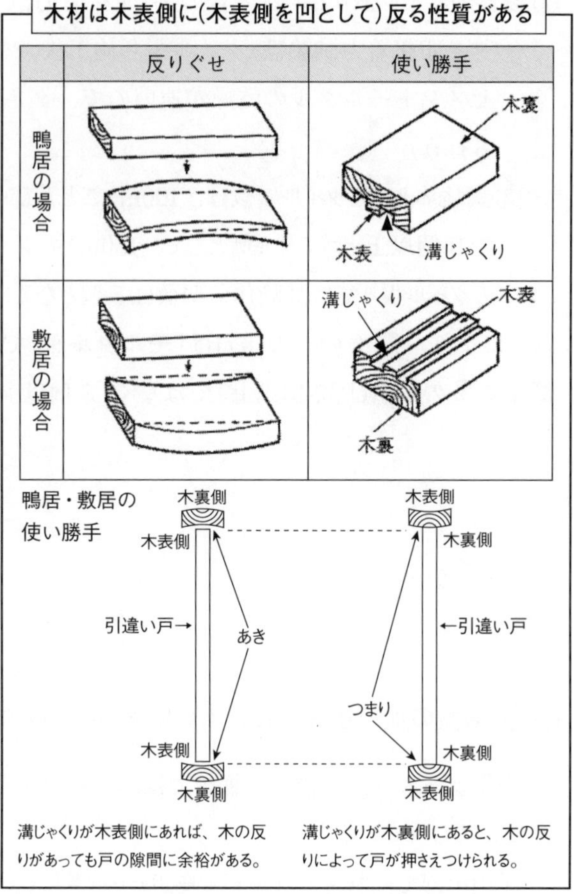

以上により、**問2**の③の語句は「**仕上がり**寸法」ではなく「**ひき立て**寸法」である。また、**問2**の④の語句は「**木裏側**」ではなく「**木表側**」である。

問3 スタッドの配置間隔と建込み精度

解答	⑤	×	300
	⑥	×	5

1 スタッドとは、壁下地材となる構成部材のうち、軸組を構成する鋼製の支柱材である。建築用鋼製下地材を用いた石膏ボード壁下地（軽量鉄骨壁下地）は、下図のような構造になっている。

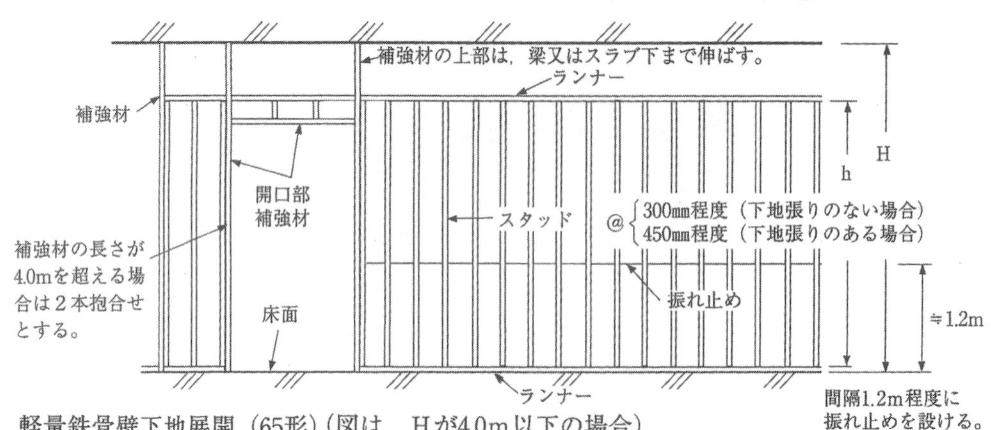

軽量鉄骨壁下地展開（65形）(図は，Hが4.0m以下の場合)

建築施工

2 建築用鋼製下地材を用いた石膏ボード壁下地のスタッドは、次のような規定を順守して取り付ける。

①スタッドは、高さの区分に応じたものを使用する。

②スタッドは、上部ランナーの上端とスタッド天端との隙間を10㎜以下とする。

③石膏ボード1枚張りの場合は、スタッドの配置間隔を**300㎜程度**とする。

④石膏ボード2枚張りの場合は、スタッドの配置間隔を450㎜程度とする。

⑤スタッドは、上下にあるランナーに差し込み、半回転させて取り付ける。

⑥スタッドの振止めは、床面から1200㎜程度の間隔で引き通し、スペーサーで固定する。

⑦スタッドの建込み間隔の精度は、**±5㎜以下**(基準値から−5㎜以上+5㎜以下)とする。

⑧スタッドの垂直精度は、±2㎜以下(基準値から−2㎜以上+2㎜以下)とする。

以上により、**問3**の⑤の数値は「**450㎜程度**」ではなく「**300㎜程度**」である。また、**問3**の⑥の数値は「**±15㎜以下**」ではなく「**±5㎜以下**」である。

問4 ビニル床シートの熱溶接工法

解答	⑦	○	12
	⑧	○	同時

1 ビニル床シートの熱溶接工法の手順は、次の通りである。

①ビニル床シートを張り付ける下地面の汚れや凹凸を除去する。

②下地面に接着剤を塗布し、ビニル床シートを張り付ける。

③ビニル床シートを張り付けてから**12時間以上**が経過し、接着剤が硬化するのを待つ。

④ビニル床シートの溶接部に、その厚さの2分の1～3分の2程度の深さで、V字またはU字の溝を切る。

⑤ビニル床シートの溝部分と溶接棒を、180℃～200℃の熱風で**同時**に加熱・溶融させる。

⑥余盛りができる程度に加圧しながら、溶接する。

⑦溶接部が冷却するのを待ってから、余盛りを削り取る。

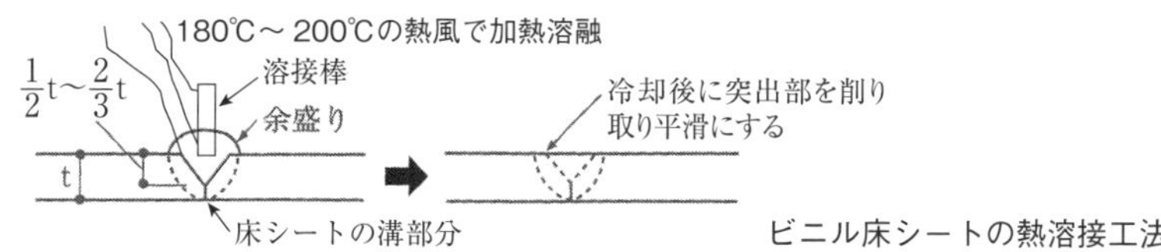

ビニル床シートの熱溶接工法

以上により、**問4**の⑦の数値は「**12時間以上**」である。また、**問4**の⑧の語句は「**同時**」である。

受検種別：仕上げ　平成30年度 問題5-C 建築施工の解答例

【問題5-C】　次の 問1 から 問4 の各記述において、下線部の語句又は数値が適当なものには○印を、不適当なものには適当な語句又は数値を記入しなさい。

問1 改質アスファルトシート防水トーチ工法・露出仕様の場合、改質アスファルトシート相互の接続部の重ね幅は、長手方向及び幅方向とも100㎜以上とし、出隅及び入隅には、改質アスファルトシートの張付けに先立ち、幅100㎜程度の増張り用シートを張り付ける。（①：100）

露出用改質アスファルトシートの幅方向の接合部などで、下側のシートの砂面に上側のシートを接合するときには、下側のシートの砂面をあぶって砂を浮き上がらせるか、砂をかき取ってから、上側シートの裏面を十分にあぶって重ね合わせる。（②：浮き上がらせる）

問2 有機系接着剤による外壁陶磁器質タイル張りにおいては、タイルと接着剤の接着状況を、張付け作業の途中に確認するとよい。

作業の途中に、張り付けた直後のタイルを１枚はがしてみて、タイル裏面に対して接着剤が40％以上の部分に接着しており、かつ、タイル裏の全面に均等に接着していることを確認した後、次のタイルの張付け作業にかかる。（③：40、④：全面）

問3 重ね形折板を用いた折板葺においては、折板をタイトフレームに固定した後、折板の重ね部を900㎜程度の間隔で緊結ボルト止めを行う。（⑤：900）

軒先の水切れを良くするために雨垂れを付ける場合は、つかみ箸（ばし）等で軒先先端の溝部分を15°程度折り下げる。（⑥：雨垂れ）

問4 軽量鉄骨天井下地の水平精度は、一般に、基準レベルに対して± 10㎜以下、水平距離３ｍに対して± 3㎜以下程度とされている。（⑦：10）

平らな天井の場合、目の錯覚で中央部が下がって見えることがある。そのため、天井の中央部を基準レベルよりも吊り上げる方法が行われている。この方法をそりといい、室内天井張りのスパンに対して1/500から1/1,000程度が適当とされている。（⑧：そり）

正解

分野	問	番号	適否	下線部の語句又は数値	適当な語句又は数値
防水工事	問1	①	×	100	**200**
		②	×	浮き上がらせる	**沈める**
タイル工事	問2	③	×	40	**60**
		④	○	全面	全面
屋根工事	問3	⑤	×	900	**600**
		⑥	×	雨垂れ	**尾垂れ**
軽量鉄骨工事	問4	⑦	○	10	10
		⑧	×	そり	**むくり**

考え方 解き方

問1 改質アスファルトシート防水トーチ工法・露出仕様

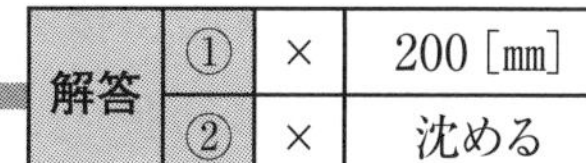

解答	①	×	200［mm］
	②	×	沈める

改質アスファルト防水トーチ工法・露出仕様とは、屋上防水工事などにおいて、改質アスファルトシートの裏面および下地面を、トーチで加熱・溶融させて、シートと下地を密着させる工法である。その施工における留意点には、次のようなものがある。

①平場の改質アスファルトシート相互の接合部における重ね幅は、長手方向・幅方向共に100mm以上とする。

②立ち上がり部の出隅および入隅には、改質アスファルトシートを張り付ける前に、幅**200mm**程度の増張り用シートを張り付ける。

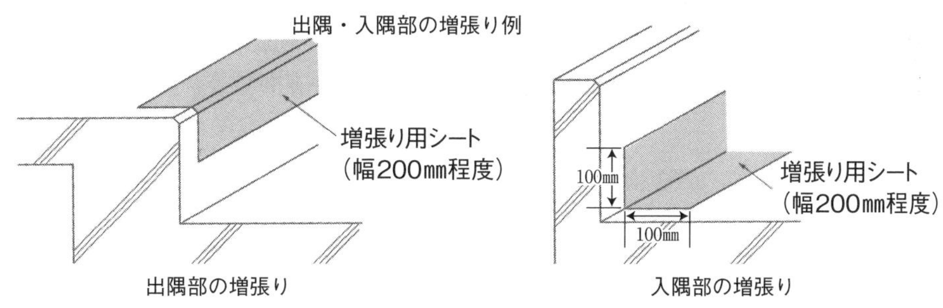

③露出用改質アスファルトシートの幅方向の接合部などで、下側のシートの砂面に上側のシートを接合するときには、下側のシートの砂面をトーチで炙って砂を**沈める**か、砂をかき取って改質アスファルトを露出してから、上側シートの裏面を炙って重ね合わせる。

建築施工

④3枚のシートが重なる部分では、接着性を高めて漏水を防止するため、その中間にある改質アスファルトシートの端部を斜めに切断してから接合する。このとき、切断する改質アスファルトシートは1枚だけとする。

⑤防水層の下地は、入隅部は直角とし、出隅部はR面とする。

問2 有機系接着剤による外壁陶磁器質タイル張り作業

解答	③	×	60［%］
	④	○	全面

有機系接着剤による外壁陶磁器質タイル張り作業では、タイルと接着剤の接着状況を確認するため、張付け作業の途中(1枚のタイルを張った直後)に確認することが望ましい。有機系接着剤による外壁陶磁器質タイル張り作業における留意点には、次のようなものがある。

①作業の途中で、張り付けた直後のタイルを1枚剥がし、タイル裏面に対して接着剤が**60%**以上の部分に、均一に接着していることを確認する。

②上記に加えて、接着剤がタイル裏の**全面**に、均等に接着されていることを確認する。次のタイルの張付け作業は、この確認が完了してから行う。

③有機系接着剤は、くし目ごてを用いて、十分乾燥した下地面に押さえつけるように塗り付ける。その塗付け厚さは3㎜程度とする。

④有機系接着剤は、モルタル系の接着剤と比べて可使用時間が短いので、硬化反応が過度に進行する前に張り終えるようにする。

問3 金属製折板葺屋根の施工

解答	⑤	×	600［㎜］
	⑥	×	尾垂れ

重ね形折板を用いた金属製折板葺による屋根工事をするときは、次のような点に留意して施工する必要がある。

①タイトフレームは、受け梁のフランジ部に、隅肉溶接で接合する。

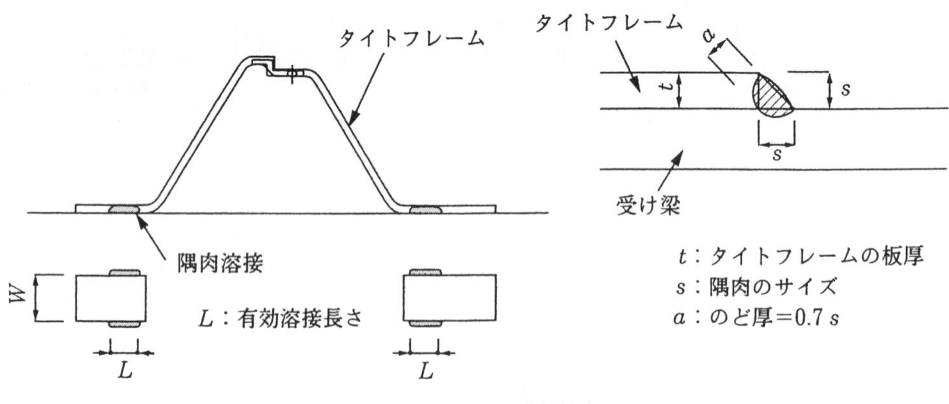

タイトフレームの溶接接合

②重ね形折板は、すべての山を(各山ごとに)タイトフレームに固定する。

③折板の重ね部は、**600㎜**程度の間隔で、緊結ボルト(緊結防水座金と緊結パッキンを用いたボルト)または中間ボルト(固定防水座金と固定パッキンを用いたボルト)で締め付ける。

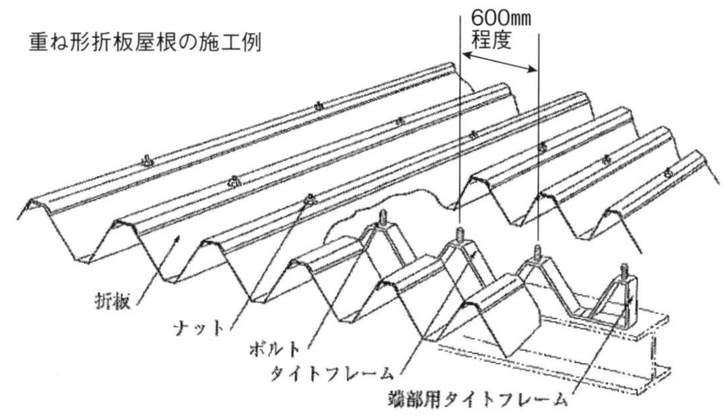

重ね形折板屋根の施工例

④重ね形折板屋根の軒先には、水切れを良くするために**尾垂れ**を付けるか、その先端部に落し口を開く。(雨垂れとは、軒先から零れ落ちる雨水のことであり、建築の用語ではない)

⑤尾垂れを付ける場合は、つかみ箸などのつかみ道具で軒先先端の溝部分(下底部)を15°程度折り曲げておく。

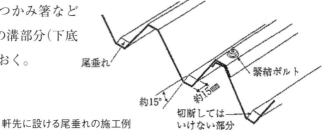

軒先に設ける尾垂れの施工例

問4 軽量鉄骨天井下地の施工

解答	⑦	○	10［㎜］
	⑧	×	むくり

軽量鉄骨天井下地の工事をするときは、次のような点に留意して施工する必要がある。

①軽量鉄骨天井下地の水平精度は、基準レベルに対して±**10㎜**以下とすることが望ましい。

②軽量鉄骨天井下地の水平精度は、水平距離3mにつき±3㎜以下とすることが望ましい。

③天井が完全に平らであると、目の錯覚で中央部が下がって見えることがあるため、天井には**むくり**を付ける(天井の中央部を基準レベルよりも吊り上げる)ことが望ましい。なお、そりとは、荷重の載荷によって生じる梁中央部のたわみ量に等しい量だけ、梁をあらかじめ持ち上げておくことをいい、載荷時においても梁を水平にするために行われる。

④むくりの量は、室内天井張りのスパンに対して、1/500から1/1000程度とすることが望ましい。一例として、室内天井張りのスパン(天井を支える柱の相互距離)が7mであった場合は、天井の中央部を基準レベル(天井が完全に平らであると仮定した時の線)から7㎜～14㎜程度持ち上げると、天井が垂れ下がって見えることがなくなる。

⑤吊りボルトは、間隔を900㎜程度とし、周辺部では端から150㎜以内に配置する。

⑥天井のふところが1500㎜以上ある場合は、縦横間隔1800㎜程度に、吊りボルトの振れ止めの補強を行う。

⑦下り壁により天井に段違いがある場合は、2700㎜程度の間隔で、段違い部分の吊りボルトに振れ止め補強を行う。

⑧軽量鉄骨天井下地の野縁の間隔は、ボード1枚張りの場合(天井ボード下地張りがない場合)は300㎜程度、ボード2枚張りの場合(天井ボード下地張りがある場合)は360㎜程度とする。

受検種別：仕上げ　平成29年度 問題5-C 建築施工の解答例

※平成29年度以前の実地試験（第二次検定の旧称）では、建築施工の問題は受検種別ごとに分かれておらず、問題5-C は問題4 に包含されていました。本書に掲載している平成29年度以前の問題5-C は、各年度の問題4 を平成30年度の出題形式にあわせて再編集したものになります。

【問題 5-C】 次の問1 から問4 の各記述において、下線部の語句又は数値が**適当なものには○印を**、**不適当なものには適当な語句又は数値**を記入しなさい。

問1 屋根の金属製折板葺きにおける重ね形折板は、<u>**2山**</u>ごとにタイトフレームに固定ボルト締めとし、折板の流れ方向の重ね部を緊結するボルトの間隔は、600mm程度とする。

問2 外壁の有機系接着剤によるタイル後張り工法においては、こて圧をかけて接着剤を平坦に塗り付ける。裏あしのあるタイルを、接着剤にくし目を立てて張る場合は、くし目ごてを使用して壁面に対して60°の角度を保ってくし目を立て、くし目の方向は、タイルの裏あしに対して<u>**平行**</u>となるようにする。

問3 せっこうボードのせっこう系直張り用接着材による直張り工法において、下地に塗り付ける接着材の間隔は、ボード周辺部では150～200mm、ボード中間部は床上1.2 m以下では200～250mm、1.2 mを超える部分では250～300mmとする。接着材の盛上げ高さは、ボードの仕上がり高さの<u>**2倍**</u>程度とする。

問4 木造住宅における防湿層付きフェルト状断熱材は、防湿層を<u>**室外**</u>に向けて取り付け、防湿層にきず、破れなどがある場合は、防湿テープで補修する。

正　解

分野	問	適否	下線部の語句又は数値	適当な語句又は数値
仕上げ工事	問1	×	2山	**各山**
	問2	×	平行	**直交又は斜め方向**
	問3	○	2倍	2倍
	問4	×	室外	**室内**

※問2は「直交」とだけ答えても正解になると思われる。

考え方 解き方

問1 金属製折板葺き屋根の施工　　解答 × 各山

金属製折板葺き屋根を施工するときは、次のような点に留意する。

①折板の流れ方向には、原則として、継手を設けてはならない。

②タイトフレームと下地との接合は、隅肉溶接とし、スラグを除去してから錆止めを行う。

③重ね形の折板は、すべての山を（**各山ごとに**）タイトフレームに固定ボルト締めする。

建築施工

④重ね部の流れ方向における緊結ボルトの締付け間隔は、600㎜程度とする。

⑤緊結ボルトのボルト孔の径は、「ボルト径+0.5」㎜以下とする。

⑥折板のけらば納めは、原則として、けらば包みによる方法とする。

⑦けらば包みを下地に取り付ける間隔は、1.2 m以下とする。

⑧けらば包みの継手の重ね長さは、60㎜以上とする。

⑨けらば包みの継手には、シーリング材を挟み込む。

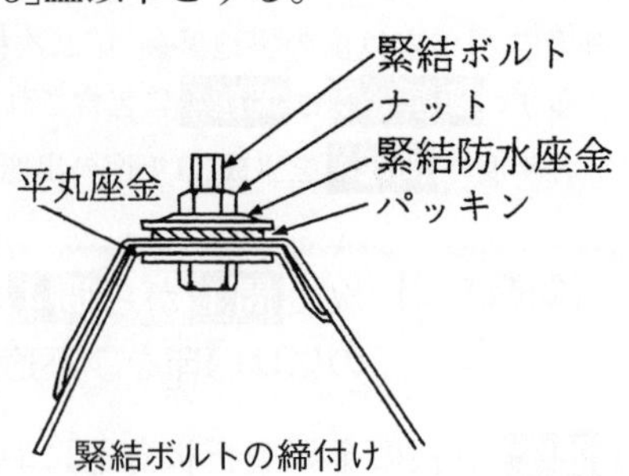

緊結ボルトの締付け

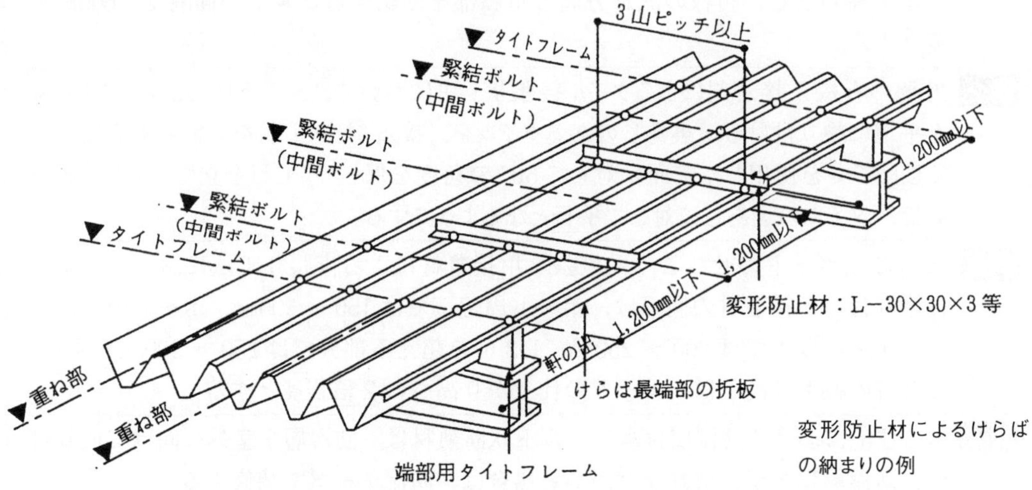

変形防止材によるけらばの納まりの例

以上により、**問1**の語句は、「**2山ごと**」ではなく「**各山ごと**」である。

問2 **有機系接着剤による外壁のタイル後張り工法**

解答	×	直交又は斜め方向

有機系接着剤による外壁のタイル後張り工法において、裏あしのあるタイル(接着性を向上させるため、裏面に凹凸が付けられたタイル)を、接着剤にくし目を立てて張る場合は、次のような点に留意する。

①接着剤の１回の塗布面積は、30分以内でタイルを張り終えられる面積とする。

②接着剤は、こて圧をかけて平坦に塗り付ける。

③くし目ごてを使用し、壁面に対して60°の角度を保ってくし目を立てる。

④くし目の方向は、タイルの裏あしに対して**直交又は斜め方向**となるようにする。

以上により、**問２**の語句は、「**平行**」ではなく「**直交又は斜め方向**」である。

問3 石膏系直張り用接着材による石膏ボードの直張り工法

解答	○	2倍

石膏ボード直張り工法とは、壁に接着材を直接塗り付けて、石膏ボードを直接張り付ける工法である。石膏ボード直張り工法の施工における留意点は、次の通りである。

①接着材は、ボードの仕上り高さ(a)の**2倍**の高さ(2a)に盛り上げた後、団子状になった接着材に石膏ボードを押し付けて、仕上り高さ(a)にする。

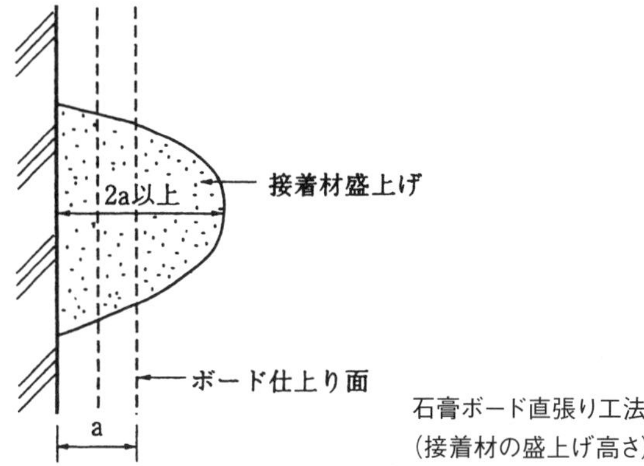

石膏ボード直張り工法
(接着材の盛上げ高さ)

②一度に練る接着材の量は、1時間以内に使い切れる量とする。

③接着材の1回の塗布面積は、石膏ボード1枚分とする。

④石膏ボード中間部の下地に塗り付ける接着材の塗付け間隔は、床上1.2m以下の部分では200㎜～250㎜、床上1.2mを超える部分では250㎜～300㎜とする。

⑤石膏ボード周辺部の下地に塗り付ける接着材の塗付け間隔は、150㎜～200㎜とする。

⑥石膏ボードの下端は、石膏ボードの吸湿を防ぐため、スペーサーで10㎜程度浮かせておく。

以上により、**問3**の語句は、「**2倍**」なので、解答は「**○**」である。

問4 断熱材に付属する防湿層の配置

解答	×	室内

木造住宅における防湿層付きフェルト状断熱材は、結露を防止するため、防湿層を**室内**側(高温側)に向けて取り付けなければならない。また、防湿層に傷・破れなどがある場合は、防湿テープで補修しておかなければならない。

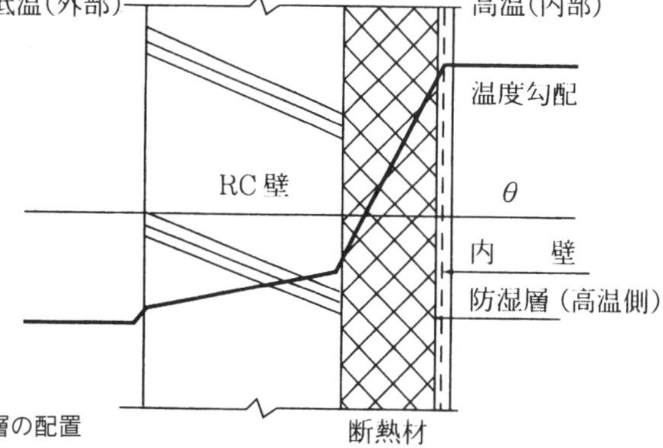

断熱材に付属する防湿層の配置

以上により、**問4**の語句は、「**室外**」ではなく「**室内**」である。

建築施工

受検種別：仕上げ　平成28年度 問題5-C 建築施工の解答例

【問題5-C】 次の問1から問4の各記述において、下線部の語句又は数値が適当なものには○印を、不適当なものには適当な語句又は数値を記入しなさい。

問1 改質アスファルトシート防水トーチ工法による平場のシート張付けは、下地にプライマーを塗布し乾燥させた後、シート表面及び下地をトーチバーナーで十分あぶり、改質アスファルトを溶融させながら、平均に押し広げて下地に密着させる。

問2 軽量鉄骨壁下地において、コンクリート床、梁下及びスラブ下に固定するランナーは、両端部から50㎜内側をそれぞれ固定し、中間部は1,800㎜程度の間隔で固定する。また、ランナーの継手は突付けとし、ともに端部より50㎜内側を固定する。

問3 ビニル床タイル等の高分子系床材料の張付けに使用されるウレタン樹脂系接着剤のほとんどが、湿気硬化形の一液性で、反応硬化形接着剤の中では作業性が良く、初期粘着性が良いため、土間コンクリート等の場所に多く用いられている。

問4 特別管理産業廃棄物以外で、建設工事に伴い生じた産業廃棄物の処理を委託した排出事業者は、委託処理した産業廃棄物を搬出する際に、産業廃棄物管理票(マニフェスト)を交付したときは、産業廃棄物管理票の交付から90日以内にC票が、180日以内にE票が返送されてこない場合、廃棄物の処理状況を確認するとともに、都道府県知事等に報告しなければならない。

正　解

分野	問	適否	下線部の語句又は数値	適当な語句又は数値
仕上げ工事	問1	×	表面	裏面
	問2	×	1,800	900
	問3	○	湿気	湿気
	問4	×	C票	D票

考え方 解き方

問1 改質アスファルトシート防水トーチ工法 　解答 × 裏面

改質アスファルトシート防水トーチ工法は、通常のアスファルト防水工法よりもアスファルトの溶融量が少ない。また、改質アスファルトシートの**裏面**に塗布された改質アスファルトを、トーチの火炎で炙(あぶ)って溶融させながら、平均的に押し広げて下地に密着させる工法であるため、通常のアスファルト防水工法よりも施工速度が速くなる。したがって、改質アスファルトシート防水トーチ工法は、環境に優しく、技術的にも優れた工法であるといえる。

以上により、問1の語句は、「シート**表面**」ではなく「シート**裏面**」である。

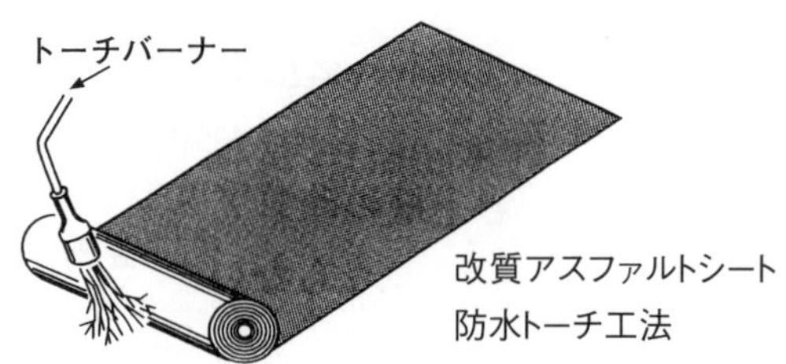

問2 **軽量鉄骨壁下地のランナー固定間隔** 　**解答** × 900

ランナーは、軽量鉄骨壁下地を上下のスラブに固定するための金具である。床スラブに固定するランナーは、軽量鉄骨壁下地の両端部から50㎜内側の部分に設ける。また、軽量鉄骨壁下地の中間部においても、**900**㎜程度の間隔で設ける。床スラブのランナーは、打込みピンで固定し、突合せ継手とする。なお、天井部の野縁または野縁受けに固定するランナーは、タッピンねじまたは溶接で固定する必要がある。

上下のスラブにランナーを固定した後の作業手順は、次の通りである。

①壁の骨格となるスタッドを、300㎜または450㎜程度の間隔で、鉛直方向に精度良く差し込む。

②スタッドにスペーサーを溶接する。

③スタッドの貫通孔に振れ止めを引き通す。

④振れ止めをスペーサーに溶接して固定する。

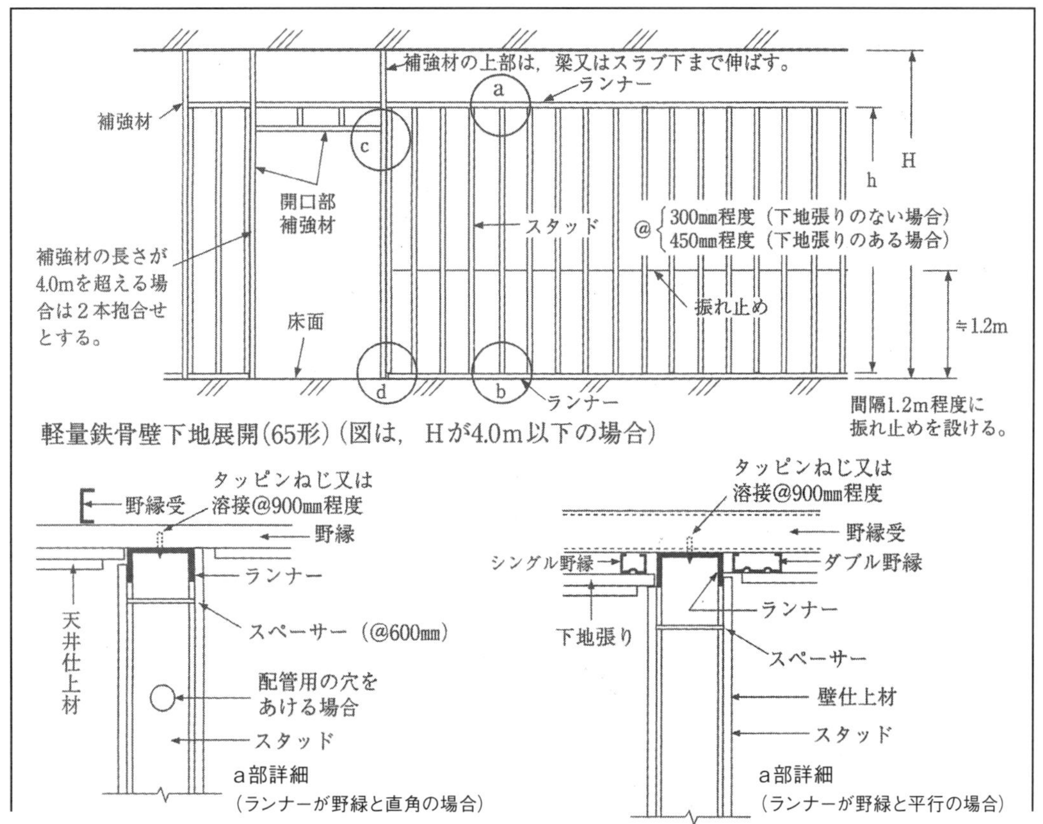

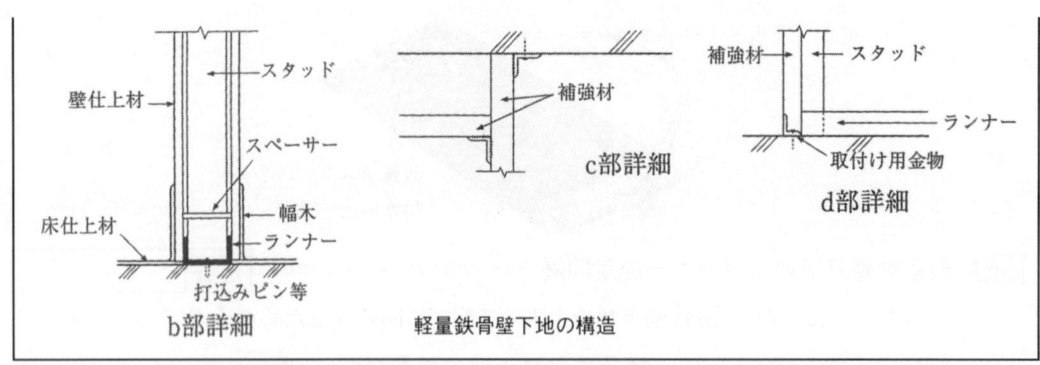

以上により、問２の数値は、「1,800㎜」ではなく「900㎜」である。

問3 ビニル床タイルのウレタン樹脂系接着剤張り

解答 ○ 湿気

ビニル床タイルなどの高分子系床材料の張付けに使用されるウレタン樹脂系接着剤・エポキシ樹脂系接着剤は、そのほとんどが、空気中の水分との化学反応により硬化する一液性の**湿気**硬化形である。湿気硬化形の接着剤は、反応硬化形接着剤の中では作業性が良く、初期粘着性にも優れている。なお、湿気硬化形の接着剤は、缶などから出した時点で硬化を始めるため、一旦出した接着剤を缶などに戻すことはできない。

接着剤の主成分による分類

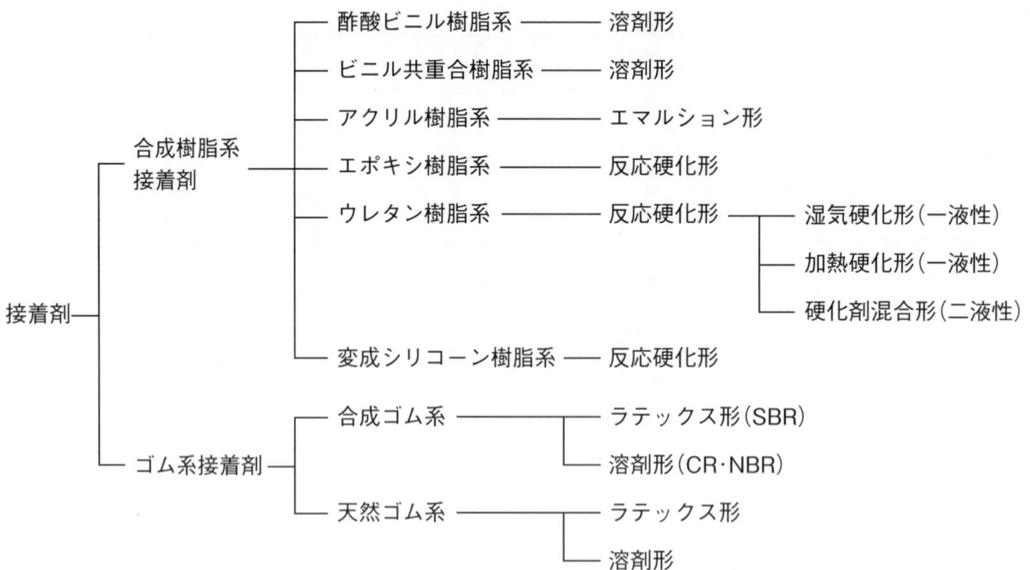

以上により、問３の語句は、「湿気硬化形の一液性」である。

建築施工

問 4 産業廃棄物管理票（マニフェスト）の交付と返送 **解答** × D票

産業廃棄物を委託しようとする排出事業者(元請負人)は、産業廃棄物の種類ごとに産業廃棄物管理票(マニフェスト)を交付しなければならない。その後、産業廃棄物管理票の交付から90日以内に**D票**が返送されてこない場合や、180日以内にE票が返送されてこない場合は、不法処理などが行われたおそれがあるので、都道府県知事に報告しなければならない。C票は、収集運搬業者や中間処理業者が保管するものであり、排出事業者に返送する必要はない。

なお、各票の返送期限は、交付日からの日数だけではなく、運搬終了日や処分終了日からの日数によっても規定されている。産業廃棄物管理票の流れと、各票についての細目は、下記の通りである。

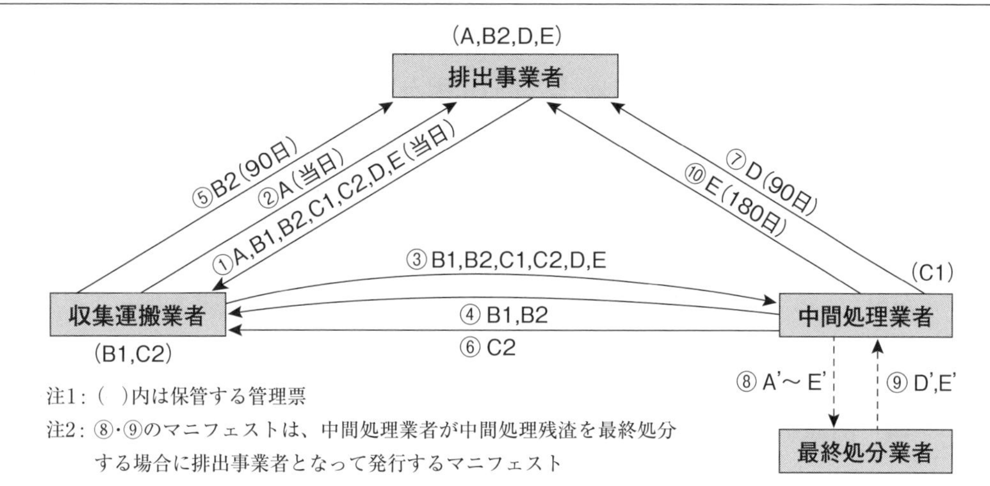

①排出事業者は、運搬車両ごと、廃棄物の種類ごとに、マニフェストを交付する。マニフェストの各票(A票,B1票,B2票,C1票,C2票,D票,E票)には、必要事項を記入し、収集運搬業者に交付する。
②収集運搬業者は、廃棄物を受け取った後、すべてのマニフェストに運転者氏名を記入し、A票を排出事業者に返す。
③収集運搬業者は、B1票,B2票,C1票,C2票,D票,E票を、廃棄物と共に処理施設に持参し、運搬終了日を記載して処理業者に渡す。
④処理業者は、B1票,B2票,C1票,C2票,D票,E票に必要事項を記入し、B1票,B2票を収集運搬業者に返す。
⑤収集運搬業者は、B1票を自ら保管する。また、交付から90日以内かつ運搬終了後10日以内にB2票を排出事業者に返送する。
⑥処理業者は、処分終了後、C1票,C2票,D票,E票に処分者氏名および処分終了日を記載し、C1票を保管する。また、処分終了後10日以内にC2票を収集運搬業者に返送する。
⑦処理業者は、交付から90日以内かつ処分終了後10日以内にD票を排出事業者に返送する。
⑧処理業者は、委託を受けた廃棄物の処理残渣について、廃棄物として他者に最終処分を委託する場合、当該廃棄物について、排出事業者としてのマニフェスト（二次マニフェストA'票～E'票)を交付する。
⑨処理業者は、委託したすべての廃棄物の最終処分が終了した報告(交付した二次マニフェストE'票の返送)を受けた場合、E'票に必要事項を記入する。
⑩処理業者は、交付から180日以内かつ二次マニフェストE'票の受領の日から10日以内にE票を排出事業者に返送する。

産業廃棄物管理票(マニフェスト)による廃棄物の管理方法

以上により、問 4 の語句は、「**C 票**」ではなく「**D 票**」である。

受検種別：仕上げ　平成27年度 問題5-C 建築施工の解答例

【問題5-C】 次の**問1**から**問4**の各記述において、下線部の語句又は数値が**適当なもの**には○印を、**不適当なものには適当な語句又は数値**を記入しなさい。

問1 金属板による折板葺きにおいて、重ね形の折板は、各山ごとにタイトフレームに固定ボルト締めとし、折板の重ね部は緊結ボルトで締め付ける。緊結ボルトのボルト孔は、ボルト径より0.5㎜を超えて大きくしないようにし、その間隔は<u>**900**</u>㎜程度とする。

問2 現場調合のセメントモルタルの練り混ぜは、機械練りを原則とし、セメントと細骨材を十分に空練りし、水を加えてよく練り合わせる。下塗りモルタルは、上塗りモルタルに比べ<u>**貧調合**</u>とし、こてで十分に押さえ、こてむらなく塗り付ける。

問3 塗装工事における吹付け塗りは、スプレーガンを塗装面から30㎝程度離した位置で、塗装面に対して直角に向け、平行に動かし塗料を噴霧する。噴霧された塗料は、一般に<u>**周辺部**</u>ほど密になりがちであるため、一列ごとに吹付け幅が1/3程度重なるように吹付け、塗膜が均一になるようにする。

問4 断熱工事における硬質ウレタンフォームの吹付け工法は、その主な特徴として、窓回りなど複雑な形状の場所への吹付けが容易で、継ぎ目のない連続した断熱層が得られること、平滑な表面を<u>**得にくい**</u>こと、施工技術が要求されることなどがあげられる。

正　解

分野	問	適否	下線部の語句又は数値	適当な語句又は数値
仕上げ工事	問1	×	900	600
	問2	×	貧調合	富調合
	問3	×	周辺部	中央部
	問4	○	得にくい	得にくい

考え方　解き方

問1　金属折板葺きの緊結ボルト間隔

解答	×	600

金属板による折板葺きを施工するときは、次のような点に留意する。

①折板の流れ方向には、原則として、継手を設けてはならない。

②タイトフレームと下地との接合は、隅肉溶接とし、スラグを除去してから錆止めを行う。

③重ね形の折板は、すべての山をタイトフレームに固定する。

④重ね部の流れ方向における緊結ボルトの締付け間隔は、**600㎜程度**とする。

⑤緊結ボルトのボルト孔の径は、「ボルト径＋0.5」㎜以下とする。

⑥折板のけらば納めは、原則として、けらば包みによる方法とする。

⑦けらば包みを下地に取り付ける間隔は、1.2m以下とする。

⑧けらば包みの継手の重ね長さは、60㎜以上とする。

⑨けらば包みの継手には、シーリング材を挟み込む。

緊結ボルト
ナット
緊結防水座金
パッキン
平丸座金

緊結ボルトの締付け

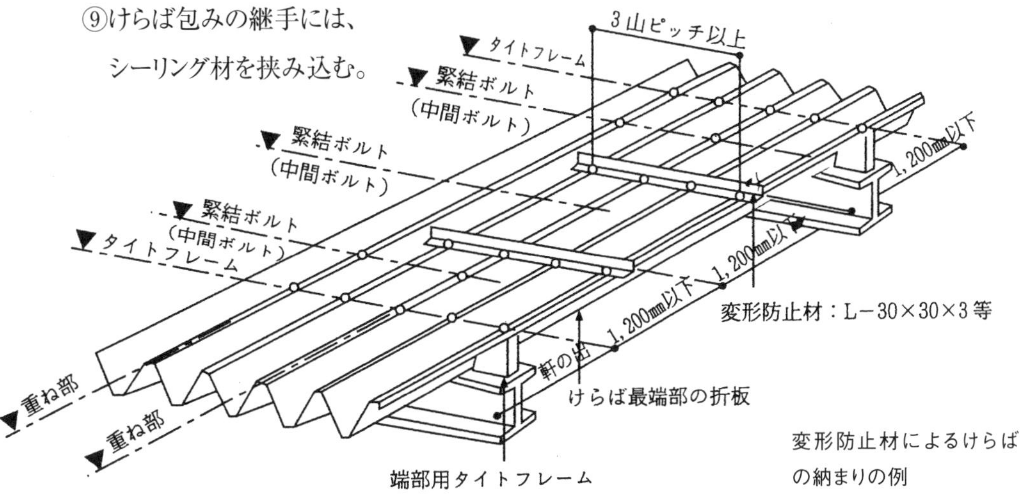

変形防止材によるけらばの納まりの例

以上から、問1の語句は、「**900㎜程度**」ではなく「**600㎜程度**」である。

問2　セメントモルタルの現場調合

解答	×	富調合

セメントモルタル塗りをするときは、次のような点に留意する。

①各層のモルタルの調合は、下に塗るものほど**富調合**とし、上に塗るものほど貧調合とする。富調合モルタルは、セメントの割合が多い。貧調合モルタルは、セメントの割合が少ない。

②モルタルの現場調合は、容積法による方法を標準とする。

③調合に用いるセメントの単位容積重量は、1.2kg/ℓ程度とする。

④調合に用いる砂は、表面が乾燥している状態のものとする。

⑤容積比で見た調合と、塗厚の標準値は、次表の通りである。

下地	施工箇所	下塗り ラスこすり		むら直し 中塗り		上塗り			塗厚の標準値（mm）
		セメント	砂	セメント	砂	セメント	砂	混和材	
コンクリート，コンクリートブロック，れんが	床　仕上げ	—	—	—	—	1	2.5	—	30
	床　張物下地	—	—	—	—	1	3		
	内　壁	1 (注) 1	2.5	1	3	1	3	適量	20
	外壁その他（天井の類を除く）	1	2.5	1	3	1	3	—	25以下
ラスシート，ワイヤラス，メタルラス	内　壁	1 (注) 1	2.5	1	3	1	3	適量	15
	外　壁	1	2.5	1	3	1	3	—	20
コンクリート，コンクリートブロック	建具枠回り充填，ガラスブロックの金属枠回り充填	セメント1：砂3 両掛け部分は防水剤および必要に応じて凍結防止剤入りとする。ただし，塩化物を主成分とする防水剤または凍結防止剤は用いない。 なお，モルタルに用いる砂の塩分含有量は，NaCl換算で，**0.04%（質量比）以下**とする。							

以上から、問２の語句は、「**貧調合**」ではなく「**富調合**」である。

問３　スプレーガンを用いた塗装工事

解答　×　中央部

スプレーガンを使用して吹付け塗りをするときは、次のような点に留意する。

①塗装面から30cm程度離した位置で、塗装面に対して直角に向けて吹き付ける。

②スプレーガンは、左右に平行移動させながら噴霧する。上下に垂直移動させてはならない。

③噴霧された塗料は、吹付けの**中央部ほど密に**（厚く）なり、周辺部ほど疎に（薄く）なるので、塗膜が均一になるよう、一列ごとに塗り幅の1/3程度が重なるように吹き付ける。

以上から、問３の語句は、「**周辺部**ほど密に」ではなく、「**中央部**ほど密に」である。

問４　硬質ウレタンフォームの吹付け工法

解答　○　得にくい

硬質ウレタンフォームの吹付け工法による断熱工事の長所と短所は、次の通りである。

長所：目地のない連続した断熱層が得られる。曲面施工が容易である。接着剤が不要である。

短所：施工に高い技術が必要となる。施工後に**平滑な表面を得にくい**。

断熱工事において平滑な表面を得たいときは、ボード状断熱材を接着剤やボルトで直張りする張り付け工法を選択するとよい。

以上から、問４の語句は、「平滑な表面を**得にくい**」である。

受検種別：仕上げ　平成26年度 問題5-C 建築施工の解答例

【問題5-C】 次の**問1**から**問4**の各記述において、下線部の語句又は数値が**適当なものには○印を、不適当なものには適当な語句又は数値**を記入しなさい。

問1 アスファルト防水において、立上りのルーフィング類を平場と別に張り付ける場合は、平場のルーフィング類を張り付けた後、その上に重ね幅**100**㎜程度とって張り重ねる。

問2 外壁の陶磁器質タイルを密着張りとする場合、張付けモルタルの塗付け後、直ちにタイルをモルタルに押し当て、ヴィブラートを用いて張付けモルタルがタイル裏面全面に回り、タイル周辺からのモルタルの盛上りが、目地深さがタイル厚さの1/2**以上**となるように、ヴィブラートを移動しながら張り付ける。

問3 塗装作業中における塗膜の欠陥であるしわは、下塗りの乾燥が不十分のまま上塗りを行ったり、油性塗料を**薄塗り**した場合に生じやすい。

問4 ウイルトンカーペットをグリッパー工法で敷き込む場合、カーペットの張り仕舞いは、ニーキッカー又は**パワーストレッチャー**でカーペットを伸展しながらグリッパーに引っ掛け、端はステアツールなどを用いて溝に巻き込むように入れる。

正　解

分野	問	適否	下線部の語句又は数値	適当な語句又は数値
仕上げ工事	問1	×	100	150
	問2	×	以上	以下
	問3	×	薄塗り	厚塗り
	問4	○	パワーストレッチャー	パワーストレッチャー

考え方 解き方

問1 アスファルトルーフィングの張付け　**解答** × 150

(1) 平場の張付け

①アスファルトルーフィング類の継目は、縦横とも原則として100㎜以上重ね合わせて、水下側のアスファルトルーフィングが下側になるように張り重ねる。

②絶縁工法による砂付穴あきルーフィングの継目は、100×200㎜程度のルーフィング片(ピース)を3～4m程度に置敷きし、通気性を妨げないよう突付けとする。

③アスファルトルーフィングの立上りと平場は、原則として別に張り付ける。ただし、立上り高さが400㎜未満の場合は平場のアスファルトルーフィングをそのまま張り上げる。

④立上りルーフィング類を平場のアスファルトルーフィング類に150㎜以上重ね合わせて張り連ねる。

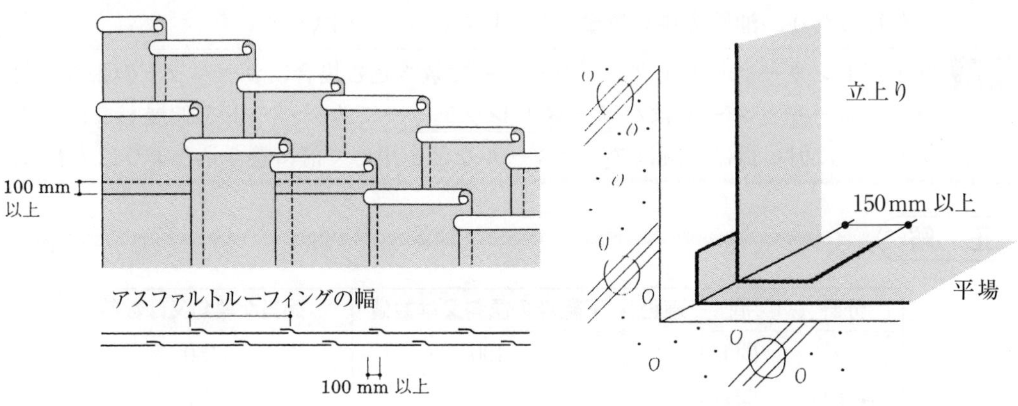

以上から、問1は、重ね幅100㎜ではなく重ね幅150㎜である。

問2 タイル密着張りの目地深さ　**解答** × 以下

タイルを密着張りとする場合、張付けモルタルヴィブラートを用いて、目地部を盛り上がらせる。このとき、目地深さがタイル厚の1/2以下(5㎜～8㎜程度)になるまでヴィブラートを使い、その後、目地ごてで押さえて仕上げる。

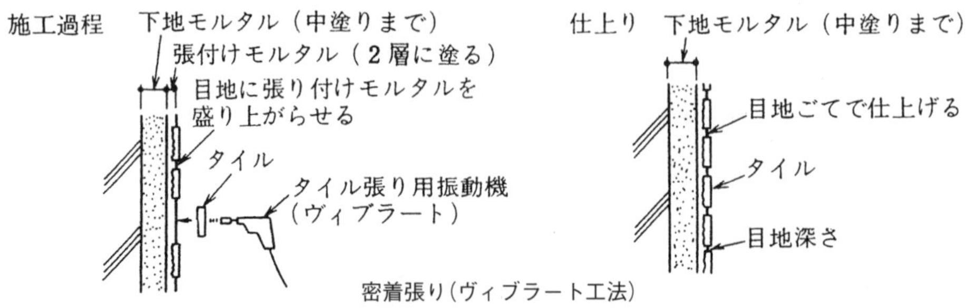

密着張り(ヴィブラート工法)

以上から、問2は、1/2以上ではなく1/2以下である。

建築施工

問3 塗装工事(塗装の欠陥)

解答 × 厚塗り

塗装作業中における塗膜の欠陥であるしわは、下塗りの乾燥が不十分のまま上塗りを行ったり、油性塗料を**厚塗り**したりした場合に生じやすい。

以上から、問3は、**薄塗り**ではなく**厚塗り**である。

塗装の欠陥の原因と対策

塗装欠陥		原　因	対　策
①	流　れ	厚塗りしすぎ、希釈しすぎ	厚塗りしない、希釈しすぎない
②	し　わ	厚塗り上乾、下塗り乾燥不十分	厚塗りしない、下塗りを乾燥させる
③	白　化	湿度が高い、気温の急低下結露	塗装を中止する、リターダーシンナー使用
④	ふくれ	下地の乾燥不足、錆の発生	素地調整を十分にし乾燥させる
⑤	チョーキング	熱、紫外線で塗膜粉化	耐白亜性顔料の使用

問4 グリッパー工法

解答 ○ パワーストレッチャー

①グリッパー工法は床の周囲にグリッパーを釘や接着剤で固定し、衝撃性を緩和するため、下敷き材を敷き込み、ニーキッカーや**パワーストレッチャー**でカーペットを伸展しながらグリッパーに引掛け、そのあとカーペットの端部をステアツールを用い、グリッパーとの間の溝に巻込む。

②ヒートボンド法は、接着テープをアイロンで温めカーペットを相互に接着はぎ合せを行う方法である。

③タイルカーペット張り工法は、張付けは中央部から端部へ敷込んでいく。特に端部が細幅のタイルカーペットにならないようにする。

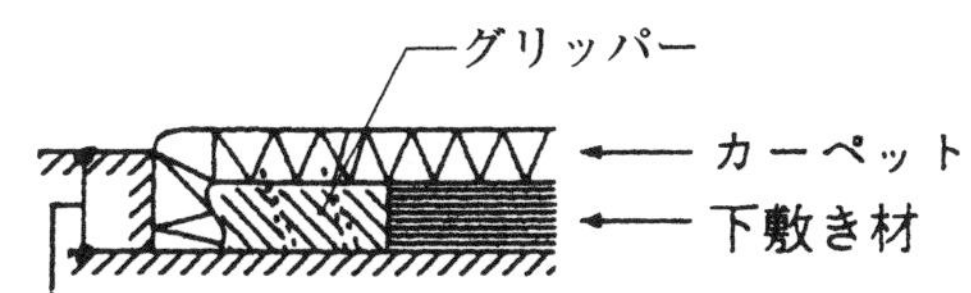

落子の深さ＝下敷き材の厚＋裏地厚＋毛足×1/2

落子のある場合のグリッパー工法

よって、問4は、**パワーストレッチャー**で正しい。

建築施工

攻略編

2級建築施工管理技術検定試験
第二次検定

1	令和６年度　虎の巻（精選模試）　施工経験記述編
2	令和６年度　虎の巻（精選模試）　第一巻
3	令和６年度　虎の巻（精選模試）　第二巻

⬅スマホ版無料動画コーナー QRコード

URL　https://get-supertext.com/

（注意）スマートフォンでの長時間聴講は、Wi-Fi 環境が整ったエリアで行いましょう。

「虎の巻解説講習」の動画講習を、GET 研究所ホームページから視聴できます。

https://get-ken.jp/

GET 研究所　検索  無料動画公開中  動画を選択

※施工経験記述編の「虎の巻」解説講習については、本書 37 ページの「施工経験記述の考え方・書き方講習」と同じ内容になるため、そちらをご覧ください。

令和6年度
２級建築施工管理技術検定試験 第二次検定
虎の巻（精選模試）施工経験記述編

実施要項

■虎の巻（精選模試）施工経験記述編では、施工計画・工程管理・品質管理の３項目すべてについて、施工経験記述を準備します。

■試験時間は、１項目 90 分間として、合計 270 分間を目安にしてください。

■施工経験記述は、解答欄に記入してください。（本書 637 ページの施工経験記述添削講座をご利用の方は、本書 643 ページ～ 647 ページの記入用紙に記入することもできます）

■記入された解答が指定欄をはみ出している場合、その部分の評価は０点となります。

自己評価・採点表（各項目 40 点満点）

項目	施工計画	工程管理	品質管理
配点	40	40	40
得点			

各項目の得点がいずれも 24 点以上で合格　※配点は、GET 研究所の推定によるものです。

虎の巻（精選模試） 施工経験記述編

※この問題は、施工経験記述編（施工計画）です。

【問題1】 あなたが経験した**建築工事**のうち、あなたの受検種別に係る工事の中から、**施工の計画**を行った工事を**1つ**選び、工事概要を具体的に記入したうえで、次の問いに答えなさい。

なお、**建築工事**とは、建築基準法に定める建築物に係る工事とし、建築設備工事を除くものとする。

〔工事概要〕

（イ） 工　事　名

（ロ） 工 事 場 所

（ハ） 工 事 の 内 容 （新築等の場合：建物用途、構造、階数、延べ面積又は施工数量、主な外部仕上げ、主要室の内部仕上げ
改修等の場合：建物用途、建物規模、主な改修内容及び施工数量）

（ニ） 工　期　等 （工期又は工事に従事した期間を年号又は西暦で年月まで記入）

（ホ） あなたの立場

（ヘ） あなたの業務内容

設問1 工事概要であげた工事で、あなたが事前に検討したことを次の項目の中から**3つ**選び、それぞれについて、**実際に検討し行ったこと**と何故そうしたのか**その理由**を、**工種名**をあげて具体的に記述しなさい。なお、工種名については同一工種名でなくてもよい。

ただし、「実際に検討し行ったこと」の記述内容が同一のもの、及びコストについてのみの記述は不可とする。

〔項目〕 (1)「施工方法又は作業の方法」

(2)「資材の搬入又は荷揚げの方法」

(3)「資材の保管又は仮置きの方法」

(4)「作業床又は足場の設置」

(5)「施工中又は施工後の養生の仕方」（労働者の安全に関する養生を除く。）

(6)「試験又は検査の方法と時期」

(7)「他の関連工事との工程調整方法」

設問2 工事概要であげた工事及び受検種別にかかわらず、あなたの今日までの工事経験に照らして、次の項目の中から**2つ**選び、その項目について、工事の施工に当たり事前に考慮すべき**事項**とその**対応策**を、それぞれ具体的に記述しなさい。

ただし、それぞれの解答は異なる内容の記述とすること。

〔項目〕 「工　程」 「品　質」 「安　全」 「環　境」

問題 1　**解答欄**　※ 施工計画についての施工経験記述添削講座(詳細は637ページ参照)をご利用の方は、643ページを解答欄として使用してください。

配点：40 点

あなたの受検種別（○印）	① 建築	② 躯体	③ 仕上げ

〔工事概要〕

イ	工事名	
ロ	工事場所	
ハ	工事内容	
ニ	工期等	
ホ	あなたの立場	
へ	あなたの業務内容	

※〔工事概要〕に配点はありませんが、著しく不適当な箇所があった場合、不合格となります。

設問 1

①	選んだ項目		工種名		
	検討内容				
	その理由				8点
②	選んだ項目		工種名		
	検討内容				
	その理由				8点
③	選んだ項目		工種名		
	検討内容				
	その理由				8点

設問 2

①	検討項目	選択○印　①「工程」　②「品質」　③「安全」　④「環境」	
	項目の考慮事項		
	実際に行った対策		8点
②	検討項目	選択○印　①「工程」　②「品質」　③「安全」　④「環境」	
	項目の考慮事項		
	実際に行った対策		8点

※この問題は、施工経験記述編（工程管理）です。

【問題 1】 あなたが経験した**建築工事**のうち、あなたの受検種別に係る工事の中から、**工程の管理**を行った工事を**1つ**選び、工事概要を具体的に記入したうえで、次の問いに答えなさい。

なお、**建築工事**とは、建築基準法に定める建築物に係る工事とし、建築設備工事を除くものとする。

〔工事概要〕

(イ) 工事名

(ロ) 工事場所

(ハ) 工事の内容（新築等の場合：建物用途、構造、階数、延べ面積又は施工数量、主な外部仕上げ、主要室の内部仕上げ／改修等の場合：建物用途、建物規模、主な改修内容及び施工数量）

(ニ) 工期等（工期又は工事に従事した期間を年号又は西暦で年月まで記入）

(ホ) あなたの立場

(へ) あなたの業務内容

設問 1 工事概要であげた工事であなたが担当した工種において、工期に遅れることのないよう工程を管理するうえで、次の①から③の各項目の手配や配置をする際、あなたがどのようなことに留意したのか、**留意した内容**と**着目した理由**を、**工種名**をあげてそれぞれ具体的に記述しなさい。

ただし、**留意した内容**が同一のものは不可とする。また、工程管理以外の品質管理、安全管理、コストのみについて記述したものも不可とする。

なお、工種名については、同一の工種名でなくてもよい。

［項目］①材料（本工事材料、仮設材料）
　　　　②工事用機械・器具・設備
　　　　③作業員（交通誘導警備員は除く）

設問 2 工事概要であげた工事及び受検種別にかかわらず、あなたの今日までの建築工事の経験に照らし、工期を短縮するための**有効な方法や手段**を**2つ**具体的に記述しなさい。また、それらがもたらす工期短縮以外の工事への**良い影響**を、それぞれ具体的に記述しなさい。

ただし、**有効な方法や手段**が同一のもの及び**設問 1**の**留意した内容**と同一のものは不可とする。

問題 1 **解答欄** ※工程管理についての施工経験記述添削講座（詳細は637ページ参照）をご利用の方は、647ページを解答欄として使用してください。

配点：40 点

あなたの受検種別（○印）	① 建築	② 躯体	③ 仕上げ

〔工事概要〕

イ	工事名	
ロ	工事場所	
ハ	工事内容	
ニ	工期等	
ホ	あなたの立場	
ヘ	あなたの業務内容	

※〔工事概要〕に配点はありませんが、著しく不適当な箇所があった場合、不合格となります。

設問 1

①	工種名		
	留意した内容		
	着目した理由		8点
②	工種名		
	留意した内容		
	着目した理由		8点
③	工種名		
	留意した内容		
	着目した理由		8点

設問 2

①	有効な方法や手段		
	工事への良い影響		8点
②	有効な方法や手段		
	工事への良い影響		8点

※この問題は、施工経験記述編(品質管理)です。

【問題1】 あなたが経験した**建築工事**のうち、あなたの受検種別に係る工事の中から、**品質の管理**を行った工事を**1つ**選び、工事概要を具体的に記入したうえで、次の問いに答えなさい。

なお、**建築工事**とは、建築基準法に定める建築物に係る工事とし、建築設備工事を除くものとする。

〔工事概要〕

(イ) 工事名

(ロ) 工事場所

(ハ) 工事の内容 (新築等の場合:建物用途、構造、階数、延べ面積又は施工数量、主な外部仕上げ、主要室の内部仕上げ
改修等の場合:建物用途、建物規模、主な改修内容及び施工数量)

(ニ) 工期等 (工期又は工事に従事した期間を年号又は西暦で年月まで記入)

(ホ) あなたの立場

(ヘ) あなたの業務内容

設問1 工事概要であげた工事で、あなたが担当した工種において、その工事の担当者として品質確保のため、事前に検討し、特に**留意したこと**と何故それについて留意したのか**その理由**、留意したことに対してあなたが**実際に行ったこと**を、**3つ**具体的に、**工種名**をあげて記述しなさい。

ただし、「設計図どおり施工した。」など施工上行ったことを具体的に記述していないものや、品質管理以外の工程管理、安全管理についての記述は不可とする。

なお、工種名については、同一の工種名でなくてもよい。

設問2 工事概要であげた工事及び受検種別にかかわらず、あなたの今日までの工事経験に照らして、品質管理の担当者として、品質の良い建物を造るためにはどのような品質管理を行ったらよいと考えるか、**品質管理の方法**を**そう考える理由**とともに**2つ**具体的に記述しなさい。

ただし、2つの解答はそれぞれ異なる内容の記述とし、また**設問1**の解答と同じ内容の記述は不可とする。

問題 1 **解答欄** ※ 品質管理についての施工経験記述添削講座(詳細は637ページ参照)をご利用の方は、645ページを解答欄として使用してください。

配点：40点

あなたの受検種別（○印）	① 建築	② 躯体	③ 仕上げ

〔工事概要〕

イ	工事名	
ロ	工事場所	
ハ	工事内容	
ニ	工期等	
ホ	あなたの立場	
ヘ	あなたの業務内容	

※〔工事概要〕に配点はありませんが、著しく不適当な箇所があった場合、不合格となります。

設問 1

①	工種名		留意したこと(～の品質確保)	
	その理由			
	実際に行ったこと			8点
②	工種名		留意したこと(～の品質確保)	
	その理由			
	実際に行ったこと			8点
③	工種名		留意したこと(～の品質確保)	
	その理由			
	実際に行ったこと			8点

設問 2

①	品質管理の方法		
	そう考える理由		8点
②	品質管理の方法		
	そう考える理由		8点

問題1　施工計画の解答例

配点：40点

あなたの受検種別（○印）	①　建築（○）	②　躯体	③　仕上げ

〔工事概要〕

イ	工事名	東京マンション新築工事
ロ	工事場所	東京都豊島区目白３丁目1-9
ハ	工事内容	共同住宅、鉄筋コンクリート造、地上11階／地下１階建、延べ面積4800m²、外壁：磁器質タイル張り、内装：石膏ボード張り
ニ	工期等	平成29年５月～平成30年８月
ホ	あなたの立場	現場代理人
ヘ	あなたの業務内容	鉄筋コンクリートの建築工事管理

※〔工事概要〕に配点はありませんが、著しく不適当な箇所があった場合、不合格となります。

設問1

①	選んだ項目	施工方法又は作業の方法	工種名	型枠工事	
	検討内容	基礎地中梁の型枠について検討した。合板型枠を使用する計画であったが、金属製型枠に変更した。			
	その理由	金属製型枠は転用性が高く、工程と品質の確保が容易になるから。			8点
②	選んだ項目	資材の搬入又は荷揚げの方法	工種名	型枠工事	
	検討内容	組立型枠の搬入に使用する機械について検討した。揚重クレーンではなく、専用の移動式クレーンを用いて搬入した			
	その理由	揚重クレーンの揚重工程を短縮する必要があったから。			8点
③	選んだ項目	施工中又は施工後の養生の仕方	工種名	コンクリート工事	
	検討内容	柱・壁・梁・スラブのコンクリートの養生方法について検討した。脱型後、散水養生を行った。			
	その理由	効果的な養生方法であり、品質確保が容易になるから。			8点

設問2

①	検討項目	選択○印　①「工程」　②「品質」（○）　③「安全」　④「環境」	
	項目の考慮事項	コンクリートに有害な振動や衝撃が加わらないようにすること。	
	実際に行った対策	コンクリート打込み終了後、ロープを張って労働者の立入を禁止する。	8点
②	検討項目	選択○印　①「工程」　②「品質」　③「安全」　④「環境」（○）	
	項目の考慮事項	工事現場の泥を道路上に飛散させないこと。	
	実際に行った対策	現場内のダンプカー出入口に、タイヤ洗浄槽を設けて泥を落とす。	8点

問題1　工程管理の解答例

配点：40点

あなたの受検種別（○印）	①　建築	②　躯体	③　仕上げ（○）

〔工事概要〕

イ	工事名	大北小学校増改築工事
ロ	工事場所	静岡県富士市小川町2丁目11-12
ハ	工事内容	学校、鉄筋コンクリート造3階建、増築延べ面積2050m²、屋上アスファルト防水面積702m²、内装：硬質ビニル、外装：タイル仕上げ面積4040m²
ニ	工期等	令和元年5月～令和2年12月
ホ	あなたの立場	現場主任
ヘ	あなたの業務内容	防水工事の施工管理

※〔工事概要〕に配点はありませんが、著しく不適当な箇所があった場合、不合格となります。

設問1

①	工種名	防水工事	
	留意した内容	保護コンクリート現場打ちの予定を、プレキャストコンクリートスラブの施工に変更した。	
	着目した理由	プレキャストコンクリートスラブは、養生期間が短くて済むので、工程を短縮できるから。	8点
②	工種名	防水工事	
	留意した内容	アスファルト溶融器具を使用するアスファルトルーフィング工法を、ガスバーナーを使用する改質アスファルトルーフィング工法に変更した。	
	着目した理由	改質アスファルトルーフィング工法は、作業が比較的容易であるため、工程を短縮できるから。	8点
③	工種名	防水工事	
	留意した内容	当初の予定よりも2名の作業員を増員し、1班体制を2班体制に変更して複数の工程を同時に進行させた。	
	着目した理由	1班目が行うアスファルト防水と、2班目が行うプレキャスト板の施工を同時施工とすることで、工程を短縮できるから。	8点

設問2

①	有効な方法や手段	建具のガラスはめ込みにおいて、作業時間短縮のため、現場でガラスをはめ込むのではなく、工場でガラスをはめ込んだ建具を搬入する手段。	
	工事への良い影響	工場では現場よりも精密な作業ができるため、建具の水密性などの品質向上に繋がる。	8点
②	有効な方法や手段	アスファルト防水の工程において、加熱の手間を省力化するため、合成高分子系ルーフィングシートを使用する手段。	
	工事への良い影響	合成高分子系ルーフィングシートは、火気を使用せずに施工できるため、悪臭の発生がなく、環境保全に貢献できる。	8点

問題 1　品質管理の解答例

配点：40 点

あなたの受検種別（○印）	① 建築	② 躯体（○）	③ 仕上げ

〔工事概要〕

イ	工事名	新宿三角四角マンション新築工事
ロ	工事場所	東京都新宿区西新宿７丁目1-12
ハ	工事内容	共同住宅、SRC 造、14 階建、延べ面積 1800m^2、外壁磁器タイル張り、内装クロス張り、床フローリング
ニ	工期等	平成31年2月～令和2年11月
ホ	あなたの立場	現場監督
ヘ	あなたの業務内容	鉄骨鉄筋コンクリート構造物の工事管理

※〔工事概要〕に配点はありませんが、著しく不適当な箇所があった場合、不合格となります。

設問 1

①	工種名	コンクリート工事	留意したこと（～の品質確保）	コンクリートの品質確保	
	その理由	コンクリートにジャンカ・豆板などの空洞部が残ると、耐久性能が低下するから。			
	実際に行ったこと	内部振動棒を 60cm以下の間隔で挿入して締め固め、引抜きはゆっくりと鉛直に行った。			8点
②	工種名	鉄筋工事	留意したこと（～の品質確保）	ガス圧接部の品質確保	
	その理由	鉄筋の継手部の品質が低下していると、構造部材の構造耐力が低下するから。			
	実際に行ったこと	不良継手を防止するため、資格を有する技能者を選任し、所定の抜取り検査を行って品質を確認した。			8点
③	工種名	鉄骨工事	留意したこと（～の品質確保）	高力ボルトの品質確保	
	その理由	高力ボルトの締付け品質は、構造の強度に直接関係するため、施工後のトルク係数値を確保する必要があったから。			
	実際に行ったこと	ボルト一群ごとに、共回りしていないことを全数確認し、２度締めした。その後、トルク係数値を確認した。			8点

設問 2

①	品質管理の方法	工種ごとの品質基準を作業工程ごとに分けて書類化し、作業開始前のミーティングで、当日の品質管理基準を確認させる。	
	そう考える理由	当日の作業において、品質管理基準を目標とした作業を行えるため、品質の確保に役立つから。	8点
②	品質管理の方法	防水工事では、降雨・降雪が予想されたとき、下地乾燥が不十分なとき、強風があったときなどの作業中止条件を明確にしておく。	
	そう考える理由	品質計画で定めた品質管理基準の確保が困難な条件下では、作業を中止することで、欠陥を防止できるから。	8点

令和6年度
2級建築施工管理技術検定試験
第二次検定 虎の巻（精選模試）第一巻

実施要項

■虎の巻（精選模試）第一巻には、令和6年度の第二次検定に向けて、極めて重要であると思われる問題が集約されています。

■試験時間は、60分間を目安としてください。

■**問題1**は、前述の施工経験記述編で取り上げたので、ここでは省略しています。

■**問題2**～**問題4**については、すべての問題を解答してください。

■**問題5**については、**受検種別:建築**の受検者は**問題5-A**を、**受検種別:躯体**の受検者は**問題5-B**を、**受検種別:仕上げ**の受検者は**問題5-C**を解答してください。

■解答は、解答欄の範囲内に、はみ出さないように記述してください。

■解答は、黒の鉛筆かシャープペンで記入してください。

■採点は、解答・解答例を参考にして、自己評価してください。

■特に**問題2**では、多様な解答方法があるので、テキスト本編の解答例も参考にすると、自己評価しやすくなります。

自己評価・採点表（60点満点）

問題	問題2	問題3	問題4	問題5
分野	建築工事用語	バーチャート作成	建築法規	建築施工
配点	20	12	12	16
得点				

合計得点	点	36点以上で合格

配点は、GET研究所の推定によるものです。

虎の巻（精選模試）第一巻

【問題 2】 次の建築工事に関する用語の一覧表の中から **5 つ**用語を選び、用語の記号欄の**記号にマーク**した上で、選んだ用語欄に**用語**（**太字**で示す部分のみでも可）を記入し、その**用語の説明**と**施工上留意すべきこと**を具体的に記述しなさい。

ただし、a・b・c 以外の用語については、作業上の安全に関する記述は不可とする。また、使用資機材に不良品はないものとする。

用語の一覧表

用語の記号	用語
a	**防護棚**（養生朝顔）
b	陸墨
c	土工事の**布掘り**
d	土工事の**鋼矢板**
e	コンクリートの**打継ぎ**
f	鉄骨柱の**ベースモルタル**
g	木構造の**土台**
h	ルーフドレン
i	通気緩衝シート
j	マスク張り工法
k	軽量鉄骨壁下地の**振れ止め**
l	金属製建具の**かぶせ工法**
m	目止め
n	せっこうボードの**直張り工法**

問題 2 解答欄

各 4 点× 5 = 20 点

用語の記号	a	b	c	d	e	f	g	h	i	j	k	l	m	n
	◯	◯	◯	◯	◯	◯	◯	◯	◯	◯	◯	◯	◯	◯

選んだ用語	
用語の説明 (2 点)	
施工上留意すべきこと (2 点)	

選んだ用語	
用語の説明 (2 点)	
施工上留意すべきこと (2 点)	

選んだ用語	
用語の説明 (2 点)	
施工上留意すべきこと (2 点)	

選んだ用語	
用語の説明 (2 点)	
施工上留意すべきこと (2 点)	

選んだ用語	
用語の説明 (2 点)	
施工上留意すべきこと (2 点)	

【問題 3】 鉄骨造 3 階建て事務所ビルの建設工事における次頁の工程表と出来高表に関し、次の 問 1 から 問 3 に答えなさい。

工程表は工事着手時点のものであり、予定出来高曲線を破線で表示している。

また、出来高表は、4 月末時点のものを示している。

ただし、内装工事における壁ボード張りの工程は未記入であり、総工事金額の月別出来高及び壁ボード張りの出来高は記載していない。

〔工事概要〕

用　　途：事務所

構造・規模：鉄骨造　地上 3 階建て　延べ面積 450 m^2

基　　礎：直接基礎

山 留 め：自立山留め

鉄骨工事：建方は、移動式クレーンにて行う。

耐火被覆は、耐火材巻付け工法、外周部は合成工法

仕 上 げ：屋根は、合成高分子系ルーフィングシート防水

外壁は、ALC パネル張り、仕上塗材仕上げ

内装は、壁、天井は軽量鉄骨下地せっこうボード張り

床はフリーアクセスフロア、タイルカーペット仕上げ

問 1 工程表の仮設工事の **A** に該当する**作業名**を記入しなさい。

問 2 壁ボード張り作業の**開始日**を月次と旬日で定めて記入しなさい。
ただし、**解答の旬日は、上旬、中旬、下旬**とする。

問 3 4 月末までの実績出来高の累計金額を求め、総工事金額に対する**比率**をパーセントで記入しなさい。

問題 3　解答欄　　各 4 点 × 3 ＝ 12 点

問 1	仮設工事の A に該当する作業名	
問 2	壁ボード張り作業の開始日（月次と旬日）	
問 3	4 月末時点の「実績出来高 ÷ 総工事金額」の比率［%］	

工　程　表

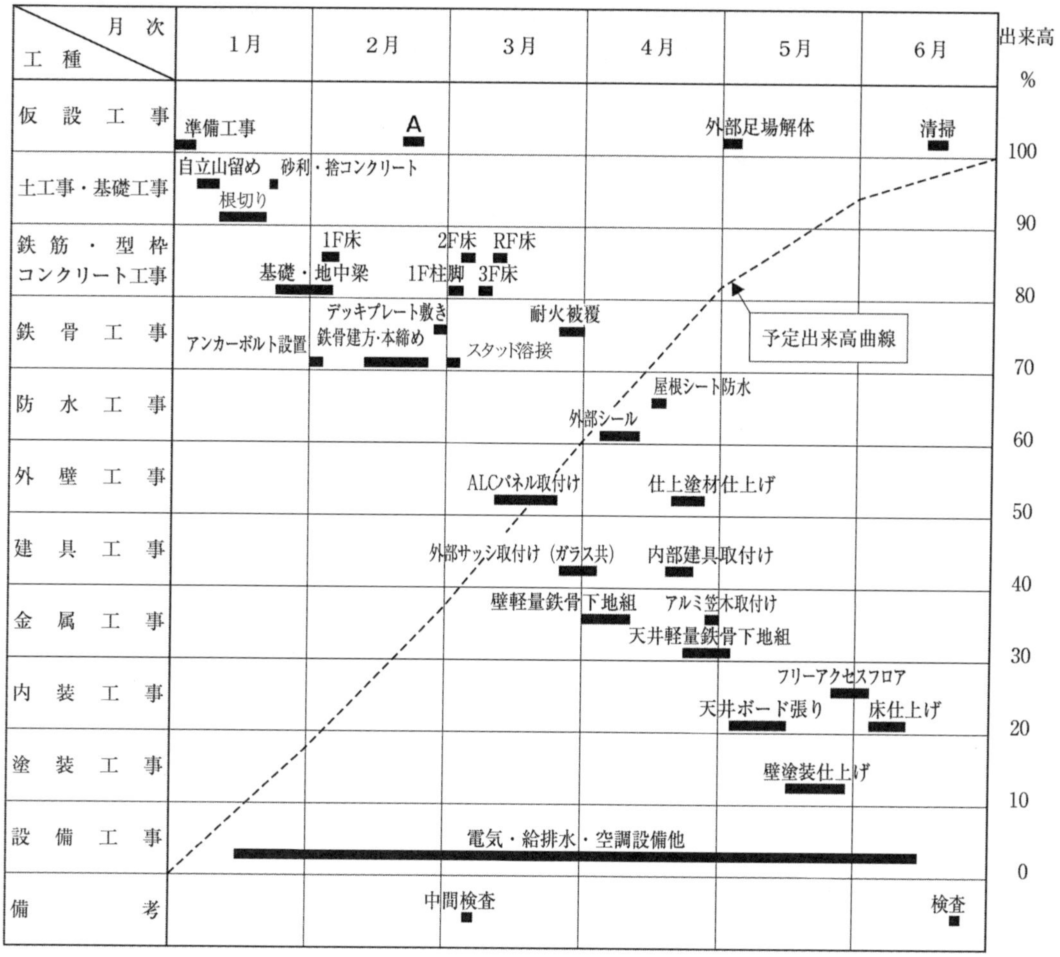

工種＼月次	1月	2月	3月	4月	5月	6月
仮設工事	準備工事	A			外部足場解体	清掃
土工事・基礎工事	自立山留め 砂利・捨コンクリート 根切り					
鉄筋・型枠 コンクリート工事	基礎・地中梁	1F床	2F床　RF床 1F柱脚　3F床			
鉄骨工事	アンカーボルト設置	デッキプレート敷き 鉄骨建方・本締め	スタッド溶接 耐火被覆			
防水工事			外部シール	屋根シート防水		
外壁工事			ALCパネル取付け	仕上塗材仕上げ		
建具工事			外部サッシ取付け（ガラス共）	内部建具取付け		
金属工事			壁軽量鉄骨下地組	アルミ笠木取付け 天井軽量鉄骨下地組		
内装工事					天井ボード張り フリーアクセスフロア	床仕上げ
塗装工事					壁塗装仕上げ	
設備工事	電気・給排水・空調設備他					
備考			中間検査			検査

出来高 %（0〜100）　予定出来高曲線

出　来　高　表

単位　万円

工種	工事金額	予定 実績	1月	2月	3月	4月	5月	6月
仮設工事	400	予定	50	100	50	50	100	50
		実績	50	100	50	50		
土工事・基礎工事	550	予定	550					
		実績	550					
鉄筋・型枠 コンクリート工事	800	予定	400	150	250			
		実績	400	100	300			
鉄骨工事	1,100	予定		900	200			
		実績		900	200			
防水工事	100	予定				100		
		実績				100		
外壁工事	600	予定			550	50		
		実績			550	50		
建具工事	500	予定			200	300		
		実績			200	300		
金属工事	200	予定				200		
		実績				200		
内装工事	650	予定					250	200
		実績						
塗装工事	100	予定					100	
		実績						
設備工事	1,000	予定	50	50	150	350	300	100
		実績	50	50	150	250		
総工事金額	6,000	予定						
		実績						

【問題 4】 次の問 1 から問 3 の各法文において、＿＿に当てはまる正しい語句又は数値を、下の該当する枠内から 1 つ選びなさい。

問 1 建設業法(第 24 条の 8)

特定建設業者は、発注者から直接建設工事を請け負った場合において、当該建設工事を施工するために締結した［①］の請負代金の額(当該［①］が2以上あるときは、それらの請負代金の額の総額)が政令で定める金額以上になるときは、建設工事の適正な施工を確保するため、国土交通省令で定めるところにより、当該建設工事について、下請負人の商号又は名称、当該下請負人に係る建設工事の内容及び工期その他の国土交通省令で定める事項を記載した［②］を作成し、工事現場ごとに備え置かなければならない。

①	①委託契約　②請負契約　③下請契約　④再下請契約
②	①施工体系図　②施工体制図　③施工体系台帳　④施工体制台帳

問 2 建築基準法施行令(第 136 条の 3)

建築工事等において深さ［③］以上の根切り工事を行なう場合においては、地盤が崩壊するおそれがないとき、及び周辺の状況により危害防止上支障がないときを除き、山留めを設けなければならない。この場合において、山留めの［④］は、周辺の地盤の安定を保持するために相当な深さとしなければならない。

③	①1.0m　②1.2m　③1.5m　④1.8m
④	①根入れ　②根切り　③基礎　④矢板

問 3 労働安全衛生法(第 14 条)

事業者は、高圧室内作業その他の労働災害を防止するための管理を必要とする作業で、政令で定めるものについては、都道府県労働局長の免許を受けた者又は都道府県労働局長の登録を受けた者が行う［⑤］を修了した者のうちから、厚生労働省令で定めるところにより、当該作業の区分に応じて、［⑥］を選任し、その者に当該作業に従事する労働者の指揮その他の厚生労働省令で定める事項を行わせなければならない。

⑤	①安全衛生教育　②特別教育　③技能講習　④主任者講習
⑥	①工事主任者　②作業主任者　③監理技術者　④主任技術者

問題 4　**解答欄**　　各 2 点× 6 ＝ 12 点

問 1	①	①	②	③	④
	②	①	②	③	④
問 2	③	①	②	③	④
	④	①	②	③	④
問 3	⑤	①	②	③	④
	⑥	①	②	③	④

※この問題の解答は、選んだ番号を下のマーク例に従って塗りつぶしてください。

マークの塗りつぶし例 ●

※受検種別：建築の受検者は解答してください。

【問題 5-A】 次の 問 1 から 問 8 の各記述において、[　　] に当てはまる最も適当な語句又は数値を、下の該当する枠内から 1 つ選びなさい。

問 1 山留め壁の支保工として用いる地盤アンカーは、一般的に [①] に打設されるので、水平力のみでなく鉛直力が発生し、山留め壁には軸力が生じ、腹起しには水平方向応力と同時に鉛直方向応力が作用する。

①	①鉛直方向　②水平方向　③斜め上向き　④斜め下向き

問 2 寒中コンクリート工事における保温養生の一つとして行う被覆養生は、打ち込まれたコンクリートをシートなどで覆い、コンクリートからの水分の蒸発と風の影響を防ぎ、コンクリートの冷却を遅らせるための簡易な養生方法であり、外気温が [②] 程度以上の時期の養生方法として有効である。

②	① − 5℃　② − 2℃　③ + 2℃　④ + 5℃

問 3 柱や壁の型枠を組み立てる場合、足元を正しい位置に固定するために、[③] を行う。敷桟で行う場合にはコンクリート漏れ防止に、パッキングを使用する方法やプラスチックアングルを使用する方法などがある。

③	①根入れ　②根固め　③根締め　④根巻き

問 4 鉄骨工事におけるトルシア形高力ボルト締付け後の検査は、一次締め後に付けたマーキングのずれとピンテールの破断などを確認する。検査の結果、ナットの回転とともにボルトも回転して、ピンテールが破断する [④] を生じているボルトなどは、新しいボルトセットと交換する。

④	①内回り　②軸回り　③外回り　④共回り

問 5 改質アスファルトシート防水トーチ工法による平場のシート張付けは、プライマーの塗布・乾燥後、シートの［ ⑤ ］及び下地をトーチバーナーで十分あぶり、改質アスファルトを溶融させながら、平均に押し広げて密着させる。

⑤	① 表面　② 裏面　③ 両面　④ 小口面

問 6 ビニル床タイル等の高分子系床材料の張付けに使用されるウレタン樹脂系接着剤のほとんどが、［ ⑥ ］硬化形の一液性で、反応硬化形接着剤の中では作業性が良く、初期粘着性が良いため、土間コンクリート等の場所に多く用いられている。

⑥	① 加熱　② 嫌気　③ 湿気　④ 光

問 7 金属板による折板葺きにおいて、重ね形の折板は、各山ごとにタイトフレームに固定ボルト締めとし、折板の重ね部は緊結ボルトで締め付ける。緊結ボルトのボルト孔は、ボルト径より 0.5㎜を超えて大きくしないようにし、その間隔は［ ⑦ ］程度とする。

⑦	① 150㎜　② 300㎜　③ 600㎜　④ 900㎜

問 8 石膏ボードの石膏系直張り用接着材による直張り工法において、下地に塗り付ける接着材の間隔は、ボード周辺部では 150 ～ 200㎜、ボード中間部は床上 1.2 m以下では 200 ～ 250㎜、1.2 mを超える部分では 250 ～ 300㎜とする。接着材の盛上げ高さは、ボードの仕上がり高さの［ ⑧ ］程度とする。

⑧	① 0.5倍　② 1.0倍　③ 1.5倍　④ 2.0倍

問題 5-A　解答欄　　各 2 点× 8 = 16 点

問	番号				
問 1	①	①	②	③	④
問 2	②	①	②	③	④
問 3	③	①	②	③	④
問 4	④	①	②	③	④
問 5	⑤	①	②	③	④
問 6	⑥	①	②	③	④
問 7	⑦	①	②	③	④
問 8	⑧	①	②	③	④

※この問題の解答は、選んだ番号を下のマーク例に従って塗りつぶしてください。

マークの塗りつぶし例 

※受検種別：躯体の受検者は解答してください。

【問題 5-B】 次の 問1 から 問4 の各記述において、［　　］に当てはまる**最も適当な語句又は数値**を、下の該当する枠内から**1つ**選びなさい。

問1 地盤の平板載荷試験は、地盤の変形及び支持力特性を調べるための試験である。試験は、直径30cm以上の円形の鋼板にジャッキにより垂直荷重を与え、載荷圧力、載荷時間、［①］を測定する。
また、試験結果により求められる支持力特性は、載荷板直径の1.5～［②］倍程度の深さの地盤が対象となる。

①	①載荷回数　②載荷係数　③地盤反力　④沈下量

②	①2.0　②2.5　③3.0　④4.0

問2 寒中コンクリート工事における保温養生の一つとして行う［③］養生は、打ち込まれたコンクリートをシートなどで覆い、コンクリートからの水分の蒸発と風の影響を防ぎ、コンクリートの冷却を遅らせるための簡易な養生方法であり、外気温が［④］程度以上の時期の養生方法として有効である。

③	①給熱　②湿潤　③断熱　④被覆

④	①－5℃　②－2℃　③＋2℃　④＋5℃

問3 鉄筋(SD345)のガス圧接継手において、同径の鉄筋を圧接する場合、圧接部のふくらみの直径は鉄筋径dの［⑤］以上とし、かつ、その長さを鉄筋径dの1.1倍以上とする。
また、圧接面のずれは鉄筋径dの4分の1以下、圧接部における鉄筋の中心軸の偏心量は鉄筋径dの［⑥］以下、圧接部の折曲がりは2度以下、片ふくらみは鉄筋径dの5分の1以下とする。ただし、dは異形鉄筋の呼び名に用いた数値とする。

⑤	①1.1倍　②1.2倍　③1.3倍　④1.4倍

⑥	①3分の1　②4分の1　③5分の1　④6分の1

問 4 鉄骨工事における露出形式の柱脚ベースプレートの支持方法であるベースモルタルの［⑦］塗り工法は、一般にベースプレートの面積が大きく、全面をベースモルタルに密着させることが困難な場合や建入れの調整を容易にするために広く使われている。

また、ベースモルタルの厚さは［⑧］以下、［⑦］塗り部分の大きさは 200 ～ 300㎜の角形又は円形とし、建て方中に柱脚に作用する応力に見合うものとする。

⑦	① 先詰め中心 ② 後詰め中心 ③ 先詰め部分 ④ 後詰め部分

⑧	① 25㎜ ② 50㎜ ③ 75㎜ ④ 100㎜

問題 5-B 解答欄

各 2 点 × 8 ＝ 16 点

問 1	①	①	②	③	④
	②	①	②	③	④
問 2	③	①	②	③	④
	④	①	②	③	④
問 3	⑤	①	②	③	④
	⑥	①	②	③	④
問 4	⑦	①	②	③	④
	⑧	①	②	③	④

※この問題の解答は、選んだ番号を下のマーク例に従って塗りつぶしてください。

マークの塗りつぶし例 ●

※受検種別：仕上げの受検者は解答してください。

【問題 5-C】 次の 問 1 から 問 4 の各記述において、［　　］に当てはまる**最も適当な語句又は数値**を、下の該当する枠内から **1 つ**選びなさい。

問 1 金属板による折板葺きにおいて、重ね形の折板は、［ ① ］ごとにタイトフレームに固定ボルト締めとし、折板の重ね部は緊結ボルトで締め付ける。緊結ボルトのボルト孔は、ボルト径より 0.5mm を超えて大きくしないようにし、その間隔は［ ② ］程度とする。

①	① 各山　② 2山　③ 3山　④ 4山

②	① 600mm　② 700mm　③ 800mm　④ 900mm

問 2 日本産業規格(JIS)の建築用鋼製下地材を用いたせっこうボード壁下地の場合、スタッドは、スタッドの高さによる区分に応じたものを使用する。
また、せっこうボード 1 枚張りの壁の場合のスタッド間隔は、［ ③ ］程度として、スタッドを上下ランナーに差し込み、半回転させて取り付ける。このスタッドの建込み間隔の精度は、±［ ④ ］以下として、せっこうボードを張り付ける。

③	① 150mm　② 300mm　③ 450mm　④ 600mm

④	① 5mm　② 10mm　③ 15mm　④ 20mm

問 3 鉄筋コンクリート造の外壁面をセメントモルタルによる磁器質タイル張りとする場合のタイル接着力試験は、夏季を除き、タイル施工後 2 週間以上経過してから行うのが一般的である。このタイル接着力試験では、試験体のタイルの目地部分をダイヤモンドカッターで［ ⑤ ］まで切り込みを入れ、周囲と絶縁した後、引張試験を行い、引張接着強度と破壊状況を確認する。
なお、試験体のタイルの数は、100 m^2 ごと及びその端数につき 1 個以上、かつ、全体で［ ⑥ ］以上とする。

⑤	① 張付けモルタル面　② 下地モルタル面　③ コンクリート面　④ 鉄筋表面

⑥	① 2個　② 3個　③ 4個　④ 5個

問4 ビニル床タイル等の高分子系床材料の張付けに使用される［⑦］系接着剤のほとんどが、［⑧］硬化形の一液性で、反応硬化形接着剤の中では作業性が良く、初期粘着性が良いため、土間コンクリート等の場所に多く用いられている。

⑦	①アクリル樹脂　②ウレタン樹脂　③合成ゴム　④天然ゴム

⑧	①加熱　②嫌気　③湿気　④光

問題 5-C　解答欄　　各2点×8＝16点

問1	①	①	②	③	④
	②	①	②	③	④
問2	③	①	②	③	④
	④	①	②	③	④
問3	⑤	①	②	③	④
	⑥	①	②	③	④
問4	⑦	①	②	③	④
	⑧	①	②	③	④

※この問題の解答は、選んだ番号を下のマーク例に従って塗りつぶしてください。

マークの塗りつぶし例 ●

虎の巻（精選模試）第一巻 解答・解答例

問題2　（解答例）　　※5つを選んで解答する。

a	選んだ用語	防護棚（養生朝顔）	仮設・外部足場工事（設備）
用語の説明		外部足場からの落下物を受け止めるために、足場から突き出して取り付けられる設備である。	
施工上留意すべきこと		外部足場の外側からのはね出し長さを水平距離で2m以上とし、水平面となす角度を20度以上とする。	

b	選んだ用語	陸墨	仮設・準備工事（作業）
用語の説明		建築物について、開口部や天井などの水平面の高さを示す（縦方向の高さの基準とする）ために、壁面に付ける基準墨である。	
施工上留意すべきこと		2階よりも上階における陸墨は、1階床面の高さを基準とし、鉄骨や主筋に沿わせた鋼巻尺で測定して設置する。	

c	選んだ用語	土工事の布掘り	躯体・地業工事(作業)
用語の説明		木造建築物の新築などにおいて、連続的な基礎掘削をするときに、帯状に地盤を掘削する作業である。	
施工上留意すべきこと		布掘りの幅は、掘削後の砂利地業や、捨てコンクリート打設後の基礎型枠の組立てを考慮し、余裕幅を確保しておく。	

d	選んだ用語	土工事の鋼矢板	仮設・山留め工事(材料)
用語の説明		両端に継手が付いた折板状の鋼材を用いた山留め壁である。止水性があるため、軟弱地盤(地下水位の高い地盤)に対して適用される。	
施工上留意すべきこと		ヒービングやボイリングを防止するため、鋼矢板の接合部を相互に密着させ、十分な深さ(重要な仮設工事では3m以上)まで根入れを行う。	

e	選んだ用語	コンクリートの打継ぎ	躯体・コンクリート工事(作業)
用語の説明		先行して施工したコンクリートに、時間が経ってからコンクリートを継ぎ足すことをいう。	
施工上留意すべきこと		打継ぎ箇所は、せん断応力の小さい梁の中央部とする。先行して施工したコンクリートと後続コンクリートが一体となるように締め固める。	

f	選んだ用語	鉄骨柱のベースモルタル	躯体・鉄骨工事(材料)
用語の説明		鉄骨柱のベースプレートと基礎との間に敷き均すモルタルのことである。	
施工上留意すべきこと		建て方中の柱脚に作用する応力に見合うだけのベースモルタルを塗る。後詰め中心塗り工法とする場合は、その厚さを50㎜以下とする。	

g	選んだ用語	木構造の土台	躯体・木工事(構造)
用語の説明		在来軸組構法の木造建築物の基礎上に、水平に配置される部材であり、柱の脚部を固定する役割を有している。	
施工上留意すべきこと		土台の継手は、腰掛けあり継ぎまたは腰掛けかま継ぎとし、上木となる方をアンカーボルトで締め付ける。	

h	選んだ用語	ルーフドレン	仕上げ・防水工事(部材)
用語の説明		屋上防水において、屋上の雨水を集めて下階へと排水するために設けられる溝状の金物である。	
施工上留意すべきこと		ウレタンゴム系塗膜防水材とルーフドレンとの取合い部には、幅100㎜以上の補強布を張り掛け、補強塗りを行う。	

i	選んだ用語	通気緩衝シート	仕上げ・防水工事（材料）
用語の説明		下地のひび割れや防水塗膜の膨れを防止するために、塗膜防水の下地の上に敷く不織布である。溝や孔を有しているので、通気性がある。	
施工上留意すべきこと		通気緩衝シートは、下地に馴染（なじ）ませ、しわや耳立ちが生じないように、接着剤で張り付ける。また、50 m^2 に１箇所程度の割合で、脱気装置を設ける。	

j	選んだ用語	マスク張り工法	仕上げ・タイル工事（工法）
用語の説明		タイル裏面に張付けモルタルを塗り付け、表張りユニットをたたき込んでタイルを張り付ける工法である。	
施工上留意すべきこと		張付けモルタルは、タイル裏面に厚さ４mmのマスク板をあて、金ごてで塗り付ける。張付けモルタルを塗り付けたタイルは、直ちに張り付ける。	

k	選んだ用語	軽量鉄骨壁下地の振れ止め	仕上げ・金属工事（材料）
用語の説明		軽量鉄骨壁下地のスタッドを水平方向に貫通させ、スペーサーで固定し、スタッドの振れを止めるための補強材である。	
施工上留意すべきこと		床面のランナー下端から1.2ｍ程度の間隔で引き通し、各段の振れ止めをスペーサーに固定する。	

l	選んだ用語	金属製建具のかぶせ工法	仕上げ・建具工事（工法）
用語の説明		建具の改修作業のうち、既存建具の枠を残したまま、新規建具をその枠の内部に取り付ける工法の総称である。	
施工上留意すべきこと		既存建具の枠の損傷を、補修・錆止め・補強などの方法で修復した後で、新規建具を取り付ける。	

m	選んだ用語	目止め	仕上げ・塗装工事（作業・材料）
用語の説明		木材の塗装をむらなく仕上げるために、との粉などの調整剤を用いて、木目の孔を埋める素地調整作業である。	
施工上留意すべきこと		木部の塗装工事において、その内部の合成樹脂調合ペイント塗りの目止めには、合成樹脂エマルションパテを用いる。	

n	選んだ用語	せっこうボードの直張り工法	仕上げ・内装工事（工法）
用語の説明		コンクリート下地に接着材を盛り上げた後、石膏ボードの表面を定規などで叩きながら、不陸がないように石膏ボードを張り付ける工法である。	
施工上留意すべきこと		下地に塗り付ける接着材の盛上げ高さは、石膏ボードの仕上がり高さの２倍程度とする。	

問題3 **解答**

問1	仮設工事のAに該当する作業名	外部足場組立
問2	壁ボード張り作業の開始日(月次と旬日)	4月中旬
問3	4月末時点の「実績出来高÷総工事金額」の比率[%]	80%

工程表

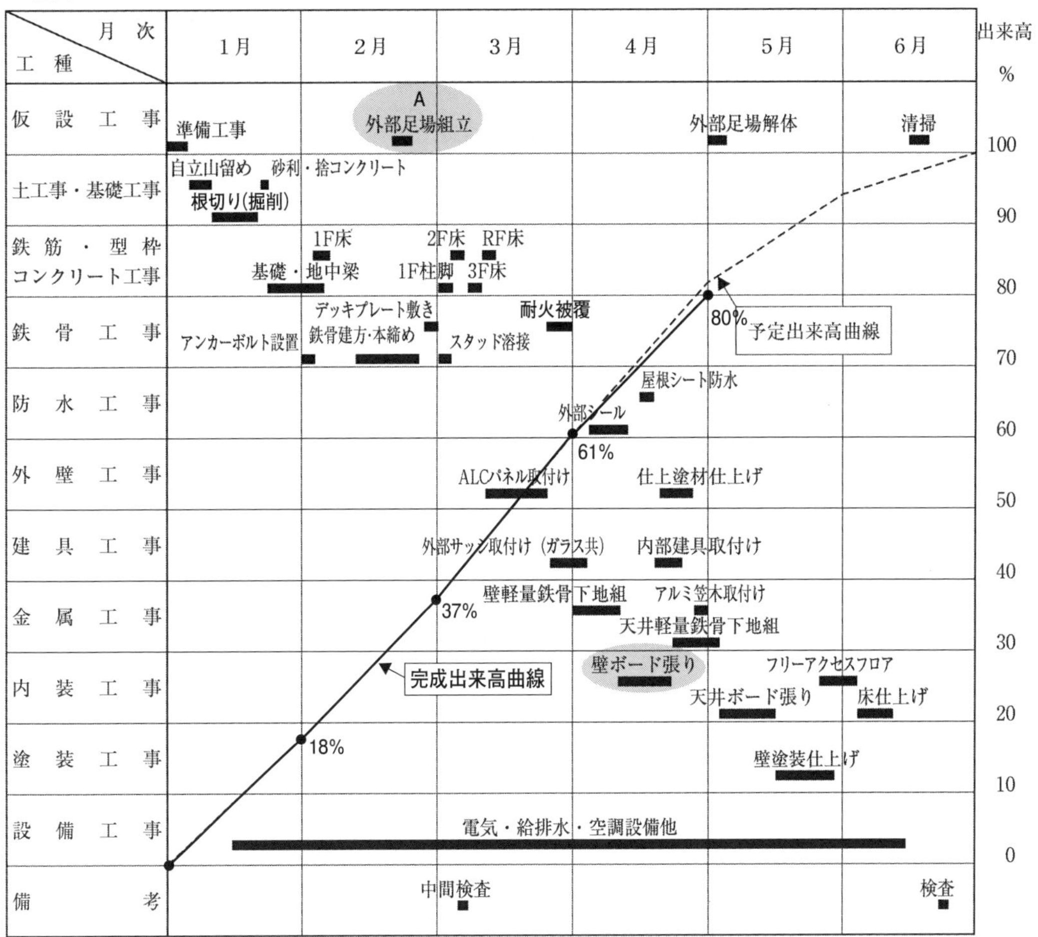

壁ボード張り作業の開始日は、4月上旬と4月中旬の境界線上にあるため、4月上旬と解答しても正解である。

出来高表　　　　単位　万円

工　　種	工事金額	予定 実績	1月	2月	3月	4月	5月	6月
仮設工事	400	予定	50	100	50	50	100	50
		実績	50	100	50	50		
土工事・基礎工事	550	予定	550					
		実績	550					
鉄筋・型枠 コンクリート工事	800	予定	400	150	250			
		実績	400	100	300			
鉄骨工事	1,100	予定		900	200			
		実績		900	200			
防水工事	100	予定				100		
		実績				100		
外壁工事	600	予定			550	50		
		実績			550	50		
建具工事	500	予定			200	300		
		実績			200	300		
金属工事	200	予定				200		
		実績				200		
内装工事	650	予定				200	250	200
		実績				200		
塗装工事	100	予定					100	
		実績						
設備工事	1,000	予定	50	50	150	350	300	100
		実績	50	50	150	250		
総工事金額	6,000	予定	**1050**	**1200**	**1400**	**1250**	**750**	**350**
		実績	**1050**	**1150**	**1450**	**1150**		

4月末までの実績出来高の累計金額は、1月～4月の総工事金額の実績を合計して、1050＋1150＋1450＋1150＝4800万円になる。その総工事金額に対する比率は、4800÷6000＝0.8＝80％になる。

問題4　解答

問	法規	空欄	正解	正しい語句又は数値
問1	建設業法	①	③	下請契約
		②	④	施工体制台帳
問2	建築基準法施行令	③	③	1.5 m
		④	①	根入れ
問3	労働安全衛生法	⑤	③	技能講習
		⑥	②	作業主任者

問題 5-A　解答

問	空欄	正解	適当な語句又は数値
問 1	①	④	斜め下向き
問 2	②	②	−2℃
問 3	③	④	根巻き
問 4	④	④	共回り
問 5	⑤	②	裏面
問 6	⑥	③	湿気
問 7	⑦	③	600㎜
問 8	⑧	④	2.0 倍

問題 5-B　解答

問	空欄	正解	適当な語句又は数値
問 1	①	④	沈下量
	②	①	2.0
問 2	③	④	被覆
	④	②	−2℃
問 3	⑤	④	1.4 倍
	⑥	③	5 分の 1
問 4	⑦	②	後詰め中心
	⑧	②	50㎜

問題 5-C　解答

問	空欄	正解	適当な語句又は数値
問 1	①	①	各山
	②	①	600㎜
問 2	③	②	300㎜
	④	①	5㎜
問 3	⑤	③	コンクリート面
	⑥	②	3 個
問 4	⑦	②	ウレタン樹脂
	⑧	③	湿気

令和６年度
２級建築施工管理技術検定試験
第二次検定 虎の巻（精選模試）第二巻

実施要項

■虎の巻（精選模試）第二巻には、令和６年度の第二次検定に向けて、比較的重要であると思われる問題が集約されています。

■試験時間は、60分間を目安としてください。

■**問題1** は、前述の施工経験記述編で取り上げたので、ここでは省略しています。

■**問題2** ～ **問題4** については、すべての問題を解答してください。

■**問題5** については、**受検種別：建築**の受検者は **問題 5-A** を、**受検種別：躯体**の受検者は **問題 5-B** を、**受検種別：仕上げ**の受検者は **問題 5-C** を解答してください。

■解答は、解答欄の範囲内に、はみ出さないように記述してください。

■解答は、黒の鉛筆かシャープペンで記入してください。

■採点は、解答・解答例を参考にして、自己評価してください。

■特に **問題2** では、多様な解答方法があるので、テキスト本編の解答例も参考にすると、自己評価しやすくなります。

自己評価・採点表（60点満点）

問題	問題 2	問題 3	問題 4	問題 5
分野	建築工事用語	バーチャート作成	建築法規	建築施工
配点	20	12	12	16
得点				

合計得点	点	36点以上で合格

配点は、GET研究所の推定によるものです。

虎の巻（精選模試） 第二巻

【問題 2】 次の建築工事に関する用語の一覧表の中から**5つ**用語を選び、用語の記号欄の**記号にマーク**した上で、選んだ用語欄に**用語**（**太字**で示す部分のみでも可）を記入し、その**用語の説明**と**施工上留意すべきこと**を具体的に記述しなさい。

ただし、a・b・c 以外の用語については、作業上の安全に関する記述は不可とする。また、使用資機材に不良品はないものとする。

用語の一覧表

用語の記号	用語
a	ヒービング
b	型枠の**フォームタイ**
c	型枠の**根巻き**
d	幅止め筋
e	コンクリートの**回し打ち**
f	鉄骨工事の**仮ボルト**
g	木構造の**通し柱**
h	床コンクリートの**直均し仕上げ**
i	タイル張りの**ヴィブラート工法**
j	ユニットタイル
k	コンクリートの**ブリーディング**
l	加硫ゴム系シート防水接着工法
m	研磨紙ずり
n	軽量鉄骨壁下地の**スペーサー**

問題 2 **解答欄**

各 4 点× 5 = 20 点

用語の記号	a ◯	b ◯	c ◯	d ◯	e ◯	f ◯	g ◯	h ◯	i ◯	j ◯	k ◯	l ◯	m ◯	n ◯

選んだ用語	
用語の説明（2 点）	
施工上留意すべきこと（2 点）	

選んだ用語	
用語の説明（2 点）	
施工上留意すべきこと（2 点）	

選んだ用語	
用語の説明（2 点）	
施工上留意すべきこと（2 点）	

選んだ用語	
用語の説明（2 点）	
施工上留意すべきこと（2 点）	

選んだ用語	
用語の説明（2 点）	
施工上留意すべきこと（2 点）	

【問題 3】 木造 2 階建て住宅の建設工事における次頁の工程表と出来高表に関し、次の 問 1 から 問 3 に答えなさい。

なお、工程表は工事着手時点のものであり、予定出来高曲線を破線で表示している。

また、出来高表は 3 月末時点のものを示しているが、内装・雑工事のうち壁ボード張りの出来高及び総工事金額の月別出来高は、記載していない。

〔工事概要〕

用　　　途：住宅

構造・規模：木造在来軸組工法　2 階建て　延べ面積 100 m²

基　　　礎：ベタ基礎

仕　上　げ：屋根は、住宅屋根用化粧スレート張り

外壁は、塗装窯業系サイディングボード張り

内装は、壁天井ともせっこうボード下地クロス仕上げ

床はフローリング仕上げ

問 1 工程表の土工事・基礎工事の **A** に該当する**作業名**を記入しなさい。

問 2 内装・雑工事における壁ボード張り作業の工程は、未記入となっている。適当な工程となるように、壁ボード張り作業の**開始日**を月次と旬日で定めて、記入しなさい。
ただし、**解答の旬日は、上旬、中旬、下旬**とする。

問 3 3 月末までの実績出来高の累計金額を求め、総工事金額に対する**比率**をパーセントで記入しなさい。なお、内装・雑工事は、予定通りに進んでいるものとする。

問題 3　解答欄　　　各 4 点 × 3 = 12 点

問 1	土工事・基礎工事の A に該当する作業名	
問 2	壁ボード張り作業の開始日（月次と旬日）	
問 3	3 月末時点の「実績出来高 ÷ 総工事金額」の比率 [%]	

「虎の巻」解説講習 - 22

工程表

工種＼月次	1月	2月	3月	4月	5月	出来高
仮設工事	準備工事 外部足場組立			外部足場解体	清掃 検査	100 %
土工事・基礎工事	根切り A 鉄筋・型枠・コンクリート					
木工事	木材下ごしらえ	建方・屋根下地 外壁下地取付け 床・間仕切壁・天井下地		和室造作他	予定出来高曲線	
屋根工事		屋根用化粧スレート張り				
外壁工事		サイディングボード取付け				50 %
建具工事		外部アルミニウム建具取付け			木製建具取付け	
内装・雑工事			天井ボード張り	壁・天井クロス張り フローリング張り・床仕上げ		
住宅設備工事		ユニットバス設置		家具等取付け	洗面台・システムキッチン取付け	
電気工事		配線			器具取付け	
給排水設備工事		配管			器具取付け	0 %

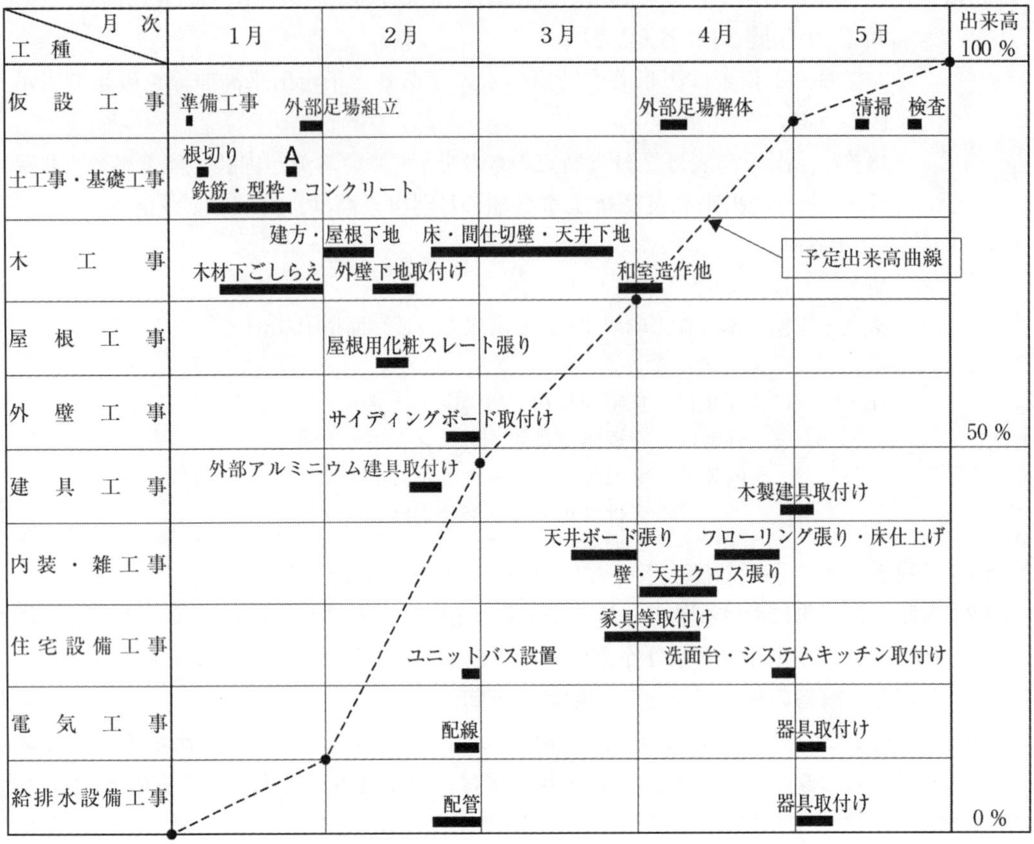

出来高表

（単位 万円）

工種	工事金額	予定 実績	1月	2月	3月	4月	5月
仮設工事	100	予定	50			40	10
		実績	50				
土工事・基礎工事	100	予定	100				
		実績	100				
木工事	500	予定	50	200	200	50	
		実績	50	200	170		
屋根工事	100	予定		100			
		実績		100			
外壁工事	200	予定		200			
		実績		200			
建具工事	200	予定		100		50	50
		実績		100			
内装・雑工事	400	予定			100	200	
		実績			100		
住宅設備工事	200	予定		50	50	100	
		実績		50	50		
電気工事	100	予定		50			50
		実績		50			
給排水設備工事	100	予定		50			50
		実績		50			
総工事金額	2,000	予定					
		実績					

【問題4】 次の 問1 から 問3 の各法文において、[　] に当てはまる正しい語句を、下の該当する枠内から1つ選びなさい。

問1 建設業法(第24条の2)

元請負人は、その請け負った建設工事を施工するために必要な [①] の細目、作業方法その他元請負人において定めるべき事項を定めようとするときは、あらかじめ、[②] の意見をきかなければならない。

①	①工種　②工程　③資材　④費用

②	①発注者　②注文者　③受注者　④下請負人

問2 建築基準法施行令(第136条の3)

建築工事等における根切り及び山留めについては、その工事の施工中必要に応じて [③] を行い、山留めを補強し、排水を適当に行う等これを安全な状態に維持するための措置を講ずるとともに、矢板等の抜取りに際しては、周辺の地盤の [④] による危害を防止するための措置を講じなければならない。

③	①確認　②検査　③点検　④補修

④	①傾斜　②沈下　③倒壊　④崩壊

問3 労働安全衛生法(第10条第1項)

事業者は、政令で定める規模の事業場ごとに、厚生労働省令で定めるところにより、総括安全衛生 [⑤] を選任し、その者に安全管理者、衛生管理者又は第25条の2第2項の規定により技術的事項を管理する者の [⑥] をさせるとともに、次の業務を統括管理させなければならない。(以下、第一号から第五号は省略)

⑤	①管理者　②主任者　③推進者　④責任者

⑥	①監督　②監理　③指揮　④指導

問題 4 解答欄

各 2 点 × 6 = 12 点

問 1	①	① ② ③ ④
	②	① ② ③ ④
問 2	③	① ② ③ ④
	④	① ② ③ ④
問 3	⑤	① ② ③ ④
	⑥	① ② ③ ④

※この問題の解答は、選んだ番号を下のマーク例に従って塗りつぶしてください。

マークの塗りつぶし例 ●

※受検種別：建築の受検者は解答してください。

【問題 5-A】 次の 問 1 から 問 8 の各記述において、［　　］に**当てはまる最も適当な語句又は数値**を、下の該当する枠内から **1 つ選び**なさい。

問 1 土工事において、軟弱な粘土質地盤を掘削する場合に、矢板背面の土の重量によって掘削底面内部に滑り破壊が生じ、根切り底面付近の地盤が山留壁の背面から回り込むような状態で膨れ上がる現象を［ ① ］という。

①	①ヒービング　②ボイリング　③液状化　④盤膨れ

問 2 既製コンクリート杭地業におけるセメントミルク工法は、既製コンクリート杭の［ ② ］工法に分類される。その掘削は、安定液を用いて孔壁の崩壊を防止しながら、杭心に合わせて鉛直に行い、予定の支持層に達した後、根固め液及び杭周固定液を注入しながらアースオーガーを引き抜いていき、その後、既製コンクリート杭を掘削孔内に建て込む。

②	①打込み　②埋込み　③回転圧入　④場所打ち

問 3 コンクリートの打込み継続中の打重ね時間の間隔限度は、外気温が 25℃未満のときは 150 分以内、25℃以上のときは［ ③ ］以内を目安とし、先に打ち込まれたコンクリートの再振動が可能な時間内とする。

③	① 60分　② 90分　③ 120分　④ 180分

問 4 鉄骨工事におけるトルシア形高力ボルトを使用する接合部の組立てにおいて、接合部の材厚の差などにより、接合部に［ ④ ］を超える肌すきがある場合には、フィラープレートを用いて肌すきを埋める。

④	① 0.5㎜　② 1.0㎜　③ 1.5㎜　④ 2.0㎜

問 5 アスファルト防水の密着工法において、平場部のアスファルトルーフィング類の張付けに先立ち、コンクリート打継ぎ部は、幅 50㎜程度の絶縁用テープを張った上に、幅［⑤］以上のストレッチルーフィングを増張りする。

⑤	① 100㎜　② 150㎜　③ 200㎜　④ 300㎜

問 6 軽量鉄骨壁下地において、コンクリート床、梁下及びスラブ下に固定するランナーは、両端部から 50㎜内側をそれぞれ固定し、中間部は 900㎜程度の間隔で固定する。また、ランナーの継手は、［⑥］継ぎとし、ともに端部より 50㎜内側を固定する。

⑥	① 重ね　② 突付け　③ 目透し　④ 乱

問 7 フローリングボード張りにおいて、下張り用合板の上に接着剤を併用してフローリングボードを釘打ちで張り込む場合、張込みに先立ち、フローリングボードの割り付けを行い、接着剤を下張り用合板に塗布し、通りよく敷きならべて押さえ、［⑦］から隠し釘止めとする。

⑦	① 雄ざねの付け根　② 雄ざねの先端　③ 雌ざねの付け根　④ 雌ざねの先端

問 8 ウィルトンカーペットを［⑧］工法で敷き込む場合、カーペットの張り仕舞いは、ニーキッカー又はパワーストレッチャーでカーペットを伸展しながら固定金具に引っ掛け、端はステアツールなどを用いて溝に巻き込むように入れる。

⑧	① グリッパー　② ピールアップ　③ 置敷き　④ 接着

問題 5-A　解答欄　　各 2 点× 8 ＝ 16 点

問 1	①	①	②	③	④
問 2	②	①	②	③	④
問 3	③	①	②	③	④
問 4	④	①	②	③	④
問 5	⑤	①	②	③	④
問 6	⑥	①	②	③	④
問 7	⑦	①	②	③	④
問 8	⑧	①	②	③	④

※この問題の解答は、選んだ番号を下のマーク例に従って塗りつぶしてください。

マークの塗りつぶし例 

※受検種別：躯体の受検者は解答してください。

【問題 5-B】 次の 問 1 から 問 4 の各記述において、［　　］に当てはまる**最も適当な語句又は数値**を、下の該当する枠内から **1 つ選びなさい**。

問 1 根切り工事において、掘削底面やその直下に難透水層があり、その下にある被圧地下水により掘削底面が持ち上がる現象を［ ① ］という。［ ① ］の発生が予測されたときは、地下水処理における排水工法で地下水位を低下させる。

地下水処理における排水工法は、地下水の揚水によって水位を必要な位置まで低下させる工法であり、地下水位の低下量は揚水量や地盤の透水性によって決まる。必要揚水量が非常に多い場合、対象とする帯水層が深い場合や帯水層が砂礫層である場合には、［ ② ］工法が採用される。

①	①クイックサンド　②ヒービング　③ボイリング　④盤膨れ
②	①ウェルポイント　②サンドドレーン　③ディープウェル　④バイブロフローテーション

問 2 鉄筋の継手は、硬化したコンクリートとの付着により鉄筋の応力を伝達する［ ③ ］継手と、鉄筋の応力を直接伝達するガス圧接継手などに大別される。

また、鉄筋のガス圧接継手部の超音波探傷法での抜取検査は、目視、スケール・外観検査用治具による圧接完了直後の外観の全数検査の結果［ ④ ］圧接部を対象として行う。

③	①重ね　②機械式　③充填式　④溶接
④	①が合格とされた　②が不合格とされた　③に関わらずすべての　④に関わらず半数の

問 3 型枠の高さが4.5m以上の柱にコンクリートを打ち込む場合、たて形シュートや打込み用ホースを接続してコンクリートの分離を防止する。

たて形シュートを用いる場合、その投入口と排出口との水平方向の距離は、垂直方向の高さの約［ ⑤ ］以下とする。

また、斜めシュートはコンクリートが分離しやすいが、やむを得ず斜めシュートを使用する場合で、シュートの排出口に漏斗管を設けない場合は、その傾斜角度を水平に対して［ ⑥ ］以上とする。

⑤	①4分の1　②2分の1　③2倍　④4倍
⑥	①15度　②30度　③45度　④60度

問 4 木構造の在来軸組構法における和小屋の束立て小屋組の中で、小屋梁を軒桁の上に乗せかけるかけ方を［　⑦　］といい、小屋梁を軒桁の上に乗せかける仕口はかぶとあり掛けで納め、羽子板ボルト締めとする。

棟木の継手は、小屋束心より約150㎜持出し腰掛あり継ぎ、両面かすがい打ちとする。母屋の断面寸法は［　⑧　］角を標準とし、棟木や母屋には、垂木を取り付けるため垂木欠きを行い、垂木の取付けは母屋の上で、そぎ継ぎとして、釘打ちを行う。

⑦	① 追掛け大栓継ぎ　② 台持ち継ぎ　③ 折置組　④ 京呂組

⑧	① 60㎜　② 70㎜　③ 80㎜　④ 90㎜

問題 5-B　解答欄　　各 2 点× 8 = 16 点

問 1	①	①	②	③	④
	②	①	②	③	④
問 2	③	①	②	③	④
	④	①	②	③	④
問 3	⑤	①	②	③	④
	⑥	①	②	③	④
問 4	⑦	①	②	③	④
	⑧	①	②	③	④

※この問題の解答は、選んだ番号を下のマーク例に従って塗りつぶしてください。

マークの塗りつぶし例 

※受検種別：仕上げの受検者は解答してください。

【問題5-C】 次の問1から問4の各記述において、［　　］に当てはまる最も適当な語句又は数値を、下の該当する枠内から1つ選びなさい。

問1 アスファルト防水において、平場部のアスファルトルーフィング類の重ね幅は、縦横ともに［①］程度とする。

また、立上りと平場のアスファルトルーフィング類は別々に張り付け、立上り部のアスファルトルーフィング類は、各層とも平場のアスファルトルーフィング類に［②］以上張り掛ける。ただし、立上りの高さが400㎜未満の場合は、平場のアスファルトルーフィング類をそのまま張り上げることができる。

①	① 50㎜　② 100㎜　③ 150㎜　④ 200㎜
②	① 50㎜　② 100㎜　③ 150㎜　④ 200㎜

問2 塩化ビニル系床シートの熱溶接工法では、床シート張り付け後［③］時間以上の接着剤の硬化時間をおき、溶接作業にかかる。また、床シートの溶接部は、床シート厚さの［④］程度の深さでV字又はU字に溝を切り、熱溶接機を用いて床シートと溶接棒を同時に溶融させて、余盛りができる程度に加圧しながら溶接する。

なお、余盛りは、溶接部が冷却した後に削り取る。

③	① 6　② 12　③ 18　④ 24
④	① 1/4～1/3　② 1/3～1/2　③ 1/2～2/3　④ 2/3～3/4

問3 軽量鉄骨壁下地において、コンクリート床、梁下及びスラブ下に固定するランナーは、両端部から［⑤］内側をそれぞれ固定し、中間部は900㎜程度の間隔で固定する。

また、ランナーの継手は、［⑥］継ぎとし、ともに端部より［⑤］内側を固定する。

⑤	① 50㎜　② 100㎜　③ 150㎜　④ 200㎜
⑥	① 重ね　② そぎ　③ 突付け　④ 目透し

問 4 木製壁下地にせっこうボードを釘打ちにより張り付ける場合、使用する釘の長さは、ボード厚さの ⑦ 程度とする。釘打ち間隔は、ボード周辺部を ⑧ mm、中間部を 150 ～ 200mmの間隔とし、釘頭がボード表面と平らになるよう打ち付ける。

⑦	① 2倍　② 3倍　③ 4倍　④ 5倍

⑧	① 50 ～ 100mm　② 100 ～ 150mm　③ 200 ～ 250mm　④ 250 ～ 300mm

問題 5-C 解答欄　　各 2 点× 8 ＝ 16 点

問 1	①	①	②	③	④
	②	①	②	③	④
問 2	③	①	②	③	④
	④	①	②	③	④
問 3	⑤	①	②	③	④
	⑥	①	②	③	④
問 4	⑦	①	②	③	④
	⑧	①	②	③	④

※この問題の解答は、選んだ番号を下のマーク例に従って塗りつぶしてください。

マークの塗りつぶし例 ●

虎の巻（精選模試）第二巻 解答・解答例

問題 2 解答例　　※5つを選んで解答する。

a	選んだ用語	ヒービング	仮設・山留め工事（現象）
用語の説明		軟弱な粘土質地盤を掘削する場合に、根切り底面付近の地盤が、山留壁の背面から回り込むような状態で膨れ上がる現象である。	
施工上留意すべきこと		鋼矢板の根入れを深くする、鋼矢板背面の土を漉き取る、掘削を部分掘削に切り替える、地盤改良を行うなどの措置を講じる。	

b	選んだ用語	型枠のフォームタイ	仮設・型枠工事（材料）
用語の説明		型枠の組立てにおいて、せき板内面の相互間隔を保持する（型枠が所定の間隔以上に開かないようにする）ための締付け金物である。	
施工上留意すべきこと		締め過ぎ（せき板の内側への変形）への対策として、合板型枠の内端太（縦端太）は、フォームタイの締付けボルトに近接させて締め付ける。	

c	選んだ用語	型枠の根巻き	仮設・型枠工事(作業)
用語の説明		柱や壁の型枠を組み立てるときに、ガイドとなる墨(基準となる下端の位置を表す墨)の位置に、部材を取り付ける作業をいう。	
施工上留意すべきこと		根巻きに沿って、型枠を密着させて組み立てると共に、型枠からモルタルが漏れないようにする。	

d	選んだ用語	幅止め筋	躯体・鉄筋工事(構造)
用語の説明		鉄筋コンクリート構造物の梁の腹筋間に架け渡したもので、あばら筋の振れ止め及びはらみ止めの働きをする。	
施工上留意すべきこと		梁の幅止め筋は、かぶり厚さを確保できるように加工し、その一端に90°のフックを、もう一端に135°のフックを設ける。	

e	選んだ用語	コンクリートの回し打ち	躯体・コンクリート工事(作業)
用語の説明		コンクリートの打込み高さを均一にして材料分離を防止するため、打込み場所を順序よく移動させながら打設する作業をいう。	
施工上留意すべきこと		打設したコンクリートに対しては、外気温が25℃以下なら150分以内、外気温が25℃を超えているなら120分以内に打ち重ねる。	

f	選んだ用語	鉄骨工事の仮ボルト	躯体・鉄骨工事(材料)
用語の説明		鉄骨を本締めまたは溶接するまでの間、鉄骨を仮止めしておくために使用されるボルトである。	
施工上留意すべきこと		柱の溶接継手のエレクションピースに使用する仮ボルトは、高力ボルトを使用して全数締め付ける。	

g	選んだ用語	木構造の通し柱	躯体・木工事(材料)
用語の説明		木構造の土台から軒桁までを通す、継ぎ目のない一本の柱のことである。階数が2以上の木造建築物の隅柱は、通し柱とする。	
施工上留意すべきこと		隅通し柱の仕口は、土台に向かって扇ほぞ差しとする。その後、ホールダウン金物当てボルト締めを行い、隅通し柱と土台を接合する。	

h	選んだ用語	床コンクリートの直均し仕上げ	仕上げ・左官工事(作業)
用語の説明		床コンクリート打込み後、木ごてによる中むら取りや金ごて押さえを行い、その締まり具合を見て、金ごてで強く押さえて平滑にする作業である。	
施工上留意すべきこと		床コンクリートを打ち込む前に、床仕上げレベルを確認できるガイドレールを、3.5m～4.0mの間隔で設置する。	

i	選んだ用語	タイル張りのヴィブラート工法	仕上げ・タイル工事(工法)
用語の説明		下地に塗り付けた張付けモルタルに、タイル用振動機(ヴィブラート)を用いて、タイルを押し付けて張る工法である。	
施工上留意すべきこと		目地割に基づいて水糸を引き通した後、上部から下部へ向かって、一段おきに、水糸に合わせてタイルを張り付ける。	

j	選んだ用語	ユニットタイル	仕上げ・タイル工事(材料)
用語の説明		30㎜角～50㎜角程度の小タイルを、300㎜角程度のシートに並べて張ることで、1枚のタイルとして使用できるようにしたタイルである。	
施工上留意すべきこと		ユニットタイルのマスク張りをするときは、その裏面に厚さ4㎜程度のマスク板をあてがい、これを基準に金ごてで張付けモルタルを塗り付ける。	

k	選んだ用語	コンクリートのブリーディング	躯体・コンクリート工事(現象)
用語の説明		フレッシュコンクリートにおいて、固体材料の沈降または分離によって、練混ぜ水の一部が遊離して上昇する現象である。	
施工上留意すべきこと		ブリーディング現象によってコンクリートの打設面に滞水が生じたときは、スポンジやひしゃくなどで、その滞水を直ちに除去する。	

l	選んだ用語	加硫ゴム系シート防水接着工法	仕上げ・防水工事(工法)
用語の説明		硫黄などを加えて強度を増したゴム系の材料を、テープ状シール材と接着剤で接合して防水層を形成する工法である。	
施工上留意すべきこと		平場のシート相互の接合幅は100㎜以上とし、水上側のシートが水下側のシートの上になるように張り重ねる。	

m	選んだ用語	研磨紙ずり	仕上げ・塗装工事(作業)
用語の説明		塗装の素地ごしらえとして、パテかい等により下地を補修した後、研磨紙を用いて下地の表面を平滑化する作業である。	
施工上留意すべきこと		木部面やモルタル面は、十分に乾燥させてから研磨紙ずりを行う。その際に、素地面に付着した粉末は、完全に取り除く。	

n	選んだ用語	軽量鉄骨壁下地のスペーサー	仕上げ・金属工事(部材)
用語の説明		軽量鉄骨壁下地のスタッドを組み立てるときに、振れ止めを固定し、スタッドを緊結してその剛性を確保するために用いられる部材である。	
施工上留意すべきこと		スペーサーは、各スタッドの端部を押さえた状態で、嵌め込んで留め付ける。スペーサーの留付け間隔は、600㎜程度とする。	

問題3 解 答

問1	土工事・基礎工事のＡに該当する作業名	埋戻し
問2	壁ボード張り作業の開始日（月次と旬日）	3月上旬
問3	3月末時点の「実績出来高÷総工事金額」の比率［%］	68.5%

工程表

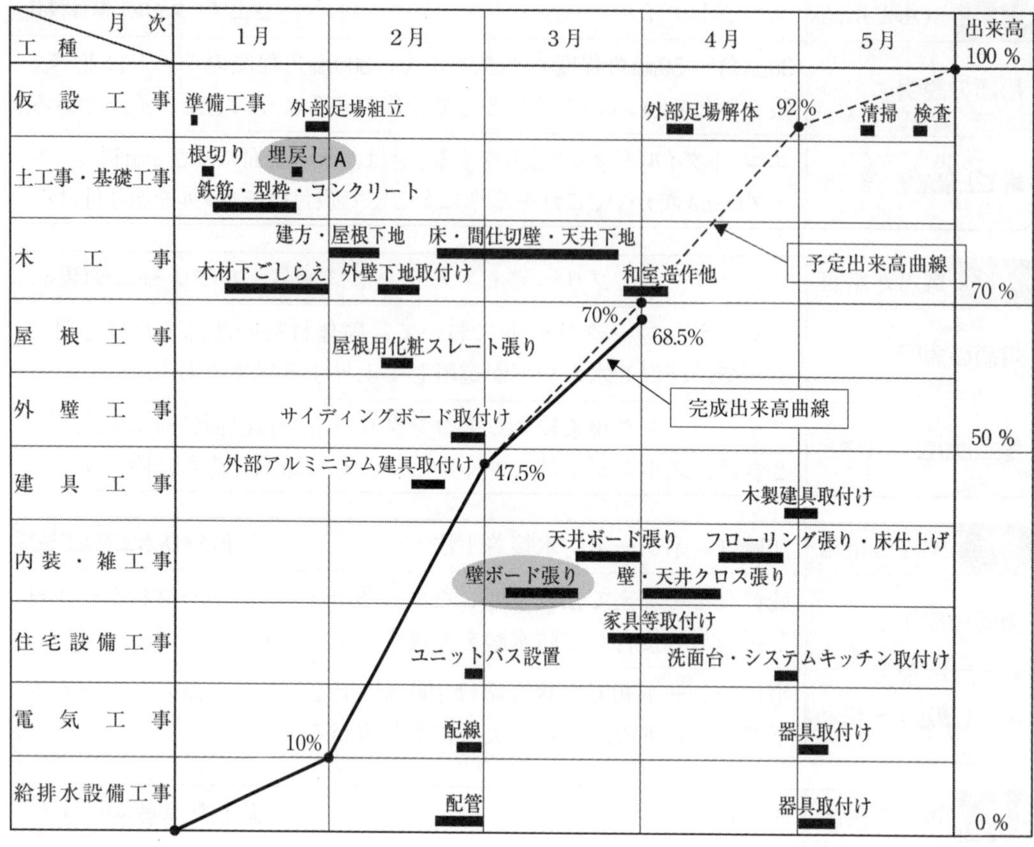

出来高表

（単位 万円）

工種	工事金額	予定 実績	1月	2月	3月	4月	5月
仮設工事	100	予定	50			40	10
		実績	50				
土工事・基礎工事	100	予定	100				
		実績	100				
木工事	500	予定	50	200	200	50	
		実績	50	200	170		
屋根工事	100	予定		100			
		実績		100			
外壁工事	200	予定		200			
		実績		200			
建具工事	200	予定		100		50	50
		実績		100			
内装・雑工事	400	予定			200	200	
		実績			200		
住宅設備工事	200	予定		50	50	100	
		実績		50	50		
電気工事	100	予定		50			50
		実績		50			
給排水設備工事	100	予定		50			50
		実績		50			
総工事金額	2,000	予定	200	750	450	440	160
		実績	200	750	420		

①未記載の工程である「内装・雑工事の壁ボード張り」は、天井ボード張りに先行して3月に行われる。壁ボード張りの工事費用は、「内装・雑工事」の工事金額が400万円であることから、天井ボード張りと同様に100万円であると考えられる。そのため、3月の内装・雑工事の出来高は、壁ボード張りと天井ボード張りを合わせて200万円になる。

②3月末までの実績出来高の累計金額は、1月～3月の総工事金額の実績を合計して、200＋750＋420＝1370万円になる。その総工事金額に対する比率は、1370÷2000＝0.685＝68.5％になる。

問題4 解答

問	法規	空欄	正解	正しい語句
問1	建設業法	①	②	工程
		②	④	下請負人
問2	建築基準法施行令	③	③	点検
		④	②	沈下
問3	労働安全衛生法	⑤	①	管理者
		⑥	③	指揮

問題 5-A 解 答

問	空欄	正解	適当な語句又は数値
問 1	①	①	ヒービング
問 2	②	②	埋込み
問 3	③	③	120 分
問 4	④	②	1.0㎜
問 5	⑤	④	300㎜
問 6	⑥	②	突付け
問 7	⑦	①	雄ざねの付け根
問 8	⑧	①	グリッパー

問題 5-B 解 答

問	空欄	正解	適当な語句又は数値
問 1	①	④	盤膨れ
	②	③	ディープウェル
問 2	③	①	重ね
	④	①	が合格とされた
問 3	⑤	②	2 分の 1
	⑥	②	30 度
問 4	⑦	④	京呂組
	⑧	④	90㎜

問題 5-C 解 答

問	空欄	正解	適当な語句又は数値
問 1	①	②	100㎜
	②	③	150㎜
問 2	③	②	12
	④	③	1/2 ～ 2/3
問 3	⑤	①	50㎜
	⑥	③	突付け
問 4	⑦	②	3 倍
	⑧	②	100 ～ 150㎜

2級建築施工管理技術検定試験 第二次検定
有料 施工経験記述添削講座 応募規程

(1) 受付期間

令和6年6月27日から10月27日(必着)までとします。

(2) 返信期間

令和6年7月10日から11月10日までの間に順次返信します。

(3) 応募方法

①本書の643ページ・645ページ・647ページにある記入用紙(A4サイズに拡大コピーしたものでも可)のうち、添削を受けたいテーマの記入用紙を切り取ってください。

②切り取った記入用紙に、濃い鉛筆(2B以上を推奨)またはボールペンで、あなたの施工経験記述を手書きで明確に記述してください。

③お近くの銀行または郵便局(お客様本人名義の口座)から、下記の振込先(弊社の口座)に、添削料金をお振込みください。振込み手数料は受講者のご負担になります。

添削料金	:1テーマにつき(1通につき)3000円(税込)
金融機関名	:三井住友銀行
支店名	:池袋支店
口座種目	:普通口座
店番号	:225
口座番号	:3242646
振込先名義人	:株式会社建設総合資格研究社(カブシキガイシャケンセツソウゴウシカクケンキュウシャ)

④添削料金振込時の領収書のコピーを、649ページの申込用紙に貼り付けてください。

⑤下記の内容物を23.5cm×12cm以内の定形封筒に入れてください。記入用紙と申込用紙は、コピーしたものでも構いません。

チェック

- □ 施工経験記述 記入用紙(A票)
- □ 施工経験記述 申込用紙(B票)
- □ 返信用の封筒(1枚)

※返信用の封筒には、返信先の郵便番号・住所・氏名を明記し、切手を貼り付けてください。

⑥上記の内容物を入れた封筒に切手を貼り、下記の送付先までお送りください。

〒171-0021
東京都豊島区西池袋3-1-7
藤和シティホームズ池袋駅前1402
株式会社 建設総合資格研究社
(2級建築担当)

※この部分を切り取り、封筒宛名面にご利用いただけます。

※封筒には差出人の住所・氏名を明記してください。

(4)注意事項

①**受付期間は、消印有効ではなく必着です。**発送されてから弊社に到着するまでには、2日間～5日間程度かかる場合があります。特に、北海道・沖縄・海外などからの発送では、余分な日数がかかることがあるので、早めに(期日が迫っている時は速達便で)応募してください。受付期間は、必ず守ってください。受付期間が過ぎてから到着したものについては、添削はせず、受講料金から1000円(現金書留送料および事務手数料)を差し引いた金額を、現金書留にて送付します。

②**施工経験記述添削講座は、読者限定の有料講座です。**したがって、受講者が本書をお持ちでないこと(購入していないこと)が判明した場合は、添削が行えなくなる場合があります。

③施工経験記述を書く前に、無料 YouTube 動画講習にて、「施工経験記述の考え方・書き方講習」を何回か視聴し、記入用紙をコピーするなどして十分に練習してください。この練習では、施工経験記述を繰り返し書いて推敲(すいこう)し、「これでよし！」と思ったものを提出してください。この推敲(すいこう)こそが、真の実力を身につけることに繋がります。施工経験記述は、要領よく要点を記述し、記述が行をはみ出さないようにしてください。多量の空行や、記述のはみ出しがある場合、不合格と判定されます。

https://get-ken.jp/

GET 研究所 検索 → 無料動画公開中 → 動画を選択

④文字が薄すぎたり乱雑であったりして判読不能なときは、合否判定・添削の対象になりません。本試験においても、文字が判読不能なときはそれだけで不合格となります。本講座においても、本試験のつもりで明確に記述してください。本講座で、「手書き(パソコン文字は不可)」と指定しているのは、これが本試験を想定したものだからです。

⑤原則として、記入用紙に多量の空行がある場合に、その部分を弊社で書き足すことはできません。記入用紙は、自らの経験を基に、できるだけ空行がないようにしてください。

⑥施工経験記述のテーマは、全部で3種類(施工計画・品質管理・工程管理)ありますが、一度の施工経験記述添削講座で提出できるのは、いずれか1テーマのみです。どのテーマにするか迷う場合は、本書の26ページを参考に判断してください。2テーマ以上(2通以上)の添削をご希望の方は、1テーマにつき(1通につき)3000円の添削料金が必要になります。

⑦**記入用紙については、必ず手元に原文またはコピーを保管してください。**万が一、郵便事故などがあった場合には、記入用紙の原文またはコピーが必要になります。

⑧弊社から領収書は発行いたしません。**添削料金振込時の領収書は、必ず手元に保管してください。**

⑨記入用紙の発送後、35日以上を経過しても返信の無い方や、11月10日を過ぎても返信の無い方は、弊社までご連絡ください。数日中に対応いたします。なお、弊社では、記入用紙が到着した旨の個別連絡は行っておりませんが、弊社ホームページ(https://get-ken.jp/)にて毎週末を目安に到着情報を更新しています。記入用紙の返信は、到着情報の更新から2週間程度が目安になります。

※受取に際し、認印が必要となる書留便のご利用はご遠慮ください。

※定形よりも大きな封筒は、弊社のポストに入らないのでご遠慮ください。

施工経験記述 問題用紙

テーマ	施工計画

※643ページの記入用紙（A票）に対応した問題用紙です。

令和6年度　2級建築施工管理技術検定試験第二次検定（施工計画）

問題1 あなたが経験した**建築工事**のうち、あなたの受検種別に係る工事の中から、**施工の計画**を行った工事を**1つ**選び、工事概要を具体的に記入した上で、次の1.から2.の問いに答えなさい。

なお、**建築工事**とは、建築基準法に定める建築物に係る工事とし、建築設備工事を除くものとする。

〔工事概要〕

イ．工　事　名

ロ．工 事 場 所

ハ．工 事 の 内 容（新築等の場合：建物用途、構造、階数、延べ面積又は施工数量、主な外部仕上げ、主要室の内部仕上げ／改修等の場合：建物用途、建物規模、主な改修内容及び施工数量）

ニ．工　期　等（工期又は工事に従事した期間を年号又は西暦で年月まで記入）

ホ．あなたの立場

ヘ．あなたの業務内容

1.　工事概要であげた工事で、あなたが事前に検討したことを次の項目の中から**3つ**選び、それぞれについて、**実際に検討し行ったこと**と何故そうしたのか**その理由**を、**工種名**をあげて具体的に記述しなさい。なお、工種名については同一工種名でなくてもよい。

ただし、「実際に検討し行ったこと」の記述内容が同一のもの、及びコストについてのみの記述は不可とする。

〔項目〕(1)「施工方法又は作業の方法」
(2)「資材の搬入又は荷揚げの方法」
(3)「資材の保管又は仮置きの方法」
(4)「作業床又は足場の設置」
(5)「施工中又は施工後の養生の仕方」（労働者の安全に関する養生を除く。）
(6)「試験又は検査の方法と時期」
(7)「他の関連工事との工程調整方法」

2.　工事概要であげた工事及び受検種別にかかわらず、あなたの今日までの工事経験に照らして、次の項目の中から**2つ**選び、その項目について、工事の施工に当たり事前に考慮すべき**事項**とその**対応策**を、それぞれ具体的に記述しなさい。

ただし、それぞれの解答は異なる内容の記述とすること。

〔項目〕　「工　程」　「品　質」　「安　全」　「環　境」

施工経験記述 問題用紙

テーマ　品質管理

※645ページの記入用紙（A票）に対応した問題用紙です。

令和6年度　2級建築施工管理技術検定試験第二次検定（品質管理）

問題1　あなたが経験した**建築工事**のうち、あなたの受検種別に係る工事の中から、**品質の管理**を行った工事を**1つ**選び、工事概要を具体的に記入した上で、次の1.から2.の問いに答えなさい。

なお、**建築工事**とは、建築基準法に定める建築物に係る工事とし、建築設備工事を除くものとする。

〔工事概要〕

イ．工　事　名

ロ．工 事 場 所

ハ．工 事 の 内 容　（新築等の場合：建物用途、構造、階数、延べ面積又は施工数量、主な外部仕上げ、主要室の内部仕上げ
改修等の場合：建物用途、建物規模、主な改修内容及び施工数量）

ニ．工　期　等　（工期又は工事に従事した期間を年号又は西暦で年月まで記入）

ホ．あなたの立場

ヘ．あなたの業務内容

1.　工事概要であげた工事で、あなたが担当した工種において、その工事の担当者として品質確保のため、事前に検討し、特に**留意したこと**と何故それについて留意したのか**その理由**、留意したことに対してあなたが**実際に行ったこと**を、**3つ**具体的に、**工種名**をあげて記述しなさい。

ただし、「設計図どおり施工した。」など施工上行ったことを具体的に記述していないものや、品質管理以外の工程管理、安全管理についての記述は不可とする。

なお、工種名については、同一の工種名でなくてもよい。

2.　工事概要であげた工事及び受検種別にかかわらず、あなたの今日までの工事経験に照らして、品質管理の担当者として、品質の良い建物を造るためにはどのような品質管理を行ったらよいと考えるか、**品質管理の方法**を**そう考える理由**とともに**2つ**具体的に記述しなさい。

ただし、2つの解答はそれぞれ異なる内容の記述とし、また、1.の解答と同じ内容の記述は不可とする。

施工経験記述 問題用紙

テーマ	工程管理

※647ページの記入用紙(A票)に対応した問題用紙です。

令和6年度　2級建築施工管理技術検定試験第二次検定(工程管理)

問題1 あなたが経験した**建築工事**のうち、あなたの受検種別に係る工事の中から、**工程の管理**を行った工事を**1つ**選び、工事概要を具体的に記入した上で、次の1.から2.の問いに答えなさい。

なお、**建築工事**とは、建築基準法に定める建築物に係る工事とし、建築設備工事を除くものとする。

〔工事概要〕

イ. 工　事　名

ロ. 工 事 場 所

ハ. 工 事 の 内 容（新築等の場合：建物用途、構造、階数、延べ面積又は施工数量、主な外部仕上げ、主要室の内部仕上げ
改修等の場合：建物用途、建物規模、主な改修内容及び施工数量）

ニ. 工　期　等（工期又は工事に従事した期間を年号又は西暦で年月まで記入）

ホ. あなたの立場

ヘ. あなたの業務内容

1. 工事概要であげた工事であなたが担当した工種において、工期に遅れることのないよう工程を管理するうえで、次の①から③の各項目の手配や配置をする際、あなたがどのようなことに留意したのか、**留意した内容**と**着目した理由**を、**工種名**をあげてそれぞれ具体的に記述しなさい。

　ただし、**留意した内容**が同一のものは不可とする。また、工程管理以外の品質管理、安全管理、コストのみについて記述したものも不可とする。

　なお、工種名については、同一の工種名でなくてもよい。

［項目］①材料（本工事材料、仮設材料）

②工事用機械・器具・設備

③作業員（交通誘導警備員は除く）

2. 工事概要であげた工事及び受検種別にかかわらず、あなたの今日までの建築工事の経験に照らし、工期を短縮するための**有効な方法や手段**を**2つ**具体的に記述しなさい。また、それらがもたらす工期短縮以外の工事への**良い影響**を、それぞれ具体的に記述しなさい。

　ただし、**有効な方法や手段**が同一のもの及び1.の**留意した内容**と同一のものは不可とする。

施工経験記述 記入用紙（A票）

氏名	

問題文は639ページに掲載されています。　※必ず手元に原文またはコピーを保管してください。

令和6年度　2級建築施工管理技術検定試験第二次検定（施工計画）

施工経験記述のテーマ	施工計画	受検種別	建築・躯体・仕上げ

〔工事概要〕

イ	工事名	
ロ	工事場所	
ハ	工事の内容	
ニ	工期等	
ホ	あなたの立場	
へ	あなたの業務内容	

問い1.

①	選んだ項目		工種名	
	検討内容			
	その理由			
②	選んだ項目		工種名	
	検討内容			
	その理由			
③	選んだ項目		工種名	
	検討内容			
	その理由			

問い2.

①	検討項目	選択○印　①「工程」　②「品質」　③「安全」　④「環境」
	項目の考慮事項	
	実際に行った対策	
②	検討項目	選択○印　①「工程」　②「品質」　③「安全」　④「環境」
	項目の考慮事項	
	実際に行った対策	

評価	工事概要	合・否	問い1.	合・否	問い2.	合・否	総合評価	合・準・否 (準：あと一歩で合格)
コメント	[破線枠]：誤りではないが書き換えが望ましい箇所　[実線枠]：修正する必要がある箇所							

施工経験記述 記入用紙(A票)

氏名	

問題文は640ページに掲載されています。　※必ず手元に原文またはコピーを保管してください。

令和6年度　2級建築施工管理技術検定試験第二次検定(品質管理)

施工経験記述のテーマ	品質管理	受検種別	建築･躯体･仕上げ

〔工事概要〕

イ	工　事　名	
ロ	工 事 場 所	
ハ	工 事 の 内 容	
ニ	工　期　等	
ホ	あなたの立場	
ヘ	あなたの業務内容	

問い1.

①	工種名		留意したこと(～の品質確保)	
	その理由			
	実際に行ったこと			
②	工種名		留意したこと(～の品質確保)	
	その理由			
	実際に行ったこと			
③	工種名		留意したこと(～の品質確保)	
	その理由			
	実際に行ったこと			

問い2.

①	品質管理の方法	
	そう考える理由	
②	品質管理の方法	
	そう考える理由	

評価	工事概要	合･否	問い1.	合･否	問い2.	合･否	総合評価	合･準･否 (準:あと一歩で合格)
コメント	[破線枠]:誤りではないが書き換えが望ましい箇所　[実線枠]:修正する必要がある箇所							

施工経験記述 記入用紙(A票)

氏名	

問題文は641ページに掲載されています。　※必ず手元に原文またはコピーを保管してください。

令和6年度　2級建築施工管理技術検定試験第二次検定(工程管理)

施工経験記述のテーマ	工程管理	受検種別	建築・躯体・仕上げ

〔工事概要〕

イ	工事名	
ロ	工事場所	
ハ	工事の内容	
ニ	工期等	
ホ	あなたの立場	
ヘ	あなたの業務内容	

問い1.

①	工種名	
	留意した内容	
	着目した理由	
②	工種名	
	留意した内容	
	着目した理由	
③	工種名	
	留意した内容	
	着目した理由	

問い2.

①	有効な方法や手段	
	工事への良い影響	
②	有効な方法や手段	
	工事への良い影響	

評価	工事概要	合・否	問い1.	合・否	問い2.	合・否	総合評価	合・準・否 (準:あと一歩で合格)
コメント	[ ]:誤りではないが書き換えが望ましい箇所　□:修正する必要がある箇所							

施工経験記述 申込用紙（B票）

領収書のコピーをここに貼り付けてください。領収書の添付がない場合には、添削は行いません。なお、インターネットバンキングでの振込みなどの場合に、領収書のコピーを貼り付けることができない受講者は、代わりに、振込みに関する画面を印刷して貼り付けるか、銀行名と口座名義を下記の枠内に記入してください。

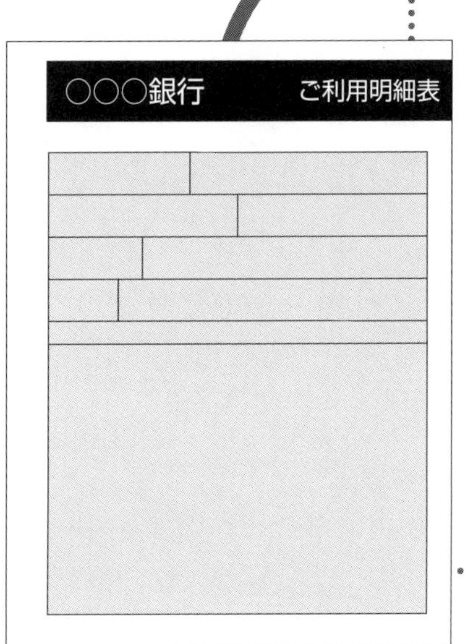

銀行名
口座名義

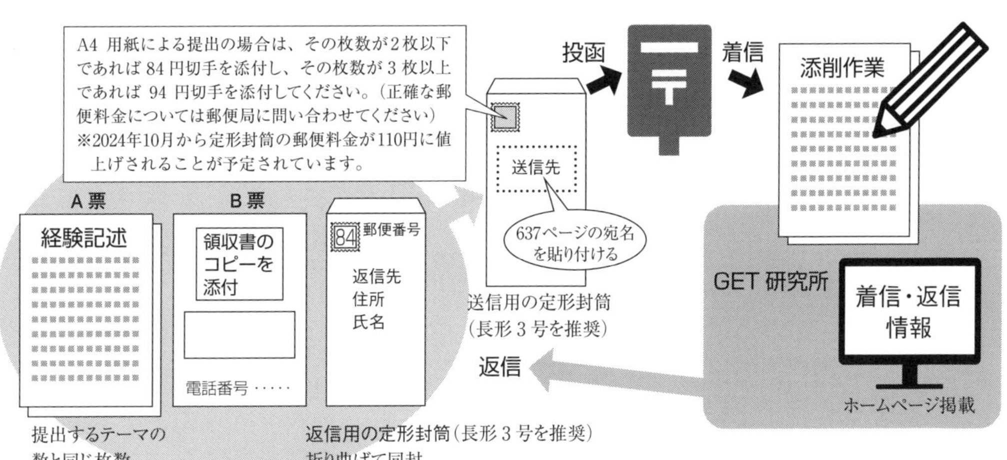

※記入用紙の送信・返信をお急ぎの場合は、送信用の定形封筒・返信用の定形封筒について、速達郵便をご利用できます。（速達料金は受講者のご負担となります）

連絡情報（できればご記入ください）

電話番号		メールアドレス	

GET 研究所管理用（必ず記入してください）

<table>
<tr><td colspan="4">2 級建築二次 提出テーマの確認
（提出する記入用紙の右上にあるテーマに○印を付けてください）</td><td rowspan="3">投函日
月 / 日</td><td rowspan="3">都道府県名</td><td>フリガナ</td></tr>
<tr><td>テーマ</td><td>施工計画</td><td>品質管理</td><td>工程管理</td><td rowspan="2">氏名</td></tr>
<tr><td>○印欄</td><td></td><td></td><td></td></tr>
</table>

施工経験記述　記入例・添削例

氏名	建築　太郎

問題文は640ページに掲載されています。　※必ず手元に原文またはコピーを保管してください。

令和6年度　2級建築施工管理技術検定試験第二次検定（品質管理）

施工経験記述のテーマ	品質管理	受検種別	(建築)・躯体・仕上げ

〔工事概要〕

評価			
○	イ	工事名	池袋町田邸新築工事
○	ロ	工事場所	東京都豊島区東池袋3丁目2-11
×	ハ	工事の内容	個人住宅　木造2階建　延べ面積280m² 床タイル工事　80m²，防水工事　360m² 外壁タイル工事　420m²　［塗装工事 000m²］→②に対応させる。
○	ニ	工期等	平成27年4月　～平成28年2月
×	ホ	あなたの立場	現場主［人］→［任］
○	ヘ	あなたの業務内容	内装工事管理

問い1.

評価			
○	①	工種名	防水工事
		留意したこと（～の品質確保）	屋根防［浸］［水］性能の確保
○		その理由	屋根葺材の間隙から雨水が［浸］入しないように下葺を行ない有害な浸水を防止するため。
×		実際に行ったこと	施工図に基づき、アスファルトルーフィング（940）を軒先［間隔］から始め、短辺と［100mm，］長辺を200mm以上を重ね ステープル釘で300mmで仮止めした。
○	②	工種名	塗装工事
		留意したこと（～の品質確保）	造作材の素地調整の品質の確保
○		その理由	外部造作部材合成樹脂調合ペイント塗りの品質は下［地］地の素地調整に影響されるから。［が］
○		実際に行ったこと	造作材の含水比［を］［が］18％以下であることを確認して、木材の釘［ン］の頭を沈め、汚れを除き［節止］して素地調整とした。［セラックニスで節止め］
○	③	工種名	タイル工事
		留意したこと（～の品質確保）	耐剥離性能の確保
○		その理由	密着張り工法における張付けモルタルの施工品質は、タイルの［耐］剥離性能の確保に重大に影響がある［から］。
×		実際に行ったこと	張付けモルタルは2層塗りとし、1層目はこてで圧をかけて塗り付け、1回の塗付面積は2m²以下とし、［30］［20］分以内で張付けた。

問い2.

評価			
○	①	品質管理の方法	コンクリートの受入検査として定められたスランプ、空気量、塩化物含有量試験を行ない管理値に適合したものを打込む。
○		そう考える理由	［コンクリートのJIS］に基づく受入検査は［設計図］［設計図書］［仕様書］に定められた方法で品質確保ができるから。
×	②	品質管理の方法	コンクリート造の屋上アスファルト防水において、打継目及びひび割れの大きい部分に50mmの［絶］縁用テープと300mmの［アスファルト］ルーフィングを張［掛］［ストレッチ］［掛］けた。
○		そう考える理由	［行えば］コンクリートの伸縮箇所を絶縁テープとストレッチルーフィングを張掛けることで局部的な劣化が防［止］［用］でき漏水を防止できるから。

評価	工事概要	合・(否)	問い1.	(合)・否	問い2.	(合)・否	総合評価	合・準・(否) （準：あと一歩で合格）
コメント	【工事概要】の立場の誤字は不合格です。技術的な数値を正しく記述して下さい。							

［　］：誤りではないが書き換えが望ましい箇所　□：修正する必要がある箇所

[著　者]　**森野安信**

著者略歴

1963年　京都大学卒業

1965年　東京都入職

1988年　1級建築施工管理技士資格取得

1991年　建設省中央建設業審議会専門委員

1994年　文部省社会教育審議会委員

1998年　東京都退職

1999年　GET研究所所長

[著　者]　**榎本弘之**

スーパーテキストシリーズ
令和６年度 分野別 問題解説集
２級建築施工管理技術検定試験 第二次検定

2024年7月5日　発行

発行者・編者　　森 野 安 信
GET研究所
〒171-0021 東京都豊島区西池袋 3-1-7
藤和シティホームズ池袋駅前 1402
https://get-ken.jp/
株式会社　建設総合資格研究社

編集　　榎 本 弘 之
デザイン　　大久保泰次郎
森 野 め ぐ み

発売所　　丸善出版株式会社
〒101-0051 東京都千代田区神田
神保町2丁目17番
TEL：03-3512-3256
FAX：03-3512-3270
https://www.maruzen-publishing.co.jp/

印刷・製本　　中央精版印刷株式会社

ISBN 978-4-910965-18-5 C3052

●内容に関するご質問は、弊社ホームページのお問い合わせ（https://get-ken.jp/contact/）から受け付けております。（質問は本書の紹介内容に限ります）